主编◎吴佩林 蔡东洲

地方档案与文献研究

（第一辑）

社会科学文献出版社

SOCIAL SCIENCES ACADEMIC PRESS (CHINA)

委 员 会

四川南部县光绪元年禀状

立出永遠賣地文約人吳永鐸情因需錢使用無處設

辦願將受分己業座落吳紹榮右邊屋側熟地一段上與

汪文富坡腳沙溝底界下與吳姓墳塋崙底界右與

吳姓墳塋底界左與吳紹榮連界四肢界畔詿明毫

無混亂憑中出賣與吳紹貴名下世代子孫永遠管

業憑中公議時值買價錢式拾式千文整一手現交

並無下欠分文隨土載糧半谷永紳國課自賣之後憑蓋耕

種賣主大小人等不得異言稱說水酒在外画字在内今恐念

不古特立契絲存照

外批界内陽修陰盎吳

在中人　　吳　　　培十
　　　　　吳充　　弟十
　　　　　吳永錄　十共知
　　　　　吳永鑑　十
　　　　　吳紹榮　十
　　　　　汪文貴　十筆

同治八年十月十七日立約吳永鐸十　是實

四川南部县同治八年卖地文约

前　言

　　20 世纪以来，随着视野的开阔和观念的更新，地方文献整理方兴未艾。在学术资源的利用上，文史研究者们也跳出了正史、政书等传统文献空间，深入地方档案、出土文献、方志，甚至是民间的族谱、碑刻、契约与账本等地方文献领域。史料与方法的多元化特征日益凸显，研究成果颇为丰硕。

　　西华师范大学长期致力于地方文献的整理与研究，开展了一系列卓有成效的文献整理与研究工作，为文史研究、地方建设做出了积极贡献。特别是 2011 年"清代南部县衙档案整理与研究"获准立项为国家社科基金重大项目，更是有力地坚定了我们继续开拓此领域的信念。

　　为更好地促进地方档案与文献研究的向前发展，推进"南部档案"的整理与研究，国家社科基金重大项目"清代南部县衙档案整理与研究"课题组、西华师范大学历史文化学院、四川省哲学社会科学重点研究基地"西部区域文化研究中心"、四川省南充市档案馆于 2012 年 11 月 29 日 ~ 12 月 2 日在四川南充市共同举办了"地方档案与文献研究学术研讨会"，来自北京大学、中国人民大学、复旦大学、南开大学、四川大学、重庆大学、南京师范大学、西南大学、东南大学、西南政法大学等 16 所高校的 50 余名专家学者参加了此次研讨会。与会学者提交的论文内容涉及历史学、法学、文献学、文字学、考古学等学科。与会学者围绕档案整理的理论与方法、文献考证、司法、地方社会、俗语杂字等问题展开了一场多学科、多领域、多主题的学术对话。本辑即在精选部分与会学者提交的论文的基础上编纂而成。

　　就属性而言，档案本是文献的一种，二者乃从属关系。本书之所以定名为"地方档案与文献研究"，主要原因是我们侧重于"地方档案"的整理与研究。当然，就人文社会科学而言，做任何研究，仅仅有档案是远远不够的，还必须参考和利用其他相关文献。我们倡导将档案与其他文献置于同一平台进行交流，立足扎实的文献资料，鼓励跨学科研究，并致力于拓展相关研究领域的科际整合。我们也期待学界同人能加入地方文献，特别是地方档案的整理与研究中来，以共同推动这一领域的深入发展。

在本书编辑出版阶段，与会的田涛先生在成都因突发心肌梗塞不幸辞世。田涛先生在会议期间的激情演讲以及对于档案的谙熟都给与会者留下了深刻的印象，在征得了台湾黄源盛先生的同意后，本辑收录了他与李祝环教授在台北《法制史研究》第 21 期发表的《徽州地区明清民间私约分类研究》一文，以资纪念。此外，我们还将"地方档案与文献研究学术研讨会"的会议评述附识于后，以便学者能更详细地了解会议的整体情况。

编　者

2013 年 8 月

地方档案与文献研究·第一辑

目 录
CONTENTS

地方文献整理与研究的若干问题

——以清代地方档案的整理与研究为中心

吴佩林[*]

对于地方文献，尤其是清代州县档案的整理与研究，笔者已有过论述①，然意犹未尽，遂成此文，敬请方家指正。

一　系统整理地方文献已成共识

20 世纪下半叶以来，对有价值的、数量较大的历史文献资料进行系统整理已成为学界共识，一批有代表性的整理文献相继面世，如《天津商会档案汇编》②《苏州商会档案选编》③《徽州千年契约文书》④《徽州文书》⑤《香山明清档案辑录》⑥《福建民间文书》⑦《清水江文书》⑧ 等。其中更有一批以

---

* 吴佩林，西华师范大学历史文化学院教授。

① 吴佩林：《州县档案之学术价值漫谈》，《光明日报》（理论版）2010 年 4 月 13 日；《近 30 年来国内对清代州县诉讼档案的整理与研究》，《北大法律评论》2011 年第 12 卷第 1 辑。

② 天津市档案馆、天津社会科学历史研究所等合编《天津商会档案汇编》（共五辑），天津人民出版社，1989 ~ 1998。

③ 华中师范大学历史研究所、苏州档案馆编《苏州商会档案选编》（共四辑），华中师范大学出版社，1991 ~ 2009。

④ 王钟欣、周绍泉主编《徽州千年契约文书》（40 卷），花山文艺出版社，1991。

⑤ 刘伯山主编《徽州文书》（四辑，共 40 册），广西师范大学出版社，2005、2006、2010、2011。

⑥ 中山市档案局、中国第一历史档案馆编《香山明清档案辑录》，上海古籍出版社，2006。

⑦ 陈支平编《福建民间文书》，广西师范大学出版社，2007。

⑧ 张应强、王宗勋主编《清水江文书》（一、二、三辑，共 33 册），广西师范大学出版社，2007、2009、2011。

"省"为标志的文献整理成果,如《湖湘文库》①《山东文献集成》②《台湾文献汇刊》③《海南地方志丛书》④《云南丛书》⑤ 等。目前正在紧锣密鼓地进行之中的《巴蜀全书》,作为四川版的"四库全书",将汇总两千多年来四川经济社会发展的重要史料、萃集历代治蜀的成功经验和重要方略,对今天的兴川大计具有鉴往知来的资政价值⑥。

　　地方文献的整理成"井喷"之势,与国家的发展和个人的需要密不可分。就国家层面而言,国家需要挖掘和保护我国丰厚的历史文化遗产,以提升我国文化软实力,推动中华优秀传统文化走向世界,最终实现文化强国的目的。对研究者而言,则是随着研究的深入,以往通用的正史、政书、文集、笔记等传世文献已远不能满足需要,而那些提供了大量正史所未言的、细致入微、具体详尽、生动逼真的历史信息的地方文献则进入了他们的视线。然而对于绝大多数的研究者来说,又不可能都做到亲自到各个地方去查阅所需的地方文献。况且有些作为文物保存的文献,由于年代久远、纸张破碎,即使能去,也不一定被允许查阅。因此,整理并出版,使之化身千百以嘉惠学林乃人心所向、大势所趋。事实也证明,这些资料的整理与出版为政治史、经济史、社会史、法制史、教育史、文化史,以及地方基层社会的综合考察提供了多种素材,极大地推进了学术研究,也由此推出了一批具有中国特色、中国风格、中国气派的精品力作。

---

① 《湖湘文库》于 2006 年启动,拟于 2012 年完工,共 700 册。其分为甲、乙两编,甲编 445 册,为湖湘文献,主要为湘籍人士著作和湖南地区出土文献,同时酌收历史寓湘人士在湘作品及晚清至民国的部分报刊;乙编 255 册,为湖湘研究,包括湖湘历史人物事件的相关学术著作及资料汇编。见周迅《湘湖文化的历史画卷〈湖湘文库〉力求还原史实》,《人民日报》2009 年 8 月 16 日。

② 韩寓群主编《山东文献集成》(四辑,共 200 册),山东大学出版社,2011。该集成影印山东先贤遗著稿本、抄本、刻本等 1375 种,其中稿本 352 种,抄本 295 种,刻本 545 种,排印本 52 种,石印本 92 种,磁版印本 1 种,拓本 4 种,钤印本 4 种,影印本 26 种,名家批校题跋本 104 种。

③ 陈支平主编《台湾文献汇刊》(7 辑,共 100 册),九州岛出版社、厦门大学出版社,2004。

④ 海南地方文献丛书编纂委员会汇纂《海南地方志丛书》(68 册),海南出版社,2004。

⑤ 云南省文史研究馆整理《云南丛书》(全 50 册),中华书局,2011。该丛书收录汉代至民国初年的云南文献,重点是明清两朝(其中,明代文献 44 部,清代文献 151 部,民国初年文献 15 部),学术水平和史料价值高。《云南丛书》的编辑沿用《四库全书》"经、史、子、集"四部法分类,所收录的著述涉及历史、政治、经济、教育、哲学、文学、艺术、外交、地理、数学、医药学、民族、宗教、军事等学科,实为云南地方文献之百科全书。

⑥ 《睹乔木而思故家,考文献而爱旧邦——助推国家社科基金重大委托项目,四川省成立〈巴蜀全书〉编纂领导小组》,http://www.npopss - cn.gov.cn/GB/219506/219507/15658967.html,最后访问日期:2011 年 11 月 10 日。

也正是基于以上因素，近年来，《清代新疆稀见史料调查与研究》《千年徽州家谱与社会变迁研究》《清水江文书整理与研究》《黑水城汉文文献整理与研究》《文物考古中西藏与中原关系资料整理与研究》《革命根据地法律文献整理与研究》《英藏敦煌社会历史文献整理与研究》《黑水城西夏文文献整理与研究》《新疆少数民族既佚与濒危古籍文献整理与研究》《中国南方少数民族家谱整理与研究》《中国西南地区濒危文字抢救、整理与研究》《汉语基督教文献书目的整理与研究》《中国土司制度史料编纂整理与研究》《当代中国农村基层档案资料搜集、整理与出版》等一批关于地方文献整理与研究的项目被列入了国家社科基金重大招标项目。《南部档案》之所以能有幸位列其中，除了我们已有十余年的辛勤耕耘并公开出版和发表了一批较为厚重的成果外，更在于它的"三性"——国际性、地域性、权威性。

由于《南部档案》具有历时时间长〔顺治十三年（1656 年）至宣统三年（1911 年），历时 256 年，是目前发现的清代地方档案历时时间最长的〕、保存数量多（18186 卷 84010 件，数量仅次于《巴县档案》）等特点，在数年前就已在海内外产生了较大影响。迄今为止，美国、日本、加拿大、中国台湾都有学者亲临南充查阅过这批档案。

《南部档案》的发生地四川省南部县，位于四川东北部，地理位置相对偏远。档案的不少内容乃是对这一地区移民文化、婚丧嫁娶、民风民俗等日常生活的记载，具有鲜明的地域特色，是研究个案的完整资料。同时，如果我们能与台湾的《淡新档案》、河北的《顺天府档案》、浙江的《黄岩档案》、少数民族地区的《冕宁档案》、内陆河港地区的《巴县档案》等资料相结合，就能开展北方与南方、东部与西部、港口与内陆、少数民族与汉族地区的互证与比较研究，从而有可能得出"整体"的"中国"的结论。

权威性是指它本身内容翔实而全面、文种齐全。《南部档案》保存的是清代南部县衙门的档案，它全面而真实地记录了南部县衙与中央、省府、周边地区，以及所属县民的各种交往，是清代政治、经济、法律、外交、军事、教育、宗教、文化、卫生等在地方上的重要缩影。由此档案可见县衙体制与各房职掌、经济运营与各种契约规制、军事与驿务管理、朝廷与地方外交、刑民诉讼与地方治理、科举改革与学堂教育、庙宇等公共设施的培修与新建、礼俗教化与地方祭祀等多方面的具体情况。不仅如此，它的档案文种也非常齐全，包括上级皇帝制诏、谕旨、题本、奏折、札文、信牌，平级县衙的咨移、函传，该县上报的清册、验折、申文，该县下发的传票、拿票、唤票、告示、通知、晓谕、牒文、契尾、牌签，民间百姓的文状、契约等，这些都使得此档案具有极高的历史学、法学、档案学、文献学、文物学价值。

二 保护史料的"原生性"是科学整理的关键

对地方文献的整理，现通行的做法有三种①。一是点校。如郝春文主编的《英藏敦煌社会历史文献释录》②，就是通过逐号整理释录英藏敦煌社会历史文献，把手写的文书录校成通行的繁体字，成为像"二十四史"和《资治通鉴》那样方便阅读使用的通行繁体字文本，解决了一般读者不易阅读的困难。二是影印。如《徽州千年契约文书》③《中国古代地方法律文献》④之类，直接将收集到的他人不易获得的资料进行原版复制。三是点校与影印结合。如《台湾社会生活文书专辑》，除附影印原件外，还附点校文，并就文书中出现的专有词汇及地名详加注解，这于读者是极有帮助的⑤。将地方文献进行精致整理的，田涛先生可算是一代表。其《田藏契约文书粹编》是从他珍藏的大量传统民间契约文书中，精选出近千件汇编而成的。其整理是先将文献原件影印，并标注文献名、长宽尺寸，再按原样点校排版⑥。对于《黄岩诉讼档案》的整理，他们首先请档案修复人员将破损档案作技术处理，再按档案年代顺序统一编号，然后将原件按比例缩小影印，并逐一点校。不仅如此，他们还采取法律人类学的方法，将档案所记录的案件发生地与该档案所记录的情况进行实地调查核实，以进一步探求其历史变迁⑦。其整理态度、整理方法与研究思路都值得后来者借鉴和学习。

以上三种方式中，点校出版所需周期长且易出错。相对而言，影印出版是一

---

① 本文所指整理不包括文献的筛选与破损档案的技术修复。
② 郝春文主编《英藏敦煌社会历史文献释录》（第 1 卷），科学出版社，2001；郝春文主编《英藏敦煌社会历史文献释录》（第 2～3 卷），社会科学文献出版社，2003；郝春文主编《英藏敦煌社会历史文献释录》（第 4～5 卷），社会科学文献出版社，2006；郝春文主编《英藏敦煌社会历史文献释录》（第 6 卷），社会科学文献出版社，2009；郝春文主编《英藏敦煌社会历史文献释录》（第 7 卷），社会科学文献出版社，2010。
③ 中国社会科学院历史研究所整理《徽州千年契约文书》（全 40 卷），花山文艺出版社，1994。
④ 杨一凡、刘笃才编《中国古代地方法律文献》（甲编，10 册），世界图书出版公司北京公司，2006；杨一凡、刘笃才编《中国古代地方法律文献》（乙编，15 册），世界图书出版公司北京公司，2009；杨一凡、刘笃才编《中国古代地方法律文献》（丙编，15 册），社会科学文献出版社，2011。
⑤ 洪丽完：《台湾社会生活文书专辑》，中研院台湾史研究所筹备处，2002。
⑥ 田涛、〔美〕宋格文、郑秦主编《田藏契约文书粹编》（全 3 册），中华书局，2001。
⑦ 田涛、许传玺、王宏治主编《黄岩诉讼档案及黄岩调查报告》（上、下册），法律出版社，2004。

种不错的整理方式，它不仅能达到保存原貌的目的，更能缩短出版周期，及早为研究者所利用。

就大陆对清代州县档案的整理，有诸多不尽如人意之处。

其一，存在"边整理边破坏"的事实。对档案的整理，存留档案"原件总量"和保持"档案排列原貌"是需首要考虑的，但实际做法并非如此。比如清代《巴县档案》，整理者打破了档案的原有按房保存的状况，根据今人的划分标准将档案按内政、司法两大类进行了人为分割。其下"内政类"又分为职官、军事、政治、财政金融、文教、交通邮电及其他等类，"司法类"又分地权、房屋、借贷、欺诈、家庭、妇女、继承、商贸、凶殴、盗窃、租佃、赌博等。《顺天府档案》也同样如此，它按职官制度、民警政务、宪政、法律词讼、镇压革命运动、军务、财政金融、农林商务、外交往来、传教、礼仪、文教卫生等进行分类整理。就清代《南部档案》而言，笔者曾于2007年4月在南部县实地采访当年参加档案整理的工作人员，根据采访得知，他们当时由于没有现在这样的档案保护意识，也没有足够的资金和技术去处理一些受潮发霉、粘连成结的档案，有些直接送去纸厂打了纸浆。这类档案占现存档案总数的1/3左右，令听者无不嗟叹惋惜。

其二，缩微黑白胶片多有缺陷。根据档案做成的缩微胶片一般为黑白图片，这种制作方式不仅没有达到保存档案的多色彩原貌的目的，而且由于大量的档案盖有印章，不同色彩重叠，致使阅读者不能有效识读。更为严重的是，一些诸如红契、红禀之类的档案缩微成黑白片后，几乎全是黑色的，根本看不到内容。不仅如此，工作人员在制作过程中，因对档案完整性保存意识不够、工作态度不认真等原因，还不同程度地存在着档案复制单件不完整、掉页、脱页的现象。

其三，现有的出版品中，档案选取方式不当。如现有的关于《巴县档案》出版的资料，内容选取从"卷"中剥离出来，以"件"为选取单位①。其结果是阅读者很难看到一个完整的故事——这对我们的研究是非常不利的。如果提供的"资料"恰好是一个虚假的，研究者又以此为佐证的话，则得出的结论正好与事实相反。对于这一遗憾，新近出版的《清代四川巴县衙门咸丰朝档案选编》也未能避免②。

---

① 四川大学历史系、四川省档案馆编《清代乾嘉道巴县档案选编》（上、下），四川大学出版社，1989、1996；四川省档案馆编《清代巴县档案汇编》（乾隆卷），档案出版社，1991；四川省档案馆编《巴蜀撷影：四川省档案馆藏清史图片集》，中国人民大学出版社，2009。

② 四川省档案局：《清代四川巴县衙门咸丰朝档案选编》（16册），上海古籍出版社，2011。

因此，如何整理地方档案，以更好地发挥其双重价值是我们必须面对而且亟待解决的课题。

三 地方文献研究需要以开放的心态进行跨专题、跨地域、跨学科的深度拓展

目前，以地方文献为支撑的区域史研究已经成为一门国际性显学，越来越引起学界的关注。藏学、敦煌学和徽学被誉为"中国三大地方显学"，无论是研究的成果积累，还是学科建设和学术影响，这"三学"都已取得了丰硕的成果，并呈现出自己的特色，在国际上享有盛誉。

"三学"之所以能在国际上负有盛誉，是与它研究群体的国际性分不开的。徽学，除本地区的赵华富、卞利、刘伯山等外，国内其他地区的傅衣凌、杨国桢、周绍泉、栾成显、王振忠、阿风，日本的岸本美绪、寺田浩明、中岛乐章、臼井佐知子，韩国的朴元熇，美国的居密都有杰出的研究①。敦煌学更是如此，所谓"敦煌在中国，敦煌学在世界"（季羡林语），即一语中的。所以，就《南部档案》的研究而言，我们的研究群体不能仅仅局限于川东北地区乃至四川的学人，而要以开放的心态，更多地吸纳海内外同仁加入研究阵营中来，相互切磋，共同进步。

学术创新不能全凭题目的新颖度分辨，一些看似陈旧的题目实际上可能会有新的学术增长点。试举几例：（1）在传统地方社会中，"乡约""保甲""团

① 部分可见：傅衣凌：《明清农村社会经济明清社会经济变迁论》，中华书局，2007；杨国桢：《明清土地契约文书研究》，人民出版社，1988；周绍泉、林甘泉、童超：《中国土地制度史》，文津出版社，1997；栾成显：《明代黄册研究》，中国社会科学出版社，1998；王振忠：《徽州社会文化史探微：新发现的 16~20 世纪民间档案文书研究》，上海社会科学院出版社，2002；〔日〕藤井宏：《明代盐商之一考察——边商、内商、水商的研究》（一）、（二）、（三），《史学杂志》1943 年第 54 编第 5、6、7 号；〔日〕藤井宏：《新安商人研究》（一）、（二）、（三）、（四），《东洋学报》1953~1954 年第 36 卷第 1、2、3、4 号；〔日〕仁井田升：《中国法制史》，东京大学出版会，1960；〔日〕臼井佐知子：《徽州商人の研究》，（东京）汲古书院，2005；〔日〕寺田浩明：《日本对清代土地契约文书的整理与研究》，载《中国法律史国际学术讨论会论文集》，陕西人民出版社，1990；〔韩〕朴元熇：《明清徽州宗族史研究：歙县方氏的个案研究》，中国社会科学出版社，2009；阿风：《明清时代妇女的地位与权利：以明清契约文书、诉讼档案为中心》，社会科学文献出版社，2009；〔日〕中岛乐章：《明代乡村纠纷与秩序》，郭万平、高飞译，江苏人民出版社，2010；〔美〕居密：《十九、二十世纪中国地主制溯源》，《沈刚伯先生八秩荣庆论文集》，（台北）联经出版公司，1976。

练""公局"等因处于国家与社会的中间地带，已引起学界关注①。但其功能在不同地区、不同时期怎样的此消彼长，在相同的场域中他们各自又有怎样的表现，为何又会有这些变化，既有研究着墨甚少。（2）对地方社会的"健讼"问题。已有的研究认为明清时期是一个健讼的社会②。但什么是健讼？是"谁"在说"谁"健讼？健讼有无标准可言？诉讼规模是否能测算得出？健讼与厌讼、无讼与息讼之间又是一个什么样的逻辑关系？这些却没有引起学者足够的重视。（3）前人的研究也说明了在清代地方社会中，普通乡民在诉讼中多运用诉讼策略，甚至不惜以诬告的形式将"小事闹大"，以期达到衙门受理词讼的目的③。地方官员也意识到乡民的这些诉讼策略给官府工作和普通百姓带来的困扰与危害。照理说，只需要按照法律的规定对诬告者加以惩治就能有效解决这些问题，但是县官却并没有这样做。其原因何在？现有的研究付诸阙如。（4）"早婚现象普遍"是学界对传统社会婚姻状况的既有判断。何谓早婚？是指没有达到国家或法律规定的婚龄而提前结婚。然而从现有的研究成果来看，结婚男女双方低于国家允许的结婚年龄的，总体上的比例并不高，并不构成早

---

① 部分参见：瞿同祖：《清代地方政府》，范忠信、何鹏、晏锋译，法律出版社，2011；闻钧天：《中国保甲制度》，商务印书馆，1935；董建辉：《明清乡约：理论演进与实践发展》，厦门大学出版社，2008；段自成：《清代北方官办乡约研究》，中国社会科学出版社，2009；邱捷：《晚清广东的公局——士绅控制乡村基层社会权力机构》，《中山大学学报》（社会科学版）2005 年第 4 期；梁勇、周兴燕：《晚清公局与地方权力机构——以重庆为例》，《社会科学研究》2010 年第 6 期。Bradly W. Reed，"Gentry Activism in Nineteenth-Century Sichuan: The Three-Fees Bureau, Late Imperial China"，*the Society for Qing Studies*，Vol. 20，No. 2，1999，pp. 99 – 127。

② 相关的研究参见：张晋藩：《中国法律的传统与近代转型》，法律出版社，1999，第 277 ~ 302 页；侯欣一：《清代江南地区民间的健讼问题——以地方志为中心的考察》，《法学研究》2006 年第 4 期；龚汝富：《江西古代"尚讼"习俗浅析》，《南昌大学学报》（人文社会科学版）2002 年第 2 期；邓建鹏：《健讼与贱讼：两宋以降民事诉讼中的矛盾》，《中外法学》2003 年第 6 期。

③ 〔日〕寺田浩明：《权利与冤抑：清代听讼和民众的民事法秩序》，王亚新译，载《明清时期的民事审判与民间契约》，法律出版社，1998，第 214 ~ 218 页；〔日〕滋贺秀三：《清代州县衙门诉讼的若干研究心得——以淡新档案为史料》，姚荣涛译，载刘俊文主编《日本学者研究中国史论著选译》（第八卷），"法律"，中华书局，1992，第 527 页；〔美〕黄宗智：《清代的法律·社会与文化：民法的表达与实践》，上海书店出版社，2007，第 157 页；Melissa Macauley，*Social Power and Legal Culture: Litigation Masters in Late Imperial China*，Stanford: Stanford University Press，1998，p. 559；徐忠明：《小事闹大与大事化小：解读一份清代民事调解的法庭纪录》，《法制与社会发展》2004 年第 6 期；徐忠明：《诉讼与伸冤：明清时期的民间法律意识》，载徐忠明编《案例、故事与明清时期的司法文化》，法律出版社，2006，第 270 ~ 277 页；胡震：《清代京控中当事人的诉讼策略和官方的结案技术》，《法学》2008 年第 1 期。

婚普遍现象一说①。事实究竟如何？诸如此类的问题不胜枚举。而要解决这些问题，发掘考古资料，收集族谱、碑刻、契约文书、科仪书等民间文献，及时公布公藏机构新发现的资料，特别是系统地利用地方档案可能是有效的解决路径。

　　档案区别于地方志、考古资料等文献的一个最大优势在于它内容记载的丰富性，并常常能为我们提供意想不到的细节，而且档案内容的真实程度也要高于日记、实录等资料。对此，张伟仁先生曾言，档案与实录等资料不大一样，不管地方也好，中央也好，这些东西本来并非为了留下来给后人看的，被篡改的可能性很小。而且清朝的官吏任期较短，新任官员上任后不会花时间修改前任的档案，因此档案基本上是可靠的资料②。但档案也可能会存在"虚构"的情况，这是需要警惕的。曾任美国历史学会会长的戴维斯在阅读"隆省档案""日内瓦国家档案""国家档案""巴黎警察局档案"等档案中保留的 16 世纪的赦免状后，就发现赦免状里所记载的赦罪故事具有强烈的文学与虚构色彩③。其实，即使某些记

---

① 如刘翠溶根据宣统三年（1911 年）浙江萧山《塘湾井亭徐氏宗谱》得出男女平均年龄各为 21 岁、16.1 岁（刘翠溶：《明清时期家族人口与社会经济变迁》，中研院经济所，1992，第 55 页）。刘素芬根据刘翠溶对南北 50 部家谱中有关长子出生时的父母年龄推算，得出男女的平均结婚年龄是 22.36 ～ 24.36 岁、18.85 ～ 20.85 岁（刘素芬：《清代皇族婚姻与宗法制度》，载李中清、郭松义编《清代皇族人口行为和社会环境》，北京大学出版社，1994，第 98、101 页）。李中清从辽宁档案馆所藏内务府庄丁户口册道义屯人口资料，统计出 1774 ～ 1840 年平均初婚年龄男女各为 22.31 岁、19.78 岁（Li Zhongqing, *Fate and Fortune in Rural China: Social Organization and Population Behavior in Liaoling 1774 – 1873*, Cambridge University Press, 1997, p.88）。郭松义根据档案、年谱、文集及地方志等资料获得 17174 名女子、676 名男子的初婚年龄，得出初婚的平均年龄为男子 19.76 岁、女子 17.28 岁。结合其他情况，认为把清代男女平均年龄分别定在 20 ～ 21 岁、17 ～ 18 岁是比较合适的（郭松义：《伦理与生活——清代的婚姻关系》，商务印书馆，2000，第 198 ～ 202 页）。王跃生主要利用第一历史档案馆的刑科题本，得出 18 世纪后期女性的初婚年龄偏低，全国平均水平为 17.41 岁，南方地区稍高于北方。16 ～ 20 岁初婚者占 70% 以上。男性初婚年龄平均为 22.15 岁。南北差异不突出（王跃生：《十八世纪中国婚姻家庭研究——建立在 1781 ～ 1791 年个案基础上的分析》，法律出版社，2000，第 52 页）。张研、毛立平通过对徽州地区 259 件档案和 8 部族谱的记载，推算出安徽中下层家庭初婚年龄男为 27.3 ～ 29.3 岁，女为 24.4 ～ 26.4 岁（张研、毛立平：《19 世纪中期中国家庭的社会经济透视》，中国人民大学出版社，2003，第 144 页）。朱琳根据徽州地区地方志的记载，从 3394 位女子初婚年龄中，统计出其平均值为 17.97 岁（朱琳：《明清徽州女子婚龄浅探——以地方志资料为中心的考察》，《安徽史学》2005 年第 6 期）。

② 张伟仁：《张伟仁先生谈法史研究》，载李贵连主编《近代法研究》（第一辑），北京大学出版社，2007，第 300 ～ 309 页。

③ Natalie Zemon Davis, *Fiction in the Archives: Pardon and Their Tellers in Sixteenth-Century France*, Stanford: Stanford University Press, 1987。中译本为〔美〕娜塔莉·泽蒙·戴维斯：《档案中的虚构——16 世纪法国司法档案中的赦罪故事及故事的叙述者》，杨逸鸿译，（台北）麦田出版社，2001。

载是不真实的，甚至有伪造的事实，只要我们处理得当，借此去揭示作伪的社会理由及其背后所蕴含的社会机制，在"不真实"中找到"真实"，或许能让这些文献获得更深层次意义的"再生"①。

对于地方文献的研究，我们通常会遇到"区域史"与"整体史"、"区域史"与"地方史"、"个性"与"共性"、"碎片"与"碎片化"之类的困惑。也有不少学者担忧，利用区域性的碎片资料会让研究失去说服力，最终导致研究者的自说自话。目前有特色的"华南模式"被人戏称为"鸡零狗碎"的研究，华北的历史人类学研究模式也被描述为"进村找庙、庙里寻碑、碑外访人"。笔者认为，困惑是必然的，担忧是多余的。随着各种文献的整理进程的日益加快以及研究方法的创新与突破，我们能利用的资料日益增多、日益丰富，学者们的研究旨趣也从以前的宏大叙事转向微观史的研究。研究帝王将相、精英的历史也在让位于普遍民众的历史，一些诸如妇女、老人、儿童、官代书、吏役、乡约等社会群体，以及性别、身体、形象、记忆、语言、迷信、大众娱乐等新话题进入了我们的研究视野。试想，这些不正是一个完整社会的有机组成吗？我们反对的不是碎片——那些发掘和整理出来的看似零星的史料，也不是碎片研究——那些通过研究碎片来还原历史的真实，而是碎片化——那些只满足于史料堆积而缺乏深层次的思维，轻视理论和整体研究②。我们反对的也不是区域史研究，而是画地为牢，把地方与国家分离开来，就地方谈地方的"孤立化"的"地方史研究"。那么应如何做呢？从 20 世纪 30 年代开始萌芽的年鉴学派到今天的新文化史、微观史、大众文化史研究都有成功的案例。如法国年鉴学派第三代著名史学家埃马纽埃尔·勒华拉杜里所写的《蒙塔尤》一书，他依靠雅克·富民埃任帕米埃主教时的审判记录讲述了 13 世纪末 14 世纪上半叶发生在法国南部讲奥克语的一个牧民小山村的日常生活。作者以现代史学、人类学和社会学方法再现了六百多年前该村落居民的生活、思想、习俗的全貌和 14 世纪法国的特点。尽管在这之前，有德国的多林格尔、法国的夏尔·莫里尼埃等利用这个审判记录做了研究，但没有一位研究者能做到像勒华拉杜里那样都能挖掘到它蕴含着的丰富的内容③。孔飞力的《叫魂》则是从 1768 年发生在江南地区的几个"叫魂"案入手，研究国家政治权力的运作，把我们对历史问题的认识、历史研究的方法引入了一个新的

① 参见张侃《田野工作、历史文献与史学研究》，《光明日报》2008 年 8 月 31 日。
② 参见韩毅《构建有中国特色的世界史学科体系：争辩与思考》，《中国社会科学》2008 年第 2 期。
③ Emmanuel Ladurie, *Montaillou: The Promised Land of Error*, Trans. by Barbara Bray, New York: G. Braziller, 1978。中译本为：〔法〕埃马纽埃尔·勒华拉杜里：《蒙塔尤：1294—1324 年奥克西坦尼的一个山村》，许明龙、马胜利译，商务印书馆，2007。

境界①。

综上所论，地方文献的研究是一门既古老而又新兴的研究。利用地方文献进行研究，不仅承载着传承中华地域文化的责任，而且还面临着研究理论和研究范式的创新问题。如何才能突破？首要的是，我们得以开放的心态吸纳海内外同行学者共同参与，也要以全球化、整体史的视野开展跨专题、跨地域、跨学科的深度研究，为构建严密与科学的研究体系做好准备。

---

① Philip Kuhn, *Soulstealers*: *The Chinese Sorcery Scare of 1768*, Cambridge: Harvard University Press, 1990。中译本见：〔美〕孔飞力：《叫魂——1768 年中国妖术大恐慌》，陈兼、刘昶译，上海三联书店，1999。

嘉陵江流域地方文献的特征及其意义[*]

马　强　　魏春莉^{**}

地方文献大致可以分为地方石刻文献、地方档案文献、地方志文献、家族文献（家谱、族谱文献）和地方口述史文献等。但除了国家档案馆收藏的全国性档案文献外，地方档案大体也可以归类为地方文献。档案文献实际上是地方文献的一个重要门类。当然如果一定要划分二者的关系，则地方档案主要是指清代至民国地方衙门及其现代各政府档案局（馆）档案，而地方文献的概念与范围则要大得多。地方文献是一个国家和民族重要的文化遗产和珍贵的历史文献，一般为地方图书馆、档案馆所收藏，也是重要的区域地理资源、历史事件、风俗传统、乡贤人物等信息的重要载体。现代的地方文献还是研究区域生态环境的重要资料。美国图书馆学学者爱德华·G.伍尔夫认为：地方文献包含某一地区生态变化的文献，这些生态变化是由于人与人之间的影响，人与变化中的环境和人与一些政治行政集团权力范围相互影响以及人与自然区域的相互影响，揭示了现代地方文献记载功能的外在延伸。嘉陵江流域纵贯陕西、甘肃、四川、重庆四省（直辖市），大部分地处秦岭、大巴山地区，历史上曾经是我国重要的政治、经济、文化地带，历史文化资源积累丰富，战略地位显赫，但同时也由于地理环境相对封闭、交通不便，加之地方有识之士保护地方文献意识较强，一些重要的地方文献得以保存下来，诸如汉中褒斜道汉魏石门石刻文献①和方志文献、清代秦

---

* 基金项目：国家社会科学基金项目"新出土唐人墓志历史地理资料整理研究"（批准号：12BZS033）、教育部人文社会科学基金项目"嘉陵江流域历史地理综合研究"（批准号：09YJA770054）。

** 马强，西南大学历史文化学院教授；魏春莉，西南大学图书馆馆员。

① 历史时期褒斜道及其石门摩崖石刻文献据郭荣章先生实地勘查统计，存在177方，收入《石门石刻大全》（三秦出版社，2001），是研究历史上川陕交通和汉中地方史十分重要的地方史实物资料。可参见拙作《宋代汉中褒谷石门石刻题名人物新考》，《陕西历史博物馆馆刊》（第17辑），三秦出版社，2010；《宋人汉中褒谷石门题刻考续》，《陕西历史博物馆馆刊》（第18辑），三秦出版社，2011。

州府（今天水、陇南）官方文书档案等。而被誉为清代四大县级档案中，嘉陵江流域即占有其二，著名的巴县档案、南部县档案较为完整地保存至今，被国家及学界特别看重，成为历史赐予当今的宝贵文化财富。从嘉陵江上游的略阳灵崖寺唐代石刻群至汉中褒谷石门摩崖石刻，再到著名的清代南部档案、巴县档案，均在中国档案史及文献学史上占有重要地位。

一　嘉陵江流域地方文献概说

嘉陵江沿线分布着天水、宝鸡、广元、汉中、阆中、南充、合川、北碚、江北（重庆）等重要历史文化名城，这些城市大多历史悠久，人文传统与文化积淀丰厚，尽管历经战乱，但因地处封闭，加之流域不少地方有崇文敬书习俗和历代志士先贤的珍爱护藏，历史文献保存至今者仍然不少，且均具有较高史料价值。从现存实际情况看，嘉陵江流域地方文献大致可分为地方石刻类，地方档案文书类，明清各府、州、县方志类文献，所占比重较大，而族谱、家谱类虽然各地也有不同程度的保存，但相对而言不够彰显。目前历史地理学研究中，流域历史地理研究异军突起，而地方文献的整理和研究是流域史地研究的基础工作之一，这里主要讨论嘉陵江流域前三种最具有代表性和重要意义的地方文献。

1. 嘉陵江流域石刻类地方文献

嘉陵江上游地区的宝鸡、汉中地区文明发源悠久，石刻纪事文献出现较早。古代遗存下来的石刻类文献主要有世称"石刻之祖"的陕西宝鸡先秦石鼓文、甘肃成县东汉天井山《西狭颂》石刻、陕西汉中汉台区褒谷口以《石门颂》《石门铭》《重修山河堰落成记》为代表的石门汉魏至宋明清摩崖石刻和陕西略阳徐家坪东汉《郙阁颂》石刻，以《九成宫醴泉铭》为代表的麟游县唐代石刻，四川广元、巴中保存的红四方面军革命宣传石刻标语，嘉陵江中下游北起广元南迄重庆的历代嘉陵江洪水碑刻等及其闻名中外的重庆大足石刻等。尽管嘉陵江流域的石刻在历史的风雨沧桑中已经消失不少，但仍然有相当一部分保存下来。清人武树善《陕西金石志》、毛凤枝《关中石刻文字新编》等收录了一部分珍贵的嘉陵江上游地区的古代碑铭，实物大多已经失传。其中石鼓文为秦始皇统一文字前所刻的大篆，郭沫若考证为秦襄公时期文物，内容为以四言诗形式记载秦国王侯贵族畋猎生活；陇南、陕南的《西狭颂》《石门颂》《郙阁颂》是著名的东汉石刻代表性作品，世称"汉三颂"，不仅有重要的政治史、交通史学术价值，在中国书法史上也享有盛誉。红军标语石刻以四川广元苍溪、巴中、南江、通江和陕西南郑一带最为集中，是研究红军时代川陕革命根据地历史的珍贵实物资料；而嘉陵江中下游沿线的洪水碑刻则对研究历史时期嘉陵江洪水水文、水灾等殊为珍贵。此外，嘉陵江流域也是我国道教的重要起源地和活动区域，保留下来不少有关道教的石刻碑文，由四川省西华师范大学学者龙显昭、蔡东洲等辑录的《巴蜀道教碑文集成》① 中即收录了嘉陵江中下游地区不少珍贵的道教石刻碑文，其中如隋大业年间的《仙云观大业造像题记》②、唐天宝年间的《龙多山仙台题名》③、北宋文同《利州绵谷县羊摸谷仙洞记》④、《南充舞凤山衍庆宫碑记》⑤等，对于研究唐宋道教在四川的传播、发展都有重要的价值。

2. 嘉陵江流域清代档案类地方文献

嘉陵江流域比较重要的清代地方档案文书类主要是指保存在流域一些县市档案馆（局）的清代以来基层县级衙门档案文书，以巴县档案、南部县档案最为代表。除此之外，其他地方也保存着一批珍贵的清代至民国珍贵的原始档案，虽然不尽齐全，但富于地方特色。甘肃天水市古称秦州，是嘉陵江上游重要支流西汉水的发源地，是秦文化、唐皇室的发祥地，也是我国西北重要的历史文化名城。近年来，从民间征集到了百余件清代文书，对于一个比较偏僻的陇东南山区来说，如此数量巨大、保存完好、内容丰富的官方文书被集中发现和征集，十分罕见。天水清代档案文书字迹较为清晰，保存基本完好。年代最早的为康熙四十四年（1705年），最晚的到宣统三年（1911年）清朝灭亡时为止，涉及了康熙、乾隆、嘉庆、道光、咸丰、同治、光绪、宣统8个年号，其中道光年间的最多，共有23件。这批档案文书是清代秦州府（今甘肃天水、陇南一带）的官方档案，内容主要以民间司法诉讼为主，另外还有关于当地诸县县令钱粮交接清册、地丁税银征收、荒地开垦申请、粮草市场价格、气象记录等内容，集中反映了清代秦州地区的政风民情，对于研究清代的司法制度、社会经济、民间文化等都是难得的原始资料。此外，天水市档案馆还藏有中华民国时期和中华人民共和国成立以来各个时期的档案84448卷，资料8407册，其保存之完整、价值之珍贵，为嘉陵江上游地区之冠。据《天水市地名资料汇编》⑥，目前收藏在天水市的清代档案，共有32卷，主要是1719～1911年秦州农村土地买卖、修建堡塞的契约和州城钱庄的账目清册。民国档案则共有17个全宗，1个全宗汇集，3955卷，主要是国民党天水县、秦安县、甘谷县、武都县、文县、康县、岷县、西固县政府及民国时期甘肃高等法院第二分院、天水电信、盐务、邮政、石油、公路运

① 龙显昭、黄海德、蔡东洲等主编《巴蜀道教碑文集成》，四川大学出版社，1997。
② 龙显昭、黄海德、蔡东洲等主编《巴蜀道教碑文集成》，四川大学出版社，1997，第12页。
③ 龙显昭、黄海德、蔡东洲等主编《巴蜀道教碑文集成》，四川大学出版社，1997，第32页。
④ 龙显昭、黄海德、蔡东洲等主编《巴蜀道教碑文集成》，四川大学出版社，1997，第96页。
⑤ 龙显昭、黄海德、蔡东洲等主编《巴蜀道教碑文集成》，四川大学出版社，1997，第233页。
⑥ 丁勋：《介绍地方文献资料——天水市地名资料汇编》，《图书与情报》1986年第3期。

输、铁路、农业推广、水土保持、防空情报等单位形成的档案①。这些档案较广泛地记载了民国时期天水的政治、经济、人事、司法、军事、水土保持、农业技术、工业交通、邮政、盐务、电信等方面的历史状况，是研究中华民国史、天水地方史、社会发展史等的重要史料。

川北重镇广元是嘉陵江中游重要枢纽城市，为秦蜀交通咽喉，自古以来具有重要的交通地理意义，在清代也是川北地区的军事、政治中心城市。据广元档案局官网公布的数据，广元市档案馆馆藏档案有 335 个全宗，94787 卷，资料 7731 册。按不同时期划分为清代地方档案、民国地方档案、革命历史档案和新中国成立后地方档案，主要为各时期地方政权的各类文书档案、科技档案，但目前这批档案基本上深锁柜中，大部分没有整理和公布，利用率甚低。阆中（保宁府）在清代具有重要的历史地位，在清军统一全国的过程中，四川破坏尤甚，清军与张献忠、李自成余部及南明军队、吴三桂反清义军曾经在四川反复争夺，屡遭兵火蹂躏，富庶的川西平原几乎成为废墟。此间阆中及川北地区率先被纳入清朝版图。清廷派驻四川省级官员一度皆驻节保宁府城阆中，阆中权代四川省会约二十年，巡抚（后改为总督）衙门及四川布政司衙门、按察司衙门、提学使（又称学院、学政）衙门均设在阆中。其间，在阆中设贡院举行过四科四川乡试，省府迁归成都后，阆中贡院改作"保宁府试院"，成为保宁府属九州县士子科举应试之地。整个清代，阆中人文荟萃，文化昌盛，硕儒名耆辈出，档案文献保存较为丰富。据阆中档案局清理统计，保存在该局的清代档案最早为康熙二十三年（1684 年），最晚为宣统元年（1909 年），主要为清代房地契及其他相关约据，计有清代房地契及其相关约据共 290 件，通过修复整理共形成 58 卷（其中，清代文件 136 件，民国文件 154 件）。近年来该局工作人员编辑了《清代档案全宗汇集》。

南充市（顺庆府）清代地方档案以南部县档案最为知名。清代南部县衙档案，涉及顺治、康熙、雍正、乾隆、嘉庆、道光、咸丰、同治、光绪、宣统年间的 56 个全宗，一万多卷。在这批档案中，除少数皇朝圣旨、批文和地方文告外，大多是南部县正堂吏房、礼房、兵房、刑房、工房、盐房七房的档案。其内容又主要是刑房的狱讼，户房的财政、地亩、粮租、契税、杂税，礼房的教育、礼俗管理，工房的水利、城建、交通工程等②，卷帙浩繁，多达 18186 卷、84010 件，在文献、档案、历史、政治、法学、社会、文物以及清代地方邮驿制度、嘉陵江中游地区生态环境、交通运输等方面均有重

---

① 丁勋：《介绍地方文献资料——天水市地名资料汇编》，《图书与情报》1986 年第 3 期。

② 侯定元：《南充地区档案馆清朝民国时期档案资料介绍》，《四川文物》1986 年第 3 期。

要研究价值①。目前清代南部县衙档案的价值已经受到国内学术界的高度重视。西华师范大学与南部县档案局正在合作进行南部档案的第五次整理，并且申报的《清南部县衙档案整理与研究》获准立项为国家社会科学基金重大项目②，是嘉陵江流域地方档案整理与研究新时代标志性成果。

嘉陵江下游的清代档案也有一定遗存。四川安岳、武胜、广安、渠县，重庆合川、北碚江北等市县及重庆市档案馆、图书馆也保存着一批数量不等的清代档案。据合川政府档案局信息网，合川区档案馆的清代至民国档案主要包括清朝、民国、新中国成立后三个历史时期的档案共计137599卷。其中，清代档案2卷97件，最早为清康熙四十二年（1703年）文约，还有嘉庆、道光、咸丰、同治、光绪、宣统年间的文约、契格、合同、告示、册簿、改过书等；民国时间（1911～1949年）的档案26个全宗、21719卷，其中党务社团方面的主要有：国民党合川县党部、三青团、建国促进会、国民月会、县商会以及合川县农、工、商、文化团体等社会组织的成立、结束、章程、活动、人员情况和来信文电、工作计划、报告、调查统计等档案资料。

嘉陵江下游历史档案中最为重要的无疑首推清代巴县档案，巴县档案也是我国保存最完整、卷帙最为浩繁的一部地方历史档案，为清代巴县、川东道的官方档案，共11.4万卷，内容涉及巴县、重庆府、川东道间的往来公文、司法、民事等内容，是清代重庆地区内政、外事、经济、文化、军事状况的直接反映。巴县档案主要是有关清代巴县官府、中华民国时期巴县公署以及民国前期四川东川道积累的档案。上自康熙九年（1670年）下迄民国三十年（1941年），共约11.4万卷，是中国地方政权历史档案中保存较完整的一部档案。这批档案早先存于巴县档案库，抗日战争时期为躲避空袭将其运至长江南岸一破庙中。1953年发现，由西南博物院运回收藏，西南博物院解散后移交四川省博物馆管理。1955年由四川大学历史系整理使用，1963年3月由四川省档案馆接收。档案内容主要有：清代与民国时期巴县的官吏任免，重庆近代企业开办章程、呈请立案免税，农户耕牛权纠纷，川江运送滇铜、黔铅进京过境；民国初期巴县的税捐征收；清代募集营兵、筹备军饷、整肃军纪、应付战争、抚恤伤亡，川军抗击倭寇，太平军和李兰起义军入川；清代和民国时期官府派兵护卫外国领事、教士、商人以及司法律例、章程、条规和民、刑诉讼案件等。其中，东川道的档案有川

---

① 蔡东洲：《〈南部档案〉：嘉陵江区域文化的至上遗产》，载《嘉陵江文化与区域发展学术研讨会论文集》，2012，南充，第63页。

② 蔡东洲：《〈南部档案〉：嘉陵江区域文化的至上遗产》，载《嘉陵江文化与区域发展学术研讨会论文集》，2012，南充，第74页。

东宣慰使署、川东观察使署、东川道官吏任免、奖惩、选举、议事、税收、征派、军饷筹措等内容以及辛亥革命、反袁护法运动和军阀混战的史料。近年来，以巴县档案为核心资料研究清代地方政治、经济、司法、社会为题的论著日益增多①，反映了该档案为中外学者所重视的状况。

3. 嘉陵江流域清代方志类地方文献及其特点

嘉陵江流域地跨甘肃、四川、陕西、重庆4个一级政区，包括其支流白龙流域、涪江流域、渠江流域总计100余县，虽然地处西部偏僻之地，但清代以来大部分地区的府（州）、县、厅志程度不同地得以保存至今，其中不乏珍贵厚重的地方志书。嘉陵江上游西汉水流域的天水市地控秦、蜀，自古人文昌盛，宋代《遂初堂书目》即著录了记载嘉陵江上游地区地理类的《秦州图经》《兴州图经》和《兴元志》等，当是唐宋志书。明清两代，嘉陵江流域各地修志不辍，著名历史地理学家陈桥驿先生曾从日本通过国际友人引回久已失传的顺治《秦州志》（现收藏天水市地方志办公室），在国内方志界传为佳话②。顺治《秦州志》，据陈桥驿介绍此书是清顺治甲午（顺治十一年，1654年）刻本，以《嘉靖志》为底本，国内已佚，现藏日本。清顺治甲午《秦州志》13卷分为4函，卷首为修者、清初著名学者、诗人宋琬所作序，是一部"体例严谨、内容丰富的志书"，"其所记叙的山川如陇山、渭水等，内容详悉而条理井然；其所总结的秦地风景如八胜、八观、八咏等，对当今旅游业的开发，也甚有裨益"。除此之外，秦州在清代还先后编纂了康熙《秦州志》、乾隆《直隶秦州新志》、光绪《秦州直隶新志》，在民国年间还编修了《秦州直隶新志续编》。清初顺治年间，川陕地区尚未完全统一，此间所修地方志书稀少，这些地方志为研究清代嘉陵江上游地区特别是西汉水流域历史、社会、地理等提供了诸多一手资料。

地处嘉陵江上游南部的汉中地区较之天水人文历史更为悠久，历史上曾经

---

① 近年利用巴县档案为核心资料研究清代历史社会的主要论著有：张渝：《清代中期重庆的商业规则与秩序——以巴县档案为中心的研究》，中国政法大学出版社，2010；李清瑞：《乾隆年间四川拐卖妇人案件的社会分析——以巴县档案为中心的研究》，山西教育出版社，2011；李玉：《从〈巴县档案〉看传统合伙制的特征》，《贵州师范大学学报》2000年第1期；范金民：《把持与应差：从巴县诉讼档案看清代重庆的商贸行为》，《历史研究》2009年第3期；陈亚平：《18、19世纪的市场争夺：行帮、社会与国家——以巴县档案为中心的考察》，《清史研究》2007年第1期；梁勇：《从巴县档案看清末"庙产兴学"与佛教团体的反应》，《宗教学研究》2011年第4期；廖斌：《论清代刑事案件裁判事实获得的路径——以巴县衙门司法档案为基础的分析》，《甘肃政法学院学报》2011年第2期。

② 陈桥驿：《关于编纂国外图书馆收藏中国地方志孤本目录的建议——并简介新近引回的顺治〈秦州志〉》，《中国地方志》2002年第1期。

几度辉煌，为楚汉时刘邦封国，三国重镇，宋金、宋蒙主战场，清代为陕南中心城市。宋代著名学者阎苍舒主持修有《兴元志》，惜毁于宋蒙兵火。清代名宦严如熤（湖南溆浦人，字乐园）嘉庆时任汉中知府期间主持编纂的《续修汉南郡志》（即《重刻汉中府志》）体例严整、内容详备、门类齐全。该志内容丰富、卷帙浩繁、体例规范，在当时影响颇大，为有清一代地方志典范，曾深为清代著名学者林则徐、秦瀛和现代学者黎锦熙、来新夏等推重，被赞为良志①。此外，严如熤镇守汉中期间编纂的另外一部著作《三省边防备览》是清代一部特色鲜明、应用性甚高的川、陕、鄂三省交界区域志文献，详载秦巴山地风土物产、关隘险要、水陆交通、城池村镇等，图文并茂，内容详赡，虽当时为防备、镇压白莲教与苗民起义而修，但在今天却成为研究清代川、陕、鄂、渝交界秦巴山地军事、社会及其生态环境变迁的不可多得的地方志书文献。

明清嘉陵江中游地方志以嘉靖《保宁府志》、康熙《顺庆府志》和乾隆《广元县志》最为知名和重要。明朝保宁府属川北分巡道，治所驻阆中，辖剑州、巴州、阆中、苍溪、南部、广元、昭化、江油、梓潼、通江、南江11州县。嘉靖《保宁府志》为时任四川巡检司佥事的杨瞻主持，实际编修者为安岳县教谕杨思震。全书以地理、人物、艺文三大类为主，卷一、卷二为舆地纪；卷三为建置纪上，包括城池、迁藩、公署、庙学、官秩；卷四为建置纪下，记神祀、街坊、桥渡、驿传、武备；卷五为食货纪，记民数、物产、田赋、水利；卷六为名胜纪，记公室、古迹、丘墓、寺观、景致等。此书甫成，即被天一阁和顾一堂所收藏，后又传入北京禁内，《内阁书目》有题录。抗日战争前后先后流落美国国会图书馆和台湾中研院历史语言研究所图书馆，近年国家图书馆收藏着缩印胶卷②，西华师范大学赵炳清教授等前些年已经对此书开始点校，此项工作目前仍然在进行之中。康熙《顺庆府志》编纂于康熙二十五年（1686年），涉及南充县、西充县、蓬州、营山县、仪陇县、广安州、岳池县、渠县、邻水县共计9州县的历史沿革、地理物产、人物、艺文、名胜古迹、土地田赋、城池寨堡等，于

① 清代林则徐在致《大定府志》主编黄宅中的信中称道《大定府志》说："编纂之勤，采辑之博，选择之当，综核之精，以近代各志较之，惟严乐园之志汉中、冯鱼山之志孟县、李中耆之志凤台，或堪与领昂，其他则未能望及项背也。"参见谢洪滨《黄宅中与〈大定府志〉》，《文史天地》2002年第8期，第37页；当代著名方志学家来新夏也说，严如熤（字乐园）的《汉南续修府志》、冯敏昌（字鱼山）的《孟县志》、李兆洛（字中耆）的《凤台县志》"此三志皆清志中之名志"。而林则徐首列《汉南续修府志》，足见该志在当时影响之大，地位之尊。民国十四年（1925年），此志曾予重刻。参见郭鹏《汉中地区历代志乘述略》，《汉中师范学院学报》1994年第1期，第47页。

② 赵炳清：《〈嘉靖〉〈保宁府志〉成书考述》，《西华师范大学学报》2010年第6期。

嘉庆年间重刻，目前国内刻本罕见，国家图书馆收藏着微缩胶片。广元在清初由于反复遭受张献忠、李自成农民军及吴三桂与清军的战争，此后仍然战乱不断，故而经济凋零、城市萧条、志书编纂不昌，但乾隆《广元县志》却值得重视。乾隆《广元县志》不以体例取胜，而以内容真实详赡、记载清代前期川北许多重大历史社会事件而著称，如明末清初清军在川北地区与张献忠、李自成农民军及吴三桂军的战争过程，广元境内川陕古代栈道及其沿途名胜古迹、湖广填四川大移民中土著与客民的分布、变迁以及冲突、融合等，皆有重要史料价值。

二 嘉陵江流域地方文献的价值——以石刻为主

由上述不难看出，嘉陵江流域保存下来的地方档案与文献无论是数量的丰富方面还是质量的上乘方面在中国文献史与档案史上都占有一定地位。嘉陵江上游的石刻文献以先秦、两汉最为重要，陈仓石鼓文、陇南和陕南的"汉三颂"以重要的历史与书法价值驰名中外，地方档案中《南部县衙档案》和《巴县档案》名列现存清代基层县级档案数量之冠；地方志中也拥有诸如嘉靖《保宁府志》、顺治《秦州志》、嘉庆《汉南续修郡志》、乾隆《广元县志》这样的方志学史上的典范名志，这从一个侧面反映了嘉陵江流域历史文化遗产的丰富和重要地位，这里重点讨论一下嘉陵江流域石刻文献的价值。

嘉陵江流域曾经在商周、秦汉之际华夏民族建立国家政权早期，具有重要区位战略地位和文化地位。清康熙年间在陕西省宝鸡凤翔县出土的《散氏盘》，内底铸有铭文19行、357字。著名金石学者阮元研究认为其制作于西周早期，系诸侯国散氏家族的青铜礼器，历史价值与文物价值难以估量。唐初天兴（今陕西宝鸡）三畤原发现的石鼓文系先秦刻石文字，也是我国遗存至今的最为古老的石刻文字。石作鼓形，共10鼓，分别刻有四言诗一首，径约3尺余。内容记述秦国君游猎，故又称"猎碣"。因被弃于陈仓云野，也称"陈仓十碣"。所刻为秦始皇统一文字前的大篆，即籀文。石鼓文发现于嘉陵江东源发源地附近，也是嘉陵江流域最早的石刻文字，殊为珍贵。作为中国最古老的石刻文字，出现于嘉陵江源头地区并非偶然，应该是早期秦文化发展到一定成熟阶段的表现，当然也是嘉陵江流域早期文化重心在上游地区的遗留，反映了嘉陵江上游古文化发达的悠久性。

我国现存汉代石刻文献已经极其稀少，据统计全国保存至今者不过20余处。嘉陵江流域在秦汉时期曾经是封建国家统一、巩固时期的重要区域，加之地理位置偏僻闭塞，故而汉代石刻有幸相对较好地保存下来，我国书法史上著名的

"汉三颂"，即甘肃成县的《西狭颂》、陕西略阳的《郙阁颂》和陕西汉中（褒城）的《石门颂》，皆属于嘉陵江上游地区文化遗存。《西狭颂》在今甘肃东南部的成县，全称为《汉武都太守汉阳阿阳李翕西狭颂》，镌刻于东汉建宁四年（171 年），碑文除记述东汉武都太守李翕的生平和屡任地方行政长官之卓越政绩，主要颂扬了他率领民众开通西狭道路、为民造福之德政的功德。该碑保存良好，字迹清晰，刀法苍劲有力，形体拙古美观，碑文和书法均有很高的考古研究和临摹鉴赏价值。而其中的修路通道纪事较《后汉书·李翕传》远为详细丰富，文献学价值不容低估。《郙阁颂》原刻在今陕西省西南部的略阳县徐家坪乡街口村郭家地（古名析里，又名白崖）嘉陵江岸峭壁，全称《汉武都太守李翕析里桥郙阁颂》，是东汉灵帝刘宏建宁五年（172 年）刻的一方摩崖石刻，也是为纪念汉武都太守李翕重修郙阁栈道而书刻的颂德碑。该石刻自成一家，独具丰标，为标准的汉隶八分。石刻主要是记载、颂扬汉武都太守李翕在析里修栈桥以便官民通行事，其中对修栈以前析里一带的交通艰险状况有生动的状描："惟斯析里，处汉之右，溪源漂疾，横柱于道。涉秋霖漉，盆溢滔涌，涛波澎湃，激扬绝道，汉水逆让，稽滞商旅。路当二州，经用□沮。沮县士民，或给州府，休偈往还，恒失日咎，理咨，郡县所苦。斯溪既然，郙阁尤甚，缘崖凿石，处隐定柱，临深长渊，三百余丈，接木相连，号为万柱。过者傈傈，载乘为下，常车迎布。"所修的栈桥"析里大桥，于今乃造，校致攻坚，结构工巧"。栈桥通行的结果是"丰稔年登。居民安乐，行人夷欣。慕君靡已"。此石刻歌颂的是东汉建宁五年（公元 172 年）武都郡太守李翕在今陕西略阳县徐家坪嘉陵江修建栈阁、泽惠行人的功德，反映了汉代嘉陵江上游交通艰险的实情，不见于正史记载，十分珍贵。《石门颂》全称《汉司隶校尉楗为杨君颂》，又称《杨孟文颂》。东汉建和二年（148 年）十一月镌刻于古褒斜道的南端，即今陕西汉中市褒城镇东北褒斜谷古石门隧道的西壁上。内容为汉中太守王升表彰杨孟文等开凿石门通道的功绩。1972 年因当地修建石门水库，凿迁藏今汉中博物馆。以"汉三颂"为代表的陇南、陕南汉代石刻是珍贵的嘉陵江上游古代石刻文献，对于研究高祖刘邦受封汉中和"明修栈道，暗度陈仓"的行军路线、汉代秦蜀间褒斜道的通塞和古代人工开凿石质山体隧道技术都有重要的历史地理与科学史价值。

嘉陵江上游的古代石刻文献近年来还在不断地被发现之中，2012 年 3 月四川省考古文物研究院组织中国国家博物馆、中国社会科学院考古研究所、中国人民大学、陕西省考古研究院、四川大学、暨南大学、西北大学、西南大学的相关考古、历史、地理、文博等专业领域的专家学者翻越汉中、巴中之间的米仓山对蜿蜒于巴山深处的古米仓道沿线进行了为期 12 天的科学考察，发现了多处石刻题记，内容多为修路、筑坝、兴学及其他乡规民约、安民告示等碑刻，其中，如

《石峡颂》《劈山开路让人行》《天宝四载太守郑子信此南北路移险造阁记》等重要石刻文献为以往有关书目文献未曾著录，鲜为学者所知。此外，这次科学考察还发现了平昌县的长安古道题刻、大石坎石刻、小宁城南宋题刻，通江县的得汉城题刻、碑坡古道题刻、渡水溪古道石碑、写字岩题刻及独善桥石碑，南江县的二洞桥天宝四年造阁记、琉璃关的宋绍兴三年金兵来犯石刻、嘉泰四年修路题刻和太子洞唐宋明清题刻群，合计字数达数千字，大多与古道的维修、拓展有关：有"虽非通府大道，实为往来要津，上至秦省，下及巴达"，"上通南汉，下达三江"，"自昔崎岖称鸟道，于今坦荡便人行"之描述；亦有描写古道环境恶劣者，"浩瀚夏水，湧激浪湍……以其往来负荷，临河而失色"；更有"岗抱双环，路开一线……水汇岷江，云连秦栈……拾级联登，置身霄汉"或"天柱中原"的气势①。这些题记早自唐宋，晚至民国，其中不乏具有重要文献学及历史地理学价值的石刻，如保存在今平昌县江口镇的《石峡颂》云："天开灵奇，重峦叠嶂，岗抱双环，路开一线，树老石悬，竹修烟暗，宿鸟晨飞，流萤夕璨，水汇岷江，云连秦栈，剑阁夔门，东西相间，玉垒铜梁，秀分厥半，拾级连登，置身霄汉。"文辞优美，描绘生动，不失为石刻佳作，其中所及巴山古道险峻难行的交通状态和沿途的原始生态环境值得重视。

三　结语

从嘉陵江流域地方文献的分布特点来看，早期以先秦、秦汉石刻文献为主，地方志则以明清编纂为最多，元朝以前方志因战乱和政治动荡等原因几乎亡佚殆尽。嘉陵江流域地方志数量虽然不算繁多，但不少属于上乘名志，如顺治《秦州志》、嘉靖《保宁府志》、嘉庆《续修汉南郡志》、乾隆《广元县志》等皆体例完备，门类齐全，内容详赡，为时贤与后世学者所称道。在清代地方文献中则以基层县衙档案的保存和研究最为突出。以清代《巴县档案》和《南部县衙档案》为代表的嘉陵江流域档案为全国两部数量最大、保存相对最为完整的清代基层县级档案文牍，对于研究有清一代基层社会的司法、婚姻、商贸、乡约、民俗、治安、家庭、税收、人口等皆有不可替代的重要价值，为当今学者所日益看重，研究论著已经十分丰富，此不赘述。但问题是目前除了《巴县档案》和《南部县衙档案》成为研究热点外，嘉陵江流域地方文献的保护和利用大多远远没有达到理想状态，许多地、县对清代地方文献尚缺乏统计、整理、汇编这样最基本的工作，有的堆放在仓库任其鼠咬虫蛀、生潮发霉，很多清代、民国地方文

---

① 孙秀丽：《考古徒步五百里，专家险行米仓道》，《中国文物报》2012 年 3 月 31 日。

献正在渐渐侵蚀消亡，前景堪忧。

地方文献是历史研究最为重要的基本资料之一，也是一个区域最为宝贵的历史文化遗产之一。可以预期，以《巴县档案》和《南部县衙档案》整理为前提的基础文献整理工作不仅将有力推动我国清史和基层政治、经济、社会的研究走向深入、细化的纵深，而且对于嘉陵江流域历史社会研究来说，全面挖掘、利用流域地区收藏的地方文献，对于进一步认识嘉陵江流域源远流长、丰富多彩的文化遗产，更好地为地方经济社会建设服务有重要的意义。

清代巴县婚姻档案及其史料价值分析

张晓霞*

清代巴县档案中有关婚姻类别的档案数量很多，但是现存巴县档案在整理时并没有"婚姻"这一类别，而是放在"妇女"类别之中，占据了"妇女"类档案的绝大部分。巴县妇女类别档案数量如下：乾隆朝221卷，嘉庆朝462卷，道光朝1128卷，咸丰朝902卷，同治朝1360卷，光绪朝2336卷，宣统朝200卷左右，合计约6600卷，本文主要讨论其中的婚姻档案。

一 清代巴县婚姻档案的保存状况分析

巴县婚姻档案大多数属于诉讼档案，当中也有少数涉及内政。其内容主要有节妇旌表、孀妇再嫁、嫁卖生妻、童养媳、悔婚、逼良为娼、妻子指控丈夫、婚外性关系等，从中可以看出清代巴县婚姻形态的多样化和婚姻关系的复杂性。这些婚姻形态和婚姻关系，既与清代其他地方有相同之处，也呈现出四川本地尤其是巴县这个特殊地域的特色，生动地反映了清代地方的婚姻关系及由此而涉及的各种经济、法律和社会关系。

以巴县乾隆、嘉庆、道光三朝为例。虽然理论上乾隆朝有200多卷婚姻档案，嘉庆朝有400多卷婚姻档案，但是档案的保存状态不是很好，损毁较为严重，残卷较多，字迹模糊不清，很难辨认。有些案卷只有1~2页，支离破碎，从中无法看出整个案卷和事情的全貌。还有相当部分的档案材料不全，没有知县的审断记录，大多只有一份告状和差票。知县在原告的告状中进行批示，予以受理，然后发出传

* 张晓霞，成都大学文学与新闻传播学院副教授。

讯，后面就没有接下去的记录了。这种情况有的是案件缺失，更多的情况可能是在知县发出差票之后，当事人担心上堂受审，已经在民间进行了调解，只不过他们没有按照法律规定的程序请息销案，知县也懒得再去追究，后面也就没有了相应的记录。所以真正乾隆和嘉庆年间保存比较完整的婚姻档案不到总数的1/10。相对而言，道光年间的档案数量较大，有1000多卷，虽然也有部分案卷是残卷，存在着一定程度的损毁，但是能够辨认清楚的也有1/2左右。另外，还有部分档案在整理过程中出现同一案卷被分成几个部分，散落在不同案卷之中，不同案卷的内容又被人为地放在一个案卷之中的情况。正件与附件分离，不同内容档案混杂，给我们全面了解案情造成了一定的困难。尽管如此，我们还是能从保存相对完好的几百卷婚姻档案中，对清代中期巴县的婚姻家庭关系有一个比较清楚的了解和认识。

二　清代巴县婚姻档案的史料价值分析

巴县婚姻档案是清代巴县衙门在行政管理和诉讼处理过程中保存下来的真实的历史记录，是当时当事直接形成的，并不是事后根据记忆或者传言编写的，具有图书、报刊和其他各种文献不能代替的特殊地位，价值珍贵，绝不亚于清代中央国家机关档案和私家档案。它不仅是清代社会生活的生动写照，还是清代地方衙门的活动记录、重大历史事件的重要佐证、清代地方官府文书的珍贵样品①。具体来说，巴县婚姻档案的史料价值主要表现在以下几个方面。

（一）研究清代中期四川婚姻家庭关系和整个社会的经济、法律、社会关系的最宝贵的第一手史料

巴县婚姻档案内容丰富，是研究清代巴县婚姻家庭关系的第一手史料。通过对清代巴县婚姻档案的研究，可以再现清代四川基层社会的婚姻形态、婚姻关系、社会经济状况、民俗文化、伦理道德结构，对巴县、四川乃至整个西南地区的地方风俗文化和社会、经济关系研究具有重要理论价值。

巴县婚姻档案中所记载的人和事比较具体，人物的命运曲折坎坷，向我们展现了丰富的生活形态和各种复杂的人际关系，比其他文献更加生动、更加具体、更加值得研究。类似清代地方档案的最可贵之处，就在于它给我们提供了大量细致入微，具体详尽，鲜明逼真，直接反映民间情况、基层情况的材料，即所谓的微观材料②。这些微观材料展现给我们的是丰富多样的人物形象、活灵活现的生

---

① 黄存勋：《清朝地方档案浅议》，《四川档案》1985 年第 1 期。
② 黄存勋：《清朝地方档案浅议》，《四川档案》1985 年第 1 期。

活场景以及当事人各方斗智斗勇的博弈关系，非常详尽而生动，有利于我们对清代婚姻关系进行深入探讨和微观研究。

巴县婚姻档案不仅为我们展现了清代诉讼文书中纷繁复杂的文种及其格式特点、清代四川的好讼及相关的诉讼制度，还为我们勾勒出了一幅幅下层社会婚姻万象的真实画面：从嫁卖生妻档案中，我们看到了官方的一再禁令与民间因穷苦而嫁卖生妻屡禁不止的矛盾和冲突；从孀妇再嫁档案中，我们看到了清代不断加大节妇旌表力度与下层社会孀妇再嫁普遍存在的对立和统一；从犯奸档案中，我们看到了因夫妻年龄差距过大、丈夫常年不在家、家庭穷苦等感情因素和经济因素所导致的各种婚外情；从卖娼档案中，我们看到被卖娼妇女的凄惨身世，她们大多来自巴县以外的其他地方，被丈夫或其他人因各种原因而逼娼。正是有了巴县婚姻档案，这些历史的真相才得以再现。而在这些真相之中，男女地位差距如此之大，妇女被当作丈夫的附属品，被丈夫任意嫁卖、逼娼，尤其让我们甚为悲愤和同情。所有这些，都是我们研究清代四川婚姻家庭关系的重要依据，也是我们探讨清代女性社会地位的必要素材，还是我们研究清代法律与地方实践之间联系和区别的重要样本。所以说，"清代档案在史料中不容忽视，应该把它放在研究历史的最高地位"①。

（二）与其他类文献和已有研究成果进行互证互补的重要文本

目前有关四川婚姻状况的文献主要有档案、地方志、笔记、小说、家谱等，这几类文献可以相互补充。例如，地方志、小说当中显示，四川存在着"典妻"的情况，但是在巴县婚姻档案中却没有记载，起码目前还没有在档案中明确看到"典妻"这个词。只有在卖娼类档案中看到一例比较类似的案例，但该案例是被知县当作"纵容妻子卖娼"来进行定案并审断的，并没有明确说明该案例是"典妻"。档案中没有明确"典妻"案件的记载，分析原因，是清代的四川没有这种现象，还是仅仅因为这类纠纷并没有闹上公堂，所以巴县档案中没有相关记录，这些都值得深入分析。在志书中，对某些人和事都是一笔带过，比如介绍某位节妇，就仅仅只有节妇的姓名等基本信息，至于该节妇到底有什么样的事迹，我们无从得知。但是巴县档案中有关节妇旌表的记载，却对节妇的详细信息及守节事迹有非常细致的说明，对我们理解清代的守节制度具有重要的价值。巴县档案中每一个坊厢有关男女人口的记载，可以非常准确地计算出清代巴县男女人口的比例，对研究嫁卖生妻、孀妇再嫁、通奸和卖娼之所以如此盛行具有重要的作用。巴县档案中有关育婴堂女孩死亡人数的记载，亦可以作为研究男女性别比例

① 雷荣广、姚乐野：《清代文书纲要》，四川大学出版社，1990。

失调的重要证据。而这些生动而翔实的资料，却是在志书、小说、笔记等文献中无法找到的。另外，在《民事习惯报告录》及其他很多记载中，有较多地方有转房婚、抢婚、招夫养夫、招夫养子等婚姻现象，巴县档案中是否有这类婚姻现象的记载，还有待继续深入研讨。

中国人民大学档案系（现为"信息资源管理学院"）的张我德先生在1982年四川省档案学会成立大会上对巴县档案的价值有精彩的评述，"（巴县档案）不但可以补充、订正一般史书记载的疏漏和错误，而且还可以使我们能够在历史研究中探索不少新的领域"，"比起高级衙门的档案，基层机关对这些问题的反映更具体，相对说也比较接近历史实际"①。相比清朝中央政府形成的刑科题本，类似巴县婚姻档案的州县诉讼档案更接近地方实际和历史真相，更能直接反映清代州县的民间百态、基层情况和衙门运作。相比清代的"会典"、"则例"等官书，州县诉讼档案也更符合实际，因为官书上的记载并不等同于地方的具体执行情况。相比以"官箴"为主的文献（含各种清代私家笔记），地方档案的记载也更为真实，如果没有档案的佐证，"官箴"等文献的记载也不可轻信②。相比各类官修志书，巴县档案的记载也更值得信任。比如有关清代巴县人口的统计，志书中的记载并不是自然人口，如果我们在研究的时候，错把《巴县志》中的记载当做了巴县的自然人口，可能我们得出的结论也就偏离了实际。

另外，对巴县婚姻档案的某些研究结论可以与郭松义等对全国婚姻关系的研究相互比较，比如郭松义对清代各省女子的平均初婚年龄进行研究，四川省统计人数1614人，平均初婚年龄16.87岁；贵州省统计人数388人，平均初婚年龄16.79岁③，笔者根据巴县婚姻档案所记载的女子初婚年龄进行统计，得出清代巴县女子平均初婚年龄为16.68岁，与郭松义对四川的研究很是吻合。

（三）研究清代诉讼文书的文种、书写格式及特点、文书制度等方面的极好案例

巴县婚姻档案，还为我们研究清代文书学提供了很多极好的案例和珍贵的样

① 此段文字是张我德先生于1982年5月30日在四川省档案学会成立大会暨第一次档案学术讨论会上的发言，重点谈到清代巴县档案的价值。

② 里赞在《晚清州县诉讼中的审断问题——侧重四川南部县的实践》一书中也对此作了评述。他举例说，刘衡在其《理讼十条》中表示："状不轻准，准则必审。审则断，不许和息也。"然而，将此段话拿到巴县档案或者南部档案中去对照就会发现，事实并非如此。大量的档案并没有批词或者判词，说明"审不一定断"；而相当多的案例也表明，案件已经开始审理，如果有人请息，知县一般都会批准销案。这说明，官箴中的记载并不一定就是实际情况，不可轻信。

③ 郭松义：《伦理与生活——清代的婚姻关系》，商务印书馆，2000，第211页。

品，对丰富文书学和档案学的理论也很有意义。从巴县婚姻档案中，我们可以看到多种类型的状式，有告状、禀状、诉状、息状、保状、结状、哀状、领状、恳状、限状、存状等，它们的书写格式各不相同，在不同朝代、不同时期还呈现出一定的变化。我们还可以看到"署四川重庆府巴县氏开县正堂加三级纪录无辞又军功加四级纪录一次随带马"这样超长的职衔，"须至牌者""此札"这样的文种表达，以及"右札巴县准此"这样的受文者表达。

在巴县婚姻档案中，照样有清代文书中常见的抬头、避讳等书写规则，尤其是巴县档案中常常出现的"大老爷台前"几个字，在抬写时使用了双抬甚至三抬，表现出地方衙门的气焰和威严，对我们理解清代森严的等级制度以及老百姓在知县大人面前身份的卑微和渺小，具有重要的作用。地方衙门在公文书写的实际运作上，与清代官方规定有较大差异。读这些档案的时候，我们仿佛也看到了威严的衙门，高高在上的知县，跪在地上仰望着他的平民以及站在两边的凶狠的衙役。

（四）研究清代律法规定与地方衙门案件审断实践差异的直接样本

关于婚姻，清代律法中有比较详尽的规定，其中还有若干条律例，将现实生活中可能出现的各种问题都考虑到了，并且都做了相关的规定，可谓"细致"。但是，通过对巴县婚姻档案的研究，我们发现地方州县在案件审断时，并没有完全按照律法的规定行事，与律法的规定差异较大。到底差异有多大，是什么样的差异，比律法更严格还是比律法更宽松，将这些档案与律法相对比，就很容易得出结论。

笔者发现，清律中对违反婚姻各条规定的处罚一般都比较重，但是知县在处理具体案件时，往往没有完全依照清律的规定来执行，处罚都比较轻。应该说，知县断案时情理因素的影响是远远大于法律因素的。影响知县审断的因素主要有妇女丈夫的态度、知县本人的原则、案件的具体情况、当事人对审断结果的接受程度等。如果知县想要丈夫将妻子领回团聚，但是丈夫坚决不同意，知县一般都会尊重丈夫的意见。有多个案例表明，知县将妇女发交官媒之后，如果妇女娘家人或者夫家人具哀状求情，要求将妇女领回另行择户或是回家抚养孩子，知县大多会同意。另外，不同知县在处理同一类案件时，其判案的轻重是不相同的，体现出知县本人的阅历、好恶、人生观和价值观对案件审断的重要作用，尤其在对犯奸类案件的处理上，不同知县在审断时的差别很大。所以巴县婚姻档案还是研究律法规定与地方审断之间差异的直接样本。

张晓蓓等认为，地方官府衙门档案的司法文献价值表现在三个方面：真实展现了清代法律制度的适用情况；具体生动地反映出清代地方和普通百姓的法律意识；真实反映了民众的权利义务理念、公平正义观念，以及民众如何通过诉讼达到自己的诉求等实际状态①。黄静嘉在《中国法制史论述丛稿》中也提到了巴县档案对于研究清代法制落实及运作实况方面的重要价值："如今此类文书一一出土重现，吾人正可藉之以重建清代相关法制如何落实及运作之实况，并可藉助于地方志、正史及稗官野史、人物传记、人物回忆录及札记、戏曲、小说、报纸、碑记、乡约、祠规、宗谱等，就当年法制之实然而予以补充。"②

（五）研究清代诉讼制度的重要素材

清代诉讼制度中的抱告制度、官代书制度、差票制度等，在巴县婚姻档案中也有直接体现。但是这些制度在档案中呈现出多样化的形态，显示出档案中具体案例的灵活多样和贴近实际。传统观点认为，妇女只有关于谋反、叛逆、杀伤、盗诈等重大刑事案件的独立起诉权，有关家庭、家族之事，一般不得作为"状首"起诉，只能由夫、父、兄、子之类的男性"抱告"代诉，代为出庭。在巴县档案中，有妇女因为细故而独立起诉、没有抱告的案例，知县在审断时并没有过多苛责。传统观点还认为，司法审判尽量避免传唤妇女，因为封建社会禁忌女人抛头露面，妇女在众目睽睽下受审则被认为是奇耻大辱。在巴县档案中，大量案例显示妇女在开庭审判时被传唤。这些都是我们研究清代诉讼制度的重要素材。同时，我们还看到了官代书戳记的不同样式，以及戳记在状纸中的不同位置，对研究清代的官代书制度具有重要的作用。

（六）借古鉴今的生动案例

通过对清代巴县婚姻档案的研究，可以探寻今天民间依然存在的各种不良婚姻形态和婚姻观念的思想根源，为相关主管部门的管理提供借鉴和参考。清代巴县民间的婚姻形态和做法与官方法律《清律》中有关婚姻的规定有诸多背离之处。比如禁止早婚、禁止嫁卖生妻、禁止典妻等，虽然官方有明确规定，民间因为多种原因仍然普遍存在。这些思想观念在今天也没有消失，依然存在于社会各个阶层，比如农村普遍存在的早婚现象，婚姻论财、厚妆奁财礼现象，结婚铺张、讲排场现象，伦理道德败坏等。对清代巴县婚姻档案的研究，可以对这些民间不良婚姻形态及观念进行梳理，探寻其深层次的思想根源和由来。而清代知县对这些诉讼的审断，亦可以为我们今天的政府提供一些借鉴。

另外，在卖娼类档案中，妇女卖娼者绝大多数都是从外地来渝之人，她们被

---

① 张晓蓓、张培田：《清代四川地方司法档案的价值评述——以清代巴县、南部县衙门档案为例》，《四川档案》2007年第5期。

② 黄静嘉：《中国法制史论述丛稿》，清华大学出版社，2006，第303页。

丈夫、公婆或者养父母、本生父母逼娼，产生了一系列的纠纷和诉讼，知县也对这些妇女做出了比较符合实际情况的较为合情合理的审断。绝大多数妇女都由母家领回另嫁，也有因家有子女需要抚养或者并无母家人可以承领等原因交给丈夫领回的，还有既无丈夫又无母家承领的交给官媒另行择户，甚至还有逐出境外或者递回原籍的。这些案例给我们今天的流动人口管理和城市治安管理提供了一定的思路。如今，城市人口数量暴增，外来务工人口急剧增加。有些贫穷人家的女孩和较多数量的已婚女性来到城市，没有一点经济基础，也没有亲戚朋友的帮助和引导。如果这时有人借机诱导，她们很容易走上娼妓的道路，给家庭、社会造成极大的困扰，影响了整个社会的安定团结。怎样让这些外来务工女性走上正确的人生发展之路，如何借助妇联、街道、社区多方的力量帮助她们找到工作，提升自身素养，做一个新时代自食其力、有文化、有追求的女性，是需要进行深入研究并抓紧实施的重大课题，应该引起各方足够的关注和重视。

综上所述，巴县婚姻档案作为一种档案文献，相对于其他文献更具真实性和可靠性，它是当时当事客观形成的历史记录，具有原始记录性，而且档案记载更贴近情理与历史真相，具有很高的历史价值。与此同时，我们也要清晰地认识到档案文献的缺陷所在。档案中当事人的说法可能有若干个版本，前面的告状、诉状和禀状与后面的供状和结状在事实描述上有较大的差距，有时甚至完全相反，夸大案情、捏情诬控者比比皆是。当我们看到甲的告状，我们可能会对乙义愤填膺；但当我们看到乙的诉状，我们又觉得甲做得太过分了。所以，当事人在状纸中都较为普遍地存在夸大案情，以引起知县的重视，最终成功受理的情况。因此，笔者认为，在分析具体案例的时候，要做到以供状、结状为主，辅以告状、诉状、禀状及其他材料，尽量更为客观地还原事实的真相，更为清楚地认识当事人当时的心理活动和思想历程以及真实意图。此外，档案中还不可避免地存在着书吏为了使行文更为流畅、更符合标准，而将堂审记录进行润色、修改、裁剪等情况，使得档案记录能够天衣无缝，达到或者符合一定的标准，在一定程度上影响了档案的真实性和可靠性。所以，我们要客观地看待档案文献中的记载，善于从中存真去伪，带有批判性地去研究。

三 清代巴县婚姻档案的研究现状分析

（一）利用清代地方档案进行研究的多，成果涉及婚姻及相关问题的少

近些年来，历史研究的重点从宏观的国家向基层社会转变，从名人、大事向微观、普通人物转变，对地方州县的研究成为热点，作为第一手资料的巴县档

案、南部县档案、冕宁档案、淡新档案、黄岩档案等，因为其生动、翔实、具体，相对其他文献更加真实可靠的特点，受到国内外学者和专家的青睐。美国、日本等国家的学者利用中国地方档案所出的成果显著，比如美国加州大学唐泽靖彦的论文《低层识字阶级社会文化活动》《清代中晚期法律文件中诉讼与口供语言运用与演变》，美国俄勒冈大学包筠雅的论文《清代司法制度》，美国密苏里大学魏达维的论文《清代的家族分家与父母赡养冲突》，日本学者滋贺秀三的论文《清代诉讼制度之民事法源的概括性考察——情、理、法》，等等。国内学者的论文和成果也非常丰富，比如四川大学里赞的著作《晚清州县诉讼中的审断问题——侧重四川南部县的实践》，重庆大学张晓蓓的著作《冕宁清代司法档案研究》，云南省大理学院李艳君的著作《从冕宁县档案看清代民事诉讼制度》，等等。但是这些国内外的研究成果都相对比较集中于对法律制度方面的研究和对司法语言的研究，对婚姻关系以及相关的经济和社会关系研究较少。

（二）研究婚姻关系的多，深入利用清代地方档案来进行研究的少

对婚姻关系进行研究的著作主要有郭松义的《伦理与生活——清代的婚姻关系》，郭松义、定宜庄的《清代民间婚书研究》，王跃生的《十八世纪中国婚姻家庭研究》和《清代中期婚姻冲突透析》等。这些著作的研究范围是全国，普遍利用了档案、方志、年谱、家谱等资料，内容非常丰富，具有非常重要的价值。但是考察这些著作所利用的档案，却仅局限在第一历史档案馆所藏的刑科题本类档案，并没有深入利用清代地方州县档案来进行研究。所以，这些著作具有一定的普适性，对地方州县的针对性不强。

（三）对清代巴县婚姻档案进行深入研究非常重要而且必要

近些年，清代地方档案尤其是清代州县档案的特殊价值引起了各方的重视。2011 年，西华师范大学历史文化学院与南充市档案馆联合申报的课题"清代南部县衙档案整理与研究"获得国家社科基金重大项目立项（批准号：11&ZD093）就是一个好的信号。四川巴县（今属重庆市）在历史上一直占据着重要的战略地位，为嘉陵江和长江的汇合口，地处重要交通枢纽，商贾云集，是四川东部的政治、经济、军事和文化中心。移民数量大，流动人口多，在思想观念上也比四川其他偏远地区相对开放和先进。所以相比南部档案而言，巴县婚姻档案在内容和形式上应该更为丰富多样，在价值上应该更胜一筹。2010 年 2 月22 日，"中国档案文献遗产工程"国家咨询委员会议评定通过了《中国档案文献遗产名录》第三批入选项目，四川省档案馆选送的"清代四川巴县档案中的民俗档案文献"成功入选，这份民俗档案就是巴县婚姻档案中测算结婚吉期的

"喜课"。

　　《礼记正义》："天地合而万物兴焉，夫昏礼万世之始也"，"昏姻者，将合二姓之好，上以事宗庙，而下以继后世也"。有了婚姻，才有家庭、社会、民族、国家，婚姻形态、婚姻质量直接关系着家庭和社会的稳定，其重要性不言而喻。祖晓敏在《近二十年来明清婚姻问题研究述评》一文中总结道："一个时代的婚姻是一个十分广阔的领域，它是许多社会现象的综合，折射出那个时代的经济、政治、伦理道德、家庭、心理等多个方面。"① 清代巴县婚姻档案是很值得研究的，因为这些婚姻档案会折射出很多的经济、社会、民俗等相关问题。但是在笔者从中国知网（CNKI）和论文集中收集到的 79 篇研究巴县档案的论文中，有关婚姻档案的只有 2 篇，专门以巴县婚姻档案为研究对象的专著至今也没有一本问世。

　　综上所述，清代巴县婚姻档案具有重要的价值，应该进行深入探讨和研究，但是现有的研究在广度和深度等方面都还远远不够，亟待引起研究者们足够的重视。

---

　　① 祖晓敏：《近二十年来明清婚姻问题研究述评》，《安徽冶金科技职业学院学报》2005 年第 2 期。

民国地方档案文件级著录探析

左平 赵明[*]

随着民国档案著录工作的进行，对于民国档案著录理论和实践的探索已取得了不少成果，或着手于著录规则的分析和制定，或致力于案卷级著录的理论探索和实践总结。但对于文件级著录，只限于理论层面的研讨。本文立足于四川省南充市档案馆民国档案文件级著录的实践，拟对民国档案文件级著录的有关问题加以探析，以进一步加强民国档案著录理论研究和推动民国地方档案文件级著录的顺利进行。

一 著录标准的坚持与灵活运用

目前，民国档案著录标准以案卷级著录为主，而民国档案著录包括案卷级著录和文件级著录。为了更好地指导文件级著录工作，保证文件级著录质量，南充市档案馆依据由中国第二历史档案馆编制、国家档案局发布的行业标准第DA/T20.1—1999号《民国档案著录细则》、第 DA/T20.4—1999 号《民国档案机读目录软磁盘数据交换格式》《民国档案分类大纲》以及四川省档案馆编制的《四川省重点档案抢救项目数据加工采集细则（民国档案部分）》，结合本馆所藏民国档案的实际，制定了《南充市档案馆民国档案抢救项目整理细则（著录部分）》，包括著录目的与依据、著录基本要求、著录项目、著录项目书写格式、著录内容识别符号、著录方法及要求、题名示例七方面内容，明确提出著录"要做到数据采集完整、录入准确，操作规范"，"直接使用计算机进行数据采集，使用'易用'软件"，"要做好备份，确保档案信息安全"。同时，针对

* 左平，西华师范大学历史文化学院副教授；赵明，四川省南充市档案馆工作人员。

地方档案及整理和著录使用之"易用"软件的实际，提出档号项只著全宗号、目录号（如未分，则不著）和案卷号，页号单独著录；文号项根据档案原件上的文号著录，如原件没有文号，则不著录；如此等等。这样既坚持了国家、省级档案著录标准，又结合地方档案实际明确了档案文件级著录的目的、要求、内容和方法等，为民国地方档案文件级著录提供切实可行的标准。

二 著录内容和著录方法

民国档案文件级著录利用"易用"软件，直接使用计算机进行数据采集，对档号、保管期限、文号、责任者、题名、页号、成文时间、备注、分类号、档案馆代码、控制与开放、文种等项进行著录。

文号：指文件的代字代号，但文件的期刊号不是文号。文号项按原件上的文号著录，如"储良秘字第0086号"。如果原件没有文号，则不著录。

档号：指在整理和管理档案的过程中，以字符形式赋予档案的一组代码，包括全宗号、目录号、案卷号、页号。全宗号指档案馆给定每个馆藏全宗的代码。目录号指全宗内案卷所属目录的代码。案卷号指全宗内案卷排列的顺序号。页号指案卷内文件每页（张）的顺序号。全宗号、目录号、案卷号、页号采取定位数。全宗号4位，目录号2位，案卷号3位，页号3位，当位数不足时，必须补零。如6号全宗就写成M006，2号目录就写成02，第213号卷就写成213，第70页就写成070。著录时，各号间以"－"隔开。

在著录所用的"易用"软件中，页号是单列的，因而档号项只著全宗号、目录号和案卷号。如第2全宗第1目录第176卷，著录为"M002－01－176"。南充市档案馆所藏部分民国档案全宗并未分目录，仅以案卷立档，故档号项只著全宗号和案卷号。如第8全宗第95卷，著录为"M008－095"。

责任者：指文件的作者，即对文件负有责任的机构和个人。责任者文字控制在30个文字之内，包括分号"；"在内。（1）责任者必须用全称，通用的可用简称。当责任者不能确定其全称时，应当查阅档案予以确定。机构全称参见《四川省重点档案抢救项目数据加工采集细则（民国档案部分）》附表，如"四川粮食购运处第十一区督察办公处""四川粮食储运局嘉陵区储运分局""阆中县出征抗敌军人家属优待委员会"等。（2）地名不作为责任者，但机构名称前地名不能省略。如"南充县政府田粮处"不能著录为"县政府田粮处"。（3）责任者前不写"民国"二字，地、市、县机构前不贯"四川省"，而乡、镇、区机构前则须贯县名，如"阆中县二龙乡公所""阆中县老鹤乡公所"。责任者可适当上位到其直属上级机构（只针对小机构）。如南充县警察所二中队，可著录为

"南充县警察所"。（4）多个责任者之间必须用分号"；"间隔。如"西充县田赋粮食管理处；西充县政府"。责任者为各个独立的多个责任者，不能用"等""各"字及笼统词表述，而应分别加以著录，如"杨文烈；梅兴和；陈国明；徐竟成；祝明薛"。多个并列的同系统的责任者，不能用顿号间隔，应分别著录。如广安县协兴、得胜、天池等乡公所，应写为广安县协兴乡公所、广安县得胜乡公所、广安县天池乡公所。题名中涉及多个联合发文作者时，应在责任者字数范围之内，将各个责任者一一著录。（5）当题名中文件作者明确时，责任者应为文件作者。请示与批发文件的责任者，应为下级机关和上级机关。转发、抄转文件的责任者，应为转发文件机关和成文机关。当题名主题是诉讼案件时，责任者用承办案件的司法机关或立档单位，不确定为当事人。（6）当题名中文件作者不能明确时，责任者可用立档单位，即全宗构成者。考证出的责任者加"［ ］"标识符，未考证出责任者的以"□□□"代之。

题名：一般指文件标题，是直接表达档案内容特征和中心主题的名称。题名文字控制在60个汉字之内，包括顿号"、"和书名号"《》"在内。（1）题名要直接表达档案内容特征和形式特征，尽可能尊重档案原标题名称。如果档案原有的标题准确规范完整，直接著录即可。如"昭化县仓库收拨粮食年度报告表""赵兴瑞粮船失吉证明书""本所除名登记船户清单""三十三年度征借粮谷移交清册""三十五年元月二十九日霉米估价会议记录""所属修建仓库会计处理办法""抢救失吉米粮运输证""三十三年度集中运输粮食费用支出预算书""抢救费收据"。（2）题名所用的词应尽量体现时代特征。但对一些带有政治色彩具有攻击、污辱性词语，不应在题名中著录，而应使用中性词。要克服纯客观主义做法，像"×匪"等词语，必须改正，"采用客观、中性、写实的词汇进行处理"。（3）题名中出现用时间合成的具有特定意义的词语时，照录原文。如"民七国会""民元约法""民国三年公债"等，不能写成"1918年国会""1912年约法""1914年公债"。（4）题名中不用标点符号，人名、地名除外，书名号可以保留。标题中多个人名、地名之间用"、"间隔，如"罗德辉、段茂尧、杨天华、王昆臣出差人员报告表"。（5）题名中涉及人名的必须将人名写全，不能只有姓无名或有名无姓。无法确定全名的，残缺文字可用标识符"□"代之。题名中的地名不能用简称，必须写全称。如天芦宝或甘阿凉，应写为天全芦山宝兴或甘孜阿坝凉山。题名中涉及并列的多个带数字的机构或年度，须将机构和年度的名称一一写全，不用顿号间隔（年度也可写成□□□至□□□年），如民国三十二、三十三年写成民国三十二年和三十三年。题名中涉及具有上下级关系的机构，其上级机关和下级机关的名称必须写全称，不能省略。如"为奉饬本局各机关发动志愿从军由致南充县知识青年志愿从军征集委员会公函"。（6）若档案原有题名未揭示主题内容，反映中心主题不明确或没有题名时，应浏览档案全文，重拟标题。题名形式一般为："为……由 + 呈、饬、令、致、电、咨 + 受文者 + 文种"。如"为呈报启用钤记日期并摹呈印模二份请予鉴核备查由呈嘉陵区办事处呈文""为奉令规定公务员患病拨照本机关请假规则规定核给治疗日期以服务年限为定由饬嘉陵区储运分局训令""为据转南充聚仓呈请增加驳船征调员津贴一案令仰知照由饬嘉陵区分局指令"。

成文时间：即文件的形成日期。一般公私文书应著录制成时间，法律、决议、决定等应著录通过时间或发布时间，条约、协议、合同应著录签署时间，计划、报表、预算、决算应著录编制时间。（1）民国档案文件级时间为 8 位，其中年份 4 位，月份 2 位，日期 2 位，不足则补零。例如，民国三十五年九月二十六日，著录为"19460926"。（2）文件时间有年份而无月份或日期，则月份或日期补零。如民国三十五年，则著录为"19460000"，民国三十四年六月，则著录为"19450600"。（3）文件时间不明确的，应根据该文件内容和收文日期、前后文件的时间进行判断。（4）文件无时间且无法判断的，著录标识符"□□□"。（5）时间的公元换算。民国档案的时间以民国纪年，而著录文件时间是公元纪年，故应将民国纪年换算成公元纪年。其换算公式为：公元×××年 =（民国）××年 + 1911 年。如民国三十二年，则换算为公元 1943 年 =（民国）32 年 + 1911 年。

档案馆代码：即依据《编制全国档案馆名称代码实施细则》规定确定的某档案馆的统一编号。南充市档案馆代码为"451230"。

控制或开放：指导档案馆馆藏档案是否限制使用或公开利用。不对外开放的档案用控制使用符号"＊"表示；对外开放的档案著"开放"二字。

文种：按文件使用特征、内容性质区分的文件名称。（1）按档案历史原貌，依据《民国文书档案名称表》规范著录。（2）中华民国旧政权规定的公文名称主要有"令""训令""指令""布告""任命状""呈""咨""公函""回批"等。条例之外的常用公文还有"代电""手谕""布告""告书""通告""牌示""说帖""宣言""证书""广告"等名称，以及司法文书。

分类号：指馆藏档案的分类标记符号。根据《中国档案分类法》编委会所编《中国档案分类法》第 2 版之《民国档案分类表》来著录。在实践中坚持以下三原则：其一，分类不宜过多。根据文件的主要内容，一般一份档案标引 1 ~ 2 个分类号。其二，分类宜粗不宜细。一般一份档案标引到二级类目，如 C12（地方自治）、L13（田赋）等。如果没有专指的分类号，可以上位，即上到一级类目。其三，就近分类。《民国档案分类表》是国家层级的标准，主要针对民国中央档案，而南充市档案馆所藏多为地方档案，其分类可能在《民国档案分类表》中无明确规定，故著录时实行就近原则，即根据档案内容，在《民国档案分类表》中寻找相近、相似的分类号进行标引。

备注：著录各著录项目中需要解释和补充说明的事项，其内容必须是著录正文中各项目中未被反映的内容，如档案实体状况（虫蛀、霉损等）、特殊载体（照片、底片、录音带、印章、印花税票、邮票等）等。

上述著录各项，据《民国档案细则》，档号、责任者、题名、页号、成文时间、分类号、控制与开放、档案馆代码等属于必要项目，而文种、保管期限、文号、备注等则属于选择项目。据其特征，档案馆代码、档号、页号、文号等为定位描述项目，题名、责任者、成文时间、保管期限、控制与开放、备注、文种等为自由著录项目，分类号为规范化标引项目。就其属性而言，文号、责任者、题名、成文时间、文种等项是档案本身具有的，而档号、保管期限、页号、备注、分类号、档案馆代码、控制与开放等项是出于档案管理和利用附着档案的。就各项著录的难易程度而言，文号、档号、页号、责任者、成文时间、文种等项在档案原件上能够呈现出来，相对容易，而题名及基于它的分类号、控制与开放、保管期限、备注等项须浏览档案后著录，相对较难。由于各档案馆的代码是固定的，档案馆代码项可以在软件上统一添加著录。著录时，坚持由易到难的原则，能在软件上统一添加则行之，否则分件分卷著录。

三 馆校合作和著录质量

档案著录质量的好坏，关键在于著录人员。民国档案文件级著录及其数字化的工作量将数倍乃至数十倍于民国档案案卷级著录，仅凭档案馆自身力量难以胜任，需要充分谋求社会力量的支持。因此，加强馆校合作，充分利用高校资源，实为良策。其因在于：首先，随着我国改革开放的进一步深化、社会主义市场经济的逐步建立，以开放的心态、创新的意识，努力并科学地谋求社会力量尤其是高校的支援乃为双赢之举。其次，各地档案馆在档案整理时谋求社会力量的支援已有不同程度的实践。例如，中国第一历史档案馆聘用了具有相当古文功底、热爱历史的人员进行清代档案的编目与著录标引；中国第二历史档案馆也从大学招聘了研究生从事外文全宗的文件级整理；等等。更重要的是，该馆已有馆校合作的经验，如在整理地方文化瑰宝——清代南部县衙档案时就已聘用了优秀研究生。故民国档案文件级著录工作仍坚持馆校合作，聘用大学优秀研究生。同时对他们进行了著录培训，内容包括档案安全、著录质量、著录软件的使用、著录方法及流程、著录背景知识（包括档案学、民国史、古代汉语等）等。通过培训，加强了著录人员的档案安全意识，强调了档案著录质量的重要性，并使他们尽快尽好地掌握了著录方法。同时，为了明确权责，确保档案原件安全和著录质量，南充市档案馆还与著录人员签订了《民国档案著录合作协议》，提出"必须严格按照《民国档案著录细则》和《南充市档案馆民国档案抢救项目整理细则（著录部分）》进行"，"如发现问题要及时上报，不得随意改动"，"若出现不符合质量要求的，必须返工重新著录"等。此外，对著录人员实行动态管理，如其无法保证必要的著录时间，或者其著录质量确实达不到要求，则可以中止著录合作协议。

在著录实践中，由于著录人员粗心疏忽，标准掌握不确切，方法运用不当，加之片面追求速度，常常出现漏著、冗著或误著，从而降低著录质量。而著录质量是民国档案文件级著录的生命，故必须采取各种措施保证和提高著录质量。除了坚持和灵活运用标准，聘用优秀的著录人员，掌握正确的著录方法外，著录审查也是不可或缺的。著录审查包括自查和主查。自查即自己审查，就是著录人员对著录各项进行初步审查，以避免漏著和明显的误著。主查即专人负责审查。主查人员必须具有广博的专业知识，熟练掌握档案著录标准，具备丰富的著录经验以及较强的应变能力。主查人员不仅要密切注意著录人员的漏著，更要结合档案对著录内容进行仔细审查，避免冗著或误著。对于审查出的问题，主查人员应该及时反馈给著录人员让其重新著录，并提醒应避免再出现类似的错误。

《水经注校证》校读续记

王华宝　王勇[*]

　　中华书局2007年7月出版著名郦学家陈桥驿教授的《水经注校证》，被称为"代表了当代最高整理研究水平"，"在21世纪的郦学史上具有里程碑意义"。陈先生从事郦学研究六十多年，成果丰硕，为世人所关注，曾出版多种《水经注》整理本，重要的有：1989年6月江苏古籍出版社出版的段熙仲点校、陈桥驿复校的杨守敬、熊会贞《水经注疏》（以下简称"苏古版"）；1990年9月上海古籍出版社出版的点校本《水经注》（以下简称"上古版"）；1999年4月杭州大学出版社出版的校注本《水经注校释》（以下简称"《校释》"）等。这些书均曾获得学术界的好评，并屡获大奖。另有普及读本，即1996年10月贵州人民出版社出版的《水经注全译》，署名陈桥驿、叶光庭、叶扬译注。

　　关于《校证》，从底本选择来看，据该书《整理说明》和书评《中国经典古籍整理研究的重要成果》一文介绍，该书采用了戴震在四库馆校定的本子；就参校版本和参校文献来说，"本书所用的主要参校版本有34种……几乎囊括了自宋以来最重要的《水经注》版本，其中不少为珍稀版本和手稿孤本。加上陈桥驿教授的精心校勘、细致梳理，使得本书包含了大量有价值的版本信息。一册在手，众本毕集，惠泽学林，功德无量"，"难能可贵的是，陈桥驿教授发挥在历史地理上的独特优势，还核查地方志120余种以及其它相关文献近300种，这是一般学者不易做到的"。而从学术成果的吸收和个人创见的融入来看，该书以《水经注校释》为基础，"增补近代郦学研究成果"，主要是熊会贞、杨守敬合著的《水经注疏》，《胡适手稿》中的相关内容，陈先生自己的《郦学札记》诸书。

---

　　*　王华宝，东南大学人文学院教授，东南大学文献学研究所所长；王勇，文学博士，江苏大学文法学院讲师。

李解民先生认为："陈桥驿教授的校勘堪称典范，值得我们敬畏和效法。"

大凡从事过古籍整理的人都知道，要做到"标点准确，校勘精审，按断信实"，看似容易，实际很难。对这一类称为"典范"的成果进行深入的探讨，对提高古籍整理研究和出版的水平，无疑具有极大的促进作用。况且作为陈教授诸多论著的受益者①，也理当贡以刍荛之见。2008 年，笔者与王勇博士曾撰写《〈水经注校证〉校读札记》一文②，讨论了 40 处疑误之处。近日又将平昔札记稍加董理，录出 40 条，仍依原书次序编为一束，以就教于方家。

1. 城中有石柱，亦高三丈余，上有师子柱，有《铭》，记作泥犁城因缘，及年数日月。（卷 1/页 8 行 10）

按：此文宜作"上有师子，柱有铭"，《水经注全译》25 页译为"柱头雕着狮子，刻有铭文"，可参。又，"及"前逗号似可删去。

2. 郭淮破叛羌，治无戴，于此处也。（卷 2/页 50 行 12）

按：于"无戴"下加专名线，作"治"的宾语，误。三句宜并为一句。朱谋《水经注笺》："据《魏志》，故无载当作治无戴，乃羌人名。"朱说是也。郦道元抄变《三国志·魏书·郭淮传》，原为："淮进军趋西海，欲掩取其累重，会无戴折还，与战于龙夷之兆，破走之。"可参证。多本标点有误，并宜正之。

3. 服虔曰：新秦，地名，在北方千里。（卷 3/页 76 末行）

按：在北方千里，宜标点为"在北，方千里"，方指方圆，周围。方千里，即方圆千里。常见形式为"地方千里"。《史记·平准书》张守节《正义》引服虔说，"方千里"改作"地广六七百里"，文虽有异，"方"改为"地广"，亦可参。

4. 亭上旧置凉城县，治此。（卷 5/页 135 行 4）

---

① 我们习读《水经注》有年，王华宝曾撰《〈水经注〉新整理本之考察》，《古籍研究》1998 年第 3 期；《三版〈水经注〉标点商兑》，《文教资料》1996 年第 5 期。王勇撰有《〈水经注校释〉校勘疑误商议》，《语文学刊》2006 年第 1 期。
② 载于拙著《古文献问学丛稿》，中华书局，2009。

按："凉城县"非也。依前文"（白马故渎）又东北迳白马县之凉城北。《耆旧传》云：东郡白马县之神马亭，……西南侧城有神马寺，树木修整，西去白马津可二十许里，东南距白马县故城可五十里，疑即《开山图》之所谓白马山也"。可知亭上旧置之县实为"白马县"，故"凉城县"之"县"字当属下读作"县治此"，谓白马县故治在凉城。

5.（袁）绍围洪，城中无食，洪呼吏士曰：洪于大义，不得不死，诸君无事，空与此祸。（卷5/页144行2）

按：无事，不必也。刘淇《助字辨略》已释之。"无事"后逗号当去。此抄变《三国志·魏书·臧洪传》，详参吴金华先生《三国志校诂》①。多本标点有误，皆因不明词义，并宜正之。

6. 按《汉书》，昭帝元凤六年，封右将军张安世为富平侯。薨，子延寿嗣国，在陈留别邑，在魏郡。（卷5/页147行4）

按：后半段"在陈留别邑，在魏郡"，义不明。此处"国"指国都，《左传·隐公元年》："先王之制，大都不过参国之一"，即此用法。别邑，犹别都，陪都。参《汉书·张延寿传》可知，宜标点为："薨，子延寿嗣，国在陈留，别邑在魏郡。"《全译》本（171页）不误。

7. 昔赵武灵王游大陵，梦处女，鼓琴而歌，想见其人，吴广进孟姚焉，即于此县也。（卷6/页158行9）

按："鼓琴而歌"者实是赵武灵王梦中之"处女"，然若依原文标点，则主语混乱不清，故标点宜改作"昔赵武灵王游大陵，梦处女鼓琴而歌"。

8. 蔡伯喈谓卢子干、马日磾曰：吾为天下碑文多矣，皆有惭容，惟郭有道，无愧于色矣。（卷6/页160行8）

按："郭有道"有专名线，疑误。此处"郭"指郭林宗，《后汉书·高士传》有传。上文载其墓碑文，为蔡氏所撰，碑文见于《隶释》。"有道"指有道德者，

---

① 见吴金华先生《三国志校诂》，江苏古籍出版社，1990，第54页。

为常用语，如《论语·学而》："（君子）敏于事而慎于言，就有道而正焉，可谓好学也已。"何晏《集解》引孔安国曰："有道，有道德者。"后多称为"有道之士"。汉代有选举科目"孝廉、有道、方正，茂才"，对此类词语，一般也不加专名线。

9. 圈称曰：昔天子建国名都，或以令名，或以山林，故豫章以树氏郡，酸枣以棘名邦，故曰酸枣也。《汉官仪》曰：旧河堤谒者居之城西，有韩王望气台。（卷8/页203行3）

按："旧河堤谒者居之城西"揆之情理似有未安，疑"城西"二字属下读"城西有韩王望气台"，则"旧河堤谒者居之"即谓旧时河堤谒者居于酸枣城内。《太平寰宇记》卷二《河南道二·东京下·酸枣县》："望气台在县西南十五里，《舆地志》云：酸枣县西有韩王望气台。"文言韩王望气台在县西（南），是其明证。

10. 孙子荆《故台赋叙》曰：酸枣寺门外，夹道左右有两故台，访之故老云：韩王听讼观台，高十五仞，虽楼榭泯灭，然广基似于山岳。（卷8/页203行5）

按："听讼观"连文于史籍习见，然以"听讼观台"连言，则于史籍罕闻。疑"台"字属下读作"台高十五仞"，此是顺承上文"两故台"而言，乃是郦氏之语而非复故老之言矣，故"韩王听讼观"当用句号。

11. 熹平四年迁州，明年甘露复降殿前树，从事冯巡、主簿华操等相与褒树，表勒棠政。（卷8/页215行6）

按：此处文义似通非通，标点可疑。古籍未见"褒树"一词；《汉语大词典》第一册第537页"表勒"一词，释义"谓刻石记载"，亦系孤证，颇可疑。"褒树"之"树"属下，亦通顺。"褒"字可单用，与"贬"相对，指夸奖，称赞。树表，竖立标识，建立标记，《汉语大词典》第四册第1301页有词条，举《墨子》《史记》用例，可参证。相与，指共同，一道。棠政，即棠树政，谓惠政，德政。这里指二人和同僚一同称赞剡县县令薛季，立碑记载他的德政。

12. 故《卫诗》云：泉源在左，淇水在右，卫女思归。指以为喻淇水左右，盖举水所入为左右也。（卷9/页236行9）

按："泉源在左，淇水在右"为《诗经·卫风·竹竿》原文，后当加句号。"卫女思归"为毛传文字，宜分开。"指以为喻"后宜加句号。此引号下溢也。标点改为："故《卫诗》云：泉源在左，淇水在右。卫女思归，指以为喻。"

13. 又西迳王莽城南，又西，到剌山水注之，水出到剌山西山，甚层峻，未有升其巅者。（卷13/页318行13）

按：依原文标点，则"甚层峻"的主语变成"到剌山水"，显非郦注原意，故标点宜改作"水出到剌山西，山甚层峻，未有升其巅者"。"水出"后有方位词，亦郦氏叙述的常见格式。

14.（小辽水）西南至辽队县，入于大辽水也。（卷14/页351行13）

按：宋本《三国志·魏志》卷八《公孙度传》："景初元年乃遣幽州刺史毌丘俭等赍玺书征（公孙）渊，（公孙）渊遂发兵逆于辽隧。"《永乐大典》卷一万一千一百三十二所录《水经注》经文"（小辽水）西南至辽隧县入于大辽水也"。可知，"辽队"疑为"辽隧"之讹。陈氏《水经注校释》（261页）亦误。

15. 又东沉书于日稷，赤光起，玄龟负书背甲，赤文成字，遂禅于舜。（卷15/页373行6）

按："玄龟负书背甲"标点有误。"背甲"当下属读作"背甲赤文成字"。《唐开元占经》卷一百二十《龙鱼虫蛇占·龙龟鱼虫瑞·玉龟、龟负图、玄龟负图》："《尚书中候》曰：唐帝沉璧于洛水，龟负书出，背甲赤文成字，止坛也。"是其证。

16. 湮水又西迳峣关，北历峣柳城。（卷19/页456行4）

按："北历峣柳城"之"北"字宜上属为文，读作"湮水又西迳峣关北"，此乃郦氏行文通例。

17.《土地记》曰：蓝田县南有峣关，地名峣柳道，通荆州。（卷19/页456行6）

按：以"峣柳道"为名之地于史未闻，而"峣柳"则习见于史籍，《元和郡县图志》卷一《关内道一·京兆府上·蓝田县》："县理城，即峣柳城也，俗亦谓之青泥城。桓温伐苻健，使将军薛珍击青泥城，破之，即其处也。"校勘记引顾祖禹曰："峣柳城，今蓝田县治。青泥城，在县南七里。"是知"地名峣柳道"之"道"字宜下属为文，读作"地名峣柳，道通荆州"。

18. 魏明帝景初元年，徙长安，金狄重不可致，因留霸城南，人有见蓟子训与父老共摩铜人曰：正见铸此时，计尔日已近五百年矣。（卷19/页458行9）

按："徙长安"语意未完，下文"金狄重不可致"之"金狄"二字当属上读作"徙长安金狄，重不可致"，本书卷四有："其（即金狄）在者三，魏明帝欲徙之洛阳，重不可胜，至霸水西停之。"是其证也。且"因留霸城南"后逗号当改作句号，《搜神记》卷一"蓟子训"条载："正始中，有人于长安东霸城，见与一老公共摩挲铜人，相谓曰：'适见铸此，已近五百岁矣。'见者呼之曰：'蓟先生小住。'并行应之。视若迟徐，而走马不及。"可见"徙长安金狄"与"共摩铜人"两事非在一时，可为其证。

19. 渭水之阳即怀德县界也。城在渭水之北，沙苑之南，即怀德县故城也。世谓之高阳城，非矣。《地理志》曰：《禹贡》北条荆山在南山下，有荆渠，即夏后铸九鼎处也。（卷19/页466行2）

按："南山"下有专名线，"《禹贡》北条荆山在南山下"句意不可解，北条荆山岂可在南山之下？检《汉书》卷二八上《地理志上》："襄德，《禹贡》北条荆山在南，下有强梁原。"知北条荆山在怀德南，非谓在南山下，则当于"北条荆山在南"后逗断，而以"山下"二字下属为句，作"山下有荆渠"。陈先生以地名研究见长，所整理的《水经注》读本，于文字校勘、标点等时有欠妥之处，多因不明词义、语法等。并且陈书的疑误之处沿袭已久，已有多篇文章讨论过，许多已指出的问题，仍未见后出的《校证》等吸收，我们认为，应当对《水经注校证》作全面的校订。

20. 或云，即古仙人王乔也，是以干氏书之于神化。（卷21/页504行8）

按：《神化》是干宝《搜神记》中的篇名，王乔事亦见载于今本《搜神记》卷一，汪绍楹注："是本条当在本书《神化》篇中。"① 亦可参。此处漏书名号。

21. （圃田）泽在中牟县西，……中有沙冈，上下二十四浦，津流径通，渊潭相接。各有名焉：有大渐、小渐、……牛眼等。浦水盛则北注，渠溢则南播。（卷22/页526行3）

按：前言"上下二十四浦"，后则详列其名，检所列浦名正是二十四个，故知"浦水盛则北注"之"浦"字当属上读，作"各有名焉：有大斩、小斩、……牛眠等浦"。"水盛"与"渠溢"也正相对。

22. 巨洋又东北流，尧水注之，水出剧县南角崩山，即故义山也。……水即蕤水矣。《地理志》曰：剧县有义山，蕤水所出也。北迳山，东俗亦名之为青山矣。（卷26/页619行12）

按："北迳山，东俗亦名之为青山矣"句读误，"东"字当上属为句，读作"北迳山东"，意谓蕤水自南向北流经山东侧，语意明晰。前文"河水又北迳典农城东，俗名之为吕城"（卷3），"颍水又东南迳蜩蟟郭东，俗谓之郑城矣"（卷22）句式皆与此同，标点不误。

23. 故《春秋》襄公四年，魏绛曰：浇用师灭斟灌，及斟寻氏处浇于过，处豷于戈，是以伍员言于吴子曰：过浇杀斟灌以伐斟寻是也。（卷26/页620行11）

按："及斟寻氏"四字当属上，句读作"浇用师灭斟灌及斟寻氏，处浇于过，处豷于戈"，故应在"斟寻氏"后读断。《春秋左传注》将"灭斟灌及斟寻氏"连读，是其证也。

24. 汉水又东迳胡城南，义熙十五年，城上有密云细雨，五色昭彰，人相与谓之庆云休符。当出晓而云霁，乃觉城崩，半许沦水，出铜钟十二枚，刺史索邈奉送洛阳，归之宋公府。（卷27/页646行4）

---

① 《搜神记》，中华书局，1979，第7页。

按："当出晓而云霁"意不可解，"晓"意为早晨，"当出"二字宜上属为句，读作"人相与谓之庆云，休符当出。晓而云霁，乃觉城崩"云云。

25. 晋咸和中，历阳谢允，舍罗邑宰隐遁斯山，故亦曰谢罗山焉。（卷28/页660行1）

按："舍"，舍弃之意。原文谓罗邑令谢允弃官隐居此山，故山以为名。《水经注疏》此句下疏文："会贞按：《真诰·稽神枢》，谢允，字道通，历阳人，少英毅，历仕罗邑宰。晋咸和中，上表辞官，西上武当山，结茅石室，自号曰谢罗山，盖谢脱罗邑之宰也。"例证甚碻。《永乐大典》本"舍"作"舍"，更无歧解，故"历阳谢允，舍罗邑宰隐遁斯山"之逗号当删去。

26. 晋太康中得鸣石于此，水撞之声闻数里。（卷28/662行8）

按："得鸣石于此"后不当逗断，"水"宜上属，原文标点作"晋太康中，得鸣石于此水，撞之，声闻数里"，方文意畅通。《晋书》卷二十八《五行中》："永康元年，襄阳郡上言，得鸣石，撞之，声闻七八里。"可为比照。

27. 旁有青山，一名夏架山，山有洞穴，潜通洞庭山。上有石鼓，长丈余，鸣则有兵。（卷29/页685行2）

按：太湖中有"洞庭山"，然青山与洞庭山有太湖之水阻绝，揆之情理，似难潜通，疑"潜通洞庭山"之"山"字当下属为句，原文标点宜改作"山有洞穴，潜通洞庭。山上有石鼓，长丈余，鸣则有兵。"《太平寰宇记》卷九十四《江南东道六·湖州·长兴县》："青山在县六十里，高三百丈。张元之《山墟名》云：青山有石窦，通洞庭。冬夏常暖，山如黛色。"可为参证。

28. 均水南迳顺阳县西，汉哀帝更为博山县，明帝复曰顺阳。……晋太康中立为顺阳郡县。西有石山，南临均水。均水又南流注于沔水，谓之均口者也。（卷29/页691行2）

按："晋太康中立为顺阳郡县"之"县"指顺阳郡下所辖之"顺阳县"，故"县"字当下属为句，作"县西有石山，南临均水"。谓石山在顺阳县之西。《晋书》卷十五《地理志下》："顺阳郡，太康中置，统县八，户二万一百。"所统八县，顺阳县名列其中，是其证也。上古版属下，可参。

29. 淮水东迳故息城南，《春秋左传》隐公十一年，郑、息有违，言息侯伐郑，郑伯败之者也。（卷 30/页 704 行 10）

按："言"字当上属读作"郑、息有违言"。《春秋左传注》隐公十一年传："郑、息有违言。息侯伐郑，郑伯与战于竟，息师大败而还。"（第 1 册，页 78）标点不误，可从改。杜注："以言语相违恨。"

30. 又东北径弋阳郡东，有虞丘，郭南有子胥庙。（卷 30/页 705 末行）

按："郭"字当属上，探下文有"虞丘郭"可知。又据文例，此"南"字承上，指"黄水"，而非"郭"也。

31. 晋改为蕲阳县，县徙江洲，置大阳戍，后齐齐昌郡移治于此也。（卷 32/页 746 行 6）

按：《水经注疏》疏文："朱昌讹作安，戴、赵改。戴重一齐字。守敬按：《南齐州郡志》，豫州有齐昌郡齐昌县。《地形志》，北江州亦有之。《隋志》，蕲春旧曰蕲阳，梁改曰蕲水，后齐改曰齐昌，置齐昌郡。始误以萧齐为高齐，而《元和志》因之。此《注》云后齐昌郡移治于此，是谓萧齐，北魏之齐昌郡治此也。戴氏据《隋志》、《元和志》增一齐字，则为高齐矣。曾不悟高齐非道元所及。"故知此作"后齐齐昌郡"衍一"齐"字。

32. 《春秋》宣公八年，冬，楚公子灭舒蓼，臧文仲闻之曰：皋陶庭坚，不祀忽诸，德之不逮，民之无援，哀哉。（卷 32/页 747 行 6）

按："德之不逮"当作"德之不建"。《水经注释》作"德之不建"。检《左传注疏》亦作"德之不建"，疑"逮""建"形近误讹。《水经注校》朱谋㙔笺曰："按《左传》文公五年冬，楚公子燮灭蓼，臧文仲闻之，有皋陶庭坚不祀之叹，至宣公八年夏，楚人灭舒蓼，自是两事。"朱说是也，郦注误混二事为一。《春秋左传注·文公五年》"皋陶庭坚，不祀忽诸"句下注："此八字宜作一句读，昔人分为两读，误。此犹言皋陶、庭坚忽焉不祀，惟忽焉作忽诸，倒置句末，故前人多不得其解。"杨氏之说精审可从。

33. 西南石牛门曰市桥，吴汉入蜀，自广都令轻骑先往焚之，桥下谓之石犀渊。李冰昔作石犀五头以厌水精，穿石犀，渠于南江，命之曰犀牛里。（卷33/页767行15）

按："渠于南江"当连上读作"穿石犀渠于南江"。《玉海》卷二十一《地理·河渠上·秦石犀渠》："《舆地广记》：秦时李冰作石犀五以厌水精，穿石犀渠南江，命之曰犀牛里。"述事明晰，可为佐证。

34. 县东十许里至平乐村，又有石穴出清泉中，有潜龙。每至大旱，平乐左近村居，辇草秽着穴中。（卷37/页864行12）

按：若依原文断句"石穴出清泉中"义殊不可解，当于"又有石穴出清泉中"之"中"字上逗断，意谓清泉出于石穴也，故"中"字当属下读作"中有潜龙"。

35. 民至秋阑断水口，得鱼，大者长四五尺，骨软肉美，异于余鱼。（卷37/页865行8）

按："民至秋"后宜施以逗号断开，因"阑"既有"阻隔，隔断"之义，又可解作"尽也，晚也"，若不断开恐生歧解。此处"阑""断"同义连文，说详赵新德《〈水经注校〉标点疑误》。

36. 是山，湘君之所游处，故曰君山矣。昔秦始皇遭风于此，而问其故博士。曰：湘君出入则多风。秦王乃赭其山。（卷38/页898行7）

按："而问其故博士"，标点当于"而问其故"后断开，"博士"二字宜下属为文作"博士曰"云云，言博士回答始皇之问。《史记》卷六《秦始皇本纪》："始皇还，……乃西南渡淮水，之衡山、南郡。浮江，至湘山祠。逢大风，几不得渡。上问博士曰：'湘君何神？'博士对曰：'闻之，尧女，舜之妻，而葬此。'于是始皇大怒，使刑徒三千人皆伐湘山树，赭其山。"可为参证。

37. 《经》书桂阳者，县本隶桂阳郡，后割属始兴。县有卢溪、卢聚，山在南平县之南，九疑山东也。（卷39/页913行5）

按："卢聚"疑是山丘之名，文中以"聚"字命名的山丘甚多，如"贝中聚"即"贝丘""绵上聚"即"绵上之山""霍阳聚"即"霍阳山"等。细味上下文意，"山在南平县之南"的"山"字当即指"卢聚"而言，然若依原标点，似是别指他山而言。检《中国历史地图集》第2册《东汉时期·荆州刺史部》及第3册《三国时期·荆州》，卢聚正在"南平县"之南，故知"县有卢溪、卢聚，山在南平县之南"标点宜改作"县有卢溪，卢聚山在南平县之南"。上古版不误。

38. 川之北有卢塘，塘池八顷，其深不测。有大鱼常至，五月辄一奋跃，水涌数丈，波襄四陆，细鱼奔进，随水登岸，不可胜计。又云：大鱼将欲鼓作，诸鱼皆浮聚。水侧注西北，迳蔡州。（卷39/页916行6）

按："诸鱼皆浮聚。水侧注西北"意不可解，《水经注校》作"诸鱼皆浮。聚水侧往。西北迳蔡洲〔州〕"，并于"往"字下注："当作注"，《水经注疏》作"诸鱼皆浮聚。水侧注"。疏："戴云：按此三字有脱误。守敬按：此盖谓肥水注末水也，今沘江西南流，于末阳县东南入末水。"诸家于原文断句皆有误，以致聚讼纷纭。检大典本"注"亦作"往"字，是也。原文标点当改作"又云：大鱼将欲鼓作，诸鱼皆浮聚水侧"。由上文"（大鱼）奋跃，水涌数丈，波襄四陆，细鱼奔进，随水登岸"可知，大鱼"奋跃"，细鱼皆向岸边奔进，亦即"浮聚水侧"，其意甚明。下文"往西北，迳蔡州"。紧承上文"县有溪水，……西流，谓之肥川"而言，溪水先西流，再折而往西北流迳蔡州。

39. 庐山之北有石门水，水出岭端，……其水下入江南岭，即彭蠡泽西天子鄣也。（卷39/页924行10）

按：水自岭端流下易解，然水若自低处流到岭上，则与水往低处流之常理不符，故"其水下入江南岭，即彭蠡泽西天子鄣也"。标点宜改作"其水下入江。南岭，即彭蠡泽西天子鄣也"。

40. 《地理志》云：县有仇亭，柯水东入海。仇亭在县之东北十里，江北柯水，疑即江也。（卷40/页947行12）

按：若依原文标点，郦氏既上言"柯水"在"江北"，下又言"疑即江也"，便成矛盾之语。窃谓"江北柯水"之"江北"二字宜属上为文，原文标点可改作"仇亭，在县之东北十里江北。柯水，疑即江也"。《大清一统志》卷二百二十六《绍兴府·古迹·仇亭》："《水经注》：'仇亭，在县之东北一十里江北。'"引《水经注》至"江北"止，断句不误，可资参证。

陕西洋县文博馆藏
明代大藏经敕赐因缘考

王雪梅*

一　前言

陕西洋县文物博物馆（以下简称"洋县文博馆"）位于洋县洋州镇唐塔北路一个不起眼的小巷里，穿过小巷，进入一道铁门便是。在这个看似简陋的文博馆里，因珍藏着明代皇太后颁赐的大藏经而享誉文博界。这套大藏经本是藏于距离县城西12公里处的智果寺藏经楼，据文博馆"智果寺大事记"记载，直到1989年12月，出于对安全等诸多因素的考虑，才将智果寺佛经等可移动佛教造像，寄存于洋县文博馆库房。洋县文博馆今所藏佛经实际都来源于洋县智果寺。我们自去年接受文博馆的一个委托项目以来，曾先后四次到洋县文博馆进行实地考察，对这批佛经现场整理与研究后发现，除了数量众多的明代万历十二年（1584年）印造的大藏经经本外（目前统计为3500余册），还有一些明代嘉靖、万历年间的散本佛经（200余册），这些散本佛经不论是抄本还是刻本都有丰富的施经题记，为我们研究洋县当地的佛教信仰以及明代地方社会民众佛教信仰状况提供了非常可靠的历史资料。本文利用整理过程中抄录的施经题记以及智果寺碑刻文献等，拟对陕西洋县文博馆藏原智果寺明代大藏经敕赐缘由等问题作一考察分析，不当之处，请各位专家批评。

二　不足为信的传说：寺僧治疗太后
眼疾获赐大藏经

在洋县，稍微上了年纪的人都知道智果寺有一套明代皇太后颁赐的大藏经，即洋县文博馆现存的这部大藏经。至于皇太后为何要颁赐大藏经给智果寺，文献没有明确记载，当地民间则流传一个非常流行的故事：当年智果寺的一位僧人为皇太后治愈眼疾，从而获得了这套敕赐大藏经。询问文博馆工作人员，得到的也是寺僧治愈太后眼疾而获颁赐一类的说法。虽然口头传说不尽可信，但似乎也没有足够的材料加以驳斥。无独有偶，笔者在阅读卜正民《为权力祈祷——佛教与晚明中国士绅社会的形成》① 中也看到了相同的传说，说在山东诸城一个叫光明寺的寺庙，获得明代皇太后颁赠的藏经，缘起于光明寺僧人明开在京师为太后治愈眼疾，这个传说，与洋县流传的智果寺获得太后藏经颁赐的缘由如出一辙。翻检方志，光明寺获赐藏经的原委，在五莲山光明寺僧海霆编定于康熙年间的《五莲山志》中记载得很清楚：明万历三十年（1602 年），寺僧开明因治疗太后眼疾而得到皇帝和太后颁赐的大藏经并 1000 两银子，还敕建光明寺藏经楼，五年后即万历三十五年（1607 年）落成。以"敕赐"为契机，开明得到皇室的大量捐助才兴建了光明寺。而洋县方志、碑刻文献完全没有关于"寺僧治疗太后眼疾获赐大藏经"的任何记录。天下哪有这么凑巧的事情！难道这个皇太后真是常常患眼疾？天下寺僧个个都是能开药剂的眼科专家？况且智果寺大藏经是明万历十四年（1586 年）颁赐的，比光明寺藏经获赐的情况早了十多年。此外，智果寺历史悠久，洋县志说是唐代建寺，碑刻记载虽然晚了几百年，但也说是在元代就已建立，而且一度发展兴盛。

从以上的情况来看，开明寺是因敕赐而建寺，智果寺显然不是这样的。"寺僧治疗太后眼疾获赐大藏经"不是智果寺获赐藏经的缘由，这个传说笔者宁可相信是属于山东诸城光明寺的事实，至于这个传说为何从山东流播到陕南，并成为智果寺敕赐藏经的理由，笔者拟另文探讨。尽管智果寺僧人治愈皇太后眼疾之事为"子虚乌有"，但智果寺大藏经为明代皇帝、皇太后敕赐，确为不争的事实。

三 名山大寺的身份：智果寺获赐大藏经的真实缘由

现今智果寺藏经楼前明万历十六年（1588 年）树立的"智果寺圣谕碑"上，明确记载明万历十四年（1586 年）九月皇帝及皇太后敕赐智果寺"续入藏经四十一函，并旧刻藏经六百三十七函"的"圣谕"，碑铭并有"御制圣母印施佛藏

---

① 卜正民：《为权力祈祷——佛教与晚明中国士绅社会的形成》，江苏人民出版社，2008，第257 页。

经序"以及"圣母印施佛藏经赞有序"等内容。为方便阅读查询，今据洋县文博馆提供的碑铭全文抄录如下①：

圣 谕

皇帝勅谕洋县智果寺住持及僧众人等：朕惟佛氏之教，具在经典，用以化导善类、觉悟群迷，于护国佑民，不为无助。兹者圣母慈圣宣文明肃皇后命工刊印续入藏经四十一函，并旧刻藏经六百三十七函，通行颁布本寺。尔等务须庄严持诵、尊奉珍藏，不许诸色人等故行亵玩，致有遗失损坏。特赐护持，以垂永久。钦哉，故谕。广运之宝。万历十四年九月。

御制圣母印施佛藏经序

朕闻儒术之外释氏有作，以虚无为宗旨，以济度为妙用。其真诠密微，其法派阔演，贞观而后，代译岁增，兼总群言，包裹八极，贝叶有所不尽，龙藏有所难穷。惟兹藏经，缮始于永乐庚子，梓成于正统庚申，由《大乘般若》以下，计六百三十七函②。我圣母慈圣宣文明肃皇太后又益以《华严悬谈》以下四十一函，而释典大备。夫一心生万法，万法归一心，诸佛心印，人人具足，劝善觉迷，诸苦解脱，一觉一善，皆资胜因。是以闻其风者，亿兆为之翕习；慕其教者，贤愚靡不归依。则知刑赏所及，权衡制之；刑赏所不及，善法辅之。盖生成之表，别有陶冶矣。先师素王亦云：圣人神道以设教，善世而博化。谛观象教，讵不信然？恭惟圣母，睿发弘愿，普济群伦，遂托忠诚诱善，勤侍传宣，广修众因。乃印禅经，布施净土，兼立梵宇，斋施僧伦。成修宝塔，立竖于虚空；绘塑金容，散舍于大地。济贫拔苦，召赦孤幽。无善不作，无德不备。证三身于此世今生，明四智于六通心地。普惠云兴，普贤瓶泻。大垂玄泽，甘露沾洒于三千；遍覆慈云，法雨滋培于百亿。无微无诋，咸受益而蒙荣；有性有生，尽餐稣而饮惠。俾福利之田，与人同乐；仁寿之域，举世咸登。如是功德，讵不可思议？且如来果报，从无量功德生，一切善言之赞叹，一切善气之导凝，我圣母诞龄，如天永永，我国家保泰，降福穰穰矣，于乎盛哉！大觉之教，宜其超九流而处尊，偕三五以传远也。万历十四年九月。

---

① 引文中标点为笔者所加。——著者注
② "惟兹藏经，缮始于永乐庚子，梓成于正统庚申，由《大乘般若》以下，计六百三十七函"，此即《永乐北藏》，开刻于永乐庚子即明永乐十八年（1420年），完成于正统庚申即明正统五年（1440年），共计三百三十七函。

圣母印施佛藏经赞有序
少师兼太子太师吏部尚书中极殿大学士臣申时行等奉勅撰

臣等窃闻释教来自西土，兴于东汉。其说主清净出世，帝王所不道，然而训化广大，义旨遐深，要归于澄澈心性，利济民物，是以虽当儒道昌明，宇宙醇和之际，而其书不废。《大乘般若》以来，祖祖相承，心心相印，卷帙益多，袤为大藏：总括禅言，武库莫方其富；尊函禁地，缁流弗睹其全。非俟圣上垂仁，曷以播宣斯理？我圣母慈圣宣文明肃皇太后，德昌人寰，功周法界，融最上之真谛，怀大觉之弘慈，乃印施兹藏，以祝延我皇上无疆之历，而推其余，以佑国庇民，意甚盛也。臣等因得涉猎，稍窥玄微，似于儒理，亦有相发明者焉。谨对扬皇上之休命，奉宣圣母之德意，拜手稽首，为赞曰：

粤惟圣道，如日丽天，万有毕照，诞被八埏。亦有释教，如月破闇，接引未来，超登彼岸。于皇圣母，毓成帝德，治化丕冒，亿兆宁一。载弘大愿，永拔沉沦，外息诸缘，内净六根。嘉与众生，永臻觉路，皈依十方，如寐得寤。诸佛妙义，如恒河沙，示权显实，会演三车。若诵一句，若说半偈，是人功德，尽未来际。况兹大藏，建寺延僧。成修宝塔，造舍金容。广施贫苦，普救幽冥，功德无等。喻如虚空，续焰分灯，灌顶输露，火宅□凉。昏衢锡炬，迷川宝筏。如无尽意，似功德林，广度有情。四流六道，咸归正乘。微尘国土，遍蒙佛力。一一国土，皆圣母德。微尘世劫，流布施经；一一世劫，皆圣母龄。乃惟本愿，为帝祝厘，天子万寿，与天巍巍。我惟本愿，为国祈福，天子惠民，泽施添法，匪民是庇，国祚茂延，助我圣道，日月并悬。是藏流行，无界无尽。施者功德，亦莫究竟。

皇明万历十六年四月二十四日。钦差整饬汉羌兵备兼抚民盐法水利分巡关南道陕西按察司金事臣郭元柱，陕西汉中府知府臣田礼门，陕西汉中府洋县知县臣李用中，立石。

尽管智果寺碑铭完整可见，但遗憾的是不论"圣谕"所说，还是"御制圣母印施佛藏经序"以及"圣母印施佛藏经赞有序"，几乎都没有显示为何颁赐大藏经予智果寺的任何线索内容。万历年间，由于明神宗及其母李太后极度崇佛，并屡次向天下名山大寺敕赐藏经，这样的"圣谕"除了寺庙名称和落款时间有所变更外，内容大体雷同。如山西隰县千佛庵所藏万历大藏经千字文"天"—《大般若波罗蜜多经》① 卷

---

① 明人沈榜《宛署杂识》亦载北京万佛寺藏经中载有颁经圣谕，除寺名不同，落款时间为"万历十八年八月"外，内容亦无差。由此可见，尽管洋县文博馆现藏大藏经由于"天"一《大般若波罗蜜多经》卷第一阙，卷首"圣谕"不复见，但从万历年间刊刻的大藏经情况看，应该也有这样的"圣谕"内容。

第一卷首"圣谕"云:"皇帝敕谕圣境寺住持及僧众人等:朕惟佛氏之教具在经典,用以化导善类、觉悟群迷,于护国佑民,不为无助。兹者圣母慈圣宣文明肃皇太后命工刊印续入藏经四十一函,并旧刻藏经六百三十七函,通行颁布本寺。尔等务须庄严持诵,尊奉珍藏,不许诸色人等故行亵玩,致有遗失损坏。特赐护持,以垂永久。钦哉!故谕。大明万历十二年十一月二十日。"两相比较,除了句首寺名有别(一为"智果寺",一为"圣境寺"),末句落款时间不同外,内容确实无差。可见,如此"千篇一律"的敕谕,除了说明智果寺大藏经是皇帝、皇太后敕赐外,几乎并不能提供更多的信息来说明智果寺被赐大藏经的原因。或许这正好为后来民间流传"寺僧治疗太后眼疾获赐大藏经"的传说留下了发展的空间。

那么,智果寺获赐大藏经的真实原因到底是什么呢?笔者经过多方考察,发现智果寺大藏经是万历年间天下名山第一批"敕颁十五藏"中的一藏①。明末高僧憨山大师(1546—1623)其主要生活在嘉靖、万历年间,他在自叙年谱中记载:

> 十四年丙戌,予年四十一,是年颁藏经。先国初刻藏,有此方撰述诸经未入藏者,今上圣母命补入之。刻完,皇上敕颁十五藏,散施天下名山。首以四部施四边境:东海牢山、南海普陀、西蜀峨眉、北边芦芽②。

从憨山的记叙可知,他41岁那年,即明万历十四年(1586年),这年朝廷敕颁大藏经,这部大藏经也就是智果寺"圣谕"碑上所记的藏经,也即今天学界熟知的正藏(永乐北藏)及万历皇帝母亲(李太后)补刻的续藏经。这年刻完后,万历皇帝向天下名山颁赐了15套大藏经。但除了首先以4部大藏经颁赐给东海牢山、南海普陀、西蜀峨眉、北边芦芽四方边境,其余的11处颁赐地点憨山没有记录。智果寺有没有可能是这其余的11处之一呢?笔者认为答案是确定的。首先,从时间上而言,"圣谕"碑明确记载是"万历十四年九月"敕谕智果寺主持及僧众的,这正是万历"敕颁十五藏,散施天下名山"之时,可见智果寺获赐的大藏经正是这"十五藏"之一。另外,所谓"散施天下名山",智果寺表面上看似乎不属于此列,洋县哪里有什么可以和"四边境"媲美的山?殊不知,洋县智果寺就在中华圣山"终南山"之南面!而且据明正德元年(1506

---

① 何孝荣:《明代北京佛教寺院修建研究》(上),南开大学出版社,2007,第317页。作者对万历年间颁赐大藏经进行了统计,但对敕赐智果寺这次却并不知情。
② 《憨山老人自序年谱实录》(上),《憨山老人梦游集》卷35,《卍新纂续藏经》第73册。

年）的"洋县智果院熔铸洪钟序"铭文上所刻智果寺僧人名字就有近 90 人，可见智果寺在万历以前就是一个非常庞大的寺院。智果寺的碑刻以及佛经题记可以看到关于"终南山智果寺"的清楚记载。于明万历三十二年（1604 年）刻在"智果寺圣谕碑"碑阴的"敕赐智果寺颁布藏经碑记"上就记录了智果寺为终南山第 27、28 代临济宗法脉的情况，彰显出作为名山大寺的终南山智果寺当之无愧。如果说这个碑文是在敕赐智果寺大藏经 18 年后的记叙，有以"今"推"古"之嫌。那么文博馆所藏明代散本佛经 YS0015①《大方广佛华严经卷第三十》卷末版画施经牌上的愿文就具有充分的说服力。施经牌上云"奉佛御前内奏事牌子信心弟子徐伸女谨发诚心印造五大部经并诸品经咒，施送终南山智果寺，永远供养看诵"等施经愿文，落款为"万历十五年　季春月　日　印施"。这个时间距万历十四年（1586 年）九月敕赐智果寺大藏经不过半年多时间，这位名徐伸女的"御前内奏事牌子"，显然是来自宫廷的信士，而且一定与皇帝、皇太后关系非常亲近。由此可以想见，尽管万历十四年（1586 年）的"智果寺圣谕"中没有提到终南山，但智果寺属于名山——终南山之大寺是上至朝廷下至民间都确定无疑的。

　　从以上的讨论可见，智果寺的敕赐大藏经，是因智果寺本来具有的"名山大寺"身份而获此殊荣的，和山东光明寺获赐的情况完全不同，后者是因为"敕赐"而建寺。智果寺敕赐大藏经和山西隰县千佛庵的"敕赐"情况也不同，前者可以以碑铭上的"广运之宝"以及文博馆现藏的大藏经"史"一《万善同归集》卷第一卷末钤有"慈圣宣文明肃皇太后之宝"的印玺为据，证明是皇帝、皇太后所赐，而皇太后则是真正的施经人；后者却是众多信众出资请印，打上了皇帝的敕赐的名义而已。洋县智果寺大藏经在每函第一册卷首都有"御制"愿文及"释迦说法图"版画，每函第十册卷末都有"大明万历十二年七月吉旦/慈圣宣文明肃皇太后印造"的印经记和韦陀像。这与山西隰县千佛庵所藏明代万历大藏经每函最后一册卷末"大明万历戊戌年七月吉日奉/旨印造施行"以及有些施经牌中留出空供印经功德主书写姓名是无完全不同的②。前者是专属于太后施经，后者却是信众请经，情况迥异。

四　余论

　　洋县文博馆藏智果寺大藏经，是明代万历皇帝及其母在大藏经续刻完成的当

---

①　我们对洋县文博馆所藏佛经文献整理时，将万历大藏经外的散本佛经单独编号，即以"洋"的第一个字母和"散"的第一个字母结合编号，如 YS0001。

②　党宝海：《山西隰县千佛庵明清佛典调查记》，《北大禅学》1999 年第 3 期。

年（万历十四年，1586 年），向天下名山敕颁的第一批——15 部大藏经之一；智果寺作为名山大寺——终南山智果寺的身份受赐；这部大藏经的施经人就是万历之母——慈圣宣文明肃皇太后。

除了以上结论外，笔者认为还有以下几方面值得深入探讨。

（1）围绕"寺僧治疗太后眼疾获赐大藏经"的传说安立在智果寺身上，是否可以从一个侧面讨论智果寺的兴衰？智果寺并不像一般人认为的是因为皇帝、皇太后颁赐了大藏经才开始兴盛与显赫，事实的真相恰恰是先有了终南山智果寺作为名山大寺的身份，才获得了皇上的敕赐；朝廷的敕赐行为当然也给智果寺后来的发展带来"荣耀"，随着世事的变迁，智果寺也由当年的名山大寺衰落下去，此前的荣光与辉煌不被历史所记忆，似乎留下的仅仅是"皇太后敕赐藏经"的殊荣了，于是挪用了一个"寺僧治疗太后眼疾获赐大藏经"的故事，为这份来自朝廷的恩宠找一个合适的缘由。殊不知，"寺僧治疗太后眼疾获赐大藏经"的故事其实是北方一个从无到有、从小寺发展成为大寺的因缘，而智果寺本是因为其"名山大寺"的身份而得到颁赐的，二者有着不同的发展轨迹。

（2）徐伸女与大藏经的关系问题。我们暑假在文博馆整理工作结束之际，找到了千字文"史"—《万善同归集》卷第一卷尾上钤有"慈圣宣文明肃皇太后之宝"的印玺，更加确证了原智果寺今文博馆藏的这套大藏经就是明神宗万历皇帝之母施舍的。但是由于与非大藏经的佛经混在一起，而且都来自智果寺。有学者据 YS0015《大方广佛华严经卷第三十》卷末版画施经牌上的愿文，认为这位徐伸女是洋县大藏经的施经人。但是，据笔者的全面编目整理，这个与皇宫交接的徐姓女子，虽然印施了佛经给终南山智果寺，但她并不是这部大藏经的印施人。至于徐伸女其人，憨山记载"五台山龙泉寺正光居士徐公愿力塔碑记铭"的"徐公"，号正光居士，霸州保定县人，其父名叫徐伸，母高氏。"士生而有异征，周岁能言前世事，动止度若天人。嘉靖三十四年，甫七岁，应选进入宫闱，列内翰局读书。进局官，教内则仪。掌秘阁，即能明习故事。隆庆改元，升御前，谨慎有功。万历初，今上御宇纪勋，升乾清宫内奏事牌子。历事三朝，小心翼翼，奉圣母起居"①，笔者认为洋县佛经施经牌上的徐伸女就是这位"幻形维女"的"徐公"，也是北京潭柘寺"嘉福寺正光居士徐公愿力塔"中的"徐公"，至于徐伸女更为详尽的事迹以及她与万历以及万历之母李太后之间的关系还需要发掘更多的材料才能知晓。

---

① 《憨山老人自序年谱实录》（上），《憨山老人梦游集》卷35，《卍新纂续藏经》第73 册。

简论清代前期《春秋》学研究的特点

文廷海[*]

清代前期顺治、康熙、雍正三朝的《春秋》学在各方面加以展开。有继承宋学传统的官方《春秋》学，有批评性《春秋》学，有义理化《春秋》学，有史学化《春秋》学，或者致力于《春秋》经传文献学考证校勘辑佚等。其特点如何，值得研讨。

一 清代前期《春秋》学呈现出阶段性发展特点

从先秦时期中国古代学术产生以来，随着时代主题的变迁、新的学术资源的吸收，体现出"学随世变"的特点。宋人杜道坚在《玄经原旨发挥》中说："道与世降，时有不同，注者多随时代所尚，各自成心而师之。故汉人注者为'汉老子'，晋人注者为'晋老子'，唐人、宋人注者为'唐老子'、'宋老子'。"①不仅道家经典如此，儒家经学也具有这个特点。如清代阮元说："《周易》为群经之首，古今治此学者独多。有列国人之《易》，有汉人之《易》，有晋唐人之《易》。"② 对于历代学术，特别是儒学的这个特点，今人姜广辉先生在《传统的诠释与诠释学的传统——儒家经学思潮的演变轨迹与诠释学导向》中，将其划分为原典儒家、汉魏经学、宋明理学、清代经学四个阶段，依据诠释传统，将两汉经学称为"神学化的经学"，魏晋时期为"玄学化的经学"，宋明时期为"理学化的经学"，清代前中期为"朴学化的经学"，道光、咸丰以后为"西学化的

---

* 文廷海，西华师范大学历史文化学院教授。

① 杜道坚：《玄经原旨发挥》卷下，《道藏》（第12册），文物出版社，1988。

② 阮元：《揅经室集》一集卷5，《〈焦氏雕菰楼易学〉序》，四部丛刊影印本。

经学"①。对于《春秋》学来说，也具有时代性、阶段性特点。明初宋濂在《春秋属辞序》中总结道：

> （宋）濂颇观简策所载说《春秋》者，多至数十百家，求其大概，凡五变焉：其始变也，三家竞为专门，各守师说，故有《墨守》、《膏肓》、《废疾》之论。至其后也，或觉其胶固已深，而不能行远，乃仿《周官》调人之义而和解之，是再变也。又其后也，有恶其是非淆乱而不本诸经，择其可者存之，其不可者舍之，是三变也。又其后也，解者众多，实有溢于三家之外，有志之士荟粹成编，而《集传》、《集义》之书愈盛焉，是四变也。又其后也，患恒说不足耸人视听，争以立异相雄，破碎书法，牵合条类，哗然自以为高，甚者分配易象，逐事而实之，是五变也。五变之纷扰不定者，盖无他焉，由不知经文、史法之殊，此其说愈滋，而其旨愈晦也欤②！

宋濂对近两千年来《春秋》学的发展演变的特点揭示得相当准确，对于我们分析清代前期《春秋》学的特点颇具指导意义。

由于自唐代中期啖助、赵匡、陆淳《春秋集传纂例》《春秋集传辨疑》《春秋集传微旨》出，标志新《春秋》学派的产生，从此《春秋》三传分途发展的专家之学消亡。及至清初，坚守《左传》《公羊传》《穀梁传》专门之学的第一阶段也并不存在。俞汝言的《春秋平义》《春秋四传纠正》，张尚瑗的《春秋三传折诸》等著作调停、折中各家之说，处于《春秋》学发展演变的第二阶段。王夫之的《续春秋左传博议》、万斯大的《学春秋随笔》、张自超的《春秋宗朱辨义》等驳议前代学者的解说，是其是，而非其非，处于《春秋》学发展演变的第三阶段。《春秋传说汇纂》《日讲春秋解义》、朱鹤龄的《左氏春秋集说》等汇集前代解说，便于学者，为《春秋》学发展演变的第四阶段。高士奇的《春秋地名考略》、陈厚耀的《春秋长历》《春秋世族谱》、马骕的《左传事纬前集》《左传事纬》、顾栋高的《春秋大事表》等著作从历史学、历史地理学、历谱学等角度开创《春秋》学新的研究领域，可以称为《春秋》学发展演变的第五阶段。这五个阶段，并非简单地重蹈前人的覆辙，而是在重建《春秋》学统的同时别开新途，有了新的发展。

当然，清代前期的《春秋》学发展演变的特点，并不完全是从时间角度来

---

① 姜广辉：《传统的诠释与诠释学的传统——儒家经学思潮的演变轨迹与诠释学导向》，载姜广辉主编《中国经学思想史》卷一，中国社会科学出版社，2003。

② 宋濂：《春秋属辞序》，载赵汸《春秋属辞》卷首，清经解续编本。

说的，这种阶段性特点，正说明清代前期《春秋》学的发展也具有多途发展的特点。《春秋》经学学统的重建，不仅取决于统治者"崇儒"政策的推助，而且还与学者们投身《春秋》经学的实践分不开。"然经犹的也，一人射之不若众人射之，其为取中多也。"① 学者们或于前人之不足有所纠正质疑，或于前贤烂熟之处别开新途。于是，清前期《春秋》学在各方面加以展开。有继承宋学传统的官方《春秋》学，有批评性《春秋》学，有义理化《春秋》学，有史学化《春秋》学，或者致力于《春秋》经传文献学考证校勘辑佚等。

二 清代前期《春秋》学逐渐消除 《春秋胡氏传》的影响

北宋自孙复以后，人人以臆见说《春秋》，出现"恶旧说之害己也，则举三传义例而废之；又恶《左氏》所载证据分明，不能纵横颠倒，惟所欲言也，则并举《左传》事迹而废之"②。王安石废《春秋》学，不立学官，起了推波助澜的作用。

南宋胡安国奉宋高宗之命作《春秋传》的原因，我们除了常见的已有总结之外，元代虞集更有新的揭示：

> 胡文定公之学实本于程氏。然其生也，当宋人南渡之时，奸佞用事，大义不立；苟存偏安，智勇扼腕；内修之未备，外攘之无策；君臣父子之间，君子思有以正其本焉。胡氏作《传》之意，大抵本法于此③。

胡安国《春秋传》虽"未必尽得经意，而议论正大，发挥深切，往往有关于世教，遂亦不可废焉"④。由于该书对社会教化有重要作用，所以在元代为学者所尚，极为盛行⑤，以致元代统治者在科举考试中将胡安国《春秋传》与三传并列，甚至明代永乐时期编修《春秋集传大全》、全宗《春秋胡氏传》。虽然《春秋胡氏传》在政治上取得极高的地位，但在学术界已有学者提出异议。如南

---

① 司马光：《温国文正司马公文集》卷64，《古文孝经指解》，四库全书本。
② 《四库全书总目》卷24，《春秋分纪提要》。
③ 虞集：《道园学古录》卷3，《春秋胡氏传纂疏序》。
④ 《四库全书总目》卷21，《表记集传提要》。
⑤ 元代吴莱《渊颖集》卷12《春秋通旨后题》称"自宋季德安之溃，有赵先生者北至燕，燕赵之间学徒从者殆百人。尝乎出一二经传及《春秋胡氏传》，故今胡氏之说特盛行"。《渊颖集》有四部丛刊本。

宋朱熹门人张栻"读《春秋胡氏传》，觉其间多有合商量处"①，《四库全书总目》作者指出胡安国《春秋传》值得商议之处在于"务于借事抒议，而多失笔削之旨者"②。但这仅限于理论层面对胡安国《春秋传》的批评，针对胡氏著作具体内容进行论辩，始于明代。嘉靖时学者陆粲著《春秋胡氏传辨疑》二卷，"大旨谓胡氏说经或失于过求，词不厌烦，而圣人之意愈晦，故著此以辩论之。有明二百数十年昌言以纠正《胡传》者，自此书始"③。嘉万时期学者袁仁著《春秋胡传考误》一卷，该书与陆粲《春秋胡氏传辨疑》"同一意义，间有吹求太甚之处"④。万历杨于庭著《春秋质疑》，此书指出"胡安国《春秋传》意主纳牖褒凯，抑损不无附会，于《春秋》大义合者十七，不合者十三。又于《左氏》《公》《穀》或采或驳，亦不能悉当，因条举而论辩之"⑤。可见，陆粲《春秋胡氏传辨疑》在批评胡安国《春秋传》方面具有开创之功，所以《四库全书总目》评价说："自元延祐二年立《胡传》于学官，明永乐纂修《大全》沿而不改，世儒遂相沿墨守莫敢异同，惟（陆）粲及袁仁始显攻其失，其后若（清人）俞汝言、焦袁熹、张自超等踵以论辩，方推阐无余。"⑥

清人接武于明人，继续对《春秋胡氏传》进行清算。清初，虽然科举考试中仍将《春秋胡氏传》列入考试的内容，康熙年间官方编写的《春秋传说汇纂》将胡《传》缀于三《传》之末，但其中有乖《春秋》经义者，一一驳正，多所刊除⑦。雍正时期的《日讲春秋解义》编者鉴于胡安国解说《春秋》"以己意窥测，穿凿为多"的情况，通过恢复《春秋》三传的学术正统地位来消除《春秋胡氏传》的历史影响，"使学者心目不为（胡）安国所淹，一词莫赞矣"⑧。因此，到乾隆年间官方编写《御纂春秋直解》"揭胡安国《传》之附会臆断，以明诰天下"⑨。

不仅官方积极消除《春秋胡氏传》对《春秋》学的垄断，而且民间学者也参与其间，"自时厥后，能不为胡《传》所锢者"，如徐庭垣之《春秋管窥》、焦袁熹之《春秋阙如编》，"响然并作，不可殚数"⑩。清初王夫之批评胡安国"以

---

① 张栻：《南轩集》卷23，《答朱元晦十二书》，嘉靖元年翠岩堂慎思斋刊本。
② 《四库全书总目》卷35，《癸巳孟子说提要》。
③ 丁丙：《善本书室藏书志》卷3，《春秋胡氏传辨疑提要》，光绪刻本。
④ 丁丙：《善本书室藏书志》卷3，《春秋胡传考误提要》。
⑤ 《四库全书总目》卷28，《春秋质疑提要》。
⑥ 《四库全书总目》卷28，《春秋胡氏传辨疑提要》。
⑦ 《四库全书总目》卷29，《钦定春秋传说汇纂提要》。
⑧ 《日讲春秋解义·序》，载《日讲春秋解义》。
⑨ 《四库全书总目》卷29，《御纂春秋直解提要》。
⑩ 《四库全书总目》卷29，《钦定春秋传说汇纂提要》。

意说经"，他确立《左传》史事在解说《春秋》中不可取代的作用：

> 胡氏于"纳纠"从《公》、《穀》不称"子"，于"取纠杀之"又从《左氏》称"子"。胡氏杂用《三传》，惟其意以为去取，则是屈古文以徇己意，往往有此淆乱之病。圣人立法，必无一人而顷刻变易之文，既称纠为"子"，则"纳"与"杀"皆称"子"矣，必如《左氏》而后《经》有定论①。

顺康时期学者李颙认为《春秋胡氏传》有其优点："明畅剀切，议论英发，诚经学之粹者也，过于诸家远矣。"也注意到其缺点："然中间亦多有为而发，读者不可不知也。"②康熙时学者陈迁鹤也批评胡安国《春秋传》"深文臆说，未必尽合圣人之意"，于是上考《三传》，下逮啖、赵、陆、张诸家《春秋》学，"穷讨端绪而条辨之"③，作《春秋纪疑》三卷。在对《春秋胡氏传》持批评态度的学者当中，最激烈的是毛奇龄，他指出：胡安国《春秋传》"则解经之中，畔经尤甚，然反兢兢乎辨之，以为《胡氏传》出，而孔子道熄，甚至有明三百年设科立学，但知有胡氏一《传》，而不知孔子之有经，则辨胡氏，抑所以救孔子也。嗟乎！言至此，亦可畏矣！"④

通过官方和民间学者双方的推动，到雍乾时期科举考试"其后《春秋》不用胡《传》，以《左传》本事为文，参用《公羊》、《穀梁》"⑤。清前期，《春秋》学的"去胡安国化"终于取得成功。

三　清代前期《春秋》学的发展为乾嘉汉学的转换期

对于清代学术的发展演变，清末学者皮锡瑞的《经学历史》作了很好的总结：

> 国朝经学凡三变。国初，汉学方萌芽，皆以宋学为根底，不分门户，各取所长，是为汉宋兼采之学。乾隆以后，许郑之学大明，治宋学者已鲜，说经皆主实证，不空谈义理，是为专门汉学。嘉、道以后，又由许、郑之学，

---

① 王夫之：《春秋稗疏》卷1，"子纠"条。
② 李颙：《二曲集》卷8，《读书次第》，康熙三十三年刻后印本。
③ 钱林：《文献征存录》卷1，《陈迁鹤传》。
④ 毛奇龄：《春秋毛氏传》卷1，《总论》。
⑤ 《清史稿》卷108，《选举志三》。

导源而上，《易》宗虞氏以求孟义，《书》宗伏生、欧阳、夏侯，《诗》宗鲁、齐、韩三家，《春秋》宗《公》、《谷》二《传》。汉十四博士今文之说，自魏晋沦亡千余年，至今日而复明。实能述伏、董之遗文，寻武、宣之绝轨，是为西汉今文之学①。

清代前期为何由清初的"汉宋兼采之学"向乾嘉时期的"专门汉学"演变？前代学者如章炳麟、梁启超、钱穆、余英时、张舜徽、陈祖武等对这个问题进行了探讨，如章炳麟的"文化专制政策说"②，梁启超、陈祖武等的"康乾盛世说"③ 以及余英时的"学术内在逻辑发展说"④ 颇具有代表性。

当今学人沿着前人开辟的学术道路继续探索，如赖玉芹在其博士论文中指出："以（康熙时）博学鸿儒为代表的一代学者，正是他们，顺应学术思想发展的潮流，承上启下，完成了由理学向经学的转换，由通经致用之学向经史考据之学的转化。经过他们的倡导和努力，学术发展的脉络更加清晰，经史考据之学逐步登堂入室。"⑤ 该说弥补了从清初顾炎武、黄宗羲、王夫之诸大师到乾嘉时期考据学大兴之间的"缺环"。林存阳的《三礼馆：清代学术与政治互动的链环》一书对清代前期"三礼馆"在清代学术转变的重要作用作了新探讨，他认为"三礼馆担当着学术转型和政治文化抉择转向不可或缺的逻辑链环"。作者为了证明其观点的合理性，提出三礼馆六个方面的链接作用：（1）就政治文化抉择而言，它是清初"以经学为治法"萌芽与乾嘉时期以经学为政治文化取向的链接；（2）就清代学术转型而言，它是清初"以经学济理学之穷"学术思潮与乾嘉时期考经证史主流学术的链接；（3）就《三礼》学演进而言，它是清初《三礼》学兴复与乾嘉时期《三礼》学辉煌的链接；（4）就社会治理而言，它是清初理学一尊与乾嘉以礼为治的链接；（5）就学术文化事业而言，它是清初御纂、钦定诸经与乾隆中叶四库全书馆的链接；（6）就社会走势而言，它是清初社会由乱而治与乾嘉相对兴盛的链接等⑥。以上学人的研究结论颇具参考价值。

可以说康熙时博学鸿儒的经史研究，还是官方开设的三礼馆召集学者编写《三礼注疏》，这些学术实践，与清代前期学者从事的《春秋》学研究一样，在

---

① 皮锡瑞：《经学历史》十，《经学复盛时代》。
② 章炳麟：《訄书》卷12，《清儒》，《章太炎全集》本，上海人民出版社，1982～1986。
③ 梁启超：《中国近三百年学术史》三，《清代学术变迁与政治的影响（中）》。
④ 余英时：《论戴震与章学诚》，三联书店，2000。
⑤ 赖玉芹：《博学鸿儒与清初学术演变》"内容摘要"1页，华中师范大学博士学位论文，2001。
⑥ 林存阳：《三礼馆：清代学术与政治互动的链环》之"前言"，中国社会科学出版社，2008，第12页。

清初"汉宋兼采"向乾嘉时期"专门汉学"的学术转换中，均起了承上启下的历史作用。

如康熙时万斯大《学春秋随笔》的学术价值，"其精确独到处，几与惠半农（士奇）《春秋说》方轨并驾。近凌次仲《校经堂文集》亦以充宗及半农并推为'经术之醇，直接汉儒'云"①。万斯大与惠士奇开创了向汉学的回归。另外，顾栋高少治《春秋》，笃好《左氏》学，昼夜研诵，自壮至老，勤勤订述，作《春秋大事表》等著作，他与精易学的介休梁锡屿、精易学的金匮吴鼎、精三礼学的常熟陈祖范合称"四先生"，治学方法和路数导引后学，故史料称"我圣朝尊经重道，疏逖不遗，宜乾嘉后朴学蔚兴，继四先生而起者，家'许、马'而人'郑、孔'也"②。康熙时期，扬州地区学者荟萃，治学广泛，以历算学治《春秋》学的陈厚耀引领本地学术，据焦循记述：

> 吾郡自汉以来，鲜以治经显者。国朝康熙、雍正间，泰州陈厚耀泗源天文历算夺席，宣城宝应王懋竑予中以经学醇儒为天下重，于是辞章浮缛之风渐化于实。乾隆六十年间，古学日起，高邮王黄门念孙、贾文学稻孙、李进士惇实倡其始，宝应刘教谕台拱、江都汪明经中、兴化任御史大椿、顾进士九苞起而应之，相继而起者未有已也③。

可以说，清代乾嘉汉学派"远发源于顺、康之交，直至光、宣，而流风余韵，虽替未沫，真可谓与前清朝运相始终"④。汉学学派的形成，清代前期的《春秋》学者与有力焉。本来对每一个时代的人而言，《春秋》学经典是不是还有活力，端视它能否有效地关联呼应当代的境况。但"关联呼应"（correlated）时代的境况是有一定的途径和分际的。它一方面要随时注意境况，用合于那个时代的概念工具来宣扬学说，另一方面还要不失其本质与独特性。清前期《春秋》学研究一方面对盘踞知识界数百年之久的《春秋胡氏传》进行批评清算，重新寻回了《春秋》三传的地位，找到新的经典依据。所以章太炎先生说："说经者所以存古，非以是适今也。"⑤ 这正如梁启超在《清代学术概论》中有言，清代前期学术是"复古为解放"，即复兴汉学传统，获得多元化的发展，这一阶段的确为关键的转换环节。

---

① 周中孚：《郑堂读书记》卷11，《学春秋随笔提要》。
② 陈康祺：《郎潜纪闻二笔》卷8。
③ 焦循：《雕菰集》卷21，《李孝臣先生传》，道光岭南节署刻本。
④ 梁启超：《清代学术概论》十九，第55页。
⑤ 章太炎：《与人论朴学报书》，见《章氏丛书》，江苏广陵古籍刻印社，1981。

　　同时，我们应看到"一种居主流地位的学术话语要为另一种所取代，取决于众多社会和学术因素的相互作用。社会规范的变化经常导致新的学术领域的诞生，宋明理学向清代考据学的转变已证实了这一点。新学术的冲击改变了儒学的追求，使之由追求道德理想人格的完善转向对经验实证知识的系统研究"①。清前期《春秋》学研究的发展印证了这一学术演变规律，清代学术由宋明理学向考据汉学的转化，无疑《春秋》学研究是身肩其役。

---

① 〔美〕艾尔曼：《从理学到朴学——中华帝国晚期思想与社会变迁面面观》，赵刚译，江苏人民出版社，1997，第 27 页。

南部县旧志略考

金生杨*

地方志尤其是旧志有着备国史采择、备稽考、备治理等重要功能，历来受到官绅各阶层的重视。清代是我国封建社会地方志编修的全盛时期，现存清代地方志5701种，而县志有4714种，占总量的82%[1]。对南部县旧志加以梳理，有利于地方历史文化的研究，有利于促进清代南部县衙档案的研究，对于方志学的研究也有一定意义。

一

南部县于明代曾修纂过志书，张萱《内阁藏书目录》卷六、黄虞稷《千顷堂书目》卷七皆著录了佚名纂《嘉靖南部县志》手抄本，不过早已亡佚，嘉靖《保宁府志》南部条下尚保留有"县志"条文。此外，明汪砢玉《古今鹾略补》卷一《生息·川北井》、明曹学佺《蜀中广记》卷六十六《方物记第八·川北井》也引用过"南部志"。不过，明本《南部志》毁于明清易代之战乱。雍居敬说："先年即有人以纪其事，值戈烬之余，旧本俱灭没罔传矣。"[2] 李先复则称："世传原有旧志，自献逆毁烬，城郭寥落，几为青磷碧火，简篇载籍，所在湮没无存。国初一二遗老，犹能言其事，而文则无征，亦无复能记忆其详者。"[3] 康熙二十年辛酉（1681年）季秋，黄贞泰出知南部，问志于乡绅，知"邑志备极

明确，奈劫灰变更，旧章久烬"，但苦于县事，未能实时修志，一直以为"歉心事"。至康熙二十四年乙丑（1685年）秋，黄氏"候秩京华"，因清廷敕修《大清一统志》，"奉宪檄纂修县志，事不容缓"，于是邀集邑绅雍居敬、李先复等新修《南部县志》，复因应召入京，未及书成①。徐浩继任，设局于城南书院，"藉雍、李二手"，完成《南部县志》的修纂②。该志黄贞泰"汇有抄本存房，但卷帙缺略，难昭诚信"③，其手稿后来也佚而不见。故胡兴仁《南部县志序》称"旧无志乘，文献无征"，《道光南部县志》卷二十七《杂类志·辨误》则说"南邑旧无成书，各类悉载府志"。

道光二十六年（1846年），直隶清苑人、进士王瑞庆出任南部县知县，于县中访求得旧抄本县志两册，不知出自谁手，或即李先复撰者。不过，此志所记粗略，且多残缺。王瑞庆因询及县中耆老，皆谓向无修志之举。次年，王氏遂与徐畅达、李咸若等名士商议修志，得到众人的极力赞助，遂请徐畅达、李咸若为总纂，立条规，定章程，开局编纂。道光二十八年（1848年），功将成而王瑞庆患病回籍，直隶景州举人李澍接任县事，踵其事而督修毕工，于道光二十九年（1849年）刊刻，流行于世。今国家图书馆、首都图书馆、中国科学院图书馆（不全）、北京大学图书馆、上海图书馆、天津市图书馆、山东大学图书馆、南京图书馆、中国科学院南京地理研究所图书馆、湖北省图书馆、中山大学图书馆、四川省图书馆、四川大学图书馆、重庆市图书馆（不全）、重庆北碚图书馆（不全）皆藏有其书④。

据是书目录，全书分10志65类附1类，正文分类则略有异同，如《武备志》之"兵制"、"铺递"，目录作正类，而正文作附类。是志约20余万字，而《艺文志》约占总字数的1/3。全书详细记载了南部县的天文、舆地沿革、赋税物产、仓储、盐政、户口、学校、武备、职官、选举、历代人物及诗文等，涉及了南部县历史的方方面面。除天文、学校颇有地方志通病，实际意义不大外，其余诸类皆颇具个性，价值较高，如蠲政对清代减赋赈灾的详细记载，盐政对当地钻井制盐及同治间盐税总额等的记载，特色鲜明，内涵丰富。其中，舆地、食货、职官、人物、武备等门类，记录较为完备，如舆地详于山川，食货详于蠲政，而《武备志》之"武功"详细记载嘉庆初年（1796年）白莲教起义军在川北的战事，即所谓"平定教匪"，如此之类，史料丰富，史实清晰，对深入研究

① 王瑞庆等：《道光南部县志》卷首黄贞泰《原序》。
② 王瑞庆等：《道光南部县志》卷首徐浩《原序》。
③ 王瑞庆等：《道光南部县志》卷首《凡例》。
④ 中国科学院北京天文台主编《中国地方志联合目录》，中华书局，1985，第785页。

相关历史极有裨益。《艺文志》则大量收录了明末至清中叶的诗文，保存史料较多，"其中又以官至工部尚书的李先复所著收录最多"①。《食货志·蠲政》所录清代档案、《艺文志》所录原始的疏奏传记，更具有重要的史料价值。

清同治九年（1870年），知县承绶以最近20余年史实缺载，再请李咸若以司总纂，并邀孝廉林澍、张承缨、谭勋、谢德全，拔贡宋泽清、张东垣，恩贡何情田等分司修纂，廪生姚观成校对，武举赵以诚督梓，历时3月，续补《道光南部县志》而增刻之，是为《同治增订南部县志》。今国家图书馆、中国人民大学图书馆、上海市图书馆、四川省图书馆、四川省社会科学院图书馆、四川大学图书馆、重庆市图书馆皆藏有其书②，又有《中国地方志集成·四川府县志辑》影印本③。

《同治增订南部县志》在《道光南部县志》的基础上增修了道光至同治年间的史实，并订补了《道光南部县志》的少量不足，是现存新中国成立以前记载最为完备的南部县地方志。据目录，全书共30卷，分10志65类附1类，分志分类一如《道光南部县志》，计《天文志》1卷、《舆地志》1卷、《食货志》6卷、《学校志》1卷、《武备志》1卷、《职官志》3卷，《选举志》1卷、《人物志》9卷、《杂类志》4卷、《艺文志》3卷，约25万字，较《道光南部县志》增补约5万字。

《同治增订南部县志》首先以增修《道光南部县志》为主，但仍有改订《道光南部县志》的内容。

从增补《道光南部县志》来讲，一般在每志之末或每志某专类之后增补道光二十九年（1849年）以后的史事，大部分特别标明"同治九年二月增订"字样，可知全书记载之终止点，其"同治九年二月"为大字，"增订"则为小注，计标注者凡13处。如《舆地志》增修者附于全卷之末，所增者为古迹两则，故先加类目"古迹"二字，后列二则史料。《学校志》增修东庑、西庑从祀者，则于两小类目后标目增修，而未附于全卷之末。该志的增修内容也有以其他方式标注者，如《学校·义学》有"同治九年续修"标目，并详细记载续修事项；还有直接增修于后而未加标注者，如《职官志》于道光二十九年（1849年）后任

---

① 金恩辉、胡述兆主编《中国地方志总目提要》，（台北）汉美图书有限公司，1996，第21～113页。

② 中国科学院北京天文台主编《中国地方志联合目录》，中华书局，1985，第786页。
朱士嘉编《中国地方志综录》（商务印书馆，1958，第269页）将《道光南部县志》《同治增订南部县志》合并著录，藏书单位有：北京图书馆（今国家图书馆）、中国科学院图书馆、北京大学图书馆、天津市图书馆、上海市历史文献图书馆、上海徐家汇天主堂藏书楼（二者合入今上海市图书馆）、湖北省图书馆、中山大学图书馆、四川大学图书馆。——著者注

③ 此本在影印时误署作道光本，与实际版本不符。——著者注

职者，就直接增修于后，除依例注明可知的履历、任职时限等事项外，并未加任何说明。此外，该志也有个别新加注释的情况，如《舆地志·祠庙》"城隍庙"下加注"同治八年十月，邑令承绶倡捐重修后殿十三间乐楼座，众绅民捐资，共计一千余缗，武生朱纶经理其事"，即属于此类。

从改订《道光南部县志》来看，大体上有三种情况：一是因时移事易而产生的名称、数量变化引起的，就同治年间的情况加以改订，如《舆地志·关隘》中"长乐寨"，《道光南部县志》作"老圃寨"，是名称改易而修订的。二是《道光南部县志》明显有问题的地方加以改订，如《道光南部县志》卷2《舆地志·祠庙》："木兰祠，在县北一百三十里。木兰，唐河南商邱人，父病不能从军，为有司所苦，代父成役于此。在戍十二年，人不知为女，赋有《戍边诗》传世。当事奏闻，因表其里曰木兰里，立庙祀之。旧废。今改为张公祠。"《同治增订南部县志》改作："龙王祠，在县西关外里许。同治年间，邑令黄起元。父病不能从军，为有司所苦，代父成役于此。在戍十二年，人不知为女，赋有《戍边诗》传世。当事奏闻，因表其里曰木兰里，立庙祀之。旧废。今改为张公祠。"三是部分重修，如类志的序文，多有改订，甚或完全改写。如《食货志》之"物产"序，除首句外，余皆改写；《人物志》之"隐逸"序、"仙释"序、"方技"序、"流寓"序，全部改写。《同治增订南部县志》对《道光南部县志》的改订，反映出了新纂者的考订之功，也彰显出对某些历史的不同认知，在义理上虽无关宏旨，但也颇有值得玩味的地方。

需要特别指出的是，同是《同治增订南部县志》，现存各本也互有出入，并不一致，主要表现在有些增补的内容或新加的注释，有些印本有，有些印本没有，据我们掌握的《中国地方志集成·四川府县志辑》本，与四川省社会科学院藏本、四川大学图书馆藏本互异的情况还不少。也就是说，在个别情况下，单称出自《同治增订南部县志》，不一定在每个藏本中都能找到。如《舆地志·祠庙》"万寿宫，在前东街"，注文："邑令承绶乡饮耆宾处，镌有石碑：灵云洞香，绘图泐石，以纪其事。"四川省社会科学院藏本有，四川大学图书馆藏本、《中国地方志集成·四川府县志辑》本皆无。这一点十分重要，它不仅提醒我们如何有效地利用地方志，也可以完善当前学术界对地方志乃至于同时代其他书籍有关版本方面的认知。

二

除了《道光南部县志》《同治增订南部县志》外，南部县另有3部旧志，而记载的侧重点不同，正可互补。其中有《南部县舆图说》2种、《南部县乡土志》1种。前者重点在于地方保甲制度，关注社会治安、吏治；后者重点在于乡土教育，目的在于编纂初等小学教材，激发爱乡爱国精神。

（一）同治八年（1869年）《南部县舆图说》

此志一般被称做《咸丰南部县舆图说》，但书首有同治八年（1869年）承绥序文，则称《同治南部县舆图说》为妥。

全书不分卷，书衣题"南部县舆图说"，书名页题"咸丰癸丑春镌，县境分方图说，县署藏板"。全书分作4个部分，对南部县舆地、保甲、场集等情况作了说明。第一部分为卷首，有咸丰三年三月既望会稽朱凤枟序一篇，又有《作吏要言二则》及咸丰三年三月既望中州卫元燮序、同治八年（1869年）五月既望蒙古佩之承绥序各一篇。第二部分为《公议团练章程》，凡六则。第三部分为《访举十乡五路总保正》，分中路、东路、南路、西路、北路总保正，分别列举总保正二名姓名于下。第四部分为《南部县各场集期里分》，分东路、南路、西路、北路4个方面，分别列举所属场集，并小注其赶集日期、离县城距离。第五部分为《南部县舆地图考》，乃全书的主体，以87幅图文的方式，分别对各乡场集作了绘图及说明。

今国家图书馆藏有该志。

（二）光绪二十二年（1896年）重刻《南部县舆图说》

光绪重刻《南部县舆图说》不分卷，4册装订，清袁用宾修纂。用宾字冠丞，湖北麻城人，光绪十五年（1889年）进士，官南部县知县。此书乃参订《同治南部县舆图说》，"重加刊编"而成。书衣题"南部县舆图说"，书名页题"光绪丙申春重镌，县境分方图说，南隆县署藏板"。所谓"南隆"乃南部的俗称。南部县在唐时属阆州，西魏称隆州，南部县在隆州之南，故有南隆之称①。有前县令朱帖舫所刊《县境分方图说》书影，题"南隆县署藏版"。

全书共分5部分：第一部分为袁用宾序言2篇，包括"光绪柔兆涒滩之如月既望麻城袁用宾撰"序文《续刻南部舆图序》1篇，"冠丞撰"《附刊绘舆图说》1篇。第二部分为袁用宾《清查保甲论》《慎选各乡总保论》《整饬团防练勇论》3论。第三部分为《计开保甲章程十条》《计开总保正章程六条》《计开团练章程十条》《计开练勇章程八条》。第四部分为《南部县各场集期里分》，分东路、南路、西路、北路4个部分，分别列举所属各场集，并小字注明离县城距离、集期时间。第五部分为《南部县舆图考》，以绘图为主，按全县东、南、

---

① 蔡东洲教授对南部县之得名有全面的考察，得出不同的结论，参见蔡东洲《清代南部县研究六题》，《西华师范大学学报》（哲学社会科学版）2011年第6期。

西、北四路各场分绘舆图,并各加考论。学者称其"图绘清晰,论述详明,图文互参,颇具特色"①。

国家图书馆、中国科学院地理研究所②、四川大学图书馆藏有其书,今又有《四川大学图书馆馆藏珍稀四川地方志丛刊》影印本。

(三) 光绪三十二年(1906 年)《南部县乡土志》

光绪三十二年(1906 年),王道履纂《南部县乡土志》。王道履,南部人,廪生。光绪五年(1879 年),吴大猷撰山西《保德州乡土志》,成为清代最早出现的乡土志。光绪二十九年(1903 年),学部颁发《奏定初等小学堂章程》,规定开设历史、地理等课程,其历史"尤当先讲乡土历史",其地理"尤当先讲乡土有关系之地理,以养成其爱乡土之心"。光绪三十一年(1905 年),学部颁发《乡土志例目》,作为编纂乡土史地教材的指导方案。王道履于是遵照程式,编纂了《南部县乡土志》。

是志未编总目,内容分为历史、地理、物产 3 个部分,约 6 万字。卷首有王道履序,序末列有编志体例,并称其编纂是志作为初等小学教材,以此培养振发学生爱乡爱国之精神。凡 5 册,分历史、政绩录、兵事录、耆旧录附节孝烈女、人类、户口、氏族、宗教、实业、地理、城内古迹祠庙坊表桥梁市镇学堂,以及区内古迹祠庙坊表桥梁市镇学堂、山、水、道路、物产、商务等类。

是志纂次谨遵《例目》,与他县乡土志同,唯其以"城内""区内"加分别,类目较四川省内其他县乡土志为简切。其中,历史部分记载最多,约 4 万余字,仅兵事类记白莲教起义的史料便有 4000 多字。《耆旧录》共两万字,多记载历代名人传记,录自县志,而所附节孝烈女收载尤繁,达万余字,其中有关白莲教事者亦有 2000 多字。地理部分记载桥梁、津渡、道路等较详。物产部分则以加工制造产品和商务贸易的史料为有价值③。

本志不分卷,也无刊印,长期仅有抄本传世,有清末稿本、1960 年传抄本,四川省图书馆、四川大学图书馆藏有其书④。今又有《四川大学图书馆馆藏珍稀四川地方志丛刊》影印本。

---

① 姚乐野、王晓波主编《四川大学图书馆馆藏珍稀四川地方志丛刊》(第三册),光绪二十二年(1896 年)刻本《南部县舆图》卷首《提要》,巴蜀书社,2009,第 218 页。

② 朱士嘉编《中国地方志综录》,商务印书馆,1958,第 269 页。

③ 姚乐野、王晓波主编《四川大学图书馆馆藏珍稀四川地方志丛刊》(第三册),巴蜀书社,2009,第 326 页;金恩辉、胡述兆主编《中国地方志总目提要》,(台北)汉美图书有限公司,1996,第 21 ~ 113、114 页。

④ 中国科学院北京天文台主编《中国地方志联合目录》,中华书局,1985,第 786 页。

<h1 style="text-align:center">三</h1>

南部县旧志是研究清代南部县衙档案的必备志书,《同治增订南部县志》尤为重要。全书既为清代南部县衙档案的研究提供了宏观的史料基础与历史背景,又可补清代南部县衙档案之不足。特别是《南部县志》有关南部县职官、舆地、食货、选举、人物的记载,对研究南部县衙档案提供了极大的便利,在地方档案研究者看来,其意义不言而喻。

以南部县衙档案的资料来丰富、订正《南部县志》的不足,更有大量工作可做,也为今后重修南部县地方志提供了丰富史料。以清代南部县衙档案中有关《南部县志》的档案为例,其中就涉及了《南部县志》的编纂、征集等情况,包括为修一统志、修国史、修通志,为加强地方治理、筹办军事交通,以及出于中央、地方各有关机构职责所系等原因而饬令征集、编纂地方志者。出于修一统志者,如第 Q1 – 21 – 821 号记载宣统二年(1910 年)民政部为续修一统新志先设立图志馆,南部县举人汪麟洲等于是禀请新修县志。出于修国史者,如第 Q1 – 12 – 870 号卷宗记载光绪二十一年(1895 年)南部知县袁申宾中解补刊整刷县志 2 部致总督鹿传麟,以便国史馆修纂地理志。出于修通志者,如第 Q1 – 8 – 429 号卷宗记载光绪七年(1881 年)办理四川采访忠节总局奉总督丁宝桢之令札饬南部县将嘉庆以来史实按体例分类修辑,申局以备编纂通志。出于地方治理者,如第 Q1 – 16 – 93 号卷宗记载光绪二十八年(1902 年)四川总督岑春煊饬令申送舆图志书,详察有关田赋、水利、仓储、学校、教堂、狱讼、乡绅耆旧、孝子悌弟、节妇贞女、团练保甲等的清单详册,以便知险易、察利病,而为问俗采风之助。出于筹办军事交通者,如第 Q1 – 21 – 57、Q1 – 21 – 95、Q1 – 21 – 860 号卷宗记载宣统二年(1910 年)四川总督赵尔巽饬令汇送县志及旧有舆图,派军官调查、填报有关输运等事调查表 3 张以便创办军事交通,以凭规划军政要图等事。出于中央机构职责所系者,如第 Q1 – 18 – 465 号卷宗记载光绪三十三年(1907 年)民政部为疆理司职掌而征集方志。出于地方机构职责所系者,如第 Q1 – 20 – 911 号卷宗记载宣统元年(1909 年)四川咨议局为查考应兴应革事而征集方志,第 Q1 – 21 – 860 号卷宗记载四川内务司因四川国学院有"审定乡土志、续修通志"专责而征集方志,第 Q1 – 21 – 705 号卷宗记载四川通省巡警道就警务公所设立图书室而搜集方志。综合来看,无论是编纂还是征集,都强化了地方对方志的重视。为统一编纂、调查规范,上级衙门甚至札发逐条调查事项,或调查图式,或调查表,或开列调查章程等,或派军官分往各地方会同调查,可见用心至细,调查至密。

　　此外，档案还可深化对《南部县志》的流传、保存，以及修纂目的等方面的研究。如南部县知县联武禀文称："卑县幅员虽属辽阔，但地处偏野，民亦极贫，自嘉庆年间以后，并未续修新志，所有从前旧志，已历多年，板片遗失，朽烂不全，是以前任（知）县（黄崑）叠奉饬取，均因款项难筹，无从修整刷印。"① 此说显然虚实参半，嘉庆以后无修志之举是虚，而板片或佚或烂是实。第 Q1－12－870 号卷宗则说明袁用宾主持重刻《南部县舆图说》乃与国史馆修纂地理志有关，其刊刻之成则是因仍前任知县联武承命申呈旧志并力加刊刷的结果。第 Q1－21－821 号卷宗中的汪麟洲禀文则对《南部县志》的修纂及流传情况有较为清晰的说明。

　　无论是为挖掘南部旧志的价值，还是出于新修南部县志的需要，都有必要对南部县旧志加以整理。然而，学术界迄今没有一部校点之作，甚至对南部县旧志的总体面貌也不甚了解②，对阅读、研究、利用南部县旧志，尤其是对清代南部县衙档案的研究、利用造成了一定的困难。《道光南部县志》虽清晰易读，但受时限的影响，记载仅及于道光二十九年（1849 年）；《同治增订南部县志》虽记载内容更为全面，但各本文字多有异同，不少地方字迹模糊，更增添了阅读的困难；至于其他 3 种方志，内容相对简略，形式也有变化。综合来看，《同治增订南部县志》的参考价值最大，值得优先整理。

---

① 四川省南充市档案馆藏：清代南部县衙档案第 11－425－1 号，光绪十八年（1892 年）。

② 如《中国地方志联合目录》《中国地方志综录》，以及《中国地方志总目提要》、何金文的《四川方志考》（吉林省地方志编纂委员会、吉林省图书馆学会，1985，第 301~302 页）等著作皆对南部县旧志未能著录完全。

《蜀鉴》版本考述

赵炳清[*]

《蜀鉴》一书，为南宋末期郭允蹈所著，具有很高的史学价值。它记载了四川及其周边地区在宋代以前的历史发展变化，总结了历代经略蜀地的得失，探讨了各关隘要地在蜀地攻守中的战略地位。因此，《蜀鉴》是一部经世致用之作。本文欲就《蜀鉴》的版本情况作一考述，不妥之处，敬请方家指正。

一 《蜀鉴》的刻本情况

就现在所知，《蜀鉴》最早的刻本应为宋本。宋本于明代尚有传。据明张佳胤序文记载："《蜀鉴》宋刻甚精，藏于李蒲汀司徒。司徒殁而子孙不能守，遂为澶汾晁太史所得。余尹滑，乃从晁太史所借而录之。略记此书始末于首云。"可知，宋本原藏于李廷相家，后又归晁瑮所藏。查晁氏《宝文堂书目》，确载《蜀鉴》为宋版，惜其后失传。

又据清王士禛《池北偶谈》载："《蜀鉴》十卷，起秦人取南郑、秦人伐蜀，迄西南夷本末。有文子嘉熙丁酉跋云：'与资中郭允蹈居仁，共为此编。'又有姚咨嘉靖丙寅跋云：'是编予得之罗浮外史顾玄纬氏，玄纬得之兵侍鄞范东明翁，翁又得之章丘李中麓吏部。辗转假录，越二十余年，予始得手钞，凡六逾月乃毕。夙兴夜寐，无论寒暑，盖不知老之将至。'是书予壬子入蜀时，购之不可得。康熙癸亥，乃借之朱简讨锡鬯。朱好写书，多未刻秘本。跋中李中麓氏藏书百六十年未散，近始归昆山徐宫赞健庵（乾学）。梁溪顾氏书至孝廉修远（宸）

*　赵炳清，西华师范大学历史文化学院教授。

尤富，后书归吴中丞伯成（兴祚）。唯四明范氏天一阁书，不以借人，至今无恙，余姚黄梨洲宗羲多就阅其秘本。"查徐乾学《传是楼书目》记有"《蜀鉴》一本"，可知李中麓所藏《蜀鉴》当为宋刻。徐氏传顾氏，顾氏再传至吴兴祚，可见《蜀鉴》宋版于清初尚有传本。遗憾的是，宋版至此失传。

宋端平三年（1236年）、嘉熙丁酉（1237年），李文子为《蜀鉴》作序跋，其称郭氏所作《蜀鉴》，乃其所嘱。宋淳祐五年（1245年），别之杰也为《蜀鉴》作跋文，其曰：

> 昔萧何入秦丞相府，独收秦图书，备知天下扼塞户口多少强弱处，乃用以相汉。益信《周官》训方、刑方等官之设，其意为有在矣。余向帅江陵，郭湛溪仕蜀而出，遂为江陵寓公，每语余以蜀事，而不知其著此书也。后十余年，蜀道汹汹，余自迤列出镇长沙，名为托里。而其子涉出示此书，于是湛溪即世亦几十年矣。嗟乎！扬雄既没而《法言》乃行。今蜀事如许，此书之出，岂不足为经理恢拓者之助乎！

别之杰，字宋才，郢州人，《宋史》卷419有传。曾两知江陵，先后兼湖北安抚使与京湖制置副使。宋淳祐二年（1242年）以同知枢密院事兼权参知政事、进资政殿学士的身份出任湖南安抚使，兼知潭州。可知郭允蹈出蜀寓居江陵时，别之杰尚在江陵任上，故得友善而相论蜀事。宋端平三年（1236年），蒙古军大举攻蜀，一月之间，成都府、利州及潼川府三路全部陷落。李文子曾知潼川府，《考亭渊源录》卷22记载："李文子字公瑾，光泽人。李方子之弟。绍熙四年进士。历知太安军，绵、阆州，潼川府。著《蜀鉴》十卷。"[1] 东奔江陵而与郭允蹈遇，鉴于蜀事残破与后来治蜀者深思，故嘱允蹈编撰《蜀鉴》。书成不久，允蹈去世，当在宋端平三年（1236年）末。淳祐五年（1245年），别之杰镇守长沙，允蹈之子郭涉出示《蜀鉴》，时距允蹈去世将近十年了。由此来看，《蜀鉴》当刻于嘉熙年间。

有元一代，《蜀鉴》无刻本。虽惠栋《百岁堂藏书目》称"《蜀鉴》十卷，李文子刻，元椠"。后是书归黄丕烈所藏，经其考辨，认为是明初版[2]。

明初版，为明洪武时蜀献王朱椿主持所刻，又称蜀藩本。时方孝孺为蜀王世子傅，奉旨撰有序言。据傅增湘称，此刻半叶八行，行十六字，白口，双栏[3]。

---

① 《考亭渊源录》卷22，《李文子传》，载《续修四库全书》（第517册），上海古籍出版社，1995，第785页。

② 黄丕烈：《荛圃藏书题识》卷2，上海远东出版社，1999，第91页。

③ 傅增湘：《藏园群书题记》卷3，《明初本蜀鉴跋》，上海古籍出版社，1989，第135页。

疑傅氏所见为嘉靖刻本。笔者考察了国图所藏的嘉靖刻本、北大图书馆所藏的嘉靖刻本及巴蜀书社影印的嘉靖刻本后，发现序言、跋语与正文的版式不一，为半叶七行十三字，白口，花单鱼尾，四周双边。因嘉靖刻本据宋版抄本而刻，故应缺别跋和方序，颇疑张肖甫将明初本的序跋移植于嘉靖刻本中。在明代藏书家的书目中，此刻多有记载。如钮石溪《会稽钮氏世学楼珍藏图书目》载："《蜀鉴》十卷，国初刊本。宋郭允蹈撰，有端平三年昭武李文子序，嘉熙丁酉重五文子跋，淳祐五年佚名氏跋。"① 同时，此刻也有皇家所藏。明正统六年（1441年），内阁大学士杨士奇等清理南京北运之书而撰《文渊阁书目》，其称"《蜀鉴》，一部四册"。钱溥完成于明成化二十三年（1487年）的《秘阁书目》也载"《蜀鉴》四本"。可见，明初刻本分为四册，可能卷一至卷三为一册，卷四至卷六为一册，卷七、卷八为一册，卷九、卷十为一册。至清代，此刻仍存。惠栋百岁堂所藏已非完璧，缺首二卷，黄丕烈从张白华家借得此刻完本，影抄补足之。后黄氏所补本归陆心源皕宋楼。陆氏在《皕宋楼藏书志》中录有复翁跋识以明之②。此外，张金吾《爱日精庐藏书志》也载有此刻本③，并录端平三年（1236年）李文子序、嘉熙丁酉重五文子跋和淳祐五年（1245年）别跋以存之。莫友芝也曾经眼④。遗憾的是，此刻本传入民国时更加残缺。据张元济先生所见，卷四至卷八皆缺⑤。李盛铎先生藏有一残刻本。其在《木樨轩藏书题记及书录》中记载道："《蜀鉴》十卷（存卷一至三、卷九至十），宋郭允蹈撰，明初刻本。半叶八行，行十六字。前有端平三年李文子序，嘉熙丁酉文子跋。缺四、五、六、七、八五卷。"⑥ 现此刻本藏北京大学图书馆。然《中国古籍善本书目》却认为此残本为明嘉靖三十四年（1555年）刻本⑦，可谓是慧眼独识。笔者在北京大学图书馆查证此刻，发现虽缺方孝孺序，然嘉靖刻本误者而此本也误，其卷九、卷十也是各为一册。因此，明初蜀藩本至今竟不存。

明嘉靖三十四年（1555年）刻本，为张佳胤所刻。因明嘉靖三十四年（1555年）为乙卯年，故又称嘉靖乙卯本。张佳胤（1526－1588）字肖甫，明重庆府铜梁县人。明世宗嘉靖二十九年（1550年）进士，授滑县令。《明

① 冯惠民、李万健等：《明代书目题跋丛刊》，书目文献出版社，1994，第1561页。
② 陆心源：《皕宋楼藏书志》卷22，光绪八年十万卷楼刊本，第16~17页。
③ 张金吾：《爱日精庐藏书志》卷10，道光元年爱日精庐刊本，第5页。
④ 莫友芝：《郘亭知见传本书目》卷第4"纪事"，中华书局，1993，第88页。
⑤ 张人凤编《张元济古籍书目序跋汇编》（上册），"《郘亭知见传本书目》批注"，商务印书馆，2003，第4页。
⑥ 李盛铎撰、张玉范整理《木樨轩藏书题记及书录》，北京大学出版社，1985，第102页。
⑦ 《中国古籍善本书目》（史部·上），上海古籍出版社，1991，第191页。

史》有传。由其序文可知，佳胤在滑县任内，曾借晁瑮《蜀鉴》宋版而抄录之，在嘉靖乙卯年据所抄宋版而刻之。据傅增湘交代，"明嘉靖本，八行十六字，白口，单栏。前有方孝孺序，次嘉靖乙卯张佳胤题，后有嘉熙丁酉文子跋、淳祐五年别□跋"。同时，傅氏还认为"此本字大如钱，板刻极古，殊不类嘉靖通行本风气"①，以表示对嘉靖刻本的怀疑。在《藏园群书题记》中，傅氏进一步认为嘉靖刻本即明初蜀藩本。其云："其版（蜀藩本刻板）传至嘉靖，张肖甫得之，补订而附跋于后，然则所谓元刻、嘉靖刻，皆此蜀藩本也。缘其字画古茂，或者疑为元刻；又见其补版附有张氏跋，遂认为嘉靖刻耳。"1984 年，巴蜀书社影印了嘉靖刻本，正文为半叶八行十六字，白口，四周单边。据瞿氏《铁琴铜剑楼藏书目录》记载，其曾用影宋写本校蜀藩本，指出了蜀藩本的一些错误。如其称"光武建武元年，延岑屯杜陵，与赤眉逢安战，大破之，蜀本'与'误'兴'。汉中王嘉亦与赤眉将廖湛战于谷口，大破之，蜀本脱'口'字"等②，皆与巴蜀书社影印的嘉靖刻本符合。可见，嘉靖刻本与蜀藩本版式差别不大，以至于误了傅氏、瞿氏法眼，误把嘉靖刻本当做蜀藩本。其实，在清代后期，蜀藩本已不多见，书估往往利用嘉靖刻本来作假。他们或割去方序，冒充宋刻；或割去张佳胤题，冒充蜀本。蜀藩本为四册，而嘉靖刻本却为八册。其卷一至卷三为一册，卷四为一册，卷五为一册，卷六为一册，卷七为一册，卷八为一册，卷九为一册，卷十为一册。传至清代，此刻本已不多见。《郑堂读书记》载其序跋为前有端平丙申公瑾序及方孝孺序、张佳胤题，后有嘉熙丁酉文子跋及淳祐丁未公瑾门人跋。现北京图书馆所藏嘉靖刻本乃明汲古阁藏本，翁同书于道光二十四年（1844 年）购于京师书肆，并作跋语。此外，上海图书馆、浙江图书馆、吉林图书馆、四川图书馆均有收藏。

清代乾隆时期编修《四库全书》，《蜀鉴》赫然在列，为两淮盐政李质颖在浙江所采进。查《浙江采进遗书总录》，注明《蜀鉴》为刊本；又查《各省进呈书目》，注明《蜀鉴》为四本。可见，采进本当为蜀藩本，非嘉靖刻本。据《蜀鉴》四库本来考察，采进时已非完璧并有所改动。如卷八末郭氏所论，自"沦肌浃髓"以下已经残缺（注明下阙）；卷二中的标题"关羽失荆州"也改为"孙权袭荆州"；在卷七的"高季昌攻蜀夔州"缺少了"夔州"二字。

清道光、咸丰年间，金山钱氏编辑"守山阁丛书"，在道光二十一年（1841 年）从杭州文澜阁《四库全书》中辑出《蜀鉴》刊刻，道光二十四年

---

① 傅增湘：《藏园群书经眼录》卷 3，中华书局，1983，第 269 页。
② 瞿镛：《铁琴铜剑楼藏书目录》卷 9，中华书局，1990，第 144 页。

（1844 年）又重刊。共两册，卷一至卷六为一册，卷七至卷十为一册。半叶十一行二十三字，黑口，左右双边，并在每卷篇目下注有"四库全书原本"字样。其实，与四库本相比较，守山阁丛书本还是有变化的。如在卷八末郭氏所论的残缺部分，臆补上了"亿万年安枕矣"六字[①]，此点傅增湘已拈出，使得意思完整。同时，钱氏还针对《蜀鉴》中年代纪事的错误，依据其他文献进行了辩证，用小字双行注于其下。傅增湘曾用影宋写本校过此本。傅校本现藏国家图书馆。

守山阁丛书本在《蜀鉴》版本传承中的地位十分重要。自此之后，《蜀鉴》刻本、印本多祖从此本。如清光绪五年（1879 年）重刊于成都的吴兴吴氏贻谷堂本，半叶十三行二十二字，小字双行同，黑口，左右双边，双鱼尾，象鼻下有"贻谷堂吴氏刊"字样；清光绪十五年（1889 年）上海鸿文书局的石印本；民国十一年（1922 年）上海博古斋的影印本；民国二十五年（1936 年）据贻谷堂本重校刊的成都志古堂本，半叶十行二十字，小字双行同，黑口，左右双边，对花鱼尾；民国二十六年（1937 年）长沙商务印书馆排印的丛书集成初编本、上海商务印书馆的万有文库本等，都属于守山阁丛书本系统。

二 《蜀鉴》抄本情况

除刻本以外，《蜀鉴》尚有抄本。

从前述可知，张佳胤曾从晁瑮处得宋刻而抄，并据之而刻嘉靖本。然张抄本却没传世，明清诸家均无记载。又从《池北偶谈》的记载来看，《蜀鉴》在明代抄本甚多，有范钦天一阁抄本，有顾玄纬抄本，有姚咨嘉靖丙寅抄本。姚抄本后归朱彝尊，王士禛曾借阅之。天一阁抄本，黄宗羲曾阅览过。惜后失传。

至清代，据黄丕烈《荛圃藏书题识》记载，其家藏有明抄本，为张充之所抄。查《清人室名别称字号索引》，张充之乃清人。疑荛圃所记有误。张充之，长洲（今江苏苏州）人，名德荣，《书林清话》也载其抄有《蜀鉴》十卷。惜黄氏之后，其书不传。又瞿氏《铁琴铜剑楼藏书题跋集录》记载，其家有《蜀鉴》旧抄本，在卷六后有题识云："隆庆元年，岁在丁卯，仲春二月上旬，在于翠筼轩下录之。"卷十后有题识云："铺序整饬，记载详到，虽其文句不能如《华阳国志》之秀拔瞻美，而每值郡邑土地，每为标注，使考蜀事者不至混漫，此则有特长焉。呜呼，恭拟于《华阳志》，可为合之则联璧矣！其又历唐抵宋元千三百载上下之事迹为蜀全书，美矣夫。明嘉靖间姑苏吴岫识。"[①] 吴岫，字方山，

---

① 瞿良士辑《铁琴铜剑楼藏书题跋集录》，上海古籍出版社，1985，第 60～61 页。

号濠南居士，吴县（今江苏苏州）人，明嘉靖时藏书家，前后收书逾万卷，有藏书楼为"尘外轩"。此本现藏国家图书馆，两册，十行十六字，无格，缺方孝孺序和别之杰跋。但《中国古籍善本书目》却注之为明隆庆元年翠筠轩抄本，当误。隆庆在嘉靖之后，此本在嘉靖间已为吴岫所藏，当是嘉靖时成书矣。方山之后，此本在明隆庆元年（1567年）落入翠筠轩主人之手，故录而志之。瞿氏、傅氏均称此本为影宋写本，并用之校过刻本。用此本与嘉靖刻本比较，我们发现此本致误处而嘉靖刻本皆误，抑或是张佳胤抄本乎？瞿氏据此本进行了影抄，共六册，卷一至卷三为一册，卷四、五为一册，卷六为一册，卷七为一册，卷八、九为一册，卷十为一册。半叶十行十六字，花鱼尾，左右双边，版心有"海虞瞿氏铁琴铜剑楼影钞本"字样。又有摹本流至北平馆中，为傅增湘用以校勘守山阁丛书本。

据《中国古籍善本书目》记载，《蜀鉴》尚有清初抄本，彭元瑞作跋文。彭元瑞字掌仍，一字辑五，号芸楣。博学强记，时有令誉，为《四库全书》十个副总裁之一。其跋文云："《蜀鉴》为宋南渡后之蜀言之也。观其叙述往事，于所以保蜀与所以失蜀者，三致意焉。序中得之则安，失之则危，窃之则亡，似乎豫知有吴曦之祸。而元之亡宋，必先取蜀。固非如《华阳国志》《锦里耆旧传》徒资地理掌故也。方正学重刻序，则为蜀王言之。《易》曰：'辞也者，各指其所之。'于此可以悟立言之法，其后辅建文，致靖难之变，盖其防制宗藩之意胚胎已夤矣。"① 此本现藏国家图书馆，两册，十行二十字，黑格，白口，左右双边。从内容考察得知，此本当抄自嘉靖刻本。

此外，据毛扆《汲古阁珍藏秘本书目》载："《蜀鉴》二本，宋板影抄，一两二钱。"惜今无传。

三 《蜀鉴》版本传承系统与著录情况

从我们前述的考察可知，《蜀鉴》在流传过程中，形成了两套版本系统。

一套是守山阁丛书本为核心的版本系统。从宋版→明初版→四库全书本→守山阁丛书本。以刻本为主。

另一套是以明影宋抄本为基础的版本系统。从宋版→明影宋抄本→明嘉靖刻本→彭跋抄本。以抄本为主。其示意图如图1所示。

《蜀鉴》自问世以来，历代书家多有著录，现列表如表1所示。

① 彭元瑞：《知圣道斋读书跋》卷1，《蜀鉴跋》，中华书局，1985。

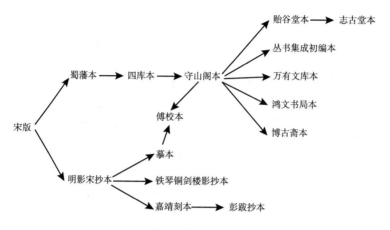

图1 《蜀鉴》版本系统示意

表1 《蜀鉴》书家著录

年代	著录书目	题名	版本类别
元	《资治通鉴音注》	李文子,蜀人,著《蜀鉴》	
明	《文渊阁书目》	《蜀鉴》,一部四册	
	《秘阁书目》	《蜀鉴》,四本	
	《国史·经籍志》	《蜀鉴》,李文子撰	
	《行人司重刻书目》	《蜀鉴》,四本	
	《晁氏宝文堂书目》	《蜀鉴》,宋版	宋版
	《菉竹堂书目》	《蜀鉴》,四册	
	《蜀中广记》	《蜀鉴》,一卷	
	《澹生堂藏书目》	《蜀鉴》四册,十卷,李文子辑	
	《万卷堂书目》	《蜀鉴》,二册	
	《近古堂书目》	《蜀鉴》	
	《玄赏斋书目》	《蜀鉴》,李文子撰	
	《会稽钮氏世学楼珍藏图书目》	《蜀鉴》,十卷	明初刊本
	《徐氏家藏书目》	《蜀鉴》十卷,宋邵武李文子撰	

续表

年代	著录书目	题名	版本类别
清	《绛云楼目录》	《蜀鉴》十卷,李文子撰,南宋人	
	《读书敏求记》	《蜀鉴》十卷,李文子撰	
	《池北偶谈》	《蜀鉴》,十卷	姚咨抄本
	《汲古阁珍藏秘本书目》	《蜀鉴》二本,宋板影抄,一两二钱	影宋抄本
	《浙江采进遗书总录》	《蜀鉴》,刊本	刊本
	《各省进程书目》	《蜀鉴》,四本	
	《四库全书总目》	《蜀鉴》,十卷	两淮盐政采进本
	《续文献通考》	《蜀鉴》十卷,宋郭允蹈撰	
	《明史·经籍志》	《蜀鉴》四册,宋郭允蹈撰	
	《振绮堂书录》	《蜀鉴》,刊本	刊本
	《知圣道斋读书跋》	《蜀鉴》	抄本
	《百岁堂藏书目》	《蜀鉴》十卷,李文子刻,元椠	元刻(实明初本)
	《荛圃藏书题识》	《蜀鉴》,十卷	明抄本
	《荛圃藏书题识》	《蜀鉴》残刻本,缺首二卷	明初本
	《爱日精庐藏书志》	《蜀鉴》,宋郭允蹈撰	明初刊本
	《郑堂读书记》	《蜀鉴》十卷,宋郭允蹈撰	明嘉靖乙卯刊本
	《皕宋楼藏书志》	《蜀鉴》十卷,惠红豆旧藏,宋郭允蹈撰	明刊本
	《八千卷楼书目》	《蜀鉴》十卷,宋郭允蹈撰	抄本、守山阁本
	《稽瑞楼书目》	《蜀鉴》十卷,二册	旧抄
	《郘亭知见传本目录》	《蜀鉴》十卷,宋郭允蹈撰	明初刊本、嘉靖乙卯刊本、守山阁本
	《铁琴铜剑楼藏书目录》	《蜀鉴》,十卷	旧抄本
现代	《藏园群书题记》	《蜀鉴》十卷,宋郭允蹈撰	明初刊本、明嘉靖刊本,校守山阁本
	《张元济古籍书目序跋汇编》	《蜀鉴》十卷,宋郭允蹈撰。缺卷四至卷八	明初刊本
	《木樨轩藏书题记及书录》	《蜀鉴》十卷(存卷一至卷三、卷九至卷十),宋郭允蹈撰	明初刻本
	《中国善本书提要补编》	《蜀鉴》,四册	明嘉靖刻本
	《四库提要辩证》	《蜀鉴》十卷,郭居仁	
	《中国古籍善本书目》	《蜀鉴》十卷,宋郭允蹈撰	明嘉靖三十四年刻本、明隆庆元年翠筠轩抄本、清初抄本、傅校守山阁本

从表1可见,《蜀鉴》的版本著录在明代尚不普遍,从题名来看,书家收藏的多是四册的明初版,而八册的嘉靖刻本并没有受到书家的重视,《万卷堂书目》著录的无疑是抄本。至清代,由于朴学的兴起,学者多注重书籍的版本著录,故《蜀鉴》的版本情况十分明了。随着宋版的失传,明初版就显得弥足珍贵,书贾割裂嘉靖刻本,以冒充宋版或明初版,张元济与李盛铎所见当属此类。至今,明初版也不传,甚为憾事。

《清史稿·章庆传》史实考补

——以清代南部县衙档案为中心

黎春林　金生杨*

　　《清史稿》以478字简要记载了章庆的生平事迹，称其字勤生，浙江会稽人，历署剑州、南部、冕宁，补射洪，擢道员在任候补。宣统三年（1911年辛亥）任西昌县令，川省路争事起，因哥匪袭城，力竭死之①，故列其入《忠义传》，辛亥革命研究者亦屡有提及。然笔者整理清代南部县衙档案时发现，"章庆"实为"章仪庆"，生于同治元年（1862年），其生平事迹大有可补正之处，足资近代史之研究，且认为其因"敲诈勒索""横征暴敛"而致起义身死的说法可再商榷②。

一　姓名、早期经历及生年考

　　据《清史稿》卷四百九十六记载，章庆早年"游蜀，就幕职，为总督锡良等所器，保知县"，署剑州，调南部。吴自修《辛亥殉难记》记辛亥殉难文职官③、尚秉和《辛壬春秋》记殉难清臣④，亦载有"章庆"事迹，大体与此相似，并明确所谓"锡良等"还包括巡抚沈秉堃、按察冯煦、赵藩。

　　按，锡良任四川总督为光绪二十九年（1903年）三月，并"于七月十六日

　*　黎春林，西华师范大学历史文化学院讲师；金生杨，历史学博士，西华师范大学西部区域文化研究中心副主任，教授。

①　赵尔巽等：《清史稿》卷496，中华书局，1977。

②　高履龙：《辛亥张耀堂西昌起义始末》，《四川文物》1992年第5期。

③　吴自修：《辛亥殉难记》卷2《章知县传》，载周骏富辑《清代传记丛刊》（第64册），（台北）明文书局，1985，第73页。

④　尚秉和：《辛壬春秋·清臣殉难记第四十二》，民国十三年（1924年）刻本。

行抵成都省城"①,光绪三十三年（1907年）正月,锡良奉旨调任云贵总督,"章庆"连署剑州知州、南部知县当在此期间。

民国《西昌县志》记西昌知县有"章庆,宣统三年任"②。不过,民国《剑阁县续志》并无"章庆"其人,而有"章仪庆"者。其《官师·清知州》载:"章仪庆,字琴生,浙江会稽人,监生,光绪三十一年十一月署任。"③傅崇矩据"宣统元年正月之同寅录",录"成都之官",其"知县"类有"章仪庆琴生"④。光绪三十二年（1906年）,南部县义和团起义（即《清代南部县衙档案》何如道案）,章仪庆参与围剿,四川总督锡良特上奏折褒奖,皆称其为"署剑州知州章仪庆"⑤。之后,锡良调章仪庆署南部,专办此案。清代南部县衙档案中保留了大量署名章仪庆的档案原件,如光绪三十二年（1906年）十月初十日,有"钦加同知衔赏戴花翎补用直隶州署理保宁府剑州事即补县正堂加一级纪录二次记大功十四次章为谕知事"的到任示谕,称"本州现奉大宪檄委调署南部县事"⑥,足可证实《清史稿》中连任剑州知州、南部知县的"章庆"实为"章仪庆"。清宣统帝名溥仪,以"章仪庆"为"章庆",当是避其讳所致。据现存"章勤生花鸟册册页"钤印、款识来看,章仪庆之字既作"勤生",又作"琴生",而号"寄盦"⑦。

章仪庆到任南部,依例将到任日期及年贯履历具文通报给军督藩各宪及相关部门,其呈保宁府验折中道:

> 卑职现年四十五岁,浙江绍兴府会稽县人。由监生于光绪十八年,遵新海防例报捐双月县丞。二十七年,遵□晋赈捐例,加捐三班知县,指分四川试用。又于是年遵海防例,报捐蓝翎,并加同知升衔,均蒙核准在案。二十八年,经统领巡缉威靖等营王守明德,调赴资州行营,总理文案,并随同剿办拳

① 锡良:《锡良遗稿奏稿》卷五,《剿办南部邪匪并奖励官弁折》（第一册）,中华书局,1959,第344页。
② 郑少成等修、杨肇基等纂民国《西昌县志》卷四《政制志·西昌县知县》,《中国地方志集成·四川府县志辑》（第69册）,巴蜀书社,1992,第79页。
③ 张政等纂修民国《剑阁县续志》卷五,《中国地方志集成·四川府县志辑》（第19册）,巴蜀书社,1992,第907页。
④ 傅崇矩编《成都通览》（上册）,巴蜀书社,1987,第135页。
⑤ 锡良:《锡良遗稿奏稿》卷五,《剿办南部邪匪并奖励官弁折》（第一册）,中华书局,1959,第608页。
⑥ 《南部档案》第17-00494-02号（依次表示全宗号-目录号-案卷号-件号,下同）,光绪三十二年（1906年）十月初十日,四川省南充市档案馆藏。
⑦ http://auction.socang.com/AuctionSpecShowProduct/1410002.html,最后访问日期:2012年9月25日。

匪。二十九年正月，资属肃清，凯撒销差离营。旋奉委办臬辕文牍，并蒙前总督部堂岑（春煊）于拳匪肃清案内奏保，俟知县补缺后，以直隶州知州（下缺）①

又光绪三十二年（1906 年）十月廿日，南部县吏房呈稿申军督学藩盐臬巡宪道：

（上缺）"旨依议，钦此"。旋奉委解尾批京饷银二十一万八千七百余两，于十一月依限到京，赴户部各衙门交纳清楚，掣取批回。奉准部咨议，叙加一级、纪录二次。二十八日，蒙钦派王大臣验看。十二月初九日，蒙吏部带领引见，奉旨："照例发往，钦此。"十六日，领凭起程。三十年二月，遵四川赈捐例，捐换花翎。四月二十二日到省，销解京饷差。奉准行知，记大功三次。旋奉委办川汉铁路公司文案。六月，复委兼办学务处稽核，兼文案。九月，销铁路文案差，奉委兼办督辕文案。十二月，奉委兼充官报书局委员。三十一年，因劝办本省壬寅常捐出力，蒙照督部堂锡（良）奏保，归入候补班补用。经部议覆，奉旨："依议，钦此。"是年十月初一日，奉藩宪札，委署保宁府剑州知州。旋销各项差使，于十一月初一日到任。因预办□常捐输案内，蒙记大功□次。三十二年八月，奉文调署蒲江县知县。因会督营团剿办南部大股邪匪，蒙记大功三次。九月十八日，复奉调署南部县知县。十月初一日，交卸剑州篆务。是月十六日到任，接印视事。所有到任日期及年贯履历，理合具文通报宪台俯赐查考②。

章仪庆于光绪二十九年（1903 年）奉委解尾批京饷，《光绪朝朱批奏折》记载为：

再据布政使陈璚详称，搭解重庆关监督移解户部，酌提自光绪二十七年八月十九日第一百六十五结起，至二十八年八月二十九日第一百六十八结止，共提倾镕折耗银二千四百四十两，发交管解尾批京饷，委员试用知县章仪庆承领带解户部交收等情，详晰奏咨前来。奴才覆核无异，除分咨查照外，理合附片具陈，伏乞圣鉴，谨奏。户部知道③。

① 《南部档案》第 17-00494-12 号，光绪三十二年（1906 年）。
② 《南部档案》第 17-494-3 号，光绪三十二年（1906 年）十月二十日。
③ 中国第一历史档案馆：《光绪朝朱批奏折》第 89 辑《财政·经费》光绪二十九年（1903 年），中华书局，1996，第 849 页。

正可补此件档案之缺，并将其生平履历的记载首尾连贯起来。

据以上档案可知：

第一，章仪庆出身"监生"，屡经依例捐官而获得各项差使。章氏初捐双月县丞，加捐三班知县，再加升同知，于资州行营总理文案、随同剿办拳匪，复办理桌辕文牍，获总督岑春煊奏保，得以试用知县奉委解尾批京饷。此后，章氏办理川汉铁路公司文案、兼办学务处稽核兼文案、兼办督辕文案，因劝办该省常捐出力，得蒙总督锡良奏保，归入候补班补用。《清史稿》称章氏"以通法家言游蜀，就幕职，为总督锡良等所器，保知县"，虽掩岑春煊奏保之功，但所言不虚。

第二，光绪三十二年（1906 年）八月，章仪庆曾接到由署保宁府剑州知州"调署蒲江县知县"的委任。九月初，南部县义和团起义，起义军逼近剑州。因事发仓促，故章仪庆虽已卸任，但仍以"署剑州知州"的名义"会督营团"围剿，并于九月十八日复调署南部县知县。在光绪三十二年（1906 年）九月二十二日，四川布政司对原署南部县知县宝震的札文中亦明确提到，因宝氏稽匪不力，奉批撤任，所遗缺"以卸任剑州、调署蒲江县知县章仪庆调署"①。《清史稿》对此略而不及，不利于考究当时义和团起义情势。

第三，光绪三十二年（1906 年），章仪庆调署南部知县时自称"四十五岁"，故可推知其生年为同治元年（1862 年）。据其卒于宣统三年（1911 年）的记载，可知章氏享年 50 岁。

二　委署剑州

光绪三十一年（1905 年）十一月，章仪庆被委署为剑州知州。《清史稿》称其"擒巨逆王文朗，歼其党九十余人"。

光绪三十二年（1906 年），何如道在南部与剑阁、盐亭交界的光木山聚众起义。八月，何如道、达兴武等"率党数百人扰剑州属元山、仁和、金仙、广平各场，及店子垭、演圣寺、候子铺、白龙庙各处"②。署剑州知州章仪庆闻警，"立即督团布置。九月初十日，果有匪股数百人，自南部窜扰该境广平场等处。该团绅集众备御，一面分投飞报府州，驻扎保宁府巡防右军前营哨官黄鼎暨该州星夜督队，先从驰至"。章仪庆亲率领兵丁，与当地民团联合围攻，在剑州广平场"阵歼伪总军王文朗等十

① 《南部档案》第 17-5-14 号，光绪三十二年（1906 年）九月二十二日。
② 张政等纂修民国《剑阁县续志》卷三，《中国地方志集成·四川府县志辑》（第 19 册），巴蜀书社，1992，第 896 页。

一名，阵获伪领队何添才等及妖道、妖僧共五十七名，各团亦有擒获"①。

按，王文朗在起义军中充任"伪总军"，故《清史稿》称其为"巨逆"。清代南部县衙档案中尚有参与起义成员李天恩的供词，称其于"光绪三十二年六月间，不记日期，在江油县豆团山地方，撞遇素识已获正法之王文朗们，称他师尊何如道，神拳符咒，练习灵通，可以治病，能避枪炮，叫小的亦拜何如道为师，学习可以医病保家的话"②，这是王文朗参与起义并被镇压的重要史实。

此后，四川总督锡良在《剿办南部邪匪并奖劾官弁折》中，请将章仪庆、黄鼎"先予各加军功随带三级，倘能缉获首匪，再行优请赏叙，用昭激劝"③，此亦与章仪庆履历中"因会督营团剿办南部大股邪匪，蒙记大功三次"的记录相互吻合。

在剑州任上，章仪庆振兴学务，成效显著。他还举办了四川省"第一次运动会"，开风气之先，为近代四川教育、体育事业做出了标志性的贡献，故深受舆论褒扬。《广益丛报》曾以"剑州运动"为题做了报道：

> 剑州学务自去冬章勤生刺史到任后，锐意振兴。刺史兼领高等小学校及附设师范传习所各校校长，逐月亲诣试验城乡各场，复添设初等半日学堂二十余校。数月以来，成效大著。近与教员林君舒锦筹商，调集城乡各校师生于前月廿二日，在南城外举行第一次运动会。闻得优胜旗者为城中高等小学堂学生赵履丰，次旗者为龙源场初等小学生王邦显。刺史捐赠银制双龙头等奖章，其余亦奖励有差④。

清代南部县衙档案中保留有光绪三十二年（1906年）八月十三日剑州知州章仪庆致南部知县宝震的移文，通知城乡各学堂"如愿赴会"参加"定于本年八月二十二日举行"的"第一次运动会，以励学界而开风气"，可由"执事员届期带赴"剑州，"以觇风会"。为此，章氏不仅制定运动会章程，而且向南部县移有"特别招待券一纸、入场券十张"⑤，准备尤为充分。

---

① 《南部档案》第17-685-3号，光绪三十二年（1906年）十二月十五日。见于锡良《锡良遗稿奏稿》卷五，《剿办南部邪匪并奖劾官弁折》（第一册），中华书局，1959，第609页。
② 《南部档案》第18-955-9号，光绪三十三年（1907年）年十二月十八日。
③ 锡良：《锡良遗稿奏稿》卷五，《剿办南部邪匪并奖劾官弁折》（第一册），中华书局，1959，第609页。
④ 佚名：《剑州运动》，《广益丛报》第一百二十二号（第四年第二十六期），第10页，1906年12月5日（光绪三十二年十月二十日）。
⑤ 《南部档案》第17-836-1号，光绪三十二年（1906年）八月十三日。

三 调署南部

南部县何如道起义发生后，四川总督锡良将原南部知县宝震撤任，并将章仪庆调署南部，专办此案。光绪三十二年（1906 年）十月初一日，章仪庆交卸剑州篆务，十月十二日，亲解递籍禁保余匪四十九名，水路并进，沿途经过苍溪、阆中，复为会审匪犯，十六日抵任南部，接印视事。

在南部县一年的署任年限中，审判、缉拿、保释何如道案案犯是章仪庆主要经手之事。四川洋务总局有关章仪庆到任禀文的批文最具有代表性："该县匪徒谋乱，虽经破获，伏莽堪虞，仰即督同团保，认真巡查，以期有匪必获，并将境内教堂教士随时保护，毋稍疏虞。"①《清史稿•章庆传》着重提及"河徙啮城，筑长堤御之，城以完"之事。根据清代南部县衙档案，此说大有"张冠李戴"之嫌。

南部县地势低洼，迭遭水患。东门外河堤为县城城垣保障，但坍塌严重。光绪三十三年（1907 年）七月，南部县大水，河堤接续冲毁，"民房半悬空中，情形极为危险。若不设法修筑，万一再遇水灾，不但沿河街道尽成泽国，即城池有泛滥之虞"②。时章仪庆在任，曾劝当地绅士谢鼎认捐钱二百二十钏，专作堤工之用，并采取"官认筑工，民认石篓"的方式于十月一日动工修建③。然此河堤实则由谢鼎"自行监修捐给"，截至章仪庆离任，此堤仍未修成，故其离任前移交城堤工费钱时亦自称"工程未竣"④。

光绪三十三年（1907 年）十二月，新任南部县知县史久龙到任，继续关注堤工之事。经其勘察得知，谢鼎所监修之河堤"仅限于自家门首，用石修砌，已过工半"。然其所修石堤"共十八丈，仅能卫伊房屋，未能捍卫河街，难作为久远之计"⑤。为了彻底修筑河堤，根治南部县水患，史久龙屡经勘察，制定了"捡淘淤石，装盛竹篓修堤"的修堤方针和切实可行的修堤方案，即"自谢绅捐修堤坎起，至下游鱼嘴止，共九十五丈。又自上游小河沟起，至谢绅所修堤坎止，计二十三丈八尺，堤高四丈二三尺及三丈四五尺不等"⑥。不过，此堤修成，仅所需装石竹篓就达七千左右，工料则约需钱九千余钏，工程可谓浩大。对此，

---

① 《南部档案》第 17-494-6 号，光绪三十二年（1906 年）十一月十日。
② 《南部档案》第 18-882-24 号，光绪三十四年（1908 年）二月六日。
③ 《南部档案》第 18-882-16 号，光绪三十四年（1908 年）一月十九日。
④ 《南部档案》第 18-185-1 号，光绪三十三年（1907 年）十二月六日。
⑤ 《南部档案》第 18-882-24 号，光绪三十四年（1908 年）二月六日。
⑥ 《南部档案》第 18-882-24 号，光绪三十四年（1908 年）二月六日。

史久龙采取了积极的措施：针对修堤经费不足的问题，史久龙带头"捐钱一百
钏，竹篓二百个"，并刊印卷册，让四方绅粮尽力捐助。同时，他谕示百姓，各
出财力，并将城内外户民绅民分为四等，上上户捐竹篓八十个、上户四十、中户
二十、中下分等捐工数日①。与此同时，南部县专门成立"堤工局"，制定修堤
章程，并选派得力人选监督工程进展。此堤自光绪三十四年（1908年）二月初
二开工，至宣统元年（1909年）五月方告竣，历时一年有余。事后，南部县知
县史久龙记大功一次，首事者谢鼎被授予五品翎照一张、"推己及人"匾额一
方，其余参与人员各奖励有差②。

综合来看，对于南部河堤的修建，章仪庆仅有首倡之功，"河徙啮城，筑长
堤御之，城以完"的人应该是后任知县史久龙，而不是章仪庆，《清史稿》于此
有误。

应该承认，在抗御嘉陵江洪水上，章仪庆确实居功甚伟。此外，在南部知县
任上他还做了不少实事。"兴学校"是章仪庆历任皆关心的事③，早在光绪三十
一年（1905年）九月，作为直隶州用候补知县的章仪庆就因办学出力，为锡良
奏"请赏加四品衔"④，在南部知县任上，章氏对此也不遗余力，已深得学者赏
识⑤。光绪三十三年（1907年）十月，章仪庆署任期满。四川布政司与川北道共
同禀报，以为"该令才识宏通，尽心民事"，请准予"留署一年"。在其禀文之
中，还重点罗列了章仪庆在任期间抗洪赈灾的出色表现，以及拿获陆军学堂学生
鲜于宗骏的识人之明：

> 七月中旬，积雨连绵，嘉陵江上游之水陡涨数丈。该县地势低洼，城基
> 适当江水之冲。该令于事前即令居民将辎重搬运高阜，田禾之垂熟者催令刈
> 获，水退后则煮粥以赈附城灾民，散钱以给沿河贫户。皆不待禀报先行举
> 办，绅民同声颂之。又如陆军学堂学生鲜于宗骏假冒五品衔翎，妄称长官衙
> 门幕友，在各处招摇撞骗。该令独能破其奸伪，毅然拿办，使其鬼蜮伎俩无
> 所遁其形影……若学务警察及农商各要政皆实力讲求，仓储极为核实，听断
> 尤其能事⑥。

---

① 《南部档案》第18-882-19号，光绪三十四年（1908年）一月二十五日。
② 《南部档案》第20-312-08号，宣统元年（1909年）五月十九日。
③ 吴自修：《辛亥殉难记》，载周骏富辑《清代传记丛刊》第64册，（台北）明文书局，1985。
④ 锡良：《锡良遗稿奏稿》卷五，《办学出力员绅择尤请奖片》（第一册），中华书局，1959，第531页。
⑤ 胡剑：《一位重教兴学的清代知县》，《中国档案》2012年第4期。
⑥ 《南部档案》第18-11-01号，光绪三十三年（1907年）十月十一日。

时任护理总督部堂赵尔丰批复道:"既据禀称署南部县章令仪庆实心任事,治理有方,于该县颇资整顿,自应准予留署一年,以示鼓励,务须益加奋勉,勿负委任。"①

不过,章仪庆未得留署,而是在光绪三十三年(1907年)十二月,奉文调署冕宁县。考虑到"工程未竣,需用孔急"②,章氏将城堤工费先行专案移交。在清代南部县衙档案中,有光绪三十三年(1907年)十二月六日新任南部县知县史久龙照数查收后请"查照备查"的移文,文末称章仪庆为"调署冕宁县正堂章"③,与《清史稿》中"章庆"署剑州、调南部、调冕宁的履历记载再次吻合。

综上所述,清代南部县衙档案中所保留的大量原始档案充分证明《清史稿·忠义传》中的"章庆"实为"章仪庆",而档案中有关章仪庆生平事迹的记载,不仅可以订正《清史稿》之讹误,而且还可以极大地丰富和完善其记载的简略,对辛亥革命人物评价、研究清末义和团起义、地方社会政治、学校教育等均有重要的意义,足以弥补近代史研究之不足。

---

① 《南部档案》第18-11-1号,光绪三十三年(1907年)十月十一日。
② 《南部档案》第18-185-1号,光绪三十三年(1907年)十二月六日。
③ 《南部档案》第18-887-1号,光绪三十三年(1907年)十二月六日。

非讼、好讼与国家司法模式

——比较法视野下的清代巴县钱债案件*

王志强**

随着学界对中国传统民事法理念及其运作实态的日益重视①，结合档案资料来探讨这一问题、特别是有关司法程序，研究已渐趋深入②。同时，为了更深入理解中国传统法的特点，比较法的视角具有相当独特的作用③。本文以同治（1862~1874 年）初年四川巴县钱债案件④的相关档案为中心，以案件的受理和

---

* 本文日文版为田邊章秀译《清代巴県钱债案件の受理と審判》，载〔日〕夫马进编《中国诉讼社会史の研究》，京都大学出版会，2011，收入本书时稍有修改。

** 王志强，复旦大学法学院教授。

① 尽管没有现代意义上刑事和民事的区分，但正如既有研究所论，所谓"命盗重案"和"自理词讼"，大致可以此界分相对应。其标准是二者具有不同的审结程序。有学者以王又槐《办案要略》中关于"刑钱之分"的论述作为区别刑事和民事案件的标准；参见黄宗智《清代的法律、社会与文化：民法的表达与实践》，上海书店，2001，第 206 页。虽然将各房工作分配的办法作为一种区别标准也未尝不可，但实际上即使在当时，其制度界限也并不明确，这也正是王氏希望厘清之处；而且王氏谓"若告斗殴、奸伪、坟山争继、婚姻及有关纲常名教一切重事，词内有钱债应追、田产不清等类，应归刑名"，则显然不宜将"坟山争继、婚姻"类由刑房处理的案件都对应于现代意义上的刑事案件。因此，是否通详上报、进入审转复核程序，这一标准更为确定，而"自理词讼"的范围也更与现代的民事相对应。参见滋贺秀三《民事的法源的概括的检讨：情·理·法》，《清代中国的法と裁判》，创文社，1984，第 264~265、292~293 页。

② 近年来，运用基层司法档案研究法律史较有代表性的论著有，黄宗智：《清代的法律、社会与文化：民法的表达与实践》，上海书店，2001；Mark A. Allee, *Law and Local Society in Late Imperial China*, Stanford, 1994；〔日〕寺田浩明：《中国清代民事诉讼と"法の构筑"》，《法社会学》2003 年第 58 号；吴佩林：《清代县域民事纠纷与法律制度考察》，中华书局，2013。

③ 从广义上说，对中国古代司法的现代解说，实际上都是一种比较法意义上的研究，从概念、甚至从价值理念上。贺卫方：《中国的司法传统及其现代化》，载苏力、贺卫方主编《20 世纪的中国：学术与社会》（法学卷），山东人民出版社，2001，第 175~184 页。

④ 四川省档案馆藏《巴县档案》第 6-5-3471~3548 号。

审判为切入点，并以近代早期的英格兰法为参照，从诉讼程序的角度，重点探讨中国传统听讼中案件受理的特点及民事司法的"冤抑—伸冤"式形态相应的程序背景①。

之所以选取钱债类案件为例，是由于在"户婚田土"等其他类别的民事案件中，婚姻、继承以身份和家族关系为中心，而土地案件标的较大，二者在当时社会中的重要程度都较高，而且在制度上也更具有中国本土特色。债务纠纷特别是小额债务，相对于身份和土地案件而言，受重视程度相对较低，案件中牵涉的极端性冲突相应较少，因而更具有民事性；而且钱债类案件的法律关系较简单，制度上具有更强的普适性，更便于从比较法角度探讨司法程序的问题。而之所以选择近代早期英格兰法作为比较的参照系，是由于一方面其时代与研究所针对的中国清帝国基本相当，也尚未经历 19 世纪末的重大司法变革，保留着更多的传统色彩；另一方面，英格兰法在程序制度上与中国传统法的对比鲜明。与清代司法与结构类型更近似的同时代欧陆法的比较②，限于篇幅，当另文叙之。

一 受理的条件

任何社会都存在冲突和纠纷，公权力的出现和不断强化，为社会冲突和纠纷的解决提供了一种重要而基本的途径，即司法。官方在何种理念指导下、以何种机制接受当事人的诉求，而作为诉讼发起者的原告又如何利用这种机制和理念表达诉求，是任何司法机制都首先需要面对的公共问题。

在近代早期英格兰司法中，对于各种民事性质的纠纷，当事人通常首先必须选定其希望运用的诉讼程序及相应的法院。原告可以利用刑事案件中起诉方有权出庭作证的优势③，通过刑事程序向对方施加压力、谋求更有利的和解，因而选择利用刑事程序、向治安法官（justice of peace）提出控告，将纠纷作为轻罪案

---

① 关于这种"冤抑—伸冤"模式的细致论述，参见〔日〕寺田浩明《権利と冤抑——清代聴訟世界の全体像》，《法学》1997 年 61 卷 5 号。

② 以普通法与欧陆法的司法制度为原型、在理想类型意义上进行的类型化研究，参见 Mirjan R. Damaska, *The Faces of Justice and State Authority*, Yale, 1986。欧陆司法具有科层等级和（早期刑事司法中的）政府主导性。

③ John H. Langbein, "The Historical Foundations of the Law of Evidence: A View from the Ryder Sources", *96 Columbia L. Rev.*, 1996, pp. 1178 - 1179。民事案件的当事人不能作证，理论上是由于其与案件有直接密切的利害关系，为了避免其作伪证；这一规则到 19 世纪中期才被废除。C. J. W. Allen, *The Law of Evidence in Victorian England 96 - 122*, Cambridge, 1997。

件提交季审法院（quarter sessions）。这种情况并不罕见①。如果争议标的低于四十先令，则在自治性的地方法院起诉，政府并不干预②。如果标的较大，更通常的情况是当事人直接向文秘署（chancery）的书记官购取令状，然后向相应的普通法法院提起诉讼③，或直接向大法官（chancellor）主持的衡平法院提出衡平法诉状（bill in equity）。在中央法院，除了争议标的必须高于 40 先令、形式上的令状选择必须符合相应法院的要求，各法院没有权力拒绝受理案件。在起诉和受理这一阶段，近代早期英格兰法的特点是基本上法院有求必应，相对处于消极地位。

在这一背景下，清代中国民事纠纷的起诉阶段呈现出明显不同的特色。当时所有的案件都首先向基层的州县长官提出控告。寻求案件被官府受理，是控告者的第一要务。一方面，《大清律例》"告状不受理"条律文规定："……斗殴、婚姻、田宅等事，不受理者，各减犯人罪二等，并罪止杖八十。……其已经本管官司陈告、不为受理，及本宗公事已绝、理断不当，称诉冤枉者，各（部、院等）衙门，即便勾问。若推故不受理及转委有司，或仍发原问官司收问者，依告状不受理律论罪。"虽然从字面上解释律文，似乎只有罪涉刑罚者，不受理时才会有处罚，但至少不受理各类"斗殴、婚姻、田宅"案件显然不是制度设计的初衷。而且，制度上也不允许官府将纠纷委诸乡里处分④。

但另一方面，在实践中，官府是否选择介入以及以何种方式和程度介入，并不是由当事人主导、官府被动接受的过程，而是基本上由官府所掌控。虽然不能说案件的受理与否并无标准可循，但这种标准是政策性而非规则性的。

首先，标的数额并非债务案件的受理标准。尽管确实有些不受理案件的批词中明确提示其理由是"为数无多"⑤，但实际上案件涉及的标的额度只是一个方面，因为既无明确的额度规定，也普遍存在并不考虑标的大小的情况。当事人会极力主张："氏系女流，虽银数十，生死均赖，并非好讼，实出莫何。"⑥ 还有案件中，官府敦促判决的执行时称"银数无多，尚不难于措办"⑦，可见标的不大

---

① Norman Landau, "Indictment for Fun and Profit: A Prosecutor's Reward at Eighteenth – Century Quarter Sessions", *17 Law and History Rev.*, 1999, p. 507.

② 这一状况一直延续到 18 世纪。这些民事性地方法院也准用与中央法院类似的制度和程序，特别是陪审团。John P. Dawson, *A History of Lay Judges 208 – 86*, Oxford, 1960。

③ 在御座法院（King's/Queen's Bench）提起民事诉讼，可以直接向该法院要求米德尔塞克斯令（Bill of Middlesex）。

④ 《大清律例》"告状不受理"，乾隆三十年（1765 年）条例。

⑤ 如四川省档案馆藏《巴县档案》第 6 - 5 - 3480 - 2 号、第 6 - 5 - 3495 - 2 号。

⑥ 四川省档案馆藏《巴县档案》第 6 - 5 - 3480 - 3 号。

⑦ 四川省档案馆藏《巴县档案》第 6 - 5 - 3545 - 21 号。

也可以受理和裁断。加上下文提及的人身伤害情况，标的数额就完全退居次要的地位。

其次，状式虽然发挥了一定的指导作用，但并不完全具有规则式的意义①。各时、各地、各级的状式要求并不相同，而且包括状式在内的各种关于受理案件的规定并非被严格遵循。例如，1841年（道光二十一年）刘森茂诉朱三义等债务纠纷案，列有被禀四名，干证五人，但当时状式分明要求："案非人命、及命案非械斗共殴者，被告不得过三名，干证不得过二人。如牵列多人，除不准外，代书责革。"② 该状所控显然并非人命、共殴，但依然得到"候唤讯追"的受理批词。1862年（同治元年）钟李氏诉熊宣三案中则列投证七名，但状式也明确要求"干证不得过二人；违者不准，代书责处"③。类似不恪守程序性要求而仍被受理的情况，如双行叠写、不用规定状纸等④，在档案中也都不乏其例。

有的情况下，连中央的程序法规都不奏效。如《大清律例》"越诉"条例规定："军民人等干己词讼，若无故不行亲告，并隐下壮丁，故令老、幼、残疾、妇女、家人抱告奏诉者，俱各立案不行，仍提本身或壮丁问罪。"这是沿袭前明、因仍已久的中央性法规。因此，在1863年（同治二年）杨李氏诉冯照幅案中，被告强调："切思女子出嫁从夫，夫死从子，且李氏夫在子成，何得恃妇出头？"被告没有依据条例主张"立案不行"，而只是要求传唤原告丈夫及儿子到案，但官府完全置之不理⑤。而且反过来说，这些状式及规则强调的是何种情况不予受理（虽然如上所述并不严格遵循），理论上似乎意味着：除此以外的情况，就应该基于《大清律例》"告状不受理"条律文予以受理。但实践中显然并非如此。

最后，诉诸人身伤害往往是有效的策略，但也并非百试不爽。在随机选取的同治初年78件钱债案件中，大部分（58件）在起诉中提到了人身伤害。这显然

① 台湾淡新的状式，参见滋贺秀三《淡新档案的初步的知识》，《东洋法史の研究》，汲古书院，1987，第259~260页，其他各地状式情况及其内容，参见邓建鹏《清代健讼社会与民事证据规则》，《中外法学》2006年第5期，第617~620页。本文所涉及的巴县档案中，除几乎每状必列的同治年间巴县状式外，还可看到当时的重庆府状式和道光年间的巴县状式，分别见四川省档案馆藏《巴县档案》第6-5-3543号和第6-5-3512号。

② 四川省档案馆藏《巴县档案》第6-5-3512-2号。

③ 四川省档案馆藏《巴县档案》第6-5-3475-2号。

④ 前者如四川省档案馆藏《巴县档案》第6-5-3472-2号、第6-5-3491-2号、第6-5-3497-2号（均叠写十二字），后者如3545-35（批词："……违式率渎，此饬"）。

⑤ 四川省档案馆藏《巴县档案》第6-5-3537-11号。

是因为人身伤害比纯粹的钱债纠纷更容易"耸听",引起官府注意①。这种情况与英格兰普通法中民事案件管辖权的拟制(fiction)有类似之处②,但清代中国的夸张是当事人的一厢情愿,是希望本来不愿意介入的官府能够重视并提供救济;而英格兰的拟制是原告与法院的合谋,目的是为了使该法院取得管辖权、扩大其业务范围。法庭方面的态度截然不同。在巴县的钱债案件中,有的为了指控对方不返还债务而又无伤可凭,甚至危言耸听地声称:对方"反舀冷水泼氏,由此受寒,原伤复发,垂危难治,饮食不进,命悬难保"③。而有的并无人身伤害的具控中,则声称对方骚扰威胁④。不过,裁判者也明知其中存在的不实,有时候会明确批示:"该欠银两为数无多,仰仍凭证理讨,不必捏伤呈渎"⑤,根本就不查验伤情。有的情况下,官府会派人先验看伤情。如果无伤或未能查实,有的就不再受理⑥,有的则继续差究⑦。可见捏伤耸听、架词告讼是一种策略,虽然未必奏效。对于并无人身伤害的陈请,官府也未必肯定不会受理。有的呈状中,虽然没有提到人身伤害,但依然被受理,其中一个重要的原因,恐怕是由于当事人一方具有较高的社会地位,如有职员、监生等身份⑧;还有的本身为上控或关文移交的案件⑨。1863年王洪心诉李春芳案中⑩,原告拦舆以约据指控被告欠债未还,但并无其他伤害和纠纷,仍然被受理。从案卷中看,原告为草帽商贩,被告为渡船经营者,均无特殊背景或需要特别考虑的情势。但可能是由于债

---

① 关于民事案件中的暴力和"耸听"的状况,参见滋贺秀三《清代州县衙门にぉける诉讼をめぐる若干の所见》,《法制史研究》1987年第37号,第38~43页。这种情况在巴县钱债纠纷的司法案卷中非常普遍。如1863年彭祝三诉王天荣案(四川省档案馆藏《巴县档案》第6-5-3508-2、5号)、1864年杨李氏诉冯照幅案(四川省档案馆藏《巴县档案》第6-5-3537-7号)、1864年邓向氏诉赖星斋案(四川省档案馆藏《巴县档案》第6-5-3542-5号)。

② 原告先向御座法院主张被告具有侵犯(trespass)行为、应予缉捕,然后再对其提起其他民事诉讼,或向财政法院(excheque)主张,由于被告不履行民事债务,使其不能向国王支付税收,因此要求该法院介入审理其民事债务。关于御座法院的米德尔塞克斯令和财政法院的"无力支付令状"(quo minus)。John H. Baker, *An Introduction to English Legal History 42-43, 48*, Butterworth, 2002。

③ 四川省档案馆藏《巴县档案》第6-5-3480-3号。

④ 四川省档案馆藏《巴县档案》第6-5-3546-2号。

⑤ 四川省档案馆藏《巴县档案》第6-5-3480-2号。

⑥ 例如,"伤既平复,毋庸票唤";四川省档案馆藏《巴县档案》第6-5-3474-4号。

⑦ 如"查验并不肿面,显系捏伤妄控;候集讯查究";四川省档案馆藏《巴县档案》第6-5-3500-4号;又参见第6-5-3473-4号。

⑧ 如四川省档案馆藏《巴县档案》第6-5-3503号(原告为职员)、3504号(职员)、3511号(经书)、3515号(监生)、3517号(职员)。

⑨ 如四川省档案馆藏《巴县档案》第6-5-3489、3514号。

⑩ 四川省档案馆藏《巴县档案》第6-5-3518号。

务源起于被告擅自挪用原告寄存的钱款，虽后来补立欠据，但并无中、保，二者又不属于同一社区或宗族，因此对原告而言，缺乏其他追偿手段，所以得到官府的受理和救济。

对于不准的词状，有研究者根据宝坻档案指出，不合情理和事无确证是主要的理由①。但这两项理由，特别是前者本身就是非常政策性的模糊概念。1863 年王玉泰诉张屠户案，批词称："据呈情节支离，显有别情故；估候签唤查讯，如虚重究。"② 1864 年（同治三年）张余亮诉马必坤案："所呈马必坤图骗诬索恐未尽实，姑候唤讯察究。"③ 可见事实清晰、证据确凿与否也并非受理案件的标准。而且此状未获受理，再控未必不受理④。1863 年余庆和诉许殿才案，初状未准，一月后以同样理由再控，获准⑤。1864 年丁复兴诉张元顺案，二月十三日之状未能获准，并被严斥："……似此种种闪烁之词，谓非控挟，其将谁欺？不准；并饬"；但三月四日，再次控告获准，理由是："既据一再呈渎，姑准唤讯察究。"⑥ 在其他州县档案中可以发现，即使已经注销的案件，如果不断控告，依然会被受理⑦。可见，民事性纠纷的准理与否，除非涉及命盗大案，其余都往往是基层官府的政策性裁量地带。

在清代民事司法中，说服官府接受词状是一件需要煞费苦心的差事。从官府的角度而言，规则并不严格，而如果说存在一种政策性原则的话，那恐怕一方面是尽可能不受理⑧，另一方面就是基于双方当事人的身份、实际及可能出现对抗性的严重程度，以及其他纠纷解决机制的有效性等各种情况综合判断。而根本上，这完全由官府所主导和掌控。

在起诉和受理阶段，清代中国与英格兰相应时代的情况呈现出明显的差别。理论上，二者都由政府开放将纠纷诉诸公权力的诉讼之门，而客观上也确实有大量纠纷产生，并被提交公权力裁断。但与英格兰王室法院设定标的和管辖权规则后即来者不拒，甚至想方设法招揽案件的做法不同，清代中国官府抱持着一种闪

---

① Liang Linxia, *Delivering Justice in Qing China* 63，Oxford，2007.

② 四川省档案馆藏《巴县档案》第 6 - 5 - 3529 - 2 号。

③ 四川省档案馆藏《巴县档案》第 6 - 5 - 3546 - 2 号。

④ 不予受理可能是"不准"或"未准"。二者的区别，参见〔日〕夫马进《中国诉讼社会史概论》，载《中国诉讼社会史の研究》，京都大学出版会，2011。

⑤ 四川省档案馆藏《巴县档案》第 6 - 5 - 3519 号。

⑥ 四川省档案馆藏《巴县档案》第 6 - 5 - 3544 - 5、6 号。

⑦ 〔日〕滋贺秀三：《清代州县衙门における诉讼をめぐる若干の所见》，《法制史研究》1987年第 37 号，第 53 页。

⑧ 如官箴所论，许多人都反对"滥准词讼"（方大湜：《平平言》卷二"不准之词勿掷还"、徐栋编《牧令书》卷七"词讼"，王元曦"禁滥准词讼"、陈庆门"仕学一贯录"）。

避和挑剔的态度。从理念上而言，这当然与中国特色的"冤抑—伸冤"式的民事司法模式有关：当对方欺人太甚，而周围又无人施援时，只能求助于青天老爷①。这有力地解释了告状人表达方式背后的理念，同时从另一方面说明了官府的立场：如果事态没有发展到过分的程度，如果当事人仍可能通过所在亲族乡里寻求救济，官府就不愿意插手。而这一理念背后，有着复杂的现实性制度背景。

二　好讼与不言利？

清代州县官对待自理词讼的受理政策，是否与好讼之风有关？不可否认，开放诉讼所造成的巨大讼累，当然是促使官府采取选择性姿态的一个重要原因。但与英格兰的情况相比较之后可以发现，这恐怕还不是真正的原因。

关于诉讼的数量，相关研究显示，1830 年在英格兰中央和主要地方法院提起诉讼的民事案件总量达到 387400 件（其中中央法院约 9 万件），平均每 10 万人提起诉讼 2767 件②。但这一数字不包括教会法庭审理的案件，也不包括刑事案件，即在季审法院的轻罪案件以及由伦敦老贝利法庭和各地巡回法庭审理的重罪案件，因为如前所述，刑事案件的管辖和处理程序都与民事案件不同。同时，由于更早期的情况缺乏全面的数据资料，但一些局部的统计显示，上述数据所涉及的 19 世纪早期，是英格兰诉讼数量已大幅下降的相对低位时期③。17世纪早期在英格兰中央法院提起民事诉讼的数量，就两倍于 19 世纪早期④。这还不是 17 世纪中后期英格兰最好讼的时期。如果根据局部统计和人口标准，那时民事案件的起诉数量更为可观，仅在中央法院起诉的就达到每 10 万人 600 余件⑤。

与此相比，清代中国诉讼的绝对数量确实不小，但相对人口而言，恐怕未必更多。基于巴县档案，对同治年间诉讼状况的统计显示，这一时期的呈状数为

① 〔日〕寺田浩明：《権利と冤抑》，《法学》1997 年 61 卷 5 号，第 892 页。
② C. W. Brooks, *Pettyfoggers and Vipers of the Commonwealth 77*, Cambridge, 1986.
③ "Interpersonal Conflict and Social Tension: Civil Litigation in England, 1640–1830", "Litigation and Society in England, 1200–1996", *Lawyers, Litigation and English Society since 1450*, at 32 (fig. 3.4), 68 (fig. 4.3), Hambledon, 1998.
④ 1606 年为每 10 万人 1351 件，而 1823～1827 年为 653 件。
⑤ 以 1670 年左右为例：当时英格兰人口总量约 498 万，较 1606 年的 425 万增长 17.2%（E. A. Wrigley & R. S. Schofield, *The Population History of England 1541–1871*, Harvard, 1981）；1670 年，在民事高等法院（Common Pleas）和御座法院这两个案件数量最庞大的中央法院，进入审理阶段的案件数量共约 3 万件，较 1606 年的 2.3 万件增长 30.4%。

12000～15000 件，而实际新控案件数为 1100～1200 件①。二者存在较大差别，是由于清代呈状中有大量"诉词、催词"②，即被告进行回应和原告催促审理进程的词状。从巴县及其他各地档案中都可以看到，每件案件卷宗中，至少有两三件这样的词状，复杂的案件则更多，如刘森茂诉朱三义等债务案的案卷中，词状多达 29 件③。根据 1824 年（道光四年）巴县 38.6 万人④和光绪末 75.6 万人的记载推算⑤，当地这一时期的人口年增长率为 8‰⑥，因此同治初年当地人口约为 46.7 万，每 10 万人的呈状数量是 2570～3212 件，而每 10 万人的新诉案件数为 235～257 件⑦。与前述英格兰的状况相比，真正起诉新案件的词状，无论如何是不算多的。

面对同样巨大的讼牒压力，英格兰的法官在数量上并不占优势。从 14 世纪至 19 世纪初，英格兰中央王室法院的所有法官通常都不超过 15 名⑧。而在中央法院的案件，在好讼的 17 世纪中后期，仅在民事高等法院和御座法院这两个中央法院，进入审理阶段的案件数量就达约 3 万件⑨，这还不是起诉案件数量。虽然在查证事实的民事巡回审判期间，可以由财政法院的法官和高级律师（serjeant）分担压力，但数量仍然非常可观。到 1823～1827 年，上述两个法院的年均起诉案件是 72224 件⑩，而这一期间两院的法官是 7 名左右⑪，平均每人要处理近万件。在衡平法院这个只有 1 名法官的法院，1700～1701 年的起诉数量接受的诉状数量是 5707 件，此前和此后一直保持在三四千件，到 18 世纪中期才

---

① 参见〔日〕夫马进《中国诉讼社会史概论》，载《中国诉讼社会史の研究》，京都大学出版会，2011。

② 〔日〕夫马进：《明清时代の讼师と诉讼制度》，载梅原郁编《中国近世の法制と社会》，京都大学人文科学研究所，1993，第 476 页。

③ 四川省档案馆藏《巴县档案》第 6-5-3512 号。

④ 《道光四年巴县保甲烟户男丁女口花名总册》，载《清代乾嘉道巴县档案选编》（下），四川大学出版社，1996，第 341 页。

⑤ 四川省档案馆藏《巴县志》，重庆出版社，1994，第 641 页。

⑥ 这一增长率的测算，比运用 1953 年数字作为标准得出的 17.9‰〔参见曹树基《中国人口史》（第五卷），复旦大学出版社，2001，第 275 页〕，对估算同治年间的人口数应该更为准确。这一数值与户口数的增长率有一定差别（参见〔日〕夫马进《中国诉讼社会史概论》）。不过，在与英格兰进行比较的意义上，这一偏差没有实质性影响。

⑦ 黄宗智根据陕西和宝坻的史料，推断为五十件至五百件。参见黄宗智《清代的法律、社会与文化：民法的表达与实践》，上海书店，2001，第 165～169 页。

⑧ John P. Dawson, *The Oracles of the Law 3*, Michigan Law School, 1968。这些法官的详细状况列表，参见 John Sainty, *The Judges of England 1272-1990*, 1993。

⑨ Brooks, Lawyers, *Litigation and English Society since 1450*, at 68.

⑩ Brooks, *Pettyfoggers and Vipers of the Commonwealth 76*.

⑪ Sainty, op. cit., at 38, 82-3.

回落到每年 2000 件①。而如上所述,巴县的知县 1 年受理的词状虽有 1 万余件,但除去诉词和催词,实际处理的新案可能至多不过 2000 件,或者更少,而受理并堂讯的案件则还要少得多。这一应对词状的工作量显然少于英格兰民事高等法院和御座法院的法官们,至多与诉讼较少时期的衡平法院大法官大致持平。但英格兰的法官们却并不能也没有大量地拒绝受理案件。

与起诉和受理问题密切相关的诉讼收费问题,也可能是问题的一个重要方面。确实,清代官府标榜其为民父母,在接受词讼时不能由官方直接对百姓科以重费,只能由书吏和差役直接收取各种规费来补贴其用度②。在早期英格兰法中,王室法院对案件进行管辖、提供救济是作为国王的特别恩惠,因此为取得国王对民事纠纷的救济,要耗资不菲地购买令状,而案件的诉讼费曾是王室的一项重要收入,也是法官的主要收入来源,各法院之间也一度因此展开激烈竞争,巧立名目争夺对案件的管辖权。但后来,支付给法院的起诉费用已为数不多,不再是政府的财政来源。早在 1495 年(亨利七世二年)就立法规定:贫民可以免费提起诉讼,并免费获得法院指定的律师帮助③。即使对于其他人,根据 1829 年的国会报告,当时在普通法法院以令状形式进行诉讼的花费,包括法庭公务费和律师费,平均也不过 3 磅 14 先令至 5 磅 4 先令不等④。而英格兰同时期一名手工业者年平均工资为 60 英镑⑤,所以一场诉讼的成本并不算高。而清代中后期,告状须花费 1 元,即 16 斤稻米的价值,而打到堂讯阶段也须耗费至少 4 元,即六七十斤稻米的价值⑥。二者相比,其实在近代早期英格兰的花费并不更多,因其中还包括了律师的费用,因此对法院而言,恐怕也并不更比中国的官府更为有利可图;所以法院未必因此更愿意招揽词讼。

---

① Brooks, *Lawyers, Litigation and English Society since 1450*, at 30.

② 巴县的做法,参见李荣忠《清代巴县衙门书吏和差役》,《历史档案》1989 年第 1 期;光绪末年的改革,参见黄宗智《清代的法律、社会与文化:民法的表达与实践》,上海书店,2001,第 174~175 页;Bradly W. Reed, *Talons and Teeth 276*, Stanford, 2000。其他地区的规定,如四川南部县,参见吴佩林、蔡东洲《清代南部县衙档案中的差票考释》,《文献》2008 年第 4 期。

③ 11 Hen. VII. c. 15; Cf. 3 William Blackstone, Commentaries on the Laws of England 400, 1768.

④ The First Report Made to His Majesty by the Commissioners Appointed to Inquire into the Practice and Proceedings of the Superior Courts of Common Law 81, 1829。衡平法院的收费高且不合理,因此备受诟病;1 William Holdsworth, A History of English Law 424 – 5, 440 – 1, 7th ed., 1956; Baker, op. cit., at 112。

⑤ 按年均 300 个工作日、一英镑折合 240 便士计算。其日均工资为 48 便士;Henry P. Brown & Sheila V. Hopkins, *A Perspective of Wages and Prices 11*, Methuen, 1981。

⑥ 参见黄宗智《清代的法律、社会与文化:民法的表达与实践》,上海书店,2001,第 174~175 页。

由此可见，与英格兰近代早期的状况相比，民众健讼和官不言利，都不足以作为清代基层官员们选择性受理词状的关键理由。除了这两个因素之外，在"冤抑—伸冤"表达模式的背后，导致清代基层官员选择性受理词状的一个关键原因，恐怕是其处理案件的程序和方式。

三　从受理到审判

近代早期的英格兰法民事审判延续传统的审判模式，法官们高度依赖各种非官方的社会资源，特别是当事人及其律师以及陪审团。当事人在诉讼程序的启动上具有绝对的控制权，也承担所有的责任和风险，法院在受理时不进行实质性的审查，因此如果因为错选令状而造成举证方式不利、救济方式错误乃至最终败诉等各种负面影响，都由原告自己承担结果。所以，在起诉阶段，由私人聘请专业法律人士——律师非常重要。在诉答阶段，他们需要借助律师的帮助，提出有利于自己的法律依据，并为己方的利益解释法律。同时，无论在普通法法院还是衡平法院，当事人及其律师都在事实的证明过程中承担完全责任，自行搜集、提出和说明证据，并反驳对方证据。特别是在普通法法院，由于民事案件的当事人不具有作证资格，不能在庭上发表对案件事实的描述，所以使当事人方面在证据问题上的压力更为凸显。法官往往只是这一争辩过程的监督者，并区别事实问题和法律问题的界限。事实问题则完全委诸陪审团。另外，对纠纷的救济手段和要求，也由当事人自行提出。如果选择刑事程序，则法院只解决罪与非罪的问题，不会主动处理民事性的问题，无论是金钱赔偿或是特定履行，都无法通过该程序实现。如果选择民事程序，法院及令状的选择往往与救济方式紧密联系，而金钱补偿的额度、特定履行的要求都由当事人自行明确表达。无论程序还是救济方式，任何法院一旦受理案件，即按照该法院的程序以及令状或诉状的要求运作，不仅不会主动改变，而且一般也不允许当事人再改弦更张。

与英格兰法中法官作为被动裁断者的角色相对，清代中国的州县官在处断民事纠纷时，则完全是一名积极的主导者。从证人传唤、证据鉴别、事实认定、救济方式和程序选择等方方面面，他都需要顾全周到。

在案件受理后，首先是证据的调集和证人的传唤。这一过程由官府启动，由专职人员"验唤查究"。对于常常是为了耸动官听而指证的人身伤害，官府需要派人前往查验。此后或同时，州县官需要签票传唤当事人及其证人。但由于任何一方都可以通过指证无辜而达到骚扰陷害的目的，因此并不是将双方指涉的所有案件相关人都传唤到案，而是需要在被告及双方提出的证人中（如果都不止一人）仔细甄别，并随时准备驳回不适当的"添唤"要求，尽可能减少对社会的扰害。这一过程，虽然实践中多由幕友代劳，但最后仍须经长官首肯画"行"，然后才能由差役执行。

常常经过当事人催状的一再督促，案件才能进入审理阶段。这时州县官通过堂讯来承担主要的调查责任，并由此判定事实。在近代早期英格兰普通法诉讼中，除了概括性诉答（general pleading）外，在存在事实争议时，通常需要通过律师的书面诉答（取代此前的口头诉答）进行多轮次的反复交锋①，形成所谓的"焦点事实争议"（issue），然后提交陪审团裁断②。但清代的词讼中并没有英格兰法中的令状或衡平法诉状这种能够赖以确定法律前提的文件，也没有这种基于法律性的前提要件而对事实范围进行限缩，并因而根据相关性原则限制证据提出的过程。因此，双方争议的事实边界非常模糊，任何一方当事人都可以提出其认为有意义的新的事实主张。时人也意识到："每有控近事而先述旧事，引他事以曲证此事者，其实意有专属。而讼师率以牵撼为技，万一宾主不分，势且纠缠无已。又有初词止控一事，而续呈渐生枝节，或至反宾为主者，不知所以剪裁，……"③ 有的案件中，甚至杜撰事实以争取程序上的机会，如1863年陈畎堂诉陈和泰案中，原告为客店经营者，控告陈某与其伙计李某在其客栈住宿时借款、赊账不还，因李某逃逸，故将陈某扭送官府。但被告陈某先坚持他与李某并不相识，只是偶遇后共同住店；在官府裁断由其赔偿后，又主张此过程是原告与李某串通诬陷④。如果被告陈某确不知情，那么后一主张很可能是为了禀状后争取更多时间以寻获真正的债务人李某。由于事实边界（亦即法律边界）相对不明确，而且并非由当事人之间互相论争来判断其意义，而是全部都必须由审理的官员来应付双方提出的此类事实主张，即使其未必能成为真正的争议问题，但其工作量也必然因此而大为增加。

事实查证的过程，基本上由基层长官主持并担当其判定的责任。对于如何获知事实真相，各人自有一套经验，但没有制度⑤。最流行而权威的方式，就是通

① 其具体形式，见9 Holdsworth, op. cit., at 265-76, 3rd ed., 1944。
② 该争议事实只能是一个。为控制陪审团并减少其误判风险，陪审团只裁定该关键事实的存在与否，做出胜诉或败诉的裁决（verdict），但并不具体说明其据以认定的事实。所以，如果事实争议超过一个，陪审团将无从裁断。
③ 汪辉祖：《续佐治要言》，"核词须认本意"。
④ 四川省档案馆藏《巴县档案》第6-5-3504号。
⑤ 如曾经任职巴县的刘衡主张速审，参见刘衡《州县须知》，"禀制宪札询民风好讼应如何妥议章程遵即议复十条由"；"蜀僚问答"，"保富之道莫要于批驳呈词先审原告"。关于事实判断过程中的经验和困境，参见邓建鹏《财产权利的贫困》，法律出版社，2006，第130~133页。

过一些必要的证据①，辅之以传统的所谓"五听"式的心证。目前在档案中看到的堂讯口供记录，基本上是对公认事实的总结性记述②，很多内容是通过不同人之口、用同样的话语对同一事实的重复描述，包括一些"同供"的说法，显然并非实录当时的口头表述。而且从常识和逻辑而论，当事人及证人说明案件事实后，长官才能做出裁决（即堂谕），但案卷的口供中看到的普遍情况是，当事人和证人逐一陈述事实，而每人的陈述都以堂谕的内容及愿意接受堂谕的表态这一形式结束，因此所谓口供肯定经过了事后的处理。究其目的，应该是为了实现书面记录的统一性③，以应付上级官员的查核。

与此相关，在案件中，解决方案（即救济手段）的提出，也是由承审的州县官主导，由其根据具体情况裁量决定，而往往并非在诉状中由当事人明确主张。当然，在钱债纠纷中，当事人的实质要求基本上是返还债务，但其具体表达在诉状中并不明确。由于大多数纠纷都以所谓"凶殴"的人身伤害名义出现，因此笼统地要求"验唤究追"这种申冤式表述，成为呈状中千篇一律的话语模式。英格兰债务性令状中明确指向单一被告并列明数额主张的形式④，在清代诉状中是完全陌生的。被告人往往不止一人，诉讼要求到底是由何人承担何种责任，或其责任（如债务返还）如何分担，到底是惩办行凶者（如果有人身伤害），还是履行某项约定，或是赔偿损失，抑或归还债务，以及是否主张利息，又如何计算，往往诉状中都不置一词。原告完全是一副穷途末路、一切凭官做主的姿态。1864 年孙德禄诉曾怡昌重复出佃土地案中，当官府裁断：由收受押银但已无力清偿的被告、被告所在的合会及原佃户三方共同出资归还该项债务⑤，这恐怕对原告来说也是完全始料未及的结果，毕竟后二者完全不在其告诉范围之内。

另外，虽然清代中国也存在命盗重案和自理词讼的区别，但这种程序上的

---

① 关于明清时代民事案件的证据形式，参见蒋铁初《明清民事证据制度研究》，中国人民公安大学出版社，2008，第 44～138 页。
② 类似的归纳，参见〔日〕寺田浩明《清代州县档案中的命案处理实态》，台湾大学人文及社会科学高等研究院讲座，2009 年 3 月 18 日。
③ 关于刑案中口供的分析，参见〔日〕唐泽靖彦《話すことと書くことのはざまで：清代裁判文書における供述書のテクスト性》，《中国 – 社会と文化》第 10 号，中国社会文化学会，1995～1996 年（Yasuhiko Karasawa, "From Oral Testimony to Written Records in Qing Legal Cases," in Thinking with Cases, Charlotte Furth et. als eds., Hawai, 2007）。其中关于口供书面化过程的论析也适用于自理词讼。
④ 关于相关的令状，如债务（debt）、简约（assumpsit）和类案（trespass on the case）令状的形式，Baker, op. cit., at 540 - 1, 546 - 7; J. H. Baker & S. F. C. Milsom, *Sources of English Legal History 343 - 4*, Butterworth, 1986。
⑤ 四川省档案馆藏《巴县档案》第 6 - 5 - 3545 号。

区分基本上由受理的官府来掌握，与英格兰完全由当事人选择截然不同。而且这一程序往往到裁断作出后才能尘埃落定，因为它以量刑的程度作为标准。所以在实践中，这一问题州县官也必须周到考虑。一方面，在民事诉讼中，人身伤害是吸引官方注意力、促使其受理词讼的重要手段；但另一方面，一旦真的出现伤害案件，如果程度达到法定刑徒罪及徒罪以上，则必须由州县官府上报，不能作为自理词讼处理。基层官府需要在这个环节上做好工作，往往通过从轻量刑而尽可能避免申详复核。1863 年刘锡安与刘谢氏互控案中，刘谢氏由于其子刘武衡涉及窃案而与刘焕然发生纠纷，因此控告刘焕然庇护窃贼、勒索平民以及涉及窃案；而另一方面，因债务纠纷，刘武衡将其堂叔、刘焕然之兄刘锡安推跌倒地，后者遂邀集族人，将刘武衡扭送到官。刘谢氏认为刘焕然与锡安兄弟系挟嫌报复其子，因此再度提出控告。根据《大清律例》"殴大功以下尊长"条①，刘锡安系刘武衡大功尊属，因此后者罪当杖 80、徒 2 年。但事实查实后，官府并未追究其徒罪。一方面，认定刘武衡不应干犯尊长，将其掌责，并要求其回去后当众向刘锡安俯礼（即认错）；另一方面，鉴于其确实贫苦，免其还债；同时，要求刘谢氏和其子撤回对刘焕然关于窃案的控告②。因此，在案件处理的程序类别上，提出控告的原告方既无选择权，更无决定权。除了极端性的情况外，案件审结的程序往往都在州县官府的控制之下。当事人除非真的闹出人命大案，通常即使其夸张事态，甚至确有重情，基层官府也想方设法将案件控制在自理词讼的范围内。汪辉祖则从爱民的角度主张："故寻常户婚、田土细事，总以速结为美，勿听书办鼓簧，轻率详报。"③ 这当然是为尽可能避免申详后遭到上级封驳而影响考绩，因而成为其在处理词讼时必须顾虑的掣肘之处。

由此可见，从受理到裁断，官府要承担大量的工作，非英格兰法官们可比。在既讼累严峻又无利可图的背景下，恐怕主要正是因为这一程序和责任上的安排，使清代的州县官员们最终惮于理讼。官府包办一切，与"冤抑—伸冤"的理念正息息相通。但物极必反，父母官的角色终于不能担负起不能承受之重，从而走向了其另一面。

---

① 律文："凡卑幼殴本宗及外姻缌麻兄姊，（但殴即坐，）杖一百。小功兄姊，杖六十、徒一年。大功兄姊，杖七十、徒一年半。尊属又各加一等。"

② 四川省档案馆藏《巴县档案》第 6－5－3527 号。

③ 徐栋编《牧令书》，卷七"词讼"，汪辉祖"省事"。收继婚案件的处理，颇有代表性。参见王志强《清代的丧娶、收继及其法律实践》，《中国社会科学》2000 年第 6 期，第 109～110 页。

四　事与愿违

与官府完全主导诉讼过程相对，当事人在程序过程中的责任，在形式上被压缩到非常小的空间。在形式和理论上，民众确有冤屈、投告无门时，可以通过申冤式陈请向官府提出诉求。他们不必寻求政府以外的专业性帮助，只需要通过官府指定的代书机构据实说明自己蒙冤受屈的处境，然后就可能获得官府认为适当的救济。但实际上，这种责任的缺位也意味着权利的剥夺，甚至对其诉讼中的地位造成重大不利。

首先，清代诉讼当事人在诉讼中的知情权在制度上缺乏保障。在近代早期的英格兰普通法中，如其所述，确定事实范围的书面诉答过程实际上还起到了让诉讼当事人知悉对方主张的作用。但在清代，早期官箴书中曾明确建议，应防止当事人知晓对方的攻防策略和内容，尤其是被告不能直接获得诉状内容。据认为，这样能够有效地防止事先准备，特别是防止讼师插手，而且使官府更容易查知实情①。从同治初年（1862 年）的巴县钱债案件来看，互控状中双方都是各说各话，很少直接就对方控状中主张的事实展开直接的攻防②，所以当事人恐怕并没有获得对方词状的常规途径。他们获知被控，最可能的途径应该是对方直接告知

---

① 参见黄六鸿《福惠全书》卷十一《立状式》。作者主张在呈状时应要求再附副状一份，但其目的并非作为起诉书副本送达对方，而是防止承办房勒索费用后将原状内容透露给对方。在副状上，"止填注语及被证姓名、住址，而其词不载焉。准状之后，止发副状落房，出票拘审。该房无所庸其勒索，被告无所据为剖制，则彼此所云机锋各别，其真情不觉跃然于纸上矣"。副状在存世的清代淡新和黄岩档案中都有保留，但基本上都是正状的副本。所以黄六鸿建议的这一做法，后来未必盛行。参见滋贺秀三《淡新档案的初步的知识》，《东洋法史的研究》，汲古书院，1987，第 261 页；田涛等编《黄岩诉讼档案及调查报告》，法律出版社，2004，第312～313 页；那思陆：《清代州县衙门审判制度》，文史哲出版社，1982，第 64 页。不过，词状内容是否正式公布，目前尚无确证，暂且存疑。但以当时的呈状数量之多，如果所有状和批词都誊抄公示，恐怕不太现实。如果榜示，可能仅列当事人、案由和批词。
　　本注释相关论断曾与寺田浩明和郭建教授讨论，谨致谢意。——著者注
② 1863 年杨李氏诉冯照幅案中，作为共同被告的冯德儒禀状中，对原告提到的人身伤害做出了反驳："蚁与伊乡城远隔，并未眸面，凶伤何来？"但禀状中也明确指出了这一信息的来源："伊以妻杨李氏之名，捏伤架'逆甥凶骗'，诬控在案，沐准查验，始知骇切。"（四川省档案馆藏《巴县档案》第 6 - 5 - 3527 - 8 号）这可能是由原告直接提示，或其获知后再抄出批词。同案经传唤后，被告方再次指出："查伊词列笔证秦泰春，蚁境百里之内，并无其人。"（四川省档案馆藏《巴县档案》第 6 - 5 - 3527 - 11 号）似乎其看到了原告的呈状，但更可能的是其通过此前一个月签发的传票内容获知了这一信息。

以示压力以及被传唤时从传票上得到线索①。州县官对呈状的批词，在许多官箴书中都主张应该公示，但有时可能仍需当事人自行抄出。如 1864 年李荣山诉雷泰顺案，原告上控到府，并诉称其初次在府呈词后，其所住客栈伙同差役假称抄出批词，将其扣押在店，勒索钱财，后来"恩批始下，蚁赴房抄出，并无'押发移提'字样"②，可见实践中确是由当事人自行获得，而非官府公示或送达。虽然当事人不了解对方主张可能确有一定好处，"彼此所云机锋各别"③，但这种方式模糊了事实争议焦点，使审理中的事实主张可能漫无边际，而且当场不可能及时准备和提出证据反驳对方主张，实际上加大了官府查证事实的工作量和难度。

其次，清代的诉讼成本并没有实质性降低，而且更多地造成腐败和社会矛盾。虽然清代官府并不以诉讼作为营利性事务，但他们在诉讼支出上并没有根本获益。实际上，各种形式上由官府承担的责任及其相应费用，都直接转嫁到当事人身上，由当事人直接向各种政府机构的人员支付名目繁多的费用。收取这些费用的主要目的，是为了补充政府的财政④，并向收入菲薄的下级人员提供补贴，其正当性本身并没有疑问。但是官府为了标榜为民父母、不与民争利的形象，在由官府主导的整个司法过程中，却在这个重要环节常常听任当事人与具体执行人员私相授受，而不是由政府统一进行收支管理，实际上直接滋生腐败。而且客观上双方出于诉讼攻防的需要，有了解相关情况的期待，容易造成信息混乱和差役勒索，发生前文所提及的各种串通差役、骗押勒索的情况。这些都大大地加剧了当事人的诉讼负担。而有的案件中则显示，政府在将费用转嫁给当事人的过程中造成

① 传票上会简要提示告状人和案由，如 1863 年杨李氏诉冯照幅案中，传票上载："……为差唤事：案据节里四甲民妇杨李氏以藐批估骗等情具禀冯照幅等一案，……"此后还载明了所传唤的所有人员及其在案件中的身份，如被首两人、主骗一人、原证三人、抱救一人、笔证一人（此作"秦太春"）、原禀一人和抱告一人。参见四川省档案馆藏《巴县档案》第 6－5－3527－9 号。当时的白话小说《海公大红袍全传》中提到差役在出示传票时勒索当事人，恐怕就是由于当事人希望了解案件诉由及其相关内容；否则作为被传唤人，何以为看票而接受勒索。参见李春芳《海公大红袍全传》，第一回"张仇氏却谋致讼"，宝文堂书店，1984，第 72～73 页；转引自邓建鹏《财产权利的贫困》，法律出版社，2006，第 137 页。关于当时传票的照片及细致说明，参见吴佩林、蔡东洲《清代南部县衙档案中的差票考释》，《文献》2008 年第 4 期。

② 四川省档案馆藏《巴县档案》第 6－5－3543－5 号。

③ 英格兰衡平法院的调查，也在一定程度上采纳了这一原则，但仅限于取证过程；Amalia D. Kessler, "Our Inquisitorial Tradition: Equity Procedure, Due Process, and the Search for an Alternative to the Adversarial", 90 Cornell L. Rev, 2005, pp. 1181, 1216－22。

④ 时人还提到，有的地区由绅商捐资作为命案检验费，以免向凶手、尸亲、户邻等收取。方大湜：《平平言》，卷二"为百姓省钱"。作为官府理当处理的命案尚且如此，对于其余民事性案件，财政之无法负荷而需要收费，可以料知。

了更多的社会纠纷。如 1864 年袁清泉诉雷兴隆等案中，对当事人的关押在客店执行，由被押者自费，由某客店承当其责，因此发生欠费，转而产生新的纠纷①。

同时，当事人没有专业帮助时常处于不利地位。与英格兰法中当事人自行寻求专业帮助的情况不同，清代中国在理论上不允许使用除官代书以外的专业人士帮助起诉案件。② 虽然在实践中讼师的存在已相当普遍，但并未取得制度性地位，其与意识形态和制度设计之间仍然存在相当尖锐的紧张关系③。而循规蹈矩、不寻求专业帮助的当事人并没有因此而获益。他们的词状由于无法吸引官府的重视而不能得到受理，已成为普遍现象④。

在清代，从官府的角度而言，一方面是为民父母、大包大揽的主导者角色，但另一方面，实际上只能选择性地实质处理部分民事纠纷，甚至受理后的案件也常常期待其无疾而终。案件受理后的冷处理即其表现之一。通常情况下，在官员批状⑤至签票、再到实际验伤或传唤，往往每一环节都相隔多日。在同治初年巴县 70 余件钱债案件中，从初次批状、到签发验伤或传唤票之间，相隔 10 日之内的，仅有 9 例；间隔十几、二十天是很普通的，有的甚至长达一个半月⑥，有的则需要再次呈状催促⑦。而从签发验伤票到差役回禀，往往又要 10 天到大半

---

① 四川省档案馆藏《巴县档案》第 6 - 5 - 3540 号。
② 关于当时官代书的作用和地位，参见吴佩林《法律社会学视野下的清代官代书研究》，《法学研究》2008 年第 2 期；邓建鹏：《清朝官代书制度研究》，《政法论坛》2008 年第 6 期。
③ 参见〔日〕夫马进《明清时代の讼师と诉讼制度》，载梅原郁编《中国近世の法制と社会》，京都大学人文科学研究所，1993；邱澎生：《以法为名：明清讼师与幕友对法律秩序的冲击》，《新史学》2004 年第 15 卷第 4 期；同氏：《十八世纪清政府修订〈教唆词讼〉律例下的查拿讼师事件》，《中央研究院历史语言研究所集刊》2008 年第 97 本第 4 分。
④ 参见〔日〕夫马进《明清时代の讼师と诉讼制度》，载梅原郁编《中国近世の法制と社会》，京都大学人文科学研究所，1993，第 456 ~ 457 页。
⑤ 目前档案上所载的时间，应该都是批状而不是呈状的时间。一方面，字体与代书的呈状完全不同，而与批词明显更为类似；另一方面，仅在本文所重点涉及的 70 余起案件中，其日期尾数从一到十俱全，与传统三、八或三、六、九放告日不符，所以应该是批状日而非呈状日。另外，1863 年刘锡安、刘谢氏互控案中（四川省档案馆藏《巴县档案》第 6 - 5 - 3527 页），双方的两份告状显示为同一日期，且后状中提及前状的控告，在当时的信息条件和诉讼程序体制下，似乎很难想象两份状词确是在同一天完成。呈状和批状之间的间隔，目前尚未可知，虽然官箴书中有尽快甚至当场批状的建议（如前引刘衡的相关意见），但有人则认为未必可行，参见方大湜《平平言》，卷二，"放告收词不必当堂批示"。
⑥ 如 1863 年王玉泰诉张屠户案（四川省档案馆藏《巴县档案》第 6 - 5 - 3529 号），十月初六起诉，十一月二十四日才签票。
⑦ 如 1861 年（咸丰十一年）邓东堂诉傅张氏案（四川省档案馆藏《巴县档案》6 - 5 - 3482），十二月初七准状，到次年正月二十三日催状，至二月七日才签票；1863 年朱洪诉戴安顺案（四川省档案馆藏《巴县档案》第 6 - 5 - 3522 号），九月十日初状批准，十月五日催状，十日签票。

月的时间。1862 年张玉成诉胡松荣等案，五月十日签票，到六月二十八日才获得回禀，此时距离四月二十八日初次呈状已经两月。可以想见，如此之长的时间内，即使所控人身伤害属实，确实有些轻伤，基本上也已痊愈。该案最后报验称"伤已平复"，于是就决定不再继续传唤和审理①。迁延的策略有时还可以使原告暴露出真正的诉讼意图。1863 年刘香庭诉王大成案中，原告为职员，以挖放田水、持刀寻衅起诉被告，三月份呈状获准后签传，同月又再度催状，到七月份才票传，均未堂讯。到八月，原告再次提出控告，说明事件起因实系债务纠纷，但这次未能获准。知县批示："王春山有无借欠王韦氏膳银、是否王香圃等挟嫌伪造约据，着自凭证三面理处寝事，毋遽兴讼。"②从上述的例证来看，恐怕也未必全因官僚惰性使然，而是确有不得不然之势。

　　同时，由于大量事实查证的事务无法及时、妥善处理，即使在案卷中都留下了事实不清、相互矛盾的明显痕迹。如 1841 年初次批状的多年积案、刘森茂诉朱三义等债务案中，由于债权人和债务人双方都提出了书面账目，对债务是否清偿各执一词，因此官府要求"两造协同案证、书差将账逐一对算明白，再行复讯酌断"③。于是，由经书和差役与双方共同至衙神祠核查账目。核查的结果依然是各执一端。再度堂讯时，债务人在供词中依然坚执己见，但官方不知基于何种理由，认定债务人"摊还未楚"，债权人"账本不虚"。债权人方面当时确有一名证人出庭，但其证言非常简单，仅称"钱文未经还楚是实；因清怀说他已经还楚了的，彼此理讲不下，致滋讼端，列小的为证"；但根据常识，要证明未发生的事实，即"钱文未经还楚"，必须否认肯定的，即对方的证据，但实际上债权人及其证人均未提出这样的证据。不过，堂谕中似乎是以这样的裁断方式说服了被告接受："因年久、商寒（指作为盐商的债务人家境已寒），势难全偿"，酌断债务人归还一小部分（九百串中的二百串），出保限期还清，其余让免。而由于该项还账本来债权人承诺捐给公用，因责其让免，所以归还部分也可以不必入公④。这似乎是作为让双方能够取得妥协的筹码。

　　很显然，真相的查实对官府来说，有时已成为不可能的任务。官员并不致力于在逻辑上厘清双方都确认的事实和有争议的事实，并以此为前提参照证据确认

---

① 四川省档案馆藏《巴县档案》第 6 - 5 - 3474 号。
② 四川省档案馆藏《巴县档案》第 6 - 5 - 3517 - 7 号。
③ 四川省档案馆藏《巴县档案》第 6 - 5 - 3512 - 64 号。
④ 四川省档案馆藏《巴县档案》第 6 - 5 - 3512 - 69 号。

事实，再依此做出裁决，而是基于大体的评估，提出某种解决方案，但求当事人能接受、纠纷能平息①。

五　结语

任何司法都必须面对成本和责任分担的问题。在近代早期的英格兰民事司法中，纳入国家正式机构的中央司法系统只是社会控制的途径之一。这些法院及其法官们在当事人要求的范围内行事，实现了司法与行政的分离，其政策实施的特点集中体现于与社会的合作过程中。有大量的案件由地方各种自治性的法院系统处理。如果案情较重大，需要寻求王室法院救济，当事人直接向法院支付相当的诉讼费用，并自行承担律师费用。同时，依靠王室的权威，普通法法院建立了行之有效而成本低廉的陪审团制度，与法院合作处理事实问题②。事实和法律的主张及其相关证据、纠纷救济的要求，都是由当事人及其律师向法院提出，法院在此过程中只承担形式审核、监督庭审以及传唤证人③等责任。因此，英格兰的中央法院系统，特别是普通法法院有效地调动了包括当事人在内的各种社会资源，将其有机地纳入司法过程中④。"自治"（self - government）与"法治"（rule of law）的结合作为英格兰法的基本特色⑤，由此可见一斑。

虽然民事性诉讼的总体数量及其与正式裁判官的比例在清代中国并不更大，但州县官却疲于应付。官府为显示其家长式权威和恩泽，在形式上大包大揽，从起诉、调查、确定证人范围、传唤证人，到确定事实争议、查实真相，直至提出有效救济方案、确定案件类别，都要由官府一手包办。而为了防止州县官滥用权力，还有上控和重案申详复核制度，特别是后者，直接产生考绩压力。虽然存在民间调处，但与官方机制分离，并没有像英格兰陪审团制度那样纳入官方体制的常规性司法机制。这种行政—司法合一的官僚家长型体制显然不可能完成其设计

---

① 滋贺秀三：《清代州县衙门にぉける诉讼をめぐる若干の所见》，《法制史研究》1987 年第 37 号，第 43 页。
② 英格兰陪审制度的起源是鉴于其初始阶段的中央权威，能够调动地方资源。
③ 传唤证人是到 16 世纪后期才开始由法院承担的责任。John H. Langbein et als, *History of the Common Law 246*, Aspen, 2008。
④ 衡平法院则是一个反面的例证。虽然其后期也将事实问题移交普通法法院、由陪审团裁断，也由律师介入其间，但其程序设计的总体原则是由法院承担主导性责任，到 19 世纪成为效率低下、机构腐败而最受诉病的司法机构。
⑤ 2 Holthworth, op. cit., at 405, 4th ed., 1936, 4 id., at 133 - 4, 2nd ed., 1937; Cf. Dawson, op. cit., at 285.

之初的宏大任务。官府特别是长官本人不可能在这种无所不管的程序制度下处理数量庞大的案件。他们希望尽可能少受理案件、节约行政成本，并尽可能减少风险，包括将应上报的重案简化为自理词讼。于是，一方面千方百计打击讼师、压制好讼，一方面加强"冤抑—伸冤"型的意识形态宣传，有选择地处理民事性纠纷，这种状态一直维持到帝国的末年。

徽州地区明清民间私约分类研究

田 涛 李祝环*

继《黄岩诉讼档案及调查报告》问世以后，我们开始了"徽州私约及徽州民商事习惯调查"。选择徽州是因为那里地处山区、交通不便，较好地保存了明清时期的古代建筑风貌，并且存留了大量的碑刻和遗迹。同时在当地民间一直存有"惜字会"的传统，出于历史原因，当地群众有保存各类文书的良好传统，因此当地村民的手中藏有很多契约和其他账簿、族谱、证照以及诉讼等资料。从20世纪90年代开始，我们通过十几次的摸底调查，共采集到各种契约和诉讼文书2万件以上，并且对6000余件明、清以及中华民国时期的民间契约进行了专门的分类，这其中除诉讼文书外，还包括经过官方钤印核准的大量"红契"，其超过1/2以上为所谓"白契"，即民间私定的"私约"。继而对这部分民间私约进行了分类，共计分为10个类别，包括买卖契约、抵押典当契约、借贷契约、租赁契约、合伙契约、析产契约、婚姻契约、继承契约、纠纷调解契约、其他契约。上述分类是在我们实际掌握的徽州民间私约的基础上做出的，由于对传统民间私约的分类研究存在缺环，部分私约的属性尚需进一步进行探讨和研究，因此这种分类本身可能仍需不断改进，但对民间私约的研究需要通过分类的方法，以便使研究过程趋于系统，因此仍然具有"聊胜于无"的重要意义。

我们从徽州得来的契约，除少部分红契被选入《田藏契约》中加以公布之外，绝大部分的民间私约一直没有得到系统的整理。直至2004年决定进行徽州调查前，为了在田野调查中能够与当前仍然存在的民间习惯，特别是当代民间私约进行比较，需要对大量徽州地区民间私约进行分类整理，作为直接参照，因此

---

* 田涛，上海政法学院教授；李祝环，中国政法大学法学院副教授。

才决定将历年采集的民间私约进行系统的分类和研究。由于已经取得《黄岩诉讼档案及调查报告》①的成功经验，并且在经济上也有了相应的收获，因此这次大规模的整理徽州民间私约成为可能。

本次整理的徽州民间私约共计 2692 件，包括买卖契约 1441 件、抵押典当契约 495 件、借贷契约 48 件、租赁契约 197 件、合伙契约 14 件、析产契约 59 件、婚姻契约 5 件、继承契约 7 件、纠纷调解契约 22 件，以及难以分类的其他契约 404 件。

一 徽州私约分类比较

全部标本按照采集地点和时间进行分装，共计 21 包，其中第 21 包为在徽州屯溪采集的标本，该地点已经趋于城市化，部分契约脱离了原始发生地，同时为了保存一部分契约原貌作为标本，没有对其进行分类整理，另外，第 13 包为土地权证，是 20 世纪 50 年代初土地改革时期颁发的休宁县一个自然村全部土地证的存根，不属于民间私约，也没有参加分类整理。另外，第 19、20 包的数字由于整理者未能作出明细分类，不加采用。故表 1 为现已整理出的 17 包契约标本的统计数字，共计 2692 件契约。

（一）买卖契约

买卖契约行为包括买卖山林、田地、房屋、宅基地、菜园、田皮并禾苗、田塘、茶棵等标的的行为，契约名称多样，有卖契、杜卖契、小卖契、大卖契、出卖断骨基地契、杜断卖契等。我国江南地区存在一田二主的现象，既分成田骨权，为物权的所有权形式，又分成田皮权，亦称田面权，属于用益物权的范畴。因涉及范围较广，需要专文进行讨论，本次统计时均按照买卖契约进行分类，详文可另见即将出版的《徽州民商事习惯调查报告》。

（二）抵押典当契约

抵押典当契约包括抵押和质押等合同内容，典当是中国古代对质押担保的表述，系出典人将土地、房屋等财产典押给受典人，受典人支付典价后占有该财产、取得财产收益，而出典人到期回赎典物的行为。该契约的标的主要有田皮、房屋、竹园等。抵押典当契约的名称主要有典契、当契、转当契等。

---

① 田涛、许传玺、王宏治主编《黄岩诉讼档案及调查报告》，法律出版社，2004。

表 1 徽州私约整理汇总表*

契约类型	第1包	第2包	第3包	第4包	第5包	第6包	第7包	第8包	第9包	第10包	第11包	第12包	第14包	第15包	第16包	第17包	第18包	合计
买卖契约	137	37	73	103	35	65	137	58	121	79	82	66	90	123	117	50	68	1441
抵押典当契约	57	5	7	16	19	29	36	15	35	62	39	21	16	28	83	6	21	495
借贷契约	10	2			8	4	1		2	1	6	2			5	1	6	48
租赁契约	9	3	4	12	9	2	20	5	17	14	24	4	14	5	35	5	15	197
合伙契约	1					2			4	2	2	1				2		14
析产契约	7	3	1	7		4	8		8	4	2				2	5	8	59
婚姻契约	1								3	1								5
继承契约	1	1			2				3									7
纠纷调解契约	7					1			3	5	1	1		1		1	2	22
其他契约	20	4	7	30	27	5	20	12	46	40	12	13	23	18	53	29	45	404
合 计	250	55	92	168	100	112	222	90	242	208	168	108	143	175	295	99	165	2692
备 注						出拼一份寄养四份		其中一份残缺		其中两份合同残缺	其中一份无内容			其中一份内容不明	含红契一份其中两份残缺			

*本表中所收契约是作者 1996～2003 年，对徽州地区进行初步调查时所采集的全部契约标本。参加收集整理者包括田涛、王廷江（南京）、张宇澄（南京）、林海金（南京）、华山（上海）、李祝环（北京）、胡家勤（安徽）、吴敏（安徽）、卢伟（北京）、王宏治（北京）、郝维华（北京）等，以及参加修复和整理分类工作的庸益年（北京）、王伟（北京）、等同仁。

（三）借贷契约

借贷契约行为是指因借贷方向出借人借用财物，并立借字据保证按时归还，形成债务的行为，借用物品不限于金钱，还有房屋，可以有偿，也可无偿。民间借贷类契约的形式多样，名称多为借字据、借条、收字据、借据等。

（四）租赁契约

出租人将土地房屋等出租给承租人，承租人按期交付租金的约定。该契约的标的物主要是山地、房屋、水田等，名称主要有赁租约、赁约、租田约、召约、召租约、承佃契、租批、出租地契、转租契等。由于出租人把出租财产交给承租人使用后，大部分承租人已经按期支付了租金，当租赁关系终止时，这种租赁契约即丧失约束力，因此民间租赁契约发现的数量较少。

（五）合伙契约

合伙契约指两个以上当事人共同做出一定行为，或者共同经营管理并参与分配利润的约定。如合伙买牛、合伙出租山林、合伙经营买卖、合伙修建水利工程等。名称多用合同、合伙、共约、合墨等。

（六）析产契约

析产契约指家庭成员之间分家析产时建立的书面约定，被分析的财产主要为房屋、田地、山林以及其他生产生活资料。析产契约的名称繁多，有关书、分关契、分关合同、分家单、分书、扒据合同、阄书、出拼书等。

（七）婚姻契约

徽州地区发现的传统婚姻中的契约名称较多，包括求婚书、允婚书、许婚书、婚书、结婚喜簿、礼单、喜单、结婚证书、离婚书、卖妻书等。这类契约中包含了人身关系和财产关系的多重内容。

（八）继承契约

中国的传统社会中，继和承分属两个不同的概念，一般而言，"继"是对宗族和种姓的延续，包括宗法地位的延续和家庭及社会地位的延续，如封号、爵位的世袭，宗祠地位的接续等，主要内容为宗法社会中后代对权利和义务的继受。契约的名称包括继承字据、继承合同、继书、绍书、寄养、宗祧等。"承"则主要指对家庭内部财产的承受，即所谓"子承父业"。继承类契约还包括家庭财产的分配，以及对在世尊长的赡养责任等内容。其中以遗嘱的形式分配财产时，契约的名称主要为遗嘱、遗单、遗书、授产字据等。

（九）纠纷调解契约

纠纷调解契约系指，经过民间调解，化解双方民事纠纷时形成的书面调解协议。调解类契约的名称主要有墨据、合墨、息字、调解合同、劝息合同、调解书等。

（十）其他契约

不能归于上述契约种类的契约统归于此类，包括换地契、期票、房屋修缮清册、田产造册、师徒合同、从业合同等。

按照上述的分类，已经整理的私约共计2692件，其中：

买卖契约1441件，占私约总数的53.4%；

抵押典当契约495件，占私约总数的18.4%；

借贷契约48件，占私约总数的1.8%；

租赁契约197件，占私约总数的7.3%；

合伙契约14件，占私约总数的0.5%；

析产契约59件，占私约总数的2.2%；

婚姻契约5件，占私约总数的0.2%；

继承契约7件，占私约总数的0.3%；

纠纷调解契约22件，占私约总数的0.8%；

其他契约404件，占私约总数的15%。

统计的结果表明，在徽州民间私约中，买卖契约占绝对多数。一方面因买卖行为普遍存在，买房置地是民间最常见的民事行为。同时买卖契约可能证明土地房产等标的物的来源，在上述标的物再次转移时，具有一定的证据效力，因此保存土地田宅买卖类的契约，表现出民间对财产权利的注重。

尽管明清两代徽州地区商业经济较为发达，形成历史上被称作"徽商"的独特现象，但民间经济的救助形式仍显得十分落后，当民间需要小额财产作为临时性救济时，通过抵押典当的形式进行自助救济成为一种重要方式，因此抵押典当类契约的数量仅次于买卖类契约。调查中发现房屋、土地、禾苗、树林几乎都可以作为抵押物或者质押物，典和当之间的界限往往并不十分明显，有时甚至互相混淆。传说中我国南方曾经出现过"典妻"的现象，即以人身权利作为抵押，但调查中尚未采集到此类标本。典当类契约是我国民间私约中一种最常见的契约形式，但对此研究尚存在很大不足。典当类契约存世量相对较多，一般认为出典人偿还债务将典押品取回后，可能会销毁典押文书，但调查中发现的典当类契约较多，引起了普遍关注。首先明清时期典期的时间相对较长，一般典期为30年，另外还存在大量的先典后卖和以典代卖的现象，由于对此问题的研究存在很多缺环，尚不能完全地解释民间典契存世较多的根本原因，相信这一现象在今后通过大量的实地调查，可以找到解释的途径。

借贷类契约的发现并不多，但并不能证明在实际民事行为中借贷类行为的真实发生比例，调查中发现，民间借贷在借贷行为正常结束后，原有的借据失去约束力。债务人清偿债务时，债权人将借据交还给债务人，债务人一般将该借据销毁，或者声明该借据作废，因此民间借贷类的契约被保存下来的可能性较小。存于世的借贷类契约可能由于债务人未能及时清偿债务，或者其他偶然的原因被保存下来，因此借贷类契约的存世概率较少，因此并不能反映出在现实生活中借贷行为的真实情况。

租赁契约的数量较多，多为租种山林田地的契约，在调查中发现，由于民间土地田宅等自由买卖，土地的存在相对集中于少数人手中，无地或少地的农民为了维持生计，大多采用向地多的人租种土地，并以支付地租方式进行耕作生产。承租人和出租人之间在土地出租过程中，需要以建立租赁契约的形式，书面确定双方的权利义务关系。当租赁行为结束后，还需要另外以书面形式解除双方的租赁关系。因此存在租佃契约和退租契约。徽州地区历史上存在一田二主的现象，其中土地所有权称为地骨权或者田骨权，具有土地使用权的一方，具有耕作权和处分权，又称做田皮权或者田面权，在这种情况下，土地租赁权被分为租权和佃权两种，分别表明对物权的不同占有状态。这种一田二主的现象在我国广大地区特别是江南地区是普遍存在的，因此在研究民间私约的时候有必要对其提起足够的重视。承租人无论是对田骨还是对田面的承租，均表现为用益物权，民间租赁契约的租期一般相对较长，以确保土地耕作的投入和产出的稳定性。同时为了对承租的保护，特别是在租赁期间存在与出租人的租金结算等权利义务关系，当事人有必要对租赁契约加以保留，当租赁关系产生争议时，或者存在当事人违约的现象，租赁契约将成为十分重要的证据材料，因此民间普遍存在将租赁关系契约进行妥善保存的习惯。

合伙契约主要是对生产活动和商业活动的合伙行为，生产活动中普遍存在合伙开荒、合伙养牛、合伙种植、合伙建设等，这类农业生产中的互助行为发生的几率较高。同时民间也存在商业性的合伙行为，徽州地区明清两代商业活动比较发达，无论是外出经商或在当地经商，资本的注入可能存在多种形式，其中包括多人集资，故此在资本注入时需要建立合伙契约。但无论如何，徽州地区仍然是以自给自足的农业经济为主，商业经济仅是在全国范围内比较而言相对发达，因此合伙契约存世的数量相对较少。

徽州地区民间普遍存在乡土社会中的"公约"现象，即由一个宗族、一个村庄甚至几个村庄为组织，就某一具体行为订立带有会盟色彩的群体性约定，如订立祠堂会约，约定宗族内管理祠堂和宗族共有土地以及相应的权利义务；由一个村庄不同种姓之间订立的"合同文约"，约定在村庄内需要共同遵守的公共秩序；由几个村庄或者不同宗族之间订立的"会单""合同"，约定对河流水利、森林保护等需要多方协力维护的公共事务，如"杀猪封山约""山林防火约定"等。这种共同约定虽然有多方参与，但仍然是通过订立契约的形式，对私有权利的保护，因此这种所谓的"公约"，在事实上仍然属于民间私约的范畴。

析产契约的主要内容指家庭内部或者经济组织内部在进行财产的分配行为时建立的合同文书。在调查中我们发现多为分家析产，既包括家族内部若干支系之间的财产分配，也包括同一家庭内同胞兄弟之间的财产分配，虽有关书、分书、阄书等不同契约名称，但内容均包括财产的分配和父母赡养责任的分担，与继承契约不同，析产契约仅仅是对宗族财产或家庭财产的分配行为，即所谓分家析产。析产契约是享有继受财产权利和承担赡养义务的凭证，在财产转移时成为财产或者财产权利来源的合法保障。当出现财产纠纷或者因分担义务而引发的纠纷时，分书同样成为重要证据。因此人们对析产契约能够妥善保存，加之析产契约在建立时因参与析产的当事人较多，每一个参与析产人员都将持有一个内容相同的契约文本，副本较多，所以在收集到的契约标本中，析产契约总量约占 2.2% 左右，主要原因是被调查人往往同意我们浏览他们的分家析产的"分书"，但因为属于家庭内部财产分割，有的不同意我们带走，所以造成早期的分书发现较多。

婚姻行为是人类社会生活中最常见的民事行为之一，古代的婚姻被赋予家族宗法的意义。婚姻注重礼仪，注重程序，求婚书、允婚书、许婚书、婚书分别是婚姻缔结过程中不同阶段的产物。封建的礼仪形式附带财产转移的手段，如男方的聘礼单、女方的陪嫁单，在礼仪的基础上对婚姻关系中财产的给付进行了详细的记录。同时乡土社会中的婚姻往往伴随婚礼宴席等聚众公示行为，参与婚礼的亲朋好友应当支付婚礼"随喜"，也就是俗称的"份子钱"，举办婚礼的家庭要将"随喜"建立"喜账"，以备在将来对应性的民事活动中给予等量回报，这一现象不仅仅是"礼"的象征，更多地表现出较为明显的民间互助色彩，并且成为一种乡土社会中的习惯。这种乡土社会成员中的礼仪和经济往来，成为一种维系彼此关系和聚合力的重要手段，在中国的民间社会中有着十分深刻的影响。婚姻类契约在乡土社会中并不少见，但这类契约具有较强的纪念意义，因此普通民众不愿意出示处于珍藏状态的这类契约，甚至在调查过程中出现只允许我们拍照记录，但不同意我们采集带走的现象。婚姻行为中入赘契约被称作"入赘书""婚书""婚书合同"等，乡土社会中由男方入赘女方的现象远比城市要高得多，形成这种原因和农业生产的性质有直接关系，农田的耕作和山林竹木砍伐，需要男性作为主要劳动力，而且在农村多子的现象普遍高于城市，加之徽州地区对入赘婚姻持普遍接受的态度，入赘也为当地民间习惯所保护。调查中发现在这一地区公开谈论入赘婚姻时，入赘男子并不隐讳自己的入赘身份。招夫养子也是中国农村社会中普遍存在的婚姻现象之一，在农业社会中男性非正常死亡率明显高于妇女，如果缺少兄弟的已婚男性出现意外死亡后，家中仅留下长辈和子女，致使这一家庭因丧失主要劳动力而陷入困难，寡妇需要通过招夫的方法，以解决家庭生产和生活的必需。在当代社会中经常出现女子丧夫后改嫁的现象，但在传统社会中留在夫家守寡的更为常见，徽州地区经常见到明清两代至民国时期建造的"贞节烈坊"，用以表彰那些牺牲于传统礼教下的不幸妇女。但是除了礼教之外，人们还必须面对的是生存需要，选择招赘男性进入家庭，承担赡养老人和抚养子女的义务，成为一种常见现象。但招夫养子不同于其他入赘婚姻，除了农业生产的需要意外，入赘男性还担负着"香火延续"的责任，因此在徽州地区入赘女方的外姓夫婿，需要进行"入祠"仪式，在入祠仪式上，入赘夫婿表示接受女方的种姓，并向女方的列祖列宗拜祭，取得了宗族承认与接受，一般不再被看作外姓人。入赘婚姻所生之子女，除取得女方姓氏外，入赘婚生子女称母亲的父母为"爷爷奶奶"，反将父亲的父母称作"外公外婆"。招夫养子的男性，虽然进入了女性的家庭，和原丧夫女子成为夫妻，但招夫养子的夫婿不具有在宗族中的种姓地位，其身份明显低于入赘夫婿，招夫养子后所生的下一代，仍被看作原夫后代，招夫养子婚姻一般不愿意对外公开，进入家庭的招夫男子也对此持隐讳的态度，因此招夫养子的婚书很难发现。除正常的结婚与离婚行为之外，还可以发现休妻卖妻之类的特殊契约，这种婚姻契约证明在当时的婚姻关系中，妇女在人身地位和经济地位上的不平等。

继承契约与婚姻契约的情况相似，在收集的契约标本中为数很少。继承是指对被继承人的财产和权利以及义务的继受行为。被继承人通过建立遗嘱的形式将其自身财产和义务在继承人之中进行分配，与析产契约有相似之处。我们将继承契约列一个独立类别，是因为析产契约侧重于财产的分配，而继承契约不仅包括财产的继承，还包括宗祧继承，即身份和地位的继承。在宗法制度下，宗祧关系的建立需要服从种姓制度，因此要求继承人须有一定血亲身份，即所谓同宗绍续，这是继承契约发生的基本前提。由于过继、收养等现象，在社会生活中所占的比例较少，因此继承契约发现的数量很少。

调解是民间解决纠纷的一种常用的重要方式。民间历来崇尚"和为贵"的息讼观念，纠纷发生后，人们首先会选择通过自助方式解决问题，诉讼往往是当矛盾恶化到无法解决时不得已而为之的极端行为。传统社会的调解方式，一般为双方当事人自愿将问题交给第三人，由第三人权衡双方利弊，以和平解决纠纷。

调解使纠纷在未上升为诉讼之前就得到了解决，节省了诉讼成本，也有利于减少讼累，由于调解出于双方自愿，调解的结果能够得到很好的施行，使纠纷所造成的情感损失能够最大限度地得到修复。徽州地区发现的纠纷调解契约量很少，但并不能反映民事活动中调解行为的真实比例。调解行为的最终目的是使纠纷得以解决，结果往往在纠纷平复、秩序平和之后，双方失和的文字记录属于习惯中需要避讳的内容，因此此类调解契约一般不再继续保存，致使传世标本较少。参与调解的主持者，即"说和人"应当是乡土社会中具有一定资质的人士，或者是宗族长辈，这些人在那个社会中，应当具有权威作用，并由此而产生相对的公信力。徽州地区乡土社会中的民事调解，与当代民事诉讼中的司法调解或者其他依靠公权力的调解有着显著区别，其调解的文书形式除了具有双方合意，即当事人亲自认同之外，还具备了其他传统契约里中人参与等形式，并且在民间也通常将这些调解文书直接称为"合同"，或者"合墨"，因此将这些调解文书，作为调解类契约看待，符合当时的社会情形。此外，传统民事调解中，除了礼的维护以外，必然伴有财产或者财产权利的给付行为，由一方给予另一方一定数量的经济补偿，即所谓"赔礼"。调解结束后，调解的结果需要当事人依靠诚信去实践和维持，"说和"的结果，在那个相对封闭的社会环境下，受到普遍的尊重，很少出现当事人反悔的现象。在调查中发现，徽州地区乡土社会的民间调解，以口头形式居多，即民间所称之"说和"，其结果也往往是当众赔礼或者道歉，很少用文字固定下来。只有当纠纷较大，参与人士较多，宗族以外甚至是不同村落之间发生的纠纷，才采用书面形式，这也可能是调解类契约流传为数较少的另外因素。

其他契约是从形式和内容上都不能归于上述几个类别的契约，民事活动的自由和多样性使民事活动产生的契约也丰富多样，用现代的词汇去定义过去的行为一定会存在偏差。如在徽州地区发现的提供劳务、拜师学徒、结拜金兰等，在归类上存在较多困难，因此将这类契约归入"其他契约"范畴，表明这种分类的不确定性。

二　徽州民间私约基本分析

通过对 2692 件徽州民间私契进行分类比较和分析以后，已经基本能够了解徽州地区明清以来传统社会中的民间私契构成的基本形态。徽州地区地域辽阔，需要对具体的乡村契约构成形态进行微观的分类比较和研究，并将这一研究的结果与上面已经进行过的分类进行对照，以得到更具有说服力的证明。因此在对徽州地区的 2692 件私约综合统计分类之后，我们还就其中第一包，即在徽州休宁县东临溪乡采集到的 250 件私约进行了分类整理（见表 2），以便从更为基层的视角，对徽州地区明清以来民间私约的契约成分进行细微的观察。

表 2 徽州休宁县东临溪乡民间私约统计（共计 250 件）

单位：份，%

契约类型	份数	编号	比例
1. 买卖契约	137	001～137	54.8
2. 典当(抵押)契约	57	138～193,243	22.8
3. 借贷契约	10	194～203	4
4. 租赁契约	9	204～212	3.6
5. 合伙契约	1	222	0.4
6. 析产契约	7	213～219	2.8
7. 婚姻契约	1	220	0.4
8. 继承契约	1	221	0.4
9. 纠纷调解契约	7	244～250	2.8
10. 其他契约	20	223～242	8

按照上述的分类，已经整理的私约共计 250 件，其中：买卖契约 137 件，占私约总数的 54.8%；抵押典当契约 57 件，占私约总数的 22.8%；借贷契约 10 件，占私约总数的 4%；租赁契约 9 件，占私约总数的 3.6%；合伙契约 1 件，占私约总数的 0.4%；析产契约 7 件，占私约总数的 2.8%；婚姻契约 1 件，占私约总数的 0.4%；继承契约 1 件，占私约总数的 0.4%；纠纷调解契约 7 件，占私约总数的 2.8%；其他契约 20 件，占私约总数的 8%。

徽州地区民间私约构成比例与休宁县东临溪乡民间私约构成比例的对照如表 3 所示。

表 3 徽州地区民间私约构成比例与休宁县东临溪乡民间私约构成比例对照

单位：%

契约类型	徽州私约中所占比例	徽州休宁县东临溪乡私约中所占比例
1. 买卖契约	53.4	54.8
2. 典当(抵押)契约	18.4	22.8
3. 借贷契约	1.8	4
4. 租赁契约	7.3	3.6
5. 合伙契约	0.5	0.4
6. 析产契约	2.2	2.8
7. 婚姻契约	0.2	0.4
8. 继承契约	0.3	0.4
9. 纠纷调解契约	0.8	2.8
10. 其他契约	15	8

　　我们将上述休宁县东临溪乡民间私约统计表与徽州私约整理汇总表进行比较发现,其中买卖契约在汇总表中比例为 53.4%,休宁县私约统计表中比例为 54.8%,所占比例非常接近。抵押典当契约在汇总表中比例为 18.4%,在休宁县的私约统计表中比例为 22.8%,后者稍有增加;合伙契约在汇总表中比例为 0.5%,在休宁县私约统计表中比例为 0.4%;析产契约在汇总表中比例为 2.2%,在休宁县统计表中比例为 2.8%;在汇总表中婚姻契约的比例为 0.2%,在休宁私约统计表中比例为 0.4%;在汇总表中继承契约比例为 0.3%,在休宁县私约统计表中比例为 0.4%,非常接近。在汇总表中借贷契约比例为 1.8%,在休宁县私约统计表中比例为 4%,二者相比,比例稍有增加;在汇总表中租赁契约的比例为 7.3%,在休宁县私约统计表中比例为 3.6%,比例略有下降。其余纠纷调解类和其他契约的比例关系均较为接近。

　　经过比较可以证明,在徽州民间私约中普遍存在以买卖关系为主,抵押典当契约占第 2 位,其他民事行为所占比例关系较少。无论是以一个乡为统计单位还是以徽州地区进行的综合统计,其民间私约的契约成分基本相同,说明上述比较和分析的结果具有较强的代表性。

从诉讼限制看清代司法档案的法价值

——以清代四川档案为个案

张晓蓓[*]

一

四川各级档案馆保留了大量清代地方县级衙门档案，这些档案以承载清代历史时间最长、内容最为丰富著称，是我国现存清代地方历史档案中珍贵的文化遗产。四川省清代档案共计 136151 卷、12508 件（有些地方按件计算），分布在 56 个馆里。其中，最有代表性的有清代四川巴县衙门档案、南部县衙门档案、少数民族地区档案。巴县档案计 11.4 万余卷，保留了清康熙九年（1670 年）至清宣统三年（1911 年）的资料，记载了清九朝 242 年的历史。南部县档案计 18186 卷 84010 件，保留了从清顺治十三年（1657 年）到清宣统三年（1911 年）的资料，共记载清十位皇帝前后 256 年的历史。少数民族地区档案，较有代表性的有冕宁档案 401 卷，30530 件，会理档案 562 卷，保留了从清康熙到宣统时期民族地区行政、司法、文化等方面重要历史史料。四川各级地方档案馆中，涉及司法的不仅在巴县档案、南部档案中数量可观，而且在少数民族地区档案中也有丰富的内容。巴县档案中有关按司法内容分类的档案，并非今天我们所通用的司法分类。清代巴县衙门档案本来是按吏、户、礼、兵、刑、工等分房立卷归档，但 1955 年经四川大学历史系整理，按政务、农业、工商业和手工业、交通运输、财税、金融、文教卫生、军事、司法、重要事件分类，其中又以朝代排列。清代巴县衙门司法档案按诉讼性质、问题被分为 21 个专项，有司法体例（总类）、命案、地权、房屋、借贷、欺诈、家庭、妇女、商贸、斗殴、盗窃、租佃、赌博、烟泥、水道、工矿、宗教、契税、移关和其他。所以非司法类档案中有司

---

* 张晓蓓，重庆大学法学院教授。

法档案，而司法档案又需重新分类。南部档案是按照吏、户、礼、兵、刑、工、盐七房归档，其中光绪、宣统年间"七房"档案所占比例最大。冕宁档案没有进行任何分类，但司法档案较多，案件虽然简单，但法律史料价值非常大，这是清代国家在民族地区司法实践的生动写照，是国家民族法制政策实施的有力佐证。

二

古代中国虽有司法一词，但非现代司法含义。我国近现代意义上的司法概念，可见《大清法规大全·宪政部》。其中有"立法、行政、司法则总揽于君上统治之大权"等表述，包括了审判、检察、侦查、司法行政等概念①。传统的司法制度包括司法机构、司法程序和规则。清代中央机关有刑部、大理寺、都察院参与司法，称为三法司，六部尚书和大理寺卿、左都御史、通政司通政使有时也要参加重大案件的会审，称"九卿会审"。另外，还有一些特殊的司法机构，如宗人府、理藩院等。地方司法机构与行政机构合一，州县为第一审级，府和直隶厅、州为第二审级，按察司为第三审级，总督、巡抚为第四审级。中国传统司法的内容包括治安、侦察、审判、监狱、行刑、监察。巴县、南部等司法档案记载的是县衙门这一司法机关审理民刑案件的原始材料，以及与此相关的往来札、谕、制、诏、诰、旨、令、咨等。另外，维持社会秩序和调整利益分配的通知、布告、乡规民约、行帮规范以及国家对地方审判、监察、监狱等方面的一些规范，也是司法档案文献的重要内容。

档案中司法部分的内容包括：第一，县衙门相关房呈据的刑民案件第一审审判的原始材料，包括起诉、审理、判决等全部或部分过程材料；第二，县级以上的官府衙门对一审案件的批复或二、三审判决，也有县级以上官府衙门的一审裁决；第三，国家和地方官府衙门为了调整社会秩序和利益分配所发布的文书公告与规范（有些信牌和宪牌本身就有典型案例）；第四，关于诉讼程序、监狱管理、监督检查等一些文书与规范。

三

四川司法档案具有丰富的法律意蕴，不仅数量巨大，而且具有代表性，如巴县司法档案记载了当时西南最为发达的城镇的司法实践，南部司法档案记载了川

---

① 参见熊先觉《中国司法制度》，中国政法大学出版社，1986，第3~6页。

东北农村城镇的司法实践，冕宁档案记载了边远之地少数民族地区的治理规范，西南民族地区司法档案具有重要的法律意义。

巴县、南部、少数民族地区的档案记载了不同地理位置，政治、经济、文化发展差别较大的区域司法情况。以巴县、南部为例，清代四川巴县地处四川盆地的东南部，县境辽阔，为嘉陵江、长江的汇合口（以现今重庆市渝中区为中心），是四川东部政治、经济、军事、文化的中心。历来巴国、巴郡、川东道、重庆府的都城、治城均设在巴县境内。但人们相沿成习仍叫重庆城。巴县具有优势的经济地理位置，拥有南下北上的重要水上通道，是通商航运的枢纽。南来北往的货物、东下西上的物资，皆在巴县境内吞吐集散，运往全川和整个大西南。可以这样说，当时巴县是西南最繁华的城镇，其衙门所涉及的案件更具有特殊性，范围非常广，物权、债权、婚姻家庭案件及大量未编入司法类的行政规范具有重要研究价值。而南部县清属四川保宁府，地处川东北，其司法案件集中反映清代川东北政治、经济变化出现的利益冲突，其案件内容更多地涉及农村生产、生活中的纠纷与矛盾。两者虽然皆为县衙门档案，但由于自身所处的地理位置不同，政治、经济、文化发展的差异，同样类型的案件处理的方式相差较大；现存四川司法档案的最早时间应该是冕宁司法档案，案件从康熙开始。冕宁档案不仅时间早，而且很多涉及少数民族纠纷，是研究清代民族地区司法实践的宝贵材料。从审判来看，巴县档案（乾隆朝）中的官吏更加尊重法律，判词简洁，言简意赅。而南部档案（咸丰前）判决更为灵活，即使法律有名文规定，有时也不遵循，有些判词娓娓道来，情深意长，礼法相融。从程序上看，两者审判程序相同，即接受诉状、发送传票（同时取证），开庭审理，民事程序与刑事程序相同。从诉讼文书上看，县衙有"格式状"，一般要求用格式状呈状，巴县档案基本上按照格式状起诉，南部档案部分遵循，但清早、中期少数民族地区却基本不遵循，如在冕宁档中的康熙朝，没有发现一件格式状，雍正时有格式状，在雍正时冕宁状中明确提出"诬告人罪者照律加等反坐"，而在乾隆巴县档案和咸丰前南部档案中却没有该规定，虽然法律有明文规定，但在诬告案里没有对原告有所处罚，哪怕是掌责，虽然这些案件90%是财产、婚姻纠纷，但不排除斗殴、伤害案。在档案里未见其处罚性的法律实施，为何如此，与诉状用词语言有关，"法官"对诉状里夸大其词司空见惯，所以在诉讼限制里对书写格式和代书有严格要求。从受理案件的内容来看，每一时期对案件受理都有要求，这些要求皆标注在格式状前面，已是定式，清律诉讼条有关于告状不受理的规定，但主要是针对地方官吏而言的处罚规定，而地方衙门对案件受理条件的规定范围相当广泛，主要是将法律的一些规定结合出现频率较高的案件，标注于诉状前，规范起诉，提示起诉人，免于周折，减少诉讼成本。试举其例，可以了解其当时受理案件的情况。如雍正时期冕宁档案规定：

1. 诬告人罪者，照律加等反坐；

2. 告斗殴，不填伤痕凶器混称被殴者，不准；

3. 告田土债负，不粘连契约地图者，不准；

4. 词内不开明的确年月日时，并见证确实名姓者，不准；

5. 不符式填告及双行叠写者，不准；

6. 以赦前年远并结案之事混告者，不准；

7. 告盗窃不声明被盗财物，是否挖壁撞门，并不开失民物者，不准；

8. 告婚姻不粘连帖不开媒妁者，不准；

9. 生监者幼妇女残废之告状无抱告者，不准；

10. 无代书戳记者，不准。

　　这是少数民族地区，也是国家定点边远流放地在清早期的规定。到了咸丰时期，增加了"告嚇诈财物无见证过付者，不准"，"告田地价足再行索取后补者，不准"，"原告过三者，干证过四名者，不准"，"□老疾残废之人□妇女作干证者，不准"。这些增加的内容是在巴县档案和南部档案里所没有的，如对原告人数的限制，对证人身份的限制等。

　　乾隆时期巴县衙门规定：

1. 事在赦前及年远者，不准；

2. 被告非命盗不得过三名，违者不准；

3. 非奸情牵连妇女者，不准；

4. 报人命斗殴，不开明伤痕凶器者定责代书；

5. 报强窃盗窝娼无赃证者，不准；

6. 告娄赃无过付证据者，不准；

7. 户婚田土无契约婚书者，不准；

8. 客账钱债无行单借卷者，不准；

9. 不遵用式戳格外双行者，不准；

10. 本人带稿誊写者，定责代书；

11. 代书留难多索者，定行责革；

12. 被告不叙原呈者，定责代书；

13. 不叙原批并无副状者，不准①。

---

① 清代四川巴县档案乾隆朝，四川省档案馆藏。

这是清前期地方首府所在地对诉讼的限制，第一是对时效的规定，虽然不明确，但已经体现出时效意识。第二是对被告的规定：（1）被告非命盗不得过三名；（2）非奸情不得牵连妇女；（3）被告不叙原呈不叙原批并无副状者不准。第三是对证人证据的规定：（1）非奸情妇女不得作证；（2）人命斗殴必须注明伤痕凶器；（3）强窃盗窝娼娶赃必须有证据；（4）户婚田土须有契约婚书；（5）客账钱债须有行单借卷。第四是对诉状格式和代书者的要求：（1）本人带稿誊写者，定责代书；（2）不遵用式戳格外双行者不准；（3）代书留难多索者。

咸丰时期的南部档案对诉讼的要求比乾隆时期更为准确、合理，技术上更容易操作。如：

1. 以赦前及年远陈事掫拾混告者，不准；
2. 告奸情非奸所获奸，未有实据，任意牵连妇女者不准；
3. 告状人只许真正姓名，如被告名字与原告所开不同换名具诉者，不准；
4. 人命盗窃等事，无邻牌保报者，不准；
5. 告婚姻无媒妁、婚书者，不准；
6. 告赃私无过付者，不准；
7. 被告过五名，干证过三名者，不准；
8. 呈词只许一告一诉，续请添罗人，列砌多款并双行叠写者，不准；
9. 斗殴无伤痕凶器，反以身死不明含混呈报者，不准；
10. 绅衿老幼残疾妇女无抱告及捏名抱告而抱告不到者，除不准外，并将代书惩责；
11. 户婚田土等事，既有家长兄弟子侄，而妇女及复出头告状者，并将抱告惩责；
12. 不遵状式，无代书戳记副状者，不准；
13. 告田土债欠不粘连契约，无中保见证者，不准；
14. 回复呈词不注名原告、批词年月日期者，不准①。

咸丰时期强调的是：（1）原被告必须是真名；（2）因奸情牵连妇女，必须是奸所获奸并有实据；（3）被告及证人数量有严格要求；（4）诉求只能一诉一求；（5）绅衿老幼残疾妇女为原告者，必须有抱告；（6）妇女不能成为户婚田土的原告，除非无家长兄弟子侄，否则惩责抱告；（7）规定了中人的法律地位。

———————
① 清代四川南部档案咸丰朝，四川省南充市档案馆藏。

而咸丰年间四川保宁府的规定，却体现了上级审判机关对案件受理的特殊要求，明确了哪些案件才能在道、府衙门起诉。

1. 赦前之事告言人罪者，即以其罪罪之；

2. 人命案件不赴该管地方官具告者，不准；

3. 告贪官污吏无过付赃据者，不准；

4. 田土户婚姻事州县尚未审理，率行上告者，不准；

5. 未赴该管地方官控理，辄行越诉者，不准，仍按律究处；

6. 不将控过衙门批断情节声明，或不叙出批语及再诉不叙前词年月批语，不准；

7. 事非切己，及借地方官公事违名具呈，并请留任宰官者，不准；

8. 告水利田土事件，不赴该管州县具控听断者，不准；

9. 有职人员举贡生监及老幼废疾妇女无抱告者，不准；

10. 告状人不注明住处及诡捏地名者，代书责处；

11. 不遵状式，无代书戳记者，不准；

12. 告状后潜逃者，拿究治罪；

13. 违式变行写者，不阅。代书混用戳记定行责革；

14. 不遵示期，拦舆投递者，不准；

15. 词内开列被告不得过五名，干证不得过三名，如有任意多开希图拖累者，不准①。

由此可以看到咸丰时期明确了：（1）审级受案规定，即人命、水利、田土、户婚案件必须由州县一审；（2）任何案件未赴所辖地方官控理，不得越诉，否则按律究处；（3）诉讼必须遵循讼期，巴县档案有专门的讼期告示。我们现在能够从档案中看到的案件受理（诉讼限制）规定，最早的从雍正开始（见冕宁档案）。这些材料不仅可以看到清代地方衙门受理案件的各种限制性规定，而且可以印证已有的研究成果。可以肯定地说，清朝在其两百多年的统治中已经对地方案件受理范围、起诉程序作了逐步的规范和完善，各地因自身经济、文化的发展状况，根据案件内容的分布，因地制宜地进行了诉讼限制。从这些诉讼限制中我们能够清楚地看到，有对原被告人数的限制；有诉讼时效的限制；有证人证据的限制；有管辖权限的限制；有对诉状及代书要求的限制。这种限制至少有两个好处：一方面帮助诉讼当事人明确诉求以及在诉前对诉求能否实现而进行的可行

---

① 清代四川南部档案咸丰朝，四川省南充市档案馆藏。

性探讨，减少诉讼时间，减轻讼累；另一方面要求"法官"进行立案审查，规范审理过程，为公正性审判做好准备。四川档案里保留的历时时间较长（除顺治、康熙时期以外）、较为完整的诉讼限制规范，是清代地方司法实践中诉讼规范的重要组成部分，无论其表现形式或内容组成，皆构成了一组独立的、可见其发展脉络的讼限规范，其法律价值不言而喻。

另外，在南部档案中，每一个案件的封面都有某房呈的字样，如；"南部县正堂游，礼房（吏、户、兵、刑、工、盐）呈据……"等，是否衙门各房皆有权受理案件，由各房受理后由县正堂审理。即或是由专门的立案庭立案，由各房审理？清光绪巴县档案里称：书吏们"俱靠案活""全赖办案滋养"。倘无案可办便会"合房绝粮"，专司"散发"案件之责的承发房则靠出卖办案权给各经办房而"获利"，"每案卖钱一、二千不等"。"甚有串通弄弊，预向某房报称此案互异，碍难分散，某房暗许以钱，即散某房。……更可恶者，房书遇事打条，私通代书，添砌情节，颠倒是非，希图怂准办案，种种弊窦，致使各房互争"①。在这里的承发房应是立案庭，由承发房将案件分发到各房，由各房组织审理。而在另一份档案里，记载了各房职责及职位，如南部地方衙门职官的设置：

清代前期和中期，南部县衙设知县一名，正七品；县丞一名，正八品；主簿一名，正九品；典吏一名，从九品。知县掌一县之政令，催征赋税，每年编造黄册，地方刑狱、治安、祭祀、赈济等。县丞协助掌管粮、马、缉捕盗贼诸事。主簿负责全县军事、治安。典吏掌管缉、捕、监、刑。署内置皂、壮、快等班差役，专管站堂、行刑、催、捕、传、递等事。此外，还有驿丞掌邮传及迎送来往官员，巡检掌缉捕盗贼、盘诘奸□，税课局大□掌商贸、屠宰、杂市之常征，盐务总局掌管盐茶引票等。在县衙内设吏、户、礼、兵、刑、工、盐等房分管县内诸务。清末改县衙为知县署，仍置知县1人。佐官有县丞（驻城西35里西水口）、教谕、典史、讯厅、训导、驿丞皆设署。

清末，改典史署为典狱署，又增设三费局［光绪六年（1880年）设］，学田局［光绪十年（1884年）设，光绪十九年（1893年）改学务局，光绪三十三年（1907年）改为劝学所〕、幼艺局［光绪三十二年（1906年）设］、农桑局［光绪二十九年（1903年）设］、官医局［光绪三十二年（1906年）设］、警察局［光绪三十二年（1906年）设］，光绪三十四年（1908年）改为保安巡察署〕、团练局［光绪三十二年（1906年）设］，宣统二年（1910年）改为团练总局〕、育婴局［光绪年间］、矜节局［光绪年间］、农务局［宣统六年（1914年）设］、经征局［宣统三年（1911年）设］等。

---

① 清代四川巴县档案光绪朝，四川省档案馆藏。

宣统年间，知县署七房机构。吏房，管理民政、人事；户房，管理田房买卖、粮税、租佃等；礼房，管教育等；兵房，管武备；刑房，管司法；工房，分管财政、工业、农林畜牧、建筑；盐房，管盐务。七房之外还有三班；民班专司一般刑民案件；快班专司缉捕；皂班，司刑杖①。

如果案件是由七房呈送，档案又是按七房归类保存的（巴县档案、南部档案），那么七房官吏很多涉及司法，这种情况到清末及宣统时期才有所改变。这里就有一些问题值得关注，如当时的书吏与代书的关系，代书是要经过"资格考试"，承担相应的法律责任的，他们的收入来源、工作范围（如代书写诉状，书吏记录开庭审讯）如何；开庭笔录在存档前是否经过整理（发现开庭笔录有格式化的问题），诉讼限制是否是无明文规定皆可诉；为什么到了咸丰时期冕宁要限制原告人数等都有待于今后研究。

清代地方档案的一般史料价值，国内外专家众口一词，但是对于其最能深刻影响和决定人类命运和秩序发展演变规律的法文化价值则有待进一步的认识和研究。

地方官府衙门档案的司法档案本身承载的法文化价值，首先表现在对当时法律制度的体现的真实性，如官吏在审判中是如何应用法律原则与规则进行裁决的；其次，地方官府衙门档案的司法文献，具体生动地展现了官吏法律意识，如社会理想、目标与道德追求是如何应用于审判、监察与监狱管理的；最后，地方官府衙门档案的司法档案还真实反映了民众的权利、义务理念、民众的公平正义观念以及民众是如何通过诉讼达到自己的诉求等实际状态。

查阅几千卷巴县、南部、冕宁等地方司法档案后，我们认为其法文化价值具体体现在如下几点：

第一，真实展现了清代法律制度的适用情况。从实体法上看，清晰展现了法律内容实施与变通；从程序法上看，展现了诉讼程序、审判程序、执行程序固化与灵活。

第二，真实反映出清代地方官吏和普通百姓法律意识，具体呈现出法律对基层社会秩序的调节功能，以及伦理道德与法律是如何变通维持社会存续发展。

第三，特殊个案，无论对法制史还是部门法研究皆有不可低估的作用。

第四，通过对这些档案的分析研究，从中探索经验教训和规律，可以为当前及今后人类社会法治发展，提供有益的历史借鉴。

法律是人类社会生存发展不可或缺的上层建筑。离开了法律，人类社会就失去了存在的基础，更谈不上扩大再生产和文明进步。法文化作为活的历史连续过

---

① 清代四川南部档案，四川省南充市档案馆藏。

程，贯彻于人类活动的始终。清代地方档案所记载的司法活动，不会因其是历史而丧失现实价值。传统文化，也不会因人类社会的近现代化而根绝。因此，研究古代地方司法档案，可以帮助我们真实了解地方司法中的法律适用，有助于我们客观地理解清代法律的实施以及在实施过程中所体现出的灵活性与适应性，从而为我们解决今天司法中出现的困惑与争议寻求历史经验教训的帮助和智慧的启迪。

论清代流放人犯的递解

王云红*

近年来，大量清代法制文书的出版、中央和地方司法档案的开放和整理，使我们有机会看到一个完整的、结构紧密的清代法律制度，为我们重新认识中国传统法制提供了可能。在此过程中，已经涌现出来一批卓越的研究成果，有关清代"法律帝国"的相关图景已经越来越清晰地展现在我们的面前①。本文正是在前辈学人研究的基础上，拟探讨在帝国时期公众视野中司空见惯而又极为重要的一个议题——人犯的递解，递解人犯的司法实践深入社会，构成了一种历史景观，而相关记录也分别保留在从中央到基层的各级司法文书当中。美国学者普凯玲（Kathleen Poling）认为递解构成了清朝行政现实中的主要部分，对囚犯递解的关注将有助于对地方上惩罚实施的理解，但被多数法律史家所忽略②。普凯玲敏锐地认识到对清代囚犯递解研究的重要意义，惜其文章仅仅是对清朝司法体系中囚犯递解历史意义的初步研究，仍缺乏实证性的深入探讨。笔者很赞同普凯玲对囚犯递解学术意义的分析，愿

---

* 王云红，河南科技大学人文学院副教授。

① 台湾"国立"政治大学法律系陈惠馨先生根据美国法理学者德沃金（Ronald Dworkin）所著《法律帝国》一书的用语，提出了"重建清朝的法律帝国"的响亮口号，这也是法制史研究在新的时代契机中对研究者所提出的新的要求。参见陈惠馨《重建清朝的法律帝国：从清代内阁题本刑科婚姻奸情档案谈起——以依强奸未成或但经调戏本妇羞愤自尽案为例》，《法制史研究》第5期，第125页。

② 〔美〕普凯玲：《罪犯身体的管理：清代的囚犯递解》，载张世明等主编《世界学者论中国传统法律文化（1644~1911）》，法律出版社，2009，第242~259页。该文指出，对囚犯递解实践的敏锐关注给法律史领域提供了几方面相互关联的帮助：第一，并且最重要的是，囚犯递解程序能阐释清朝司法程序中集中的大量复核；第二，关注囚犯递解能修正我们对清朝机关因时而变这一情形的理解；第三，寻常的囚犯公开递解指出了清代司法机关如何与百姓生活交叉并且渗透入其中的新的思考方式。

在此基础上，排比史料，尝试恢复清代人犯递解的相关历史图景。

清代人犯的递解主要指审转人犯的递解、秋审人犯的递解和流放人犯的递解。其中，审转和秋审人犯的递解一般都是在州县到督抚衙门之间的省内进行，而流放人犯的递解则跨越省际，长途跋涉。为考证和叙述的方便，本文仅考察流放人犯的递解，而其和前两者之间应该保持着较大的一致性，亦可以作为一般递解的一种参考。

一　定案择配

叙说流放人犯的递解须先明了清代的流放制度。清代流放刑罚承袭前代，除了有正刑流刑之外，在闰刑方面既继承了传统的迁徙、充军等刑罚，又独自有所创获，发明了一种更为严厉的流放刑——发遣。遣军流人犯的流放首先要从定案择配开始。

清代州县作为初级审判机关，受理一切案件，但只能自行审结杖一百以下的案件。徒刑和徒刑以上的流、充军、发遣、死刑案件，都先由州县侦查、勘验、拘捕、初审，拟定判决意见；然后不管当事人是否上诉，案件都要经过相应层级的审转复核程序①。对于遣军流案件而言，经由州县初审后，一般要通过府、道、臬司和督抚的审转复核。督抚复审案件卷宗后将其上报刑部（这时一般犯人仍关押于各省会监狱），刑部复核全国的流刑案件后，再经大理寺复核即可定案审结。可以说，遣军流案件虽由督抚结束地方的审理，但没有最终判决权。遣军流案件的最终判决权在刑部，刑部批结后便可发生法律效力，咨复地方督抚执行。

在此过程中，案犯往往与案卷审转递解，此种递解只是在省内各级衙门之间进行。遣军流案件的复核定案，案犯一般都要递解省城，负责刑案的按察使要亲鞫复核人犯，但一般不必再解到督抚衙门，仅仅将案件卷宗报督抚便可，这样转审只到省一级。对此，清代律学家薛允升指出："军流止解臬司，专案咨部……此定章也。"② 各地督抚在接到刑部咨文后，军流犯就要查《三流道里表》或《五军道里表》定地发配；遣犯则要定期起解上路。

清代流刑承袭前代，分二千里、二千五百里、三千里三等，并创立《三流道里表》，视表配发人犯。根据《三流道里表》，每省以府为单位根据流犯罪情轻重，将某省某府属流犯，应流二千里者发何省何府属安置，应流二千五百里者

---

① 有学者称这种制度为"逐级复核审转制"。郑秦：《清代州县审判试析》，载《清代法律制度研究》，中国政法大学出版社，2000，第130页。

② 胡星桥、邓又天主编《读例存疑点注》卷四十九，"刑律，断狱"，中国人民公安大学出版社，1994，第858页。

发何省何府属安置，应流三千里者发何省何府属安置，按计程途，限定地址，逐省逐府，分别开载。对此，《三流道里表》内列表极详。然而，这一格局在乾隆三十六年（1771 年）后发生了转变，据广西臬使、山西巡抚、浙江巡抚等奏请，"缘各省犯案时多时少，照表指发，致有多寡不均"，要求"各省签发流犯，俱按照《道里表》内应发省份，照改发遣犯之例，毋庸指定府州厅，听该省督抚，酌量州县大小、远近，均匀拨发，起解省份于起解之先，预行咨明，令配所督抚指定应改发地方，先期饬知入境首站州县，随到随发"，该奏请得到允准，并"纂入例册，遵行在案"①。这就使得流犯的配发从以府为单位转变为事实上的以省为单位，流犯在省内的分配不再完全视表进行，而是由督抚指定。清代充军为附近、近边、边远、极边、烟瘴五等，称为"五军"，于满流以上，为节级加等之用，附近二千里，近边二千五百里，边远三千里，极边、烟瘴俱四千里②。并在此基础上，制定《五军道里表》，按照道里远近配发军犯③。军犯的配发亦是每省以府为单位根据军犯罪情轻重分为附近、近边、边远、极边、烟瘴五等级，每一等级则按照附近二千里、近边二千五百里、边远三千里，极边、烟瘴俱四千里的道里数向东、南、西、北四个方向确定具体的军犯流放地④。清初发遣的地点主要集中在王朝的东北部地区，尚阳堡、宁古塔和卜魁等处都是著名的流放地。康熙年间，北部的喀尔喀、科布多、乌兰固木等地方也成为发遣地。乾隆年间新疆纳入清政府版图后，例又有发往伊犁、乌鲁木齐、巴里坤各回城分别为奴、种地者。从乾隆朝开始，发遣新疆、发遣东北与内地军流相互协调，共同构成了清代完备的流放体系。无论是军流还是发遣，人犯的成功递解到配都是实施惩罚的首要条件。可以说，帝制时代的官道上人犯的往返递解一定是那个时代引人注目而又极为常见的一道风景。

二 签发手续

为了保证人犯递解的顺利进行，遣军流犯在签发过程中还要例行一定的手续，对此，清代流放制度规定颇详。因军流和发遣相关签发的规定有所不同，以下将分别加以介绍。

1. 军流犯签发

清代各省、州、县负责签发人犯，都要选派有家业的正役解送，以免兵役在

---

① 凡例（嘉庆十六年），载《三流道里表》，同治十一年（1872 年）冬月江苏书局重刊。
② 《清史稿》卷一百四十三，志第一百十八，刑法二。
③ 第一部《五军道里表》乃是于乾隆四十年（1775 年）在『军卫道里表』的基础上修订而成，以后又经数次修订。参见《清朝文献通考》卷二百二十二，经籍考十二。
④ 相关研究可参见王云红《论清代〈军流道里表〉》，《历史档案》2012 年第 2 期。

解审人犯的过程中对这些重罪人犯敲诈勒索，甚至"搜检财物，剥脱衣服，逼致死伤，及受财故纵"①。一般每名人犯必须选派两名差役予以管押，当时称之为长解；并由所在州县选派两名兵丁协助护送出该州县所辖地域，是为短解。对此，《清史稿》指出："犯籍州县金差，名曰长解。沿途州县，派拨兵役护送，名为短解。"② 如果途经州县官所派兵役不足法律规定的人数的，差役和兵丁应当各自向其主管官员禀告，由原派衙门补派兵役。又有定例：解审重犯，于起解衙门，每犯一名，签拨长解两名。经过州县营汛，又添拨短解、兵丁各两名③。实兵役六名押解重罪人犯一名。

军流人犯，查《刺字条款》，如需刺字的，则要刺字后起行。一般是罪名刺左，地名刺右（有刺面和刺臂之分。刺面在鬓之下，颊之上，刺臂者在腕之上，肘之下），字大小一寸五分见方，笔画宽一点五分，均于起解之前刺刻。如系官员犯有侵盗罪，正身旗人脱逃及妇人犯罪者，不论轻重，皆免刺字。有的犯人脸上不仅刺有罪名和地名，而且刺以满、汉两种文字，整个面部几乎成了一幅图画，给犯人心理上造成巨大的压抑。

签发前，起解之地方官，应详验人犯年貌箕斗，填注批解，并备清册、短文，以便沿途接解州县验查，以防人犯顶冒。这里"年"指人犯年龄，确定年龄，多称"分别四柱"。"四柱"又称八字，是指人出生的时间，即年、月、日、时。用天干和地支各出一字相配合分别来表示年、月、日、时，如甲子年、丙戌月、辛丑日、壬寅时等，每柱两字，四柱共八字，故有此说。"貌"，指人犯面貌特征，如肤色、胡须、痣疤、刺字等，都须详细登记。"箕斗"指手上的指纹，分簸箕纹和罗斗纹，簸箕形的叫"箕"，螺旋形的叫"斗"。起解时还要将犯人按照规定锁铐刑具，并把犯人年龄、相貌、锁铐填写的批文，盖上印信，途中接递官员须按照批文所填内容查验，并在批文上注明"完全"字样，再钤盖印信，转递下一州县，如此反复，直至流放地。

起解人犯身上衣着，按规定无论表里上下，棉衣单衫，一律用红布缝制，所穿红衣还须填写某县犯人某人等字④；同时还要对于人犯行进剃发，剃光犯人周围的头发，留取中间的一撮。这样做是为了易于区辨犯人与普通人，防止犯人中

---

① 田涛、郑秦点校《大清律例》卷三十六，"刑律，断狱上，凌虐罪囚"，法律出版社，1999，第565页。

② 《清史稿》卷一百四十四，志第一百十九，刑法三。

③ （清）《福建省例》刑政例（下），解省审转人犯，长解差役每多短少雇替，议请设法稽核究惩，以免疏虞，台湾文献史料丛刊第七辑，台湾大通书局，1987，第940页。

④ （清）《福建省例》刑政例（上），斩绞军流人犯所穿红衣，只需填写某县犯人某人等字，不必写斩绞等字，台湾大通书局，1987，第857页。

途脱逃。此条系乾隆二十五年（1760年）刑部议准山东按察使沈廷芳奏准纂定①。其实，古时早有罪囚赭衣的传统，因犯所穿的衣服，颜色为赤褐色，后用赭衣指代罪人②。只不过清代的规定相对更加明确，执行更为严格而已。有关人犯剃发，清代律学家赵舒翘在其《提牢备考》一书中"囚发一片"条有"囚准薙发者，仍留一片"，并以打油诗描述道："摩顶聊行兼爱法，千钧一发守常经。似看野烧樵株尽，留得山峰牛角青。"③ 无论是赭衣还是剃发，都能起到区别人犯与普通人的作用，以防止人犯中途逃亡。

另外，一般递解军流人犯还要配备捆车一辆，用以携带人犯和差役日常所需。多名人犯共解时，则多人共用一辆捆车，以节约成本。当然，没有捆车，流放路途手提肩挑行李艰难跋涉，也是正常的。

现摘录第一历史档案馆所藏顺天府宝坻县档案中部分军流人犯移解批文为例，以了解签发实践的具体情况。如：

> 为移解事：案照敝县拿获伙同逸贼顾二等行窃事主康杰等家骡头等物一案，将张文贵拟军。详蒙督宪檄发文牌，饬令解赴广西入境首站全州交投，听候解配。除将军犯张文贵严加锁铐镣备具文批，选差妥役管押并移营拨兵护送，前途接收转递外，拟合关（移）解，为此合关（移）贵县（营）烦查来文事理，希将解到军犯张文贵验明，接收转递（拨兵护送）前进，共咨无虞，施行。计关（移）解：
> 军犯张文贵
> 锁铐镣坚固灌铅，赭衣裤，现年三十八岁，身中面黑微须，左手大指二指三指箕，四指斗，五指箕；右手大指二指三指箕，四指斗，五指箕
> 长文一角（宪文装入长文内）
> 护牌一张　批一张　捆车一辆　口粮一分　解役连锁　钥匙一封
> 关移　香河县宝坻营
> 嘉庆十一年三月　刑房凌企瑞④

从签发顺天府宝坻县军犯张文贵的文书，我们可以了解到，案件经过刑部批复后，蒙督宪檄发文牌，要查《五军道里表》，饬令解赴广西入境首站全州交

---

① 《清高宗实录》卷之六百六，乾隆二十五年（1760年）二月辛巳。
② 如《史记·田叔列传》即有"田叔等十余人，赭衣自髡钳"的记载；而《汉书·刑法志》则有"赭衣塞路"的记载。
③ （清）赵舒翘：《提牢备考》，法律出版社，1997，第157页。
④ 中国第一历史档案馆藏《顺天府档案》，第28全宗66卷036号。

投，听候解配。签配文书还填注军犯年貌箕斗，并附有所带护牌、批文及锁铐等情况，以备查验。可以说，该移解文书已属规范。但批文没有对差役的情况加以备注，也容易使得差役找人顶冒。其实，多数批文则备有解差情况。如顺天府东路厅宝坻县人赵勇恒，因在奉省用刀扎伤鲍二身死案内拟绞减流，嘉庆十八年（1813 年）十月拟发配陕西潼关厅，因河南滑县等处教匪滋事于十月十三日概行截留，俟春融再行起解。赵勇恒于嘉庆十九年（1814 年）二月十八日起解，备具文、备批选差妥役姜麟、王玉，并移营拨兵护送，按站递解陕西潼关厅，交投厅候解配在案①。以下乃是计关移解批文的后半部分：

> 计关移解：
> 流犯赵勇恒　锁铐镣坚固
> 长文一角，宪文装入长文内　护牌一张
> 批一张　捐车一辆　口粮一分
> 解役连手　钥匙一对
> 关移　香河县宝坻营
> 流犯　赵勇恒
> 解役　姜麟　王玉
> 督解状头　韩喜②

该批文不仅对于人犯情况详细填注，还附有解役及督解姓名，以防止差役被人顶冒。如一次递解人犯过多，差役人数也会相应增加。以下案例中递解两名人犯，其解役则除了督解一名外，还有长解和短解各四名。

> 计开：
> 人犯　于兴全　朱英
> 长解　王太　王成　于万年　张玉
> 短解　韩亮公　辛德　白生远　朱成龙
> 督解　张义安③

从以上案例可以看出，军流人犯签发，尽管相关解役的人数时有出入，但基

---

① 中国第一历史档案馆藏《顺天府档案》，第 28 全宗 66 卷 103 号、111 号、116 号、118 号。
② 中国第一历史档案馆藏《顺天府档案》，第 28 全宗 66 卷 109 号。
③ 中国第一历史档案馆藏《顺天府档案》，第 28 全宗 68 卷 008 号。

本上还是按照制度规定执行的。不过也有很多时候，具体的签发实践又会根据当地的实际情况进行灵活变通。但总体而言，清代根据罪刑相适应的原则制定了《军流道里表》，一般要求严格遵循规定执行流配。如道光十七年（1837年）五月一份山西省平定直隶州临汾县正堂的公文显示：宝坻县伤人平复案内发边远充军人犯杨锡汶，来文内称直隶顺天府属该边远充军者发山西霍州等州府属县安置，按表发配应将该犯解赴山西入境首站平定州衙门，交投听候山西抚部院酌拨安置至配所，杖一百折责四十板；而接收州县官员接复查阅《五军道里表》内载直隶顺天府属边远充军人犯，应发安徽、浙江、湖北、陕西、甘肃等省安置，认为原指定地点"显系错误"，除咨复直隶台督部堂另行定地发配外，发文将该犯杨锡汶随到即行递回①。后经递回改发，军犯杨锡汶才被重新发配递解安徽宿州青阳县内②。

2. 遣犯的签发

遣犯的签发情况，很多方面与军流人犯相同，但也有一些独特之处。为了保证遣犯的顺利签解，必须考虑押解差役与遣犯人数的比例，以免遣犯脱逃和反抗。乾隆二十六年（1761年），乾隆皇帝曾谕令各省督抚：

> 第各省督抚，遣送此等罪犯，亦须随宜调度，经理尽善。如每次起解人数太少，签派差役，既恐滋繁；若汇积过多，又恐沿途食用顿宿，不免壅滞，均属未协。各督抚等，应量其人数，或十余名，至二十名内外，分作一起，节次转送，乃为合宜。至甘肃为遣犯总汇之地，而西安尤其切近上游，该抚等于各省遣犯解到时，相其多寡缓急，为之酌剂通融，零星者顿蓄之，丛集者疏导之。两省巡抚，既彼此先后知会，而该督又为之统辖照应③。

要求遣犯以十余名或二十名左右分作一起，签发新疆。而人犯解到甘肃或西安境内，因其为遣犯总汇之地，则要求酌量通融，以免遣犯过度拥挤。该规定至乾隆二十九年（1764年）又有所变更，同年经刑部奏准定例：

> 各省分遣新疆人犯，有一案至十数名者，均以五名一起递解，至陕省西安府，该府酌量所到人犯，如一案数至十名，点五名一起，隔日起解。其每

---

① 中国第一历史档案馆藏《顺天府档案》，第28全宗68卷104号。
② 中国第一历史档案馆藏《顺天府档案》，第28全宗68卷118号。
③ 《清高宗实录》卷之六百三十三，乾隆二十六年（1761年）三月辛酉。

案不过一、二名至三、四名者，亦即随到随递，毋庸拘五名之数①。

此后，遣犯递解皆以五名作一起，先后起解，不得超过此数；如其地点在陕西西安府以西，人数未满五名，也可以随到随解。

起解之时，例应由起解之地方官对发遣人犯如法锁铐，将年貌、箕斗填注批解，并备短文以便沿途接递州县查验。其沿途递解，不但要详验差犯文批，还对于刑具有着特殊规定，乾隆三十一年（1776年）议准："发遣新疆人犯，沿途递解，理宜慎重严密，若每站更换刑具，易启沿途州县互相推诿之弊，且恐刑具不全，致滋疏脱，应令各省起首发解州县，将链锁铐镣制备完全坚固，严加扭锁，注明'长行刑具，沿途并不更换'字样，如有长途辗转稍有缺损之处，即令接替之州县随时抽换，毋得推诿。"② 这样为了防范人犯脱逃，一副刑具要伴随遣犯的整个行程，其艰辛程度可想而知。

为防止遣犯脱逃、便于管理，还要对相关遣犯附加刺字刑，其中职官、士人和妇人概免刺字。清代对附加刺字有着极为详细和复杂的规定。以发往新疆的遣犯为例，乾隆二十三年（1758年）最初制定发遣条例时，即规定发往巴里坤人犯查明有事由可刺者，则用满、汉两种文字刺犯罪事由；无事由可刺者，则用满、汉两种文字刺发遣地名，解往甘肃后再行发遣。乾隆二十四年（1759年）因在起解省份先刺地名，到甘肃碍难分发，改定遣犯解赴甘肃省后再补刺地名。乾隆二十八年（1763年）又规定，对发乌鲁木齐人犯，当无事由可刺时，先于该犯右面刺"外遣"二字，然后解赴甘省补刺分发地名③。

总体来看，应刺的事由根据其犯罪情节的不同，包括"强盗、凶犯、抢夺、窃盗、回贼、积匪猾贼、发冢、脱逃余丁、逃人、逃兵、逃军、逃流、蠹役、盗棺、盗官物、盗官粮"等项；应刺的地名根据其发遣地的不同，包括"安西、哈密、巴里坤、乌鲁木齐、伊犁、乌什、叶尔羌、阿克苏、喀什噶尔、和阗、黑龙江、吉林、宁古塔、改遣、改发、烟瘴改发、外遣"等项④。所刺之字有满文、汉文两种文体。一般左面刺事由，右面刺地名。刺字作为遣犯的一种身份标志，不能随意起除。只有当身份改变时，如转入民籍，才能起除刺字。

同时，相对于普通人犯，士人和废员的签发要相对自由宽松一些，一般不需佩戴枷锁。在递解过程中，还可以自备车、轿，以代步行。

① 光绪《大清会典事例》卷七百二十一，兵部，发配，军流，外遣。
② 光绪《大清会典事例》卷七百四十四，刑部，名例律徒流迁徙地方四。
③ （清）吴翼先：《新疆条例说略》卷二，发遣新疆及改遣人犯分别刺字，乾隆六十年（1795年）重镌，味余书屋藏版。
④ 参见《刺字统纂》，同治朝己巳岁镌，棠荫山房藏版，补遗，应刺清汉事由、地名字样。

另外，流放人犯的签发还逐渐形成一套较为完善的家属同遣制度，其实质乃是签妻制度。对此，乾隆年间钦定的《大清律例》指出："凡犯流者，妻妾从之，父、祖、子、孙欲随者，听。"① 此后该制度不断根据实际情况而进行灵活性变通，其或停或行，所考虑者主要是人犯的管理层面和开发边疆的需要，而很少顾及人犯本身的需求。

清廷还规定遣员发配，不准携带眷属；并规定一旦有遣员误行携带，起解在途者，由地方官截留递回本籍②。这一规定应该是出于惩治官员的需要，要求其在边疆实力赎罪，不受眷属的影响。因此，这里的眷属主要是指遣员的妻室，而如果有子女愿意随行，或个人雇用随行服侍，则往往是可以的。如林则徐在流放伊犁期间，三个成年儿子中有二子从戍，而其夫人郑氏颠沛流离，最终不得不在西安赁屋寄居三年③。林则徐还拒绝了家中买人送来伺候的要求，同时指出"塞垣谪官有此者甚多"④。据洪亮吉所述，其随行从人三人，但与当时伊犁废员前吴江全太守士潮相比，则"不及太守三分之一"⑤。由于废员系自备斧资效力赎罪，所以其沿途的口粮、车辆、随从等费用，都要由自己提供。

三　递解花费

在递解过程中，政府要承担递解费用，还要提供人犯的日常饮食，在乾隆朝停止家属官为资送之前，人犯家属的生活费用也要由政府承担。这些花费包括递解差役的费用，人犯每日的口粮、盐菜钱和车价银等。

清代政府给予递解差役的费用极少。瞿同祖先生甚至考证指出："衙役被委派押送罪犯或递送公文到另一个衙门时，不仅要自理旅差费，还要向接送的上级衙门的书吏或衙役支付陋规费。"⑥ 但据现有史料我们能够看出参与办案的衙役

① 田涛、郑秦点校《大清律例》卷四，"名例律上，流囚家属"，第95页。
② （清）刘锦藻：《清朝续文献通考》卷二五〇，"刑考九，徒流，军遣附"。
③ 林则徐养成三子，长子林汝舟（次子林秋柏三日即殇）、三子林聪彝、四子林拱枢。因长子汝舟时任翰林院编修，根据朝廷规定不许出关，林则徐携带三、四子随行附戍。林则徐在《壬寅日记》首篇指出："壬子。晴。启程，携彝、枢两儿同行，舟儿亦送往前途。"在随后《舟儿送过数程，犹不忍别，诗以示之》诗中林则徐也写道："三男两从行，家事独赖汝。汝亦欲我从，奈为例所阻。"参见周轩、刘长明编注《林则徐新疆诗文》，新疆大学出版社，2006，第13、20页。
④ 浙江省博物馆沈炳尧选编《林则徐致郑夫人及汝舟函》，《林则徐家书五通》，《历史档案》2002年第1期。
⑤ （清）洪亮吉：《天山客话》，载修仲一、周轩编注《洪亮吉新疆诗文》，新疆大学出版社，2006，第241页。
⑥ 瞿同祖：《清代地方政府》，法律出版社，2003，第109页。

还是能得到一部分办案费，尽管这笔费用很少。以光绪三十二年（1906年）巴县的案费为例。该年巴县的案费中有关递解人犯的花费中曾规定："解省犯人解费，一案一犯原发解费60千文，后减为45千文，每加一犯加发40千文。解府、到军流徒犯，一案一犯发解费钱30千文，每加一犯加发20千文。解府人犯，一案一犯发解费钱15千文，每加一犯加发10千文。"① 这笔费用对于押解军流遣犯长途跋涉的差役来说是微乎其微的，很难维持其日常生活，更不用说用来养活家庭了。然而，这对于清代的地方政府来说，已经是一个极为沉重的负担了。差役们往往会寻求逃避这一差事或以其他方法来弥补解囚造成的损失，这便使得清代的流放递解过程弊端丛生。

刑犯在递解流放途中，途经的当地政府都要提供每天必需的食物，这些食物和那些在监人犯的食物差不多。每名刑犯和他的随从亲属每人每天可得到大约一升的粮食，这些粮食主要包括大米、粟黍、小麦、大豆等，另外还发给盐菜钱五文。对此，《大清会典事例》这样记载：

> 雍正十一年题准：直隶省每囚一名，日给米一升，钱五文，米动支仓粮，钱每千折银一两，动支耗羡。十二年题准：山西省每囚一名，日给米一升，钱五文，动支耗羡银。河南省每囚一名，日给米一升，钱五文，囚粮于仓谷内动给，钱于耗羡内支销。福建省每囚一名，日给米八合，银四厘，额征囚粮银内动支。陕西省西安每囚一名，日给米一升，钱五文，米动常平仓，钱动公用银。甘肃省每囚一名，日给米一升，钱五文，米于额徵存留粮内动支，如有不敷，及并无存留粮米者，每粮一石折银一两，同应给之钱，均于藩库公用银内支给。四川省每囚一名，日给米一仓升，钱五文，除动用官基地租银租米外，其不敷银，在存公银内动支，棉衣一件，工价银四钱七分六厘，单裤一条，工价银一钱四分八厘七毫五丝，亦于存公银内动支。广东省每囚一名，日给米一升，于征收耗米内支给，镫油柴盐银五厘，于屯粮耗米内支给，棉衣银于火耗内支给②。

之后，奉天、山东、安徽、江西、湖北、湖南、广西、江苏、云南等省也先后定制，大多规定为每囚一名，日给米一升（亦有如江西省规定日给谷二升的，时有"谷则倍之"的规定），钱五文。一般规定囚米于常平仓项下动支，银钱则

---

① 四川大学历史系藏《巴县档案抄件》，总号：民刑，分类号：总类29。转引自史玉华《清代州县财政与基层社会——以巴县为个案》，上海师范大学博士学位论文，2005，第120页。
② 光绪《大清会典事例》卷二百七十，"户部，蠲恤，矜罪囚"。

动用耗羡或于存公银内动支①。

即便这些配给对于流放途中长途跋涉的流人来说是远远不够的，许多人常常处于饥饿状态，然而，就是这样的食物配给也往往不能够如数配发。条例规定十五岁以下的未成年人只能得到上述食物配给的一半。到了乾隆四十年（1775年），各省递解军流人犯又因"每日支给口粮米一升，与免罪人伍遣犯减支盐菜不符，且较之军营各项兵丁口粮数目更属过优，自应酌减"，要求"所有每日支给米一升之山西等十一省，俱改为每日以八合三勺支给"②。从而，口粮每日支给八合三勺，还不到一升。可以看出，本来已经不足的食物定额也被统治者给减少了。到了清代末期，由于清政府的财政危机，对于流放犯人的口粮配给，就更加不能如数发放了。

尽管清代政府对于流放的投入成本不大，但随着流放人犯的增多和流放距离的加增，尤其是清代向遥远边疆流放的实施，这一花费也日益成为清朝政府的沉重负担。我们以清代向新疆发遣为例加以说明。自乾隆年间新疆开辟以来，各省均有遣犯发往新疆。对于遣犯的递解，我们按照制度规定的每日行一站，一站五十里的行程，每日的花销按照盐菜钱五文、粟米八合三勺来计算，车价银则按每六人一辆车，每百里花费一两二钱另算（见表1）。

表1中略去了遣犯在内地各省的递解花销，仅仅以从嘉峪关到各遣戍地点的路程加以统计。即便如此，我们仍然能够看出这一花销相对来讲是比较巨大的。这里巨大的花费主要在车价银方面，而盐菜钱和口粮粟米由于被限制在一个很小的范围内，花费仍然不多。从中可以看出因距离遥远而致使费用剧增的现象很明显。如发往伊犁的遣犯，仅仅车价银的花费就在一百两以上。对此，19世纪来华的美国人迈克哥温也曾指出："每名流犯流放到伊犁，约花费100两银子，这些银子由帝国政府支付。"③

在罪犯递解过程中，各州县逐程接替，其经费支出是由接递州县先行垫付。然而，各地的花费并不是均衡的。一般来说，离边疆越近，当地政府在递解过程中的花费也会越大。有以下几个原因造成边外地区费用的提高：一是离内地越远，县城与县城的距离就越远，这势必造成递解费用的提高；二是地域和气候的差异也会导致粮食价格的不同，以及铜银换算率的变化，从而导致边地费用的提高；三是出了内地之后，政府的马车相对不可得到（只有当政府的车辆不够

---

① 光绪《大清会典事例》卷二百七十，"户部，蠲恤，矜罪囚"。

② 光绪《大清会典事例》卷二百七十，"户部，蠲恤，矜罪囚"。

③ D. J. MacGowan, M. D, "On the Banishment of Criminals in China", *Journal of the North China Branch of the Royal Asiatic Society*, 3, 1859, pp. 293 – 301.

表 1 遣犯发遣行程、供支车辆、口粮估算（以嘉峪关至各遣戍地为限）

地区	嘉峪关—伊犁	嘉峪关—乌鲁木齐	嘉峪关—吐鲁番	嘉峪关—喀喇沙尔	嘉峪关—库车	嘉峪关—阿克苏	嘉峪关—叶尔羌	嘉峪关—乌什	嘉峪关—喀什噶尔	嘉峪关—和阗	嘉峪关—哈密	嘉峪关—巴里坤	嘉峪关—辟展
距离	一万一千里	三千一百里	二千六百二十里	三千四百八十里	四千四百四十里	五千一百三十里	六千四百三十五里	五千三百七十里	六千七百五里	七千一百七十五里	一千四百七十里	一千八百里	二千三百八十里
站、一站行程（每日一站，一站为五十里）	220 日	62 日	52 日	69 日	89 日	120 日	129	107 日	137 日	142 日	29 日	36 日	47 日
盐菜钱（一人每日五十文）	1100 文	310 文	260 文	345 文	445 文	600 文	645 文	535 文	685 文	710 文	145 文	180 文	235 文
粟米（一人每日八合三勺）	18 斗 2 升 6 合	5 斗 1 升 4 合 6 勺	4 斗 3 升 1 合 6 勺	5 斗 7 升 2 合 7 勺	7 斗 3 升 8 合 7 勺	9 斗 9 升 6 合	10 斗 7 升 7 合	8 斗 8 升 8 合 1 勺	11 斗 3 升 4 合 1 勺	11 斗 7 升 8 合 6 勺	2 斗 4 升 9 勺	2 斗 8 升 18 合 8 勺	3 斗 9 升 1 勺
车价银（六人一辆，每百里一两二钱）	132 两	37 两 2 钱	31 两 2 钱	40 两 8 钱	52 两 8 钱	61 两 2 钱	76 两 8 钱	63 两 6 钱	81 两 6 钱	85 两 2 钱	16 两 8 钱	21 两 6 钱	27 两 6 钱

资料来源：本表系收集《哈密志》卷二十、卷二十二，"食货志"及七十一著《军台道里表》相关记载制成。

时才雇用车辆）和当地通过税的增加，这势必增加当地政府递解人犯的负担①。另外，由于内地省份各州县较为富庶，花费又较少，有能力承担此项经费，但边疆各省州县均属贫瘠之地，花费又有所增大，很难承担筹垫车辆、口粮等巨大的开支，因此产生了递解州县假借帮贴解运罪人车价之名，向路过商民课税的现象。如据《哈密志》记载，"岁征出关路过商民贩货铁辋车，每辆税银三两；木辋车，每辆税银二两，其税银该哈密应作为帮贴接运罪人车价"，"岁征赴巴里坤、吐鲁番两路，无论商民运货铁辋车、木辋车，每辆征银均系二两，亦系哈密应交该差役添助接运罪人车价"②。对此，民国年间即有学者通过与监狱刑比较，对发遣流放提出批评："人犯之在监，所需不过口粮；作业苟能进行，尚有余利，可资补助。实行改遣，则军队押护，舟车运送，所费既已增加；而且家属携带，沿途消费，更难预计。"③ 仅从运输一端就认为流放刑罚费用浩繁，殊不经济。

四 行程情况

对于人犯签发行程，早在唐代就有着较为具体的规定。据《唐律疏议》记载："行程，依令：马，日七十里；驴及步人，五十里；车，三十里。其水程，江、河、余水沿泝，程各不同。但车马及步人同行，迟速不等者，并从迟者为限。"④ 清代签发人犯，只是如康熙四年（1665 年）所指出的："该犯限日行五十里，若三千里，限二月；二千五百里，限五十日；余准是，俱限内至发遣处所。"⑤ 虽因时因地而异，或行或船或车，但也只有这样一种笼统的规定，并没有分别加以规范。

我们也可以这样认为：清代对于军流遣犯的签发，虽然定制日行五十里，但这一规定并不严格，只是有着一个总的期限。以三流为例，若三千里，限二月；二千五百里，限五十日；二千里，限四十日。若犯人在途患病，许具呈该地方官，取具印结到部，查明果非托故延捱，仍照例减等；若解役在途故意迟延逾限者，将严加治罪，稽留官司也将与之同受惩罚⑥。军犯按照其《道里表》，其行

---

① Waley - Cohen, Joanna, *Exile in Mid - Qing China: Banishment to Xinjiang, 1758 - 1820*, Yale University Press, 1991, p. 126.
② （清）钟方：《哈密志》卷二一，"食货志四，杂课"，1937 年铅印本。
③ 戴裕熙：《流刑制度之研究》，国立武汉大学第三届毕业论文，1934，第 19～20 页。
④ 《唐律疏议》卷三，"名例律，流配人在道"，法律出版社，1999，第 68 页。
⑤ 《清朝文献通考》卷二百三，"刑考九，徒流，配没"。
⑥ 光绪《大清会典事例》卷七百三十九，"刑部，名例律，加减罪例"。

程期限也比较确定。而对于发遣人犯，由于其道里远近不一，其行程期限不太确定，但也不能无故拖延逗留。而对于士人和废员的金发，从现有的资料来看，其规定相对更自由一些。

如嘉庆年间，洪亮吉因言被遣伊犁交将军保宁严加管束。洪亮吉计划行程为一百三十四天，但据其《遣戍伊犁日记》的记载是嘉庆四年（1799年）八月二十八日从京师出发，第二年二月初十日抵达伊犁，前后共用了一百六十天。从该日记可以看出，其行速慢者如十月十四日，甚雨，行四十里，宿盐军镇；十五日，雨作雪，行四十里，宿永寿县城外东关客馆。都是因为天气环境恶劣，因此速度减慢，但也行四十里。而行速快者，如十一月初三日，行一百二十里，宿金县迁道；另有十二月初八日，行一百三十里，宿玉门县城东关。可以说其速度是非常快的，即使如此行速，洪亮吉并没有感到疲惫。他在十一月初三日曾写道："至新月已上，县僻无逆旅，寄宿野人家，见禾黍满阶，纺车盈侧，觉田庐之乐矣，卧甚适。"十二月初八日行一百三十里后，还曾与来谒之友"久谈乃去"，并喝了家人所煮腊八粥，认为味"甚美"。应该说，传统规定日行五十里，对于发配人犯来说应当是比较宽松的。而废员在行程中，多根据实际情况调整行程，甚至能够根据个人需要，停留几日。洪亮吉在行程当中曾有多次因拜访亲朋故友居间停留。如其在十月初四日，行至华州，被同年钱州判所挽留一日，同游少华山，至初六日方行。十月初八日，行抵西安省城长安，其间停留两日，访友购书，至十一日方行。十月十六日，行至邠州，因其妹夫为邠州刺史（知州），在此停留了四日，至二十一日方辞行启程①。

路途当中，废员行动的自由和宽松，除了表现在以上方面，与其他人犯相比，还有很多优越性。如废员不带枷锁，沿途不用在押，也不需监狱收禁。从洪亮吉的行程可见，其沿途颇受礼遇，其寄宿之处或是客馆，或为亲朋故友寓所，或为农家。而在条件艰苦之处，则夜宿车厢内②。

洪亮吉所走相同的路程，嘉庆年间学者祁韵士在《万里行程记》中记载嘉庆十年（1805年）二月十八日从京师启行，该年七月十七日抵达伊犁，走了一百七十五天③。林则徐于道光二十一年五月十日（1841年6月28日），广东战败归咎，从重发往伊犁效力赎罪。二十六日（7月13日）接旨，次日便离开镇海

---

① （清）洪亮吉：《遣戍伊犁日记》，载修仲一、周轩编注《洪亮吉新疆诗文》，新疆大学出版社，2006，第31~63页。

② （清）洪亮吉：《天山客话》，载修仲一、周轩编注《洪亮吉新疆诗文》，新疆大学出版社，2006，第256页。

③ （清）祁韵士：《万里行程记》，载修仲一、周轩编注《祁韵士新疆诗文》，新疆大学出版社，2006，第1页。

军营，踏上戍途。八月后奉旨留河南开封祥符襄办治理黄河决口，历时半年多，后继续发配至西安病倒呈请病假，临时租屋留住两月余。道光二十二年七月六日（1842年8月11日）病愈重新踏上戍途，至十一月九日（12月10日）到达伊犁又走了四个月又三天，计一百二十天①，可见清代对于废员签发行程的灵活性调整。不过，以上显然都是对于显赫人物而言，普通人犯发遣边疆就不可能享受上述待遇了，其行程也会更加艰辛。

军流遣犯在签解过程中，为防其脱逃，不仅要锁铐坚固，一般还要解役连手，同差搭锁。递解过程中，人犯夜间按规定要在各州县监狱收禁，然而沿途各站距离不一，有监狱者，即行收押；如无监狱，一般则歇宿于邸店，人犯极易脱逃。这在长途发遣新疆的过程中表现得更为明显。为此，乾隆二十六年（1761年），甘肃巡抚明德就曾专折指出，"甘省州县幅员辽阔，驿路深长，一州一县所属驿递少者二三站，多者六七站，除州县城内设有监狱递到人犯即行收禁无虑疏脱外，其余各站皆系住宿坊店，门窗墙壁既不严密，又无官弁稽查，其护送兵役日间押解劳苦，夜晚防范稍疏，即有脱逃之虞，故从前疏脱之犯，俱系各站坊店乘兵役睡熟逃遁，而并无在州县城内疏虞者"，要求预筹防范，请求沿途各驿，"有闲房者酌拨二三间，如无闲房添盖二三间，其门户墙垣务须修葺坚固，作为监房。凡有递解遣犯到站，即收禁驿馆监内，令在驿书、役人等协同看守，仍令印捕各官不时往来巡查"②。

尽管有关防止军流遣犯逃脱的规定十分严格，制度也在不断完善，但人犯的脱逃现象却屡禁不止，日益严重。对此，清末州县也曾反映："发配人犯……州县漫不经心，差役私自卖放，以致解犯有中途逃回者，有并无人犯起解，仅以空文转递者，且有本日起解，本日即逍遥局外，仍在地面为非者，如此视公事如儿戏，等国法如弁髦，积习相沿，尚复成何政体。……缉获盗贼多系逃回遣军流徒，并有脱逃不止一次，犯案不止再三之犯。"③ 由于惩罚犯罪最后必须落实到罪犯本身才能达到惩戒的目的，为避免因犯在解审途中脱逃，清代统治者对脱逃人犯及其相关责任者都有着严厉的惩处措施。

在严厉规定之下，致使人犯的签发过程充满了风险，各级官吏、差役在执法过程的隐瞒、虚报现象也普遍存在。这些情况的发生，也促使清廷逐渐减轻了对于疏脱人犯责任者的惩处力度。道光以后，一般押解兵役，如依法管解遣犯，偶

① （清）林则徐：《荷戈纪程》，载周轩、刘长明编注《林则徐新疆诗文》，新疆大学出版社，2006，第137～164页。
② 《甘肃巡抚明德为于驿馆收禁遣犯等事奏折》，乾隆二十六年（1761年）四月十三日，载哈恩忠编《乾隆朝管理军流遣犯史料》（上），《历史档案》2003年第4期，第27页。
③ 中国第一历史档案馆藏《顺天府档案》，第28全宗73卷205号。

致疏脱,限满无获者,著于本犯罪名上减二等定拟。至押解兵役,如依法管解军流人犯,偶致疏脱,限满无获者,著于本犯罪名上减三等定拟①。

如道光十年（1830年）四月初三日,山东昌平州免死发遣新疆给官兵为奴人犯王四、李才、王五,解至陕西省安定县城。安定县知县验明刑具,签原差役傅乾、杜发祥、闫登科管解王四、李才,另差兵役朱世奎等管解王五。初四日天不亮,行至五里地方遇上暴风雨,王四、李才、王五乘机扭断镣铐,分路脱逃无踪,经报县缉拿,仅获王五。事经陕甘总督杨遇春审定:"王五合依未伤人之伙盗,原系免死发遣之犯脱逃被获即行斩决例,拟斩立决。解役傅乾等各减盗犯本罪二等例,于王五发遣罪上减二等,俱拟杖徒。"安定县知县、昌平州知州等官也各自都受到一定的行政处分②。

又如光绪二十四年（1898年）五月,河南临颍流犯田薪因犯案拟流赴浙江省安置,经安徽省定远县递至滁州,由该州解役何升、向林转递六合县交替,二十五日傍晚时分,行抵至六合县南门外河边,便雇用一艘渡船押解过河。然而,当渡船驶至河心时,由于水流湍急又时值大风,使得大船倾覆,致使流犯泅水脱逃。安徽巡抚给刑部的咨文中称:"何升、向林,均合拟流犯中途脱逃,解役如系依法管解,偶致疏脱限满无获者,将解役改依解审之例,于本犯罪名上减三等定拟章程,于该流犯田薪流罪上减三等,拟杖八十徒二年定地发配。折责革役充徒所有疏脱递解流犯金差。"③

可见,清代为防止签发军流遣犯的脱逃,对于逃犯和相关责任人有着一套严厉的惩处措施。然而,通过对于清代司法实践的考察,我们也发现规定并没有得到很好的执行,具体操作中"办事懈弛,毫无整刷"的现象又普遍存在,从而使得清代人犯解递活动多成为一项不可能完成的任务④。

五　结论

通过对流放人犯定案择配、签发手续、递解花费和行程情况的考察,本文旨在勾勒出一幅较为细微的清代流放递解历史图景。清代流放人犯的递解,可以说是动用了清王朝从上层到下层的整个国家机器,通过考察使我们有机会洞察清代国家权力在地方的运作过程。可以看出,清代对人犯流放的制度规定较为严密,

---

① 《清德宗实录》卷三百三十七,光绪二十年（1894年）三月丙申。
② 中国第一历史档案馆藏《内阁刑科题本》第269包,道光十年,一般案件。
③ 中国第一历史档案馆藏《刑部档案》案卷号15010,河南司,监狱发遣事务。
④ 对此的具体案例论证,可参见郑定《不可能的任务:晚清冤狱之渊数——以杨乃武小白菜案初审官刘锡彤为中心的分析》,《法学家》2005年第2期,第46～55页。

相关规定也在一定程度上得以执行。在考察过程中，运用了相关典章资料和部分司法档案等史料，力图展现清代这一司法体系的动态过程，但很明显的是，地方档案资料的运用限于条件，仍有所不足。本文对清代流放人犯递解过程的梳理，能够让我们明晰清代地方司法运行的一般情况，而不断丰富的地方资料将进一步丰满相关的司法图景。

正如有学者指出的，"清王朝使用了罪犯自己的身体，被捕罪囚成了书写帝国正义、展示帝国权威的工具"①。清代流放和其他刑罚相比，人犯的递解更密切地把司法和社会联系起来。清政府通过严密的制度和大量的人力、物力发配人犯至配所，在惩治人犯的同时也在向基层社会宣示国家权力和威慑。作为帝制时代跋涉在官道上的流人群体，他们与社会的关系则更为复杂，而日益呈现的基层司法档案正给了我们对他们进行一种法律社会史的探索机会。

---

① 〔美〕普凯玲：《罪犯身体的管理：清代的囚犯递解》，载张世明等主编《世界学者论中国传统法律文化（1644～1911）》，法律出版社，2009，第258页。

清代刑部与京师细事案件的审理

胡祥雨*

清代刑部为天下刑名总汇。在审判职能上，刑部主要复核各直省涉及人命的徒罪案件以及流罪（含流罪）以上案件并审理京师徒以上（含徒罪，下同）案件（称为现审案件）。长期以来，学界对刑部职能的研究甚多，但基本认定如无皇帝特旨，刑部不审理徒以下案件，故鲜有学者谈及刑部对细事案件①的审理，甚至有学者认为即便在京师刑部也只审理徒以上案件②。然而，由于京师审判制度的特殊性，刑部大量审理细事案件。本文依据清代官方文献及相关档案材料，就刑部对京师细事案件的审理缘由及其变化进行梳理。

刑部审理细事案件并非始于清代。事实上，明代刑部就审理京师细事案件。据那思陆先生所述，明代京师细事案件由刑部审理，经过大理寺复核、皇帝批准后方可结案③。明清鼎革后，刑部依然大量审理细事案件。康熙二十二年（1683年），清廷批准刑部对于"鞭笞等罪，不经题请者，应遵旨每十日造册一次，详

---

* 胡祥雨，中国人民大学清史研究所讲师。

① 清代刑罚主要分为笞、杖、徒、流、死五等。此五刑是明清二代的主要刑罚。细事案件主要为笞杖案件，另外也包括一些无罪案件。细事案件可由州县自理。清末新政期间，清代的刑罚和审判制度都有所变革，本文不予讨论。另外，顺治十年（1653年）以前，清廷并没有在京师地区实行五刑体制，所以本文不讨论顺治十年（1653年）以前的情况。注意到在皇帝下旨由刑部审理的案件中，也有细事案件，本文对此不予以讨论

② 如郑秦先生在《清代司法审判制度研究》（湖南教育出版社，1988，第42~44页）一书中就只简单地提到京师徒以上案件由刑部办理。那思陆先生所著《清代中央司法审判制度》[（台北）文史哲出版社，1992]第五章对京师审判制度有较为详细的论述，但对刑部审理细事案件较少关注。

③ 那思陆：《明代中央司法审判制度》，正典出版文化有限公司，2002，第37、272~273页。

开所问事情，奏呈御览"①。由此可知，刑部对于部分细事案件，可以先行发落再行会题。雍正三年（1725 年）规定刑部现审案件"笞杖人犯，先行惩责发落"②。此后刑部权力一步步扩大，到乾隆六年（1741 年）正式确定对于寻常徒、流、军、遣案件，刑部可以先行发落，再行会题③。晚至道光十年（1830年），清廷仍规定刑部现审事件，"杖责等罪，限十日完结"④。

以上规定表明处理细事案件一直是清代刑部日常工作的一部分。本文先对清中期以来京师审判制度作一概略，然后论述清代刑部审理京师细事案件的原因。为行文方便，本文使用中国纪年。

一 清代京师地区审判制度概略

清朝以少数民族入主中原，以满人为主的旗人⑤在清代享有司法特权。在京师地区，清军入关之后，为了安置旗人官兵及其眷属，清统治者以消除满汉冲突为借口，逐步强令北京内城汉官汉民迁往南城（外城）居住。在清代北京内城居民以旗人为主，实际上形同军营，其管理机构主要有八旗都统及下属佐领等；清代步军统领衙门及其管辖的八旗步军和巡捕五营，在京师管理中起着举足轻重的作用；清袭明制，将京师划为五城，设五城兵马司，在台谏官中选派五城巡城御史管理；为了维护皇族特权，清廷设宗人府管理皇族事务；其上三旗（指正黄旗、镶黄旗和正白旗）包衣和宫廷事务则由内务府管理。

京师审判制度历经清前期的不断调整，"到乾隆年间基本确定除内务府等衙门偶尔自理徒以上案件外，其余徒以上案件均归刑部。概括而言，清代京师初级审判在步军统领衙门（又称提督衙门）、五城察院、内务府、八旗都统、佐领等处。轻罪案件，五城和步军统领衙门等机构均可自行审结。各衙门所审案件如涉及内务府所属人员，轻罪则交由内务府审理，徒以上案件仍由刑部审理；涉及皇族人员之案，由宗人府会同户、刑二部审理"⑥。京师徒

---

① 中国第一历史档案馆整理《康熙起居注》，中华书局，1984，第 1049~1051 页。
② 光绪《大清会典事例》卷八三八，第 7 页 a。
③ 但对于文在监生以上，武自骁骑校以上或现任大员子弟犯军、流、徒罪，必须详叙供招汇题，等到科抄到日方可发落。光绪《大清会典事例》卷八四四，中华书局，1991，第 6 页 b~7 页 a；《清实录》册 10，《高宗纯皇帝实录》卷一三六，乾隆六年（1741 年）二月甲辰，中华书局，1985，第 12 页 b~13 页 a。
④ 光绪《大清会典事例》卷一〇〇七，第 18 页 b~19 页 a。
⑤ 有清一代，百姓有所谓"旗民之分"，即所有人大体可归入"旗人"和"民人"两类。由于旗人以满人为主，民人以汉人为主，习惯上，一般将旗人称为"满人"。
⑥ 胡祥雨：《清前期京师初级审判制度之变更》，《历史档案》2007 年第 2 期，第 50 页。

以上案件被称作现审案件，由刑部十七个以地方命名的清吏司分担。刑部对徒、流、军、遣案件的判决一般可以直接生效。死刑案件亦由刑部审理或三法司会审，其中处以监候者，每年实行朝审。所有死罪案件须皇帝批准方可生效。

清代京师审判制度有两个特征：一是有清一代尤其是清前期旗人始终享有特殊司法权；二是清代京师并不存在"逐级审转复核制"，也就是说各衙门送刑部之案，均无须拟律。正是由于这两个特征，清代刑部大量审理京师细事案件。

二　旗人司法特权与刑部对细事案件的审理

有清一代尤其是清前期，旗人享有特殊的司法管辖。顺治十一年（1654年），刑部在一份题本中提到"八固山满洲大小事情暨直隶八府，满汉牵连等事并满洲强盗及京城内五城满汉牵连大小事情，俱系臣部（按：指刑部）审理"①。这表明旗人案件如果不涉及民人且非强盗重案，八旗可以自行处理；同时，对于牵连旗民之案，即便轻罪也由刑部审理。参诸文献，乾隆以前刑部审理京师细事案件有如下几种缘由：

一是八旗对于旗民交讼案件无权审理，须交由刑部或户部（户婚田土案件）审理。顺治、康熙年间，八旗都统享有较大的司法审判权。那思陆先生认为，八旗都统对于单旗案件（按：指原告、被告皆为旗人），拥有完全之司法审判权。"旗民交涉案件，刑部及户部掌部分审判权"②。换言之，八旗对于旗民交讼案件，即便罪止笞杖，亦无权审理。上引顺治十一年（1654年）刑部题本说明八旗案件由一般八旗自行处理，但刑部特意强调满汉牵连等事以及满洲强盗案件由刑部审理。顺治十二年（1655年），刑部河南清吏司郎中刘世杰也提到旗民交讼案件均由刑部审理③。

二是内务府④对于旗民交讼案件须送刑部审理。顺治年间档案显示，尚方院对于涉及民人或其他旗人的案件，即便只是轻罪，也奏送刑部审理。顺治十三年（1656年），贰悦偷牛卖与镶红旗包衣都鲁牛录下刘大等。尚方院因为刘大等非上三旗所属，将案件奏交刑部审理。刑部断贰悦鞭八十并作赔偿。其处理结果得

① 中国第一历史档案馆：《内阁汉文题本》（北大移交部分）第2133-19号，顺治十一年（1654年）十一月二十八。本文所引档案如无另外注明，均藏于该馆。又，除题本注明档案成文时间外，其他档案因为成文时间具有延续性，故不注明。
② 请参阅那思陆《清代中央司法审判制度》，（台北）文史哲出版社，1992，第154~157页。
③ 《内阁大库档案》，藏台湾中研院历史语言研究所，第085772-001号，顺治十二年（1655年）一月三十。
④ 内务府所属人员（上三旗包衣、太监等）有专门的司法审判。

到皇帝的批准①。康熙十六年（1677 年）奏准内务府所审案件"事关旗民者，皆送刑部定拟"②。据康熙、乾隆两朝《清会典》所载，内务府对其所属人犯，如罪止答杖有权拟结，若罪在杖一百以上（按：指徒罪）以及旗民交涉之案概送刑部定拟③。雍正四年（1726 年）七月初十日"总管内务府奏请添设番役折"中也提到内务府案件有干连旗民者送刑部审理④。乾隆十四年（1749 年），内务府番役拿获民人杨茂偷窃。尽管杨茂系初次偷窃且所窃赃物在一两以下，内务府仍将其送往刑部治罪。刑部按照"窃盗赃一两以下杖六十"律，照律将杨茂杖六十，折责二十板发落⑤。

三是五城御史对于单旗案件一度无权审理，须交由刑部审办。顺治十三年（1656 年）复准："京城内斗殴钱债等细事，如原告被告皆旗人，则送部审理。如与民互告，仍听五城审结。"⑥

以上三种情况表明，清初京师案件管辖并非单纯以罪名之轻重为凭，涉案者的身份也很重要。五城御史所管主要是外城，也一样可以受理旗人诉讼。虽然京师五城皆设有满汉巡城科道，但其对单旗案件无权管辖。八旗和内务府皆为管理旗人的衙门，却必须将旗民交讼案件送交刑部审理。

然而，经过清前期的不断调整，清朝对涉案者身份的强调发生改变。一方面，五城察院和内务府等衙门能够审理任何细事案件。清廷多次强调五城御史只能将徒以上案件送刑部。顺治十八年（1661 年）都察院题准民间词讼事情如系满洲责一百鞭、如民责四十板以下之罪五城竟行审结，罪重者审明送交刑部。如有应题之事，自行具题⑦。至康熙十一年（1672 年）又题准："五城词讼，御史自行审结，徒罪以上送刑部。"康熙二十七年（1688 年）议准，城外居住旗人有在城控告者，答杖以下由巡城御史审结。乾隆三十九年（1774 年）再次议准只有徒以上及罪名疑似案件方可送部⑧。在以上规定中，清廷强调的是案情轻重。

① 中国第一历史档案馆：《内阁汉文题本》（北大移交部分）第 2 - 28 - 1921 - 10 号，顺治十三年（1656 年）九月二十二。注意内务府此时已被裁撤，但尚方院是后来内务府慎刑司的前身，其职掌基本一致。

② 光绪《大清会典事例》卷一二一二，第 3 页 a～3 页 b。

③ 康熙《清会典》卷一五三，载沈云龙主编《近代中国史料丛刊三编》第 72～73 辑，文海出版社，1992～1993，第 6 页 b～7 页 a；乾隆《清会典》卷九一，载《文渊阁四库全书》第 619 册，（台北）商务印书馆，1986，第 8 页 a。

④ 《宫中档雍正朝奏折》（第六辑），（台北）故宫博物院印行，1978，第 276～278 页。

⑤ 《内务府来文》第 2113 包。

⑥ 光绪《清会典事例》卷一〇三一，第 1 页 b。

⑦ （清）慧中等撰《钦定台规》卷五，乾隆都察院刻补修本影印，《四库未收书辑刊》第贰辑 26 册，北京出版社，2000，第 226 页（原页码第 14 页 b）。

⑧ 光绪《清会典事例》卷一〇三一，第 2 页 a、3 页 b～4 页 a。

如果罪止笞杖，无论旗民，五城察院皆可审结。同时，到乾隆年间，内务府对于徒以下案件，即使是旗民交讼，亦可单独拟结①。至嘉庆朝《清会典》明确记载内务府慎刑司"掌谳三旗之狱。凡谳狱，笞杖皆决之，徒以上则咨刑部按焉。旗民者亦如之"，并进一步解释旗民交涉之案，亦量罪之轻重分别办理②。

另一方面，宗人府和八旗都统的权力弱化，使得刑部有审理细事案件的机会。宗人府为管理皇族之专门机构。在清前期，宗人府对皇族案犯有审判权。但最晚从乾隆十四年（1749年）起，对于皇族案件宗人府须会同刑部或者户部（户婚田土案件）进行审理。即便笞杖轻罪，宗人府也须会同刑部或者户部审理③。

另外，经过清前期尤其是雍正年间皇帝对八旗都统的权力的削弱，到雍正末年，八旗丧失对徒以上案件的审判权，只可对笞杖轻罪进行拟结④。按照雍正十三年（1735年）例，"八旗案件，俱交刑部审理，该旗有应参奏者，仍另行参奏"。薛允升按云"虽交刑部办理，仍不准由刑部收呈，细事仍听该旗完结"⑤。此外，乾隆五年（1740年）例也确认八旗对于单旗细事案件有审结权⑥。尽管按规定八旗对于所属细事案件可以拟结，但在实际运作中，八旗的权力逐步退化。光绪年间的档案显示，八旗都统、佐领等对细事案件的处理，与其说是审理，不如说是一种社区调解。在原被双方无法达成妥协的情况下，八旗将笞杖或者无罪可科案件送交刑部审理，而不是作出判断。在档案中，就可以看到八旗将细事案件送交刑部审理。

光绪八年（1882年），镶红旗汉军马甲佟泽溶为祭司祠堂所费之钱财呈告其堂兄世管佐领佟泽沛。该旗都统传二人到案问话，但两造仍各执一词，该旗只得将此案送交刑部审理。在给刑部的咨文中提到："查核世管佐领佟泽沛、马甲佟泽溶所呈情节均系家务事故。职等（按：指该旗都统、副都统等）再三开导，令其和息。伊等各执一词，不愿完结。相应将世管佐领佟泽沛、马甲佟泽溶所递原呈咨行刑部。"再如镶红旗汉军德姚氏与伊夫弟因家务纷争一案，开始由该旗参、佐领传集人证限族人调处，但未获成功，都统衙门即咨送刑部办理⑦。

此二案皆为家务细故，镶红旗汉军有权予以审断，但是该旗都统、佐领等只

① 详见胡祥雨《清前期京师初级审判制度之变更》，《历史档案》2007年第2期。
② 嘉庆《清会典》卷七七，第1页a。
③ 详见胡祥雨《清前期京师初级审判制度之变更》一文。亦可参考那思陆《清代中央司法审判制度》第三章、第六章。
④ 请参阅那思陆《清代中央司法审判制度》，（台北）文史哲出版社，1992，第154～157、399～400页；胡祥雨《清前期京师初级审判制度之变更》，《历史档案》2007年第2期。
⑤ 薛允升著、黄静嘉编校《读例存疑》卷四〇，台湾成文出版有限公司，1970，第1025页。
⑥ 光绪《清会典事例》卷八一九，第20页b～21页a。
⑦ 以上两案均见档案《八旗都统衙门·政法》第526号。

是促成调解，没有进行审拟。调解不成，也只是咨送刑部了事。此外，在八旗有限的自行了结的案件中，就笔者所见，也只见调解而未见确切的判结。此处试举一例①。

光绪八年，镶红旗汉军马甲侯永泰在步军统领衙门处喊告佟二讹伊多欠佟二钱文。步军统领衙门以该案原被皆系镶红旗汉军旗人将此案咨送镶红旗处理。该旗都统饬委佐领进行讯办。侯永泰、佟二分别由所属佐领讯问，结果侯永泰承认诬告，并承诺偿还所欠佟二钱文，原被双方都同意具结完案。镶红旗汉军都统衙门即依此结案，将结案缘由咨回步军统领衙门。

正由于八旗审判权力的弱化，使得刑部可能接受八旗所管之细事案件。需要注意的是，按照清代律例，八旗应该将此类案件自行完结，不能咨送刑部。档案中，刑部有时将此类案件咨回。前文所举德姚氏与伊夫弟因家务分争一案，刑部即将此案送回镶红旗汉军处理。至于刑部为何审理这些不该由其管辖的细事案件，本文将在下节解释。

三　清代京师审判制度之内在矛盾与刑部对细事案件的审理

除了旗人特殊的司法管辖外，清代京师司法审判制度的一个内在矛盾也使得刑部审理细事案件。在论述京师审判的内在矛盾之前，先简单介绍一下清代审判制度的一个重要基本特征：逐级审转复核制。

在清代，各直省之徒以上案件，须经层层转审复核方可结案。一般而言，徒以上案件由州县拟律之后，须将案件呈详给知府，经知府转按察使。如系不涉及人命的徒罪案件，督抚复核后即可结案。对于涉及人命的徒罪案件以及军、流、遣案件，督抚必须专案咨报给刑部，由刑部进行复核后方可结案。死罪案件，督抚会具题或上奏给皇帝，皇帝一般下旨由刑部或者三法司核拟。原则上所有死罪案件均须皇帝批准方可生效。对于拟监候者，每年进行秋审或朝审定其生死。郑秦先生将清代徒罪以上案件的层层转审复核称之为逐级审转复核制②。这一制度的优点是可以一定程度上减少冤假错案，缺点是过于烦琐。

如前所述，清代京师审判制度基本上也按照罪名之轻重划分管辖范围。一般而言，京师各初审机构如五城察院、步军统领衙门、内务府等可以处理细事案件，徒以上案件则必须交由刑部审理。与各直省相比，京师审级相对简单，可以

---

① 《八旗都统衙门·政法》第 530 号。

② 郑秦：《清代司法审判制度研究》，湖南教育出版社，1988，第 153 ~ 155 页。

避免烦琐的审判程序。同时，徒以上案件集中由总理天下刑名的刑部审理，也可以保证审案质量。

与外省不同，清代京师并不存在逐级审转复核制。除死罪案件刑部审拟后可能再由三法司复核外，在京师徒以上案件并不存在类似于各直省的层层转审。京师审判制度有两个重要特点：第一，除死罪案件外，刑部对于徒、流、军、遣案件的拟律，一般可以直接发生效力。第二，各初审衙门送刑部之案，均不拟律①。

对于第二条特征，笔者在《清前期京师初级审判制度之变更》一文中已有论述。此处再补充一条，京师各衙门对于重要案件一般会直接上奏皇帝。即便对于这样的重罪案件，各衙门也不拟律。例如，步军统领衙门如拿获命盗重犯，一般会奏交刑部处理。在奏折中常见某某"实属藐视刑章，大干法纪"或是类似的话，但并无拟律②。

正是由于京师各初审衙门送刑部之案均不拟律，京师审判制度存在一个内在矛盾：一方面，京师各初审衙门原则上只能将徒以上案件送刑部审理；另一方面，京师各初审衙门送部之案并不拟律，使得各衙门送刑部之案可能介乎徒与非徒之间，即各衙门可能将徒以下案件送部。这些罪名介于徒与非徒之间的案件被称作疑似案件。在实际运作中，清廷对这些疑似案件有两方面的顾虑：一是担心京师各初审衙门自行拟结；二是担心各初审衙门以案情疑似为借词将案件滥行送部。对此，《大清律例》规定：

> 五城及步军统领衙门审理案件，如户婚、田土、钱债细事，并拿获窃盗、斗殴、赌博，以及一切寻常讼案，审明罪止枷、杖、笞责者，照例自行完结。其旗、民词讼，各该衙门均先详审确情，如应得罪名在徒流以上者，方准送部审办；不得以情节介在疑似，滥行送部。若将不应送部之案，率意送部者，刑部将原案驳回，仍据实奏参。如例应送部之案，而自行审结，亦即查参核办③。

参诸文献，此例的最终确定是在嘉庆十八年（1813年），但其发展经历了一个较为曲折的过程。早在雍正之前，清廷就明确规定五城、步军统领衙门只能拟结轻罪案件，徒以上案件须送刑部。如前所述，顺治十八年（1661年）五城察

---

① 详见胡祥雨《清前期京师初级审判制度之变更》，《历史档案》2007年第2期。
② 详见《步军统领衙门档案》第21号。
③ 见《读例存疑》卷四十九，第1256页。

院就可以拟结轻罪案件。康熙十三年（1674 年）规定步军统领衙门"审理八旗、三营拿获违禁、犯法、奸匪、逃盗一应案件，审系轻罪，步军统领衙门自行完结，徒罪以上，录供送刑部定拟"①。到雍正五年（1727 年）规定京师"笞杖等轻罪，五城及提督衙门，俱照例自行完结。若罪重于杖笞者，俱审明送刑部定拟"②。此例就是后来《大清律例》中的最初形态。到此为止，清廷只是简略规定京师各初审衙门须将徒以上案件送部。

雍正后，清廷逐步将此例具体化。乾隆十二年（1747 年）规定，"五城及提督衙门审理案件，除笞杖等轻罪，仍照例自行完结。若词讼内所控情节，介在疑似及关系罪名出入，非笞杖所能完结者，俱送刑部审拟，不得率行自结。如有例应送部之案，不行送部者，将承审官交部议处"③。此例明显出于对五城以及步军统领衙门擅自处理疑似案件的考虑，要求这些衙门将疑似案件送交刑部审理。乾隆三十九年（1774 年），因北城御史范宜宾审案轻率，清廷再次强调五城等衙门须将疑似案件送部审理④。到嘉庆十八年（1813 年），此例强调京师初审衙门既不能将疑似案件滥行送部，也不能自行率结⑤。经过此次改订，此例最终确定。道光十一年（1831 年）再次强调五城和步军统领衙门只能将徒以上案件和涉及宗室觉罗的案件送部，不得以案情疑似为由滥行送部，也不得率结徒以上案件⑥。

尽管《大清律例》明确规定京师各初审衙门必须并且只能将徒以上案件送刑部审理，但由于京师各初审衙门无须对此类案件拟律，使得送部之案只是各初审衙门的大体判断。在实际运作中，对一个案件是否罪在徒以上的评判标准容易受各种因素的干扰。各初审衙门可能主观上不作仔细审究而率行将案件送部，也可能擅自将罪名应当在徒以上的案件以笞杖轻罪拟结。根据档案，下列情形下京师初审衙门可能将细事案件送往刑部：

（1）案情不确定，但其罪状可能是徒以上。例如斗殴案件，由于受伤者的伤势可能会发生变化，其罪犯的罪名伸缩性很大。各初审衙门往往将此类案件立即录供后送交刑部审理⑦。

---

① 光绪《清会典事例》卷一一五八，第 1 页 a。
② 光绪《清会典事例》卷八四四，第 5 页 b。
③ 光绪《清会典事例》卷八四四，第 5 页 b。
④ 《清高宗纯皇帝实录》卷九七二，乾隆三十九年（1774 年）十二月辛巳，中华书局，1986，第 2 页 a~2 页 b；《读例存疑》卷四十九，第 1256 页。
⑤ 光绪《清会典事例》卷八四四，第 5 页 b~6 页 b。
⑥ 光绪《清会典事例》卷一〇三一，第 13 页 a~13 页 b。
⑦ 可参阅胡祥雨《清前期京师初级审判制度之变更》，《历史档案》2007 年第 2 期，第 43 页。

（2）当事人诬告或者故意夸大案情。此类案件比较常见。许多情况下，诉讼人往往为了使官司获准而夸大事实。此处列举一例：

光绪三十年（1904年），贾清云呈控韩兴斋捆人勒写借据。东城察院将此案移送刑部审理。结果经刑部审明，贾清云所控全部为诬。实际上，贾清云曾经因谋办铁路让韩兴斋垫付盘缠。光绪二十九年（1903年）十二月韩兴斋让贾清云还钱，贾清云无钱可还，就由铜铺铺保刘济川作保立有字据应许还清。贾清云没有还钱，听说韩兴斋找刘济川取钱并且口角后，一时情急遂以韩兴斋捆人勒写字据等词呈控。刑部按照不应重律对贾清云拟以杖八十，因逢恩诏赦免。至于其所欠钱财，双方均愿意自行清理，刑部听其自便①。

此案贾清云因无钱还债，故意颠倒、捏造事实诬告债主。同样，被诉者或者其他涉案者也往往夸大事实以使自己在诉讼中取得有利地位。

（3）初审衙门由于拟律水平而认为案件罪在徒以上。如前所述，由于初审衙门对送刑部之案并不拟律，因此档案中很难有确凿证据说明某案是初审衙门判断失误而将其送部的。不过，由于刑部偶尔将某些案件以罪止笞杖为由送回原初审衙门，有时候初审衙门不同意刑部的看法仍将案件送回刑部。此时，初审衙门往往会提供比较确切的理由。笔者在档案中发现这么一例②：

嘉庆十六年（1811年）闰六月在京开羊肉铺的山东恩县回民洪廷臣回籍，行至直隶新城县病故。尸弟洪廷林赴县领棺并领遗物，内有执照一张。不料洪廷林将所领衣物执照收存，不向洪廷臣家人告知。嘉庆二十一年（1816年）洪廷臣之子洪琪至京将洪廷臣铺面租与马聚营业。道光元年（1821年）洪廷臣妻在原籍恩县控告，洪廷林、洪琪被迫承认私领执照之事。为了追回铺面，洪廷臣之子洪恩又于道光三年（1823年）在京师西城呈控，未等审结洪恩又带其母在都察院具呈，经都察院转送到中城察院审理。中城察院将此案送交刑部审理。刑部以此案属于钱债细故，所控情节罪止笞杖而将此案仍移回中城察院。中城察院重新讯明此案，认为此案"与受寄财产诈言失者无异，应依律准盗窃论，减一等罪止杖一百徒三年。服属小功（指洪琪系洪廷臣小功堂侄）再减三等应杖七十徒一年半"，所得罪名仍在笞杖以上。道光三年（1823年）十一月初六日中城察院再将此案移回刑部。刑部讯理后却认为此案情节与"盗卖他人田宅，及冒认他人田宅作为己有实立文契典卖，及侵占他人田宅之律相符。按律一间以下笞五十。每屋三间加一等。羊肉铺面与房屋事同一例。以屋三间等而上之。其罪加不至于徒二年。即使加之徒二年，而洪琪系洪廷臣小功堂侄按律得递减三等，其罪亦止杖责"。刑部因"罪止杖责之案

① 《刑部档案》第17133号。
② 《刑部档案》第5818号。

向不收审"，仍将此案移回中城御史衙门审理。

此案由都察院转交中城察院后，中城察院并未拟律就送刑部审理。但刑部却认为此案只是细事案件，应由中城察院自行拟结。结果中城察院收到刑部的意见后，坚持此案罪在徒以上并且给出确切理由。刑部为此也不得不给出更加有力的解释将此案再次移回中城御史衙门。中城察院第一次将此案送刑部可能是此案介在疑似。第二次送刑部的时候，中城御史衙门因其拟律水平认定此案罪在徒以上。当然，整个案件也不排除是中城察院在推诿。刑部再次驳回时，也不得不给出详细理由。事后看来，刑部的意见更为准确。

（4）初审衙门因为种种原因无法拟结。如出于对人命案件的重视，涉及人命的无罪或者轻罪案件，必须由刑部拟结①。此外，对于呈送忤逆的案件，最终审理权也在刑部，但并非所有此类案件都以忤逆者被发遣而结束。

嘉庆二十三年（1818 年），正红旗满洲骁骑校当阿在步军统领衙门呈首其子瑚图礼不服管教。当阿称其子瑚图礼不仅不肯替他还债，而且还推跌他。当阿要求将瑚图礼送往刑部治罪。出于父亲的要求，步军统领衙门将此案送交刑部。经过刑部审讯，当阿承认其子瑚图礼并没有推他，只是没有替他还债，其在步军统领衙门所供瑚图礼推跌他是气极混供的。刑部以瑚图礼未按照其父嘱令还钱，将其按照子孙违反教令格退马甲，杖一百。瑚图礼系旗人鞭责发落。此外，瑚图礼答应替其父还债②。

在清代，儿子推跌父亲是极为严重的犯罪，故此案中瑚图礼夸大其子的不孝行为以使官府受理。同时，因为是逆伦案件，步军统领衙门只得送往刑部审理。但此案最终只以杖罪拟结。再者，呈送发遣奴仆的案子有时也以笞杖拟结。

乾隆八年（1743 年）三月，正黄旗骁骑校兼佐领马尔浑在内务府呈称家奴靠山素不安分，靠山之母赵氏肆行吵闹，请将靠山同伊母一并送刑部发遣。内务府即将此案咨送刑部。经刑部审明，赵氏只是因为被马尔浑打了两个嘴巴而哭得响了点，马尔浑因此要将靠山之母送往良乡县看坟。靠山愿意代母前往，马尔浑不让。靠山于是叫自己的妻子随同母亲前往。靠山因其妻子拒绝前往声言要杀死其妻，结果母子二人均被马尔浑呈送。刑部断明"靠山虽无吃酒行凶情事，但因伊妻不愿随母同往，遂声言欲杀；赵氏被主责打，辄敢高声哭喊，不服管教，均属不合，俱照不应重律杖八十"。靠山系旗人鞭责，赵氏系妇人收赎，二人仍由马尔浑收领③。

---

① 可参阅胡祥雨《清前期京师初级审判制度之变更》，《历史档案》2007 年第 2 期，第 43 页。

② 《刑部档案》第 5814 号。

③ 《内务府来文》第 2111 包。

此案，马尔浑对其奴仆不满意，想让刑部将其发遣，但刑部按照律例断案，靠山和其母均只拟杖罪。

以上是笔者在档案中所见京师各初审衙门将细事案件送往刑部的情形。需要注意的是，实际情况中可能会有更多的原因。比如说，初审衙门可能会刑讯逼供，致使涉案者乱供，使案情显得更为严重导致送部审理。当然，更大的可能是，正如《大清律例》极力禁止的那样，京师各初审衙门推卸责任，将案件率行送部。

然而根据《大清律例》，刑部有权将罪止笞杖之案送回。在实际操作中，如前文所述，刑部对于此类案件，也并非照单全收。换言之，刑部既可以受理，也可不受理此类案件。刑部的态度，我们可以看看其在一特殊年头里的两道命令。光绪二十七年（1901年）七月二十七日，刑部令各司所分步军统领衙门送来案件，如无罪名可科即行送还，笞杖罪名迅速讯结发落；而八月二十五日，不到一个月的时间，刑部堂官谕令各司对五城和步军统领衙门咨送各案，如罪在徒以下予以驳回①。

对于这两份谕令的参差，可以理解为特殊情况下的举措，但其对细事案件的态度，却反映了长期以来京师地区审判制度的内在矛盾。对于细事案件，刑部是应该驳回，还是即行处理，《大清律例》嘉庆十八年（1813年）例给了非常明确的答复：驳回。然而在实际中，除了一些按照程序必须由刑部拟结的案件之外，例如前文提到的涉及人命的案件，刑部对于其他普通细事案件也予以审理。而档案中，尽管刑部将普通无罪或者笞杖轻罪案件驳回的例子虽非绝无仅有，但也可称得上凤毛麟角。也就是说，绝大部分送往刑部的笞杖轻罪或者无罪可科案件，刑部都予以审结，而没有如《大清律例》所规定的那样送回原衙门。那么，嘉庆十八年（1813年）后刑部为何不将此类案件全数驳回呢？

首先，《大清律例》有防止京师初审衙门擅自将徒以上案件当作轻罪案件拟结的意图，而由刑部审结疑似案件可以较好地防止初审衙门擅自拟结。如果刑部频繁地将细事案件驳回，除使涉案者拖累外，还可能使那些初审衙门以后尽量将疑似案件率行拟结。

同时笔者认为，刑部不将此类细事案件驳回主要是为了避免清代体制中的弊端：推诿与拖延。前文提到的洪廷林、洪琪父子昧良图产一案，刑部第二次驳回时已经给出判决。如果刑部直接就此拟结，显然比移回中城察院更为快捷。如果大量的细事案件都如洪廷林一案那样，那么许多涉案者将深受其害，其中有些只是无辜的证人。清廷自然不愿意看到京城一桩桩细事在各衙门之间推来推去，悬

---

① 《刑（法）部档案》（新整）第9号。

而不决。尤其是某些案件罪名介在徒与非徒之间，刑部若经常驳回，势必使得这些案子经常拖延。因此，清廷虽规定京师各初审衙门不得将案件以疑似为由率行送部，但在实际处理中，却又让刑部审拟大量轻罪案件。前文也提到，清廷对刑部处理细事案件的时间进行约束，以免拖延。

四 结论

在清代司法实践中，细事案件一般州县即可自理，但刑部作为天下刑名总汇，却大量审理京师细事案件。刑部审理京师细事案件与清代的基本国策"旗民分治"紧密相关。清初，清廷力图施行满汉分治政策。八旗、内务府对于旗民交讼之案无权审理，必须送交刑部；同时，作为五城察院也不能审理单旗案件。随着清前期皇帝专权的加强，八旗等旗人机构的审判权力缩小。清廷逐渐强调案情轻重在案件分类中的作用。但清代为了维护皇族特权，仍规定涉及宗室觉罗的案件，不论罪之轻重，均由宗人府会同户、刑二部审理。

尽管到清代中叶，京师审判基本确定徒以上案件由刑部审理。但京师并没有类似于外省的逐级审转复核制度，各初审衙门送刑部之案均不拟律。这使得送刑部之案其罪名可能介乎徒与笞杖轻罪之间。清廷一方面担心各初审衙门率行将徒以上案件当作轻罪案件拟结，另一方面也担心这些衙门以案情疑似为由率行送部。《大清律例》对这两种倾向都做了严格规定。然而在实际操作中，刑部大量审理细事案件。这种运作方式可以一定程度上提高审判效率，避免拖累与推诿。

从《资政院议事细则》到
《民权初步》的"议学"考释

李启成*

一 导论

"议学"一词，为孙文在《民权初步》中所创造，按照作者的解释，乃"议事之学"之简称①。本来，自人类社会产生之日起，即有集合不特定多数人议事之事。有议事之事与有议事之学这二者之间存在密切关系，即有议事之事方才有议事之学，但有议事之事未必会产生议事之学。盖学之所以为学，在于有专门的人以此为研究对象，经积累而形成系统化的知识②。按照这个标准，传统中国只有议事之事，而无专门的"议学"③。近代欧风东渐，在西方本已发达的"议学"，至少到20世纪之交中国依旧阙如。直到晚清预备立宪资政院开办在即，才从东邻日本那里临时借鉴了相关法律条文，先后制定并颁布了《资政院院章》《资政院议事细则》和《资政院分股办事细则》等法规。这些法规并没有流于纸面，而是在晚清资政院进行了实际的操作，更有不少议员仔细研究了这些法规，进而利用其条文为武器来争取、维护自己在议场的各种权利。可以说，这一时期是近代中国"议学"的萌芽期。随之民国建立，中国的"议学"并未在晚清萌

---

* 李启成，法学院副教授，近代法研究所研究员。

① 孙中山"建国方略之三：民权初步（社会建设）"，载《孙中山全集》（第六卷），中华书局，1981，第413页。

如果无特别说明，本文所引《民权初步》的内容皆来源于此版本。——著者按

② 参考《辞源》（合订本），商务印书馆，1988，第431～432页。

③ 关于这一点，翻阅《四库全书总目》之"门目"即可明了（《钦定四库全书总目》，中华书局，1997）。

芽的基础上生长起来。故孙文于 1917 年在《民权初步》"自序"中很有感慨地讲了这句大实话:"自西学之东来也,玄妙如宗教、哲学,奥衍如天、算、理、化,资治如政治、经济,实用如农、工、商、兵,博雅如历史、文艺,无不各有专书,而独于浅近需要之议学,则尚阙如,诚为吾国人群社会之一大缺憾也。"①在这个意义上,说《民权初步》是中国"议学"的奠基性著作当不为过②。

由于《民权初步》属于孙文建国方略三大建设之一的"社会建设",台湾于20 世纪 50 年代逐步推行地方自治,而地方自治又是社会建设的核心内容,故开始有学者专门研究《民权初步》一书。到 20 世纪 80 年代,已有许多研究成果问世,涉及孙文编写该书的用意、知识来源、内容之价值及其缺陷③。最近二十来年,可能是因为"议学"所研究的对象——会议规则——在台湾已较成熟,且孙文不再是民众的绝对思想领袖,这方面的研究已不多见。在大陆,《民权初步》长时期被人遗忘,直到 20 世纪 70 年代末李泽厚先生始对该书的内容和价值进行了简单介绍④,1989 年王宏昌先生翻译罗伯特《议事规则》时亦提及该书及孙文著书之初衷⑤。之后,开始有学者意识到它在孙文思想体系中的特殊地位,

---

① 《孙中山全集》(第六卷),中华书局,1981,第 413 页。

② 宪法学者张千帆在《罗伯特议事规则》译本的序文中即根据《民权初步》的内容作过这样的判断,"中山先生可算是中国议事学的发轫者",并将孙氏自序全文附后,以彰显该书的重要性。张千帆:《中文版序二:民主就是按规则议事》,载〔美〕亨利·罗伯特《罗伯特议事规则》,袁天鹏、孙涤译,上海人民出版社,2008。

③ 这方面的研究成果甚多,在笔者看来,有代表性的研究成果大致包括:张佛泉的《民权初步释义》(中央文物供应社,1951)、汪祖华的《民权初步运用》(中兴山庄,1969)、王堡丽的《议学法理与民权运用之研究》(黎明文化事业公司,1987)、张良珍的《〈民权初步〉与〈会议规范〉》(《中国内政》1953 年第五卷第三、四期)、曹文彦的《〈民权初步〉与沙德》(《中国一周》1961 年第五八〇期)、谦让的《〈民权初步〉的礼治精神》(《励进》1962 年第一九四期)、王冠青的《〈民权初步〉是民主时代的礼》(《革命思想》1976 年第四十一卷第三期)、刘昭晴的《谈〈民权初步〉之运用》(《中国宪政》1978 年 5 月)。

④ 因为李泽厚先生是新中国成立后较早介绍、评价该书的学者,且其观点影响甚大,故将其录入于后:"这本书具体告诉人们如何开会、发言、表决,如何当会议主席,如何作提议、附议,等等。这种似乎是可笑的程序设计,却有其苦心和价值在。因为当时中国人确实不知道也不习惯如何来实行近代民主方法,'头说了算'的封建宗法习惯——在乡里是家长、族长、村长说了算,在官场是大官说了算——几乎是不成文的法律和以为当然的观念。因此,不但从政治体制上,而且从思想观念和传统习惯上来个改革,显然十分必要。《民权初步》正是作为这种民主实习教材而写作的。"李泽厚:《中国思想史论》,安徽文艺出版社,1999,中册,第 656 页。

经查证李泽厚先生发表在《历史研究》(1956 年第 11 期)上的《论孙中山的民生主义思想》一文,得知本段文字原文所无,是成书时的修改。查该书后记得知,李泽厚先生写作此段的时间当在 1978 年秋之前。——著者注

⑤ 王宏昌:《译者前言》,载〔美〕亨利·M.罗伯特《议事规则》,王宏昌译,商务印书馆,1995。

有一些研究成果问世①。但这些研究成果，就质量而言多集中于论述作者的撰述意图、文本的重要性等方面，而对文本本身的研究虽有所涉及，但还不够系统和深入；关于孙文思想之研究成果可谓汗牛充栋，而《民权初步》研究成果之数量，与其在孙文思想体系中的重要性亦不相称。学界迄今还没有关于晚清资政院的相关议事法规及其实际运作的专题研究。所以，近现代中国的"议学"研究实在大有拓展的空间。

有鉴于此，本文先探讨晚清资政院议事细则实际运作及其出现的问题，接着描述孙文撰写《民权初步》这十来年的时间中国"议学"发展步履维艰之过程，进而具体分析《民权初步》的具体内容，力图从文本上阐明它对中国议学发展的实质性推进，最后探讨整个 20 世纪上半叶《民权初步》难以实施、不能真正奠定民权基础的原因所在。

二 近代中国"议学"的萌芽：晚清资政院的《议事规则》及其实际运作

道咸之际，海禁大开，中国步入近代，开始了艰难的社会大转型。从政治层面来观察，此次转型就是要从专制帝制转为民主共和。既是民主共和，则要建设宪政，发达民权。民权何由而发达？民权不同于民本：前者的根本在民自有其权，自行其权；后者则来自庙堂之恩赐，乃其推行仁政之一端。故民权之发达实意味着民真能自行其权。

民如何才能自行其权？民权乃是西方宪政文明之产物，本非我国固有之良规，要在近代中国发达民权，必须充分借鉴西方国家这方面的经验教训。但时人受传统之思维方式、价值观念等影响根深蒂固，不管他们在多大程度上反传统、要求西化②。故在近代中国，欲民权之发达，实困难重重。

---

① 这些成果大致包括：徐梁伯：《被疏忽的研究课题〈民权初步〉——孙中山关于民主参政基本规范的构建》，《江海学刊》1997 年第 2 期；王士俊：《"小道"关乎国事——以孙中山〈民权初步〉展开》，《书屋》2003 年第 2 期；颜德如、吴志辉：《孙中山〈民权初步〉若干问题之检讨》，《江苏社会科学》2005 年第 1 期；赵立彬：《"登高自卑"：孙中山〈建国方略〉中的社会建设思想》，载林家有主编《孙中山研究》（第二辑），中山大学出版社，2009，第 89～99 页。以及陈发春和陈杰合著的《制度移植与孙中山开放思想——以〈民权初步〉为中心的考察》，载林家有主编《孙中山研究》（第三辑），中山大学出版社，2010，第 82～88 页；等等。
② 笔者特别赞同余英时先生的这一论断："在一九四九年以前，儒家价值虽已在一部分知识人的显意识中变成了负面的东西，但在绝大多数人的潜意识中仍然起着支配他们行为的作用。"余英时：《价值荒原上的儒家幽灵》，载《情怀中国：余英时自选集》，香港天地出版有限公司，2010，第 83 页。

（一）近代中国人关于实现民权问题的思考路径

自戊戌维新以降的近代中国，存在一个看似矛盾的现象，即"先进的中国人"一方面出于对传统治道所主张的"治人"优于"治法"所遭遇困境之反思，特别热衷制度变革，甚至相信制度万能，以为只要采用先进制度，所有的问题即迎刃而解，甚至是不解而解。只是在近代中国转型的不同阶段他们所热衷的制度不同而已，这些制度大致包括君主立宪、共和立宪、三民主义、社会主义等，其对待各该制度的迷信态度则没有什么本质的差别。另一方面，他们在思考如何将这类先进的外来制度落实这一问题上时，其思路马上又回到了"治人"优于"治法"的老路上来了，而对具体的制度设计，尤其是技术方面的操作，显得漫不经心。

具体到民权问题，根据学者的研究，大致可以认为，将之"理解为一种参政权，是近代思想家的一个共通的特征"①。既然民权是一种参政权，那百姓要如何才能真正参政以实现民权？的确，将民权理解为参政权，跟民权在近代中国走向激进的民权革命运动有密切关系，但这有一个过程。在初始阶段，激进思路还未登上舞台中央，以代议制的方式实现民权还是主流。但有代议制，未必会实现真正的民权。近代中国有些思想家就是在这个意义上反对在中国实行代议制的，最著名的就是章太炎先生了，他于清季所写的《代议然否论》一文反对代议的主要理由之一为代议必行选举，但在中国行选举，不论是单选还是复选，其结果要么是"所选必在豪右"，要么"选举堕于一偏"，都不能实现真正的民权②。

确实，要在一个基本无民权传统且实行君主专制已达数千年之久的这样一个大国推行代议制，实现真正的民权，其难度不言而喻。法国政治家、学者艾伯特爵士（Sir Courtenay Ilbert）在比较了英、美、法等国的国会运作规则和实践之后即指出：一位英国观察者很可能会意识到，美国国会的各种议事程序和细节，会让他想起威斯敏斯特（Westminster）。这并不让人觉得意外，因为托马斯·杰弗逊（Thomas Jefferson）时为副总统，也是当然的参议院议长，根据英国国会的实际运作、规则和先例，编纂了一本程序手册供参议院议事之用。杰弗逊手册在国会两院议事程序上至今仍具有一定的权威。而在法国，1789 年大革命初期的国民大会没有议事规则，乱成一团，代表米拉波（Mirabeau）从杜蒙（Dumont）那

---

① 俞江：《19 世纪末 20 世纪初的民权概念》，载《近代中国的法律与学术》，北京大学出版社，2008，第 64 页。

② 汤志钧编《章太炎政论选集》（下册），中华书局，1977，第 461 页。

里得到一册英国下议院议事规则的节略本（该节略本是由罗米利编定，杜蒙译成法文）。米拉波将这个译本复制了一份，放在国民大会的议席上，希望能作为大会的有益参考，在议事时得到遵守。但大会拒绝采用，认为"这个东西是英国的，我们不需要英国的任何东西"，遂将它搁置一边。到路易十八复辟之后，这本书得到了采用。无论如何，法国所采用的议事程序受到英国模式的巨大影响，进而影响到其他欧陆国家。因此，所有这些国家的国会议事程序，或直接或间接，其源头皆可追溯到威斯敏斯特①。其实，艾伯特通过这段史实的比较、追述，是想说法国革命之后历经多次动荡而美国革命之后国家基础迅速稳固的一个很重要的原因就是，来自英国的国会议事规则有没有得到较好的遵循。在近代中国，较之法国，情形可能更复杂些。

近代中国人对代议制运作之关注，不在于这类会议规则之类的技术性东西，而在于议员素质和能力是否胜任，即议员和作为潜在议员的民众之资质培养问题。笔者在这里指陈这一事实，并不是否认资质培养的重要性，相反，认为在近代中国这个"千年未有之大变局"转型期，人的"转型"，亦即民众资质的提升，较之制度"转型"尤其困难。但这并非全部，会议规则这类技术性的规范亦有其特殊重要性。下面来看几个思想家的例子。

郑观应认为，中国传统政治的一个大问题是在君主制下，公卿大夫未必有才，即便有才，也多墨守成规，为保身之计。其原因在于"幸而事权在握，自谓可一展长才，然和衷少而掣肘多。往往创办一事，聚议盈廷，是非莫决，甚且谓其变更成法，蜚语中伤，搀书满筐。于是不得不出之因循粉饰，以求苟安，卒之豪杰灰心，而国势亦日趋于不振矣"。其改变的办法是"非设议院不为功"。为什么呢？"盖议院为集众是以求一当之地，非聚群嚣以成一哄之场。"要有怎样的保证才能实现这个目的呢？郑氏的主张马上转到实体问题，即议员的资质培养上来了，而根本没有注意到会议规则，"必民皆智慧，而后所举之员乃贤；议员贤，而后议论措置乃有真是非"②。议院是不是"为集众是以求一当之地"呢？这就未必了。盖"一当"多从"是"与"非"相攻击、辩难中来，众"是"相集、相争，往往流于意气，不能有真是非出。

《新政真诠》在当时及其以后都是一部很有思想性的理论著作，其作者何启和胡礼垣久居香港，对外洋事物的了解自比同时期的其他启蒙思想家深。在他们

---

① Sir Courtenay Ilbert, *Parliament: Its History and Practice*, New York: Henry Holt And Company, 1911, pp. 226, 231–232. 关于杰斐逊《手册》(*Manual of Parliamentary Practice*) 与英国议会议事细则关系之概述，可参考原著"导言"，〔美〕亨利·罗伯特：《罗伯特议事规则》，袁天鹏、孙涤译，上海人民出版社，2008，第 7~8 页。
② 郑观应：《盛世危言》，中州古籍出版社，1998，第 98、104 页。

二位看来，行新政必先明是非，是非可由论辩会议而得。而论辩非少数人的专利，人人皆有自主之权，人人皆可参与到是非辩论中来，然后取决于多数①。中国传统的会议有重大缺陷，不能再重蹈覆辙，"中国廷臣会议，则有忌讳之弊，外吏局议，则有回护之弊，颠倒黑白、拨弄是非，不惟无益于民，兼之有害于国，盖其不能正谊明道，而惟迻言是争之故"②。关于如何才能避免这种缺陷，其思路主要是两点：一是从实践、实效来加以检验；二是要求辩论者基于公心基础上的"虚心"③。这些办法与《盛世危言》的作者类似，亦未能超出传统老办法之外，且作者不时还强调辩论之有害，所谓"浅见之士，必欲争胜于言论之间"，天下"断无利口辩词，而不至覆邦之人"④。

既然这些思想家们都没有注意到会议规则，那更遑论那些一般社会精英了。这只要翻一翻皇皇巨册的《清末筹备立宪档案史料》，其间全无探讨议会议事规则的言论，即可恍然明了于心。尽管晚清人士肯定要设议院、推行地方自治等制度来君主立宪以实现民权和君权的双赢，达到救亡图存，进而富国强兵之目的，但朝野关注焦点多集中在如何提高议员之资质，而根本少有人探讨在西方世界已发展得较为成熟的"议学"。

之所以说是"少有人"，是因还是有个别人意识到会议规则之重要。孙宝瑄就是其中的一位，当时他在邮传部供职，根据自己在该部会议的经历道出了会议规则的重要性，他在 1906 年 12 月 26 日（农历十一月十一日）的日记中写道："是日，议事细则已发给丞参及文案处，所最不解一事，即诸人畏开议事厅也。夫议事厅者，乃公理发现之地，无一人得行其私者也。我国议事，素无规条，往往名为评议，权实操诸一二人手中，其余诸人皆得不与闻。是故不开会议，不设

---

① "一政之立，一事之行，可之者必非一人，否之者亦非一人，而必不敢以可可否否之故辄致相仇，惟是善善从长，视可之否之者之人数多寡以为断。"何启、胡礼垣：《新政真诠》，辽宁人民出版社，1994，第 304 页。

② 何启、胡礼垣：《新政真诠》，辽宁人民出版社，1994，第 422 页。

③ 关于前者，作者反复指陈："善言天者，必有验于人；善言古者，必有验于今；而善言国政者，必有验于时局。"何启、胡礼垣：《新政真诠》，辽宁人民出版社，1994，第 4 页。"夫言不外是与非二者而已。不是则非，不非则是。今乃混淆如此，将何术以去其伪哉？曰：是不难。贾生有言，凡听言之法，必以其事观之，则言者莫敢妄言。"何启、胡礼垣：《新政真诠》，辽宁人民出版社，1994，第 94 页。关于后者，作者云："听言者非徒听其人口中之言，必须察其人意中之言；非徒视其人笔下之言，必须究其人心内之言"，"天下不患有辩论是非之人，而特患有颠倒是非之人，无他，辩论者其志同，颠倒者其志异"，"惟正谊明道，故其于是也不遽以为是也，必于是之中察其非之有无焉，察其非而去之，则有是无非矣；其于非也，不遽以为非也，必于非之中察其是之有无焉，察其是而取之，则非去而是来也"。何启、胡礼垣：《新政真诠》，辽宁人民出版社，1994，第 94、105、304 页。

④ 何启、胡礼垣：《新政真诠》，辽宁人民出版社，1994，第 99 页。

章程，则所投意见书何殊上条陈。虽云采择群言，其果采择与否，不可知也。即偶有所擷取也，其当理与否，又不得而问也。惟合聚于一室，许其尽言，则笔所不能尽者，舌可以引伸其意；意有不相通者，面谈可以表其情。又况有主座之人，静听两造之词，孰是孰非，有自然之判决，更无虑筑室道谋也。夫何疑何惧？"① 到底这个邮传部的《议事细则》实际施行效果如何，孙氏日记再没有这方面的后续记录，但根据邮传部后来之腐败，可推断这个《议事细则》仅仅是一种装潢"新政"门面的饰品罢了。尽管意识到会议规则的重要性，但到底如何制定科学有效的议事细则，制定出来后又如何能让它顺利推行这类西方"议学"的核心问题，从日记所载，孙本人也没有这方面的进一步思考。这个偶然的记载，可能是他针对现实的一种情感宣泄和简单的理性思考。即便如此，他的这一见解仍然大大超越了同侪。很可惜，这在随后的几年未能引起什么回响。

（二）《资政院议事细则》的制定及运作

资政院开院在即，在主要借鉴日本的《议院法》《贵族院规则》《众议院规则》等法规的基础上，朝廷批准了全部《资政院院章》《资政院议事细则》（以下简称《议事细则》）和《资政院分股办事细则》等相关法规②。在这些法规中，跟"议学"最相关的，同时也是施行后影响较大的当数《议事细则》。下面即以《议事细则》为例来探讨会议规则在晚清的制定和实践情形③。

《议事细则》是资政院自己拟定，于 1910 年 9 月 22 日（也就是资政院第一次常年会正式召开预备会的头一天）上奏批准。资政院在奏折中大致阐明了《议事细则》和《资政院分股办事细则》的内容和功能：

> 查资政院为将来上下议院之始基，提纲挈领，义主赅括，而《议事细则》等项所以规定院内会议治事之方法，曲防事制，义取谨严。外国议院制度于议院法之外，一切会议治事方法均各另定规则，与议院法相辅而行，故各议员有所遵循，咸尽厥职。本年九月为资政院开会之期，所有《议事细则》等项，亟应详细厘订，以便施行……其《议事细则》一种，为整理议事之规律，自召集开会

---

① 孙宝瑄：《忘山庐日记》（下册），上海古籍出版社，1983，第 953 页。
② 对于各该法规之功能，起草者是这样概括的："《资政院院章》为将来上下议院法之始基，提纲挈领，义主赅括；而《议事细则》等项，所以规定院内会议治事之方法，曲防事制，义取谨严……议场内全院会议，则适用《议事细则》；议场外股员会议，则适用《分股办事细则》"。《清实录》，第 60 册，中华书局，1987，第 731 页。
③ 《议事细则》的全文见李启成点校《资政院议场会议速记录——晚清预备国会论辩实录》，上海三联书店，2011，第 725~739 页。下同。

以迄停会闭会暨附则计十二章，凡一百五十条。其《分股办事细则》一种……凡六十四条。《议事细则》所定以第四章会议为主，而第一章至第三章则会议之先预为筹备之事也，第五章至第十章则会议时应行遵守之事也，第十一章、第十二章则会议后应办各事及本细则施行改正之事也……议场内全院会议则适用《议事细则》，议场外股员会议则适用《分股办事细则》。二者性质虽异，效用兼资①。

作为正式上行公文，该奏折侧重强调《议事细则》积极性一面，其消极方面则没有论及。其实，《议事细则》强化了行政权力对会议的控制②，大致包括：资政院大会无程序委员会的设置，从而赋予了秘书厅在议员资格审查、议事日程安排、发言顺序等方面的巨大权力，在一定程度上能左右资政院大会；议员座席以宗室王公世爵、外藩王公世爵、满汉世爵、宗室觉罗、各部院衙门官、硕学通儒、纳税多额者、各省谘议局互选议员为序，身份阶级次第分明，多少违背了《资政院院章》关于议员于院中应有之权力一律平等之规定；对议员发议次数进行严格限制而对行政大臣不予限制；准许政府大臣派特派员出席议会接受质询而非大臣本人出席③。另外，受《资政院院章》所限，《议事细则》的某些条文亦存在前后参差的情况。比如《议事细则》第二十四条规定，法律案三读程序有所省略，需要到会议员三分之二可决；而对表决之额数则没有规定，只能适用《资政院章程》第三十五条之过半数可决。三读程序是为了保证法律案之慎重，其可决与否才是目的，三读可省略与否毕竟是手段。轻重失衡，于斯可见。

尽管《议事细则》有这样那样的缺点，但总体来看，还是“曲防事制，义

---

① 《清实录》（第60册），中华书局，1987，第731页。

② 资政院秘书厅秘书长乃留日学生金邦平，受袁世凯办新政“因事需才”而拔擢。〔日〕佐藤铁治郎：《一个日本记者笔下的袁世凯》，孔祥吉等整理，天津古籍出版社，2005，第193页；张一麟：《初入北洋幕府》，载《古红梅阁笔记》，上海书店出版社，1998，第41页。沈家本不赞成伍廷芳在《刑事民事诉讼法草案》中采陪审制而询问北洋袁世凯，袁世凯即嘱金邦平拟稿，不用陪审制而用检察制。见张一麟《刑事诉讼法之确定》，载《古红梅阁笔记》，上海书店出版社，1998，第44页。金氏与汪荣宝过从甚密，检查《汪荣宝日记》，得知《议事细则》为金邦平所草拟，它赋予秘书厅以较大权力，当是自然之事了，盖这既贯彻了朝廷以行政权力控制资政院的意图，也符合金邦平本人之利益。见《汪荣宝日记·宣统二年元月至十二月》，近代中国史料丛刊三编第六十三辑，文海出版社有限公司，1991，第571、592页。当时报纸传出副总裁沈家本“自开院以后，屡受议员攻击，遇事茫无所措，幸有秘书长指示一切，自居傀儡，故未致十分出丑。兹闻沈对人言，议长一席，实难胜任，不如仍充议员，以免受人非笑，拟即奏请，另简贤能以继。其后日内缮折入奏，并拟举秘书长金邦平自代云云”。见《时报》宣统二年（1910年）九月二十一日。这可能只是一种传闻，盖资政院总裁、副总裁位高望隆，且副总裁为三品大员，秘书长官秩为正四品，金氏以少年新近，不可能如此超等擢升，但有此传闻，实可见金氏及其主掌的秘书厅在整个资政院中的较高实际地位和巨大影响。

③ 参考姚光祖《清末资政院之研究》，台湾大学政治研究所硕士学位论文，1977，第72~73页。

取谨严",盖因制定者参考了各立宪国家,尤其是日本议会之议事规则,吸取了
谘议局运作过程中已凸显出来的弊病所得的教训,并结合《资政院院章》之内
容而制定出来,基本上采取了公开平等议事、法定人数、多数决、一事不再议、
讨论自由这类近现代民主制度的会议准则,在我国立法史上具有开创性意义①。

在资政院第一次常年会召开之前半年,资政院奏请开设了速记学堂,以培养
议会所需的速记人才②。实际上,资政院在秘书厅内设有专门的速记科。按照
《议事细则》的规定,资政院常年会应编制速记录。保存下来并经笔者点校的
《资政院议场会议速记录——晚清预备国会论辩实录》一书(以下简称《速记
录》)是资政院第一次常年会会议情形的原始记录,是研究晚清资政院的最原始
同时也是最权威的资料。故欲考察《议事细则》的实际施行情况,可将《议事
细则》之规定与《速记录》的记载相互参证。由于《议事细则》的核心部分是
第四章"会议",下面即以该章内容结合《速记录》的记载来展开分析。

"会议"章含八节,除第六到第八节分别规范三类特殊会议(预算会议、
决算会议和秘密会议)外,第一节到第五节分别为"提议及倡议""三读""讨
论""修正"和"表决"。这个编排顺序完全是参考日本国会两院规则"议事"
章③,大致按照会议所进行的程序逐步展开。之所以说是"大致",是因为正

---

① 关于《议事细则》制定过程中的细节,汪荣宝从头至尾参与其事,在日记中有较为详细的
记载,极具参考价值。前后记录共6次,初稿拟定出来后,迭次修改的时间达三个多月,制
定者也算是颇费心力:(1)五月初五日,在石桥别业,同人二十余人将会场规则公决。汪
氏论去年各省谘议局之通病,愿本年资政院毋再蹈其失;(2)六月初五日,资政院议员准
备会例会,赴石桥别业,先由金邦平讲演日本众议院委员会先例二十余条;(3)六月十八
日,汪氏竟日签改金邦平所拟资政院议事细则数十处;(4)六月十九日三时半以资政院开
办公所会议,往赴,将昨日所签改之议事细则公同讨议,李家驹亦加数十签,大致与余所改
之处相同。总裁溥伦将此两签改本携归细阅,再行酌定;(5)七月初九日,与章宗祥共赴
资政院开办公所会议,总裁将本院经费预算及调员名单提出讨论,众无所可否,又令金邦平
将各员所加议事细则签注汇列各条条下再行公议决定;(6)八月二十五日,资政院议员开
会讨论议事细则,分股办事细则疑义,到资政院(象坊桥法律学堂),股长理事诸君集第一
股室,各将细则条文疑义提出讨论并邀金邦平列席质问,由学部郎中顾栋臣择要草录,拟于
二十七日报告各议员公决。《汪荣宝日记·宣统二年元月至十二月》,第527、558、571、
572、592、639页。

② 速记学堂确已开设,据载,"宣统二年,资政院奏速记学堂开办情形略称:原定章程速记学堂学生
分臣院招取及各省咨送二项,其由臣院招取者,业已如额取录,惟此次投考人数至二百余名之多,
录取定额仅十二名,未免过隘,因于正额外酌设附取、备取各十二名,其附取各生准令一律入学,
备取各生听候出缺传补"。见刘锦藻《清朝续文献通考》,卷114,"学校考二十一"。

③ 日本国会两院规则指的是《贵族院规则》和《众议院规则》,前者第五章为"议事",后者
第六章为"议事",其下皆分六节,依次分别为"发议及动议""读会""讨论""修正"
"表决"和"预算会议"。《新译日本法规大全》(点校本),第一卷,何佳馨点校,商务印
书馆,2007,第105~110、163~168页。

式会议必经过提议（或发议）、讨论、修正和表决等步骤，而"三读"乃立法机关通过法案之特殊程序。尽管资政院作为立法协赞机关，立法权是其主要职能之一，但毕竟资政院会议还有其他重要职能，故《议事细则》的制定者如认为"三读"很重要，非明文规定不可，那毕竟属于"特殊"范畴，完全可以另辟专章专节，不宜插入作为会议议事连贯过程"提议"与"讨论"之中，以致失去逻辑连贯性和文气之顺畅。这乃是制定者不能深察于会议原理而机械模仿东瀛的结果，殊不为怪，但亦能反证近代中国在预备立宪前后"议学"之落后。

在诸多方面借鉴了近现代民主制度会议准则的《议事细则》在资政院大会会场中是否得到了较好的施行呢？一般而言，团体成员对会议规则之遵循，其难度与议题本身的重要性和争议程度成正比，越重要、争议越大的议题，会议者违规的可能性越大。因此，回答该问题，可分两层来剖析：如果在会议普通议案时，《议事细则》都得不到遵循，那可推断，它基本是一种具文；反之，则要通过重要、争议性较大的议案来检验。如通过检验，则可推断该规则完全得到了遵守；如存在瑕疵，则只能说规则得到了部分遵循。

经检索，在《速记录》中，"议事细则"共出现了二百零五次，"分股办事细则"出现四十三次，"细则"出现二百八十九次，跟"议事细则"紧密相关的"院章"和"资政院章程"共出现二百一十四次。这些统计数字，结合相关文句经常出现"如此庶不至违背《议事细则》""按照《议事细则》之规定"等语，可知议员们开始频繁动用相关规则，尤其是《议事细则》来维护自己作为议员之权利及保障会议照章进行。当然就这些证据，也可反面解释：与会者经常越规会议，以致常要其他人运用规则加以提醒。但无论如何，与会人能常常运用规则来会议，也就在相当程度上证明了这类规则有其意义。

《新刑律》草案是资政院第一次常年会所要议决的重要议案，且议员们因为价值观的差异导致他们对该草案的看法迥异，由此引发的争论异常激烈①。按照《议事细则》之规定，该法律案被列入议事日表后，到其最终通过，得完成下列程序：即在议事日表所载当日初读；之后即将该法律案交法典股审查；审查股员会报告，议决是否再读；再读时逐条议决；三读议决全案可否。资政院审议《新刑律》草案，是否按照这样的程序进行呢？

按照《速记录》的记载，1910 年 12 月 2 日（十一月初一日）的议事日表的第一项即政府提出之《新刑律》草案之初读，由宪政编查馆特派员杨度演说了

---

① 参考李启成《君主立宪的一曲挽歌——晚清资政院第一次常年会百年祭》，《中外法学》2011 年第 5 期。

新刑律主旨，多名议员针对杨度之解说提问疑义，随后议长宣布讨论终局，交付法典股审查。在会议过程中，资政院大会本身即犯了程序性错误：在杨度演说前劳乃宣即提出初读讨论该法律案大体，得到全体议员之赞成；及至杨度演说结束后，按照《议事细则》第二十六条之规定，"各议员对于议案若有疑义，得声请军机大臣、各部行政大臣、政府特派员或提议议员说明之"。询问"疑义"与讨论大体之界限本就非那么清晰，劳乃宣讨论大体之提议又在前面通过，遂在议场引起了关于程序的激烈争论：

> 百零九号（籍议员忠寅）：今天对于新刑律是初读，只要特派员说明主旨，我们议员对于议案有疑义可以质问的，这个时候不应该论到草案之内容，更不该说到本题以外。
>
> 一三七号（邵议员羲）：请议长把这个付审查，不必讨论。
>
> 八十号（劳议员乃宣）：本员请发言。
>
> 议长：劳议员是否质疑？
>
> 八十号（劳议员乃宣）：本员倡议已经全体赞成，第一次可以讨论大体。如不以为然，前此倡议可以作废。
>
> 议长：劳议员既是质疑，可以发言。
>
> 八十号（劳议员乃宣）：如果第一次不能讨论大体，可以作废。若待提出修正案来，还到审查之后，再行讨论就不对了。总要经第一回讨论之后，然后有修正案。
>
> 议长：劳议员倡议，已经表决过了，现在可以依这个倡议办理。
>
> 议长：劳议员若是讨论大体，可以发言。
>
> 百〇九号（籍议员忠寅）：劳议员倡议初读时候，可以讨论大体。可是初读时候不是今天，如果审查以后再到议场，可以讨论劳议员意见。就事实上看来，是不错的。可是新刑律才发出来，大家必须细细研究，方可以讨论。
>
> 四八号（陈议员懋鼎）：按《议事细则》二十八条，应俟审查以后，方可讨论大体。
>
> 百十号（于议员邦华）：各议员如有讨论，总得看过之后再行讨论①。

可见，正是全体议员赞成劳乃宣于初读讨论大体这个有悖于《议事细则》

---

① 李启成点校《资政院议场会议速记录——晚清预备国会论辩实录》，上海三联书店，2011，第 309 页。

之提议，直接将随后的会议带入两难困境之中，集中表现就是议长时而认为劳乃宣因"质疑"可以发言，时而因"讨论大体"可以发言，但按照《议事细则》，"质疑"是初读后的事，"讨论大体"是股员会报告后再读之前的事。之所以有这些争议出现，是包括议长在内的所有议员对议事规则没能熟练运用直接有以致之。

1911 年 1 月 6 日（宣统二年十二月初六日）议事日表第一项是股员长报告《新刑律》草案的审查结果，是续初读和再读阶段，接下来的几次大会都有该法案的再读，到资政院第一次常年会结束时，再读程序都没有全部完成①。即便如此，在再读程序中，按照《议事细则》第三十四条规定，"再读应将议案逐条议决之"，眼见时间紧迫，《新刑律》全案难以在该次常年会通过，有议员提出可否变通《议事细则》之规定，建议逐章表决：

> 百二三号（江议员辛）：本议员的倡议，以为新刑律关系很要紧的，虽要到宣统五年开国会的时候才能实行，然现在不将条文修正妥当，于人民生命财产是很危险的，但是逐条讨论恐又耽搁时光，不如请秘书官逐条朗读一遍，然后分章表决就是。

> 七三号（汪议员荣宝）：逐条读下去，读至一章完了之后，看有无讨论。如有讨论就请讨论，如无讨论就请表决。

> 五二号（毓议员善）：江议员既知道新刑律的关系最为重要，自然不可分章表决，草草通过。本议员意思还是逐条表决为是。

> 百零九号（籍议员忠寅）：新刑律既经法典股审查过了，错处想必甚少，何必逐条表决，空费时间？

> 一一五号（许议员鼎霖）：与其大家争论耽误功夫不如逐条读去，有反对的再请讨论。

> 副议长：逐条朗读。有反对的就讨论，没有反对的就表决。

> 百零九号（籍议员忠寅）：方才江议员的倡议是请秘书官逐条朗读，有异议的就讨论，无异议的就不必讨论。这分章表决的方法很好，似不必逐条表决。

> 一一五号（许议员鼎霖）：仍请逐条。读完一条稍为停顿，如无疑议，再读下去。

---

① 关于为什么没能完成新刑律之全部三读程序，除了会期紧迫、议案太多等事实上的原因外，法派议员玩弄权术是一个主要原因。详细内容请参考李启成《君主立宪的一曲挽歌——晚清资政院第一次常年会百年祭》，《中外法学》2011 年第 5 期。

秘书官（曾彝进）朗读大清新刑律第三章未遂罪第十七条毕。

议员有呼表决后再读者。

副议长：方才所说是逐章表决。

七三号（汪议员荣宝）：请议长说明分章表决或逐条，先表决一下。

百三九号（汪议员龙光）：这个不必付表决，因为分章表决与逐条表决无异，比如分章表决，到异议多的地方还是得一一表决，岂不是一样吗？

七五号（长议员福）：本议员看无论分章或逐条表决，均可不用。比如秘书官读毕一条，请议长问诸位有无异议，如无异议，即请秘书官接续朗读就是①。

虽然最后还是对《议事细则》之规定作了变通，但实际上议员们对秘书官的朗读没有异议，自然是表示赞成，与某些议员所主张的逐章表决相比，其对《议事细则》"逐条表决"背后的法意——立法要慎之又慎——还是很尊重的。副议长沈家本没有对"逐章表决"之提议本身进行多数决，即尊重《议事细则》。再者观察《新刑律》草案第二八八条关于无夫奸立法所引发的激烈争论，到最后谁也说服不了谁的情况下付诸最严格的记名投票表决，即可证明该变通没能损害慎重立法之法意。

如果说在此之前议员们讨论《新刑律》草案时尚能以《议事细则》等相关法规为据，或主动或被动约束一己之行为，但在无夫奸条文之表决以礼教派获胜之后，法派议员开始肆无忌惮地针对《议事细则》之相关规定来"舞文"了。姑不论那些合法利用规则、故意阻碍《新刑律》草案全案三读完成的诸多幕后伎俩，如没有充足理由擅自改动议事日表、故意不出席大会等，就是大会最后表决《新刑律》草案总则三读之行为，就是明目张胆违背《议事细则》和"议学"原理：

一〇九号（籍议员忠寅）：……方才变更议事日表第一大清《新刑律》不议，现在开议，断不能完，就是再读也还有好几百条，不过总则已经议完了，大家没有异议，如果把总则再付三读通过去，即行上奏，仿佛对于资政院也是觉得有精神的。

七四号（陆议员宗舆）：这个总则已经表决过了，究竟这个《新刑律》是一代大法典，不是哪一个人的事情，凡国际交涉、国民生命财产都有密切

① 李启成点校《资政院议场会议速记录——晚清预备国会论辩实录》，上海三联书店，2011，第 626 页。

之关系，政府提出这个大法典来，实在是于立宪国民前途大有关系。诸君千万不要私下闹意见，总得平心研究，况且这个总则已经表决了，何妨即付三读通过呢？

一四九号（罗议员杰）：这个总则已经再读表决了，时日无多，何妨省略三读通过，把他上奏去，也觉得资政院稍有成绩。现在资政院明日闭会，到底了了几件重大问题。

一十五号（许议员鼎霖）：《新刑律》是要宣统四年实行，并不是明年实行，又何必在此刻一定通过？况且当初都是赞成暂行章程，现在议员已经走了大半，就要通过也不行的。

一五九号（蒋议员鸿斌）：要通过就连分则都要通过，要不通过就都不能通过，现在人数走了大半，何能通过？

八一号（章议员宗元）：要把总则同分则通通通过是很难办的，况且总则已经表决过了，都无异议了，又何妨通过？所以把总则付三读，省略三读就通过了。至于人数不够，只要我们今日到场的人三分之二里头的多数赞成就通过了，好在这个总则已经表决过了。当初既通过，现在没有不能通过的。此刻虽人数不够，总以多数赞成为断，于章程没有什么违背。

秘书官承命报告议长的意见，以为今天到会议员一百二十九位，现在已经走了许多位，在场的只有八十余位，拟照籍议员的倡议，将《新刑律》总则付三读，即付表决，以为一二九位计算，若是多数起立就可作为通过，众位议员意见如何？

众有赞成者。

副议长：赞成籍议员倡议的已得三十人以上。

一〇九号（籍议员忠寅）：前天宣告再读，对于分则条文里边彼此有意见，现在本员倡议是把总则通过，这是已经表决过了，大家都没有异议，是全体赞成的，现在通过就可以上奏。

八一号（章议员宗元）：此刻三读，只要有六十五位赞成就可以通过，就可以上奏。

众请省略三读。

副议长：省略三读有无异议？

众呼"无异议"。

副议长：赞成《新刑律》总则全体者请起立。

众起立赞成。

秘书官点人数。

副议长：今天到会议员是一百二十九位，现在起来者六十九位，是多数①。

副议长沈家本接受了章宗元根据《资政院章程》第三十五条"以到会议员过半数之所决为准"，亦即章氏所说的"今日到场的人三分之二里头的多数"的主张，径直表决"总则"之三读，是置《资政院章程》第三十四条"资政院会议非有议员三分之二以上议员到会不得与议"于不顾的做法。为什么这么说呢？尽管《资政院章程》是《议事细则》的上位法②，但《议事细则》第十一、十二条是对《资政院章程》第三十四条之进一步解释。按照《议事细则》第十一、十二条之规定，会议之时，议员离座，不满总数三分之二以上者，议长得酌定时刻，命秘书官计算员数。若计算两次，数仍不满者，即宣告展会。当许鼎霖和蒋鸿斌等先后提出时议员已走了大半，秘书官确认只有80多位在场，显然达不到表决的法定人数，应展会。这里所说的"总数"是应到议员之总数，而非实际到会议员之数。就在前次大会时，95名议员在议场，都因人数不够而展会，为何一天之后就不必展会了？显然此时应展会而不是继续表决，此其一。按照通行的"议学"原理，当有议员对"额数问题"（未达法定人数）有所提问，属于特殊的"秩序问题"动议。既为"秩序问题"动议，当提出后，在议场进行之议案应马上间断，优先处理此问题，待其解决后，被间断之议案才能继续进行。该"秩序问题"动议是否有效，虽可由主席裁定，但动议者对裁定不服仍可诉请会众，予以公断。副议长沈家本没有按照此等原理优先处理二位议员之动议并作出裁决就径直表决，实对此议学原理有所违背，此其二。即便退一步不在"总数"二字上争执，按照《议事细则》第三十八条之规定，"三读之际，应议决全体议案之可否"，《新刑律》之"总则"只是《新刑律》这个"全体议案"之一部分，不具备三读表决之起码条件。故此次《新刑律》"总则"三读表决，是绝对违背会议规则之行为，断不应出现在资政院全体大会之会场中。

在资政院第一次常年会期中，议决《新刑律》草案是议员们争论最激烈的。当争论没达白热化、未到匕首相见之前，他们尚能遵守《议事细则》等法规，之后即肆意舞文弄法。通过此特殊个案之分析，大致可以断言，在一般性议案中，《议事细则》等法规多数情况下能得到遵守，当激烈的利益交锋之时，这类会议规则即免不了被践踏。

---

① 李启成点校《资政院议场会议速记录——晚清预备国会论辩实录》，上海三联书店，2011，第714~715页。

② 参见《议事细则》第一百五十条。

考虑到这是近代中国第一次在全国性会议上采用此种"新"会议规则，能有如此成绩，也算很不容易。要养成严格遵守会议规则的习惯，绝非朝夕之间能尽其功，需要相当的经验累积。笔者大致同意作为当时君宪热衷论者、同时又是资政院的积极"旁观者"梁任公先生的判断：

> 院中一部分议员，颇能以立宪国之国会议员自待，于院章常取积极的解释，不为消极的解释，故政府本意，原欲以资政院为政府咨询机关者，今居然能保持与政府对待之地位，使误国误民之政府，渐有感于众怒之难犯，专欲之难成，而淫威不得不稍杀，此资政院之功也……资政院讨论各议案，其理论及其秩序，较诸先进国之国会，递甚有逊色，然得借此以为练习之地步，议员之见识能力，缘淬厉而日赴光晶，其中必有一部分能为将来国会人物之楷模者，又此次经验之结果。则言论所以不能统一，势力所以脆弱之故，皆渐发现，而不得不图补救之策，故以资政院为他日国会之练习场，实最适切也①。

三 近代中国"议学"的发展
——孙文的《民权初步》

一个人思想之形成既有时代影响，更与其自身经历紧密相关。孙文因其兄孙眉的关系，于 1879 年 9 月（时年十四）进入檀香山意奥兰尼学校（Iolani College, Honolulu）读书。根据学者研究，孙文从该校"学到非常珍贵的一点，那就是按章办事。所有规章制度，明文发表，各人熟悉规章后，上下人等，一体凛遵。这是法治精神。可以想象，孙文在意奥兰尼学校过了约三年（1879～1882 年）有条不紊的生活，在他心灵中留下深深的烙印"②。正是早年学习生活的深刻记忆，加以多次组织革命团体之经历，让他充分认识到制定并遵守组织规则、会议规则的重要性，而这些恰好又是英美西方文明之长，而为我国所缺乏的，故念兹在兹，造次、颠沛必于是。据蒋梦麟回忆，在辛亥革命爆发前夕，孙文"动身经欧返国。临行时把一本 *Robert's Parliamentary Law* 交给我，要我与麻哥把它译出来，并说中国人开会发言，无秩序，无方法。这本书将

---

① 梁启超：《评资政院》，载《饮冰室合集》（第三册），中华书局，1989，第 165～166 页。
② 黄宇和：《三十岁前的孙中山：翠亨、檀岛、香港 1866～1895》，三联书店，2012，第 201 页。

来会有用的。我和刘没有能译，后来还是先生自己译出来的。这就是《民权初步》"①。

（一）孙文编写《民权初步》之初衷

辛亥革命，清室倾覆，民主共和终于取代君主专制，实为我族历史开新纪元。既为民国，当励行宪政。中国历史上第一届正式国会取代临时参议院于1913年选举完毕并正式召集。按道理，民国的正式国会较之清末预备国会之资政院，当有长足之进步：一方面资政院议事的相关规则及其运作之经验可为正式国会之借鉴，另一方面可望渐次克服资政院议员议事之缺失——其最大最著者乃在讨论重大议案、利益攸关之时不能恪守规则。

在临时参议院时期，于1912年2月2日通过了《参议院议事细则》，凡七章七十条②，较之《资政院议事细则》简陋多矣。1913年9月公布了《议院法》，凡十九章九十四条；在此前后不久，众议院议决通过了《众议院规则》，凡十四章一百七十九条；同年10月参议院议决通过了《参议院议事细则》，凡八章一百○一条。这些议事法规，可能借鉴了晚清资政之章程和议事细则，已是相当完备③。

---

① 蒋梦麟：《追忆中山先生》，载《西潮·新潮》，岳麓书社，2000，第312页。另据黄季陆回忆，他曾于1952年春听蒋梦麟说："大约在辛亥武昌起义前不久，总理正在美国旧金山作革命活动，那时我也正在当地的革命机关大同日报当主笔。一日总理、刘成禺和我三人在一起，总理忽然对我和刘先生说，有一件事关系今后革命建国成败甚为重要，这是西洋政治进步民权发达的一个重要因素，也即民主政治的基础，我们必须建立这一基础，我们的革命建国才能成功。总理一面说一面从衣袋中取出一本书交给我，要我和刘成禺把它翻译成中文，以便印发推行，我接过来一看，原来是罗伯特（Robert）所写的《议事法则与秩序》（*Parliamentary Rules & Order*）一书。当时总理的表情十分严肃，而我们却未感觉此一问题有如是的重要。总理既然要我们翻译此书，也就唯唯答应了。其后因为事情的牵累太多，终不曾把此书译成中文，这实在是一个遗憾，实则也并不知道此一工作的重要。"见黄季陆《蒋孟邻先生与国父的关系》，台湾《传记文学》第五卷第二期，第44页。
② 七章分别是通则、会议、审议会、审查会、议场、缺席及请假、附则，其中"会议"下分提议及动议、讨论、表决、读会，其逻辑结构虽较《资政院议事细则》为合理，但仅二十条，失之太过简略。见南京参议院公报科编《参议院议决案汇编》，1913年印刷。
③ 《议院法》十九章分别为集会开会闭会休会及延长会期、议员、议长副议长、委员会、议事及提案、预算案、弹劾、建议、质问、查办之咨请、请愿之受理、两院议事之关系、国务院政府委员出席及发言、两院与人民及官署之关系、惩戒、秘书厅、警卫及纪律、经费、附则，这些规定多是原则性的，需要相应的议事细则加以具体化，唯"两院议事之关系"和"经费"两章颇具有实质意义的重要性。《众议院规则》十四章分别是集会及开会、委员会、议员资格之审查、开会散会及延会、议事日程、议事、记录、请愿、请假缺席及辞职、秘书厅、警卫及纪律、惩戒、旁听、附则，其中第六章"议事"是核心部分，共48条，分为提案及动议、读会、讨论、表决和修正五节。《参议院议事细则》八章分别为议席、（转下页注）

中华民国第一届正式国会既有如此较为完备的议事规则，当能为国会之实际运作之顺利创造条件。自国会于 1913 年 4 月 8 日正式开院，到袁世凯于同年 11 月 4 日撤销国民党国会议员之职务，陷国会于瘫痪之地，实际发挥职能也就半年多一点的时间。就这半年时间来看，国会的实际表现若何呢？时人之看法大致可分为两种：一个是认为国会成事不足败事有余；另一个是肯定国会但哀其不幸。持前一种观点大致为两类人：一类是袁党，完全站在政府的立场；另一类是对国会寄予过高希望的民党，希望越高故失望越大，遂出以激烈批评之词。持后一种观点的多为学者。他们能从历史长时段中设身处地考虑到国会的实际处境，论断较为持平。顾敦鍒先生之论断即为其中典型，名之为"议会之劫难"，略云：

> 辛亥革命，十月成之。中西人士，感叹其奏功之速。然而专制政体，行之数千年，根柢至深。虽一时遽为推翻，其潜势力固依然存在，故不久即起而为猛烈之反动。袁世凯之帝制，宣统之复辟，其留保原形者也；各省军阀之跋扈嚣张，割据拥兵，由皇帝思想而降为封建思想，其稍为变相者也。是辈均帝制之余孽，民治之大敌。民治精神，寓于议会。于是议会在此反动时期中，遂首当其冲，为旧势力众矢之的矣。彼辈摧残议会之法，首为暴力之干涉与压迫；小之则障碍议政之自由，大之则破坏议员之组织。民国十余年来之议会史，一四面楚歌，孤军奋斗之纪录也[1]。

无论如何，国会的客观表现是一回事，孙文对国会表现之主观认知又是一回事，二者并没有必然联系。在国会参众两院，国民党都是第一大党。因为宋案发

（接上页注③） 开议散会及延会、议事日程、议事、记录、纪律、惩戒、附则，其中第四章"议事"为中心章，分为提议及动议、读会、讨论、修正、表决、秘密会议、预算决算会议七节，基本沿袭了《资政院议事细则》的纲目。这些法规之内容参见谷丽娟、袁香甫《中华民国国会史》（中册），中华书局，2012，第 704～761 页。

[1] 顾敦鍒：《中国议会史》，《民国丛书》（第三编第 21 册），苏州木渎心正堂，1931，上海书店影印本，第 409 页。唐德刚先生从社会转型的阶段性立论，尽管对国会以及国会议员之表现与顾先生略有差异，但亦认为是可以理解的正常现象："民初的议员也没有多少人，懂得什么叫做'议事规则'。在正常集会时，除吵闹不休之外，往往是会而不议，议而不决。"其原因，唐先生将之概括为转型初期的躐等现象，"在先进的民主国家里，这种议会制度，都是数百年不断的实践，慢慢地一步一步发展起来的结果。我们来个速成班，搞东施效颦，一步登天，哪有这么容易呢？"见唐德刚《民国史军阀篇：段祺瑞政权》，中国近代口述史协会编译，（台北）远流出版有限公司，2012，第 157 页。

生后，孙氏主张武力讨袁，袁则以煽动叛乱、破坏统一、贪赃枉法等罪名通缉孙氏，"奇怪的是这时国会之内，国民党籍的议员，对袁氏追捕孙文的通缉令，亦初无异辞，其后并照样票选袁氏为正式大总统"①。在孙氏看来，国会当然是腐化堕落、不辨是非的，尤其他所领导的国民党还是国会中第一大党，更令其痛心疾首，思从根本上有所兴革。在对国会的看法上，孙氏与袁世凯可谓不谋而合。

民国肇兴，孙氏出任临时大总统，政务繁忙；及至卸任，又汲汲于在他看来更为急迫的铁路建设；席不暇暖，二次革命旋起旋败，孙氏再度流亡东瀛，重新组党建党，无暇及于研讨此等会议规则。随后洪宪事起，民国以及象征民国之国会、内阁面对袁世凯帝制自为却显得如此的脆弱，天幸枭雄毙命，民国得以再造，孙氏痛定思痛，欲为民国永奠磐石之安，出其治安之策，遂有《民权初步》之作，夫子自道其创作初衷：

> 国体初建，民权未张，是以野心家竟欲覆民政而复帝制，民国五年已变洪宪元年矣！所幸革命之元气未消，新旧两派皆争相反对帝制自为者，而民国乃得中兴。今后民国前途之安危若何，则全视民权之发达如何耳……民权何由而发达？则从固结人心、纠合群力始。而欲固结人心、纠合群力，又非从集会不为功。是集会者，实为民权发达之第一步②。

孙文于1916年着手撰写《会议通则》一书，1917年2月写成。孙氏这一时期对普及该书以奠定民权之基础，寄望甚殷，且不遗余力。据曾任中华民国国史馆馆长的黄季陆在纪念蒋梦麟的文章中，专门介绍了一则关于《民权初步》的故事："大约是民国四十一年的春天，在一个偶然的场合，我和孟邻先生谈到民主政治给中国带来的若干困扰问题，归结到这些问题的症结，是由于国民对民主的素养与训练不足所致，尤其是集会议事全无法则与程序，以寻求多数表达民主，有类乎一群乌合之众，这实在是一项亟须补救的要务。因此我们便谈到中山先生要在中国实现民权主义，为什么他尽先地要完成民权初步著述的深意所在。民权初步是集会议事的程序和法则，没有这一套程序和法则便不能表达民主。民主给中国带来了困扰，不是民主在原则上是与非的问题，而是实行民主的基础工作我们未加理会所致。说到这里孟邻先生告诉我一件与民权初步一书有关的孙先生的故事。"蒋氏云："大约在民国六年的秋天，我由美国回来，在上海晋谒总理，他忽然又把这件事问我。他说：'我请你翻译那本罗伯特的议事之法则与秩序的

① 唐德刚：《袁氏当国》，（台北）远流出版有限公司，2002，第147页。
② 《孙中山全集》（第六卷），中华书局，1981，第412页。

书，已经译好没有？'我对他说：因为事忙，找不出时间，至今尚没有着手。总理忽又说道：'我知你不重视此一工作，我早已自己编好了一本在此。'他一面说一面从书桌的抽屉内取出一本缮就的稿本，这便是总理手著的民权初步。此书出版之后，总理还送给我一本。当时名叫会议规则，民权初步和社会建设的名称大概是后来用的"①。据当时中华革命党在国内的主要言论阵地《民国日报》报道，孙氏"为普及起见，不取版权，交中华书局印行"②。不仅如此，在该书前面，请了多位同志作序以郑重推荐；更广为赠送，以扩大影响③。1919 年孙文亲自将此编入《建国方略》，作为第三部分"社会建设"。

（二）《民权初步》内容之精髓——与《议事细则》之比较

根据孙文自序所说，本文系编写，"所取材者，不过数种，而尤以沙德氏之书为最多"。按沙德氏之书，即 Harriette Lucy Shattuck（1850—1937）的 *The Woman's Manual of Parliamentary Law*（Boston：Lee and Shepard, Publishers, 1895）④。孙氏在辛亥革命前即注意到了 *Robert's Parliamentary Law*，为什么这次却主要取材于沙德氏之书？盖"西国议学之书，不知其几千百家也，而其流行常见者，亦不下百数十种，然皆陈陈相因，大同小异。此书以其显浅易明，便于初学，而适于吾国人也。此书条分缕析，应有尽有，已全括议学之妙用矣"。盖沙德氏本为女性，也是为了女性读者而写作，其内容浅显易懂但有系统，这是孙氏主要参照该书的原因。

据学者考证，《民权初步》第三卷"修正案"中关于修正案的提出和处理办法，系采自侃能定律（Canon's Rule），为美国众议院议长侃能（Cannoun Joseph Gurney）所创立，侃能于 1873 年当选为众议院议长后，直到 1923 年退休，前后在众议院服务达四十六年之久，任众议院议长长达八年（1903～1911 年）。其任

---

① 黄季陆：《蒋孟邻先生与国父的关系》，《传记文学》1964 年第五卷第二期，第 44 页。

② 《孙先生牖民之作》，《民国日报》1917 年 3 月 5 日。

③ 笔者在北京大学图书馆查阅的版本是 1917 年上海中华书局铅印本，封面有"陈尧初先生惠览，孙文敬赠"字样，分别有章炳麟、邓家彦、杨庶堪和朱大符四篇序。按：陈景南，字尧初，河南光山人，早年留学日本早稻田大学，后加入同盟会，曾任临时参议院议员，1912 年任国民党总务部干事。1917 年 5 月 23 日，孙氏寄给时任云南都督府参谋处长的李宗黄《会议通则》100 册，"请代为分致当道暨各同志"；又给保定军校学生寄去数十部，"分送同志研习"。见《孙中山全集》（第四卷），中华书局，1983，第 36、38 页。这些材料亦被编者收入传主年谱之中。又见陈锡祺主编《孙中山年谱长编》（上册），中华书局，1991，第 1026 页。

④ 参考袁天鹏、孙涤《译者导读》，载《罗伯特议事细则》（第 10 版），袁天鹏等译，格致出版社，2008。按照曹文彦的研究，沙德氏此书出版于 1891 年，名为 *The Woman of Parliamentary Law*。见曹文彦《〈民权初步〉与沙德》，台湾《中国一周》第五〇八期；转引自王堡丽《议学原理与民权运用之研究》，黎明文化事业公司，1987，第 10 页。

议长时，对于程序问题之裁决最具权威，时人尊之为议场程序问题之仲裁者，侃能定律即其对修正案处理方式所定的规则，而为议坛所乐于采用者①。

《民权初步》的知识来源即如上述，直接来自美国，当然间接来自英国，其内容既浅显实用，亦较充分吸收了美国议学最新发展成果，符合孙文超越欧美"毕其功于一役"的思维、行事特点。

《民权初步》一书分序言、正文和附录三部分，其中序言包括自序和同志之序，主要介绍该书写作缘起、意义和价值，希望能引起国人之充分重视；附录是一个典型例子，名为"章程并规则之模范"；重点是正文，分为五卷 20 章 158节，具体结构如表 1 所示。

表 1 《民权初步》结构

卷数	卷一	卷二	卷三	卷四	卷五
名 称	结会	动议	修正案	动议之顺序	权宜及秩序问题
起讫章	1～4	5～10	11～13	14～18	19～20
起讫节	1～30	31～88	89～114	115～147	147～158

从表 1 得知其最核心的内容为"动议"，其内容在逻辑上应包括卷二和卷四这两卷，孙氏可能是鉴于"动议之顺序"内容很重要且繁杂，故将之单独列为一卷。既然"动议"在整本书中居于如此重要的位置，那何谓"动议"？该书第三十一节"动议"条云："议场每行一事，其手续有三：其一、动议，其二、讨论，其三、表决。此三手续，乃一线而来，无论如何复杂之程序，皆以此贯之。动议者，为对于事体处分之提案也……故动议者，实为事体之始基也。"② 通观该卷之内容，实涵盖了包括动议、讨论和表决在内的这三个连贯的议场行事步骤。

《民权初步》的知识来源主要来自英美，尤其是美国，这与晚清资政院所实践、主要渊源自日本的《资政院议事细则》完全没有直接的传承关系。它们的先后出现，中间还经历了国体之变革，一个是正式的法规，一个是编著的政治启蒙书籍，难以完全将之比照，但考虑到它们都是在近代中国出现的"议学"文本，前后也就相距五六年的时间，不无比较的可能性；且《民权初步》一书内容丰富，对其进行文本分析，头绪太过纷繁，故笔者尝试以概略地比较的视角，以解决问题为导向，选择一个知识点来展开分析，如此，有望较具可行性。

资政院议事最大的问题是到利益攸关之际超越规则行事，其原因固然很多，

---

① 汪祖华：《民权初步的运用》（第十六版），（台北）大众时代出版社，1992，第 29 页。
② 《孙中山全集》（第六卷），中华书局，1981，第 429 页。

但就"议学"本身而言，主要原因是"会议"细则本身不完善，比如说关于各类动议的序列问题、额数问题等。正是这种不完善，给了强势者以可乘之机，即通过对规则之任意解释，实际上超越规则。这类问题在《民权初步》中解决没有呢？

比较《议事细则》和《民权初步》的相关内容，前者之"会议"章大体相当于后者之"动议"卷。两者都是依照议事之顺序（动议、讨论和表决）来行文的，但后者较为翔明。比如说为了提高"会议"效率，《议事细则》只对议员的发议次数进行了限制，而对每次发议的时间未作规定，导致政府特派员滥用特权发冗长演说而占用了太多时间，直接妨碍了议员们讨论之充分展开；而《民权初步》则明定限制并解释了理由，"于特别会期，时间为有限，而指定所讨论之事又为众所悦意者，则讨论之时间宜有所限制，免一二人专揽讨论之地位……此等规则，当严限言者之时间并秩序"①。又如《议事细则》规定"议员不得申请更正表决"，但实际上议员们难免一时为激情所支配，有时出现草率表决结果。如此严苛规定，事实上的违法难免②。《民权初步》则专辟第十章来讨论"表决之复议"，首先指出复议之必要性，"按之常例，凡动议一经表决之后，或通过，或打消，则事已归了结矣。惟预料议员中过后或有变更意见，遂欲改其表决者，故议会习惯，有许可'复议之动议'，即推翻表决而复行开议也。其作用，则所以救正草率表决及不当之行为也"。紧接着介绍了复议动议之效力、何时何人可发复议动议、复议动议之讨论、哪些是不能复议之案、复议动议之慎用以及与复议动议立于相反地位的取消动议等，颇为完备③。上举两例乃其大者、著者，《民权初步》中还有很多较之《议事细则》更为翔明之点，限于篇幅，窥斑见豹，不再一一赘述。

晚清资政院在讨论新刑律总则上奏之时已暴露出议长和议员们对各类动议的优先序位方面的知识非常缺乏，最直接的表现是《议事细则》完全没有规定。《民权初步》则专辟卷四及卷五来分别讨论"动议之顺序""权宜和秩序问题"。编者首先指出"顺序"之含义和确定顺序之意义，"在此之'顺序'二字，乃指处分动议之秩序而言。照公例凡动议之顺序，当以提出之先后为定……但有一种动议出此例外，因其性质之异，其顺序则在当前动议之先。而此种例外之动议，

① 《孙中山全集》（第六卷），中华书局，1981，第 436 页。
② 晚清资政院弹劾军机案就是一例，议员们就弹劾一案多次出现完全不同的表决。为了自圆其说，议员们都是在变更议题上玩文字游戏，这种反复无常一度让资政院议员们声誉大损。详细情况参考李启成《近代宪政视野中的晚清弹劾军机案》，台湾《法制史研究》第 9 期，第 103 ~ 131 页。
③ 《孙中山全集》（第六卷），中华书局，1981，第 447 ~ 451 页。

其中顺序，亦自有其等级"。接下来则介绍了各类需要优先的动议，最后将动议之优先顺序，概括于第一百五十七节中，为权宜问题、秩序问题、散会动议、搁置动议、停止讨论动议、延期动议、付委动议、修正动议和无期延期动议九个层级①。这样一来，就将议场中可能出现的各种动议，不管是独立动议还是附属动议，都纳入一个完整的议事优先序列中，大大增加了议事规则在维护会场秩序、保证会议进行这方面作用的可操作性。

另外，还需要指出的是，在晚清资政院开会时，常因额数问题发生争执，盖因资政院相关议事规则之规定有其矛盾和阙失之处。《民权初步》在卷一"结会"中专辟四节探讨额数问题，内容涉及额数之定义、规定额数之意义、开会后缺额之效力和计算额数之方法等。征之资政院之议事实际，如果《议事细则》对"开会后议事缺额之效力"有明确规定，在表决新刑律案总则三读时，有极大可能避免出现明显的违背议学原理之事体。《民权初步》于此讨论尤其详细，鉴于其意义，全文引录如下：

> 以足额而开会，开会后议员逐渐离席，以至于缺额，则事仍照前进行。此其意盖以为既得足额而开会，则开会后仍为足额也。当此情景，所办之事可视为正当，且可进行至散会之时而止。会长无注意于缺额之必要，而可继续进行。但若有人无论主座或会员欲提出缺额问题，则进行立止。主座可曰："本主座要众注意于缺额之事，而待动议。"或一会员起曰："主席，我提出缺额之问题。"此时各事当停止，而数在场人数，倘有不足，即行散会②。

《民权初步》之内容，确已相当完密。将之与晚清《资政院议事细则》之文本相比较，就更为明显。资政院第一次常年会实际运作情形所凸显出来的"议学"问题，到民国第一届国会没能解决，而在《民权初步》予以了充分的回应，探讨了可行的解决之道。如果说孙文所讲的"毕其功于一役"在诸多方面有躐等之嫌，但在"议学"方面，《民权初步》诚如他自己所评价的"自合议制度始于英国，而流布于欧美各国，以至于今，数百年来之经验习惯，可于此书一朝而得之矣"③。在这个意义上，孙氏的《民权初步》乃近代中国"议学"的奠基性著作；且在中国同类著作中，可能至今还未有全方面出其

---

① 《孙中山全集》（第六卷），中华书局，1981，第463~483页。
② 《孙中山全集》（第六卷），中华书局，1981，第425页。
③ 《孙中山全集》（第六卷），中华书局，1981，第414页。

右者，尽管在形式上它仅仅只是一种编著。有学者认为其文本内容浅显①，其然哉！岂其然哉？

四　结语：《民权初步》的命运

孙文蛰居上海，失意于政坛，即退而著述，《民权初步》即其革命建国系统理论之重要内容。该书付梓前后，孙文对其寄望甚高，请多人为序推荐、免费赠阅，因"《民权初步》一书之所由作，而以教国民行民权之第一步也……凡欲负国民之责任者，不可不习此书。凡欲固结吾国之人心，纠合吾国之民力者，不可不熟习此书。而遍传之于国人，使成为一普通之常识。家族也、社会也、学堂也、农团也、工党也、商会也、公司也、国会也、省会也、县会也、国务会议也、军事会议也，皆当以此为法则。此书为教吾国人行民权第一步之方法也。倘此第一步能行，行之能稳，则逐步前进，民权之发达必有登峰造极之一日"②。

但这种势头并未持续多久，盖中国政局随即发生大的变动，府院之争、宣统复辟骤起，虽民国再造，但《临时约法》未随之恢复，孙文即于1917年7月南下广州从事于护法之役，此时距《民权初步》完成半年不到。之后，孙氏即开府广州，从事北伐；继则联俄联共、组党造党，直至北上和谈，病逝于京，都因政务纷繁，且军政革命尚未完成，无暇顾及《民权初步》③。

孙氏殁后，同志继承遗志，完成北伐，东北易帜，全国一统，武力建国之军政时期结束，训政开始。按照孙文所首拟的《国民政府建国大纲》第八条所规定："在训政时期，政府当派曾经训练考试合格之员，到各县协助人民筹备自治……其人民曾受四权使用之训练，而完毕其国民之义务，誓行革命之主义者，得选举县官以执行一县之政事，得选举议员以议立一县之法律，始成为一完全自治之县。"④ 所以在理论上，国民党积极引导民众，帮助民众发展运用民权之能力就是训政期间的中心任务。如何才能完成此一任务？盖行远必自迩、登高必自卑，按照《民权初步》中所阐明的议学原理，引导民众自己操演，从而明白集

---

① 颜德如、吴志辉：《孙中山〈民权初步〉若干问题之检讨》，《江苏社会科学》2005年第1期。
② 孙文：《民权初步自序》，载《孙中山全集》（第六卷），中华书局，1981，第413~414页。
③ 翻阅随后的《孙中山全集》，鲜有提及《民权初步》即最直接的证据。
④ 此乃孙中山1924年1月23日起草后提交国民党一大审议通过。载《孙中山全集》（第九卷），第127页。孙氏在《国事遗嘱》中明确要求，"现在革命尚未成功，凡我同志，务须依照余所著《建国方略》、《建国大纲》、《三民主义》及《第一次全国代表大会宣言》，继续努力，以求贯彻"。见《孙中山全集》（第十一卷），第639~640页。

会之原则和条理，增加集会之经验，养成集会之习惯，确实达到为民权奠基之目的。

有所见于此，1928 年 1 月中华民国大学院（后来的教育部）发布《各级学校增加党义课程暂行通则》，要求各级学校必须增加党义课程，中小学校即有《民权初步》之内容①。蒋中正于 1935 年 9 月在峨眉军官训练团对众讲演，亦云"总理著《民权初步》这部书的动机，是因为看见民国初年一般人无秩序，无纪律，言语举止，很多不合现代的社会生活。而这种散漫纷乱的习性，在开会议事的时候，特别可以看得出来，认为民权训练不太够，因此特写这部书来教导一般人。小而言之，是讲开会的时候，如何重秩序，守纪律；大而言之，就可以推广到社会国家，应如何来创造，来建设"②。国民党自不必说，就是中国共产党，亦曾运用《民权初步》来进行自己的宣传工作③。

根据这些材料，似乎《民权初步》在国民政府时期很受重视，实则不然。尽管国民政府宣称要以"国父遗教"来治国，但《民权初步》这个"遗教"，较之孙中山的其他理论，被忽视得太多。偶有所谈及，更多的也是停留在宣传层面。即便靠法令强制在教育中推行，也多流于形式。据梁漱溟先生回忆，到 20 世纪 40 年代，最高层次的会议都还开不好：

> 前年南京开内政会议时，因讨论地方自治，说到如何开乡民大会，熊式辉先生极力说会不能开，他说："以我的经验，在开会的时候或者是没有人，有人也开不好会，只有打架。"晏阳初先生就说："我知道你那里的农民开不好会，因为你没办平民教育。"熊先生又说："不然！不是程度低的

---

① 1928 年 1 月中华民国大学院（同年 10 月改为教育部）发布《各级学校增加党义课程通则》，规定小学的党义课分三部分，除了《民权初步》外，还有孙中山先生革命史实、三民主义浅说；初级中学的党义课内容是三民主义及建国大纲浅说；高级中学则是建国方略概要及五权宪法浅释。如上海特别市第二次检定党义教师试题：中学部试题，第一部分是建国方略，第 1 题为孙文学说，第 2～5 题为实业建设，第 5 题为民权初步的内容：试述会议之规则？小学部试题，民权初步有 5 小题，分别为：1. 会议的定义如何？2. 试述会议之规则；3. 何时可发动议？4. 修正案之性质如何？5. 主席之职务如何？见"附录二"，载《民权初步考试问答一百条》，上海三民公司，1929。

② 秦孝仪主编《先总统蒋公思想言论总集·总理遗教概要》，（台北）"中央"党史委员会，1984，第 122 页。

③ 如 20 世纪 30 年代，共产党曾用《民权初步》为封面来出版自己的宣传资料《中国苏维埃》。苏维、陈希亮：《〈中国苏维埃〉伪装本〈民权初步〉解析》，《档案建设》2011 年第 11 期。1946 年 3 月晋察冀边区国大代表选举委员会曾编印《民权初步摘要》，北大图书馆即藏有这本薄薄的小册子，上面还盖有"军调处赠"的印章。

问题，实在说，我们中央执行委员会的会议就没开好过，不要说那些农民。"①

所以直到国民政府迁台之后，为了做好地方自治工作，1954 年 5 月才由"内政部"根据《民权初步》所阐释的议学原理，结合国际最新规定，制定并颁布《试行会议规范》，1965 年 7 月结束"试行"，正式颁布《会议规范》②。这样，各类正式会议才有了一个相对统一的标准。

为什么推行这个《民权初步》如是其难呢？

胡适先生曾说："我对孙中山先生的强调使用议会程序的号召，实有由衷的敬佩。孙先生把一种民主议会规则的标准本，译成中文，名之曰《民权初步》。我完全同意他的看法，民主议会程序，实在是实行民权政治的'初步'！"③ 按照唐德刚先生的分析，这与当国者的认识、见解不及此紧密相关："汪精卫在为《总理遗嘱》撰稿时，他为着行文声调铿锵，乃选了三部中山遗著排列成：《建国方略》、《建国大纲》、《三民主义》。其实他漏列了的《民权初步》，其重要性实不在上述三书之下，甚或有以过之。孙中山先生是近代中国最高层领袖中，凤毛麟角的 modern man；是真能摆脱中国封建帝王和官僚传统而笃信'民权'的民主政治家。他了解搞'民权'的第一步就是要知道如何开会；会中如何决

---

① 梁漱溟：《乡村建设理论》，上海世纪出版集团，2006，第 78 页。

② 据主持其事的黄季陆回忆："我当时正打算把民权初步作成具体的条文，并拟加入联合国新近采行的若干议事的法则以期完善……因为民权初步是一阐明议事原理的书，而难于作具体条规的引用以解决问题。为使民权初步各项原则变作具体的条文，由内政部通令遵行，使其有法规之效力，则今后各种集会议事有了正确的准则程序遵循，便可变乌合之众而为有组织的众人，民主政治所带来的困扰便可减少了。这便是内政部草拟会议规范的由来。内政部于民国四十一年五月成立一个会议规范研究小组，由专门委员张良珍先生任小组的秘书，负责策进起草整理的工作，经过两年长时间的研讨，演习和修订，到四十三年五月才算大体定稿。当时部内曾有同仁主张，先行完成立法程序以便施行；又另有人主张送请行政院核定施行；我认为以上两种办法均属可行，但因为这是一项很专门的问题，也是数十年来，中山先生遗教中最被忽视的一部分，如果遭遇了反对，便会全案被打消，当年的心血又复付诸东流。会议制在民主的体制上有其优点，亦有其缺点；在会议制度之下，往往是不负责任的人与负责任的人共同一起来解决问题，而不负责任的一方，往往因对该一问题缺乏深透的分析，而把负责任的人的原案推翻，凭常识来解决专门的问题，专家主管的意见随时有被扼杀的可能。因此在民主先进的国家，坚强负责完整的行政权是不可缺少的，否则民主政治便流于庸俗、松懈而无效率可言了……于是我决定利用我最后一天的内政部长的权力，先把会议规范公布试行，试行的结果有不妥的地方，再由后任来修改。我于四十三年五月十八日的下午，请张良珍先生把准备就绪的公布文件，再做一番整理工作，即由我签字于十九日正式公布试行。试行十年的结果，尚无修改之处，这是值得安慰的。"黄季陆：《蒋孟邻先生与国父的关系》，《传记文学》第五卷第二期，第 44 页。

③ 《胡适口述自传》，载欧阳哲生编《胡适文集》（第一册），北京大学出版社，1998，第 229 页。

议；决议后如何执行。这一点如果办不到，则假民主便远不如真独裁之能福国利民。中山先生之所以亲自动手来翻译一本议事规程的小书，而名之曰《民权初步》，就凭这一点，读史的人就可看出中山先生头脑里的现代化程度便远非他人所能及。汪精卫在《总理遗嘱》中之所以漏列此书，显然是说明汪氏认为这种小道何能与《总理遗教》的经典并列？殊不知我国的政治现代化运动中所缺少的不是建国的方略或大纲，而缺的却是这个孔子认为'亦有可观'的'小道'！"①

笔者部分同意上述归因于当国者之认识、见解之说，但还须进一步细化来分析：是不是所有的当国者都是见不及此？如有些个别的当国者见及于此，是什么原因在阻碍着他们将之真正推行？

首先唐德刚先生以汪精卫草拟遗嘱之事来说明汪氏将《民权初步》视为无关治国常经之"小道"，根本就是一个伪问题。在孙文逝世之前出版的《建国方略》即包括《民权初步》②，汪氏漏列说实不成立。如此，所谓汪氏见识缺乏则无直接证据了。

指导孙氏撰写包括《民权初步》在内整个《建国方略》的哲学基础是"行易知难"说。知与行的关系问题是传统中国学术中的大问题，儒家主流强调践履的重要性，认为"知之非艰，行之维艰"；阳明先生针对世儒末流将知行割裂而不能真正审察警觉，从"行"的角度提出"知行合一"说，认为"知是行的主意，行是知的功夫；知是行之始，行是知之成"③。孙氏则认为国民"非不能也，不行也；亦非不行也，不知也。倘能知之，则建设事业亦不过如反掌折枝耳"。从而主张"知难行易"④，其实这也是从"知"的角度所提出的另一种"知行合一"说。不论孙氏从衣、食、住、行诸多方面作出论证，但知和行毕竟是两回事⑤，其所主张的能知必能行，较之阳明先生的能行必能知，实在只有百步与五十步之别⑥，作为哲学观点可以成立，作为生活实际操作则未必然。更进而言之，征之生活实际，这种"知行合一"说作为针砭一时时弊之药则可，当作治国之常经则未必当。

---

① 欧阳哲生编《胡适文集》（第一册），北京大学出版社，1998，第249页。
② 参考《孙中山全集》（第六卷），中华书局，1981，第157页之注释。
③ 《王阳明全集》（上册），上海古籍出版社，2011，第5、109~110页。
④ 《孙中山全集》（第六卷），中华书局，1981，第159页。
⑤ 《中庸》曾言，"博学之、审问之、慎思之、明辨之、笃行之"，这实际上是说，博学属知，由知到行至少还应经审问、慎思、明辨等过程，最后方有可能"笃行之"。
⑥ 蒋中正之所以推崇阳明先生，可能就在于从行的角度来谈知行合一较之从知的角度来谈更为贴近生活事实。

孙氏将之运用于《民权初步》，那即意味着民众能知会议规则，即能将这些规则行于各类会议之中，从而开好会，"虽乡愚村妪，苟识之，无不难迎刃而解。由是身体力行，触类旁通，庶几哉民治之盛，指日俟之矣"①。正是在这个意义上，这"会议规则"之书所以名为《民权初步》。但这真是可能的吗？

有优良的会议规则只是开好会的必要条件，绝不是充分条件。其实孙氏自己也意识到，集会不仅要有"原则"和"条理"，亦须"习惯"和"经验"②。易言之，要成为一种"常识"。因此，培训民众熟练掌握《民权初步》之内容并合理运用会议规则，从本质上是一种百年树人的工作，短时期内难以明显奏效。近代中国国族危如累卵，就是较为成熟的政治家亦多不愿从事这类事业。当年，孙文在伦敦与严复晤谈，即有"俟河之清，人寿几何"之语③。笔者曾翻阅孙科之著述，里面就很少涉及《民权初步》④。作为孙氏之哲嗣，长期担任国民政府立法院院长，多次出任政府高官，难道真是对其父《民权初步》的内容和价值完全不了解吗？其间原因，颇堪玩味。如此，更何有望于等而下之的政客们放弃他们争夺"权"和"利"这个当务之急，转而去认真引导民众来做这类"不急之务"呢？最多也就是喊喊口号、装潢门面。

有些《民权初步》的研究者认为该书内容浅显⑤，这可能是受了孙文"自序"所言"浅显易明，便于初学"这句话的影响。但实际上，该书内容并非浅显，至少对中国人来说如此。盖我民族对纯粹仪式性的条款式文字，远不如对具有情节内容或有思想深度的那么容易深入。《礼记》和《仪礼》二书对传统中国士大夫影响之差异即一例。《仪礼》一书以"仪"为名，内容全是仪节度数，是通过仪文来间接呈现礼意的，汉初传自高堂生，但称《礼》，是礼之本经，但因文奥义古，难行于世，隋唐后，其学渐衰。注释者代不数人，写刻讹误，纰漏至不能卒读。唐时韩愈已苦难读。至王安石熙宁变法，崇《周礼》、罢《仪礼》，从此科举中再无"仪礼房"，至此仪礼学几致废弃。直至清代因崇尚考证学风，

① 邓家彦："序二"，载孙中山《会议通则》（铅印本），上海中华书局，1917。
② "自序"，《孙中山全集》（第六卷），中华书局，1981，第413～414页。
③ 据严璩为其父严复所作《侯官严先生年谱》记载，1905年春，"孙中山先生时适在英。闻府君之至，特来访，谈次。府君言：以中国民品之劣，民智之卑，即有改革，害之除于甲者将见于乙，泯于丙者将发于丁。为今之计，惟急从教育上着手，庶几逐渐更新乎！中山先生曰：'俟河之清，人寿几何！君为思想家，鄙人乃实行家也。'"王栻主编《严复集》第五册，中华书局，1986，第1550页。
④ 参考秦孝仪主编《孙哲生先生文集》（全四册），中国国民党中央委员会党史委员会，1990。
⑤ 颜德如、吴志辉：《孙中山〈民权初步〉若干问题之检讨》，《江苏社会科学》2005年第1期；徐梁伯：《被疏忽的研究课题：〈民权初步〉——孙中山关于民主参政基本规范的构建》，《江海学刊》1997年第2期。

才略有起色。《礼记》和《仪礼》的最大差别是《礼记》乃解礼之文，兼论礼意，礼意可以义理推求，不似仪文节式之呆板，因此一直是科举科目，流传较广①。所以《四库全书总目》礼类小序归纳云："古称议礼如聚讼。然《仪礼》难读，儒者罕通，不能聚讼。《礼记》辑自汉儒，某增某减，具有主名，亦无庸聚讼。所辩论求胜者，《周礼》一书而已。"②

有鉴于此，孙文在自序中即强调治是书重在"演试"而非"浏览诵读"③。但"浏览诵读"属知，"演试"属行，必先知而后行。如在知的阶段就味同嚼蜡，那除了少数有心人之外，何能知而后行？故该书难免如作序者所担心的那般"如阳春白雪矣乎"④。及至国民政府将之列入中小学党义课，一般而言，"行"则难以考核，考核只能偏重于"知"。就是对"知"的考察，也会流于教条化的机械记忆之途，结果《民权初步》遂成"浏览诵读"之学，陷入味同嚼蜡之地⑤。另外为应付考试，出版了一些考试辅导用书，虽打着类似于"删繁就简，撷取精华"之口号，但实际上更是把《民权初步》教条式机械记忆化，离实际演习越来越远⑥。如此，本来"方望众人持是以为轨则，诚去其怠与偷，习而学之，因而施之，其效见于年月之间，而愚呆弊习，殆乎可以革矣"的《民权初步》，"虽至易喻，且不以诚将之，苟曰不改其度而已，则是先生之所诏卑近易行者，亦犹未尝行之"⑦。

---

① 参考张寿安《十八世纪礼学考证的思想活力——礼教论争与礼秩重省》，北京大学出版社，2005，第49～55页。
② 张舜徽：《四库提要叙讲疏》，云南人民出版社，2005，第19页。
③ "此书譬之兵家之操典，化学之公式，非浏览诵读之书，乃习练演试之书也。若以浏览诵读而治此书，则必味如嚼蜡，终无所得。若以习练演试而治此书，则将如嗜蔗，渐入佳境。一旦贯通，则会议之妙用，可全然领略矣。"见《孙文自序》，载《孙中山全集》（第六卷），中华书局，1981，第414页。
④ "邓家彦序"，《会议通则》（铅印本），上海中华书局，1917。
⑤ 如上海特别市第一次检定党义教师考试，中学部和小学部的试题，《民权初步》的内容为四道题，皆属机械记忆，重复的就有两道。老师如此，学生可知。中学教师试题第6～9题为民权初步的内容：6.会议之种类有几，其区别如何？7.会长之义务如何？8.会员之权利义务如何？9.以动议及表决而处事，其重要之步调有几，试序列之。小学部试题，关于《民权初步》的四题为：1.会议之种类有几，其区别如何？2.贤能之会长，当具何种特质？3.以动议及表决而处事，其重要之步调有几，试序列之？4.讨论会所常见之简章规则有几，试列举之？见"附录一"，《民权初步考试问答一百条》，上海三民公司，1929。
⑥ 这类书如前面所引的《民权初步考试问答一百条》《民权初步演讲集》等都是如此。后者之编辑者曾自述其初衷："原本系演讲体，未加题目，读者不便记忆，本书一一标示，更觉了然。本书册尾附加表解，为他书所无，宣传者得此，尤为珍贵。""编辑例言"，殷叔平编辑《民权初步演讲集》，中央图书局，1927。
⑦ "朱大符序"，《会议通则》（铅印本），上海中华书局，1917。

　　更进而言之，即便《民权初步》所确立的会议规则和"议学"原理能为普通民众所悉知，那在国民党一党专政的"训政"期间，又焉能保证形形色色的当政者不利用会议规则这类民主形式来为其独断专行更好地"背书"呢？《庄子·胠箧》篇云："将为胠箧探囊发匮之盗而为守备，则必摄缄縢固扃鐍，此世俗之所谓知也。然而巨盗至，则负匮揭箧担囊而趋，唯恐缄縢扃鐍之不固也……世俗之所谓知者，有不为大盗积者乎？所谓圣者，有不为大盗守者乎？"此虽寓言，但近代中国政治舞台上却是活生生上演了一幕又一幕。当然，近代中国政治危机重重，尤其是外患不断，更为当政者独断专行提供了借口，其中手段拙劣者赤裸裸专制独裁，甚至走向传统的皇权专制，公开复辟；高明者则利用诸如会议规则这类民主外衣来推行更为精致的专政。换言之，只要有根深蒂固的专制土壤，必然会生出专制独裁的政客们，作为"民权初步"的会议规则即免不了或被流放，或被利用的命运，其不沦为充饥之画饼的命运也难。如当道者对会议规则和议学原理较为陌生，自然会将其放在一边，置之不理；如有需要，当然也可大喊其口号。如当道者对其有较为深入的了解，能明其功用，自然会生出警惕之心，进而利用这类规则，来为其独裁专断进行合法"背书"。在这样的大环境中，鲜有真正实践机会的会议规则及其背后的议学原理，岂有发达之理？梁启超针对民初所立新法有过这样的评论："何尝有一焉曾经实行者？即将来亦何尝有一焉有意实行者？条文云云，不过为政府公报上多添数行墨点，于实际有何关系？"①《民权初步》的命运又何尝不是如此。

　　当然，在一个较为稳定的社会环境之中，当国者的个人权威下降，独裁专断的口实逐渐失去，作为"议学"原理的《民权初步》可能逐渐会有实施的空间，假以时日，确实也会为发达民权奠定某些基础性工作，相应的，"议学"亦会随之而发达。台湾自20世纪50年代以来的发展历程就是一例。只有具备这些条件，《民权初步》才会名实相符，才不会沦为"小道"，"议者诚来取法，则所为巩固共和者，将不于其名于其实，不于其文于其质也，是真革命之所托终，而建国之所托始也"②。可惜的是，整个近代中国根本不具备这些条件，民生凋敝、内忧外患、独裁专制思潮甚嚣尘上、当国者把推行独裁专制视为家常便饭，《民权初步》实际上仅仅只是无足重轻之"小道"。

　　总之，不论是《民权初步》所阐释的"议学"原理本身，还是此种原理与民权发达之关系，皆可谓持之有故，言之成理，是自晚清《资政院议事细则》

---

① 梁启超《宪法起草问题答客问》，载《饮冰室合集》（第四册），卷三十三，中华书局，1989，第10～11页。

② "杨庶堪序"，《会议通则》（铅印本），上海中华书局，1917。

以降中国近代"议学"发展的最高峰，是一很耐推敲和琢磨的"文章"。《民权初步》之所以是"民权初步"，是因有"能知必能行"这个重"知"的"知行合一"哲学逻辑。但民国"政事"浓厚的专制独裁色彩，彻底斩断了其中的"知""行"之间的联系，变成了知了未必会行、知了更不会行，甚至是知了偏要反其道而行，导致《民权初步》不成其为"民权初步"，"议学"长期得不到发展。古语云，文章不与政事同，正是《民权初步》在民国时期之所以遭冷遇的较形象诠释。如何能为践行《民权初步》创造更好的社会环境，批判并清除形形色色的专制土壤，较好地弥合"知""行"之间的断裂，防止各类独裁者利用像《民权初步》这类先进外衣为专制独断背书，较之单纯强调《民权初步》文本本身的重要性，更是当务之急。只有先做好了这些前提性工作，《民权初步》所阐述的"议学"原理及其蕴含的议事规则才能为民权发达奠基，中国"议学"也才能有实质性推进，不致沦为纸上谈兵，从而真正成其为"民权初步"。

民国四川基层社会诉讼话语变迁研究

——以三台档案为依据[*]

陈长宁[**]

一 理论回顾

研究诉状是分析传统社会纠纷解决中的重要一环。通过研究诉讼话语可以清晰地审视传统社会中的诉讼结构、诉讼意识与诉讼策略等。因而，这一领域始终吸引着研究者的目光。

"权利与冤抑"来自日本学者寺田浩明的学说。寺田浩明认为清代民事审判绝非如黄宗智等所认为的属于"权利保护"[①]，而更大程度上是一种因有欺压而惩恶的"冤抑诉讼"。他指出在清代的"冤抑诉讼"中，"告状者总显得是可怜无告的弱者，被告则是毫无忌惮横行霸道的无法之徒"[②]。因此，这些诉状"在某种不可思议的共同程度上存在着特殊的表达方式或惯用语"[③]。寺田浩明也继承了滋贺秀三的观点，认为清代诉状的内容千篇一律地"叙述对方

---

[*] "杨庶堪序"，《会议通则》（铅印本），上海中华书局，1917。

[**] 陈长宁，四川大学法学院博士研究生。

[①] 黄宗智通过对宝坻、巴县、淡新档案的整理，发现绝大多数的经过正式庭审的案件都获得了明确判决单方胜诉的结果，妥协的情形较少。并且，黄宗智认为大清律例中存在相当比例的民事法律，故他认为清代州县民事审判是州县官依据法律保护人民的民事权利的过程。参见黄宗智《清代的法律、社会与文化：民法的表达与实践》，上海书店出版社，2007。

[②] 〔日〕寺田浩明：《权利与冤抑：寺田浩明中国法史论集》，王亚新等译，清华大学出版社，2012，第236页。

[③] 〔日〕寺田浩明：《权利与冤抑：寺田浩明中国法史论集》，王亚新等译，清华大学出版社，2012，第235页。

如何地无理、自己如何不当地被欺侮的冤抑之情"，而后要求地方官为其申冤①。此说基本成为学界的共识。

邓建鹏依据浙江黄岩档案 78 份诉状，与当时的"讼师秘本"互考，展现出清代诉状的基本风格。他认为诉状最重要的部分是起诉案由与诉讼请求。其中，起诉案由绝大多数是运用具有"极强的视觉刺激"的四字句格式，如"图诈捏控""挺凶勒索"等。但往往极富渲染的文字背后，却实际上总是简单、普通的案情。而诉讼请求部分也与描述案由的"珠语"相似，如"锄强援弱""杜奸免患"等②。邓氏总结清代诉讼话语的特点为"不以（也不存在）类似于现代法的'权利—义务'为前提，而是直接在指控对方当事人严重危害性（存在夸大现象）基础上，请求衙门通过惩办对方，以除暴安良，扶弱除强"③。总而言之，邓建鹏从实证的角度补强了寺田浩明的观点，认为清代诉讼话语为"冤抑型"。

日本学者唐泽靖彦的研究更加清晰地展现了这一事实。唐泽靖彦所依据的材料包括台湾淡新档案、四川巴县档案以及安徽南陵档案，经验证据更加充分。他认为，清代的诉状具有套路性的特征："往往强调起诉人的正直善良、被诉方的邪恶，以及写上打动地方官使其相信的道德格言。另外，一般的诉状，都以请求地方官采取具体的行动为结尾。"④ 唐泽靖彦进而探析了清代诉状模式化，且极度夸张的情节与措辞，所得出的结论仍不悖寺田浩明的观点。

同样还有日本学者夫马进的研究，他以讼师秘本《珥笔肯綮》为依据，展现出讼师不同于以往研究的"同意并期待法律效力"的一面。但他仍承认，讼师在为当事人作状词时，"假如发现自己的主张从法的立场来看有些弱点，也可强化情的方面来补充法的不足"。因此，讼师往往会通过撰写状词的技巧，采用适当的修辞，使状词既可以"令人心动"，也可以"令人心怒"⑤。

清代诉状以冤抑话语为主要构成，这基本是一个共识，而对民国时期诉讼话语的研究则略显薄弱。尤陈俊的研究填补了这一领域的空白。他依据民国时期的诉讼指导用书（包括恢复销售的讼师秘本），观察到其中"示范性诉讼话语之微妙转变"。

① 〔日〕寺田浩明：《权利与冤抑：寺田浩明中国法史论集》，王亚新等译，清华大学出版社，2012，第 233 页。

② 邓建鹏：《讼师秘本与清代诉状的风格——以"黄岩诉讼档案"为考察中心》，《浙江社会科学》2005 年第 4 期。

③ 邓建鹏：《讼师秘本与清代诉状的风格——以"黄岩诉讼档案"为考察中心》，《浙江社会科学》2005 年第 4 期。

④ 〔日〕唐泽靖彦：《清代的诉状及其制作者》，牛杰译，载《北大法律评论》第十卷，法律出版社，2009。

⑤ 参见〔日〕夫马进《讼师秘本〈珥笔肯綮〉所见的讼师实象》，邱澎生、陈熙远编《明清法律运作中的权力与文化》，联经出版事业股份有限公司，2009。

他认为，在1920年以前的民国初期，由于法律知识对社会的渗透有限，诉状的作者和读者都还"共享着对道德叙事的深深耽溺"，因此旧式讼师秘本中那种冤抑话语或者道德叙事仍是主流。而到了民国中后期，随着司法领域知识转型的加深，具有独特逻辑的法律话语逐渐将冤抑话语挤出了诉讼指导用书，乃至使其淡出司法场域①。

尤陈俊的研究可从一个侧面展现法制变革时期诉讼话语的变迁，却也给我们留下了疑问。诉讼指导用书中的"道德话语衰落与法律话语兴起"究竟在多大程度上进入了司法实践？唯有运用基层司法档案作为佐证，方可从正面回答这一问题。本文将利用新整理的民国四川三台县档案，从"实践历史"的角度展现这一话语变迁的真实面貌②。

二 冤抑诉讼的话语

民国十八年（1929年）五月，乡民李太和家的田地被邻人谭兆麟侵犯，李太和向三台县政府提起诉讼，诉状如下：

> 为纠众放水扯毁秧苗，迫恳勘唤讯究，以儆效尤而重民生事。情民等务农朴懦，素无染非，团族近邻无不咸知，可查。衅由谭兆麟前托杨裕丰转佃民业，耕种有年。时因民家人众丁繁，商议赎回自耕谋生。伊再四求种，甘愿限种一载。去岁限满交业，亦多方拚挵（即"刁难"之意，括号内为笔者注，后同）。民念比邻未较，都无异状，未防伊奸殊。兆麟挟民赎业之嫌，迭寻生滋，无隙可乘。因民田土毗连伊界，屡遭凌辱，隐忍畏恶而不敢言。延今春耕在弥，民雇工栽插秧苗，甫经（刚刚）发茎，不臆兆麟心存叵测，窥民秧苗发齐。时民未在家，殊兆麟乘间顿起不良，胆于阴三月二十六日率领伊孩子佺多人突来民田中，估将发出秧苗扯毁欲四石谷之面积，并敢将民田水放干，可勘。民家妇女见伊人多势焰，莫敢徃（往）阻。是日赶民归家，见田水已放，秧苗扯毁，断绝生路。似此情形，狼毒何极无赖。翌日，报请本乡团局甲邻谭西山、尹凤山、王海清等临地查勘，属实不虚，迭投理解，任抗不场。而兆麟反称团甲公所民不治民，有何理落之必要，并詈骂逼控，亦不畏逃惨。民无辜遭伊嫉妬，则故意妨害水利，田亩荒废，并又扯毁秧苗。窃民田无水何以栽

---

① 尤陈俊：《法制变革年代的诉讼话语与知识变迁——从民国时期的诉讼指导用书切入》，《政法论坛》2008年第3期。
② 民国四川三台档案现藏于四川省三台县档案馆，共计四万余卷。感谢四川大学中国西南文献中心对本研究的支持。

秧，无秧何以成谷，无谷何以谋食。一家十口，嗷嗷待哺，情实难甘。若不诉讼请究，此风日炽，民害何堪。既系该兆麟故意妨害水利，荒废他人田亩之所为，干犯刑章，刑不及罪，何以儆后？是以不揣冒昧，只得具情迫恳钧座赏予勘唤讯究拟办，以儆效尤而维民生。倘蒙俯准，恩沾戴德，谨呈①。

整篇状词包含如下四个意群：第一部分是原告的道德自夸，状词中"民等务农朴懦，素无染非，团族近邻无不咸知，可查"，以及其后的"民念比邻未较"等都属于这类内容。这部分内容主要是为表明自己诚实、质朴、忠厚，不会惹是生非。第二部分是塑造被告一贯的恶劣品行。如状词中先谈到谭兆麟在限满退佃时多加刁难，之后又不断挑起事端。第三部分是状词的中心，主要是叙述被告怎样仗势欺人，原告屡屡隐忍，被告却气焰更加嚣张的过程。"因民田土毗连伊界，屡遭凌辱，隐忍畏恶而不敢言。"之后被告"胆于阴三月二十六日率领伊家子侄多人突来民田中"，扯毁秧苗，放水毁田。原告家眷"见伊人多势焰"不敢去阻止侵害行为。而后原告与其理论，又被后者"詈骂逼控"。第四部分主要是将冤情放大，突出原告因受凌辱而无力反抗，甚至陷于生死攸关的处境。在此诉状中，原告先用"田无水何以栽秧，无秧何以成谷，无谷何以谋食"一组排比，接着称"一家十口，嗷嗷待哺"，使人感觉到被告所为会使得原告一家遭受灭顶之灾，足以见被告的凶残。而后又提到不惩罚这种"干犯刑章"的行为会使得"此风日炽"，故要求司法者必须对其严惩，"以儆效尤"。

如上所述，原告道德自夸，叙述被告恶劣品行，仗势欺人与隐忍（冤抑）的事实，渲染案件带来的伤害，这四部分话语构成了一件典型的冤抑诉讼的诉状。下面不妨以民国各个时期的例子来进一步说明（见表1）。

在记叙案由时，这些诉状一如清代，多采用四字或八字珠语，并往往因过度修饰而背离案情。如第9-3-620号案，本只是一起普通的侵占坟地案件，而被表述为"欺生灭死，违约妄争"②。另如第9-3-626号案，一起简单的会款纠纷被表述为"借会敲搕，陷害朴懦"③。再如第9-3-225号一案，寡妇被婆家欺负，却表述为"灭嗣绝生，恶霸无法"④。这类话语在民国前期、中期比比皆是，即便是在民国后期权利话语逐步兴起时，也能看到如第9-3-1064号案中"仗横毁埂，串欺反殴，冤害莫何"这样叙述案由的话语⑤。

---

① 《民国三台档案》全宗号9，目录号3，案卷号23，民国十八年（1929年），四川省三台县档案馆藏。后注中均按照"全宗号—目录号—案卷号"格式简化记录，如9-3-23。
② 《民国三台档案》第9-3-620号，民国二十六年（1937年）
③ 《民国三台档案》第9-3-626号，民国二十六年（1937年）。
④ 《民国三台档案》第9-3-225号，民国二十三年（1934年）。
⑤ 《民国三台档案》第9-3-1064号，民国二十八年（1939年）。

表 1 民国时期冤抑诉讼诉状

编号	时间	案由	道德自令	被告恶劣品行	冤抑事实	渲染案件伤害
第9-3-22号①	民国十八年（1929年）	挟霸恶阻	之前被告诉告原告一案，原告胜诉	(1)前案中，被告败诉归家，恶愤难消；(2)伊每寸不良之心，凡田土梗脚，早被伊等挖空	因降雨导致洪水冲毁田更，原告急需要挖土修复田更，令雇工，子任各持楗样，任意恶阻，敢在下取土修砌，立即殴毙……民人孤势弱，即予停止。乃伊意使民田无便蓄水，各亩田禾立必尽亡，举家粮赋势必断绝	若非隐忍逊让，势必酿成重伴，此种恶感应不值讼，实属挟欺大过，不控不了，不究莫结，终必酿成命伴
第9-3-25号②	民国十九年（1930年）	（诉状）开塘决水，亢干旱农业用，生活断绝	六名原告共同诉讼，之前也为林家挖控李常有母子案作证	(1)李常有情横暴，素不安分，劣迹昭显；(2)其母于界之行为，遇林家侵占，即已有占林占界之行为，遇林家同，辄支其母冯氏民辱骂凶诐；(3)林姓不堪其害，据情控准，李常有母子在案，所控处处皆实，且有确证	殊于今岁天旱，堰堤水干，李常有与李久富狼狈为奸，同将堰底开挖，作地人秋以来雨水颇多，堰塘水溢……将堤盖水灌田，侵放水，亢干塘底，作地不能蓄水灌田，民等阻止，动支其母李冯氏阻止，恐酿凶诐，欲强堰阻止，则生活断绝待老坐堰凶诐	大众均皆受其害，岂独林姓一家，此害不除，各家断绝生活
		（辩词）勒加昧骗	母子朴懦	林德厚即林等生素名，阖县著名，讼为业，巨富	李常有母子与林儿子前去索要，李冯氏让两儿子前去索要，林仁……持势昧骗，一昧昧骗，并恃善舞刀笔，捏砌多词，支使其子林元另等出头朦控在案，计图藉讼拖骗	免昧骗而全生活
第9-3-63号③	民国二十年（1931年）	藉婚搕索	民世居本乡，务农为业，处世朴懦，并未染非	去岁民胞兄出卖田谷九挑与民胞叔家春，承买尚欠业价，银搁拾元，猗前不付，欺民兄朴懦无能，仗势凌逼	伊竟串同伊戚言民妹早年受聘雷姓其子……民当即妥凭团保集纳众斥伊非，藉婚搕索，伊见理屈，犹抱不逞之心。民想买业猗价，反以藉婚搕索而欲从中嫁祸，昧心散讹	恐日后雷姓之子还家，串同……害累，万难措年……约府子以备案存查以杜后累而安良朴

续表

编号	时间	案由	道德自夸	被告恶劣品行	冤抑事实	渲染案件伤害
第9－3－208号④	民国二十三年（1934年）	（诉状）仗势欺人，威逼投河	民历世农耕，素无妄异	殊伊夫妇仗财恃势，常欺民女孤残朴，每每无端寻衅，动辄曾骂终日。民女均常以夫外贸，逐步忍让，莫敢与较。伊胜竟愈为恃豪，遇事欺凌，日胜一日	殊恶殳夫妇轮流辱骂，终夜不休，次晨初十，恶焰愈盛，乃百般欺凌横詈，不堪入耳。民女出首，以理质问，殊伊夫妇泣呼天。横无状，凶焰愈炽，殊王氏等从劝解，殊伊仗当恃势，胆敢将院邻一并申斥，仍复威逼民女同赴大江，投河毙命，伊竟逍遥事外，不理不耳	似此仗势欺凌，威逼投河，实属草菅人命，法理要存……以儆凶横威逼，而维良朴人命
		（辩词）藉死飞诬，仗刁申搪	民业兼衣商，毫非未染……诚朴无妄，街邻威知。民与殊弟李先散系一大院居坐，共十余户口，依此情感融洽，素无忤注之嫌	罗氏未死之前一日，院邻均眼见伊将猪羊及家具什物欢运运于径距不远之娘支人道三家内……伊女又暗安张道三即可了事（即指罗氏之三死与其娘舅道之之间有串通）	先献因贩盐未归，借洪水泛涨，不知因何坠江票殁。殊罗崇富等仗彼娘族势大，又见先散为家，无从详益，遂偏听无方不想之溢稽张证，主支并逼李通梁氏，既王氏为借诬麦草之口角争执，乃诬民夫妇由威逼迫然	藉死吊搕，丧心要理……以朴端佃商，姜约旨瞎理家，今无端遭此不白之累……冤累何极，是非何明
第9－3－620号⑤	民国二十六年（1937年）	欺生灭死，违约妄争	民全族本朴	当其时有恶族买主萧士海等势压全族，由伊膝买贱宜，不依市价，短价给付	将民余留之地完全侵占，由伊私自栽捕柏树，遇坡捕满，难以进一棺	（1）情大恶事，似此欺生灭死，违约妄争，实属目无王纪，已达极点。若不协恳派员查勘，难明真相，势必讼累无结。（2）约价给赎鉴核，庶可准先勘后讯，以破奸谋，庶可生顺死安，否则凭仝欺生灭死，诚恐讼不一讼，为害明底

注：
①《民国三台档案》第9－3－22号，民国十八年（1929年）。
②《民国三台档案》第9－3－25号，民国十九年（1930年）。
③《民国三台档案》第9－3－63号，民国二十年（1931年）。
④《民国三台档案》第9－3－208号，民国二十三年（1934年）。
⑤《民国三台档案》第9－3－620号，民国二十六年（1937年）。

道德自夸部分，具状人往往将自己塑造成淳朴、懦弱的农人。"民本朴懦""民世代农耕""素无妄异"是最基本的表达方式。正如第9－3－63号这一骗婚案中，原告自称的"民世居本乡，务农为业，处世朴懦，并未染非"①。亦可见第9－3－626号这一发生于民国后期的案件中，原告仍用"民家素清寒自居，淡泊安分，自守耕种为业"作为道德自夸②。除此以外，原告多会根据身份与具体情形采取对自己有利的表述，如寡妇通常以自己忠贞、守节作为道德自夸③。而在原告已有对被告的存案留查，或者已有他案起诉被告（或曾遭被告起诉）获得胜诉后，原告往往会以夸赞司法者秉公明断（或者"洞破奸计"）的方式来强化被告一贯恶劣的品行。如第9－3－22号一案中，状词中提到被告曾起诉原告的一案，称赞司法者"烛奸电破控情"④。

对被告的道德贬损是与原告道德自夸截然相反的过程。原告多会以叙述被告不务正业，喜欢惹是生非，阴险狡诈，仗势欺人来达到目的。如第9－3－620号案中提及被告向原告买地时，仗其势力较大而"不依市价，短价给付"⑤。近代四川烟毒泛滥，具状人往往会揭露对方吸烟吸毒来达到诉讼目的。如在第9－3－1号这一发生民国早期的庙产纠纷中，被告被指"滥吸洋烟"，并窝藏烟匪之人⑥。第9－3－216号这一起伤害案件中，被告被描述为"烟癖极大"⑦。第9－3－242号这一抢劫案中，公安局似乎明确将被告"常在烟馆吸烟"作为重要的"品格证据"⑧。除此以外，还有的原告以揭露被告的不正当职业来达到自己的目的。如第9－3－25号案，"林德厚即林笃生素以包揽词讼为业，阆县著名，以致积家巨富"⑨。

陈述冤抑的事实是诉状最重要的部分，也最富含话语修饰。大量出现的"恃""仗"等字眼，展现出被告总是凭借各种势力，恣意欺压原告，而原告总是表现为谦恭与忍让。如第9－3－25号案中，六名原告控诉被告母子挖开塘堰，使田地干旱，以致"各家断绝生活"。他们将原告母子形容为狼狈为奸的恶人，尤其是冯氏动辄"辱骂凶泼"。而在被告母子的辩词中，他们首先声明自己均朴懦，而林德厚是一名有名的讼师，"恃善舞刀笔，捏砌多词"。被告认为，林家与己方原有债务纠纷，而林家试图捏造诉讼来拖延债务。因此，被告母子也向司

---

① 《民国三台档案》第9－3－63号，民国二十年（1931年）。
② 《民国三台档案》第9－3－626号，民国二十六年（1937年）。
③ 《民国三台档案》第9－3－225号，民国二十三年（1934年）。
④ 《民国三台档案》第9－3－22号，民国十八年（1929年）。
⑤ 《民国三台档案》第9－3－620号，民国二十六年（1937年）。
⑥ 《民国三台档案》第9－3－1号，民国五年（1916年）。
⑦ 《民国三台档案》第9－3－216号，民国二十三年（1934年）。
⑧ 《民国三台档案》第9－3－242号，民国二十四年（1935年）。
⑨ 《民国三台档案》第9－3－25号，民国十九年（1930年）。

法者申冤，希望"免昧骗而全生活"①。第9-3-208号案中，原告是一父亲，为他被淹死的女儿申冤。他的女儿因丈夫外出做生意而一人在家，被害者丈夫的兄嫂依仗财势，经常欺辱她。原告称被告因借还麦草与死者发生口角，竟"夫妇轮流辱骂，终夜不休"，第二日继续欺凌弟媳，邻人调解未果，最终逼得弟媳投江自尽。而被告夫妇的辩词却是另一种画面。他们首先声称自己"毫非未染""诚朴无妄，街邻咸知"，并且与弟弟一家关系和睦，弟媳之死与他们无关。他们称弟媳娘家故意借弟媳意外淹死而串通邻人作伪证陷害他们。被告多次提及他们实为良民，特别是妻子丁氏"素安静，双目早已失明，育有儿三女二待哺"②。这让读者对被告夫妇威逼至弟媳投河自尽感到难以置信。

诉状最末的话语一般是用以渲染案件所带来的伤害，并要求司法者立即采取行动。通过这样的渲染，可以让本身普通的案件性质显得意义重大，使司法者难以小视。这亦是明清以来民间一贯的诉讼策略。如徐忠明研究所揭示的，民众认为只有"声音洪亮""把事情闹大"，才能使官府重视并解决自己的冤抑③。故在这一部分，有原告威胁若不妥善解决便会使案件升级以致无法收场，如"终必酿成命件"④，"各家断绝生活"⑤等。也有原告将案件的意义提升到社会层面，希望司法者严惩被告以预防同类不法行为，如"以儆凶横威逼，而维良朴人命"⑥。也有的原告以缠讼作为筹码，向司法者施压，这也暗示自己必定申冤到底的决心，如宣称"势必讼累无结"⑦。

三 权利诉讼的话语

在开始介绍权利诉讼的话语前，应先澄清一个观点——权利诉讼与冤抑诉讼的根本区别是话语结构的不同，而不仅是语词的变迁。例如前文第9-3-23号一案中，诉状最后有一句看似颇具法律意识的"干犯刑章，刑不及罪，何以儆尤"⑧。而案件处理结果仅是县长拘留被告使其具结，保证日后不再寻衅滋事便将其释放⑨。原告的用意不过是极力夸大事件的严重性，引起司法者重视罢了。

---

① 《民国三台档案》第9-3-25号，民国十九年（1930年）。

② 《民国三台档案》第9-3-208号，民国二十三年（1934年）。

③ 徐忠明：《明清诉讼：官方的态度与民间策略》，《社会科学论坛》2004年第10期。

④ 《民国三台档案》第9-3-22号，民国十八年（1929年）。

⑤ 《民国三台档案》第9-3-25号，民国十九年（1930年）。

⑥ 《民国三台档案》第9-3-208号，民国二十三年（1934年）。

⑦ 《民国三台档案》第9-3-620号，民国二十六年（1937年）。

⑧ 《民国三台档案》第9-3-23号，民国十八年（1929年）。

⑨ 《民国三台档案》第9-3-23号，民国十八年（1929年）。

在权利诉讼中，原告一般会首先阐明自己合法拥有正当权利，以及该正当权利被侵害的事实。权利诉讼的状词中援引法律规定，是为了证明自己被侵害的权利的合法性与侵害行为的非法性，以及自己诉求的正当性。在此不妨以一篇民国时期新式诉状范本——《活用民事诉状》中的诉状来说明：

> 窃先父（甲公生有原告一人，并领被告为养子，于逝世时预订遗嘱，定有分割遗产之方法。兹被告持以独揽大权，竟将遗嘱所规定者一笔抹杀，并不依照先父遗嘱分割，核其行为，已抵触法律。查民法第一千一百六十五条载："被继承人之遗嘱定有分割遗产之方法，或托他人代定者，从其所定。"是被告人不遵照先父遗嘱上所定之方法分割遗产，实已侵害原告之继承权利。为此迫不获已，提起诉讼，状请钧院鉴核，迅传被告到庭，将先父遗产，重行依照遗嘱所定方法分割，并令负担本案诉讼费用，以符法制而重权利！①

如此便可清晰地看见民国新式诉讼指导用书中所期许的权利诉讼与民国四川基层社会中传统的冤抑诉讼之间的区别。然而，这种被期许的话语在四川基层社会中究竟有无出现呢？通过下文的例子可给出肯定的回答：

> 为握账不算，侵害权利，依法起诉，恳予传讯主夺，而期平凶事。情原告人弟兄三人，原告居仲，因家仅中资，不堪生食，自民国初年均于娶妻后离开家庭，各谋生计，嗣因生母年迈，□人支持，兄弟协商，以德美居长，归家纪理田土街房等收入，奉亲营业，功美后于廿三年归依慈母，助理家务，所有每年盈余，先该德美录账备考，功美回家后，当然协同办理，去廿七年五月，母病临危，原告人请求被告等，算明存款，筹备一切，伊等互相推诿，皆不交算，至丧葬后，但皆□账可查，要原告人付出现钱七百钏，始得入住所分之业，挑佃户<u>陈洪银</u>②云被告等，尚有私人借项，未曾换佃成纸，拒绝入住，原告人在堂兄大美家请被告人等答□负账原因，给予分约，被告等辄敢执刀逞凶，朋同殴打，大美可质，原告人负伤后延今年余，被告等仍不克账清算，分受之业，不给分约，致原告人应享之权利，被其侵害，

---

① 董浩编《活用民事诉状》，上海会文堂新记书局，1937，第 519～520 页。转引自尤陈俊《法制变革年代的诉讼话语与知识变迁——从民国时期的诉讼指导用书切入》，《政法论坛》2008 年第 3 期。

② 下划线为原文所加，用以避免混淆，后同。

违反民法平均继承之规定，为此依法起诉，恳予传讯主夺，查算判决，以维权益，不胜沾感。谨状①。

该案件发生于 1939 年，是一桩兄弟之间的遗产纠纷案件。从其对案由的表述——"握账不算，侵害权利，依法起诉"便可看出明显的新意。从诉状的话语结构上看，诉状前部既没有道德自夸，也没有对被告恶行的叙述，而是较清晰地将纠纷经过与自己所享有的合法权利一一说明。后文以"致原告人应享之权利，被其侵害，违反民法平均继承之规定，为此依法起诉"表明自己合法权利遭受不法侵害的事实，并明确要求"查算判决，以维权益"。这篇诉状虽在一些用词用语上仍有旧式诉状的痕迹，如"恳予传讯主夺，而期平凶事"，"不胜沾感"等，但这些仅是习惯的表达方式，而从逻辑上看，这篇诉状是严格依照权利诉讼"所享有权利的合法性——权利受侵害的事实——依法诉求"这一思路来制作的。

比这篇诉状更能说明这种变化的，是发生在 1939 年的中国银行成都分行诉邱汝衡债务纠纷一案。

> 原告人因被告人借款不还，提起给付；及确认之诉，兹将其诉之声明，原因事实，理由，证据列左‖②
>
> 声明。‖
>
> 一：请求判决令被告人给付原告人抵押贷款银一万五千元；暨四千元自二十年二月二十四起，一万一千元自二十年三月十日起，至清偿日止，月率一分五厘之利息；并确认上开本息对方家街、邱正顺、邱壁、邱辉祖名义管业之房地产，女土乡邱辉祖、邱壁名义管业之田地产上有抵押权，就其卖得价金得优先受偿。
>
> 二：请求判决令被告人给付原告人证券欠款四百元；暨自二十年三月十日起，至清偿日止，年率百分五之迟延利息。‖
>
> 三：请求判决令被告人负担讼费。‖
>
> 原因事实。‖
>
> 窃被告人前在潼川开邱正昌和酱园，须资周转，于民国二十年春间，指定邱正顺、邱壁名义管业之方家街房地产；及邱辉祖、邱壁名义管业之女土乡田地产作抵；并交出上开产业管业红契为凭，由裕记钱（钞）庄担

---

① 《民国三台档案》第 9 - 3 - 1059 号，民国二十八年（1939 年）。

② 此符号"‖"用于句尾，表明其后此列无文字，后同。——著者注

保，商得原告人潼川办事处同意，于是年二月二十四日抵借去银四千元，议定按月一分五厘行息，二个月为期，又是年三月十日抵借银五千元，议定按月一分五厘行息，一个月为期，又同月同日抵借银六千元，按月一分五厘行息，一个半月为期，均立有约。又民国二十年三月十日因交易得有被告人所出发洋凭票一张额面计银四百元，见票即付。殊被告人抵借款项后，反将旧债惹发，周转失灵，至期无款清偿，催索迄今，延不付给，理合提起给付；及确认之诉，请求判决如声明。‖

理由。‖

查民法第四百七十八条规定："借用人应于约定期限内，返还与借用物种类、品质、数量，相同之物。"又民法第七百二十条规定："无记名证券发行人，于持有人提示证券时，有为给付之义务。"又民法第二百二十九条规定："给付有确定期限者，债务人自期限届满时起，负迟延责任。"本件被告人约借款项，届期延不偿还，所发证券经原告人提示后，亦不履行给付义务，原告人诉请给付本金；并迟延利息，准诸上开规定，尚无不合。再本件第一项声请之债权，原系以上开不动产作抵，今逾期不还，照民法第八百七十三条："抵押权人于债权已届清偿期，而未受清偿者，得声请法院拍卖抵押物，就其卖得价金，而受清偿。"之规定，当然有就其卖得价金而受优先清偿之权。‖

证据。‖

一：邱正昌和酱园借据三张额面共银一万五千元。‖ ①

这份诉状严谨而清晰，开门见山地陈述了案由与诉请，继后依次为声明、原因事实、理由、证据。可见诉状的撰写者拥有良好的法律知识素养与法律文书训练。该案原告中国银行成都分行聘请了 25 岁的巴县律师黄星桥作为诉讼代理人。在诉状封面可看到左上角有 "诉讼人自撰" "诉讼人自缮" 两个印戳。这表明该诉状不同于 "诉讼人自撰本处代缮" 的主流制作方式②。可见该诉状是由这位年轻律师捉刀，本地的诉状制作者在本诉状制作过程中被排除在外，因而避免了本地的惯用格式。实际上这之间的差异并不仅仅是惯用格式，更重要的诉讼话语背后的思路与知识背景。这种差异的根源在于中心城市与基层社会不同的经济、文化、教育状况，特别是新式法学教育所带来的影响。此外，城市中出现的更为复杂的社会纠纷，特别是商业、经济纠纷也势必推进诉讼话语快速转向

---

① 《民国三台档案》第 9 - 3 - 1066 号，民国二十八年（1939 年）。
② 《民国三台档案》第 9 - 3 - 1066 号，民国二十八年（1939 年）。

"权利型"①。

若将某一地区全部司法活动参与者所共处的环境视作布迪厄所谓的"场域",我们便可在三台档案中看见多种场域的并存、交叠与相互影响。特定场域中的人们往往共享着同样的话语体系,而要改变这一话语体系,则需要场域中的多数人更新其知识背景。因此,从冤抑到权利的诉讼话语变迁并不能一蹴而就,而且其中还存在着"中心与边缘"的深刻差异。正如尤陈俊所指出的,"只有司法场域中的参与人具备了相应的知识积累,法律话语才能得以实践性展开"②。

四 "冤抑—权利"诉讼的话语

分别讨论了冤抑诉讼与权利诉讼的话语后,我们应将目光转向它们之间的灰色地带。这一范围内的诉讼话语介于冤抑型与权利型两者之间,为便于说明,笔者将其称为"冤抑—权利"诉讼的话语。但是上述两类话语的分类近似于"理想模型",即实际上并不存在这样非此即彼的区分。尤其是到了民国后期,这种过渡类型便更加明显。

原告对自己的称呼是最明显的例证。清代的诉状中,普通民众往往自称为"蚁"。清代嘉庆二十二年(1817年)的一张诉状共307字,其中便用了13个"蚁"字③。民国时期这一称谓几乎不见踪影,使用最多的是"民",妇女往往用"氏"或"女",而低级、非正式官员如团正等则称"职""绅"等。然而在第9-3-246号这一起侵吞公款诉讼中,原告是一乡甲长,自称"蝼"④。这种以蝼蚁自称的做法,大有前清遗老之风。而在民国后期,新的称谓也渐渐出现在诉状中。除前述第9-3-1059号案外,发生在1939年年底的第9-3-1051号案中,原告自称"原告人",称对方为"被告人"⑤。而在几乎同一时间发生的案件如第9-3-1048号,原告仍以"民"自称⑥。称谓的不统一表明当事人对自己在诉讼结构中定位的动摇。

另一个明显的变化是叙述案由的话语。如前文所述,民国前期乃至中期的三

---

① 梅丽的研究对本文具有相当的启发意义,特别是她对诉讼者的阶级、职业、社会地位的研究,以及对案件分类。参见〔美〕萨利·安格尔·梅丽《诉讼的话语——生活在美国社会底层人的法律意识》,北京大学出版社,2007。

② 尤陈俊:《法制变革年代的诉讼话语与知识变迁——从民国时期的诉讼指导用书切入》,《政法论坛》2008年第3期。

③ 清代巴县档案,第6-2-5505号,嘉庆二十二年(1817年),四川省档案馆藏。

④ 《民国三台档案》第9-3-246号,民国二十四年(1935年)。

⑤ 《民国三台档案》第9-3-1051号,民国二十八年(1939年)。

⑥ 《民国三台档案》第9-3-1048号,民国二十八年(1939年)。

台县诉讼档案中所见的大多数情况仍是如同清代诉状的四字或八字"珠语"。因为珠语能达到气势磅礴的效果，故这种表述最有利于告诉人夸张案件事实，烘托冤情重大。第9-3-7号侵占土地案，案由表述为"不遵县佐讯，恃横恶霸"①。第9-3-9号产业纠纷案，案由表述为"套谋串贿，诬逼霸吞"②。第9-3-64号债务纠纷中，案由表述为"假抵套哄，借后拖骗"③。第9-3-137号债务纠纷案，案由表述为"仗势欺骗"④。第9-3-419号债务纠纷案，案由表述为"串谋拖骗，迭抗不偿"⑤。第9-3-888号佃业纠纷案，案由表述为"仗势夺佃，凌辱难当"⑥。第9-3-916号债务纠纷案，案由表述为"藉亲欺骗，往讨凶伤，恃横难理"⑦。第9-3-1064号田界纠纷案，案由表述为"仗横毁埂，串欺反殴，冤害莫何"⑧。可见，这种冤抑诉讼的话语贯穿于民国的各个阶段。而在民国后期，权利诉讼的案由叙述方式也逐渐在诉状中出现并增加。如第9-3-411号债务纠纷案，案由表述为"昧骗拖延，诉恳法追，用维债权"⑨。第9-4-1044号侵权赔偿案，案由表述为"伤害已惩，医药应赔，附带民事"⑩。第9-3-1060号租佃纠纷案，案由表述为"屡抗和解，执行不行"⑪。对案由的叙述基本能够体现当事人对自己遭遇的认识，是蒙冤还是权利遭受损害，这种出发点的不同决定了救济需求的不同。

除此以外，关于诉讼请求的话语转变也可说明从申冤到维权的变迁。第9-3-19号离婚案，当事人要求"质讯彻查严究，以儆串谋纵逆，而维风化"⑫，将一起婚姻纠纷上升到社会影响的层面，让司法者难以拒绝。类似的还有前述第9-3-23号放水毁田案，当事人诉请"赏予勘唤讯究拟办，以儆效尤而维民生"⑬。值得注意的是，县长在该案状词随后批词"兹勘唤讯究，此批"⑭，几乎完全支持了当事人的诉请，并且一致的话语也表明司法者与具状人（当事人或

---

① 《民国三台档案》第9-3-7号，民国十五年（1926年）。
② 《民国三台档案》第9-3-7号，民国十六年（1927年）。
③ 《民国三台档案》第9-3-64号，民国二十一年（1932年）。
④ 《民国三台档案》第9-3-137号，民国二十二年（1933年）。
⑤ 《民国三台档案》第9-3-419号，民国二十五年（1936年）。
⑥ 《民国三台档案》第9-3-888号，民国二十七年（1938年）。
⑦ 《民国三台档案》第9-3-916号，民国二十七年（1938年）。
⑧ 《民国三台档案》第9-3-1064号，民国二十八年（1939年）。
⑨ 《民国三台档案》第9-3-411号，民国二十五年（1936年）。
⑩ 《民国三台档案》第9-3-137号，民国二十八年（1939年）。
⑪ 《民国三台档案》第9-3-1060号，民国二十八年（1939年）。
⑫ 《民国三台档案》第9-3-19号，民国十八年（1929年）。
⑬ 《民国三台档案》第9-3-23号，民国十八年（1929年）。
⑭ 《民国三台档案》第9-3-23号，民国十八年（1929年）。

者讼师）知识的一致性。第 9 - 3 - 1065 号侵毁坟地案，当事人诉请"速勘唤讯饬，还禁地以杜越侵，而免临时酿衅莫测"①。后半句明显有"威胁"司法者之意。这均是一些冤抑诉讼的话语，而带有权利诉讼色彩的话语则大不一样。如第 9 - 3 - 1054 号请求返还财物案中，当事人诉请将被告"传案讯究，追还二十挑黄谷，三千谷草，并令赔偿因抢收而发生之诉讼损害，以儆贪顽而维良朴"②。第 9 - 3 - 1063 号债务纠纷案中，当事人诉请将被告"传案质询，查处分别究追偿还，并恳判饬负担本案诉讼费，以儆狡顽，而重债权"③。诉讼请求的表述可谓最能体现当事人对申冤还是维权的需要，也最足以体现诉讼主体对诉讼性质的认识。

五　结语

清末民初的法制改革犹如西方法律这块石头投入了中国传统社会这一池湖水里，波纹从中心荡漾开去，远离中心的四川基层社会较晚才感受到这些波纹。

从与清代无太大差异的冤抑诉讼，到民国后期权利诉讼成为主流。本文采用了对诉讼话语结构的考察来甄别这两种类型，不仅在于考察两种诉讼话语内容上的区别，而更在于探究其背后的思路与文化。冤抑诉讼旨在申冤，建立在将司法者视为可为其平冤的圣贤的认识基础上。其诉讼话语包括四大结构，即原告道德自夸、被告恶劣品行、冤抑事实及渲染案件伤害。而权利诉讼旨在维权，建立在公民可以依法诉请作为公共机构的司法者提供法律救济的认识基础之上。其诉讼话语结构主要包括证明主体所拥有权利的合法性，证明侵害权利行为的非法性以及依法提出的诉求。处于两者之间的是过渡型的诉讼话语，本文称其为"冤抑—权利"诉讼的话语。这一中间类型数量最大，贯穿于民国的始终。换言之，民国四川基层社会诉讼话语所反映的正是传统社会秩序与现代法律秩序的冲突与融合。从中我们既能看到基层社会迟于中心城市对现代西方文明作出反应，也能看到转型中的基层社会所呈现出的诸种特色，特别是变与不变相互融合，传统与现代不分你我，更难分你我的状态。

从冤抑诉讼到权利诉讼，抑或是从传统到现代，都是一个新旧文化反复拉锯的过程，而非简单的非此即彼、二元对立。在不同社会中，这种发展过程又是极富变化的。本文通过挖掘民国三台档案中的深层信息，力图将对四川基层社会中

① 《民国三台档案》第 9 - 3 - 1065 号，民国二十一年（1932 年）。
② 《民国三台档案》第 9 - 3 - 1051 号，民国二十八年（1939 年）。
③ 《民国三台档案》第 9 - 3 - 1063 号，民国二十八年（1939 年）。

的法制变迁的研究推向细致化、微观化与实证化。从诉讼档案出发，我们可以清晰地看到传统文化与现代文化、东方文明与西方文明、变与不变在中国内部形成的无数充满张力却真实存在的独特景观。流行一时的宏大叙事式的研究将许多法制转型中的问题同一化、简单化。透过基层司法档案，认识到转型社会中大量充满张力的悖论性存在，正是"新法律史"的研究指向，也正是逐步接近真实的历史研究进路。

《梓潼帝君化书》中的蜀地民间信仰

胡 宁[*]

《梓潼帝君化书》简称《化书》，又称《文昌化书》[①]，共四卷，系鸾坛降笔而成，收入《正统道藏》洞真部谱箓类。学界关注此书的成书情况及梓潼帝君信仰，而忽视了是书所展现的其他信息[②]。《梓潼帝君化书》的主体形成于宋元时期的蜀地，因而本文试图根据此书探讨蜀地民间信仰情况，以望能更全面深入地了解蜀地民众的信仰状况。

一 山川神崇拜

以往学者仅论及蜀地山神信仰普遍，水神信仰兴盛。据康文籍的统计，《宋会要辑稿》就载有获得宋王朝赐封的蜀地山神 41 所。康氏又从其他文献中搜罗

---

[*] 胡宁，西华师范大学历史文化学院副教授。

[①] 《正统道藏》（第三册，第 293~326 页）称《梓潼帝君化书》，《古今图书集成·神异典》"文昌之神部"所收称《化书》，清人刘樵《文昌帝君全书》中称《文昌化书》。

[②] 1994 年祁泰履出版 A God's Own Tale: The Book of Transformation of Wenchang, the Divine Lord of Zitong（《神的自传：文昌帝君化书》，State University of New York Press，1994）一书，此书分研究、翻译和解说三部分。探讨了文昌帝君信仰及《梓潼帝君化书》形成的历史，英译了《梓潼帝君化书》首篇"化迹总诗"，并对前七十三化进行了解说。山田利明在《神的自传——〈文昌帝君化书〉》（日本《东方宗教》1997 年第 89 期）中，考察了文昌帝君历经九十七化的种种神话。宁俊伟在《〈梓潼帝君化书〉成书年代辨析》（《山西大学学报》2007 年第 2 期，第 103~105 页）则细致地辩证了《梓潼帝君化书》各部分的成书年代。台湾学者杨晋龙《〈文昌化书〉内〈诗经〉资料研究》（载《第五届诗经国际学术研讨会论文集》，学苑出版社，2002，第 583~598 页）一文亦对《文昌化书》成书情况进行了研究，并归纳《文昌化书》内引用《诗经》的实际情况。

出宋代蜀地山神及岩穴之神 70 余所，水神 50 余所。山神之神迹多体现在"雨旸立应"或"神助退贼"等方面。蜀地水神以江渎庙最为出名，乾德六年（968 年）与康定元年（1040 年），宋王朝两次加封江渎神，四川多地都有江渎庙①。《梓潼帝君化书》对蜀地山川神的崇拜情况有更具体的反映。

首先，《梓潼帝君化书》进一步体现了蜀地山川信仰的普遍性。蜀地民众相信山川河渎都有神灵存在，《梓潼帝君化书》中，举凡提到的山川都有其神灵，山有山精、山王及山神，如武都山精②、山王白峰圭③、山神白辉④、青黎山山神高鱼生⑤、龟山之神义敏⑥、婆娑山山神辕安行⑦。水有龙神，如封白池龙神⑧、郪涪二龙神⑨、瀼龙⑩。他们仅有大小、善恶及能力的区别。蜀民视山川神为当地的保护神，山川神所司之事杂而多。

其次，《梓潼帝君化书》反映出蜀地山川神普遍人格化。一方面山川神由人死后为之，青黎山山神即由山下已故教子吴宜肩充任⑪。书中所提及的山川神灵如人一般，冠以姓名。另一方面山川神带有人间官僚的色彩，青黎山山神高鱼生强抢民女，"部民孙涤女方婚之夕，鱼生悦慕，因拘其魂而乱之"⑫。龙神亦为行路先后问题，大打出手，"二龙俱东相值于江合之中流，争先以行，气不相下，斗于江渊"⑬。

再次，《梓潼帝君化书》提供了另一种类别的山川神灵。据王永平先生的研究，唐代山岳神灵崇拜大致可分为三类：一是将历史人物奉祀为山神；二是将传说中的神仙或得道成仙者奉祀为山神；三是将人们头脑中想象出来的神灵奉祀为山神⑭。《梓潼帝君化书》中的山神一般由当地人死后充任。婆娑山山神辕安行就是婆娑山下袁氏子，其自曰："某之治有民周符，本袁氏子，某之族也。去车

---

① 康文籍：《宋代四川地区民间信仰研究——以祠庙为中心》，西南大学硕士学位论文，2009，第 10 页。
② 《梓潼帝君化书》（正统道藏本）"费丁第四十四"，第三册，第 306~307 页。
③ 《梓潼帝君化书》（正统道藏本）"山王第三十一"，第三册，第 302 页。
④ 《梓潼帝君化书》（正统道藏本）"栖真第三十"，第三册，第 302 页。
⑤ 《梓潼帝君化书》（正统道藏本）"刑赏第三十二"，第三册，第 302~303 页。
⑥ 《梓潼帝君化书》（正统道藏本）"明冤第三十五"，第三册，第 303~305 页。
⑦ 《梓潼帝君化书》（正统道藏本）"婆娑第五十"，第三册，第 308~309 页。
⑧ 《梓潼帝君化书》（正统道藏本）"刑赏第三十二"，第三册，第 302~303 页。
⑨ 《梓潼帝君化书》（正统道藏本）"牛山第五十六"，第三册，第 312~313 页。
⑩ 《梓潼帝君化书》（正统道藏本）"鱼腹第五十三"，第三册，第 310~311 页。
⑪ 《梓潼帝君化书》（正统道藏本）"刑赏第三十二"，第三册，第 302~303 页。
⑫ 《梓潼帝君化书》（正统道藏本）"刑赏第三十二"，第三册，第 302~303 页。
⑬ 《梓潼帝君化书》（正统道藏本）"戒龙第五十一"，第三册，第 309~310 页。
⑭ 王永平：《论唐代的山神崇拜》，《首都师范大学学报》2004 年第 6 期，第 19~24 页。

从袁,俗省之也。"① 青黎山山神是青黎山下已故孝子为之,"山下有故孝子吴宜肩,尝为父疾刺血写《楞伽经》四卷,寿终五年未有所受。予为保奏,以代(青黎山山神高)鱼生,帝报曰可。"② 这样山川之神成为当地人的祖先,山神崇祀与祖先崇拜结合起来。

最后,《梓潼帝君化书》指出蜀民重视西岳与海若。西岳,又名岳灵,即华山神。自古以来,五岳地位并不完全相等,泰山的地位最为崇高,但在蜀人心目中,华山神仍是西南诸山神之主,诸山神尊于华山。"秦既并周,九鼎西迁,诸山之祇,会于岳灵,……所以听革命而效灵祉也。"③ 华山神不仅统御西南诸山神,还统领西南诸地祇,"老氏将左右二真人自东而西,予列拜于西岳所部诸地祇中。西岳有令,诸地祇皆拜送十程,予在翼护数"④。海若,即北海神。上古神话传说中,关于海若神的记载无多,《山海经》多次讲到海神,却没提到海若。《庄子·秋水》有"海若"与"河伯"的故事⑤。《楚辞·远游》仅提及海若,"使湘灵鼓瑟兮,令海若舞冯夷"⑥。南朝宋人鲍照诗"河伯自矜大,海若沉渺莽",只是读《庄子·秋水》有感而已⑦。《梓潼帝君化书》提及海若威力惊人,"奉真第六"云:"一日海风翻浪,远迩奔骇,非人力可支。予谓众曰:'家有金像,得之傥来,今为众舍之,以祈海若泊于安息。'乃率众乘高以像投狂澜中,俄然风止潮回,一境获免。"⑧ 宋时海若在蜀地颇有影响力,是诸水神的主管。"戒龙第五十一"前七言诗即云:"周既为秦九鼎迁,诸龙听命海神前。"正文又曰:"秦既并周,九鼎西迁,……诸川之龙,朝于海若,所以听革命而效灵祉也"⑨。显然诸龙听命的"海神"即"海若"。

二　里域真官崇祀

宋时,里域真官与城隍、土地并列为地方基层神祇。上至朝廷,下至普通百姓对其崇祀有加。宋哲宗曾于元祐四年(1089 年)两度派遣官员祭祀景灵宫之

---

① 《梓潼帝君化书》(正统道藏本)"婆婆第五十",第三册,第308~309页。
② 《梓潼帝君化书》(正统道藏本)"刑赏第三十二",第三册,第302~303页。
③ 《梓潼帝君化书》(正统道藏本)"戒龙第五十一",第三册,第309~310页。
④ 《梓潼帝君化书》(正统道藏本)"大丹第四十八",第三册,第308页。
⑤ 《庄子集解》(新编诸子集成)卷四《秋水》,中华书局,1954,第138页
⑥ 《楚辞集注》卷五《远游》,上海古籍出版社,2001,第109页。
⑦ 鲍照:《鲍明远集》(文渊阁四库全书本)卷八《望水》,(台北)商务印书馆,1986。
⑧ 《梓潼帝君化书》(正统道藏本)"奉真第六",第三册,第295页。
⑨ 《梓潼帝君化书》(正统道藏本)"戒龙第五十一",第三册,第309~310页。

里域真官①，王安石、苏辙等名士大夫也为之撰写祝文。学界对城隍与土地多有论述，然里域真官却未能进入学术视野，至今不仅道教经书未对其进行阐释，甚至辞典词书亦未有收录。在此结合承载了不少里域真官信息的《梓潼帝君化书》，探讨里域真官崇祀。

"里域真官"一词在道教经书中出现较早，《太上洞玄灵宝授度仪》《三洞奉道科戒》《赤松子章历》及《无上秘要》等南北朝道教经书即有此词出现。不过此时"里域"是指里巷的界墙，是一地域限定词，"真官"是指仙人而有官职者，因而"里域真官"是一泛称，即居于里巷的有官职的仙人。至宋，"里域真官"成为与城隍、土地并列的基层神祇。"无上黄箓大斋坛"云"牒请灵坛守卫威神某、甲子岁德尊神、本处城隍、土地、里域真官五道大神"②。据《梓潼帝君化书》，里域真官在蜀地颇为普遍，举凡里域皆有里域真官，并人格化，如龟城里域真官虞叔奇③、邛之里域主者孙洪叔④、凤山里域独孤正⑤。里域真官还有了自己的办事衙门——里域司，《灵宝玉鉴》在"大斋资次"中云："次发预奏文檄一宗，缴发甲帐，扬立四境，神旛立神虎堂，里域司接济孤魂。"⑥ 里域真官较为突出的职责有二：一是护卫道观，一是保护里巷。

先看护卫道观之职，宋人认为上至皇家宫观，下至普通道观，皆由里域真官护卫。宋代皇家宫观中，景灵宫较为有名。王安石的《景灵宫里域真官祝文》云："伏以宗祈阳郊，祗见神祖。葆兹净域，夙赖真灵。祗率旧章，式陈嘉荐。"⑦ 清人沈钦韩为王安石的这一祝文作注时，即云："里域真官犹佛寺之伽蓝神矣。"⑧ 一般道观中也供祀里域真官，以护卫道观。云州太清观，"建三清宝殿于中央，以崇其至尊也。星洞连甍而幽邃，神仪列位而轩昂，以象其朝元也。法箓圣众设供于兰堂，里域真官陪居于要地，以明其还卫也"⑨。

里域真官守护道观之任亦获得民众的普遍认同。如《夷坚志》中《蟹山》

① 苏辙：《栾城集》卷三十四《景灵宫安铁水窗祝文》。苏颂：《苏魏公文集》（文渊阁四库全书本）卷二十七《景灵宫石桥安构栏子动土祭告里域真官祝文》，（台北）商务印书馆，1986。
② 蒋叔舆：《无上黄箓大斋立成仪》（正统道藏本）卷十三"无上黄箓大斋坛"。
③ 《梓潼帝君化书》（正统道藏本）"口业第五十四"，第三册，第311页。
④ 《梓潼帝君化书》（正统道藏本）"杀生第六十一"，第三册，第315页。
⑤ 《梓潼帝君化书》（正统道藏本）"凤山第五十二"，第三册，第310页。
⑥ 《灵宝玉鉴》（正统道藏本）卷二"大斋资次"。
⑦ 王安石：《临川文集》（文渊阁四库全书本）卷四十六《景灵宫里域真官祝文》，（台北）商务印书馆，1986。
⑧ （清）沈钦韩：《王荆公文注》卷二，民国嘉业堂丛书本。
⑨ 转引张焯《云冈石窟编年史》，第276页，《金云州创建太清观碑》。

的传说所载，为便于分析，现录于下：

> 湖州医者沙助教之母，嗜食蟹。每岁蟹盛时，日市数十枚，置大瓮中，与儿孙环视，欲食则择付鼎镬。绍兴十七年（1147 年）死，其子设醮于天庆观，家人皆往，有十岁孙独见媪立观门外，遍体皆流血，媪语孙曰：我坐食蟹业，才死即驱入蟹山受报，蟹如山积，狱吏又我立其上，群蟹争以螯爪刺我，不得顷刻止，苦痛不可具道。适冥吏押我至此受供，而里域司又不许入，孙具告乃父，泣祷于里域神。顷之，媪至设位所，曰：痛岂复可忍，为我印九天生神章焚之，分给群蟹，令持以受生，庶得免，遂隐不见，其家即日镂神章板，每夕焚百纸，终丧乃罢①。

里域真官严格控制道观来往人员，沙助教于天庆观为其母设醮，冥吏已押其母至天庆观受供，可未得里域真官的允许，仍不得进入。

正因为里域真官有此神职，道观动土修缮之前，总是先行祭告里域真官。王珪《朝谒景灵宫行宫内动土祭告里域真官祝文》："伏以娱神之礼，张幄陈庭，先期度工，饬以兴事。敢申嘉荐，几灵之安。"②苏轼亦有《景灵宫天兴殿开淘井眼祭告里域真官祝文》："神游之庭，井泥不食，日辰之吉，浚治以时，诒尔明灵，庶无悔咎。"③

再看保护里巷之职，《梓潼帝君化书》中里域真官熟知里巷内的人事。上级神灵对地方事物不清楚时，往往召里域真官而问之。如邛之杜章杀生过多，受尽折磨，以至"投井自尽，为人执之，极口辱骂，于是仰天呼冤。予（梓潼帝君）见之讶，而问里域主者孙洪叔，言其详，且言此人禄尽而命长，尚余五年"④。梓潼帝君在凤山见一老妪，心生怜悯，欲了解老妪的具体情况亦是"呼里域独孤正而询之"⑤。梓潼帝君在行化时，擅行报复吕氏，枉害人命，天帝也命里域神提供详细受害情况，"予前以吕氏冤对奏帝，未报而擅行之。……翌日玉音荐降，以海神晁闳劾予擅用海水，陷溺平民五百余户，以口计之，二千余命。除里

---

① （宋）洪迈：《夷坚乙志》乙卷一，清十万卷楼丛书本。

② 王珪：《华阳集》（文渊阁四库全书本）卷十四《朝谒景灵宫行宫内动土祭告里域真官祝文》，（台北）商务印书馆，1986。

③ 苏轼：《东坡全集》（文渊阁四库全书本）卷一百十四《景灵宫天兴殿开淘井眼祭告里域真官祝文》，（台北）商务印书馆，1986。

④ 《梓潼帝君化书》（正统道藏本）"杀生第六十一"，第三册，第315页。

⑤ 《梓潼帝君化书》（正统道藏本）"凤山第五十二"，第三册，第310页。

域所具，予前身仇对八十余人，半在城隍，半居附郭外，其余生齿，皆系夭枉"①。以上《梓潼帝君化书》中所描写的场景与许多土地传说相类，我们最为熟悉的场景就是《西游记》神通广大的孙悟空，若在某地遇到什么险阻，往往是将一方土地拘来责问一番。

不过里域真官的地位与城隍不对等，如《青田小胥》载：

> 建炎中（1127～1130 年），青田小胥陈某者，尝上直，同辈三人皆窃出，陈素谨畏，独卧吏舍。明旦，门不启。主吏扣户连呼之，不应。以告县令陈彦才，破壁以入，衣衾巾屦皆在，独不见人，而窗壁整密如常时，莫能测。陈父日夕悲泣，山椒水涯寻访略遍。适路时中，过永嘉，道出青田。蒋存诚祭酒，方乡居，怜其父老而失子，为以情祷之，时中命具状，诉于驱邪院，而判其后云，当所土地、里域真官，仰来日辰时，要见陈某下落。如系邪祟枉害生人，亦仰拘赴所属根治，余依清律施行，仍画玉女于后，令焚于城隍祠。明日，去县五里曰下浦，渔者方收纲，忽潭水沸腾，声如雷震，急艤舟岸侧以避。俄顷，一物跃出，高丈余复坠，水亦平帖。徐而观之，乃陈胥之尸，时秋尚热，死已旬日，而面色如生，竟不测为何祟，其身何以能出户也②。

上则故事，具状诉于驱邪院，判决由土地、里域真官执行，却焚于城隍祠，暗示里域真官一定程度上听命于城隍。

作为基层神祇，里域真官之职与城隍、土地有些重合。宋时守土安民，保一方平安是土地之责，无疑这一观念更加深入人心。贾二强先生的《唐宋民间信仰》一书对此有详细论述③，不再赘述。宋时有道观由土地护卫的传说，如《夷坚志》载《简寂观土地》云：

> 都昌人陈彦忠，伉质好义，疏财倜傥。尝有党大夫者，自河北来，同寓居西陈里。将赴调，无资财可行，彦忠饷以百千，且馆其老稚于家，待之如骨肉。其赒人之急类如此。乾道三年（1167 年）十月，以疾亡，临卒前一夕，梦告其父曰："彦忠不得终养，兹受命为简寂观土地矣。"父未以为信，

---

① 《梓潼帝君化书》（正统道藏本）"解脱第六十六"，第三册，第 316～317 页。
② （宋）洪迈：《夷坚丙志》卷五《青田小胥》，清十万卷楼丛书本。
③ 贾二强：《唐宋民间信仰》，第 66～88 页。

已而其子亦梦如所言。逾岁后再见梦曰："自为简寂土地，今一年久，而室宇摧敝，每天雨则面目淋漓，不可宁居，四体殆无全肤，宜为我缮理。"明日，乃父乃子相与语，即往彼处视之而信，乃为一新之①。

里域真官虽获得宋王朝的认可，流行于民间，但其声名与影响都不足以与土地抗衡，甚至有认为里域之神即为土地者，宋人许应龙《祭告土地祝文》云："眷惟庙祧之所，厥有里域之神。属兹缮修，实资呵护。庀工云始，前告是宜。"② 加上道教始终都未承认里域真官为道观保护神，因此里域真官崇祀只能是昙花一现，宋以后其崇祀便沉寂无闻了。

三　城邑之神崇拜

宋时蜀地山有山神，水有龙神，邑即有邑神。《梓潼帝君化书》中提到了两类城邑之神：一是邑神，一是城隍。

蜀地各邑均有邑神，其为一邑之守护神。所辖城邑出现水旱凶荒时，邑神为城邑奔走请命，白马邑邑神柏坚见"波涛泓浸，居民昏垫，有鱼腹之忧"急告于梓潼帝君③。苴邑邑神苏公长因干旱为邑中百姓请命："全蜀亢旱，邑神苏公长不忍遗黎死于岁凶，引咎自责曰：'臣所部民少壮力作，老者休息，非不孝也。征徭不惮，未尝敢恕，非不忠也。春耕夏种，冬祭天地，非不敬也。视田之美，画以方隅，许为粢盛，即有所收，不敢先尝，非不顺也。有民忠孝敬顺如此，而旱暵为灾，曾不我遗，是臣之罪也。'"④ 邑神亦颇受民众的崇信，苴邑邑人张千十逼人弃子，以致自己儿子各有缺陷，"长者有废疾，不任事。次子三岁有痫，医卜巫禁皆不能治。祷邑之神公孙掌，十日不解"⑤。

城隍，在《梓潼帝君化书》中仅出现一次，"予昔在蜀，栖真于摩维洞，天旱蝗三载，有四境城隍同日申到，蜀民无知，停枢经年，暴露考妣，血尸冲秽，上天见怒，锁诸龙潭"⑥。此化中城隍因旱蝗之灾奏告梓潼帝君，与前述邑神所为相类。

蜀地邑神，或是乡村逐渐都市化，从土地，或山神演变而来。邑神集中出现

① 《夷坚支志·甲》卷八《简寂观土地》。
② 许应龙：《东涧集》卷九《祭告土地祝文》。
③ 《梓潼帝君化书》（正统道藏本）"拯溺第三十七"，第三册，第304页。
④ 《梓潼帝君化书》（正统道藏本）"曲雨第三十九"，第三册，第305页。
⑤ 《梓潼帝君化书》（正统道藏本）"苴邑第三十六"，第三册，第304页。
⑥ 《梓潼帝君化书》（正统道藏本）"终亲第九十四"，第三册，第324页。

于《梓潼帝君化书》前七十三化中，之后不被提及。城隍出现于九十四化。《梓潼帝君化书》七十三化本至迟在南宋初期出现，九十四化本则出现于南宋中期。可以说在城隍崇祀兴盛之前，蜀地曾有邑神作为过渡。

《梓潼帝君化书》呈现出宋元时期蜀地民众信仰的基本情况，时蜀地山神、龙神、里域真官、邑神等崇祀较为普遍，靠山之民，遇难则祷于山神；滨水之民，遇难即祈于龙神；城邑之民，遇事则祝于邑神及里域真官。

清代南部县保护宋代"三陈"墓档案研究

蔡东洲*

宋代阆州陈氏是一个以科举考试而崛起的典型家族。陈尧叟、陈尧佐、陈尧咨兄弟三人进士高科,仕宦显达,时称"三陈",并其父省华,合称"陈氏四令公"①。真、仁之世,"陈氏四令公"在政界、文坛和社会生活中都有着广泛而巨大的影响。笔者曾对这个家族的兴衰历史和核心成员进行过较为系统的研究②,其中对自明朝以来地方文献出现的"三陈"聚葬河南"新郑说"和分葬四川"南部说"进行了考证,肯定包括"三陈"在内的陈氏家族坟墓俱在河南"新郑世墓"③。但这个结论并没有引起地方文物管理部门的足够重视,至今南部县人仍然以其境内的一个墓冢为陈尧咨墓,予以保护④。

新近在整理《清朝南部县衙档案》(以下简称《南部档案》)时发现同治、光绪年间保宁府、南部县保护以"三陈"兄弟为代表的陈氏家族成员坟墓的档案数十件。这在笔者心中产生了不小的震动,因为历史档案文献的可靠性是公认的,所以怀疑自己原来结论的正确性,不得不对这些档案进行一番研究。

---

* 蔡东洲,西华师范大学历史文化学院教授。

① 司马光:《温国文正公文集》卷66《陈氏四令公祠堂记》,四部丛刊本。

② 先后发表或出版过《宋代阆中陈氏研究》(天地出版社,1999)、《〈宋史·陈尧佐传〉补考》(《四川师院学报》1996年第2期)、《宋代阆州陈氏研究》(《四川师范学院学报(哲学社会科学版)》1997年第4期)、《阆中陈氏族谱考论》(《文献》1997年第3期)、《川北宋代阆州陈氏遗迹考察》(《四川师范学院学报(哲学社会科学版)》2001年第1期)等论著。

③ 晁说之在《宋故赠承议郎陈公(造)墓志铭》中称这块陈氏墓园为"新郑世墓",载《嵩山集》卷20。

④ 四川南部之陈尧咨墓位于大坪镇天马村与丘垭乡金星村交界谢家山山梁上,背靠山岩,面向醴峰观。现存清朝光绪十六年(1890年)南部县保护晓谕碑、清代族人刻立的墓碑和土堆墓冢。

一 《南部档案》中的保护"三陈"墓档案

《南部档案》现存有关陈氏家族墓的档案共计3卷47件，即第7目录之第104卷8件，第10目录之第161卷29件、第890卷10件（见表1）。

表1 《南部档案》中有关"三陈"墓的档案材料一览*

序号	提要内容	形成时间	成文主体	文体	档案出处
01	为续修会典查明古昔陵寝先贤祠墓事饬南部县	同治十三年十一月二十九日	保宁府衙	札文	第7－104－1号
02	为续修会典查明古昔陵寝先贤祠墓事饬南部县	同治十三年十二月十八日	保宁府衙	札文	第7－104－2号
03	为续修会典查明先贤祠墓径申藩宪衙门事饬南部县	光绪元年七月	保宁府衙	札文	第7－104－3号
04	为续修会典札催查明古昔陵寝先贤祠墓事饬南部县	同治十四年正月十七日	保宁府衙	行文	第7－104－4号
05	为申赍卑县境内先贤坟墓册结事呈保宁府	光绪元年二月十三日	南部县衙	验折	第7－104－5号
06	为另造先贤坟墓清册具文径申藩宪衙门事饬南部县	光绪元年三月三日	保宁府衙 南部县衙	行文	第7－104－6号
07	为申覆境内有宋先贤陈尧叟陈尧咨坟墓并无拆毁事申藩宪衙门	光绪元年三月十七日	南部县衙	验折	第7－104－7号
08	为续修会典再行札催查明古昔陵寝先贤祠墓事饬南部县	光绪元年六月二十二日	四川布政使司衙门	札文	第7－104－8号
09	为催造报光绪八年先贤祠墓册结事饬南部县	光绪九年三月二日	保宁府衙 保宁府衙	札文	第10－161－1号
10	为申赍卑县境内先贤坟墓册结事呈保宁府	光绪十年三月十六日	南部县衙	验折	第10－161－2号
11	为申报卑县境内有宋先贤陈尧叟咨坟墓事	光绪十年三月十六日	南部县衙	印结状	第10－161－3号

续表

序号	提要内容	形成时间	成文主体	文体	档案出处
12	为备造计开宋先贤陈尧咨陈尧叟坟墓各所及坐落置处防护无误事呈保宁府	光绪十年三月十六日	南部县衙	清册	第10-161-4号
13	为奉谕将境内古陵寝及往圣先贤名臣忠烈祠一体守护修茸遵例造册事饬南部县	光绪十年闰五月二十二日	保宁府衙	札文	第10-161-5号
14	为催查该县应选光绪十年分境内古圣先贤祠墓有无损坏册结事饬南部县	光绪十一年三月七日	保宁府衙	札文	第10-161-6号
15	为即将境内古陵寝及往圣先贤名臣忠烈祠一体守护修茸遵例造册事饬南部县	光绪九年七月二十三日	保宁府衙	札文	第10-161-7号
16	为申赍卑县境内先贤坟墓册结事呈保宁府	光绪十一年三月十四日	南部县衙	验折	第10-161-8号
17	为遵奉结得卑县境内有宋先贤陈尧叟陈尧咨坟墓各所无坍塌损坏事	光绪十一年三月十五日	南部县衙	印结状	第10-161-9号
18	为备选计开宋先贤陈尧叟陈尧咨坟墓各所坐落处防护无误事呈保宁府	光绪十一年三月十五日	南部县衙	清册	第10-161-10号
19	为申赍卑县境内先贤坟墓册结事呈保宁府	光绪十二年四月二十七日	南部县衙	验折	第10-161-11号
20	为申报卑县境内有宋先贤陈尧叟陈尧咨坟墓各所无坍塌损坏事	光绪十二年四月二十七日	南部县衙	印结状	第10-161-12号
21	为备造计开宋先贤陈尧叟陈尧咨坟墓各所坐落处防护无误事呈保宁府	光绪十二年四月二十七日	南部县衙	清册	第10-161-13号
22	为遵照定例将境内所有古昔陵寝祠墓勤加巡视防护并造县清册事饬南部县	光绪十一年六月二十三日	保宁府衙	札文	第10-161-14号

序号	提要内容	形成时间	成文主体	文体	档案出处
23	为催造报光绪十二年分境内古圣先贤祠墓有无损坏册结事饬南部县	光绪十二年四月二十日	保宁府衙	札文	第 10-161-15 号
24	为催造报光绪十二年分境内古圣先贤祠墓有无损坏册结事饬南部县	光绪十三年二月十五日	保宁府衙	札文	第 10-161-16 号
25	为申赍卑县境内先贤坟墓册结事呈保宁府	光绪十三年二月二十一日	南部县衙	验折	第 10-161-17 号
26	为遵奉结得卑县境内有宋先贤陈尧叟陈尧咨坟墓各所无坍塌损坏事	光绪十三年二月二十一日	南部县衙	印结状	第 10-161-18 号
27	为备选计开宋先贤陈尧叟陈尧咨坟墓各所坐落处防护无误事呈保宁府	光绪十三年二月二十一日	南部县衙	清册	第 10-161-19 号
28	为申赍卑县境内先贤坟墓册结事呈保宁府	光绪九年三月七日	南部县衙	验折	第 10-161-20 号
29	为遵奉结得卑县境内有宋先贤陈尧叟陈尧咨坟墓各所无坍塌损坏事	光绪九年三月七日	南部县衙	印结状	第 10-161-21 号
30	为申报卑县境内有宋先贤陈尧叟陈尧咨坟墓各事呈保宁府	光绪九年三月七日	南部县衙	清册	第 10-161-22 号
31	为遵照定例将境内所有古昔陵寝祠墓防护无误清册送府事饬南部县	光绪十四年五月二十八日	保宁府衙	札文	第 10-161-23 号
32	为催造报光绪九年分境内古圣先贤祠墓册结事饬南部县	光绪十年三月六日	保宁府衙	札文	第 10-161-24 号
33	为遵照定例将境内所有古昔陵寝祠墓防护无误清册送府事饬南部县	光绪十三年六月七日	保宁府衙	札文	第 10-161-25 号
34	为催造报光绪十三年分境内古圣先贤祠墓有无损坏册结事饬南部县	光绪十四年五月十四日	保宁府衙	札文	第 10-161-26 号
35	为申赍卑县境内先贤坟墓册结事呈保宁府	光绪十四年五月二十三日	南部县衙	验折	第 10-161-27 号

续表

序号	提要内容	形成时间	成文主体	文体	档案出处
36	为遵奉结得卑县境内有宋先贤陈尧叟陈尧咨坟墓各所无坍塌损坏事呈保宁府	光绪十四年五月二十三日	南部县衙	印结状	第 10 - 161 - 28 号
37	为备造宋先贤陈尧叟陈尧咨坟墓所坐落处防护无误事呈保宁府	光绪十四年五月二十三日	南部县衙	清册	第 10 - 161 - 29 号
38	为转奉工部即将境内所有古昔陵祠墓防护无误造具清册事饬南部县	光绪十六年九月二十九日	保宁府衙	札文	第 10 - 890 - 1 号
39	为申赍卑县境内先贤坟墓册造事呈本府	光绪十六年十月十二日	南部县衙	验折	第 10 - 890 - 2 号
40	为防护陈尧叟陈尧咨坟墓事	光绪十六年十月十三日	南部县衙	晓谕	第 10 - 890 - 3 号
41	为防护陈尧叟陈尧咨坟墓事	光绪十六年十一月九日	南部县衙	晓谕	第 10 - 890 - 4 号
42	为防护陈尧叟陈尧咨坟墓事	光绪十六年十一月二十九日	南部正堂	晓谕	第 10 - 890 - 5 号
43	为防护陈尧叟陈尧咨坟墓事	光绪十六年十一月二十九日	南部正堂	晓谕	第 10 - 890 - 6 号
44	为防护历代往圣先贤名臣忠烈坟墓事	光绪十七年正月九日	南部正堂	批示	第 10 - 890 - 7 号
45	为迅速查造境内先贤祠墓古昔陵册结事饬南部县	光绪十七年三月七日	保宁府衙	札文	第 10 - 890 - 8 号
46	为申赍卑县境内先贤坟墓册造事呈保宁府	光绪十七年三月十四日	南部县衙	验折	第 10 - 890 - 9 号
47	为申报卑县境内陈尧叟陈尧咨坟墓事	光绪十七年三月十四日	南部县衙	清册	第 10 - 890 - 10 号

* 此表依据庞开成、蔡东洲等《清代南部县衙档案目录》(中华书局,2009)中的相关条目制作。

从行文关系来看,这些档案可以分为三类。

一是上级札文,即四川省布政司衙门、保宁府衙门转发给南部县衙门的中央工部关于查明和保护"古昔陵寝先贤祠墓"的札文,以及四川省布政司、保宁府衙门直接下发给南部县的造报先贤祠墓清册的札文,如第 1、2、4、6、13、

14、15、22、23、24、31、32、33、34、38、45 件。这些档案是清朝各级政府关于申报和保护先贤祠墓的一般要求，与"三陈"及其家族成员墓有着间接关系。

二是上呈验折，即南部县向保宁府等上级衙门呈报的县域内陈尧叟、陈尧咨等先贤坟墓的申文、清册和印结状，如第 5、7、10、11、12、16、17、18、19、20、21、25、26、27、28、29、35、36、37、39、46、47 件。

三是县内示谕，即南部县晓谕境内民人保护陈尧叟、陈尧咨等先贤坟墓的告示，如第 40、41、42、43、44 件。

二 保护"三陈"墓档案的主要内容

《南部档案》中关于陈氏坟墓的档案虽然不少，但其内容基本一致，都是历年上级官府通饬和催督的札令、南部县结报保宁府核转的验折和南部县保护陈氏诸公坟墓的晓谕。这里按照以下三类各选取一件整理出来，以见其内容之一斑。

（一）上级官府通饬和催督年报的札令

钦加三品衔赏戴花翎补用道特授保宁府正堂加三级纪录十四次王为札知事。

案奉川北道钟札开，准布政使司松移，奉总督部堂刘札开，准工部咨屯田司案呈本部汇题各省古昔陵寝祠墓防护无误一疏，相应抄录原题，移咨贵督，遵照可也。

计单内开，工部谨题为汇题各省古昔陵寝祠墓防护无误事。恭查雍正七年三月初十日内阁抄出奉上谕："自古帝王，皆有功德于民，虽世代久远，而敬礼崇奉之心，不当弛懈，其陵寝所在，乃神所凭依，尤当加意防卫，而勿使亵慢。至于往圣先贤、名臣忠烈，芳型永作楷模，正气长留天壤。其祠宇茔墓亦当恭敬守护，以申仰止之忱。著各省督抚转饬各属，将境内所有古昔陵寝祠墓，勤加巡视防护，嗣后著于每年年底，令该地方官将防护无误之处，结报该督抚造册，转报工部，汇齐奏闻。特谕，钦此。"钦遵抄出到部。该臣等查得各省境内古昔陵寝，以及往圣先贤、名臣忠烈祠墓，经臣部照例每年汇题在案。兹届年例具题之期，按省详查，如云南、贵州二省本无古昔陵寝、先贤祠墓，其余各省，惟四川业已造具防护无误清册，咨送到部，应毋庸议外，应请旨饬下该督，仍遵定例，每年造具防护无误清册送部，以凭汇核，具题恭候。命下臣部，该省严饬遵照办理，毋得任意延宕，理合循例具题。臣等未敢擅便，谨题请旨：光绪十五年十二月十三日题，本月十五日奉旨："依议，钦此。"等因，行司移道檄府，奉此合就札行。为此，札仰该县即将境内所有古昔陵寝祠墓防护无误造具清册，照办毋违。此札。

右札南部县准此。

光绪十六年九月廿日

光绪十六年十月初七日①

这是保宁府下发给南部县的一道札令，文中引用雍正、光绪二帝的圣旨为依据，要求南部县结报当年境内古昔陵寝祠墓防护无误清册，以便向四川省布政司结报、汇转。

（二）南部县结报上级官府的验折

署南部县申费阜县境内先贤坟墓册结一案验折。

署南部县为申报事。

光绪十六年十月初七日，奉宪台札开，案呈该县云云特札，等因。奉此遵查阜县境内有宋先贤陈尧叟、陈尧咨坟墓各一所，历经各前县及卑职随时防护，并令其嫡裔子孙小心保守，并未坍塌损坏。兹奉饬查，理合造具册结，具文申费，宪台俯赐核转，为此备由，申乞照验施行，须至申者。

计申费清册九本，印结九张。

右申本府全衔。

署保宁府南部县今于与印结为申报事。

遵奉结得阜县境内有宋先贤陈尧叟、陈尧咨坟墓各一所，具系勤加防护并无坍塌损坏，中间不虚，印结是实。

署保宁［府］（保）南部县备造阜县境内先贤坟墓清册。

署保府南部县为申报事。遵将阜县境内宋先贤陈尧叟、陈尧咨坟墓备造清册，呈费查核，须至册者。

计开：

一、宋先贤陈尧叟坟墓一所，坐落阜县崇教乡岑子山，防护无误，理合登明。

一、宋先贤陈尧咨坟墓一所，坐落阜县永丰乡醴峰观，防护无误，理合登明。

右具册。

---

① 四川省南充市档案馆藏《南部档案》第 10－890－1 号，光绪十六年（1890 年）九月廿七日。

光绪十六年十月初十

光绪十六年十月十二日（行）①

这份验折包括三个部分：一是申文，即"右申本府全衔"以上文字；二是印结，即"印结为实"以上文字；三是清册，即"右具册"以上文字，即结报陈尧叟、陈尧咨墓"保护无误清册"。

根据定例，南部县每年年终向保宁府结报一次，材料为一式九份，一般没有多次结报的现象。唯光绪元年（1875 年）结报两次：第一次是沿例结报同治十三年（1874 年）境内宋先贤陈尧叟、陈尧咨墓的保护情况，第二次是为提供续修《会典》而结报境内先贤陈尧叟、陈尧咨墓的保存情况。同治年间，社会局势趋于稳定，朝臣提出续修《会典》，这提议得到皇帝和太后的钦允。按照乾隆皇帝钦创的体例，清修《会典》分为"会典"和"例则"两部而独立成书。而将古昔陵寝和往圣先贤、名臣忠烈祠墓纂入《例则》，其材料例由工部汇集全国各地的结报来提供。在保宁府的一再催督下，南部县于光绪元年（1875 年）三月十七日径申四川布政司，并同时申覆保宁府，其申文更加规范，实际上只是对原有年终结报文字略加修改，其内容仍然是境内宋先贤陈尧叟、陈尧咨墓防护无误的年报清册②。

（三）南部县保护"三陈"及其家族成员墓的晓谕

钦加同知衔署理保宁府南部县事即补县正堂加五级记录十次记大功五次黄（昆）为出示晓谕事。

恭查雍正七年三月初十日，内阁抄出，奉上谕："自古帝王皆有功德于民，虽世代久远，而敬礼崇奉之心，不当弛懈，其陵寝所在，神所凭依，尤当加意防卫，勿使亵慢，至于往圣先贤、名臣忠烈，芳型永作楷模，正气长留天壤，其祠墓亦当恭敬守护，以申仰止之忱。著各省督抚转饬各属，将境内所有古昔陵寝祠墓，勤加巡视防护，嗣后著于每年年底，令该地方官，将防范无虞之处，结报该督抚造册，转报工部，汇齐奏闻。特谕，钦此。"并历奉各大宪，转饬遵办在案。

兹查县属境内，有宋代名臣陈尧叟、陈尧咨坟墓二冢：一在崇教乡岑子山，一在永丰乡醴峰观。均系崇奉乡贤，名列祀典，自应谨遵谕旨，勤加防

---

① 四川省南充市档案馆藏《南部档案》第 10 - 890 - 2 号，光绪十六年（1890 年）十月十二日。现存档案间有文字错误。此清册中保宁府之"府"字错写为"保"。

② 四川省南充市档案馆藏《南部档案》第 7 - 104 - 7 号，光绪元年（1875 年）三月七日。

护，仰体圣朝，优礼前贤，褒溯遗徽之至意。除每届年终，历由本县各任，将防护无误之处造册结报各大宪，转报工部汇齐，各在案。

惟查陈尧咨公坟冢，其嫡裔子孙相距较远，照守自难周到，所有香火一切，向归附近之醴峰观住持经理。诚恐该僧等日久生懈，视同具文，更恐无知乡愚，妄行践踏，亟应剀切示谕，俾众咸知，合行出示晓谕。为此，示仰醴峰观住持暨该处团保居民人等知悉，自示之后，该处陈尧咨公坟地前后左右，不准附近居民妄行开挖播种，并不得擅放牛马践踏，砍伐柴草，及在墓石禁碑磨刀，致干法究，所有从前无知之徒业已开挖者，既往不咎。至附近坟墓禁地，概令陈氏嫡裔清理，培植竹木。以后责成该观僧贞林、僧如澄、僧如莱、僧广福等妥为防护。每年准该观住持剃茅别枝一次。倘有不肖之辈，胆敢仍前妄挖擅踏，及偷砍柴草竹木，许该观住持等告知陈氏嫡裔，指名禀究，以凭拘案严惩，但不得挟嫌妄禀，致干未便，各宜凛遵，毋违特示。

右谕通知。

光绪十六年十月十三日

光绪十六年十月十五日（行）①

据《南部档案》中相关档案，南部县保护陈氏诸公坟墓的示谕有详、简两个不同的版本。此为"详本"，由出示晓谕的依据、过去保护陈氏坟墓的历史和现在保护陈氏坟墓的办法或措施等内容构成，是直接传达到县内乡村市镇的纸质文件。另一种为"简本"，其内容主要是保护措施或办法，应该是纸质文件的缩写本或摘要本，供抄录张贴和镌刻碑石。现存于南部县大桥镇陈氏祠堂内的光绪十六年（1890 年）晓谕碑即依据"简本"镌刻的。

三 保护"三陈"墓档案的价值

《南部档案》所存保护"三陈"及其家族成员坟墓档案主要有两个方面的价值：一方面反向证明了"三陈"墓不在四川省南部县境内，另一方面体现了清朝对保护古昔陵寝和往圣先贤、名臣忠烈祠墓的重视。

（一）证明了陈氏诸公墓不在南部县

首先，南部县保护的陈氏家族坟墓的墓址和数量不确定。

---

① 四川省南充市档案馆藏《南部档案》第 10 - 890 - 3 号，光绪十六年（1890 年）十月十五日。

自明朝以来，就有志书称南部县境内有"三陈"坟墓存在。据《明一统志》记载："陈尧叟墓在南部县北八十里，尧佐墓、尧咨墓皆在其傍。"① 即兄弟三墓聚葬四川南部。实际上，明清南部县从治城向北只有四十里，"北八十里"则进入阆中县境内了。同书又载："陈省华墓在新郑县北三十里，省华，宋人，子尧佐、尧叟、尧咨皆葬墓侧。"② 即"陈氏四令公"墓聚葬河南新郑。《清一统志》承袭《明一统志》陈氏诸公既在河南新郑，又在四川南部，唯在四川南部下补充说："旧《志》，尧叟墓在县东南四十里，尧咨墓在县西三十里。"③ 没有尧佐墓了，尧叟、尧咨墓从北分别向西、向东南移动了三四十里。另据雍正《四川通志》载，"三陈母冯氏墓在南部县西二十里"④。可见，南部县境内的陈氏墓不仅"分葬"与"聚葬"记载不一，而且墓址和墓数也不确定。

无论南部陈氏诸公墓的真正程度如何，清代南部县总是予以保护，但并非一开始就将上述这些陈氏家族成员墓都列入保护范围。从光绪元年（1875年）起，南部县结报的陈氏家族墓只有陈尧叟和陈尧咨两所："一宋先贤陈尧叟坟墓一所，坐落卑县崇教乡岑子山，防护无误，理合登明。一宋先贤陈尧咨坟墓一所，坐落卑县永丰乡醴峰观，防护无误，理合登明。"⑤ 以后逐年的结报虽然措辞略异，内容完全一致。南部县还在光绪元年（1875年）正月保宁府催札的申覆中特别强调："卑职确查县属境内只有宋先贤陈尧叟、陈尧咨坟墓各一所，俱系勤加防护，并无损坏。……此外，实无功臣名臣坟墓，亦无官建民建专祠。"⑥

但据光绪十六七年的几件档案记载，当时所保护的陈氏墓多了陈尧佐墓以及陈翔、陈信顺、陈省华及其夫人冯氏墓。南部知县黄昆在光绪十六年（1890年）十一月的晓谕中说：

> 全衔正堂皇为出示晓谕事。
>
> 照得历□□□□□例禁甚严。南邑宋状元先贤陈文忠公尧叟、陈康肃公尧咨□□□□□谕旨饬令加意防护，曾经本县谕令各该处团保居民，妥为照料在案。除每届年终循例结报外，兹查先贤陈文惠公尧佐系陈文忠公之弟，同为宋代名臣，崇祀乡贤，载在邑乘，坟墓在金星乡板桥寺天马山，其嫡裔

---

① 李贤等编《明一统志》卷68《保宁府》，影印文渊阁四库全书本。
② 李贤等编《明一统志》卷26《河南布政司》，影印文渊阁四库全书本。
③ 和珅等编《清一统志》卷298《保宁府》，影印文渊阁四库全书本。
④ 黄廷桂：《（雍正）四川通志》卷29上《陵墓》，影印文渊阁四库全书本。
⑤ 四川省南充市档案馆藏《南部档案》第7-104-7号，光绪元年（1875年）三月十七日。
⑥ 四川省南充市档案馆藏《南部档案》，原件作同治十四年正月，盖此时蜀中尚不知已改元为光绪元年（1875年）。

子孙，相距较远，照守难周，诚恐年代久远，不无践踏之虞，自应一体防护，仰体圣朝优礼前贤，襃溯遗徽之至意，合就札行，出示晓谕。为此，示仰该处团保，附近居民，及板桥寺住持、僧明全、僧元林等知悉。自示之后，所有陈文惠公坟墓前后左右禁地，不准居民侵占，播种粮食，拢放牛马，砍伐柴草竹木，及在墓石禁碑磨刀，更不准开挖水沟，截脉盗葬，致干法究，即陈文惠公附近之祖茔亦应一律保护，以昭慎重。至于坟墓禁地，概令陈氏裔孙荫生陈元亭，廪生陈光裕及陈君谟、陈肇祥、陈洪泽等会同家族妥为培修，惟从前误为开挖者，既往不咎，以后着该处团保居民寺僧等周妥照料，该裔孙等虽住居稍远，亦应勤加保卫，祭扫以时，如果本县因公下乡，随时履堪，以昭核实。倘有不肖之辈，胆敢仍前妄挖拢踏，偷砍柴草竹木，盗葬盗卖情事，许该寺僧告知陈氏裔孙及该处团保等，指名禀究，以凭拘案严惩，决不宽贷，但不得挟嫌妄禀，致干未便，各宜禀遵，毋违特示。

右谕通知。

光绪十六年十一月廿九日清（行）①

这道晓谕以"陈文惠公尧佐系陈文忠公之弟，同为宋代名臣，崇祀乡贤，载在邑乘"为由正式将县内金星乡板桥寺天马山的一座坟墓视为陈尧佐墓予以保护。

同时，把"陈状元之祖茔"亦纳入保护范围。

钦加同知衔署理保宁府南部县事即补县正堂加五级纪录十次记大功五次黄为晓谕事。

照得历代古墓，理应附近居民保护，如敢擅挖践踏，例禁甚严。南邑宋状元陈文忠公尧叟、陈康肃公尧咨，名列乡贤，载在祀典，所有坟墓历奉谕旨防护。曾经本县谕令，各该处团保居民，妥为照料在案。

兹查有政教乡大桥场瑞笋堂，即古土主祠侧，系陈状元祖茔，亟应一律保护，以召敬谨，合行示谕。为此，示仰该处附近居民团保及陈氏后裔人等知悉：

自示之后，所有瑞笋堂、陈状元祖墓禁地前后左右，不准居民侵占，开挖水沟，砍伐竹木，以及牧放牛马，割草践踏，更不得截脉盗葬，播种粮食。倘敢故违，许陈氏嫡裔及该处团甲等指名禀究，但不得挟嫌妄禀，致干

---

① 四川省南充市档案馆藏《南部档案》第10-890-5号，光绪十六年（1890年）十一月廿九日。

未便，其各凛遵毋违，特示。

右谕通知。
光绪十六年十一月初九日工房呈（行）①

在光绪十七年（1891年）三月十九日"结报"中便直接称，"卑县境内有宋先贤陈尧叟、陈尧咨并陈尧佐墓各一所"，而在"清册"中更明确地说："宋先贤陈尧佐坟墓一所，坐落卑县金兴乡板桥寺天马山，防护无误，合并申明。"②而在同年正月十九日晓谕全县的文件中说："陈翔、陈信顺墓，在县西九十里大桥瑞笋堂。陈省华墓，在县西南三十里积庆寺。陈尧叟墓，在县东南七十里岑子山。陈尧佐墓，在县西南四十五里板桥寺天马山。陈尧咨墓，在县东北一百八十里铜锣山醴峰观。……陈尧叟母冯夫人墓，在县西南三十里积庆寺。"③这样除"三陈"墓外又增加陈翔、陈信顺和陈省华夫妇坟墓4座，从而使受地方政府保护的陈氏家族墓达到7座。

其次，南部县所保护的"三陈"祖墓之墓主陈信顺实为乌有。

南部县在光绪十六年（1890年）十一月九日的晓谕中说："政教乡大桥场瑞笋堂，即古土主祠侧，系陈状元祖茔，亟应一律保护，以召敬谨，合行示谕。"从此，南部县开始保护陈氏诸公的祖墓。在次年（1891年）正月的晓谕中具体开列"陈翔、陈信顺墓在县西九十里大桥瑞笋堂"。然而，查核宋代文献，宋代阆州陈氏家族并无叫陈顺信者。欧阳修在《陈公（尧佐）神道碑》中交代："自公五世以上为博州人。皇高祖翔当五代时为王建掌书记，建欲帝蜀，以逆顺祸福譬之，不听，弃官于阆州之西水，遂为西水人。皇曾祖齐国公诩，皇祖楚国公昭汶，皇考秦国公讳省华。"④可见，陈翔确实为"三陈"之高祖，但无陈信顺其人。但据咸丰《蜀北陈氏族谱》，廷臣（字翔诩），生顺信（字昭汶），即变四世为三世，合高祖、曾祖两世之名为曾祖一世之字。这显然是错误的⑤。而《南部档案》中的官文竟信从了《族谱》的错误说法。

最后，南部县所保护的陈氏诸公墓皆无形制图文。

① 四川省南充市档案馆藏《南部档案》第10-890-9号，光绪十七年（1891年）三月七日。
② 四川省南充市档案馆藏《南部档案》第10-890-10号，光绪十七年（1891年）三月十四日。
③ 四川省南充市档案馆藏《南部档案》第10-890-7号，光绪十七年（1891年）正月九日。
④ 欧阳修：《欧阳文忠公集》卷20《陈公（尧佐）神道碑并序》。
⑤ 笔者曾研究证明，《蜀北陈氏族谱》的核心部分（宋代）不是宋修谱牒，而是清代所谓续修者依据极为有限的文献资料编造的。详见《文献》1997年第3期《阆中陈氏族谱考论》。

按照逐级转发下来的工部文件的要求,每年年终上报的先贤祠墓的内容是"从前古昔陵寝有无拆毁之处,并现在添建专祠,无论官建民建,一并绘具图说,具造规模、式样、尺寸清册,限文到三个月,迅速具详以凭,咨部查核"①。即上报的先贤祠墓清册应该包括其图形、文字、式样、尺寸等图文。可南部县自光绪元年(1875年)到光绪十七年(1891年)上报的所有清册皆有文无图,而且文也只说明墓址所在,而无其他内容。对此,保宁知府曾于光绪元年(1875年)三月三日专札指出:"今该县未经查照,绘图审核,与前奉札饬不符",要求南部官吏"查照前奉部咨,另行绘具图说,具造规模、式样、尺寸清册,具文径申藩宪衙门,以凭核咨"②。但南部县在申覆中仍然没有绘图、式样和尺寸。究其原因,南部县根本就没有陈氏诸公墓,无法造具规模、式样和尺寸。仅有所谓陈尧咨墓,其墓堆、墓碑也是咸丰年间南部县的"陈氏裔孙"陈泽铣等修造和刻立的,自然亦无法造具体现"宋先贤"墓的规模和图样。

(二) 反映了清朝对保护古昔祠宇茔墓的重视

隋唐以来,历代王朝皆对古昔祠宇茔墓予以保护,一般采取为陵墓置守陵户,禁止在陵墓园区樵采,维修自然和人为损毁的陵墓设置等措施③。清朝对古昔祠宇茔墓的保护始于雍正朝。雍正七年(1729年)三月初十日,内阁抄出上谕:

> 自古帝王,皆有功德于民,虽世代久远,而敬礼崇奉之心,不当弛懈,其陵寝所在,乃神所凭依,尤当加意防卫,而勿使亵慢。至于往圣先贤、名臣忠烈,芳型永作楷模,正气长留天壤。其祠宇茔墓亦当恭敬守护,以申仰止之忱。著各省督抚转饬各属,将境内所有古昔陵寝祠墓,勤加巡视防护,嗣后著于每年年底,令该地方官将防护无误之处,结报该督抚造册,转报工部,汇齐奏闻。特谕,钦此④。

这道上谕是清朝保护古昔祠宇茔墓的权威规定,文字虽然不长,但十分明确地晓谕全国保护古昔祠宇茔墓的理由和办法,认为帝王陵寝乃神所凭依,尤当加

---

① 四川省南充市档案馆藏《南部档案》第7-104-1号,同治十三年(1874年)十一月廿九日。
② 四川省南充市档案馆藏《南部档案》第7-104-6号,光绪元年(1875年)三月三日。
③ 魏征主编《隋书》卷3《炀帝纪上》,脱脱等编《宋史》卷105《礼志八》,张廷玉等编《明史》卷2《太祖纪二》。
④ 四川省南充市档案馆藏《南部档案》第10-890-1号,光绪十六年(1890年)九月廿九日。

意防卫，而往圣先贤、名臣忠烈"芳型永作楷模，正气长留天壤"，其祠宇茔墓亦当恭敬守护，要求各省督抚转饬府州县官员对"古昔陵寝祠墓，勤加巡视防护"，并规定"嗣后著于每年年底，令该地方官将防护无误之处，结报该督抚造册，转报工部，汇齐奏闻"。

从此，工部每年循例请旨，并咨移各省，要求地方官府每年年终结报境内先贤祠墓保护情况，而地方官府确实逐年结报。从《南部档案》看，地方各级官府确实在这样执行，每至年终，督、司、道、府就以"通札"下发各属，要求州县在"文到三个月内"的规定时限内结报，如果某州县没有按时结报，府、直隶州就会于次年春专札催办。保宁府在光绪八年（1882 年）、光绪九年（1883 年）、光绪十年（1884 年）、光绪十一年（1885 年）、光绪十二年（1886 年）、光绪十三年（1887 年）和光绪十六年（1890 年）皆因南部县未按时结报，下发"催札"7 道①。

州县也确实每年年终都在结报，同时晓谕境内民人保护先贤祠墓。从文字上看，无论是向上级官府提交的申文、印结、清册，还是晓谕境内各乡村市镇的札令，对先贤祠墓的保护都是重视的。从前文所引光绪十六年（1890 年）的晓谕来看，南部县对陈尧咨墓的保护还是相当到位的：第一，明确了保护陈尧咨墓的责任者是醴峰观僧人和陈氏裔孙。第二，提出了陈尧咨墓的保护范围和措施，即"坟地前后左右，不准附近居民妄行开挖播种，并不得擅放牛马践踏，砍伐柴草，及在墓石禁碑磨刀"，令陈氏嫡裔在坟墓禁地附近"培植竹木"，每年由醴峰观僧人清理杂草一次。第三，指出了毁坏陈尧咨墓的法律追究程序，即先由醴峰观僧人告知当地陈氏嫡裔，再由陈氏裔孙指名禀官，最后由官府拘案严惩。当然，由于南部县境内确实没有真正的"三陈"墓，南部县对陈尧咨以外的其他陈氏家族成员墓的保护更是无法落到实处，以致每年结报的清册中并无陈氏诸公墓的图样和关于坟墓形制的描述。

四　结语

《南部档案》中保护"三陈"及其家族成员坟墓的档案不能作为这些坟墓在

---

① 四川省南充市档案馆藏《南部档案》第 10 - 161 - 1 号，光绪九年（1883 年）三月二日；第 10 - 161 - 24 号，光绪十年（1884 年）三月六日；第 10 - 161 - 6 号，光绪十一年（1885 年）三月七日；第 10 - 161 - 15 号，光绪十二年（1886 年）四月廿日；第 10 - 161 - 16 号，光绪十三年（1887 年）二月十五日；第 10 - 161 - 26 号，光绪十四年（1888 年）五月廿三日；第 10 - 890 - 8 号，光绪十七年（1891 年）三月七日。

四川南部县的证据,相反,证明了这些坟墓不在南部县,因而这些档案并没有动摇陈氏家族坟墓俱在河南新郑市郭店镇宰相陈村的结论,但这些档案比较翔实地反映了清王朝对保护古昔祠宇茔墓的重视。更重要的是,研究这些档案使我们认识到:档案在传世的历史文献中虽然是最为可信的一类,但档案所及内容不是当朝人事,而是前代人事则另当别论了。

清代长江救生红船公益性与官办体系的衰败*

蓝勇**

　　有关中国内河的公益救生制度，笔者先后发表了《清代长江上游救生红船制初探》《清代长江上游救生红船制续考》两文①，杨国安的《救生船局与清代两湖水上救生事业》②、吴琦等的《清代湖北的救生红船》③、范然的《镇江救生会始末》④、祝瑞洪的《京口救生会与镇江义渡局》四篇论文也相继发表⑤，近来徐华主编的《救捞文化》一书主要是对现代救捞文化作研究，但其中对古代救捞文化有一个简略的回顾⑥。

　　从总体上来看，目前对于明清内河救生体系的研究还处于一个对制度层面和表象层面的认知，主要是由于资料缺乏，缺乏对内河救生体系下一些具体救生案例的研究，也因此使我们对救生制度与社会效果之间的关系不能有详明而深入的分析，从而无法透视中国传统内河公益救生在中国传统公益事业中的地位，也难以从中得到可为现实借鉴的经验。

　　这些年来，我们在研究清代四川社会的过程中，发现了"清代巴县档案""明清内阁大库档"和两种版本的《峡江救生船志》中有大量救生红船的资料，

　　* 国家社会科学基金项目"清代中国内河公益慈善救捞研究"（11BZS063）成果。
　** 蓝勇，西南大学历史地理研究所教授。
　① 蓝勇：《清代长江上游救生红船制初探》，《中国社会经济史研究》1995 年第 4 期；蓝勇：《清代长江上游救生红船制续考》，《中国社会经济史研究》2005 年第 3 期。
　② 杨国安：《救生船局与清代两湖水上救生事业》，《武汉大学学报》2006 年第 1 期。
　③ 吴琦、鲜健鹰：《清代湖北的救生红船》，《中南民族大学学报》2007 年第 4 期。
　④ 范然：《镇江救生会始末》，《镇江高专学报》2002 年第 1 期。
　⑤ 祝瑞洪：《京口救生会与镇江义渡局》，《东南文化》2005 年第 6 期。
　⑥ 徐华：《救捞文化》，人民交通出版社，2009。

特别是大量具体救生个案的资料，使我们对这些问题有了更全面、更深入认识的可能。现在学界还有人对清代长江红船救生的公益性产生怀疑，现实中国内河救生体系上存在的诸多问题也促使我们有研究历史上长江水上救生的必要，故在此拟对清代长江救生红船的公益性和官办体系的衰败作分析研究，以求教于方家。

一　救生红船捞浮、收瘗职责与公益性问题

笔者以前发表的《清代长江上游救生红船制初探》《清代长江上游救生红船制续考》两文，已经对救生红船的公益性救护作了研究，在此之前几乎所有的救生红船研究者都注意到红船水手还具有捞浮收瘗职责，不过由于我们没有发现具体而详明的捞浮收瘗案例，所以我们对捞浮收瘗的效果并不十分了解。我们发现《清代巴县档案》中有许多捞浮收瘗的详明资料，为我们研究捞浮收瘗的效果和影响创造了条件。

正是因为根本不可能像上报清册所称的那样全行获救，很多落水者都沉溺成为浮尸。所以，清代长江沿线小甲和救生红船水手都兼有打捞尸身的义务，救生红船在许多没有全行救获后的施救中，参加了许多事后打捞工作。

据《清代巴县档案·道光朝》第 15789 号档道光三十年（1850 年）四月文档下县府谕示："据禀已悉，着即协同小甲上紧打捞沉溺不知姓名二尸，务获报验，毋得泄延于究。道光三十年四月。"《清代巴县档案·咸丰朝》第 1058 号也记载咸丰七年（1857 年），观音滩救生船水手况仕贵禀报李姓沉船案中，落水四人中只有一人获救，所以官府让水手况仕贵与李姓一同打捞沉溺者的尸身。

据《清代巴县档案·乾隆朝》第 165 号档记载乾隆五十五年（1790 年）曾荣船失事后打捞尸身过程较为典型：

> 八月十六日，据观音滩救生船水手石才章具报曾荣船只在滩覆舟淹毙六人身死一案，蒙票差役打捞，务获报验，役等奉票已到滩所，无如船户曾荣躲避。役等协同该处小甲，原报雇办船只沿河打捞不获，无奈是时河水泛涨，役已禀明。沐批着上紧打捞，务获各尸身报验，毋得率禀了事，致于重责。役等奉票将船户挈获，一同又捞，至今实无踪影。役有奉差之责，只得将船户曾荣一并带案。理合呈票禀乞。

档案中又提供了船主曾荣供述称：

> 小的理民府人，八月十四日小的推船装六个客过渡，在理民府管的观音滩水水漩，陡发覆船，六人具已毙，小的抱住船艄，是红船石才章把小的

救。小的具报理民府，那六人的尸亲在滩把各尸身捞获，各领安埋，并未具告小的。理民府文主把小的押一个多月才把小的放回，因救生船报恩亲，才把小的押候讯，（小）的求恩典。

特别是《清代巴县档案·乾隆朝》第165号档案记录了当时委派差役去打捞曾荣船上沉溺六人的信票，可以看出当时对打捞尸身的重视和规范。其实据《清代巴县档案·同治朝》第999号和第1000号档案的记载，许多沉溺事件中的未出水面的无名沉溺者，官府都派役协同船主打捞尸身。

值得指出的是，乾隆年间的任本顺案透露出更多的具体打捞信息，特别是发现了保存十分珍贵的当时前去打捞尸体的差役的信票，价值十分高。

《清代巴县档案·乾隆朝》第165号档记载：

> 署重庆府巴县正堂军功议叙加三级、纪录十二次又加一级张为报明事。本年十二月十三日，据江北民任本顺具报杨大赶船覆舟溺毙一案等情。据此合行饬差打捞。为此票差该役前去，协同船户、该地约邻沿河一带地方捞杨大尸身，限日随票禀报。本县以凭相验，去役毋得藉票需索、迟延。如违重责。速速。须票。
> 计开，被报船户：杨姓，约邻：刘朝玉，原禀：任本顺
> 乾隆五十三年十二月十四日刑书房呈稿
> 差：罗泰、韦虎、陈堂、谢朝佐

《清代巴县档案·乾隆朝》第541号档记载了这张信票的背景：

> 乾隆五十三年十二月十八日，禀情因本月十三日任本顺具报□杨大□雇小船装煤炭覆舟杨大溺毙一案，是□□任本顺押侯□役等协同打捞，但古渡口无有小甲，推小船之人不识水性，无船雇□打捞，止有古渡口地主涂文光原系推船之人，素识水性。为此票明赏举签涂文光承充小甲，□□方可协同文光雇船打捞，即后有差务亦有小甲办事。事奉差遣，只得实明，伏乞。
> 即饬该处小船打捞，不得混请另主小甲。
> 本月十三日，江北任本顺具报杨大赶船淹毙一案，休票差役等协同船户与杨大之父杨奉打捞，无如连日打捞不获，杨佬吐称伊子已毙，难以守候，已回汉州去，讫为此据实禀乞。

再据《清代巴县档案·乾隆朝》第246号和第258号档记载另两次事件的信

票，可以与任本顺案的信票互为参考。

信 票

四川重庆府巴县正堂加三级纪录为报明事。本年四月二十七，据船户彭林据报伊桡夫陈荣在船失足落水溺毙等情。同日，又据同船桡夫郑仕富、余朝英等报，同前由各等情。据此合行饬差打捞，为此票差役前去，协同船人等即速沿江打捞溺陈荣尸身，务获禀报。

本县以凭亲临相，去役毋得需索、迟延。如违，重究不贷。速。须票。

乾隆二十三年四月廿八日

信 票

兼署江北理民府巴县正堂加三级纪录五次王为报明事。本年四月初七日，据廉里七甲民蒲天福具报桡夫赵五撑滩失足落水溺毙缘由到县。据此合行差役打捞，为此票差役前去羊角滩地方协同近邻、乡保、原报人等打捞溺毙赵五尸身，务获。火速赴县，以凭亲临相验。去役毋得迟延需索。如违，重究不贷。速速，须票。

计开乡约鞠现彩　地邻彭建周　原报蒲天福

乾隆二十五年四月

《清代巴县档案·咸丰朝》第1065号档案记载咸丰九年（1859年）邱大奎小船淹死四人案，官府认为"应票差协同打捞"。《清代巴县档案·咸丰朝》第8957号档案记载咸丰十年（1860年）刘光喻、杨家硐覆舟当救不及，致使十余人落水，不知淹死多少人，官府认为"应饬差协同打捞"，所以派了差役前往当地约保一同沿河溪打捞，而且特别要求"毋得藉票需索滋事"。

《清代巴县档案·光绪朝》第5628号档案也记载：

（光绪十三年）八月十一日，据大河红船舵工李兴发具报，本月初十未刻，在金鸡背滩下捞得浮尸五具，当即投明监保看明，周身无伤，买棺装殓抬埋义冢，赴案报明，照章给领棺木、抬埋赏号钱八千文。

从以上档案特别是档案中的信票可以看出，清代长江上的救生红船不仅有失吉救护的公益之责任，而且与小甲一起兼有打捞沉溺尸身之责。这与我们以前研究的情况相符,但通过这些档案,使我们对捞浮的了解更详明具体了。同时发现,官府严格按照规章发给棺木、抬埋等赏钱,救生、捞尸和收瘞的社会公益性质十分明显。

特别是我们通过档案还发现,救生水手还时时从事跨地区的捞浮工作。如《清代巴县档案·乾隆朝》第 194 号档案还记录了乾隆五十年(1785 年)船主李成富在涪江马落岩船装载赖崇德等九人覆舟之案,其中除张成福一人获救外,其余全溺死。遂宁县正堂移文巴县,要求"贵县请烦查照来移事理,希即饬差沿河打捞赖崇德等尸身、货物"。同时又记录了乾隆五十年(1785年)船夫蔡福保在南充嘉陵江佛尔岩滩的船上失足落水,当时是渡夫宋朝相捞救未获,后派差打捞不获,再后"河水泛涨",连南充县正堂都移文巴县,希巴县"请烦查照来移由事理,希即饬差沿河打捞蔡福保尸身"。据《清代巴县档案·乾隆朝》第 258 号记载乾隆二十年(1755 年)打捞赵五尸身一案,先是巴县县府差役协同地方官员在羊角滩一带打捞未果,后宪台专门"饬差多拨人夫于下游处所打捞",要求"饬知下游州县一体打捞"。这种官府间跨地区的协同捞浮说明清代捞浮收瘞的公益性在当时的社会中的认同度是较高的。

这里要指出的是,捞浮之后的公益收瘞工作中对亡灵的敬重,显现了在传统时代内河公益救生中以人为本的特色,对今天我们的民政工作应该也有较大的参考价值。

据《峡江救生船志》卷二《章程》记载:

> 各滩如救获一人,视其行李荡尽者,发给路费一串文,赏水手一串二百文,由该汛防舢板哨官验明给领。倘有报冒领情弊,一经查出,定即严行究办,并将分防失察之哨官记过。
>
> 如捞获死尸一名,无论男女,赏给水手掩埋钱八百文,浮尸每名施给棺木一具,约钱七百文,并立石碑一块,每块约钱一百文。碑上只刻号次匠册,分注男女以备查考。其棺木碑石均由该汛防舢板哨官就地置办,汇入季报①。

据光绪《巫山县志》卷七《水利》记载:

> 每红船救生一名,赏钱一千四百文;捞尸一具,赏钱一千文。若救活之

---

① 罗笏臣:《峡江救生船志》,四川大学图书馆藏光绪四年(1878 年)线装刻印本。

人无行李者给与路费，捞获尸身并给棺木、石碑等项，每月但由夔州府库请领。

这种对救获之人发给路费，对捞获浮尸负责棺木、掩埋、立碑成为制度，由清政府直接支出，与今天的民政公益内河救生中的捞浮功能相比，无疑也是较先进的。

为了掩埋大量的无名浮尸，官府购买了许多义地来收瘗。据《峡江救生船志》记载，在光绪年间，宜昌府官府在东湖、秭归、巴东等地买义山八处，每处用钱八、九十串文。这八个义山分别是东湖罗佃山、三斗坪义山、镇镜山义山、黑岩子义山、平善坝义山、归州泄滩义山、巴东西口义山、楠木园义山。"平善坝、归州、巴东三处每处购义地一块，每块八、九十串文，以便就地挖埋，查已买八处。"① 实际上川江上远不止这八处义山，据记载泄滩、何家山、烟墩沟、东门头、卡子湾、新滩六处"漏法院"也专门负责安埋无主尸骨②。

所以，《峡江救生船志》中有许多峡江救生船置买义地契券存录，每张都注明"自卖之后，任从大宪救生红船收埋浮尸，永不异言，空口无凭，立此为据"。特别要说明的是据《峡江救生船志》卷二《章程》记载："每年清明、中元二节，于三处义地每处每节拟请焚化□锭钱二串文，以后号次日增，再行议加。"这项措施不论是否真正实行，清政府官员在意识里这种对无名尸身义埋后的敬重，显现了在传统时代对生命关爱和对亡灵的敬畏，是值得我们今天借鉴的。

总的来看，清代长江水上救生捞浮收瘗制度体现了中国内河慈善救生制度上的完备和先进，但我们也知道，任何公开的制度与社会中的具体实施之间都是有一定距离的。所以应该看到，虽然清代内河救生制度层面设计较完备，但清代社会在执行中却无不透露出一个时代的社会弊习左右的影子。

首先，我们十分注意的是大多数信票都注明"去役毋得藉票需索、迟延。如违重责"、"去役毋得需索、迟延。如违，重究不贷"，这隐约透露出当时可能有救生红船水手和小甲趁打捞之机向沉溺者家属敲诈之事，故官府才专门警示小甲、救生水手等差役。果不其然，我们在清代巴县档案中发现了这样的事例。

《清代巴县档案·同治朝》第996号档记载的谭开模一案值得我们思考。据

---

① 罗笋臣：《峡江救生船志》卷2《章程》，四川省南充市档案馆藏光绪四年（1878年）刻本。

② 王健强：《三峡红船》，载傅高矩《宜昌春秋》，中国城市出版社，1993，第33页。

此案卷记载，下河帮胡子荣等向官府控告救生水手谭开模等私刻《滩规书》一册，而谭开模等私刻的《滩规书》"藏头露尾，凡事无窒碍、准办之牍存之，其批饬不行者讳之"，采取"节录刊本以此为设局，收捐之左券，损人利己之救符，于救生各事全无成效"，所以官府认识到"若不严行禁止，则谭开模等藏身于以善为恶，有司均受其愚，商贾咸受其累矣"，才促成官府"辖境内各滩原有之救生船业已重加整顿"，而且"转饬所属沿江州县一体遵照，以杜侵冒勒搕之弊"。

同样，也有具体案例表明救生船有时有不司救人而专司捞物勒索之事。

早在乾隆初年，官府就开始在红船上书写某处某号救生船"以别官私"，特别是提出对"乘机窃取货物"的水手，"立即严拿究治责革，另行招募"①，表明当时已经有水手曾于救生之际窃取财物的状况出现。

据《清代巴县档案·同治朝》第 997 号档记载同治四年（1865 年）：

> 今访闻上下游险滩处原设有救生船五处，遇有往来客船至滩覆舟，袖手旁观，任其沉溺，止图捞捡货物，并不抢救人口，所捞货物隐匿不给予原主，反而勒索重资赎取，此等恶习殊堪痛恨。

当然，也是在整个社会风气的影响下，也有个别被救人"竟昧尽良心，并不查沉溺之货若干，而向该渡夫索讨原物，甚至捏控渡夫，希图泄忿，一经质讯，尽属子虚，以致渡夫被控畏累，凡过覆舟，度多袖手，殊属可恨"②。特别是同治十三年（1874 年）欧小狗沉船事件中，救生红船祝满亡"坐视不救"，而且有称他"朦吞工食，暗减不推，每见舟沉，救生不至"，故时人感叹"殊日久弊生"③。实际上到清末，政府也十分担心救生红船的弊病，历年稽查，如光绪十五年（1889 年）专门委员张锦新"密查各州县救生红船"，主要查"船只是否坚固，□具水手有无缺额"，"口食有无侵吞，以及乘危抢物等项"④。

显然，这种现状是与救生红船的规定完全相反的，因《峡江救生船志》卷二《碑记》引程以辅光绪二年（1876 年）《峡江救生船碑记》中明确申令"客舟罹难，救人为先，次货物，敢有匿客财与索客谢者，惩无宥"⑤。

---

① 《清内阁大库档案》第 013562 号，台北中研院傅斯年图书馆藏。
② 《清代巴县档案·同治朝》第 997 号档。
③ 《清代巴县档案·同治朝》第 1001 号档。
④ 《清代巴县档案·光绪朝》第 5640 号档。
⑤ 罗笏臣：《峡江救生船志》卷 2《章程》，四川大学图书馆藏光绪四年（1878 年）刻本。

二 清末民间善堂兴起与官办救生体系的衰败

我们知道，清代内河救生红船体系中主要都是由政府正项开支打造、维修红船和发放水手工食银的。乾隆皇帝多次下诏设立救生红船都要求动用正项开支，所谓"准于正项内报销"、"酌动存公银两"①。如乾隆二十五年（1760年）至乾隆五十二年（1787年）四川的50多艘救生船维修工料银是从司库乾隆年间"盐茶羡余充公银内动拨"②。当时巫山县、万县红船的工食银就是在地丁银内开销③，乾隆时巴县设立的嘉陵江救生红船便是在盐羡中请领④。光绪年间丁宝桢损银设立红船时，也从政府厘金中拨出更多来支持⑤。乾隆年间湖南维修长江洞庭湖红船每时由"驿站裁二银内照数拨给"⑥。乾隆年间陕西紫阳县设立修救生红船小修系"乾隆十七年公用银内动支"⑦。乾隆年间湖南长沙府、岳州二府救生船维修费由"乾隆二十五年份公项银内动支给发"⑧。嘉庆年间四川的50多艘红船水手的工食银是从"藩库地丁银内移领，按季给发"⑨。

直到光绪年间，仍主要由政府投入为主，《峡江救生船志》记载了长沙平银生息、四川成绵道丁税并生息、宜昌盐厘并生息、土局罚款来打造红船和维持红船运转⑩。

民间捐资打造红船和维持经营出现较早，明代末年周昌期捐俸造救生船就为救生红船之始⑪。乾隆年间开始有民间参加救生组织的现象，如乾隆年间江苏曾雇民船充救生船，由官捐置义田，所收租息，以充水手工食银和捞救人口犒赏⑫；咸丰年间东湖县用民间捐资设立红石滩红船⑬，表明了救生红船制经费来源的多样化。

---

① 《清高宗实录》卷30、卷90。
② 《清内阁大库档案》第043209号，台北中研院傅斯年图书馆藏。
③ 同治《增修万县志》卷4。
④ 道光《重庆府志·舆地志·山川》。
⑤ 光绪《巫山县志》卷7。
⑥ 《清内阁大库档案》第062843号，台北中研院傅斯年图书馆藏。
⑦ 《清内阁大库档案》第101559号，台北中研院傅斯年图书馆藏。
⑧ 《清内阁大库档案》第177957号，台北中研院傅斯年图书馆藏。
⑨ 《清内阁大库档案》第004247号，台北中研院傅斯年图书馆藏。
⑩ 罗笏臣：《峡江救生船志》，四川大学图书馆光绪刻本和台北中研院傅斯年图书馆藏《行川必要》本。
⑪ 同治《归州志》卷10。
⑫ 《清内阁大库档案》第121232号，台北中研院傅斯年图书馆藏。
⑬ 同治《宜昌府志》卷4。

从清中时开始，政府开始鼓励民间捐资进入公益救生，民间慈善会团开始较多进入红船救生，设立的救生会多起来。嘉庆年间江苏规定"其捐银至千两以上者，给与'乐善好施'字样，由地方官给银三十两，听本家自行建坊"，所以当时江宁县县民蔡荣捐了上千两银来设立义馆，分设义冢、棺木和救生船来救生，特许按例建坊，但建坊钱"庸拨给，听其自行备办"①。

所以，《明清内阁大库档》第 207887 号称：

> （道光十九年）上谕御史张灏奏各省创立善举，请饬实力奉行一折，各直省设立恤会、育婴堂、救生会、留养所等处，或由地方官捐廉，或由乡绅士劝募。

到清代末年官员对于救生红船的捐资也越来越多，光绪年间四川总督丁宝桢就捐养廉银一万两用于打造红船。光绪二十六年（1900 年），甚至出现了西方官员出资捐造救生红船的事情。

《峡江救生船志》卷一《文件》：

> 查西员募款造红船之说，肇自光绪二十六年冬，瑞生商会轮由宜入川，在归州属崆岭滩失事之后。缘瑞生轮船失事之际，经驻滩红船接救、捞救出力情状以及利益，不弟西人目击，实系身受。比经救出之调赴重庆英领事韦礼敦照会红船尺寸、式样成图，携归外洋表扬。并经立德洋行集募救出之西官、西商捐银三百两，经宜昌英领事何兰田先提银二百两，函照在事出力之红船水军到领事署，由该领事按名亲赏。二十七年三月，接韦领事由渝关来函，捐洋银一百元为推广红船之用，托何领事转交，并称红船利益及办理妥善情形，已禀国本驻京大臣②。

据记载，最初官员还以"凡各国来游者，分应照约保护，万难累及外输款，措辞婉谢"，但光绪二十八年（1902 年）后经费紧张，而外员捐款越来越多，还是接收了外员捐款，打造了红船 6 艘（其中一艘名英惠红船）、四板炮船 1 艘③。

总体来看，清代内河救生一开始就是官民共官和官民分管并行，虽然在清代

---

① 《清内阁大库档案》第 004859 号，台北中研院傅斯年图书馆藏。
② 罗笏臣：《峡江救生船志》卷1《文件》，台北中研院傅斯年图书馆藏《行川必要》本。
③ 罗笏臣：《峡江救生船志》卷1《文件》，台北中研院傅斯年图书馆藏《行川必要》本。

民间捐资在红船的经费来源中并不占主流，但民间慈善救生中善堂和救生会一直起有重要的作用。对于两湖流域和长江下游的民间救护问题，笔者及杨国安、吴琦、鲜健鹰、范然等的研究也有涉及，但以前对长江上游四川地区民间善堂、救生会参与内河救生由于缺少资料，一直缺乏研究。这里我们终于发现《清代巴县档案》中有关巴县民间慈善救护的资料，使我们对重庆巴县的民间救护有所了解，也使我们对整个清代善堂参与内河水上救护有更全面深入的了解。

清末光绪年间，由于经济开发，川江航运繁忙，巴县官办为主的救生红船往往力不从心，具体体现在管理失控，经费不济。如《清代巴县档案·光绪朝》第5626号档记载：

> 定例设有救生船只，无如岁领工食无多，不敷口食，兼之船只损坏，无费修补，以至有名无实，甚至船只俱无，工食为书役吞蚀。咸丰、同治年间，蒙前宪台捐廉添设救生船只，光绪七年复蒙前川东道彭在于新厘余款项下拨出银二万五千两，发交当商生息，添设救生船二十只，分拨川东沿河和州县，以息银为工食修费，岁得息银三千两，支用有余。新设之时颇著成效，迄今又逾年久，风闻各属未能一律，有将额设添设各船并为一起，酌留数只者，有将岁领各款统交首事归入民船救生者。深恐日久懈生，视同具文，无船之处固属无所责成，有船之处或岁久失修，或水手不能得力，甚或有乘危图财等弊，殊负添设救生之苦心。

同时，据大量捞浮案例来看，清代长时期内长江上游救生体系中公益性就体现在不针对任何对象，不论是有船主的身尸还是无名浮尸都是公益的，即对有明确船主的失事尸身捞浮也规定是不能向船主索取的，由政府负责失事船主捞浮费用，所以才有清政府一再重申"毋得索取"，即不准向船主收费。不过，由于财政紧张，清末滩规往往将纤夫落水打捞费用完全转嫁给船主。据《清代巴县档案·咸丰朝》第1061号档案记载，咸丰八年（1858年）船户杨永顺就因自己的船失事使江宗义等淹死，自己出钱十千文给杨兴发、江祥泰、苏义顺作为打捞尸身之资。

到清光绪元年新公布的《新定滩规》称：

> 各滩纤夫或因险滑失足或被纤藤弹打落水实在淹毙者，由船户出钱六千四百文给尸亲承领，另备打捞钱二千文交该处水约，务将尸身捞获。具棺殓葬，尸亲愿领者，听其自便。如水约打捞无获，所有棺木钱文并付尸亲收领。其本船自带纤夫并无尸属在场者，亦由船户出钱四千文交地方水约打捞

尸身。棺厝标记，此外不得增减分文，亦不得擅将船只阻挡勒索，或地方水约奉行不力，鲸吞钱文，或毁弃尸身，事发治罪①。

显然，滩规对纤夫溺水身亡捞获规定与救生红船的规定是不吻合的，因《峡江救生船志》卷二《章程》明确规定捞浮尸费用是由官府支付的。

可能正是在官府救生红船体系在实施中出现的诸多窘迫的背景下，巴县的民间善堂也兴起了内河救生救护。据《清代巴县档案·光绪朝》第 5632 号档案记载：

> 拯溺堂系光绪九年由本地好善绅矜捐资兴设，专为救生捞溺，并不另设红船，亦不修堂。其法遇有船只倾覆，无论何项船只，皆许赴救。由小甲捞救一命者，给钱一千文；在船上接救者，每名给钱四百文。如船将□岸，在码头撞落水中捞救者，每名给钱五百文。并于沿江分段派人经理，如有救获就近即可给票领钱。议定章程。
>
> 禀奉前宪台札饬遵办，初仅设朝天门、南纪门、江北嘴、唐家沱、瓷器口、海棠溪、以溪滩、九龙滩八处码头，每处议定殷实好善绅粮二人，常川经理，遇有失事即招呼船只赴救。并令沿河小甲头各于滩前自帮同照料，年给酬资钱四千文。虽未专设红船，而滩处处有船，一经失事，皆可住救。船户人等又皆趋之若鹜，见溺即救，行之数月，救获之人颇多，较之额设红船似有裨益……囯前县因见额设红船例领价银无几，糊口维艰，不特无人在滩住守，即船只亦多朽坏，不堪撑驾，该水手不过按月来县领取工食，徒有虚名，毫无实际。因积弊之难返，思变通而获益。当督该堂首事沿河查看，复于原设八处码头之外，新添大河李家沱、铜贯驿、鱼洞溪三处，小河童家溪、土沱、北背梁三处，下河鱼嘴沱、木洞、麻柳嘴三处，共计九处码头，一切章程悉旧。因该堂经费不敷，禀明前宪台将年领额设救生船水手年工食钱两全数发交该首事，归并经理，按年报销在案。即此禀明变通办理，裁撤救生船，归并拯溺堂之始。嗣该堂首事因码头□□，稽查难周，弊端易生，复于息银余存项下酌提银弍拾两，制造篷舱小船一只，以备首事人等上下往来巡查覆溺救生之用。无事时只雇水手一名，月给伙食钱一千五百文。如遇大水有事，再行添雇，兼可遇便拯溺。该委员所称县城对岸乌龟石、大佛寺岩两滩，并无救生船只，有拯溺堂于大水时雇民船一支，督同码头渡船救护，似即指出。伏思川江如带，险滩接踵，卑职上至江津，下至长寿，旁达

① 《清代巴县档案·光绪朝》第 5611 号档。

合州，水程计数百余里，险滩至数十余处，额设救生船止有五只，不过仅守一隅，未能兼顾全江，况复积习已深，虽有若无。国前县裁撤归并，无非变格求益，期归实际，数年以来，捞救颇多，成效已著，且系□明办理，可否应仍其旧，伏□宪裁。至委员□称，各险滩距市镇辽远，并无渡船，或渡船稀少，拯救不及，亦系实情。应否再行筹添船只，以专责成而补不足……光绪十四年三月二十四日。

为此，在光绪三十三年（1907 年），巴县正堂耿葆煊、江北理民府崔□□发出告示，鼓励民船参加救护，由码头首人查验属实后"填明票据，照章领钱"，拯溺堂首事黄金海和廖汝全也专门告示做出"于水中救活一人者给钱一千文，码头援救一人者，赏罚分明钱五百文，船上接救一人者赏钱四百文"的规定①。正是由于民间善堂的影响，光绪二十三年（1897 年）"额设大河救生船水手三十名向系申解本年地丁时请领工食银二百一十六两，嗣因年久船坏，经费虚糜，敝县禀请将公食停止不支，此项银两全数发交渝城拯溺堂首士等，作为支发沿河救生之用，所有本年银两，敝县尚未征解请领"②。看来，清末一时间巴县拯溺堂实际上完全替代了官办救生红船的职责。

同时，许多绅粮官吏往往捐资增加红船，如《清代巴县档案·光绪朝》第5602 号档案记载了光绪元年（1875 年）当时教谕龚炜等募捐银两生息，在城南九龙滩处增设救生红船 1 只，雇夫 2 名，"不取分文"救护之事。据《清代巴县档案·光绪朝》第 5612 号档案记载，光绪九年（1883 年）乡土富豪赵仙洲设立至德堂，捐山田在铜锣峡外设立救生红船。这些举动都得到官府的赞赏，被称赞为"善举"。同时，官府大张旗鼓地鼓励民船参加水手救护，所以光绪年间甚至认为巴县救生红船"因系民间渡船代设"③。

《清代巴县档案·光绪朝》第 5604 号档案记载：

巴县正堂国全衔为示谕，照得县属大小河上下行舟，每遇险滩，时有沉溺之患，额设救生船日久弊生，有名无实。现奉道宪添有救生船四只，只能于著名险滩择要安设。以县属江面之长，险滩之多，当此洪水泛涨，处处皆觉可虞，救生之船既难遍及，惟有许给赏资，劝尔各处船户人等随时用心救护，方足以保民命。为此示仰县属大小两河上下船只及各码头渡夫人等知

---

① 《清代巴县档案·光绪朝》第 5677 号档。
② 《清代巴县档案·光绪朝》第 335 号档。
③ 《清代巴县档案·光绪朝》第 5640 号档。

悉，嗣后尔等凡在河干遇有行舟失事，无论何项船只，均各赴□□□□□□，再救货。如果救得生人上岸，准其投明该处约保，并救获之人来案报明，本县定即从重奖赏。如果捞获被失行李货物，务必全交事主。倘敢忍心害理，坐观成败，或见船只失事不往救护，或先盘财物者，一经县察觉，定即拏案痛惩，笼禁示众，决不稍为宽恕。并着各码头约保人等将此告示随时传述船夫等知悉，俾人人图得奖□□□救护，不负本县拯危救溺之心也。其各遵照毋违。特示。

这里，县堂国璋公开承认“额设救生船日久弊生，有名无实”，进而公开鼓励民船参加救护，但又对救护中有弊端疑心重重，可以想见清末社会风气对内河救生体系的严重侵蚀，这无疑严重影响了公益慈善救护的效果。

总的来看，清代政府没有完全将长江水上救生推向社会和民间，更没有将之放任成为一种商业救生体系而直接向沉溺者收取救护、打捞费用，显现了清代社会对内河水上救护的重视和对生命和亡灵的敬重。特别是在公益救生中对获救者发给盘缠路费，对沉溺者无偿提供棺木、义地，掩埋加立碑和对无名尸身坟按时祭扫的公益行为，从内河公益救护制度层面上讲，甚至比我们今天的内河公益救护的某些方面还要进步和全面。同时，清代这种制度的实施不仅是在长江上游，也不仅是在巴县。清代长江下游京口救生会设立时就规定，对被救人员中无家可归者会中留养，对有家者发给路费，对遇难者打捞尸身，置棺殓埋于义冢之内①。长江中游地区的救生红船在运行中也时时体现了对溺水者的关怀，如船上专门备有棉衣、生姜、皂角末等，对救起者给予医护和生活关照。对无钱回家者，也按路程发给盘缠，约每百里 130 文。同样将捞起的尸身分男女埋下地义山，立下砖碑、号石，登记公示，以便尸亲来认领②。同时，湖北的救生红船还将收瘗功能从内河交通收瘗延伸到水灾后的捞浮收瘗③。显然，清代内河救生收瘗的公益性特征在整个长江流域都十分明显。

所以直到今天，清代长江水上公益慈善救生制度对于我们长江流域救生体系的完善也有十分重大的借鉴参考意义。

同时，我们也看到，在清代整个社会风气积弊丛生的背景下，这样好的公益制度实施起来往往显得力不从心，效果受到较大影响。有的研究者就谈到，长江下游焦山救生局出于捞浮收瘗比救生更晦气的角度，曾一度规定救活一人给赏钱

---

① 范然：《镇江救生会始末》，《镇江高专学报》2002 年第 1 期。
② 杨国安：《救生船局与清代两湖水上救生事业》，《武汉大学学报》2006 年第 1 期。
③ 吴琦、鲜健鹰：《清代湖北的救生红船》，《中南民族大学学报》2007 年第 4 期

八百文，捞尸一具给赏钱 1200 文，故有人就故意将能救活之人害死，以领取更多的赏钱①，显现了社会积弊对制度漏洞的侵蚀。清代巴县的救生制度虽然较完善，但面对社会积弊的影响，也时时受到左右。首先，我们从红船水手禀报案情与县衙上报清册之间的虚差，真正感受到了清代社会积弊之深和官场生态的潜规则影响之深，这在清后期更为明显。至于红船救生中的"藉票需索、迟延"，私刻《滩规书》来"侵冒勒搕之弊"，"遇有客船往来至滩舟覆，袖手旁观，任其沉溺，止捞捡货物，并不抢救人口，所捞货物，私瞒隐匿，不给原主，反而勒索金资赎取"，"坐视不救"，"朦吞工食，暗减不推，每见舟沉救生不至"，"甚至船只俱无工食，为书役吞蚀"，真实地反映了时代风气中积弊对先进制度的侵蚀，所以难怪时人不时感叹"殊日久弊生"，"额设救生船日久弊生，有名无实"。本来民间慈善设立的救生会应该相对较少受功利影响，但也有借救生堂会来获取自己利益的行为，如道光年间就有"不肖绅衿谋为董事，侵蚀自饱以致经费不敷，久乃化为乌有"的事情②。看来，清代这种进步的公益制度与传统社会积弊之间的博弈过程，同样也可值得今天的我们思考许多现实问题。

---

① 范然：《镇江救生会始末》，《镇江高专学报》2002 年第 1 期。
② 《清内阁大库档案》第 207887 号，台北中研院傅斯年图书馆藏。

清代下层妇女与娘家的关系

——以南部档案为中心的研究[*]

毛立平[**]

一 前言

　　中国许多地方至今仍保有嫁女时泼水的习俗，"嫁女如泼水"也成为出嫁女与娘家关系较为普遍的比喻[①]。这一习俗本身，以及用"泼出之水"比喻出嫁女的缘起，至今已很难考证。可以说，至少在清代已经流行。《红楼梦》第八十一回写到宝玉为迎春婚后的遭遇难过，母亲王夫人便说："俗语说的，'嫁出去的女孩儿泼出去的水'。叫我能怎样呢？"[②] 至民国年间，嫁女泼水则成为被批判的陋俗[③]。

　　"泼出之水"一方面喻指女性出嫁后备受娘家冷落，孤立地在婆家苦熬岁

---

　*　本研究得到教育部人文社会科学研究青年基金项目资助，项目批准号10YJC770068。

**　毛立平，中国人民大学清史研究所副教授。

①　根据民俗学者的研究，湖南湘阴、湖北武当山、台湾地区、山东临朐、广东潮阳、江苏省以及东北地区的汉族百姓均有此俗，表示女儿出嫁后与娘家再无瓜葛。参见李佩英《湘阴民间婚俗探析》，《岳阳职业技术学院学报》2006年第5期；李征康：《武当山古婚俗研究》，《郧阳师范高等专科学校学报》2004年第1期；马鸣九：《台湾民间婚俗》，《民俗研究》1993年第2期；吴存浩：《中国民俗通志·婚嫁志》，山东教育出版社，2005，第298～299页；马之骕：《中国的婚俗》，岳麓书社，1988，第261、309页。Margery Wolf在20世纪50～60年代亦观察到台湾嫁女泼水的风俗，Margery Wolf, *Women and the Family in Rural Taiwan*, Stanford: Stanford University Press, 1972, p. 34。

②　《红楼梦》卷81，中华书局，2012，第970页。

③　1924年2月出版的《妇女周报》第26期曾刊登一篇题为《嫁出女儿泼出水》的社评，批判父母在包办婚姻之后便对女儿不闻不问的传统行为方式。《妇女周报》1924年2月20日第1版。

月，加之女性出嫁前亦不受父母重视，甚至一出生就被溺杀①，长期以来被视作中国传统女性在父系家庭中地位低下的有力证明。另一方面，"泼出之水"也喻指出嫁女对娘家的贡献很少。根据礼法规定，女性出嫁后即以夫家为大宗，本家为小宗②，对婆家的责任远远大于娘家，婚后不与娘家亲戚密切往来甚至被视作美德③。如此，"泼出之水"作为对于既嫁之女的比喻似乎十分贴切。

随着妇女史研究不断深入，出嫁女与娘家的关系也开始受到学界关注，而研究所得出的结论与人们的先期印象并不相同。陈弱水通过对隋唐五代妇女与娘家关系较为全面的考察得出，无论从儒家规范还是从实际生活的角度而言，都无法切断已婚妇女与娘家的稳固联系④。柏文莉（Beverly Bossler）在《一日为女终身为女：宋代以降的姻亲关系及女性人际网络》一文中指出，从宋至清，出嫁女始终与娘家保持紧密联系，并形成以女性为纽带的姻亲之间相互扶持的网络。卢苇菁的《掌上明珠：一个被遗忘的父女关系象征》则揭示了清代士人家庭中，女儿出嫁后通过书信、诗歌及实际往来与父亲（娘家）保持紧密关系⑤。以上研究体现出一个基本共识：女性在婚后仍然在精神和物质两个层面与娘家保持着相当密切的联系，这不仅是女性自身的需求，男性也需要利用妻子的娘家关系网络提升自己的社会地位和经济利益。这样的结论似乎完全可以推翻出嫁女与"泼出之水"之间的必然联系。然而需要指出的是，以上研究多建立在文集、笔记、墓志、年谱等资料的基础上，从文献记录者及被记录者的社会属性来看，反映的大都是中上层妇女的生活，很难确切反映那些缺乏"话语权"的下层妇女与娘家的关系。

近年来，地方档案的不断挖掘整理为我们研究下层妇女的生活状态提供了不可多得的宝贵资料。清代四川省南部县衙档案，上起顺治十三年（1656 年），下迄宣统三年（1911 年），共约八万余件，按吏、户、礼、兵、刑、工、盐七房分类，涵盖了地方衙门事务的各个层面。本文所利用的 124 件南部县档案，是从礼

---

① 根据李中清、王丰的研究，将近 1/5 到 1/4 的女孩在出生时即被家庭溺杀。参见李中清、王丰《人类的四分之一：马尔萨斯的神话与中国的现实（1700～2000）》，陈卫、姚运译，三联书店，2000，第 74 页。

② 崔高维点校《仪礼》，辽宁教育出版社，1997，第 67 页。

③ 陈弱水：《隐蔽的光景：唐代的妇女文化与家庭生活》，广西师范大学出版社，2009，第 49～50 页。

④ 参见陈弱水《隐蔽的光景：唐代的妇女文化与家庭生活》卷上"隋唐五代的妇女与本家"。

⑤ Beverly Bossler, "'A Daughter is a Daughter All Her Life': Affinal Relations and Women's Networks in Song and Late Imperial China", *Late Imperial China* 21, 2000 (1), pp. 77 – 106; Weijing Lu, "'A Pearl in the Palm': A Forgotten Symbol of the Father – Daughter Bond", *Late Imperial China* 31, 2010 (1), pp. 62 – 97.

房遴选、以妇女为主要当事人的案件①。与内阁大库档案不同，地方档案收录有大量的民间户婚田土类"细事"，婚姻家庭类案件主要为买休卖休、逃婚逼嫁、家庭财产纠纷等，涉案人员多属普通百姓。本文 124 件档案的遴选标准首先考虑到案件的形成时间和类型分布，其次为案件当事人的社会阶层。由于南部县档案90% 以上集中于道光朝以后，导致笔者在遴选时很难做到年代上的完全均衡，特别是嘉庆朝之前几乎没有找到女性为主要当事人的婚姻家庭类案件，如表 1 所示。

表 1　124 件档案的形成年代及告状缘由

单位：件

案件类型	丈夫或婆家卖妻	娘家支逃另嫁	妇女本人逃婚另嫁	第三方抢婚或拐嫁	其　他	总　计
嘉庆朝	3	2	1	1	1	8
道光朝	10	7	4	1	3	25
咸丰朝	7	7	3	0	1	18
同治朝	15	13	5	1	0	34
光绪朝	16	14	6	2	1	39
总　计	51	43	19	5	6	124

　　案件当事人所处的社会阶层，则从其诉状及供词的表述、生活方式和职业构成判定。有关生活贫困的描述是判定的主要依据之一，先以卖妻类案件为例，丈夫或婆家常以"因贫难度""家道赤贫""难顾妻子衣食"等作为卖妻的理由。如道光二十五年（1845 年），刘继尧由于"恒业俱无，栖身莫所，且身染残疾"，生活"辗转无路"，请求县官允许他将妻子张氏嫁卖，也算"将张氏放一生路"。尽管县官认为"例无因贫准其卖妻之条"，且刘继尧"年已及壮，若果勤苦自持，何致不能养赡"，因贫卖妻的请求"实属无耻"，予以驳回。但刘继尧仍在县官批示后十一日写立文约，将妻子嫁卖②。苏成捷（Matthew H. Sommer）通过对清代卖妻案件的研究指出，卖妻是贫穷所引发的一种普遍生存策略③。事实上，不仅是丈夫或婆家嫁卖妇女，妇女本人逃婚或在娘家支持下逃婚另嫁，亦多与贫困有关。如杜氏"幼配杨大福为童婚"，因大福"田地俱无""出外帮人佣

---

① 婚姻家庭类案件属礼房职掌。

② 四川省南充市档案馆藏《清代南部县衙档案》（以下简称《南部档案》）第 1 - 4 - 289 号，道光二十年（1840 年）。

③ 苏成捷（Matthew H. Sommer）：《清代县衙的卖妻案件审判：以 272 件巴县、南部与宝坻县案子为例证》，载邱澎生、陈熙远编《明清法律运作中的权力与文化》，（台北）联经出版公司，2009，第 361~374 页。

工"，杜氏在家"衣食不给""面如饥色"，为生存不得不逃至南部县相邻的仪陇县农民莫于基家中"住扎"；再如王文睿控诉亲家嫌贫拐嫁儿媳："民子王子英幼配何多银之女何氏为妻，多银之妻刘氏嫌民家贫，商同胞兄何多聪屡纵何氏寻非逼离"，致使何氏逃婚①。除贫困的生活状态之外，当事人的职业也可体现其社会阶层。124 件案件中共包含 93 人的职业信息，如表 2 所示。

表 2　124 件档案中的职业信息*

单位：人

职业	务农	佣工	贸易	工匠	驾船	捡炭	裁缝	磨豆腐	乞讨	无业	其他
人数	31	20	16	8	4	1	1	1	4	5	2

> *　"工匠"包括石匠 1 人，铜匠 1 人，木匠 2 人，铁匠 1 人，水匠 1 人，染匠 2 人；"其他"指档案中出现的一例"赌盗为业"与一例"贩卖妇女为业"，笔者认为此两例不能算作正常职业，因此列入"其他"类。

需要说明的是，首先，下层百姓的职业常常并不固定或单一，给统计带来一定困难。如务农者有时也须同时从事其他的职业补贴家用，例如杨建武与兄长杨建良将父亲所留祖业"弟兄两股分耕"，但建武"以其业不敷食，乃于河下驾船拨载客货度日"②。针对这种情况，笔者只采纳其主要职业或涉案时所从事的职业。其次，许多务农者并未拥有自己的土地，而是租佃他人土地耕种（佃户），或者只是临时帮人耕种土地并获得工钱（佣工），笔者在统计时将前者归入"务农"类，后者归入"佣工"类。案例中的贸易职业者多为小商小贩，从事卖酒、卖竹子、挑盐贩卖、开小店铺等，皆非富商大贾。不少当事人正是由于家贫无业才不得不以贩卖为生，如漆蔡氏"自幼发配漆洪瑞为妻，育有二子，因洪瑞家贫，在今三月夫妇起意来往治属挨傍夫弟漆洪光营贸生业"③。

除诉状和供词等法律文书外，南部县档案中还包括作为证据审呈的大量民间契约，如卖妻文约、主嫁文约、招夫养子文约、赎女另嫁文约、娘婆两家集理文约等。这些契约与诉状、供词以及县官的判决，较为多面地反映出清代下层女性的生活状态及社会关系。通过对档案中下层女性的考察可知，与中上层家庭不同，下层家庭与出嫁女的关系具有一定的矛盾性：一方面，亲情使得娘家与出嫁

---

① 四川省南充市档案馆藏《南部档案》第 1－4－290 号，道光二十一年（1841 年）；四川省南充市档案馆藏《南部档案》第 1－6－322 号，同治六年（1867 年）。

② 四川省南充市档案馆藏《南部档案》第 1－4－286 号，道光十七年（1837 年）。

③ 四川省南充市档案馆藏《南部档案》第 1－5－188 号，咸丰四年。（1854 年）。

女仍保持密切往来，稍有余力的娘家会对生活贫困的女儿、女婿予以接济；反之，若娘家贫困，女儿亦千方百计进行救助——以女性为纽带的姻亲关系同样是下层家庭的主要社会关系。另一方面，下层社会姻亲之间的彼此救助颇具局限性，岳父或妻兄不但无法为女婿或妹夫带来较大的经济利益或光明的政治前途，许多娘家本身尚且在温饱的边缘挣扎，很难再有余力照顾已经出嫁的女儿，反而使婆家时刻担心微薄的家产遭到"透漏"①。贫困的婆家还可能阻止儿媳与娘家频繁往来，以免其受到娘家"刁唆"而对现有婚姻状况不满。总之，对于下层家庭而言，维持近密的姻亲关系有时是一种难以负担的奢侈和并不必要的选择②。如此，"泼出之水"的比喻似乎部分地符合下层妇女与娘家的关系。但事实果真如此吗？本文将通过对124件案例的分析，揭示清代下层妇女与娘家关系的真实面貌及其与上层社会的不同。

此外，陈弱水先生在其研究中用"本家"来指代妇女的原生家庭，"所谓的'本家'，与今天一般所说的'娘家'范围差不多"，但由于"中国中古（汉末至唐末五代）史料里没有这个说法，也看不到任何用以专指妇女之本生家庭的词语"，因此"以'本家'来指称'娘家'"③。此后学者多沿用其提法。笔者认为，首先，至少在明清时代，"娘家"已成为女性称呼自己原生家庭的普遍说法。以明清社会为背景的小说《醒世姻缘》中共有60余处提到"娘家"，都指妇女的原生家庭④。这一点也直接反映在本文所运用的档案之中，不仅女性称自己的原生家庭为"娘家"，亲属为"娘家父亲""娘家兄弟""娘家叔伯"，用以区别夫家亲属；男性也称妻子的原生家庭为其"娘家"或"娘屋"。其次，"本家"除可指代妇女娘家外，也指代同族或同姓之人，而"娘家"的提法（"婆

① Ellen Judd 通过对中国北方村落的研究指出，农民家庭总是很担心家庭财产遭到"透漏"（leakage），而"透漏"的原因之一就是妻子的娘家。Ellen Judd, *Gender and Power in Rural North China*, Stanford: Stanford University Press, 1994, pp. 186 – 187.

② Rubie Watson 通过对广东宗族的研究得出，宗族富裕成员比贫困成员更愿意保持紧密的姻亲关系；Bernard Gallin 和 Rita Gallin 也提出，当一个家庭的经济利益超出其所在村庄的范围时，姻亲联系才变得非常重要。参见 Rubie Watson, "Class Differences and Affinal Relations in South China", *Man*, 16, 1981 (4), pp. 593 – 615; Bernard Gallin and Rita Gallin, "Matrilateral and Affinal Relationships in Changing Chinese Society", in Jih-chang Hsieh and Ying-chang Chuang, eds., *The Chinese Family and its Ritual Behavior*, (Taiwan: Institute of Ethnology, Academia Sinica, 1985, pp. 101 – 116。

③ 陈弱水：《隐蔽的光景：唐代的妇女文化与家庭生活》，广西师范大学出版社，2009，第3页。

④ 西周生：《醒世姻缘传》，中华书局，2005，散见于第九回、十二回、十三回、二十回、二十一回、三十六回、四十二回、六十一回、七十四回、九十八回等处。

家"亦然），仅适用于女性指代其原生家庭①，体现出女性以婚姻为界与原生家庭关系的变化。事实上，"娘婆两家"几乎囊括了中国传统女性一生的主要亲属网络和生活范围，因而使用"娘""婆"的女性称谓来指代两个家庭，更能体现"内闱"之中的主要家庭关系②。因此，本文使用"娘家"与"婆家"来指代女性的原生家庭和婚后家庭。

二　出嫁女与娘家的日常往来

古时将已婚女子回归娘家称为"归宁"。《朱熹集传》对"归宁"的解释为："宁，安也。谓问安也。"③ 出嫁女回归娘家向父母问安，不仅合乎人情，也符合儒家"孝"的思想。因此，不论士庶家庭，妇女婚后都会回归娘家省亲。

从前述学者的研究可知，中上层妇女婚后与娘家往来密切，从档案的记载来看，下层妇女亦然。她们不仅岁时节日回归娘家，平时也经常往来于娘婆两家之间，不论其为新婚不久，或已生育若干子女。如宋氏发配黄洪寿为妻，"并没生育"，黄洪寿控诉妻子宋氏"嫌蚁家贫难，久住娘屋"；李氏"现年十九岁"，"自幼许配宋绍双为婚，小抱过门，结褵四载，未育子女"，因丈夫宋绍双常对其"糟践刻薄，非礼凌虐"，李氏便时常跑回娘家"哭诉"；吴氏幼配陈国珍为童婚，"结缡数载，已育一女"，因丈夫出外贸易谋生，吴氏"就将衣服首饰拿回娘家住扎"；另一位李氏"年四十岁"，丈夫病故，她带着年甫三岁的儿子在婆家守节十载，嘉庆九年冬月间，因与夫弟罗智先发生矛盾，李氏"即从后门跑回娘屋，与父李思翠哭诉"；等等④。可见，娘家是已婚女性出访亲友、寻求情感慰藉以及人身庇护的首选。黄宗智通过对华北村庄婚姻案件的研究指出，"事实上那些不幸的农民妻子的唯一

---

① Beverly Bossler 在其论文中提到，有趣的是汉语白话中传统指代妇女原生家庭的说法是"娘家"（mother's family），而没有使用父系家庭的称呼方式。Beverly Bossler, "'A Daughter is a Daughter All Her Life': Affinal Relations and Women's Networks in Song and Late Imperial China", *Late Imperial China* 21, 2000 (1), p. 96。Ellen Judd 也指出，娘家和婆家都是对女性与另一女性的重要连接关系的表达，后者通常是家庭中的长者。Ellen Judd, "Niangjia: Chinese Women and Their Natal Families", *The Journal of Asian Studies*, 48, 1989 (3), p. 527.
② 档案中的卖妻等文约中常有"娘婆二家"商议或同意的说法，用以代表女性所有重要亲属的意见。
③ 朱熹：《诗集传·诗卷第一》，《四部丛刊三编》，上海书店，1985，第6页。
④ 四川省南充市档案馆藏《南部档案》第1-5-165号，咸丰三年（1853年）；四川省南充市档案馆藏《南部档案》第1-5-155号，咸丰元年（1851年）；四川省南充市档案馆藏《南部档案》第1-5-193号，咸丰七年（1857年）；四川省南充市档案馆藏《南部档案》第1-3-71号，嘉庆九年（1804年）。

求助方式是返回娘家"①。

娘家不仅是下层妇女的精神依托，条件稍好的家庭也是女儿婚后生活的经济后盾。如杨朝顺之女杨氏，"发配陈文星之长子陈玉建即陈玉发为妻，结缡十二年久，生有子女各一。陈玉建家贫身矮又病黄肿，蚁（杨朝顺）隔六十里远，时常送给柴米，又义给钱二十三千六百文，令伊玉建当人土地，现在耕种"②；蔡仕铨之胞妹蔡氏，"出嫁漆洪瑞为妻，漆洪瑞嫖赌胡为，不顾家室，蚁（蔡仕铨）常以钱米济急"③。这些都是经济条件相对较好的娘家对出嫁女不时予以资助之例。另有一件案例是因女性"拙朴"导致丈夫不满，娘家以经济资助的方式缓解女儿的夫妻矛盾：赵玉华之女，"幼配冯大忠童养为婚，过门数年，无如大忠欺嫌蚁（赵玉华）女朴拙，屡常糟践刻薄、非礼凌虐，蚁于去冬凭陈国瑞、冯登盛与伊讲理书约，注明伊不刻待、蚁不惯唆。蚁又帮给伊钱四串以全和美"④。娘家甚至将贫困的女儿夫妇一同接回、长期居住：陈一年胞姐陈氏"发配杨大志为妻，生有一子"，"大志将业败尽，系伊一年同伊胞叔陈义芳将大志夫妇接至伊家同居共食"；雍怀举胞姐雍氏，"幼配冉茂荣次子冉仕先为妻，后因仕先家贫如洗，母任氏念系不忍，已将姐丈同蚁（雍怀举）姐雍氏往接归宁，傍住多载"⑤。从档案具体内容来看，这种夫妇长期傍住娘家的行为与"入赘婚"并无任何关系，仅是在经济上依托娘家，属于娘家对女儿夫妇的接济。与上层家庭相比，下层娘家对出嫁女的资助相对微小，多限于生活物资方面的临时性救助，很难从根本上改变后者的生活困境，但仍体现出娘家对出嫁女的关爱及两者之间的密切关系。

下层女性能够与娘家保持近密关系，首先，由于其缔结婚姻的地域圈远远小于中上层家庭⑥，南部县档案所反映的绝大多数女性（新近迁入南部县的移民除

① 黄宗智：《民事审判与民间调解：清代的表达与实践》，中国社会科学出版社，1998，第30页。

② 四川省南充市档案馆藏《南部档案》第1-5-154号，咸丰元年（1851年）。

③ 四川省南充市档案馆藏《南部档案》第1-5-188号，咸丰四年（1854年）。

④ 四川省南充市档案馆藏《南部档案》第1-5-183号，咸丰五年（1855年）。

⑤ 四川省南充市档案馆藏《南部档案》第1-4-294号，道光五年（1825年）；四川省南充市档案馆藏《南部档案》第1-4-258号，道光四年（1824年）。

⑥ 郭松义通过对清代不同阶层家庭婚姻地域圈的考察得出，家庭所处的社会阶层与其婚姻圈成正比，即社会阶层越高的家庭其婚姻地域圈也越大；反之则越小，绝大多数下层百姓都在本州岛县境内缔结婚姻。郭松义：《伦理与生活：清代的婚姻关系》，商务印书馆，2000，第142~179页。赖惠敏通过对清代世家势力消长和家庭环境变化的研究，亦得出官位大小和通婚的地域范围成正比的结论，并详细论证了家族在不同发展时期，基于政治影响、经济实力和社会控制力等因素，而对婚姻圈做出相应调整。赖惠敏：《清代的皇权与世家》，北京大学出版社，2010。

外）都在本县内缔结婚姻，其中约 2/3 的妇女的娘婆两家居于同一乡内①。距离的近密很容易导致关系的近密。下层妇女常常可以徒步走回娘家叙述生活的欢乐与苦闷，娘家也可以通过观察、拜访、听取周围人述说等方式，随时了解女儿的生活状态。这是导致下层妇女与娘家关系密切的空间因素。

其次，在从夫居的主流婚姻中，女儿要离开从小生长的娘家到婆家生活，并且要在新的家庭中处理好夫妻、婆媳、妯娌等一系列关系，对年轻女性而言确为一项艰巨任务。为帮助女儿逐渐适应这一过程，在新婚初期，女性归宁或"回门"的次数较频繁，有些地方还有新婚第一年（或第一个孩子出生之前）妇女长住娘家的风俗②。况且，下层女性出嫁尤早，民间向有"大抵富家结婚男早于女，贫家结婚女早于男"的说法③。贫家早早将女儿嫁出，一则可以减少口粮消耗，二则希图用嫁女所得财礼为儿子娶媳。南部县档案中常有女性"自幼"婚配某某为妻的说法，除正常的早婚之外，另一重要原因是，将近一半的女性被婆家"小抱"为童养媳④。对于尚未成年即离家的幼女，与娘家彼此不舍，频繁往来，更属常情。从档案所反映的情况来看，多数娘家对女儿"归宁"采取积极的态度，不仅随时欢迎女儿回归，还经常遣人将其接回暂住。有 6 件档案提到女性的父兄无故将其接回小住；另 5 件则明确提到娘家接回女儿的原因，如张氏的父亲去世、母亲改嫁，叔父作为娘家最主要的亲属常以"接回做鞋"等由将其"接回久住"；另一位张氏因丈夫疑其"偷盗"米粮，欲行"教戒"，张父闻之，"是夜率领多人"将女儿强行接回娘家进行庇护⑤。

但是，出嫁女与娘家的频繁往来往往引起丈夫及婆家的不满甚至反对。黄宗智在对宝坻县婚姻案件的研究中注意到，丈夫因妻子回娘家长住而控告她们"出逃"，目的是让她们的行为在县官面前显得有罪⑥。南部县档案中亦有不少案

---

① 124 件档案中只有 46 件完整反映出妇女的娘婆两家的详细居住地（再嫁妇女除外），其中 32 件两家处于同一乡内，约占 70%。

② 参见 Ellen Judd 对山东昌邑县和安丘县的研究，Ellen Judd，"Niangjia: Chinese Women and Their Natal Families"，*The Journal of Asian Studies*，48，1989（3），pp. 528 – 532。

③ 民国《清河县志》卷 9《风土志》，民国二十三年（1934 年）铅印本。郭松义对清代不同社会阶层婚龄的研究亦证明，下层家庭女儿出嫁早于上层家庭。参见郭松义《伦理与生活：清代的婚姻关系》，商务印书馆，2000，第 216~221 页。

④ 档案中提到的女性做童养媳的年龄从 6 岁到 14 岁不等。

⑤ 四川省南充市档案馆藏《南部档案》第 1 – 4 – 302 号，道光二十八年（1848 年）；四川省南充市档案馆藏《南部档案》第 1 – 5 – 179 号，咸丰五年（1855 年）。

⑥ 黄宗智：《民事审判与民间调解：清代的表达与实践》，中国社会科学出版社，1998，第 30 页。

例是因妇女常回娘家而引发矛盾。如王举在诉状中提到,他的侄孙王德星"幼配郭李寿之女郭氏为妻,遭被李寿嫌弃德星幼朴,刁拨伊女不务女工,常时居住娘家,自去自来,肆行无忌,德星莫奈伊何",对于郭氏自由频繁往来娘家十分不满;再如宋正刚"小抱王家谶之女翠姑与子宋狗儿为童婚","因宋正刚欲嫌王家谶之女翠姑不时未通伊知归回娘屋,勒令家谶与伊出立再不许翠姑回归约据",是婆家企图通过写立文约的方式阻止儿媳常回娘家。① 档案中,婆家常用"瓜恋"一词来形容娘家与出嫁女的关联。该词源于"世上只有瓜恋籽,哪有籽恋瓜"的俗语,形容父母对子女依依不舍。但档案中"瓜恋"一词常为负面含义,表示娘家对既嫁之女不应有的干涉。如邓维成控诉其亲家何芳举夫妇"屡次瓜恋伊女何氏背逃";任应齐在女婿陈国宝控诉妻子"久住娘家"时,辩护说自己对女儿"从无瓜恋"②。

婆家反对妇女与娘家关系近密的原因,首先是因为其有违妇道。《列女传》载:"妇人之义,非有大故,不出夫家。"③ 根据儒家伦理,妇女婚后要"移天",从"以父为天"转移为"以夫为天"④。陈弱水在其研究中提到,唐代将妇女少回娘家、不与娘家亲戚密切往来视作已婚妇女的美德⑤;柏文莉亦指出,明清时代的文人更愿意赞美为夫家(而非娘家)做出贡献的女性⑥。若与娘家过从甚密而忽略了对婆家的责任,有违妇人之义。

除妇德的因素之外,下层家庭反对妇女与娘家频繁往来的原因还在于担心家庭财产遭到"透漏"。如杨大志控诉说,他外出谋生期间,妻子同娘家亲戚将"家具器物等件以及当价钱六千透漏一空";夏文吉控告其妻祝氏,在娘家兄长的教唆下"透漏蚁家衣物首饰";陈文星控诉儿媳杨氏"透漏家财运回娘家生利"等⑦。一些诉状还附有被"透漏"财物的清单,如张应瑞所列举妻子带走的

---

① 四川省南充市档案馆藏《南部档案》第 1 - 4 - 275 号,道光十三年(1833 年);四川省南充市档案馆藏《南部档案》第 1 - 4 - 271 号,道光十二年(1832 年)。
② 四川省南充市档案馆藏《南部档案》第 1 - 4 - 257 号,道光二年(1822 年);四川省南充市档案馆藏《南部档案》第 1 - 4 - 263 号,道光八年(1828 年)。
③ 刘向:《列女传·母仪传·鲁之母师》,辽宁教育出版社,1998,第 11 页。
④ 有关"移天"的论述,参见陈弱水《隐蔽的光景:唐代的妇女文化与家庭生活》,广西师范大学出版社,2009,第 20 ~ 23 页。
⑤ 陈弱水:《隐蔽的光景:唐代的妇女文化与家庭生活》,广西师范大学出版社,2009,第 49 ~ 50 页。
⑥ Beverly Bossler, " 'A Daughter is a Daughter All Her Life': Affinal Relations and Women's Networks in Song and Late Imperial China", *Late Imperial China*, 21, 2000 (1), p. 90.
⑦ 四川省南充市档案馆藏《南部档案》第 1 - 4 - 294 号,道光二十五年(1845 年);四川省南充市档案馆藏《南部档案》第 1 - 4 - 303 号,道光二十九年(1849 年);四川省南充市档案馆藏《南部档案》第 1 - 5 - 154 号,咸丰元年(1851 年)。

物品为"蓝麻布罩子一床、蓝布夹被一床、蓝绸腰带一条、青布女单衫一件、蓝布女单衫一件、银圈一只、铜盆一个、锡茶壶一把";陈天眷说儿媳吴氏回娘家时带走"银匾（扁）手圈一对、银挖耳一枝、银耳坠一对、银戒指一对、银簪一根、银花一对、绿大呢女夹衫一件、照月布女衫一件"等①。从"透漏"的内容来看，多属生活用品及衣物首饰，因而不能排除其中包含女性自身嫁妆的可能性。且笔者收集到的材料中只有婆家单方面对"透漏"的控诉，未见娘家在诉状或供词中承认收到女儿取自婆家的财物，而县官在判决中对透漏一事往往采取忽略态度，因此难以判定这些物品的来源与最终流向。但从多例案件中男性控告妻子或儿媳"透漏"财产来看②，下层家庭对于女性与娘家之间的财产联系格外在意。"透漏"即生动地体现出下层家庭对其有限的财产在不知不觉中外流之担忧。可以想象，若娘家生活困难，女性于娘婆两家之间做一些经济方面的平衡是合于情理的。由于下层妇女很难有独立的经济收入，也无法像上层妇女那样利用丰厚的嫁妆为家庭排忧解难，对娘家的资助很可能取自婆家，因而受到婆家之反对。女性将一些财物从婆家转移至娘家，固然与偷窃存在本质差别，但婆家在诉状中所表达对此类行为的强烈反对，以及对透漏物件的详细罗列，充分表明其希望女性在经济上于娘婆两家之间划分出明确的界限。如果这样的界限因妇女与娘家关系密切而很难划分清楚，婆家则会通过反对或尽可能减少妇女回归娘家的方式避免财产外流。

最后，婆家还担心妇女经常回归娘家会威胁到婚姻的稳固。档案中不少婆家控诉娘家"刁唆"其女，从而导致女性与丈夫及公婆不和。如前述宋正刚禁止儿媳翠姑回归娘家一案，原因是"屡被家谮夫妇刁唆伊女翠姑逃走，毫不听蚁夫妇约束";冯大忠控告妻子赵氏"嫌蚁家贫，抗蚁教管，且听伊母赵敬氏刁唆，屡常背逃"③。除娘家父母之外，妇女还可能受到娘家其他亲戚的"刁唆"，如漆洪瑞控诉妻子蔡氏"屡听伊族侄蔡国保引诱刁唆，嫌蚁家贫，不服管教"④。无论"刁唆"者与妇女关系如何，从婆家的控诉来看，刁唆结果大致相同——使妇女对婆家的生活状况不满、不守妇道、不服丈夫及公婆管教。显然，婆家将女性对现有生活的不满和反抗都归咎于娘家的

① 四川省南充市档案馆藏《南部档案》第1-5-163号，咸丰三年（1853年）；四川省南充市档案馆藏《南部档案》第1-5-193号，咸丰七年（1857年）。
② 共有17件档案中的男性提到妻子或儿媳转移财物到娘家，表述方式除"透漏"外，还有"透拿""卷拿"。
③ 四川省南充市档案馆藏《南部档案》第1-4-271号，道光十二年（1832年）；四川省南充市档案馆藏《南部档案》第1-5-183号，咸丰五年（1855年）。
④ 四川省南充市档案馆藏《南部档案》第1-5-188号，咸丰四年（1854年）。

"刁唆",这一点并非没有道理。因为对于成婚较早又多未受过教育的下层妇女,婆家认定其本身并没有太多的决断和行为能力,其思想和言行多来自娘家成员的影响和引导,即"刁唆"。对于婆家而言,娘家"刁唆"不仅影响家庭关系,最恶劣的后果就是妇女在娘家的支持下逃婚或被娘家拐逃另嫁。档案中确有不少案例是妇女借回归娘家之机而出逃或改嫁的。无论娘家的"刁唆"是出于对女儿的眷恋和保护,抑或确对婆家现状不满,这种"刁唆"在客观上阻碍了妇女尽快融入婆家生活,甚至会影响到生育后代的大问题①。为避免妇女屡受"刁唆"及维护婚姻家庭稳定,婆家简单而直接的做法就是反对妇女频繁归宁。

三 "集理":娘家解决女儿婚姻问题的积极方式

除私下"刁唆"外,娘家还通过公开"集理"的方式对女儿婚姻生活进行调解与干预。"集理"是民间社会调解矛盾与纠纷的重要形式,一般为产生纠纷的双方及调解人聚集一处裁定是非,并提出解决方案②。黄宗智用"民间调解"来表述这种行为,并详细论证了无论经济纠纷、婚姻家庭纠纷甚至刑事犯罪都可以通过"民间调解"得到解决③。从南部县档案的婚姻家庭类纠纷来看,多数案件都曾经过或试图进行过集理④,少数案件较全面地反映出集理的召集人、参与人、调解过程和结果,以及集理中形成的书面文约。婚姻纠纷类集理的召集人一般为姻亲双方的男性家长,如父亲、叔父或兄长等。参与人除男性家长之外还包括双方家族的族长、房长或权威性人物;其次为保长、甲长、乡约、城约、场头等基层负责人作为集理的调解人;婚姻缔结时的媒人也是参加集理的人选,起到婚姻之见证人兼调解人的作用;一些集理还包括男性当事人本人,个别案例有女性当事人参与其中。以下将通过三件案例对集理本身及娘家在其中的作用进行具体分析。

---

① 道光二年(1822年)的一件档案中,邓维成控诉儿媳屡次受娘家刁唆而离家出走,导致儿子婚后"足有十载无育"。四川省南充市档案馆藏《南部档案》第1-4-257号,道光二年(1822年)。

② 除"集理"外,《南部档案》中也用"理说""约理""讲理"等说法,以"集理"使用最多。

③ 黄宗智:《民事审判与民间调解:清代的表达与实践》,中国社会科学出版社,1998,第52~75页。

④ 本文所用的124件档案中有103件提到集理,只不过有些集理未及实现,原因是有当事人"抗不拢场"或于"约理未集"之先至县衙控案。

案例1（王家譓与宋正刚的两份集理文约）①

立出字文约人王家譓，情因所生一女名昭娃，自幼凭媒证谢宗鳌说和与宋正刚次子宋狗儿为婚，未及大典，不听公婆教育，屡次偷窃，父母戒饬，逃走在外，找寻归家，女言于口，生死不愿宋姓。有媒证与王氏同乡约理论，劝说与宋姓回奉王姓钱四千，设散酒礼钱二千文，有范思端、王大银过复（付）领明出字。自今出字之后，女或逃走出外，有王姓亲自找寻埋，不得与宋姓相涉。空口无凭，立字为据。

在中人　宋为梁　范思端　谢国弼　王大银　冯登科（笔）王氏

道光十一年冬月二十五日　立约是实

立写赎女还乡另行改嫁人王家譓，膝下所生一女更名昭姑，自幼凭媒谢宗鳌之故父家柱说和与宋正刚之次子狗儿为妻，年近一十三岁，小抱过门，未存婚配。自抱过之后屡受习唆，不听鞠育，率常偷窃，逃走在外，二比角口，凭约中等言明二家系属姻眷，何故生伤，劝宋姓出钱四千文，王姓领明，许令宋姓父母训教。谁知又受习唆，私自逃走，有王姓叠次又生祸非，宋姓无奈，在于李家碛请凭乡约、场头以及客总等理论，问其从来，谁知昭姑言说生死不愿宋姓为人，故而约中叙宋姓叠次又出钱四千八百文以回王姓，合族酒礼之资二千四百文，设散酒礼钱二千四百文。自今言明王姓领回王姓之女，许令另嫁，宋姓不得称说。宋姓之子许令另娶，王姓不得称说。倘日后王姓生其别故，有杨怀旺一面承耽，宋姓有异事生非，有范思端一面承耽。恐后无凭，故书赎女还乡另行改嫁文约为据。

在中人：乡约范思端　杨怀旺　王大银　罗富先　冯登科　邹国城　宋为梁
谢宗华　宋正纪　范思虞

代书人：邹廷槐
道光十二年二月初六日　立字

以上为王氏娘家父亲王家譓与婆家翁公宋正刚写立的两份集理文约。王家譓之女"小抱"为宋正刚之子的童养媳，因宋正刚对儿媳王氏"屡被伊娘家刁唆，惯于偷窃蚁家食粮鸡鸭钱文"，且屡次从婆家出逃之行为深为不满，决定进行集理。从文约可见，第一次集理的参与人包括娘婆两家男性家长及数位调解人，从

---

① 四川省南充市档案馆藏《南部档案》第1-4-271号，道光十二年（1832年）。

案卷的其他诉状和供词可知，谢宗鳌为此宗童养婚姻的媒人，他不仅参加了此次集理，之前王氏逃走他也参与了找寻工作①；另外两位调解人范思端与王大银为乡约，作为基层管理者，他们参与集理无疑对姻亲双方更有说服力，也使得通过集理达成的协议更具权威性。从第二份文约中还可以看出他们须对两家能否践行文约起担保作用②。另外文约中明立，宋姓同意付给王姓钱四千文，"有范思端、王大银过复领明出字"，可见调解人的作用还在于，如果集理中包含金钱往来，须由姻亲双方家族之外的第三方"过付"，起到中介作用，以免日后产生经济纠纷。第一次集理的结果是，忽略王氏本人"生死不愿宋姓"的意愿，在调解人"二家系属姻眷，何故生伤"的劝说下，娘家"领明"钱文后，"许令宋姓父母训教"，且保证此女若再逃走与婆家无干。婆家"外费酒水钱二千"酬答众人，集理即圆满结束。

　　由于第一次集理之后王氏仍旧出逃，婆家只得再邀集理。第二次集理的调解人较第一次更广，文约中说明其身份为"乡约、场头以及客总等"，说明集理召集者希望增加本次集理的权威性。第二次集理文约表面上仍由王氏娘家父亲王家谭主立，但从文约行文始终站在婆家立场，历数王氏婚后的失德、娘家的"刁唆"，以及婆家面对娘家"叠次又生祸非"，只得"叠次又出钱"了事的无奈，显然为婆家藉娘家之名出立。第二次集理的结果是，尊重王氏"生死不愿宋姓为人"的想法，由婆家再次出钱，娘家得钱后将女儿领回另嫁，同时准许宋姓之子"另娶"。可见，婆家希图通过集理和金钱彻底了断童养婚姻。集理结果名为娘家"赎女"，实为婆家退回童养媳。在书写文约时特以娘家父亲作为主立人的目的，就是为避免娘家事后反悔。

　　赖惠敏通过对清代离婚案件的分析指出，"七出"之条中以不事舅姑为由而离婚最没有争议，至于"多言、盗窃、妒忌"等则很难构成离婚的理由，还容易导致妇女娘家告上公堂，因此丈夫投鼠忌器，不能随便将妻子离异③。本案中，婆家指责王氏不顺舅姑、偷窃、出逃等多项罪名，对其极为不满，但慑于娘家的威力，不敢轻言退回，最终经过两次集理、出钱，才达成将王氏退回娘家的协议。从案件堂审的供词可知，王氏娘家在订立赎退文约之后即反悔，仍将婆家

① 从谢宗鳌的供词可知，其父而非谢宗鳌本人为此宗童养婚姻的媒人。大约此时其父已经过世，谢宗鳌继父亲承担起对此宗婚姻的责任。

② 关于集理的调解人，黄宗智指出："在每一个村庄，那些经常充当调解人的个人是人所共知的。他们大都在中年以上，家境良好，多是族中的长老或村庄的领袖人物。"见黄宗智《民事审判与民间调解：清代的表达与实践》，中国社会科学出版社，1998，第59页。

③ 赖惠敏：《从档案看性别——清代法律中的妇女》，载李贞德编《中国史新论——性别史分册》，（台北）联经出版公司，2009，第389～390页。

诉诸公堂。知县判定婆家"再回王家讹钱三千文",方可了断。本案整个过程足以体现娘家在婚姻(即便是尚未圆房的童养婚姻)中的重要影响。

案例2(宋梁氏诉状)①

诉状孀妇宋梁氏……子宋绍双……配伊维刚之女李氏为妻,祗望孝贤,讵料李氏忤逆横悍,不听约束,在于道光二十八年十月间,邀伊维刚同弟维保,并伊切戚乡约陈玉林,凭中宋仕龙、宋仕相、城约郑永定等讲理。李维刚与氏书有截角文约审呈,注明许令氏子娶妾图后,不得糟践李氏,李维刚亦不得纵女逞刁,妄滋是非。过后氏乃央媒向珍与氏子另聘向姓之女为妾,尚未完娶,岂伊维刚即生异心,串唆伊女于前八月二十夜卷拏氏家男女衣服九件、铺盖一床,并戴首饰,走回娘家藏匿。是夜微雨,次早氏投宋仕龙等跟捕脚迹,正直走在李维刚家。伊恃刁恶,抗不还人,反先捏控,希图骗赖,不许氏子娶妾。氏想伊女忤逆不孝,氏子孤独,急应娶妾,以图后嗣,何得伊捏词妄告,希图阻挡,激氏难已,为此具呈。

咸丰元年闰八月初九日　原告宋梁氏　抱告宋绍双

通过对整件卷宗的解读(包括李氏娘家父亲李维刚的诉状、亲邻的旁证及县官的审讯记录等)可知,本案缘于李氏娘家反对女婿宋绍双纳妾,理由为女儿李氏"发配宋绍双为妻,结褵四载,李氏并没妄为,孝敬姑嫜";而宋绍双年仅十九岁,"停妻另娶,有伤天和,万难容已"。婆家则认为李氏"忤逆横悍,不听约束",并且无后,宋绍双因而"急应娶妾,以图后嗣"。从以上宋梁氏诉状可知,娘婆两家曾因纳妾问题进行集理。娘家由父亲李维刚、叔父李维保参加,本应为调解人的乡约陈玉林,由于属李家"切戚",被归为娘家人行列,正式的调解人包括"宋仕龙、宋仕相"及"城约郑永定"。本次集理的结果是,宋绍双"不得糟践李氏",李氏娘家亦"不得纵女逞刁,妄滋事非",且"许令"女婿"娶妾图后",并形成书面文约。李氏娘家为保证女儿在婆家的地位而阻止女婿纳妾,尽管这一举动最终并未受到调解人及县官的支持②,但男子娶妾受到妻子娘家先是集理、继而告官的强大阻力,可见娘家对女儿婚姻的关注和干预之强烈。尽管县官在判词中不同意李维刚将女婿娶妾称为"停妻另娶",且不支持他阻挠女婿娶妾的做法,但亦斥责女婿宋绍双"不应不

---

① 四川省南充市档案馆藏《南部档案》第1-5-155号,咸丰元年(1851年)。
② 县官对李维刚诉状的批词为:"今尔婿宋绍双既娶向氏之女为妾,不得并耦匹嫡,于妻之正义无乖。"四川省南充市档案馆藏《南部档案》第1-5-155号,咸丰元年(1851年)。

通岳父李维刚知晓，私行另娶"，充分肯定了娘家在女儿婚姻生活中应当享有的尊重。

案例 3 （赵玉华诉状）①

诉状人赵玉华……缘蚁女赵氏幼配冯大忠童养为婚，过门数年，无如大忠欺嫌蚁女朴拙，屡常糟践刻薄、非礼凌虐，蚁于去冬凭陈国瑞、冯登盛与伊讲理书约，注明伊不刻待、蚁不惯唆，蚁又帮给伊钱四串以全和美，过后蚁即未通往来。至蚁女在去腊月曾否被人拐嫁苏玉福为室，蚁隔玉福百余里远，风影未闻。兹伊大忠因告玉福串买，反诬骗蚁妻敬氏通情，连蚁牵控，殊属刁诈。况伊今冬另娶妻室，更见知情卖休，为此诉察并究。

咸丰五年十二月十三日

与以上两例婆家发起集理不同，本案中的集理由赵氏娘家父亲赵玉华召集，以期解决女儿屡受丈夫虐待的问题。虽然诉状中对集理过程记载不详，本案卷宗亦未收录集理文约，但从诉状可知集理结果非常明确——女婿冯大忠不得再"刻待"妻子，娘家也保证不再"惯唆"女儿。面对女儿夫妇不和，赵玉华以召集两家及中间人进行集理的方式寻求解决，并通过经济资助"以全和美"，表现出娘家介入女儿婚后生活的主动性和对婚姻存续的希望。但显然本次集理并未达到预期效果，赵氏仍受虐待，而娘家也并未如诉状中所说过后与女儿"未通往来"，后来的审讯证明，娘家始终与女儿保持密切联系，赵氏的逃婚另嫁全系在母亲的支持和亲自陪同下进行。

由以上例证可见，集理是妇女娘婆两家谋求解决婚姻家庭问题的方式，无论两家中任何一方召集集理，娘家作为妇女本人的利益代言人及行为负责人，都在集理中占有重要位置。婚姻类问题集理的特点在于，在调解人基于"情理"的说教下，娘婆两家相互礼让和妥协。因此，参与集理并同意忍让的娘家一般对女儿婚姻仍抱有希望，冀图通过集理改善女儿在婚姻中的处境，这也是娘家谋求解决女儿婚姻问题的积极手段。当集理未能解决问题，或未达到预期效果时（如案例3），娘家则可能采取相对消极的方式解除女儿在婚姻中的痛苦，如支持女儿逃婚另嫁或者选择告官②。

---

① 四川省南充市档案馆藏《南部档案》第 1－5－183 号，咸丰五年（1855 年）。

② 此处的"积极"与"消极"仅指娘家对女儿婚姻的延续是否乐观。逃婚另嫁与告官都意味着娘家已经决定结束女儿现有的婚姻。

四 娘家与女性婚姻的瓦解

在文化层次低、生计维艰的环境中，下层娘家较上层家庭更须时刻保持警惕，以防女儿在婆家遭受虐待、饥寒或者被贫困的丈夫嫁卖。从档案所反映的情况来看，家庭暴力和生计无着的确是下层妇女常须面对的无奈现实①。

家庭暴力方面，如帅元第控诉说，女儿帅氏"自幼许配文天伦为妻，结褵以来育有一子，谁知蚁婿天伦不安本分，在外嫖赌两全，概将田地尽行出卖，每日不给蚁女衣食，蚁斥罔听。殊逆婿文天伦将蚁女帅氏糟践殴辱，非止一次，复将蚁女逐出在外，不许归家"；王大用之女王氏"幼配罗章、罗容胞弟罗俊为妻，自成配之后屡被罗章、罗容替弟嫌妻，不时将蚁女王氏糟践刻薄，不给衣食"，因怀疑王氏偷窃，便将"王氏私行吊殴，后关于卧房，称要将蚁女饿毙"；黄正泰将女儿黄氏许与雍昭孝为妾，"谁知昭孝自将蚁女接配后，伊又听信伊发妻高氏之言，不时将蚁女糟践刻殴，饥瘦不堪"②。可见，"糟践""刻薄"可能来自丈夫本人，也可能来自婆家其他成员。

生计方面，不少下层女性不得不与丈夫一起，甚至独自承担起生活的重任。档案中所反映的妇女维生方式，有务农者，如孀妇罗李氏"守节十载，抚携独儿，自行务农度日"、杜氏"平昔帮人务农养活生命"；有佣工者，如张罗氏"家贫，夫妇与张学朋佣工"、吴氏因丈夫"出外贸易未归"，无法生活，只得"来在杨兴建家佣工住扎"；有经营小本生意者，如吴杨氏早年同丈夫"开贸米粮铺生理"，不料丈夫亡故，吴杨氏遂与"高佑合伙贩卖米粮营生"、汤杨氏因丈夫去世"无有倚傍"，于"道光二十年九月间自将所有田地出卖"，并"在本城南关外汪家垭开店营贸"③。除体力

---

① 感谢稿件匿名评审人对家暴与社会阶层之关系所提出的意见，并推荐野村鲇子的研究。正如野村鲇子所说，士大夫家庭暴力问题不易为人所知，或者被巧妙地掩饰起来，而档案中所反映的下层家庭暴力比比皆是，一方面男性殴打虐待妻子的方式更加直接，并无太多掩饰；另一方面相对于饱受儒家思想影响而欲遮蔽丈夫恶性的上层女性而言，下层女性更倾向于向娘家求助或出逃以示抗议，使得家暴更容易显露出来。见野村鲇子《明清散文中的女性与家庭暴力书写》，《近代中国妇女史研究》2008 年第 16 期。

② 四川省南充市档案馆藏《南部档案》第 1 - 4 - 291 号，道光二十一年（1841 年）；四川省南充市档案馆藏《南部档案》第 1 - 4 - 293 号，道光二十三年（1843 年）；四川省南充市档案馆藏《南部档案》第 1 - 4 - 296 号，道光二十六年（1846 年）。

③ 四川省南充市档案馆藏《南部档案》第 1 - 3 - 71 号，嘉庆九年（1804 年）；四川省南充市档案馆藏《南部档案》第 1 - 4 - 290 号，道光二十一年（1841 年）；四川省南充市档案馆藏《南部档案》第 1 - 3 - 81 号，嘉庆二十一年（1816 年）；四川省南充市档案馆藏《南部档案》第 1 - 5 - 193 号，咸丰七年（1857 年）；四川省南充市档案馆藏《南部档案》第 1 - 4 - 264 号，道光九年（1829 年）；四川省南充市档案馆藏《南部档案》第 1 - 4 - 292 号，道光二十二年（1842 年）。

劳作外，性也会被用来作为下层女性本身乃至其家庭的维生策略①。尽管如此，多数女性仍须倚靠丈夫及婆家生活，而当婆家贫困、丈夫不务正业，或遇到灾荒之年时，就常常陷入衣食无着的境地。如何氏因丈夫蒲洪福"流浪在外，多年未归，音信俱无"，"在家衣食不给"，加之"今岁天旱无措"，无法生存；杜氏"许与杨大福为妻"，"奈大福田地俱无"，"平昔不给杜氏衣食，面如饥色"；帅氏"幼配文天伦为妻，结褵后生有一子，因小妇人的丈夫不务正业，日每嫖赌，将田地当卖，不顾小妇人的衣食"等②。

家庭暴力和生计问题是导致下层家庭婚姻瓦解的重要因素，而娘家在这一过程中往往起到关键作用。如前文所述，在集理调解和经济资助未能达到预期效果时，娘家会主动谋求离异，以帮助女儿寻求生路并借此掌握女儿再婚的控制权。而当丈夫或婆家为生活所迫私自将妇女嫁卖时，娘家通常会提起诉讼。

（一）娘家与婆家协商离异

娘婆两家协商离异一般发生在婆家生活困难的情况下。面对生计无着的女儿，娘家自然希望出手相助，但多数娘家自身尚且生计窘迫，无力再顾及女儿，因此通过两家协商，离异另嫁，以谋求各自的出路。如蒲洪福与妻何氏离异一案，何氏因丈夫不给衣食而无法生存，娘家父亲何崇元也表示："惨蚁家贫，日食难度，领女回家难以顾持。"经过商议，两家决定将何氏改嫁。以下为何氏改嫁之婚书③：

> 立出婚书主婚文约人蒲廷模，情因为所生第三子更名蒲洪福，娶妻何从（崇）元之女何氏。有蒲洪福自幼素不安分，不顾父〔母〕妻室，流浪在外，多年未归，音信俱无，不知生死存亡。遗妻何氏在家衣食不给，兼今岁天旱无措，甘心改嫁。有蒲廷模托媒蒲茂椿踩探人户，说合与蒲能元之子蒲昌银名下为妻，已曾凭媒蒲茂椿到娘屋何从元、何三超家中酒礼受拜，俱系心欢无异，凭媒公议，蒲能元出备铜钱陆千文整，交与蒲廷模领明，蒲廷模

---

① 相关研究参见苏成捷《作为生存策略的清代一妻多夫现象》，载黄东兰主编《身体·心性·权力》，浙江人民出版社，2005，第236～262页；赖惠敏、徐思泠的研究中也提到妇女犯奸与生存的关系，见赖惠敏、徐思泠《情欲与刑罚：清前期犯奸案件的历史解读（1644－1795）》，《近代中国妇女史研究》1998年第6期。

② 四川省南充市档案馆藏《南部档案》第1-4-259号，道光四年（1824年）；四川省南充市档案馆藏《南部档案》第1-4-290号，道光二十一年（1841年）；四川省南充市档案馆藏《南部档案》第1-4-291号，道光二十一年（1841年）。

③ 四川省南充市档案馆藏《南部档案》第1-4-259号，道光四年（1824年）。

对众所言，□钱肆千，日后蒲洪福归来将钱另娶妻室，不得与蒲能元父子致滋事端。下余钱贰仟以作蒲廷模夫妇老衣之赏。是日言定立婚约，嗣后覆水难收，若何姓蒲姓娘婆二家凡亲疏内外人等滋事生非，有蒲廷模一面承当，概不与蒲能元父子相涉。今恐人心难拴，特凭媒人立婚书壹纸，永远为据。

  娘屋：何从元 何三超

  媒证：蒲茂椿 蒲廷佐 蒲廷柱 蒲廷奇 蒲廷相

  见明人：蒲德洪 蒲德福 蒲廷玉 蒲国宗 蒲国海

  依口代书：蒲中元

  道光四年六月十四日立婚书人蒲廷模立约是实

  尽管该婚书由何氏翁公、蒲廷模主立，但行文中三次提及娘家，第一次说明改嫁已经征得娘家同意，第二次表明娘婆两家日后均不得滋事生非，最后的签名则表明娘家与婆家成员一起签订该婚书。后两次均将娘家置于婆家之前的做法，表明娘家在改嫁过程中的重要性。何氏改嫁所得财礼一部分作为丈夫回归后的另娶之资，另一部分作为公婆养老丧葬费用，娘家似乎并无所得。如此，娘家同意女儿再嫁只是希望解决女儿的生计问题。

  再如以下李氏改嫁文约①，详细生动地叙述了李氏改嫁时娘家由不同意到同意的转变过程，再次证明娘家态度对妇女改嫁的重要性。

  立出包管日后不得牵连拖累合同人王仕德同子王蒂元、王蒂林等，情因四子王蒂用四岁小抱李昌崇胞妹梅姑为婚，抚养完配，惟愿夫妇和好，百年偕老，谁料命薄家贫，蒂用在佣工赌钱，不顾父母妻子，李氏在家日食难度，思想无路，自缢数次，显（险）系吊毙，背夫逃走，合族共知。诚恐死后李姓来家糟扰受害，以致父母日夜防守不安，托教老五哀求李昌崇施一线之恩，择户另嫁。昌崇弟兄硬不依允，死而无悔。蒂用夫妇亲至昌崇家中磕头苦哀。李昌荣念同胞姊妹之情，恁（任）意听其去留，本族叔侄人等俱各悦服。诚恐日后本族以伙卖生妻大题控告拖累，奈无媒证，父子商议甘愿出立包管文约一纸，交付汪仁瑚、宋学达、张绍宗、范述尧、曹仕吉等执掌。哀托妹弟范斯文作合，将李氏出嫁与谢虹玉足下为妾。彼即三面议定财礼钱二十千文，仕德父子亲手领明，自今出约之后，日后王姓人等有异言称说，有仕德父子一面承耽，不与媒证讨亲之人相染。今恐人心难测，书立包管文约为据。

---

  ① 四川省南充市档案馆藏《南部档案》第 1-3-76 号，嘉庆十四年（1809 年）。

见盟人：李文朝　范斯文（笔）
嘉庆十四年十一月十一日立字人王仕德同子王蒂元　王蒂林　王蒂用

从文约可知，李氏从小到婆家做童养媳，婆家贫困，丈夫不孝，李氏用自缢和逃走的方式对命运进行反抗。其反抗给婆家带来的压力主要是李氏死亡或失踪都会导致婆家无法对娘家交代。而婆家将李氏改嫁的想法并未受到娘家支持，文约中描述从婆家托人代为哀求到李氏夫妇亲自"磕头苦哀"，最终打动娘家兄弟及本族叔侄的过程，说明娘家意见在妇女改嫁时的决定性作用。由于本案中并未包含任何来自娘家及妇女本人的诉状和供词，因此文约中有关娘家的表述的真实性不得而知。从其他案例的总体情况来看，无论娘家是否知情，妇女改嫁文约中都会声称已经得到娘家首肯①，否则改嫁很难实施——没有买娶者愿冒卷入官司之险。因此李氏改嫁文约中如此详细描述娘家的参与过程，意在向买婚者表明此婚姻的"可行性"。同样，李氏改嫁所得财礼由婆家收领。

除允许婆家另嫁外，娘家也会以"赎女"的方式将女儿从婆家赎回另嫁，以改变她在前一段婚姻中的不利处境。当然，"赎女"也在娘婆两家协商（常常经过集理）前提下进行。如雍氏丈夫亡故，娘家母、兄念她"青年无子，只有二女尚幼"，且婆家"家贫如洗"，经与婆家族人协商，由娘家给婆家"出钱四十串"，作为"赎女并看照二外甥女之资"。婆家出有"收清杜约"，文约写明娘家可将"雍氏领回另醮"，婆家须"将钱掌放，日后以作二幼女（雍氏之女）遣嫁之费"②。娘家用金钱改变了女儿在贫困婆家寡居的状态，同时为两个外孙女做好经济方面的安排。此案中，从雍氏丈夫去世之前夫妇就常依傍娘家度日来看，娘家系有一定的经济能力，但因其实力仍不足以供养雍氏及其两女终生，于是采取资助外孙女嫁资并赎女另嫁他人为妾的方式。

对于家庭贫困的娘家而言，赎女亦非并无可能。如杜遐林之女"自幼凭媒说合，与罗仕才第二子开亲，以（已）抱过门，未曾完婚。迄今道光十五年蜡（腊）月，不料罗仕才之子亡故，其家贫寒，日食无度，故诸亲邻以及亲家甘愿将女赎退回家，恁（任）其杜姓改嫁"。道光十六年（1836 年）三月，经两家议定，杜遐林"出钱四千文"，罗仕才同意娘家"赎女"并书立退婚文约。本年"五月旬中"，杜遐林将女儿另嫁任荣贵为妻，得财礼钱六千文③。娘家不仅通过

---

① 如祝先举控告其妹祝氏被婆家卖一案，祝氏改嫁文约中明确表示娘家同意改嫁，并有三位娘家亲戚签押见证，但后来的审理证明，娘家对此毫不知情。四川省南充市档案馆藏《南部档案》第 1 - 4 - 303 号，道光二十九年（1849 年）。
② 四川省南充市档案馆藏《南部档案》第 1 - 4 - 258 号，道光四年（1824 年）。
③ 四川省南充市档案馆藏《南部档案》第 1 - 4 - 280 号，道光十六年（1836 年）。

"赎女"帮助女儿跳脱贫困的婚姻状态，一赎一嫁，在经济上尚且得到两千文的盈余。本案从娘家赎女到另嫁只隔两月时间，娘家完全有可能事先找到婚娶对象并商定财礼金额，再与婆家协商"赎女"事宜及费用，从而掌握了女儿再嫁的主动性。

值得一提的是，并非所有的"赎女"都由娘家出钱，笔者所搜集的档案中有两件婆家出钱由娘家将女性"赎回"的案例。一例为前文所述宋正刚与王家谦一案，因王家谦之女王氏屡次出逃，宋姓为避免麻烦，"出钱四千八百文以回王姓"，由"王姓领回王姓之女"，并"书赎女还乡另行改嫁文约为据"①。另一例为文天伦称妻子不守妇道，而自己畏惧妻子娘家，"不敢将蚁妻帅氏择户另配"，只得"出钱十千，经凭中等将蚁妻帅氏以及钱文交伊娘父元第领回"②。尽管此二例并非典型的"赎女"行为，离异的原因也并非贫困，而是夫妻不和，却从另一角度反映出在丈夫或婆家希图离异而未得到娘家许可的情况下，离异很难成功，不得不采取"人财两失"的下策以摆脱不美满的婚姻。

娘婆两家协定离婚的情况并不普遍，未能达成协议的两家常常走上单方将妇女嫁卖的道路，此种做法一旦被对方发觉即很容易引发官司。

（二）娘家"拐逃另嫁"

对于那些对女儿现有婚姻不满，又无法达成离婚协定的娘家而言，帮助女儿逃婚另嫁是一种比较现实的选择。本文所选取的 124 件档案中，有 43 件为丈夫或婆家控告娘家"支逃""拐嫁"。如陈国宝控诉，"岳母李氏素言蚁家非伊女终身之所，屡屡刁唆久住娘家"，并将女儿另嫁与"罗步头为妻"；王举控诉其侄孙媳被娘家父亲郭李寿"刁藏隐匿"，"蓦卖与大周坝张仕敬为妻"等③。尽管经过审讯，所告并非皆实，一些娘家对女儿从婆家逃走另嫁并不知情，但多数娘家与女性的出逃都有直接或间接关系，至少属于"知情纵逃"。上述陈国宝控告妻子被娘家拐嫁一案，岳父任应齐在诉状中辩解说自己与买婚者"均不认识"，并对女儿再嫁之事"梦不风闻"。审理此案的县官卫赓飏批道："尔女逃后再嫁，尔若果不知情，岂有不问尔婿要人之理，毋庸饰诉。"④ 县官在案件未审理之先即断定娘家对女儿出逃必然知情，而接下来的审讯果然证实了这一猜疑。显然这

---

① 四川省南充市档案馆藏《南部档案》第 1 - 4 - 271 号，道光十二年（1832 年）。
② 四川省南充市档案馆藏《南部档案》第 1 - 4 - 291 号，道光二十一年（1841 年）。
③ 四川省南充市档案馆藏《南部档案》第 1 - 4 - 263 号，道光八年（1828 年）；四川省南充市档案馆藏《南部档案》第 1 - 4 - 275 号，道光十三年（1833 年）。
④ 四川省南充市档案馆藏《南部档案》第 1 - 4 - 263 号，道光八年（1828 年）。

位籍隶山西、到任仅仅半年时间的县官对南部县地方风俗已经颇为熟悉①（抑或此为普遍情理?）：女性失踪，娘家必然会向婆家"要人"，甚至"滋事"，许多丈夫同陈国宝一样由此踏上漫漫寻妻之路，皆在娘家压力之下使然。即使娘家暗地里将女儿"拐逃另嫁"，往往也会至婆家要人。如罗俊控告岳父王大用趁其妻王氏"归回蚁岳王大用家拜年，被叔岳王大银唆使，暗将蚁妻王氏拐引出外，蓦嫁赵万朋为妻"，之后"王大银反同王大用至蚁家中，估向蚁要人讹索"；再如冯大忠控诉说，其妻赵氏被岳母敬氏"拐出嫁卖与苏玉福为室"，之后赵氏娘家叔祖赵第朝"假问蚁要人，糟索难堪"②。以上皆为娘家在"拐嫁"之后仍至婆家虚张声势，企图掩盖事实。县官卫赓飏正是由女儿逃走后任应齐甚至不向女婿要人这一点，推定其必知女儿下落，反映出县官对女儿与娘家之间密切关系的认识。本案通过审理证实，任应齐夫妇不但对女儿任氏逃婚始终知情，且任氏逃跑另嫁系在母亲陪同之下进行。

有趣的是，在娘家拐逃另嫁类案件中，婆家总将缘由归结为"嫌贫拐嫁"，而娘家总是强调女儿在婆家受到虐待。仍以陈国宝案为例，陈国宝诉状的题名即"为嫌贫择嫁叩止风化事"，并于诉状中叙述由于自己家贫，"岳母李氏素言蚁家非伊女终身之所"，认定贫困是娘家拐嫁的根本原因。而其妻任氏再嫁时则对媒人讲述了她在婚姻中遭受的暴力："伊夫陈国宝不贤，难受刻薄，无奈逃外，国宝随控，前任郜主断饬领归，愈受苦楚，将伊殴逐多日。"③ 任氏在遭受家庭暴力后选择出逃进行自我保护，但县官与法律并不保护逃婚的女性，任氏被判由丈夫领回，而家暴也在逃跑与领回之中逐步升级。为此，任氏娘家曾凭乡约与陈国宝进行集理，显然没有达到好的效果。在此背景之下，娘家支持女儿逃婚另嫁乃在情理之中。

此外，冯大忠具告岳母赵敬氏嫌贫拐嫁一案，冯大忠认为妻子赵氏"嫌蚁家贫"，但赵氏娘家父亲在诉状中指出，女婿冯大忠"欺嫌蚁女朴拙，屡常糟践刻薄、非礼凌虐"。为此，赵氏娘家也曾召集集理，要求大忠不再"刻待"妻子，与陈国宝案如出一辙④。同样的情况亦见于罗俊控告岳父王大用拐嫁其妻

---

① 档案中的县官批词只显示县官的姓，据道光《南部县志》卷11《职官》，可查知本案卫姓县官为卫赓飏，道光七年（1827年）十一月任职南部县。本案卷宗始于道光八年（1828年）四月。
② 四川省南充市档案馆藏《南部档案》第1-4-293号，道光二十三年（1843年）；四川省南充市档案馆藏《南部档案》第1-5-183号，咸丰五年（1855年）。
③ 四川省南充市档案馆藏《南部档案》第1-4-263号，道光八年（1828年）。
④ 四川省南充市档案馆藏《南部档案》第1-5-183号，咸丰五年（1855年）。

一案①。

我们可以推测，贫困和家庭暴力可能是共同构成娘家"拐嫁"女儿的因素。娘婆两家不同的视角基于其代表各自不同的利益，娘家总以女儿的福祉及自己家庭的利益为着眼点，而婆家也只关注儿子与自家之得失。从这一点而言，娘家"拐嫁"行为直接导致婆家人财两失②，而娘家则不仅为女儿谋得新的生活，同时得到再嫁的财礼，在拐逃另嫁中属于赢家。有婆家甚至指出，娘家平昔"刁唆"其女的目的，就是"计图另嫁得财"，与女儿的幸福全无关系③。

当然，娘家"支逃""拐嫁"也须承担相当的风险，婆家一旦将女性寻获，或者得到拐嫁的证据，娘家很可能会惹上官司④。从县官的判决来看，南部县对此类案件的处理一般是娘家家长受到惩罚（最常用的惩罚为掌责），女性则判给原夫"领回约束"。如陈国宝案的判决为，岳父任应齐因"通情嫁卖"受到"掌责"，任氏由于再次出逃，由买娶者"找获送案"，交陈国宝"领回约束"⑤。由于买休卖休类案件属于民间"细事"，由县官自行审断裁决，无须上报，因而判决存在很大的弹性，特别是身体责罚的部分，不少当事人被县官"姑念乡愚，从宽免究"⑥。因此，对于娘家而言，"拐嫁"女儿收益往往大于风险，最恶劣的结果莫过于女儿回到原始的生活状态，而娘家受到"薄责"。

（三）娘家与"卖妻案"

苏成捷通过对清代卖妻案的研究指出，妻子与土地一样是小农最基本的财

---

① 四川省南充市档案馆藏《南部档案》第 1－4－293 号，道光二十三年（1843 年）。
② 婆家不仅失去媳妇，当初娶媳妇的费用亦付诸东流。对于下层家庭而言，很难筹集再次娶媳妇的费用。有关清代男性娶妻费用及个人收入的研究，参见赖惠敏《从档案看性别——清代法律中的妇女》，载李贞德编《中国史新论——性别史分册》，（台北）联经出版公司，2009，第 392 页；赖惠敏《但问旗民：清代的法律与社会》，（台北）五南出版社，2007，第 260、306 页。
③ 四川省南充市档案馆藏《南部档案》第 1－4－302 号，道光二十八年（1848 年）。
④ 根据赖惠敏、朱庆薇的研究，由于清律规定拐逃案件必有确据方可报案，多数拐逃案件是家属查明拐逃下落才报官。赖惠敏、朱庆薇：《妇女、家庭与社会：雍干时期拐逃案的分析》，《近代中国妇女史研究》2000 年第 8 期。李清瑞对乾隆年间巴县拐卖妇女案件的研究也证明这一点。李清瑞：《乾隆年间四川拐卖妇人案件的社会分析——以巴县档案为中心的研究（1752～1795）》，山西教育出版社，2011，第 59 页。
⑤ 四川省南充市档案馆藏《南部档案》第 1－4－263 号，道光八年（1828 年）。
⑥ 有关县官对买休卖休案件审理及地方档案中的"细事"与刑科题本中刑事案件审理方式的不同，参见苏成捷《清代县衙的卖妻案件审判：以 272 件巴县、南部与宝坻县案子为例证》，载邱澎生、陈熙远编《明清法律运作中的权力与文化》，（台北）联经出版公司，2009，第 361～374 页；毛立平《"妇愚无知"：嘉道时期民事案件审理中的县官与下层妇女》，《清史研究》2012 年第 3 期；里赞《晚清州县诉讼中的审断问题：侧重南部县的实践》，法律出版社，2010，第 52～60 页。

产，而"卖妻"是下层家庭因"贫困所引发的一种普遍的生存策略"。尽管并未对卖妻案件中娘家的具体态度及娘家与出嫁女的内在联系进行深入探讨，但他从审判的角度指出，卖妻案中有 32% 的案件系因妻子及娘家的反对而诉诸公堂，且县官在审判时将妻子及娘家的意见放到主体位置①。由此，娘家成为这项生存策略受阻的主要因素之一。

本文所利用的 124 件档案中，有 51 件属卖妻案，在所有案件类型中所占比例最大，其中 34 件系娘家控诉丈夫及婆家嫁卖其女。贫困的确是多数卖妻行为的根本原因，但丈夫在因贫卖妻的同时往往还要强调妻子"失德"。如魏正唐在审讯中供述："小的发配杨氏为妻，生有一子，年幼。在今正月间得染寒病，家贫无度，小的就托谢明与李国品为媒，将小的妻子杨氏嫁卖江天德为妾，取财礼钱十千，甘愿书立婚约。"但在之前的诉状中，魏正唐却将卖妻原因描述为妻子的失德："配妻杨氏，过门十五载，并无生育，无如杨氏嫌民家贫，与民不和，抗听教约，时常走东去西，翻说闲言，日每寻事生非，总想另嫁，不愿跟民活人。"再如漆洪瑞供述："自幼发配蔡仕铨的胞妹蔡氏为妻，结褵后育有二子，素好无嫌。因小的家贫……得染寒病又乏度用，当有蔡国保来劝小的将蔡氏嫁卖与王老六，议财礼钱五千文。"而在漆洪瑞诉状中，素好无嫌的妻子却变为"屡听伊族侄蔡国保引诱刁唆，嫌蚁家贫，不服管教，叠次逃走"。文天伦卖妻案亦属同样情况，文天伦供述："因小的家贫，难顾妻室，今九月间凭文天泮、彭廷显为媒将小的妻子帅氏嫁卖与张松为妻，财礼钱六千，小的当与他出有手印婚约"，诉状中却为另一番说法："结褵以来，蚁岳元第同妻帅氏嫌蚁家贫，屡次走东去西，毫不听蚁约束，蚁妻帅氏平昔无辜与蚁行凶，口称不愿与蚁夫妇"②。

丈夫在卖妻时历数妻子的失德行为，一方面是在为卖妻寻求一定的合理性——在妻子失德的情况下将其休弃。只不过对于下层家庭而言，休妻多数不是将妻子休退回娘家，而是将其嫁卖。档案中不少男子称卖妻为"离异"或"出妻"即可表明这种观点。张国喜供述："小的幼配夏氏为妻，未有生育，因小的家贫，难以度日，甘愿离异，凭邓应生为媒将妻子夏氏改嫁与杨老七为妻"；蒲洪福因"流浪在外，多年未归"，"遗妻何氏在家衣食不给"，洪福父亲将何氏嫁卖，洪福为父亲的行为辩解道："蚁妻何氏原系不守妇道、不听翁姑教育、罔听

---

① 参见苏成捷《清代县衙的卖妻案件审判：以 272 件巴县、南部与宝坻县案子为例证》，载邱澎生、陈熙远编《明清法律运作中的权力与文化》，（台北）联经出版公司，2009，第 358 ~ 361 页。苏成捷将妻子与娘家的意见归为一类，原因是妻子的意见往往与娘家一致。

② 四川省南充市档案馆藏《南部档案》第 1 - 6 - 368 号，同治十年（1871 年）；四川省南充市档案馆藏《南部档案》第 1 - 5 - 188 号，咸丰四年（1854 年）；四川省南充市档案馆藏《南部档案》第 1 - 4 - 291 号，道光二十一年（1841 年）。

丈夫约束,例应该出"①。另一方面,从丈夫及婆家的角度而言,妇女失德多与娘家有关,非属娘家教女无方,即系其"刁唆"所致,这一点在前文已有论及。因此在嫁卖妻子时历数其失德行为,也是为日后向娘家交代寻找理由或借口,暗示娘家应当承担婚姻解体的部分责任。

对此,娘家在控诉丈夫及婆家卖妻时,常常首先表明自己并未过多干预女儿婚后生活。郭李寿状告女婿王德星嫁卖妻子后向岳父图索,他在诉状中反复表明对女儿的婚姻状况并不了解和关注,"蚁与王德星个(各)住一方,所以不知"、"蚁因出嫁之女故未深追";前述陈国宝追寻逃妻一案,岳父任应齐也表示,"任氏否因何故背逃","蚁彼以出嫁之女并未干预其事"②。这说明娘家对女儿为"泼出之水"的社会观念及妇女"既嫁从夫"的儒家伦理非常明了,在诉状中有意回避自己与女儿的密切关系,并借此反驳婆家有关"刁唆"的指控。但是,娘家对于女儿遭受虐待和贫困或许尚可容忍,对于"卖妻"行为却绝不能坐视。帅元第对女婿文天伦"在外嫖赌,将田地当卖,不给小的女儿衣食"的贫困状态,及其将女儿"糟践殴辱,非止一次"并"逐出在外,不许归家"的暴力行为,都表示"哑忍未言"。但是,当女婿瞒他不知"将小的女儿嫁卖与张松为妻,不知得受财礼若干"时,即刻"来案把他告了"③。

娘家在状告丈夫及婆家嫁卖生妻时,往往侧重两个方面的表述:第一,卖妻行为于情于礼于法皆不合;第二,丈夫及婆家不可在娘家不知晓的情况下私自卖妻。

道光五年(1825年)二月,杜四姑被丈夫及夫兄嫁卖。二月二十八日,娘家"查知","大骇",立即"投经原媒王廷高等知证",并于三月二日将诉状呈至县衙。杜氏娘家在诉状中说:"切思婚姻人伦首重,一女两嫁大玷家族,遭被伊等将人作货,伙卖瓜分,生等难甘,为此叩祈作主,赏准唤究,以正风化。"④诉状中将婚姻在儒家伦理中的重要意义、妇女再嫁给家族声誉带来的负面影响、将妇女作为货物出卖获利的非礼行为,以及此行为给社会风气带来的不良导向等,统统作为娘家控诉"卖妻"的有利论据,代表性地体现出娘家观点和立场。娘家反对"卖妻"首先在情理上占据主动,其次从法律角度而言,清律规定,买休卖休案件买卖双方都应受到惩处,财礼必须充公,女性必须归

---

① 四川省南充市档案馆藏《南部档案》第 1 - 4 - 266 号,道光九年(1829 年);四川省南充市档案馆藏《南部档案》第 1 - 4 - 259 号,道光四年(1824 年)。

② 四川省南充市档案馆藏《南部档案》第 1 - 4 - 275 号,道光十三年(1833 年);四川省南充市档案馆藏《南部档案》第 1 - 4 - 263 号,道光八年(1828 年)。

③ 四川省南充市档案馆藏《南部档案》第 1 - 4 - 291 号,道光二十一年(1841 年)。

④ 四川省南充市档案馆藏《南部档案》第 1 - 4 - 260 号,道光五年(1825 年)。

宗（归回娘家）①。因而，此类案件娘家胜诉概率极大。本文 34 件因卖妻导致娘家控官的案例中，22 件判由娘家将妇女领回另嫁；6 件判将女性"交保嫁卖"；4 件判给后夫（买方）；2 件判给原夫（卖妻者）②。尽管县官在实际审理中并未严格按照法律行事将女性全部判归娘家，但娘家的意见往往对判决起到决定性作用。当娘家明确反对卖妻并要求得回女性时，县官通常做出妇女归宗的判决。

除"情理难容"的控诉之外，几乎所有的娘家还将愤怒集中在嫁卖行为"未通娘家知晓"这一点。周氏丈夫病故，丈夫的胞叔吴锡保将她"私行嫁卖，未通娘家知晓"，导致娘家控诉；祝氏丈夫病故，丈夫族亲将其另嫁，"未通小妇人娘家哥子祝先举知晓，过后小妇人哥子查知，就来案告了"③。上述帅元第及杜四姑两案中，娘家也都有"未通知晓"的抗议。如前文所述，多数卖妻文约中都注明嫁卖行为得到娘婆两家许可，因而娘家"未通知晓"的表述首先在于澄清自己、驳斥谎言，表明自家并未参与女儿的嫁卖行为。其次，既然娘家对卖妻行为毫不知情，卖妻所得"财礼"全由丈夫及婆家占有，这无疑损害到娘家的利益。尽管在娘婆两家协商离异的案例中，笔者未能发现再嫁财礼在两家之间分配的理想案例，但不难揣测，两家协议的达成很可能建立在彼此利益协调的基础上。娘家的利益包括：一是女儿得到更好的出路；二是直接从嫁卖中得钱获益。娘家勇于冒险将女儿"拐逃另嫁"，也是基于这两方面的原因。因此，利益问题同样是娘家控告卖妻案中的潜台词。如祝氏被亡夫族人嫁卖的案例中，娘家表示对嫁卖毫不知情，而婆家则声称再嫁所得财礼十千文全部交与祝氏娘家兄弟"收领支销"，婆家"并未得见分文"。双方的利益纠葛在堂审中成为焦点，婆家被"饬令所得财礼钱十千缴出充公"，而娘家则将祝氏"领回择户另嫁"，显然意味着娘家最终得到女儿另嫁的全部财礼④。从利益角度而言，在买休卖休双方都人财两失的情况下，娘家作为卖妻案中的第三方即为最大的获益者。因而，利益的判定亦为县官

<hr />

① 《大清律例》卷 10《户律·婚姻》，载马建石、杨育棠编《大清律例通考校注》，中国政法大学出版社，1992，第 453 页。

② 6 件"交保嫁卖"的案例中有两件在控状中说明县官原本将女性判给娘家，但娘家不愿承领，因而改为"交保嫁卖"；4 件判给后夫的案例中有 3 件皆为妇女在后一家庭中已经生育子女（其中 1 件案例中的妇女已在后夫家庭中生活十余年之久），县官判定"免离"；1 件判回给原夫的案例为翁公在儿子外出期间嫁卖儿媳，儿子本人并不同意卖妻。

③ 四川省南充市档案馆藏《南部档案》第 1–6–371 号，同治十年（1871 年）；四川省南充市档案馆藏《南部档案》第 1–4–303 号，道光二十九年（1849 年）。

④ 四川省南充市档案馆藏《南部档案》第 1–4–303 号，道光二十九年（1849 年）。

判决卖妻案件中最重要的内容①，从以下案件可以看出县官在三者利益平衡之间所做的努力。梅氏被丈夫杜大和以"财礼钱五千"嫁与"何现明为妾"，然"未通梅姓知晓"，娘家随即控案。县官判决娘家将梅氏"领回择户另嫁"，但须"与何现明缴出钱两千五百文"。审理本案的县官显然充满人情味②，他并未依法将五千文财礼充公，大概由于梅氏本夫杜大和"家贫，日时（食）无度"的缘故；也未使买婚者何现明彻底空手而归，而是令娘家作为利益的获得者赔付何现明原先财礼的一半。娘家对此并未提出任何异议，而何现明更表示"蚁心悦服"③。

关于州县官员的民事审判问题，滋贺秀三认为是基于情、理、法基础上的教谕式调停，而黄宗智则认为县官"依法办事"，两者形成国际性的争论④。就卖妻案的审断来看，县官的确并未依法办事：买卖双方及妇女本人常以"乡愚无知"或"妇愚无知"为由，免于身体责罚；妇女并未一律归宗，因实际情况的不同判归娘家、前夫或后夫，甚至交保嫁卖；由于卖妻所得往往在审判时早已消耗殆尽，财礼也常常免于按律充公等⑤。同时，有些审断亦不合于一般的"情理"，如前述梅氏被丈夫杜大和嫁卖与何现明为妾一案，"大和家贫，日时（食）无度"，因此县官在审断时免于将卖妻所得财礼五千文入官充公，乃在情理之中，但要娘家赔付买方何现明财礼之一半才许将女领回（何现明买娶梅氏系为妾室，家境应不致太贫困），则在情理之外，在34件卖妻案中绝无仅有。此外，所谓"情理"，也因时、因人、因地而异。岸本美绪通过对明清卖妻案件的研究指出，地方官在法律与民俗之间有极大的空间供其选择，同类案件经常得出完全不同的判罚结果⑥。相较而言，笔者认为里赞的论点似更为贴切，他强调州县的审断并不能称之为司法，而是地方官"政务"的一部分，官员在审断中并不会考虑是适用律例还是情理，而是关注案件的解决与地方社会的稳定，因此审断存

① 官员对卖妻案件中的财礼银的处置及女性归属的判决，参见〔日〕岸本美绪《妻可卖否？明清时代的卖妻、典妻习俗》，载陈秋坤、洪丽完主编《契约文书与社会生活（1600—1900）》，台北中研院台湾史研究所筹备处，2001，第240～255页。

② 本案原档残缺，未能体现县官姓名，据道光《南部县志》卷11《职官》，可查知审理本案县官应为李文德，嘉庆二十四年（1819年）十月就任南部县。

③ 四川省南充市档案馆藏《南部档案》第1-3-85号，嘉庆二十五年（1820年）。

④ 即州县官审断主要依据情理还是法律的争论。参见滋贺秀三等著《明清时期的民事审判与民间契约》，王亚新等译，法律出版社，1998，第19～53页；黄宗智《民事审判与民间调解：清代的表达与实践》，中国社会科学出版社，1998，各处。

⑤ 有关清代县官对婚姻类案件的审断研究，参见毛立平《"妇愚无知"：嘉道时期民事案件审理中的县官与下层妇女》，《清史研究》2012年第3期，第101～103页。

⑥ 〔日〕岸本美绪：《妻可卖否？明清时代的卖妻、典妻习俗》，载陈秋坤、洪丽完主编《契约文书与社会生活（1600—1900）》，台北中研院台湾史研究所筹备处，2001，第240～255页。

在极大的灵活性①。笔者认为，对于民事案件的审断问题，特别是婚姻家庭类案件，应跳脱法律与情理的局限，综合考量案件发生的时代和地域因素、个案之间的特色差别，甚至官员的审断风格及其对地方社会的不同理解等，才能真正领会审断的实质。

五　结论

同上层女性一样，下层女性婚后亦与娘家保持紧密联系。由于下层百姓婚姻圈较小，兼之婚龄偏早及童养媳大量存在，"自幼"出嫁的女儿与娘家之间难免相互"瓜恋"，彼此往来可能较上层女性更为密切。娘家不仅是下层女性寻求精神慰藉和人身庇护之所，也是其在婆家行为的责任人和利益的代言人。与中上层家庭不同的是，下层家庭姻亲关系往往体现出一定的矛盾性：一方面，像上层社会姻亲之间结成网络在仕途和经济方面相互提携一样，下层姻亲也需要彼此的帮助提携、共渡难关；另一方面，下层家庭为保护极其有限的家庭财产而严防女性将财物"透漏"到娘家，为防止娘家"嫌贫拐家"而反对妇女频繁归宁。婆家的阻挠虽然不可能彻底隔断出嫁女与娘家的联系，但使得以女性为纽带的下层姻亲之间存在一定张力。

"集理"是娘家介入女儿婚后生活、解决其婚姻家庭矛盾的积极方式。娘家在集理中的关注点，一般为女性在婆家遭受的暴力虐待及生计问题，这也是下层女性相较于中上层女性更常须面对的无奈现实。因娘家代表着女儿的利益，从某种意义上讲，集理实质上也是调解娘家与婆家之间的关系。当娘家对女儿婚姻感到绝望时，可能会选择离异。与士人休妻不同，下层百姓的离异常通过三种方式实现，即娘婆两家协商离异、娘家"支逃拐嫁"、丈夫或婆家"卖妻"。对于多数下层女性而言，三种离异的结果是相同的，最终都被"嫁卖"，不同的是娘婆两家谁得到了再嫁的决定权及财礼。尽管女性的福祉是娘家在离异时所要考虑的重要因素，娘家自身的利益也是此类案件中不可忽略的潜台词。苏成捷认为妻子与土地一样属于小农的基本财产，却忽略了与土地不同之处，妻子除归属丈夫及婆家外，还归属于娘家，这使得买休卖休案件较土地纠纷更为复杂。在此类案件的审理中，身体刑罚方面由于县官一般仅对"无知乡愚"进行"薄责"或直接予以宽免，因此利益分配成为当事人关注的焦点。娘家在买休卖休类案件中处于有利地位："拐嫁"女儿的最坏结果是女儿退回到婆家及原先的生活状态；而丈

---

① 里赞：《晚清州县诉讼中的审断问题：侧重南部县的实践》，法律出版社，2010，第217～230页。

夫及婆家"卖妻"案件一旦被娘家告上法庭,娘家通常会得回女性再婚的决定权及再嫁的财礼。

近年来,利用档案和地方文献研究清代婚姻和女性问题的著作迭出,大大丰富了性别史的研究。但研究者多关注下层妇女的生活状态、生存环境、夫妻关系,以及县官对此类案件的审断方式等层面,往往忽略已婚妇女与娘家的联系,未将下层女性在婚姻生活中的种种行为和际遇,如夫妻及婆媳矛盾、丈夫卖妻、妇女逃婚等,放置于娘家影响和支持的背景之下进行考量。这对于以"娘婆两家"为主要亲属关系和生活范围的传统女性而言,不能不说是一种挂漏。本文试图通过对清代下层女性与娘家关系的探讨,揭示"嫁女如泼水"的俗谚亦不符合下层社会的历史实景,下层女性婚后在很大程度上继续保持与娘家的密切联系。这些联系既来自娘家对女儿的关爱,也来自娘家仍将出嫁女视作潜在的利益资源。这种联系的复杂性,我们应该明了洞悉。

清代重庆的工商业移民

——依据《巴县档案》的研究

周　琳[*]

陈孔立对"移民社会"的概念作了如下界定：所谓"移民社会"指的是那些以外来移民为主要成分的社会，它是一个过渡形态的社会，逐渐从移民社会转化为定居社会或土著社会。此外，陈氏还提出了识别移民社会的三条标准：（1）以外来移民为主体，而不是以当地原住民为主体；（2）移民自己组成一个社会，与当地原住民有联系但不混同；（3）经过若干年代，移民的后裔取代移民成为社会的主体，该社会就逐渐变为定居社会[①]。

以此标准衡量，清代的重庆算得上是一个比较典型的移民社会。在目前已有的研究成果中，大多将清代重庆的移民社会放在整个清代四川的移民社会之中进行考察[②]。但是，作为一个正在崛起的长江上游最重要的工商业城市，重庆的移民构成、迁徙方式和组织方式显然与四川省的其他地区有所不同。所以，本文将主要依据目前在研究重庆移民史时很少运用的《巴县档案》，从工商业者的流动规模和内部构成两个方面，来探讨清代重庆移民社会的基本样貌。

一　以往学者对于清代重庆工商业移民的研究

蓝勇等学者对清代四川人口的研究指出：在明末清初的战争中，重庆及其周边各县是全川人口损耗最严重的地区，土著居民的残存也最少，仅占册载人口数

---

[*]　周琳，四川大学历史文化学院讲师。

[①]　陈孔立：《清代台湾移民社会研究》，九州出版社，2003，第14～15页。

[②]　关于清代四川移民社会的研究成果，请参见梁勇《移民、国家与地方权势——以巴县客长制为中心》，第10～15页。

的5%左右①。但是在清朝前期的一百多年内，重庆的人口恢复却非常迅速。据康熙《四川总志》记载，当时其城内居民才仅有数百家②。到嘉庆十七年（1812年）时，巴县的册载人口总数已达到218779人，在全川155个厅州县和边防卫所之中高居第18位③。

在这些新增加的人口中，工商业者占了相当大的比重。根据许檀的估算，嘉庆十八年（1813年），重庆的金紫、灵璧二坊的居民中，从事工商业的比重为78.3%；在乾隆三十八年（1773年）定远厢的居民中，从事工商业的比重更是高达94.3%④。除了坐贾之外，当时的重庆城还吸引着大量的行商。据乾隆《巴县志》记载，当时的重庆已是"三江总汇，水陆冲衢，商贾云屯，百货萃聚"⑤，"吴楚闽粤滇黔秦豫之贸迁来者，九门舟集如蚁"⑥。道光元年（1821年）巴县县衙的一则告示中也提到："渝城系三江总汇，上通云南贵州，下通湖广陕西，每日经过客商络绎不绝。"⑦ 另外，受雇于客货船只的纤夫和水手，是当时重庆流动人口的又一个重要来源。在当时长江及其各支流航道上，"上下数千里贫民无业者充募水手，大艘四五十人，小亦不下二三十人"⑧。而据嘉庆时人严如煜计算："重庆所至上水船每日以十船为率，是水手来七八百人；所开下水船每日以十船为率，是水手去三四百人。以十日总计，河岸之逗留不能行者常三四千人，月计万余。"⑨

由此可见，在清代的重庆，兴盛之中的城市工商业造就了一个数量庞大、流动频繁的外来工商业者群体。在文后附录中，罗列了笔者目前所收集的《巴县档案》中与外来工商业者有关的案卷，希望借助这些资料能够更加详尽地考察这一群体在不同时期的流动规模和内部构成。

---

① 蓝勇：《清代四川土著和移民分布的地理特征研究》，《中国历史地理论丛》1995年第2期，第144~146页；蓝勇、曾小勇、杨光华、李世平编著《巴渝历史沿革》，重庆出版社，2004，第112页。

② 转引自蓝勇、曾小勇、杨光华、李世平编著《巴渝历史沿革》，重庆出版社，2004，第116页。

③ 嘉庆十七年（1812年）全川各厅州县及卫所的人口统计数字请参见李世平《四川人口史》，四川大学出版社，1987，第168~174页。该书作者认为，咸丰年间的四川人口统计数字存在着浮夸的问题，实际的人口数可能并不及此。但是，这一统计数据还是足以证明，重庆已经由清初四川人口最稀少的地区变成人口相对稠密的地区。

④ 许檀：《清代乾隆至道光年间的重庆商业》，《清史研究》1998年第3期，第37页。

⑤ 乾隆《巴县志》卷10《风土志·习俗》。

⑥ 乾隆《巴县志》卷2《建置志·坊表》。

⑦ "道光元年巴县告示"，《清代乾嘉道巴县档案选编》（上），第409页。

⑧ 乾隆《巴县志》卷3《赋役志·盐法》。

⑨ 严如煜：《三省边防备览》卷5《水道》，道光十年（1830年）庚寅来鹿堂刊本。

二 清代重庆外来工商业者的流动规模

我们可以通过图表对文后附录中不同类型的案卷数量进行统计，从而比较重庆外籍工商业者在各个时期的流动规模（见表1）。

表1 乾隆至宣统时期《巴县档案》中与外籍工商业者相关案卷数量统计

单位：个

时期 ＼ 数量	乾隆	嘉庆	道光	咸丰	同治	光绪	宣统
案卷总数	6	28	26	3	1	13	3
与个体工商业者相关的案卷数	5	20	15	0	0	4	0
与在帮工商业者相关的案卷数	0	6	9	3	1	9	3
经营方式不详的案卷数	1	2	2	0	0	0	0

从表1可以看出，以案卷的总数而论，嘉庆和道光时期占了绝大多数，约为全部案卷数的68%。所以我们有理由推断，嘉庆和道光时期是外来工商业者在重庆活动的一个高峰期。

乾隆时期的案卷数共有6个，这可能是因为年代越早的案卷散佚和损毁越多[1]。但是即便如此，自乾隆二十二年（1757年）至乾隆六十年（1795年）的39年之间，能够查找到的案卷仍然远远少于嘉庆时期（25年）和道光时期（30年）。这说明，乾隆时期重庆外来工商业者的数量和商业活动应该少于嘉庆和道光时期。另外，从涉案工商业者的经营方式来看，乾隆时期的6个案例除1例情况不详之外，其余5例都是个体行商或个体铺户。而在嘉庆时期的案卷中则可以看到形成行帮的外来工商业者，尤其是编号为"嘉20""嘉21"和"嘉25"的3个案卷，都涉及湖南茶陵籍的脚夫。从案卷的内容来看，其组织已经有相当的规模。而在道光时期的案卷中，有组织的外来工商业者出现得更加频繁，而且此类组织也已扩大到脚夫帮、船帮、靛帮、锡帮、广扣帮等。这也可

---

① 根据刘君的研究，清代《巴县档案》同样是越晚的年代保存下来的案卷越多。乾嘉道朝档案总计不到35000卷，咸同光宣四朝档案则有78000多卷。而在乾嘉道三期档案中，又以乾隆朝的数量最少。参见刘君《清代巴县档案编研工作概述》，《历史档案》1995年第2期，第136页。

以说明从乾隆时期到道光时期,外来工商业者在重庆的数量和商业活动都有日益增加的趋势。

从表1来看,咸丰和同治时期与外来工商业者相关的案卷非常少。造成这种情况的原因可能有两个:第一是经过乾隆至道光的一百多年,相当一部分外来工商业者已经本地化。在乾隆至道光时期的案卷中,许多当事人明确地强调自己原来的籍贯,并清楚地交代其祖先或其本人来重庆谋生的具体时间①。但是在咸丰和同治时期的案卷中,这种情况就明显减少。另一个原因是笔者所收集的资料在各个时期存在着不平衡。在目前可供查阅的巴县档案中,除四川省档案馆开放利用的部分之外,乾隆至道光时期的案卷还可以通过《清代巴县档案汇编(乾隆卷)》和《清代乾嘉道巴县档案选编》(上下册)获取,光绪和宣统时期的案卷在四川大学也有收藏。这就使得笔者所收集的咸丰、同治二朝的资料,在数量和内容的涵盖面上均不及其他五朝。所以,我们不能仅因为案卷数量有限就得出咸丰、同治时期进入重庆的外来工商业者大幅度减少的结论。

从目前可以利用的有关这个时期的4个案卷来看,其中所涉及的外来工商业者都是有组织的船户和码头脚夫。尤其是在案卷"咸2"之中记载:咸丰九年(1859年)九月,酉阳州兵丁在陆路截获形迹可疑的湖南茶陵州旅客共60人。在有口供的35人之中,有34人都是从茶陵原籍赴重庆各铺行谋生的。而且其中有20人明确供认,他们的父亲、兄弟、叔伯、姻亲、乡邻等已经在重庆充当码头脚夫或从事棉花、牛胶、烟草、食糖、干菜等各种贸易。从这个案卷之中可以推测,在当时的重庆城内,应该活跃着一个湖南茶陵籍工商业者群体。他们不仅数量可观,而且还不断有新成员的加入。由此可见,尽管咸丰、同治时期,重庆的一部分外来工商业者有本地化的倾向,但这个群体仍然不断有新鲜血液的注入。只是限于目前的资料,我们还很难确切地描述这种流动的规模。

在表1中,光绪和宣统时期的案卷共有16个②,在数量上明显多于乾隆时期和咸同时期。但是由于光宣时期保留下来的案卷较其他时期更丰富,所以还不能贸然判断这一时期重庆的外来工商业者有增多的趋势,必须结合这些外来工商业者的经营方式来进行印证。在这16个案件之中,有12个都涉及行帮组织。与前

---

① 如案卷"乾5"中三楚会首欧鹏飞称"缘蚁等籍隶三楚,来渝营贸多年"。又如案卷"嘉7"中方曰贵的供状:"小的湖广茶陵人,祖父来城开生花铺生理"等。由于下文中还要就这一问题做专门的论述,故此处暂时从略。

② 由于宣统时期只有3年,而且仅有3个案卷,很难独立反映出某种显著的变动趋势,所以本文将其与光绪时期合并在一起进行考察。

几个时期案卷中的行帮组织相比，这一时期涉案行帮的经营门类更加多样化，包括船帮、脚夫帮、白花帮、药材帮、药栈帮、丝绸杂货帮、绸帮、锡帮、糖帮，以及由绵州、三台、射洪等八邑商人组成的"八帮"。另外从这些案卷中可以反映出，这些行帮大多已经形成了大规模的组织，并从事着大额的贸易。如由案卷"光11"中，由成都商人组成的丝绸杂货帮"不下数百家"；案卷"光2"中，全义药行倒塌，亏欠外地药帮货款"一万五千余金"；案卷"光13"中，由绵州等地商人组成的"八帮"，"在治城各贸棉纱、药材、疋头、水丝等号"，"相国寺厘金畅旺，皆由住渝八帮各货行销所致"。由此可以推测，在光绪和宣统时期，重庆的外来工商业者无论是在数量方面还是在经营活动方面，都有进一步扩大的迹象。

以往对于清代四川移民史的研究认为，清初外省移民大规模入川的浪潮到雍正五年（1727年）便基本结束了，移民社会开始了"本地化"的发展进程①。但是从档案资料所提供的证据来看，在川东的新兴工商业城市——重庆，外来工商业者的大规模流入始终未曾停止。根据本文的不完全统计：这种流动在乾隆年间尚处于发轫期，及至嘉庆、道光年间形成了一个高峰。咸丰、同治年间其势头有所放缓，但似乎仍保持着相当的数量和活性。而到了光绪和宣统时期，外来工商业者群体的数量和活动又有进一步增加的趋势。

三 清代重庆外来工商业者的内部构成

这一部分将继续以文后附录所收录的80个案卷为基础，对乾隆至宣统时期重庆外来工商业者的籍贯进行统计，进而分析这一群体的内部构成（见表2）。

表2 乾隆至宣统时期重庆外来工商业者籍贯统计

单位：个

时期 \ 地区	湖广	江西	浙江	福建	江苏	广东	陕西	贵州	大河	小河	下河	不详
乾隆	1						1		1	3		
嘉庆	12	3	2	1	2	1	4	2	5	1		1
道光	7	4		1		2	2		4	2	1	4

① 李世平：《四川人口史》，四川大学出版社，1987，第159页；梁勇：《清代四川的土清丈与移民社会的发展》，《天府新论》2008年第3期，第69~74页。

续表

时期\地区	湖广	江西	浙江	福建	江苏	广东	陕西	贵州	大河	小河	下河	不详
咸丰	2										1	
同治									1			
光宣	2						4	2	5	2		1

注：（1）在本表中，四川省以外的地区按省份罗列。但由于在许多案卷中，湖南人和湖北人将自己的籍贯统称为"湖广"，很难进行更加细致的辨别，所以本表中也采用了"湖广"的分类。

（2）在"附录 B"所罗列的案卷中，有许多外来工商业者来自四川省内其他厅州县。由于涉及的地名很多，本表如果一一罗列，必然会显得十分杂乱，而且不利于观察特定时期内的大致趋势。所以根据当时人的习惯性称谓，本表对于四川省内的各厅州县采取了"大河""小河"和"下河"的划分方法。"大河"是指重庆以上的长江及其支流沿线地区，"小河"是指嘉陵江及其支流沿线地区，"下河"是指重庆以下长江及其支流沿线地区。

（3）由于宣统时期只有 3 年，而且仅有 3 个案卷，很难独立反映某种显著的变动趋势，所以本表中将光绪时期和宣统时期合并成"光宣时期"。

（4）有一些案卷中，涉及来自不同地区的外来工商业者，如案卷"嘉5"，在这种情况下，本表将所涉及的每一个地区都视为一个案例。

从表 2 可以看出：除山西之外，清代重庆官民所惯称的"八省"都在这些案卷中得到了体现，所以我们不妨将这个群体称为"七省"工商业者①。从案卷的数量上看：在乾隆时期，有关"七省"工商业者的案卷仅有两个。当然，这可能是因为当时重庆"七省"工商业者的数量和活动还比较有限，也可能是因为资料的损毁和散佚，使我们只能接触到零碎片面的线索。

但是到了嘉庆和道光时期，关于"七省"工商业者的案卷则明显增多。在嘉庆时期达到 25 例，占该时期案卷总数的 74%；在道光时期达到 16 例，占该时期案卷总数的 59%。这说明在这两个时期内，"七省"工商业者在重庆商界已经显现出明显的优势。

咸丰和同治时期由于资料不完整，所以很难从表 2 的数据中看出重庆"七省"工商业者活动的详细情况。但是值得注意的是，即便是在只有 4 个案卷的情况下，关于湖广籍工商业者的案卷就占了两个（案卷"咸2""咸3"）。尤其是在案卷"咸2"之中，涉及一个相当庞大的湖南茶陵籍工商业者群体（其具体情

---

① 民国学者窦季良的著作中提到：清代重庆的山西商人大多经营当铺、钱庄和票号，在清代重庆的外地客商群体中是财力最雄厚的。参见窦季良《同乡组织之研究》，第 32 页。但因为本文主要考察清代重庆的手工业、运输业和商业贸易，所以以笔者暂无余力对《巴县档案》中与金融业相关的案卷进行系统的收集。但是通过湖广、江西等"七省"的情况，应该能够大致反映出"八省"移民在清代重庆的活动和境遇。

况在上文中已经提及）。这说明在咸丰和同治时期，"七省"工商业者在重庆的活动可能仍是相当活跃的。

然而到了光宣时期，情况发生了一些变化。与"七省"工商业者相关的案例只有 6 个，而且仅集中在湖广和陕西两个地区。但与此同时，涉及大河沿线和小河沿线地区的案例则占了更大的比重。而且更值得强调的是：在乾隆至同治时期，也有一些涉及大河、小河沿线地区的案例。但从这些案卷中可以看出，来自这两个地区的工商业者主要是船户（如案卷"嘉 8""道 23""咸 1""同 1"）和蓝靛贩运商（如案卷"嘉 3""嘉 18""嘉 19""道 4""道 9""道14"）。而在光宣时期，大小河沿线客商的经营范围和影响力则明显扩大。如案卷"光 13"反映出，小河沿线客商组成的"八帮"，"在治城各贸棉纱、药材、疋头、水丝等号"，"相国寺厘金畅旺，皆由住渝八帮各货行销所致"。又如在案卷"光 1"中，大河沿线嘉定、叙府、泸州等地客商组成的白花帮，在光绪五年（1879 年）与朝天门、千厮门码头脚夫帮的纠纷中，最终成功地迫使历来蛮横剽悍的脚夫帮认错妥协①。由此可见，光宣时期，"七省"工商业者在重庆的活动有衰退的迹象，而来自大小河沿线的工商业者群体则显现出蒸蒸日上的发展势头。

总而言之，清代重庆的外来工商业者除来自当时人们所惯称的"八省"之外，还来自贵州、大河、小河、下河等多个地区。从上文对于湖广等七省工商业者籍贯的考察来看，在乾隆时期，这一群体在重庆商界已经崭露头角，但其数量和活动似乎还比较有限；嘉庆和道光时期，其商业活动越来越活跃，与来自其他地区的工商业者群体相比，已经体现出明显的优势；咸丰和同治时期的情况并不清晰，但其活动可能仍是非常引人瞩目的；光宣时期，这一群体的活动有衰退的迹象，大河、小河沿线的工商业群体的经营范围和影响力则有日渐扩大的趋势。

四　结语

本文对清代重庆的工商业移民进行考察，希望说明两个方面的问题。

（1）工商业的发展带来人口聚集，使得清代重庆的城市人口增长与当时四

---

① 相关内容的原文摘录如下："千厮门正街广帮夫头阳思忠龙登第陈定禄李青云等，今认到白花买帮全位值年老年台前，情因身等用人不慎，以致散夫背运花包每索加钱，稍不遂意，将花暴露，近来以来，有愚鲁无知，触怒客号，已非一次。是以投明值年，将身散夫邓长等具控在案差唤，身知情亏，再三央请陈大老爷焕章邀同各值年在公所祈情免究。甘立承认字据，以后仍遵前议，仿照八省起花章程……"

川省的其他地区迥然有别。以往的移民史研究习惯于将清代重庆的人口变动归于"湖广填四川"的移民浪潮，但本文希望能够证明：清代重庆的外来移民，在数量、内部构成、迁徙时间、变动趋势等诸多方面，都与"湖广填四川"有着显著的差异。

（2）《巴县档案》为研究清代重庆商业提供了许多细致入微的资料。若能全面地对其进行整理和研究，将能极大地丰富和修正我们对于清代长江上游商业发展的认识。由于学力和目前的研究条件所限，本文只是依据笔者目前所掌握的非常有限的《巴县档案》资料做了一个非常细浅的研究，得出的结论自然是不够精确的。今后若能依托研究团队，在大样本的基础上进行精细的计量研究，当能得出更加可信的结论。

附录　《巴县档案》中与外来工商业者相关的部分案卷

（1）在本文中出现的所有《巴县档案》案卷，除在脚注中特别标明的之外，均来自本附录。其在文中的编号也与本附录中的编号一致。

（2）本附录对于案卷的编号方式：本附录对于所有案卷的编号，由一个汉字和一个数字组成，汉字代表该案件发生时在位皇帝年号的简称。如乾隆时期即"乾"、嘉庆时期即"嘉"，以此类推。数字代表该案卷在本附录中的次序，如乾隆时期的第一个案卷即"乾1"，嘉庆时期的第一个案卷即"嘉1"，以此类推。

（3）为节省篇幅，本附录中的案卷出处均采用了原始文献的简称。具体情况如下：

"汇编"指代四川省档案馆编《清代巴县档案汇编》乾隆卷，档案出版社，1991；"选编"指代四川大学历史系、四川省档案馆编《清代乾嘉道巴县档案选编》（上），四川大学出版社，1989；"川档"指代四川省档案馆藏《巴县档案》缩微胶卷，全宗号：清6；"川大档"指代四川大学历史系藏《巴县档案》抄件（见附图1）。

附图1 《巴县档案》中与外来工商业者相关的部分案卷

编号	时间	案卷标题	案卷出处	工商业者籍贯	经营门类	经营方式
乾1	乾隆四十四年	合州甘王奇等禀状	选编 第328页	合州	竹木	个体行商
乾2	乾隆四十七年	杨东来告状	汇编 第270页	叙府	姜黄	个体行商
乾3	乾隆五十二年	吕声良禀状	选编 第419页	合州	花生	个体行商
乾4	乾隆五十七年	秦金满告李正万勒索押佃银案	汇编 第256页	陕西	汤丸铺	个体铺户
乾5	乾隆五十七年	三楚会首欧鹏飞等禀状	汇编 第267页	三楚	不详	不详
乾6	乾隆六十年	胡文选供词	汇编 第271页	顺庆	烟叶	个体行商
嘉1	嘉庆五年	夏正顺告状	选编 第388页	江西	杂货	个体坐贾
嘉2	嘉庆五年	马天育告状	选编 第389页	陕西	草帽	个体行商
嘉3	嘉庆六年	巴县告示	选编 第238页	大河	靛	个体行商
嘉4	嘉庆六年	浙江会馆碑文	选编 第251页	浙江	磁器	在帮铺户
嘉5	嘉庆六年	八省客长禀状	选编 第253页	江西、湖广、福建、江南、陕西、广东、保宁	牙行	个体铺户
嘉6	嘉庆七年	楚黄机房永定章程	选编 第241页	湖北	丝织	个体工匠
嘉7	嘉庆七年	本城民方日贵禀曾义和等一局夥吞帝主会公项会银两案	川档 6-03-00312	湖广	棉花	个体铺户
嘉8	嘉庆九年	八省局绅公议大河帮差务条规	选编 第403~404页	大河沿线	木船运输	在帮船户
嘉9	嘉庆十年	湖北民毛思贵具告谢大顺等盗卖麦子故意将蚊船只搭搁希图船沉麦流等情	川档 6-06-07605	麦子	湖北	个体行商
嘉10	嘉庆十一年	马乾一告状	选编 第339页	不详	棉花	个体铺户
嘉11	嘉庆十一年	秦玉顺告状	选编 第362页	贵州	笋子	个体行商
嘉12	嘉庆十一年	杨永顺告状	选编 第420页	綦江	杂货	个体行商
嘉13	嘉庆十三年	刘志成告状	选编 第339页	陕西	棉花	个体坐贾

续表

编号	时间	案卷标题	案卷出处	工商业者籍贯	经营门类	经营方式
嘉14	嘉庆十四年	黎德茂等供状	选编 第363页	贵州	笋子	个体行商
嘉15	嘉庆十四年	江清供状	选编 第339页	湖广	桐花	个体行商
嘉16	嘉庆十四年	干厮坊陈尚盛以修会馆估出钱不允统明凶殴控移正朝等	川档 第6-06-05262号	湖南	屠猪	个体铺户
嘉17	嘉庆十四年	湖广船户陈文明具告王在贵等蚁寻勒讹并不由分说将顶朝贵殴伤一案	川档 第6-05-05269号	湖广	木船运编	在帮船户
嘉18	嘉庆十六年	朱清顺告状	选编 第350页	屏山	靛	个体行商
嘉19	嘉庆十六年	唐长发等供状	选编 第350页	江津	靛	个体行商
嘉20	嘉庆十八年	干厮坊行户叶恒裕告阳明元等背客货案	川档 第6-06-07087号	湖南	货物搬运	在帮脚夫
嘉21	嘉庆十八年	干厮坊行户罗大丰等具控脚力夫陈秀伦等背运各行棉花多索力钱案	川档 第6-06-07089号	湖南	货物搬运	在帮脚夫
嘉22	嘉庆十八年	巴县张志德无力开设磁器牙行把持滋事追帖示革一案	川档 第6-03-00325号	湖广	磁器	个体铺户
嘉23	嘉庆十八年	本城行户李星聚告余正兴等私卖磁器浮价取用等情	川档 第6-03-00324号	江西	磁器	个体铺户
嘉24	嘉庆十八年	湖北黄州卫运军廖祖忠等意图脱伍等情事移巴县协助究审案卷	川档 第6-03-00297号	湖北	不详	不详
嘉25	嘉庆十九年	太平门夫头谭秉清告李德世等违断强背杂货等情案	川档 第6-06-07091号	陕西 湖广	货物搬运	在帮脚夫

续表

编号	时间	案卷标题	案卷出处	工商业者籍贯	经营门类	经营方式
嘉26	嘉庆二十年	重庆府札	选编 第420页	江苏、浙江	磁器、杂货	不详
嘉27	嘉庆二十四年	杨耕万告状	选编 第421页	湖北	检修船只	个体工匠
嘉28	嘉庆二十四年	朱万顺告状	选编 第421页	湖北	棉花	个体铺户
道1	道光元年	干顺坊周朝富等以估夺所背货物违断估抢生忌斟陈恒泰等	川档 第6-11-09779号	湖南	货物搬运	行帮脚夫
道2	道光元年	本城黄崇贵告李加谟平白统殴伊弟一案	川档 第6-06-10826号	不详	木船运输	在帮船户
道3	道光四年	朗天坊贺开才等以管脚力生意遭造假倍谋平分生意恳控陈文明互控	川档 第6-11-09913号	湖南	货物搬运	夫头
道4	道光六年	谢常明等供状	选编 第352页	合江	靛	个体行商
道5	道光七年	王三兴等告状	选编 第387页	陕西	磨房	个体铺户
道6	道光七年	傅如松告状	选编 第342页	陕西	棉花	个体行商
道7	道光七年	赵松姓告状	选编 第343页	湖北	棉花	个体行商
道8	道光七年	饶希圣告状	选编 第344~345页	江西	布	个体铺户
道9	道光八年	綦江县民周元顺等具禀卢俊荣等籍补修梅葛庙为名从中侵吞各金事	川档 第6-07-00591号	大河	靛	在帮行商
道10	道光十年	陈铺诉状	选编 第343页	夹江	棉花	个体行商
道11	道光十一年	孀妇刘龚氏具呈朱奇等故乱开设染房程规证奇生息一案	川档 第6-07-00525号	不详	染房	铺房工匠
道12	道光十四年	雷德兴禀状	选编 第356页	璧山	染房	铺房工匠
道13	道光十四年	刘长泰禀状	选编 第423页	湖南	木船运输	在帮船户

续表

编号	时间	案卷标题	案卷出处	工商业者籍贯	经营门类	经营方式
道14	道光十八年	黄仕顺等供状	选编 第357~358页	綦江、江津、合江	釀	个体行商
道15	道光十八年	千廝坊阳秀明告阳启发霸做民行脚力生意挒满不交一案	川档 第6-12-10380号	湖南	货物搬运	夫头
道16	道光十九年	千廝坊叶正顺等具告散夫彭仕龙等将伊栈棉花私吞卖银一案	川档 第6-12-10409号	湖南	货物搬运	在帮脚夫
道17	道光十九年	廖吉顺供状	选编 第343页	福建	棉花	个体铺户
道18	道光二十一年	广扣帮公议章程	选编 第242~243页	广东	制纽扣	在帮工匠
道19	道光二十一年	本城康维新具告陈益茂违规匼讨帮费不给等情一案	川档 第6-12-10477号	江西	锡	在帮铺户
道20	道光二十四年	龚三福等哀状	选编 第348~349页	不详	打线	个体工匠
道21	道光二十四年	本城莫信成告姚金贵违规私造广扣理反凶伤案	川档 第6-12-10601号	广东	制纽扣	在帮工匠
道22	道光二十四年	本城陈德昌开设铜纽扣告黄恒顺把阻来卖铜页之人不许在城出售案	川档 第6-12-10585号	不详	制铜页	个体工匠
道23	道光二十五年	各船帮常差、兵差抽取清单	选编 第417~418页	小河、下河一线	木船运输	在帮船户
道24	道光二十六年	本城楚黄机房职员汪正兴等为工人抗违八省酌议勤要工资银抵合钱交换率提高并停工打伤愿上工之人与职员事熊上元等	川档 第6-15-17190号	湖北	丝织	个体工匠
道25	道光二十八年	宗义先等禀状	选编 第337页	江西	金银手饰	铺房工匠
道26	道光二十八年	重庆府禀	选编 第310页	江西	铜铅	个体铺户

续表

编号	时间	案卷标题	案卷出处	工商业者籍贯	经营门类	经营方式
咸1	咸丰五年	下河船帮会首张大福具告归州帮船户柳万和等违抗协同船帮会首办理兵差船支不办一案	川档·第6-22-08935号	下河一线	木船运输	在帮船户
咸2	咸丰九年	黔江递解湖南来川下力营生之谭维贞等回巴县讯明保释卷	川档 第6-18-00303号	湖南	大多从事货物搬运	行帮脚夫
咸3	咸丰十一年	宜昌帮会首毛大槐告毛开源等人缴费额外垫钱查照同规挪垫银两如数算给案	川档 第6-22-08953号	湖北宜昌	木船运输	在帮船户
同1	同治六年	下河首事胡元圃等冀王大兴借冀差霸收否川帮船户差钱一案	川档 第6-23-01010号	大河一线	木船运输	在帮船户
光1	光绪五年	卖帮杜桓顺等以脚夫不守旧规损人利己害人不浅协恳作示禁	川档 第6-44-26196号	嘉定·叙府·泸州	棉花	在帮行商
光2	光绪六年	重庆药帮谢全树等控药行陈秦来私设分局案	川大档·光财二、行帮134	不详	药材	在帮行商
光3	光绪八年	叙府船帮首事刘正顺等控罗万兴抗差案	川大档·光财二、行帮136	綦江	木船运输	在帮行商
光4	光绪九年	黄亿隆与刘天宝各开栈药材生贸之纠纷互控一案	川档 第6-44-26400号	碧口·略阳	药材	在帮行商
光5	光绪九年	令狐顺兴与赵德顺等因绸帮公所账目不清互控一案	川档 第6-44-26422号	贵州	府绸	在帮行商
光6	光绪十三年	工吏职员及眷一甲汪世芳冀请示谕出簿募化培修老鼓楼九龙滩王爷庙以杜侵吞滋扰卷	川档 第6-31-01981号	合州	木船运输	在帮船户

续表

编号	时间	案卷标题	案卷出处	工商业者籍贯	经营门类	经营方式
光7	光绪十年	金紫坊王渭川等伙立酒房弊刘懋顺假冒图名以劣印麟发卖知觉黏部不交假记案	川档 第6-44-26828号	浙江	酒房	个体工匠
光8	光绪十四年	浩大生永为买花银拖骗不劣拿控万昌行一案	川档 第6-44-26794号	陕西	棉花	个体行商
光9	光绪十四年	太平坊刘敬海与王炳鉴以散拿贸银拒交银账和辞职为分控提拿拿互控	川档 第6-44-26798号	陕西	杂货	个体铺户
光10	光绪十五年	黔丝商张裕顺告罗祥发丝店私设大秤案	川大档,光财二,足头8	贵州	丝	个体行商
光11	光绪廿二年	重庆丝绸帮竖审卷	川大档,光财二,行帮143	成都	丝绸杂货	在帮铺户
光12	光绪卅三年	金堂木船业成立金内帮鹫载公所	川大档,光财二,行帮126	金堂、内江	木船	在帮船户
光13	光绪二十八年	渝城举人肖元丰等招勇保卫商号卷	川档 第6-31-01733号	合州、遂宁、绵阳、中江、彰明、三台、江油、射洪	棉纱、药材、疋头、水丝	在帮行商
宣1	宣统元年	湖北铜铅商清平会屈兴隆恒控告屈茂先募卖会房案	川大档,宣财二,商会与商帮4	湖北	铜铅	在帮行商
宣2	宣统元年	渝城糖帮首事唐荣发等禀巴县驳船帮款恒泰等估卖糖由于下厮门改泊朝天门勒抽钱文请讯案	川大档,宣财五,水道52	内江	糖	在帮行商
宣3	宣统二年	渝城下厮门力帮为争运帮纱互控案	川大档,宣财五,搬运7	湖南茶陵	货物搬运	在帮脚夫

移民、善堂与地方权力结构

——以清代巴县至善堂为例

梁　勇　周兴艳[*]

对清代以来善会、善堂的研究是近年来社会史研究的热点。其关注点，择其要者，有从国家与社会的关系角度，选择近代这一变革的时期，来看善会、善堂在近代化过程中其内在职能的演变、传承及与近代市政建立的关系[①]；有通过对乡绅办理善庄的考察，认为乡绅的目的在于维护地方社会秩序及自身利益[②]；还有讨论善会、善堂与其主管地方士绅之间的关系，考察了地方善堂由慈善机构转变为市镇上的准权力机构的过程，认为善堂在其中起到了沟通桥梁的作用[③]。这提供了一个让我们理解清中叶以来善会、善堂与地方精英关系复杂面相的视角。同时，我们还应看到，善堂与地方精英关系的另一面，即地方精英通过办理善堂，进入地方权力网络的过程。下面，我们即以清代重庆由八省客长掌控的至善堂为例，对这一过程加以探讨。

一　地域社会中的八省客长

八省客长是八省各个会馆的"出省"（代表之意）客长，其在地方权力网络中的地位变化实质上反映了八省会馆的地位变化。关于八省客长与八省会馆的关系，光绪二十四年（1898 年）八月，八省客长汤廷玉、童潞贤等在给县令的一份"禀"文中有较为详细的说明：

* 梁勇，西南政法大学马克思主义学院历史学研究所副教授；周兴艳，任职于西南政法大学政治与公共管理学院。
① 〔日〕夫马进：《中国善会善堂史研究》，伍跃等译，商务印书馆，2005，第 592～602 页；〔日〕小滨正子：《近代上海的公共性与国家》，葛涛译，上海古籍出版社，2003，第 50～118 页。
② 余新忠：《清中后期乡绅的社会救济——苏州丰豫义庄研究》，《南开学报》1997 年第 3 期。
③ 赵世瑜、孙冰：《市镇权力关系与江南社会变迁——以近世浙江湖州双林镇为例》，《近代史研究》2003 年第 2 期。

　　窃思八省客长设自雍正年间渝城遭乱之后，人民稀少，渐有各省人民来此商贾，日久寄居，遂有交涉事件，以各省风气不同，致多杆（扞）格。虽有司驾驭，究难洞悉民隐。是以乾隆年间，各省先后设立会馆，渝城遂为客帮码头，疏通商情，始有八省会馆首事名目。选派各省中老成公正、名望素孚之人公举充当，有事□出，妥为调停，以安商旅①。

　　上引材料至少说明了四个问题：一是在清初重庆地方社会重建过程中，有大量的外省籍商民来到重庆；二是八省客长出现的时间，应该在乾隆初期，因现在《巴县档案》保存资料的限制，我们还无法获知八省会馆创办之初的情况；三是八省客长设置的目的源于当时各省商民之间纠纷不断，而地方官员又难以解决，需要八省客长来进行协助，这也说明八省客长最初的影响仅在外省籍的商民之间；四是八省客长与八省会馆的关系，八省客长是八省各个会馆的首事，每省一个"出省"客长，组成八省客长。

　　关于八省会馆的创建过程，因笔者有另文叙述，此不赘述②。一般来说，会馆的发展经历了一个先设会，募集资金，再买房产、置田产收租这样一个逐渐实体化的过程。

　　表1是巴县八省会馆的一个简单情况。

表1　巴县八省会馆所祀神祇及具体位置

省别	所祭神祇	庙名	位置	备考
湖广	大禹	禹王庙	东水门内黉学街	
广东	惠能	南华宫	下黉学街	
陕西	关帝	三元庙	朝天门内三元庙	毁于1949年"九二火灾"
山西	关帝	关帝庙	都邮街上街	
福建	妈祖	天后宫	朝天门内	毁于1949年"九二火灾"
浙江	伍员	列圣宫	储奇门内三牌坊西北侧	重庆市食品公司车队
江南	准提	准提庵	东水门内	今重庆市物资局105仓库
江西	许真君	万寿宫	陕西街东侧坎下	毁于1949年"九二火灾"

资料来源：民国《巴县志》卷2《建置·庙宇表》；彭伯通：《重庆的"八省会馆"》，见中国人民政治协商会议重庆市巴南区委员会文史资料委员会编《巴南文史资料》（第13辑），1996。

① 第6-6-4611号。此后凡是这种格式的注，均出自清代巴县档案，该档案现藏于四川省档案馆。按照四川省档案馆对巴县档案的整理归类，第一个6为巴县档案的代码，第二个6为光绪朝的代码，其他朝代，如顺治、康熙、雍正、乾隆朝编为1，嘉庆朝为2，道光朝为3，咸丰朝为4，5为同治朝。第三个数据是具体的案卷号，如147号就是咸丰朝的147卷。第四个数据是案卷里面的页码号，此数据为档案工作人员自编的，有些卷宗较少的，工作人员就未编页码。笔者在引用过程中针对此一部分，也未具体写出页码，但这并不影响有兴趣的读者日后据此查阅原始档案。
② 梁勇：《清代重庆的八省会馆》，《历史档案》2011年第2期。

清代的重庆以大梁子为界分为上下半城，下半城靠近长江边，最主要的商业街有陕西街、白象街、新丰街、上下都邮街、新街口、县庙街、三牌坊。《重庆乡土志》称："大宗商业都集于下半城，上半城不过零售分销小本贸易及住居宅院而已。"① 表 1 所列的八省各个会馆全都在下半城靠长江沿岸。这从一个层面显示了八省会馆与重庆商业之间的紧密联系。

到了清代中期，八省客长逐渐在巴县地域社会中扮演着越来越重要的作用。据窦季良的研究，在清代咸同之际，重庆的八省客长除举办若干同乡互助的事业之外，还在地方办理厘金、积谷、保甲、团练、城防、慈善等地方公共事业，成为地方社区建设的中心②。

咸丰九年（1858 年），云南人李永和、蓝大顺率义军从由川南入四川，全川震动。光绪二十四年（1898 年）八月八省客长汤廷玉、童潞贤等在给县令的一份"禀"文中谈及了此一事件对八省客长在重庆地方社会中所起的作用：

> 自咸丰发匪入川，商民思患预防，经八省绅商筹议禀明前宪，始设两局厘金，商捐商办。进关老厘咨部申解，出关新厘留渝就地办公，以供保甲团练之费，所以厘金保甲各局皆有八省经手事件③。

八省客长在咸丰以后逐渐掌握了重庆的厘金局、保甲局的控制权。言外之意，重庆的地方财政中的大部分收入和主管地方安全的机构的领导权都在八省客长的手中。同样，光绪十一年（1885 年）巴县的一份"札"文中也称，"照得渝城各局公事，向委八省首士经管，一经承办，责任非轻"④。

与掌控重庆的治安、税收同步，八省客长通过办理善堂，也进入到了重庆地方社会的救济网络之中。

二　至善堂概述

经过明清之际长达四十多年的战争破坏，巴县原有的善堂早已荡然无存。清平定四川后相当长一段时间，各类善堂仍没有得到恢复。随着人口的增长与经济的恢复，以及清政府在政策上的鼓励支持，巴县的各类善堂在乾隆年间开始建设

---

① 《重庆乡土志》（稿本），全书无页码，无著者，大约成书于民国七年（1918 年）后，藏于重庆市图书馆。
② 窦季良：《同乡组织之研究》，正中书局，1943，第 17 页。
③ 《巴县档案》第 6 - 6 - 4611 号。
④ 《巴县档案》第 6 - 6 - 527 号。

起来，虽时有兴废，但兴办之举却一直传承下来。民国《巴县志》称："巴县为通商大埠，陶朱、猗顿时有其人，富而好行其德者，尤多有之，治城之内，善举迭兴。"①

巴县善堂的兴办，有两次高潮。第一次是乾隆年间。乾隆二年（1737年），清政府规定："各州县设立养济院……令各保甲，将实在孤苦无依者，开明里甲年貌，取具邻佑保结，呈报州县官。"② 这种由官方出资，收养孤苦无依老人的福利机构，由于清政府的重视，在全国各州县逐次建立起来。乾隆三年（1738年），巴县知县王裕疆创办养济院，该院建于佛图关后石马槽，院址系民妇张沈氏捐献。经费来源分两类：一为地丁银内支销，所拨经费收养孤寡老人九十二名；另一为商捐。赡养的老人最初为三十三名，后增加到八十六名。院内孤贫老人每日给银一分。从经费来源看，巴县的养济院并非完全按清政府的"制度"办事，从一开始便有商人的因素在内。

除了官办的善堂外，这一时期，民间力量也开始兴建善堂，兴办者主要是一些外来移民。如乾隆十八年（1753年），移民汪子玉、樊佑周、李学易等十二人创立敦义堂，共捐银二千八百多两在朝天观买房收息，"每年约收租银一百四十两，以所入购本置棺"③。邑人周开丰在《敦义堂施椽碑记》对该堂兴起的过程及发起者的情况有简单的记载：

> 夫生有所养，死有所归，此人情之大凡也。而胳为之掩，骴为之埋，尤仁政之急务。乃人之困极无告者，其生也已无所养，又安望其死有所归？是以好义行仁者，恒怀恻隐，生则有药饵之施，死即有棺椁之恤。……吾郡地当孔道，人满堪忧，而其中有所谓困极无告、死无所归者，更累累不乏。于是两江、秦、楚及吾乡乐善义士某某等同心翕虑，为施椽之举于朝天观内建敦义堂，鸠工治器，务求坚整。有羁孤病死者，坊邻来告，察实便给行之。数年所济多多矣。今复虑所暨者寡而力薄不能持久也，每人更捐泉布，力裕者二十缗，次或十五缗、十二三缗，以至四五缗，不以数拘，各随其量。聚而出贷于人，照例取息，以备工料。并置市廛一区，防其不继④。

可以看到，敦义堂的发起者主要为江南省、山西及湖南省的移民，他们之所

① 民国《巴县志》《卷十七自治·慈善》，第2页下。
② 《钦定大清会典事例》卷269《户部·恤孤贫》，第1页下，光绪三十四年（1908年）商务印书馆刻本。
③ 乾隆《巴县志》卷2《建置·恤典》，第15页。
④ 乾隆《巴县志》卷11《艺文志·记》，第35页下。

以这么做，是因为当时有很多移民来川之后，"羁孤病死"而抛尸荒野。从敦义堂的发起者身份来看，主要是个人行为。道咸以后，乾隆年间所办的善堂，无论官办或私营，都因为年久弊生，"值年舞弊侵蚀"，堂下所属产业消亡殆尽，善业不举。

道咸以后，巴县的善堂进入到了第二个时期。此一时期的善堂创办具有两个特点，一是数量较多。据笔者对民国《巴县志》的统计，道光以后至光绪中期，至少兴办体心堂、尊德堂等善堂九所。表2是这九个善堂的一些简单情况。

表2 巴县善堂简表

单位：元

善堂名	发起者	成立时间	岁入	岁支	地点
体心堂	县人宋国符等	道光二十四年（1844年）	4400 余	4400 余	南纪门内天街
存心堂	县人傅中和等	道光二十四年（1844年）	6000	6000	铜鼓台街
至善堂	绅民雷晋廷等	咸丰九年（1859年）	13000	15000	瓷器街
保节堂	官办，后托至善堂代管	同治五年（1866年）			
培善堂	绅商某等	光绪四年（1878年）	租谷七十余石		鹅颈岭
义济堂	绅商	光绪十七年（1891年）	3000		金紫门顺城街
尊德堂	周伯阳等	光绪二十四年（1898年）	2100 余	2100 余	南岸海棠溪
崇善堂	商民胡宝华，同知袁培铣（均为湖北黄州人）	光绪三年（1877年）	善款随募随销，焚献灯油香烛薪工食费等项共钱一百八十钏		金沙坊
普善堂	绅商王钧、雷德庸	1870 年		共支发钱二千四百九十六千	东水坊石门坎

资料来源：民国《巴县志》卷17《自治·慈善》；《巴县档案》第 6 - 6 - 6426 号。

第二个共同特征是这些善堂主要由商人捐资兴建，由"人民自行筹措，不受官司抑注而成"①。这与清代重庆繁荣的经济有密切关系。在重庆所有的绅办

---

① 民国《巴县志》卷17《自治·慈善》，第1页下。

善堂中，至善堂的名声最响，实力最为雄厚，"善款视他堂为多"①。

至善堂创立于咸丰九年（1859年）五月，由八省会馆创办，最初仅有医馆、义塾，并开展收字纸、捡白骨、施茶水等慈善活动。至善堂创立初期，由于资金有限，还没购买相关的地基、房屋，办公场所都是临时租借，"所设义学、医馆尚属租地"，掩埋弃尸所用的棺板也是寄放在各庙之中，由寺院代为保管。这些都在一定程度上阻碍了至善堂的救济活动。如寄放在寺庙中的棺板由于照顾不周，雨淋日晒，常发生被损坏的事情。此后，至善堂每年都向各商号募化，筹集资金，购买办公用的房产、埋葬的义地，以及用来放佃收租的田产。至同治四年（1865年）始建为堂。

由于八省客长拥有较为强大的经济实力，与其他善堂相比，至善堂的堂产一直处于递增的过程。到光绪三十四年（1908年），至善堂就房产来说在城内已经有杨柳坊老街、官井巷、南纪坊、南清水溪善庄及城外南岸崇文场数处。

下面根据成书于民国初年的《至善堂材料汇编》与1942年《重庆市至善堂造具市区财产目录清册》来看该善堂堂产的形成过程（见表3）。

表3　至善堂房产形成过程表

时间	过程	堂产价值	用途
同治二年	买杨柳坊曹忠信的房屋一院	银两千二百五十两	至善堂办公用房
同治四年	首士蒙应志堂将其所买孝里一甲海棠溪田土两块捐给至善堂		义冢用地
同治五年	贡生刘价夫、监生刘树芬各捐地名唐家沱*附近的田地一块		义冢用地
同治五年	买丰碑街李沈氏房产一处	银四十两	
同治六年	买官井巷三义和房屋一院	银一千两	
同治六年	买张九成田产若干	银三千七百两	
光绪五年	买官井巷杜吴氏房屋一院	银九百二十两	
光绪八年	厚磁街李王氏房产一处	银一千六百两	
光绪十一年	买白象街朱祥麟房产一处	银五百五十两	
光绪十二年	买张吉福堂房产一处	银一千两	
光绪廿三年	买花街子街李双和堂房产一处	银八十两	
光绪廿五年	买药王庙街吴氏房产一处	银二百两	
光绪廿八年	买林森路张成之房产一处	银一千六百五十两	

① 民国《巴县县署》档案第 193-1-1116 号《至善堂材料汇编》，第25页上。

续表

时间	过程	堂产价值	用途
光绪三十一年	中兴路吴瑞林房产一处	银四百四十两	
光绪三十三年	买老磁器街四知堂房屋	银九十二两	
民国三年	林森路李伯卿房产一处	银四千七百两	
民国十年	老街向春舫房产一处	银二千一百两	

* 唐家沱位于朝天门下游，因为长江在这里形成了一个回水，漂流物在这里聚集，每天都有来自上游的动物尸体，包括人尸在这里汇集。就现在来说，每天仍然平均有一两具尸体在这里被打捞上岸。政府在这里设置多支浮尸打捞队。见《重庆晚报》2005 年 8 月 11 日第 13 版、11 月 17 日第 5 版。

资料来源：民国《巴县县署》档案第 193 - 1 - 1116 号《至善堂材料汇编》及重庆市档案馆第 0064 - 0008 - 01164 号《重庆市至善堂造具市区财产目录清册》。

表 3 主要为至善堂堂产中有关房产部分，至于田产部分方面，《重庆市至善堂造具市区财产目录清册》中也有大量记载，因原始材料并未提供购买的时间和所花费的银两，这里就不一一列出。

到同治年间，至善堂已是巴县规模最大的善堂机构了。同治四年（1865 年）东城京畿道监察御史、吏科给事中伍辅祥在《至善堂诸善举序》中对该堂的筹办及规模有高度的评价，他说："夫斯堂之创始仅数年耳，而规模宏大。"①

同时，同治五年（1866 年），至善堂受知县黄朴委托管理保节堂。保节堂原为官办善堂，后因管理不善，经费不敷使用，交给至善堂代为托管，当时资产共有七千四百两白银。光绪九年（1883 年），为了弥补保节堂接济节妇的额数太少的缺陷，添办全节堂，新增受济节妇五十三名。

前已论及，至善堂由八省会馆所创办，此一局面一直延续到民国后期。这也得到档案资料的证实。下面我们来看光绪三十四年（1908 年）左右，至善堂各首事的个人情况及其与八省客长的关系（见表4）。

表 4 　至善堂各堂首事简表

年签轮管	名	衔	籍贯	名	衔	籍贯
至善堂首事	申迪纯	四品衔 州同	贵州	邵永珍	同知	浙江
	朱平祯	四品衔 同知	江南	陈继先	监生	湖北
学堂首事	陈崇功	廪生	巴县	朱蕴章	廪生	巴县
医馆首事	赵学坤	监生	湖北	周泽先	从九	湖北

① 　民国《巴县县署》档案第 193 - 1 - 116 号《至善堂材料汇编》，第 7 页上，"伍辅祥序"。

续表

年签轮管	名	衔	籍贯	名	衔	籍贯
养瞥首事	罗亨谦	附生	巴县	郭义	监生	巴县
孤孀首事	赵城璧	同知	湖北	申大道	监生	广东
全节堂首事	何士瑞	监生	湖北	吴骏英	廪生	巴县
	卢宏政	附贡	巴县	萧鼎光	监生	江西
保节堂首事	黄金海	四品 □职	江西	胡代谦	监生	湖北

资料来源：《巴县档案》第6 – 6 – 6426 – 19 号。

从表4我们可以看到，至善堂四首事籍贯全为外省人，申迪纯等同时也是八省客长，而至善堂所属各堂，大部分仍由移民及其后裔充任。至善堂一直坚持民捐民办的原则，首事每年公签轮换。

随着慈善活动的扩展，至善堂自身的内部管理体系也逐渐完善起来。同治四年（1865 年），川东道道台恒保在给至善堂首事雷晋廷等关于立碑存照的请示中，批示"查该绅等利济为怀，广行善事，并创建善堂，以为公所，询属可嘉之至，准其如禀立案。嗣后，该绅等尤当尽心经理，俾各善事有加无已，济世利民，永垂久远"[1]。至善堂创堂之初，就设立严格的堂规，以期堂务久远。"善款多，则眉目宜清，免日久挪移，致混乱也；堂务繁，则责成宜分，免致彼此推卸，致废弛也"[2]。

《巴县档案》里保留了大量详细的关于该堂进行规章建设的内容。下面，我们以相关的记载为依据，对该堂的规章进行粗浅的分析。

首先关于善堂的日常管理，该堂规定，所请看司每天要把堂内打扫洁净，不准在堂赌博、演戏及容留陌生人入住，亦不准妇女入内；其次，该堂每年选举总理一人，协办三人，管理银钱账目，以及登记造册本年所做善事；最后，此时堂内无底金，还靠募集来置产生息，所以各在堂办事之人，不设伙食。同时也要求各首事实心办理，不得擅专、矫伪；每年春秋两季各请客一次，感谢各善主的善意。该堂对善款的使用，一般遵循专款专用，由善主"亲募亲散"，但在特殊情况之下，可以更改善金的用途，"权为变通移济，不致拘泥偏枯，名称其实"[3]。

到了光绪初年，制度建设逐步走入正轨，善堂资金来源充沛。善堂建设更为完备，表现在以下几个方面：

---

[1] 民国《巴县县署》档案第 193 – 1 – 116 号《至善堂材料汇编》，第 9 页下。
[2] 民国《巴县县署》档案第 193 – 1 – 116 号《至善堂材料汇编》，第 25 页下。
[3] 民国《巴县县署》档案第 193 – 1 – 116 号《至善堂材料汇编》。

第一，堂内首事增加到四人，各负其责。一人负责"支派各务"，并"察核项目"。一人管理银钱，经收租息。一人执掌契据，经理支发。一人督办各项善举，稽查全堂事务。四人分头承担，既能免"独力难支"，也能防止"久专生弊"，互相监督。以上四人各专责成，一年一换。同时，首事每月朔望各集议一次。

第二，堂内增加董理一人，"兼管襄办各务，觉查各项善举"，也就是具体负责经理堂内的日常事务。由在堂多年、熟悉堂内事务的人充当，特别是要对药材比较熟悉。

第三，堂内又增加管账、看司、帮办等人员六人。看司一人职责限于经手各种租息、照管堂内存用器物并传知单；帮办一人专职负责香等照料、药材购进等事；片药一人负责经理药室。同时，对清水溪善庄建设也制度化了。该庄办事人员额设七人。其中账务一人，负责经理善庄各务，登挂流水账目并催收租息；花匠一人，负责培养善庄花木；看司一人，经理香灯照应，并打扫卫生。打杂两人，负责善庄的菜园经理；教习一人；伙夫一人。

第四，受巴县县令的委托，托管保节堂。保节堂系巴县"公款善举"，也就是政府拨款兴建起来的，后因管理不善，善行逐渐荒废，收养的孀妇数目仅74名，原有善款也有被侵吞的危险。由至善堂代管后，保节堂的堂务管理走上了正途。光绪十年（1884年），巴县地方政府又将养济院委托至善堂首事管理。

第五，于光绪七年（1881年）增办全节堂，收养未满三十、贫苦无依而又愿意守节的节妇。因为保节堂经费有限，孀妇收养数目有限，完全不适应当时的发展情况，故设立全节堂，增加收养孀妇的名额，人数在五十二名左右①。

三 至善堂的善行

作为清代巴县第一大善堂，至善堂的善行经历了一个逐步扩大、完善的过程。其善行的对象，既有八省会馆的后裔子孙，也有大量地方普通民众，这让至善堂逐步具有社区慈善机构的性质。

咸丰九年（1859年），至善堂刚成立时，订立善事十三条，规定了该堂善行的运作方向。以救济的对象不同，笔者分三大类进行归类说明②。

首先，善行的主要对象是八省会馆民众及其后裔。如设立义学，善堂每年招收会内民众子弟三十人入学，并给主讲者束脩钱三十四千文。又如对义地的管

---

① 《巴县档案》第 6 - 6 - 6426 - 7 号。
② 《巴县档案》第 6 - 5 - 417 - 4 号，亦见民国《巴县县署》档案第 193 - 1 - 116 号《至善堂材料汇编》。

理,不许"花葬以紊条规"。至善堂义地由堂内首士蒙应志堂所买白冤堂田土,该地位于孝□□甲,土名海棠溪石家嘴内牌坊岗、相子堡二处田土二段,捐舍入至善堂内,永远作为义冢,平日由佃户照管。需要在义地埋葬的,不论贫富、远近,先到堂内区的票号,按序埋葬,不得抢占棺位①。

其次,善行的对象虽然包含八省会馆的后裔,但主要的受惠者来自巴县地方社会的普通民众,救济对象突破了"省籍"限制。这类善行包括下述几类。

第一,宣扬儒家意识形态。其包括"兴崇宣讲",每逢朔望,至善堂请人宣讲圣谕;散发善书,将各善士送来的格言劝善等书转发给一般民众,"随收随送";收捡字纸,每人每月给工食钱一千四百文,按月支发。

第二,医疗救治。其包括设立义馆,春夏季节,请医生两位,秋冬病少,减请一位,坐堂行医;送施方药,每年募集方药,发放给"贫苦无力取药者"。

第三,针对特殊人群的救济。其包括以下几类:

(1)救育女婴。巴县地方社会中如有贫苦人家女婴,验明正身后,每月每名给钱五百文,以三月为限,送入育婴堂收养。

(2)"养瞽目",也就是收养照料盲人。"天下之最堪悯者,莫瞽者若也。"至善堂在清水溪专门设置养瞽院,额定收养盲人五十名,进院的盲人,需要有人担保。同时,养瞽院聘请老师两人,教盲人一些简单的维持生活的技能,"或教以醒世之歌词,或教以推人之算法",亦即所谓的唱圣谕和算命。为此,养瞽院将入院的盲人分为两班,格言班和命理班。格言班三个月一班,命理班八个月一班。学习期满后,即自谋衣食,不许久住在院。从材料来看,光绪三十四年(1908年),共收养盲人三十名,从籍贯来看,巴县六人,重庆府(巴县以外)二十二人,四川省(重庆府以外)一人,外省一人。1921年,共收养盲人二十九名,其中籍贯不名的六人,本县两人,本府(除巴县外)十三人,其他县六人。

(3)冬春之际救济地方社会的穷苦民众。作为长江上游最大的水码头,巴县的外来穷苦民众众多。每年秋冬季在朝天、金紫、临江等地开办粥厂,散发棉衣,所需经费由八省客长向城内各商募捐。

最后,善行对象就是以社区民众为主,这让至善堂具有了社区慈善机构的色彩。如施给茶水,每年夏秋季在交通要道设立送水点,免费发送茶水。又如施送棺板,掩埋无主尸首。至善堂在城内储奇、朝天、华光、南纪四坊,城外金紫、临江、太平四厢等地设立棺板施送处,雇人掩埋巴县城区的无主尸首。同治五年(1866年),至善堂还在广阳坝设立收尸处,本着"救人不救货"的原则,制定救生捡尸规则:船户自水中捞救活生一人,给钱五百文;若是在船上救的(救

---

① 《巴县档案》第6-5-417-3号。

人者未下水），给钱三百文。但救一人，最多只给一千五百文，若多人参与施救，均分救济金；救生时，只许救人，不许捞物；捞取一具浮尸，给钱一百八十文，抬埋者，每棺给钱二百六十文。同时，埋葬的尸体要标明年月、序号，以待尸亲寻认。为了防止弊端，至善堂在船户中选一人充做头目，每年给工资钱二千文，负责监察实施上述规定。所选之头目，每年更换。

综上所述，至善堂的施善对象已经超越了个人籍贯，主要以社区救助为主，不管移民也好，土著也罢，都在他们的救济范围之内。至善堂已突破了传统的畛域，将目光转向追求"整个社会和全体市民的利益与福祉"①。这种转向的内在动力，在于掌握至善堂的八省客长已经处于巴县城区权势网络的核心。通过多项救济活动，也反过来巩固了八省客长的核心地位。这是一个作用与反作用的过程。

四　至善堂财务收支

至善堂每年的收入由两部分组成，一部分是堂内原有田房产业的租息、当商利息。如所代管的保节堂，光绪初年每年田地的租谷、房屋的租金大约有一千七百余两。

另一部分就是每年的捐款收入。这笔钱的数量相对来说更为庞大。清代的相关数据笔者尚未找到，我们以民国十年（1921 年）至善堂的各类善款、善物的会计表来看该年至善堂的一些运行情况（见表 5）。

表 5　1921 年至善堂所收捐款、捐物情况汇总

名目	施主数量	捐献数量
施药材	188 家药铺	共施济药 29870 副
济药罐	7 家药铺	1336 个
书	2 人次	40 部
棺　板	79 家商铺(或个人)	1425 副
济　米	30 家商铺(或个人)	480.69 石
棉　衣	1 人次	100 件
捐　款	63 家商铺(或个人)	1408700 文

资料来源：民国《巴县县署》档案第 193 - 1 - 116 号《至善堂材料汇编》。

---

① 梁元生：《慈善与市政：清末上海的"堂"》，《史林》2000 年第 2 期。

从表5可以看到，至善堂善款收入及捐物来源比较多元化，就拿每年一次的药材、书籍、大米、棉衣、棺材捐献来说，巴县城内几乎所有的店铺都参与其中。从表5中，可以提出几个问题加以讨论。

第一是参与捐款、捐物的店铺、商家数量众多。这反映出晚清至民国时期，至善堂的影响力已经不仅仅局限于移民商人这一狭隘的群体之中，已成为巴县甚至重庆救济活动的中心之一。

第二是参与捐款、捐物的药铺、商家或个人所捐的数量都不是很大，如泰安号捐了茯苓八斤、永兴行捐米六斗，商家并没有因为捐献而对自己的商业发展造成多大的困难。

从第一点来看，这可能反映了两个事实，一是当时的商铺对善事的参与热情比较高昂，而另外一个事实则是至善堂在众多的商家中有着较为良好的信誉或号召力，当时的重庆善堂众多，各个善堂为了能够继续生存下去，都在向商家募捐，至善堂能够在其中吸纳比其他善堂多出几倍、几十倍的善款，显然与它的领导层在地方社会的人脉有关。换言之，八省客长在背后的支持是至善堂成功发展的关键性因素。就第二点来说，虽然各家商铺所捐数量不多，但因为参与捐献的商铺数量众多，积少成多，当年总的善款、善物就不少，如该年就发出济药两万九千八百七十副。

至善堂还有一项重要的善事是在游民较多的朝天门码头等地开办粥厂，救济衣食无着的贫民。这项救济活动始于每年中秋节后，八省会馆值月首事即按照捐簿向各商铺善士收缴粥厂经费。《巴县档案》中保留有同治五年（1866年）巴县善主捐款的名录，如表6所示。

表6 同治五年粥厂捐款名录

捐主	款额	捐主	款额
官盐店	每年捐银四百两正	六当	每年共捐银二百两正
三里	各捐银三百两正	城内二十三坊	共捐七百三十两
洪豫章	每年捐银一百两正	闽聚福	每年捐银一百两正
晋安泰	每年捐银一百两正	江安	每年捐银一百两正
楚宝善	每年捐银一百两正	关允中	每年捐银一百两正
宁兴安	每年捐银一百两正	广业堂	空
城外十厢	每年共捐银二百两	职员金含章、鲍崇礼	厂费营六百两

资料来源：《巴县档案》第6-5-1264号。

在表6中，洪豫章、闽聚福、晋安泰、江安、楚宝善、关允中、宁兴安、广业堂为八省客长成员，金含章也担任过八省客长。可见，八省客长所出的资金占了粥厂捐款近一半。善堂的支出情况，编于民国十年（1921 年）的《至善堂材料汇编》对该堂每月的一个支出情况进行了一个简单的统计，如表 7 所示。

表 7　民国十年至善堂每月支出款项细目

名　目	数　额	
	银	钱
小 学 堂	一十四两二钱	一十六千八百文
蒙学二所	一十四两	
医　馆	一十四两二钱	八千文
全节堂住堂节妇及子女	五十八两二钱	
散居孀妇	一十两	四十千文
孤　老	一	三十五千文
瞽　目	一	四十千文
办事教师夫役	一	五十九千文
总　共	一百一十两零六钱	一百九十八千八白文

资料来源：民国《巴县县署》档案第 193 - 1 - 116 号《至善堂材料汇编》。

上述款项只是例行的每月要支出的银钱数目，每年总数大概在银二千六百余两、钱二千四百余千文左右。同时还有许多临时性的支出，如香灯修理、祭祀、酒席、添置器具及学堂杂用等的费用支出，每年大概在五百余两。总体来说，每年"岁入租金息金约一万三千元，岁支约一万五千余元"①。

但总的来说，大部分年岁的收支相抵，都会略有盈余。如光绪十八年（1892年），当年就盈余银一百两零一分，钱七百二十六文②。又如宣统元年（1909年），代管的保节堂收支相抵后就余银五十七两五钱六分③。

至善堂能够取得良好的运营效果，还有一个很重要的方面是经理首事的热心负责。当时他们在选定首事时就要求首董者"尽心协力、公而忘私"。籍贯湖北的罗学钊④曾在光绪三十四年（1908 年）充任过该堂的首事，该年农历五月十六日，他在日记中说，今天轮他到石桥场负责办理救济婴儿的事情，

---

① 民国《巴县志》卷 17《自治·慈善》。
② 《巴县档案》第 6 - 6 - 6507 - 17 号。
③ 《巴县档案》第 6 - 7 - 1726 号。
④ 罗学钊，字绍康，湖北人，随父贸迁重庆，遂定居于巴县。"以商业致温饱，而性好施"，先后督修巴县境内白节场大桥，办理粥厂、义学等善事。见民国《巴县志》卷 10《人物列传·孝义》，第 22 页。

当天天气不好，赤日当天，暑气逼人。家中人都劝他人年老了，经不起这么热的天气，劝他当天不要去了。他在日记中说："予办公以来，未有不到之班，亦未尝怀畏寒畏暑之念。特将劳动歌词示谕家人。"①最终还是上路办公去了。

如同巴县的其他公款一样，这些善款在清财政困局的大背景下，经常被挪作他用。光绪八年（1882年），巴县李知县因公提用保节堂本银七千四百两，在保节堂首事金德均的屡次要求下，才答应分多次偿还。又如光绪三十四年（1908年）十一月十一日，罗学钊在他的日记中说，九门负（附）郭，"沿河两岸，隆冬之际，贫民饥寒交迫。昔有粥厂，赖此以延残喘者不少。惜当道将此项提作别款"②，表达了他对地方官员擅自挪用善款的不满。

宫保利在分析清代后期苏州地区的公所善举活动时，认为这些善堂的经费主要由同业各商号捐赠及抽厘③。换言之，宫氏认为，苏州地区由行会公所举办的善堂的经费主要来自各行会公所。而从至善堂的经费来源看，虽然它的领导层由八省会馆的首事来担任，但这并不影响到它的经费来源的多元性。从上面的分析可以看出，至善堂的善款来源表现出多元性和普遍性，完全摆脱了会馆自身的桎梏。

五　结论

因其强大的经济实力，八省会馆是清代重庆地方社会中最为强大的移民组织，自咸丰以后在地方权力结构中扮演着核心的作用。但因其"外省籍"的身份，八省会馆在地域社会中与本地士绅粮民存在着竞争的关系，地方士绅往往指责八省客商不为地方社会的安危和发展负责，而只顾自己赚钱④。为了回击本地士绅的指责，同时也为了八省会馆内部的自我救济，彰显其服务同乡的责任，由八省会馆创办的至善堂走上了历史的前台。

从至善堂的管理与运行来看，至善堂也起到了扮演八省客商与地方社会的中介的作用。从至善堂的管理、经费来源来看，八省会馆都起到了主导的作用。其经费主要是来自最初八省会馆捐款所购置的田产、地产的租金收入。而从至善堂的善行来看，其救济、资助的范围则已超越了移民的团体，而包括巴县各省籍在

---

① 《退思轩全集》上卷，民国十九年（1930年）罗氏排印本，重庆中西书局代印，第14页下。
② 《退思轩全集》上卷，民国十九年（1930年）罗氏排印本，重庆中西书局代印，第21页下。
③ 宫保利：《清代后期苏州地区公所的善举活动》，《史学集刊》1998年第1期。
④ 对八省客长与本地士绅的关系的考察，可参考拙文：《重庆教案与八省客长：一个区域史的视角》，《社会科学研究》2007年第1期。

内的民众，从而成为社区救助的中心。这一资助与受助群体分离的现象正反映了八省会馆试图通过至善堂进入社区权力网络内部的努力。而到晚清时期，我们发现，至善堂的资金来源包括越来越多的本地店铺、民众。这说明至善堂的管理和善行已经得到社区民众的认可。这反映了至善堂的影响力已逐步从移民群体转向整个巴县，从而进入到地方社会的权力结构之中。

清代教官的宣讲与地方教化

——兼及科举制废除对教官的影响

苟德仪[*]

　　清代的儒学教官，文献中被称为"学官""儒学""父师大人""学博"等，包括学政、教授、学正、教谕、训导。其数量在 3000 人以上[①]。这个庞大的群体既担负着学校的教育管理工作，同时承担了教化民众的责任；既是文化教育的专业人员，又广泛参与地方政治；既是儒家道德的化身，又是儒家道德的宣传者；既是低级官僚，又是后备官僚队伍和文化精英的培养者，在清代政治、教育、科举等方面发挥了重要作用。然而，或因教官职闲禄薄，或因品低职卑，特别是州县的教谕、训导，常被视为"冷官""薄官""可有可无之官"，加上官修典籍"详中央略地方"的传统，以致对教官的研究比较薄弱[②]。

　　基于此，本文拟以清代教官（侧重州县教官）的宣讲为中心，研究其与地方教化的关系，旨在通过探讨教官在地方教化中的作用、科举废除对教官的冲击

---

[*]　苟德仪，西华师范大学历史文化学院副教授。

[①]　乾隆《大清会典》统计为 3048 人，光绪《大清会典事例》载为 3116 人。光绪三十一年（1905 年）七月，吏部在《奏停选复设教职并令讲求师范折》中称"各省教职通计不下三千余员"。分别参见《钦定大清会典》卷 4 乾隆二十九年（1764 年），《文渊阁四库全书》本；李鸿章等修《钦定大清会典事例》卷 24《吏部·各省学政等官》，光绪二十五年（1899 年）石印本；《直隶教育杂志》1905 年第 11 期。

[②]　有关清代教官的研究，代表性论著主要有张学强的系列论文：《清代官学教师捐纳制度研究》，《西北师大学报》（社会科学版）2005 年第 3 期；《为官与为师——明清地方儒学教师出路研究》，《西北师大学报》（社会科学版）2006 年第 6 期；《教学内外——明清地方儒学教师功能探析》，《河北师大学报》（教育科学版）2008 年第 7 期；《明清地方儒学教师考核制度论略》，《西北师大学报》（社会科学版）2009 年第 6 期。蔡东洲等：《清代南部县衙档案研究》，中华书局，2012，第 351~387 页。此外，一些综合性的论著中以有限篇幅论及，如郭秉文《中国教育制度沿革史》，福建教育出版社，2007，第 31 页；陈青之：《中国教育史》，上海书店出版社，1989，第 467~471 页。

以及朝廷对教官职能的制度化设计与地方政府对教官职能的功利化选择的矛盾给乡村儒学教化带来的不利影响。

一 教化为本：清朝的政治形态与教化体系

自汉代董仲舒"独尊儒术"以来，中国历代社会政治的基本形态都是儒家学说指导下的伦理政治。其重要特征是德主刑辅，教化先行。教化是"个人社会化的客观条件，是生物的人变成社会人的过程。一个人降生后，要成为一个社会的人，都将接受一定的不同层次的社会文化，经过家庭、家族、邻舍、社区及各类学校的教育、训练，逐步懂得一定的社会规范，成为服务于社区、社会群体的合格角色"①。换言之，教化是通过教育和训练，使"生物人"变为"社会人"的过程。

清入主中原后，承明之制，高度重视儒学教化对维护统治的作用。努尔哈赤说："为国之道，以教化为本。移风易俗，实为要务。"② 顺治初，詹事府少詹事管国子监祭酒事李若琳亦云："教化者国之本源。"③ 康熙时，玄烨皇帝谕礼部曰："朕维至治之世，不以法令为亟，而以教化为先。其时人心淳良、风俗朴厚、刑措不用、比屋可封、长治久安、茂登上理。盖法令禁于一时，而教化维于可久。若徒恃法令，而教化不先，是舍本而务末也。"他针对斯时"风俗日敝，人心不古。嚣凌成习，僭滥多端"等现实，主张效法古帝王尚德缓刑，化民成俗，提出了16条圣谕："敦孝弟以重人伦；笃亲族以昭雍睦；和乡党以息争讼；重农桑以足衣食；尚节俭以惜财用；隆学校以端士习；黜异端以崇正学；讲法律以儆愚顽；明礼让以厚风俗；务本业以定民志；训子弟以禁非为；息诬告以全良善；诫窝逃以免株连；完钱粮以省催科；联保甲以弭盗贼；解仇怨以重身命。"④故令礼部详察典制，制定办法，使内外文武官员督率劝导。这16条，融会了传统儒家思想的精华。如田文镜所言，"其所以正人心，端世教者，剀切详明，巨细毕举，此诚天下率由之旧章，万世遵循之宝鉴也"⑤。后来经过加工和阐释，雍正时形成洋洋万言的《圣谕广训》，成为教化的核心内容。从整个清朝看，圣谕的影响是深远的，如晚清时一些生员所总结的那样："窃维我朝二百余年来昭明百姓，协和万邦，实赖圣谕十六条。"⑥ 此语虽有夸大之嫌，不过却道出了圣

① 张光博：《社会学词典》，人民出版社，1989，第507页。
② 《太祖高皇帝实录》卷6，中华书局，1985，第85页。
③ 《世祖章皇帝实录》卷11，中华书局，1985，第105页。
④ 《圣祖仁皇帝实录》卷34，中华书局，1985，第461页。
⑤ 田文镜：《钦颁州县事宜》，载刘俊文《官箴书集成》（第3册），黄山书社，1997。
⑥ 四川省南充市档案馆藏《南部档案》第17-313号。

谕的权威性。

经多任皇帝提倡，清朝逐渐确立了"教化为本"的原则，形成了乡村社会教化的一个二元同构体系，即以保甲制为代表的官方教化组织与形式和以宗族、乡约为代表的非官方教化组织与形式构成①。于是，地方官员、乡里豪绅、保甲首人、在学生员、宗族首领、乡约首事等成为推行社会教化的主要力量。

儒学教官，尽管他们自嘲"百无一是可言教，十有九分不像官"②，但他们本质上是"官"，有品级，有专门的办公衙署，更何况在乾隆《大清会典》《清朝通典》、光绪《大清会典事例》《清朝续文献通考》等文献中，他们均被归入吏部各职官志中。修撰者用意，自不待言。地方官对于"司牧之道，教养兼资"的教条是烂熟于心的，而教民之要，不外乎劝惩二端，如朔望行香，宣讲圣谕。劝农课士，乡饮宜兴。尊礼师儒，采访节孝之类，皆劝恩之卓然者③。教官的基本职责为"掌训迪学校生徒，课业勤惰，评品行优劣，以听于学政"④。在朝廷看来，"学校为教化之原，士子训课，责在教官"⑤。在此逻辑下，"各属学官，职司教化"，乃意料之事⑥。

二　分所当为：科举废除前教官宣讲的考察

宣讲是教官进行地方教化的主要方式⑦。按晚清人的理解，中国的宣讲即泰西"演说"⑧，它不仅被视为"教育之一种"⑨，也是"开智之术"⑩，甚至成为"预备立宪要政"⑪，属"自治范围之中"的事⑫。教官参与宣讲主要体现在监督乡约宣讲、监督宣讲生宣讲和亲自担任宣讲人两个方面。

---

① 参见王先明《略论晚清乡村社会教化体系的历史变迁》，《史学月刊》1999 年第 3 期；有关乡约与宣讲圣谕，参见段自成《论清代的乡村儒学教化——以清代乡约为中心》，《孔子研究》2009 年第 2 期。
② 陆以湉：《冷庐杂识》，中华书局，1984，第 371 页。
③ 汪辉祖：《学治臆说》卷上，载刘俊文主编《官箴书集成》（第 5 册），第 275 页。
④ 赵尔巽等：《清史稿》卷 116《职官三》，中华书局，1976，第 3358 页。
⑤ 刘锦藻：《清朝续文献通考》卷 97《学校考四》，商务印书馆，1936。
⑥ 《本署司袁批松阳儒学详请合收裁缺学田以资补助由》，《浙江教育官报》1910 年第 37 期。
⑦ 教官除了宣讲外，还可以通过著书立说、旌表节妇、考定木铎等实施地方教化。参见蔡东洲等《清代南部县衙档案研究》，中华书局，2012，第 391～394 页。
⑧ 《抚院赵札饬各属教官躬亲宣讲章程》，《湖南演说通俗报》1903 年第 7 卷。
⑨ 《湖南咨议局议决案》，《预备立宪公会报》1909 年第 20 期。
⑩ 《论某省改宣讲为演说之宜仿行》，《广益丛报》1905 年第 83 期。
⑪ 四川省南充市档案馆藏《南部档案》第 20 - 882 号。
⑫ 四川省南充市档案馆藏《南部档案》第 21 - 1033 号。

乡约渊源于周礼读法之典，滥觞于北宋蓝田吕氏兄弟创立的《吕氏乡约》。大概从明朝开始，乡约已承担起宣讲圣谕、律法的任务。当时全国许多地方建立乡约所，在地方教官的监督下活动。如《许州志》载，嘉靖年间，许州守运司张幼养"于州治之东辟地一区，建为乡约所，行令儒学官会同诸生于公堂，同举致政敦德者一员为约正，以帅乡士；闲（娴—引者）礼者二员为约副，以掌约仪；才识公正者一员为约史，以监约事；乡间耆民六行克敦者三十人为耆老，免其杂泛差徭，以见优崇之意；仍举生员年长熟于礼仪者八人为礼生，年少生员十人者，肄诗歌焉。每月朔望赴乡约所听约正、副宣圣训耳"①。实际上，乡约的推行并不得力，故万历时，礼部尚书沈鲤上书，建议有司在辖区内酌量道里远近，随庵观亭馆之便，设乡约所，以《皇祖圣训》《大明律例》为简明条示，即于本里择众所佩服者一二人为约长，使其督率里众劝勉为善。掌印佐贰、教官，仿古巡行阡陌之意，每月一次分投各所集众前来听讲圣训、律例，使家喻户晓②。

清朝继承了乡约制度。顺治九年（1652年），"颁行六谕卧碑文于八旗及直隶各省"③。不过这里还未提及乡约的宣讲。顺治十六年（1659年）的告谕才正式提到"约正""约副"及其选任办法："应会合乡人，公举六十以上，业经告给衣顶，行履无过，德业素著之生员统摄，若无生员，即以素有德望六七十岁以上之平民统摄"，且不能以土豪蠹役等充数。乡约的具体办法，即朔望日在公所宣讲，旌别善恶，登记簿册④。故杨开道认为，"清代乡约制度最初的采用，应该在顺治九年以后，顺治十六年以前的一个中间时候"⑤。

康乾时期，朝廷多次发布命令，要求地方官建乡约所，推举约正、约副，每月朔望宣讲圣谕与律例，地方教官要不时巡查。乾隆元年（1736年）令"直省各州县于各乡里民中，择其素行醇谨，通晓文义者，举为约正，不拘名数，令各就近村镇，恭将圣谕广训勤为宣讲，诚心开导，并摘所犯律条，刊布晓谕，仍严饬地方官及教官，不时巡行讲约之所。实力宣谕，使人人共知伦常大义，如有虚立约所，视为具文者，该督抚即以怠荒废弛题参"。⑥ 四年后，云南按察使张垣熊条奏，请令州县教官下乡宣讲圣谕，未得到允许，原因是"教官虽有化导之

① 《许州志》卷4《乡约》，上海古籍书店，1961。
② 沈鲤：《复十四事疏》，载俞汝辑《礼部志稿》卷45，文渊阁四库全书本。
③ 《清世祖实录》卷63，中华书局，1987年影印本。
④ 参见杨开道《中国乡约制度》，山东省乡村服务人员训练处，1937，第269页；董建辉：《明清乡约：理论演进与实践发展》，厦门大学出版社，2008，第228页。
⑤ 杨开道：《中国乡约制度》，山东省乡村服务人员训练处，1937，第269页。
⑥ 素尔纳等：《钦定学政全书》卷74《讲约事例》，载沈云龙主编《近代中国史料丛刊》第30辑，（台北）文海出版社，1968。

责，但各州县所辖乡村镇市势难遍及，且训课诸生尚有不时讲课之事，若令每季周行村镇，必至不能兼顾。应照原议令约正等勤加宣讲，仍饬地方官与教官不时巡行稽查，毋庸更易章程"①。

乡约主讲，教官监督的模式亦被少数民族聚居之边地所效仿。如四川茂州的36寨"番民"，也要在寨子的适中之地设讲约所，每月朔望，该州的知州与儒学等官，轮流前往督率在城约正带同通事，到寨子内传集番民宣讲《圣谕广训》、整饬地方利弊文告、律例等，由翻译讲解，使家喻户晓，咸知畏法②。

由于州县地域辽阔，光靠教官下乡宣讲是远远不够的。南部县的做法是，由教官给木铎生执据，即充宣讲③。担任宣讲的一般都是地方的品学兼优、有辩才的读书人。也可以说这是教官宣讲的延伸。此法施行之后，"奉行既久，视为具文，有名无实，且品学德行，不孚众望，言亦不足感人"，于是又以新学堂之监督、教员、学董充宣讲生，逢朔宣讲。如果学堂事务繁多，即"可公举有品学德行而兼有才辩者代讲"。该县分四路，即遴选四人分路宣讲。这些宣讲人必须在明伦堂试讲，由教官给予木铎生执据，立宣讲册簿，分派四路各场各乡，代学董挨次宣讲，不时巡察，行之有效，牒申请奖④。

除此之外，教官还要担任宣讲者，亲自宣讲。他们必须定期要在学宫内向诸生宣讲《圣谕广训》《万言谕》《御制朋党论》《御制训饬士子文》等，使生员明理向学，此乃分内之事。康熙三十九年（1700年）即规定，直省奉有钦颁《上谕十六条》，每月朔望，地方官宣读讲说，化导百姓，今士子亦应训饬，恭请御制教条，发直省学宫，每月朔望令儒学教官，传集该学生员宣读训饬，务令遵守，如有不遵者，责令教官并地方官详革，从重治罪。雍正时又规定，士子诵习，必早闻正论，俾德行坚定，将《圣谕广训》《万言谕》《御制朋党论》颁发各省学政，刊刻印刷赍送各学，令司铎之员，朔望宣诵⑤。四川省南部县教官王嘉桢等也说："例载宣讲《圣谕广训》《劝善要言》⑥《御制训饬士子文》，为学

① 素尔纳等：《钦定学政全书》卷74《讲约事例》，载沈云龙主编《近代中国史料丛刊》第30辑，（台北）文海出版社，1968。
② 素尔纳等：《钦定学政全书》卷74《讲约事例》，载沈云龙主编《近代中国史料丛刊》第30辑，（台北）文海出版社，1968。
③ 蔡东洲等：《清代南部县衙档案研究》，中华书局，2012，第393~394页。
④ 四川省南充市档案馆藏《南部档案》第16-904号。
⑤ 素尔纳等：《钦定学政全书》卷2《学校规条》载沈云龙主编《近代中国史料丛刊》第30辑，（台北）文海出版社，1968。
⑥ 康熙皇帝御制《劝善要言》一书，原本只有清文，光绪年间才由清文翻译为汉文，交武英殿刊刻成书后，于光绪十七年（1891年）给每省一部，再由将军督抚照式刊刻，发给教官宣讲。参见四川省南充市档案馆藏《南部档案》第12-246号。

官之责。敝学禀遵在案,每逢朔望在明伦堂宣讲,期以训士之文兼及训俗。"① 皆是明证。

道光九年(1829 年)之后,教官不仅定例在学宫训迪生徒时需宣讲《圣谕广训》《劝善要言》等,不时还得下乡宣讲。有上谕可证:"学校为培养人才之地,士品克端,斯民风日茂,亦惟训迪有术,斯士习益淳,定例每于朔望敬谨宣讲《圣谕广训》,并分派教官亲赴四乡宣讲,俾城乡士民共知遵守。"② 此后,教官下乡宣讲,宣布朝廷德意,普及乡民的律法知识成为普遍现象。

光绪二十八年(1902 年),浙江诸暨县儒学教官许广文赴乡村宣讲圣谕及近来的上谕,所用香案台桌等,由地方士绅预备,夫马费等概由该儒学捐俸自给。他还谕令地方首人维持秩序,不得借端需索,并发出告示:"暨俗强悍,习与性成。惟持风化,端赖儒生。遵奉宪讲,兼及善文。宪饬劝讲,本学亲临。设立约所,分条讲听。凡来听者,入耳警心。勉为良善,共享升平。"③ 诸暨县还专门订有宣讲章程八则,对宣讲生员的选派、宣讲地点、时间、内容、语气、宣讲仪注、经费皆有详细规定。比如第一条对"宣讲生员"的选择,章程规定需在城内敦请"品学兼优之士"。宣讲在乡下分大讲和小讲,大讲需要知县移会教谕、训导,选派讲生二人,分路下乡。小讲则请本地塾师充任。第二条为宣讲地点,一般在城内的明伦堂,乡下则选一个公地即可。第三条为宣讲时间,城内在每月的朔、望二日。乡下,大讲以春、冬两期为准,"春以开始,冬以观成",并要求官方届期先发告示,定具体日期。第四条为宣讲的语气,要求"明白晓畅""和蔼近人",使"父老咸知","妇孺皆解"。第五条为宣讲书籍,包括《圣谕广训直解》《御制劝善要言》等④。

晚清教官宣讲之风盛,与地方督抚的支持密不可分。以湖南巡抚赵尔巽为例,他认为:"宣讲之足以开民智,裕民德,正民俗者,其功较之立学堂,开报章尤胜倍蓰。"⑤ 他在护理山西巡抚时,曾奏呈《通筹本计十条》,第一条就主张"广宣教化,以开民智",并请旨饬行,得到光绪帝首肯。光绪帝遂批示,由政务处议准,湖南省各府厅、州县教官随时亲历城乡宣讲,于光绪二十八年(1902年)推行全省。宣讲内容为"《圣谕广训》《劝善要言》,并仰遵迭次谕旨,凡有关民教者,切实开导。并劝令兴修水利、种植等事"⑥,不过推行的效果并不

① 四川省南充市档案馆藏《南部档案》第 16 - 904 号。
② 刘锦藻:《清朝续文献通考》卷 94《学校考四》,商务印书馆,1936。
③ 《下乡宣讲论并四言示文》,《浙江新政交儆报》1902 年 4 月。
④ 《陈主政拟定宣讲章程八则》,《浙江新政交儆报》1902 年 4 月。
⑤ 《抚院赵札饬各属教官躬亲宣讲章程》,《湖南演说通俗报》1903 年第 7 卷。
⑥ 《抚院赵札饬各属教官躬亲宣讲章程》,《湖南演说通俗报》1903 年第 7 卷。

理想。针对此情况，赵尔巽专门制定有《教官躬亲宣讲章程》12 条（原文中称12 条，实为 14 条），整顿教官宣讲事宜，要求各州县遵行。概括起来，章程内容有这样几类：

其一，教官下乡宣讲的时间。章程第一条规定"各属教官须每月以二十天分赴城乡各处宣讲，以十日在署办公休息，遇有考事，准其暂停"。

其二，教官宣讲的报酬。章程第二条规定"每员银四十两，由善后局筹发，各该地方官按期代领转发，不准克扣"。

其三，章程第四至第六条规定了教官下乡宣讲的内容及秩序。如第四条称："先讲《圣谕广训》《劝善要言》。次即各项饬行新政谕旨暨告示；调和民教谕旨暨告示，并各种说帖，如福音教会送来伦敦会《调和民教章程》之类。又次即报纸如《北京京话报》《杭州白话报》《北京启蒙画报》《湘省通俗报》。又次则劝修水利，劝广种植，劝开蒙学、女学，劝讲蚕桑，并随时随地劝令禁止各项恶俗，如争讼、斗殴、烟赌、花鼓戏，以暨溺女、虐媳各事。"第五条还要求教官每月所讲内容要预先编定讲义，择最切要者先行宣讲，不嫌重复。第六条要求教官将白话讲义呈送上宪阅读，以凭稽核。

其四，对教官宣讲时的衣着、必备的素质、纪律、态度等方面的规定。章程八条规定教官除朔望日应顶帽衣冠外，其余概准其照常便衣，以资简便。章程第十四条规定教官必须精力健壮、口才敏捷，若有年老多病、步履维艰或有嗜好难胜劳苦者，可请假。第七条规定教官下乡，不准舆从纷繁，十里、二十里之内大可步行，远者或乘一小轿，万不可多带仆从，沾染官场习气。第九条规定，不准教官摊派车马，滋扰民间。第十条规定教官宣讲时，要逐乡逐篇详细讲说化之。

其五，奖惩方面的规定。章程第十二条称，各教官到乡宣讲，如查有老成硕望、学校名流，堪任宣讲之责者，引为同志，劝其助讲，则该乡之事即可托之，以期渐推渐广，能引助一人者记大功一次。第十三条称，各教官如能谨慎任事，确有实效，准地方官查明，胪举汇案，详请保奖，怠惰不力或敷衍完事者，查明亦即撤参①。

由此可知，章程对教官下乡宣讲的规定可谓十分全面、细致入微，但章程被执行的效果如何，不得其详。

三　出路愈窄：科举废除后教官宣讲的变化

光绪三十一年（1905 年）是教官命运的转折点。是时，朝廷宣布"着即自

---

① 《抚院赵札饬各属教官躬亲宣讲章程》，《湖南演说通俗报》1903 年第 7 卷。

丙午科为始，所有乡会试一律停止，各省岁科考试，亦即停止。其以前之举贡生员，分别量予出路……学堂本古学校之制，其奖励出身，又与科举无异。历次定章，原以修身读经为本。各门科学，尤皆切于实用，是在官绅申明宗旨，闻风兴起，多建学堂，普及教育"①。这一举措被外国学者视为具有革命的意义："它是一次从传统制度转向外国制度的全盘变革。"② 废除科举影响深远③。晋省乡绅刘大鹏的记载可证。据刘氏日记载："（光绪三十一年——引者注）九月十七日（10月15日）：下诏停止科考，士心涣散，有子弟者皆不作读书想，别图他业，以使子弟为之，世变至此，殊可畏惧。"同年九月十九日（10月17日）的日记云："日来凡出门，见人皆言科考停止，大不便于天下，而学堂成效未有验，则世道人心不知迁流何所，再阅数年又将变得何如，有可忧可惧之端。"九月二十五日（10月23日）又记曰："昨日在县，同人皆言科考一废，吾辈生路已绝，欲图他业以谋生，则又无业可托，将如之何？"十月初七日（11月3日）又称："科考一停，同人之失馆者纷如，谋生无路，奈之何哉！"④ 士子们对前途的无奈、彷徨，历历在目。

一般士人受科举废除之影响尚且如此，更何况以"掌训迪学校生徒"为业，俸薪恒赖"岁科两试"的教官？如时人所言："原有教职，现在科举停止，除典守文庙外，几于无所事事。"⑤ 或曰："查各府厅州县教官，职本清闲，科举既停，愈无事事。"⑥ 又云："各省候选教职人数甚众，刻因科举停废，出路愈窄。"⑦ 显然，科举制废除对教官收入、出路等的冲击是致命的，以致当时裁撤教官的舆论喧嚣尘上。废除科举后，学部在《奏定劝学所章程》第7条中明确规定，各属地方一律设立宣讲所，延聘专员宣讲⑧。在此语境下，教官下乡宣讲的现象更为普遍。光绪三十三年（1907年），护理川督赵尔丰通令全省地方官云：

> 方今百端待理，文告较繁，乡曲愚氓，识字者少。故凡兴举一事，煌煌

① 朱寿朋：《光绪朝东华录》，中华书局，1958，总第5392～5393页。
② 〔美〕吉尔伯特·罗兹曼：《中国的现代化》，上海人民出版社，1989，第294页。
③ 参见罗志田《科举制的废除与四民社会的解体——一个内地乡绅眼中的近代社会变迁》，《清华学报》（新竹）新25卷第4期（1995年12月）；《清季科举制度改革的社会影响》，《中国社会科学》1998年第4期；《科举制废除在乡村中的社会后果》，《中国社会科学》2006年第1期。
④ 刘大鹏：《退想斋日记》，山西人民出版社，1990，第145～147页。
⑤ 《东督徐吉抚朱署黑抚周奏请设立视学官停选教职折》，《浙江教育官报》1909年第6期。
⑥ 四川省南充市档案馆藏《南部档案》第18-518号。
⑦ 《疏通教职办法》，《广益丛报》1906年第14期。
⑧ 《本署司郭札饬各属劝学所一律限期实行宣讲文》，《浙江教育官报》1910年第46期。

者虽揭诸街衢，蚩蚩者几不相闻，问即偶听人转述。而传闻互异，端委全非，甚或劣衿滥绅，反藉解人无多，肆其讹诈煽惑之计，言之良用慨然。查各府厅州县教官，职本清闲，科举既停，愈无事事。兹以往凡有创办事件，及禁戒、命令，无论由省颁发，与由本地方官所出各项章程、告示，应悉责令该教官带赴境内各乡场，将示内事理逐一宣讲解譬，务使人人于兹事宗旨之所在，利病之所关，与夫应办应禁之所以然，无不明白晓澈，毫无障翳，庶上下之情通，斯风草之效速。至各该教官缺分，大都清苦，所有下乡宣讲夫马，每日酌定给钱壹千文，就本地筹给，俾免赔累。教官职称秉铎，发聋振聩，分所当为①。

通令揭示出，教官下乡宣讲的原因至少有三：其一，传统的乡村社会，民众受教育的程度普遍不高，对朝廷的政策难以理解或者理解有误，对于新政的推行很不利。其二，职本清闲的教官在科举废除后，更加"无所事事"，而他们"职称秉铎"，责在教化，宣讲乃分内之事。其三，教官下乡宣讲，有夫马费可以补贴原本微薄的收入②。此后，下乡宣讲有成为教官主业之势。

此令很快在四川推行。以南部县为例，光绪三十三年（1907 年）十一月十七日，南部县知县章仪庆就将此令转达儒学王嘉桢执行。南部县每年给予夫马钱200 串，由劝学所按月支给教官③。儒学接令后，很快投入到下乡宣讲活动中。如翌年八月，王嘉桢便赴该县东南两路各场宣讲整顿农务白话告示，查验堰塘井眼及种植情况，对农业改良贡献良多④。惜不久因其参与的"自治、教育事务"过多，"无暇下乡宣讲"了⑤。

再如，光绪三十四年（1908 年），四川省垫江县训导李绍纲亦禀称"卑职仰体宪恩，于二月初旬去乡场宣讲时政。垫属三里，先行北里十余场，每场宣讲三日，有给夫马钱一千文，有给二千文者，民情踊跃，转至东里高滩场宣讲"，后在南里宣讲数场，主要内容是劝民"不吸洋烟，急公好义"⑥。诸如此类的例子，

① 四川省南充市档案馆藏《南部档案》第 18 - 518 号。
② 对此，四川总督的批示亦可佐证："本护督部堂前曾通饬各属，遇有示谕等件，责成教职下乡宣讲，日给夫马钱千文，是于开通民智之中，已寓补助冷官之意，该教谕果能实力奉行，则缺纵清苦，何不可稍资挹注？"参见《营山县详教谕杨鲁臣牒请将已故训导谢绪涟帮款半拨学堂半拨留缺一案》，《四川教育官报》1909 年第 4 册。
③ 蔡东洲等：《清代南部县衙档案研究》，中华书局，2012，第 384 ~ 385 页。
④ 四川省南充市档案馆藏《南部档案》第 18 - 790 号。
⑤ 四川省南充市档案馆藏《南部档案》第 22 - 844 号。
⑥ 四川省南充市档案馆藏《南部档案》第 18 - 1184 号；另见《总督部堂札垫江县训导李绍纲撤任记过通饬文》，《四川教育官报》1908 年第 5 册。

在晚清不胜枚举。

我们应该看到，科举废除后，朝廷并没有立即裁撤教官，而是采取"逐渐裁减"的办法①。此后，教官发生很大变化，下乡宣讲频繁了，参与新式学堂的教育与管理增多了，兼职增加了，参与新政的事务也多了。

四 职分不专：教官教化效果与原因的分析

由上可知，教官的宣讲是明清时期地方教化的重要内容。这在以民众普遍受教育程度不高、信息传播途径单一、官民之间隔阂较深为特征的传统乡村社会，无疑是十分必要的。作为延续至今的普及教育的一种方式，宣讲显然对开民智、裕民德、正民俗，提高和普及百姓的法律知识、激发民众的爱国（朝廷）热情、激发民众的忠孝意识、沟通官民联系、维护社会稳定等方面，皆发挥了积极作用。

从长时段看，教官监督下的宣讲和教官亲自宣讲，都是围绕"圣谕"为中心，兼及律法等。其基本精神涵盖了重人伦、笃亲族、和乡党、重农桑、尚节俭、隆学校、黜异端、讲法律、明礼让、务本业、训子弟等规范，体现了儒家修（身）齐（家）治（国）平（天下）的理想，也是孝治天下的政治纲领。道咸之后，特别是庚子事变之后，内忧外患，社会动荡，教官宣讲的内容也在不断拓展，除《圣谕广训》外，朝廷的律法、《万言谕》《御制朋党论》《劝善要言》、各种新政谕旨、地方自治的文件、《调和民教章程》、各类新刊报纸（如《北京京话报》《杭州白话报》《北京启蒙画报》等）、农业改良（劝修水利、劝广种植、劝讲农桑等）、劝学、劝禁各项恶俗（争讼、斗殴、烟赌等）、卫生、警务、地方政府颁发的各种章程告示命令等，皆在宣讲范畴。

问题在于，教官的宣讲达到朝廷维持风教、维护稳定的效果了吗？如何看待和评价教官宣讲对地方教化的普及和推广？

田文镜描述说，有的州县将宣讲圣谕"视为习套，朔望之辰，鸣锣张盖，前诣城隍庙中，公服端坐，不出一诏，视同木偶。而礼生、绅士，请诵圣谕一遍，讲不晰其义，听不得详。官民杂沓，轰然各散。上无以扬圣天子启牖斯民之化，下无以振众百姓观感自新之风，此俗吏之苟且因循，所谓尸位而素餐者也"②。许乃钊也曾指出："今日邪教充斥，人心偷薄，实由教化不明之故。"③

---

① 《吏部奏停选复设教职并令讲求师范折》，《直隶教育官报》1905 年第 11 期。
② 田文镜：《钦颁州县事宜》，载刘俊文《官箴书集成》（第 3 册），黄山书社，1997。
③ 许乃钊：《乡守辑要合钞》，《附录》，咸丰三年（1853 年）武英殿刻本。

光绪二年（1876 年）的上谕称"《圣谕广训》，钜典昭重，自应认真举办。乃近来各地方官往往视为具文，殊属不成事体"，所以要求顺天府及各省督抚学政，"饬地方暨教职各官随时宣讲"①。湖南巡抚赵尔巽也批评说："朔望宣讲圣谕广训，劝善要言，办法或一纸空文，并无其事或虽有其事，而只于空阔之地或庙寺之旁设一桌，持一书，讲者但读其文，精神不属，听者莫解其意，痴立欲眠，是诚不如不宣讲之为愈矣。"② 晚清一些地方士绅也指出："今竟有无赖之辈高台演说，正其名则曰讲圣谕，听其词则无异说戏书，尤能作优旦声，令人悦听变妖娆，能使人乐观讲及男女败行，则必穷形尽相以博片刻之欢矣，不知诲淫启奸，实此辈作之俑也，此而不禁，微特不能正人心端风俗，而危俗人心势必因此大坏。"③ 凡此种种，举不胜举。

当然，我们也可从相关文献中找到了教官勤于宣讲的案例。据《南部档案》载，光绪三十四年（1908 年）八月二十四至九月初七日，儒学训导王嘉桢花了近半月时间，不辞辛劳，先后到该县东南各地，包括萧家滩、牛王庙、谢家沟、三官堂、建兴场、大堰坝等，宣讲农业改良的相关章程告示，并借机查验水利和种植事宜④。再如，1909 年的《四川官报》报道了绥定府教授周玉樑热心宣讲，内容涉及尊崇礼教、个人团体、卫生强种、强教育、简易公德、城乡自治、劝孝、劝农、劝工、禁烟、禁赌、禁缠足、禁神拳、禁好讼争、禁种罂粟、禁转房恶俗、释酒字弊害、释烟字弊害、读书利益、办警察利益、修铁路利益、忍字利益、俭字利益、结合团体利益、解散团体利益、疏通河道利益等，"洵足以唤醒庸愚，振发聋瞆，并捐俸刊刻多种，亲赴七属县城宣讲张贴"⑤。周玉樑于是被称为"冷官中的热心者"。

可见，教官认真任事者不少，敷衍了事者也多，这都是历史事实。朝廷在各学设置教官，主要是为"课士"。具体来讲，教官通过立德考课，为各级政府培养合格的官僚后备力量。平时管理在学生员、举报优劣。如有贫困者，教官要赈给贫生，优恤孤寒。教官定期在学宫向生员宣讲，维护风教。此乃《学政全书》赋予教官的职责。实际上，教官的职能显然不仅限于此。庚子事变后，特别在科举废除之后，课士的职能逐渐消失，新增了其他职能，比如下乡宣讲、举荐木铎、管理学务（主要是兴学堂）、参与禁烟运动、管理农务改良、商务、警务等，几乎无所不包，俨然成为推动新政的重要力量。正如王文氏所言："情氏夫

---

① 四川省南充市档案馆藏《南部档案》第 7 – 241 号。
② 《抚院赵札饬各属教官躬亲宣讲章程》，《湖南演说通俗报》1903 年第 7 卷。
③ 四川省南充市档案馆藏《南部档案》第 17 – 313 号。
④ 四川省南充市档案馆藏《南部档案》第 18 – 1305 号。
⑤ 《热心宣讲》，《四川官报》1909 年第 18 期。

王训导（南部县训导王嘉桢——引者注）因办新政，历年无间闲，劳心太甚，于本年八月初七日在署病故。"① 再如《直隶教官官报》称："训导苏琪增，由援贡选职教谕，移补训导，品端学粹，练达老成，到任十五年之久，训迪士子，孜孜不倦。凡遇地面要公，如学务、警务、工业、商务，一切劝捐筹款，无不帮同地方官力任义务，勉为其难。"② 此皆教官参与新政的明证。因此，教官的职分不专，乃是他们敷衍宣讲的原因，教化效果当然大打折扣。

从整个教官制度的设计看，教官主要管理教育，并非专为宣讲圣谕而设，也非为推行新政而设。即使中央朝廷要求教官下乡宣讲，也主要侧重宣讲圣谕，劝民为善，维持社会秩序。而地方政府却不唯如此，他们希望教官涉入新政的几乎所有领域。显然，朝廷对教官职能的制度化设计与地方政府对教官职能的功利化选择的矛盾给地方教化带来了不利的影响。

---

① 四川省南充市档案馆藏《南部档案》第 20 - 921 号。
② 《深州禀训导历年办公出力请赏给匾额奖励文》，《直隶教育官报》1909 年第 4 期。

清代民间鬼神信仰初探

——以《南部县志》中朱氏女夜访县丞为例

马莉莉[*]

《南部县志》卷二十《人物志·列女》载有清代南部县数十位贞洁烈妇，唯有一朱姓女子的旌表最为奇特，是朱姓女子死后三十余年以女鬼的身份自己亲自找上县丞请求表彰而成的。这在地方志所记旌表女子贞节等事中并不多见，但这恰恰从一个侧面反映出民间社会一般民众对于神鬼信仰以及贞节旌表崇拜信仰的状况。笔者希望通过讨论朱氏女夜访县丞府衙一事，对传统社会末期特别是清代一般民众对鬼神信仰的心理与行为，从而以此探讨现实世界与死后世界的联系，并讨论鬼神与人之间交流、沟通的方式与灵媒。

一　朱氏女其人及其事

朱氏女，原籍湖广，其父早没，与母流寓至南部县新政坝。幼年时期许字李某，李某未婚早夭。朱氏女誓不嫁。恰逢一名姓韩的甘省商人暂居于新政，听闻朱氏女的贤名，用重金贿赂朱母，想要纳朱氏女做妾。朱母偷偷收下韩姓商人的聘礼，嫁期临近时，告之朱氏女此事。朱氏女性烈，入厨房以菜刀自刎而绝。这是嘉庆二十年（1815年）十月二十一日午时的事情。对于此事"非吾人知，特采访未详"[①]。道光二十九年（1849年）三月二十七日晚，县丞的妻子何氏将要就寝时，听见院中有莲步声，从窗户往外看去，发现"一女子姗姗而来"[②]，"徘

---

* 马莉莉，西华师范大学历史文化学院硕士研究生。

① 李灵椿、钟俊、熊道琛纂《南部县志》，载《中国地方志集成·四川府县志辑》（第57册），巴蜀书社，1992，第551页。

② 李灵椿、钟俊、熊道琛纂《南部县志》，载《中国地方志集成·四川府县志辑》（第57册），巴蜀书社，1992，第551页。

徊不去，若欲叩门状"①，后杳然不见。与仆婢所说所见皆同。第二天，县丞请乩问何故夜访。闻其节烈，已登列仙班，却未得旌表，所以"特现行求表彰"②。县丞派人察访，果然如乩言。正是道光二十九年（1849 年）朱氏女夜访县丞，经乩言始知此人，后通过志局采访张生访问一何氏老妪，才得以知晓朱氏女及其自刎之事的原委。尔后也才有表彰朱氏女的举措。而此时距朱氏女身亡已有三十多年。

中国古代是一个男尊女卑、君权与夫权至上的社会，女性始终处于依附于男性的地位。封建礼教对女性言行举止的要求近乎苛刻，更是要求"一女不嫁二夫"、终身守贞。到了清朝，这种守贞观念伴随着朝廷政策的推动而逐渐发展达到了巅峰。贞节被看作一个女性最基本的品德，等同于女子的生命。女子更是被教导要严格遵循所谓的三从四德，坚守贞节；而守贞更是被看作女性的基本品质之一，同时逐渐受到社会的赞同与表彰。如果守贞与礼教相悖，女性的名声与贞节会受到损害，从而会受到来自家族谴责、社会舆论甚至法律等方面的批判。可以说，一位与礼教相悖的女性寸步难行。总之，在各种因素的综合作用下，中国传统社会下的女性谨守礼教，坚持守贞。朱氏女就是生活于中国古代礼教守贞的女性，即使自刎也不想违背其誓不他适、守贞不嫁之志。尽管古代的女子与男子相比是柔弱的，但是在守贞这件事上，古代的女子又是刚烈的。所以，朱氏女选择了自刎。

朱氏女死后，虽然得以位列仙班、入玉观，但是贞烈之事三十多年里并未能彰明表彰，这是一件恨事。所以，朱氏女夜访县丞府衙，只为一事，希望能将其守贞之事载入县所编的志书中，求取褒旌。清朝室女为守贞自杀，夜访请求得以表彰；这听起来似乎很荒谬。但是，我们不能不忽视这样一个事实，此时夜访县丞的朱氏女并非是人，而是鬼（甚或神）。

二 朱氏女夜访县丞：现实世界与死后世界的联系

"人死之后有某种形式的存在，是一切宗教信仰的基本前提。"③ 在中国传统文化观念里，根据万物有灵说，人死后成为鬼或神，也就是说，鬼或神是人的另

---

① 李灵椿、钟俊、熊道琛纂《南部县志》，载《中国地方志集成·四川府县志辑》（第 57 册），巴蜀书社，1992，第 551 页。

② 李灵椿、钟俊、熊道琛纂《南部县志》，载《中国地方志集成·四川府县志辑》（第 57 册），巴蜀书社，1992，第 551 页。

③ 蒲慕州：《追求一己之福：中国古代的信仰世界》，（台北）允晨文化实业股份有限公司，1985，第 9 页。

一种存在方式。随之而来，我们不得不思考这样一个问题：既然鬼或神是人由生前世界步入死后世界后才存在的，那么生前世界即现实世界与死后世界之间是否隔离不通？显而易见，通过朱氏女夜访县丞的记载，我们可以说，两个世界之间是有交流、有联系的，在某种意义上说，是相互影响的。这表现在以下几个方面：

（1）人能成为鬼神是受到现实世界的影响，尤其是受到世俗的道德礼教的规范、约束与影响。

县丞称赞朱氏女"贞烈如此，宜登仙箓"①。颜之推在《还冤记》第三记载："地狱在黄泉下，名女青亭专治女鬼。因此女子有节烈，故封为游神，以稽察此地欤！"无不表明这样一个事实，她们能成神，生前节烈是重要原因。而且与佛教的轮回转世、今生因是来世果的业报不同的是，她们生前的所作所为是今生的果。我们对县丞、颜之推的话作进一步推测，将范围扩大，也就可以得出这样的结论：不仅生前节烈的女子能成神，只要是生前品德高尚、有大功德就能成神成鬼。似乎道德成为决定成神或成鬼的重要因素，这反映了道德对神鬼信仰甚至中国宗教的重要影响。

中国的神鬼信仰产生于原始社会，那时"政治、道德与宗教是三位一体的，宗教道德也就是社会道德"②，而神鬼信仰也适应于当时的社会道德。秦汉以来，随着儒学的发展及在政治地位上占据主导，中国古代社会逐渐受到儒家文化的影响，与之几乎同步的是，儒家所宣扬的道德规范逐渐成为中国传统社会道德的主体，在中国人的生活中占有决定性优势。与之相伴的是，在不断的调适中，一定时期神鬼信仰不断适应、符合于这个时期的社会道德，并逐渐适应于儒家道德规范，不断受到它的感染与影响。

历史上有一些人死后成为神或鬼，受后人祭祀。这些人都是因为道德高尚或做出了非凡的成就。中国远古时期出现了"英雄"，做出了惊天动的伟大成就，造福于万民，如黄帝与大禹，受到人民的爱戴，流传着黄帝的神话、大禹治水的神话。黄帝是中华民族的始祖、人文初祖，具有开族之功，首先统一中华民族，并为中华民族文明的发展做出了重要贡献。而作为夏王朝的创立者，大禹最为人称颂的是其治水的传说。或者正是因为水利关乎农业的发展，大禹治水的功绩才更为人所推崇。

朱氏女因为坚守封建礼教、节烈而死后为神或鬼，这样的记载反映出这样一

---

① 李灵椿、钟俊、熊道琛撰《南部县志》，载《中国地方志集成·四川府县志辑》（第57册），巴蜀书社，1992，第551页。

② 牟钟鉴、张践：《中国宗教通史》（下），社会科学文献出版社，2003，第1231页。

点：道德，特别是受儒家文化侵染的封建礼教对神鬼信仰有影响。在许多地方志中，都记载有一些名人、贤人生前做出重要贡献或道德高尚，死后受到人民的爱戴，在地方上建立祭祀这些人的祠庙，或将这些人放入现有祠庙中进行祭祀。例如，儒家学派创始人孔子，千百年来受到数个封建王朝的全国性的祭祀，并有孔庙、文庙等供奉着孔子。关羽因其忠义而受到后世的祭祀，许多地方建有祭拜关公的庙宇。孔子及关羽的例子与朱氏女死后成神或鬼反映出相同的观点。

（2）鬼神对现实世界也会产生一定的影响。鬼神信仰对人们的言行举止及现实生活等都有着重要影响，而人们对于鬼神在情感上的复杂性（更多的是对鬼神的敬畏），正是这种重要影响的一个缘由。

鬼神信仰是中国历史最悠久的信仰之一。然而，鬼神信仰在中国各个发展阶段的程度并不相同。殷商时期却是鬼神信仰最盛、最为狂热的阶段，这一点应该是无可争议的。正如孔子在《礼记·表记篇》中所载：

> 夏道遵命，事鬼敬神而远之，近人而忠焉。……殷人尊神，率民以事神，先鬼而后礼，……周人尊礼而尚施，事鬼敬神而远之，近人而忠焉①。

尽管鬼神信仰不同时期程度不同，但是作为重要的宗教信仰，鬼神信仰一直在发展，并在历史上继续扮演着重要角色。

自古以来，人们对于鬼神充满着复杂的感情，有敬畏，有恐惧，有希冀，等等。孔子对于鬼神，主张敬而远之；秦始皇、汉武帝热衷于追求长生不老之术；妇人向观音像拜求生子。这些都体现出人们对鬼神的不同感情。《南部县志》中所记"朱氏女事件"，就讲到在朱氏女夜访县丞衙署之后的第二天，县丞在不了解朱氏女夜访其衙署原委的情况下，称朱氏女作"祟"于人间。这是他对鬼神的恐惧。而乩言"如再不加察，恐莅斯土者，冥冥中干天谴也"②，显然，这是说朱氏女将对南部县或者说是鬼神对人间做出警告，亦可见县丞的忧惧不是没有理由的。

人们如此敬畏鬼神是有原因的：他们害怕鬼神惩罚自己或家人，从而危害到自身的利益。降灾是鬼神惩罚人间的一种手段。文献中有记载鬼神采取降灾的手段给予世人以惩罚。吴承恩的《西游记》就有师徒四人行至一个村庄，这个村庄久旱，而其原因就是玉皇大帝对该地施以干旱，以此进行警告与惩罚。玉皇大帝是道教神话中的人物。也许正是出于这种对鬼神的敬畏，在朱氏女夜访县丞府

---

① （清）朱彬：《礼记训纂》卷32《表记》，中华书局，1996，第792页。
② 李灵椿、钟俊、熊道琛纂《南部县志》，载《中国地方志集成·四川府县志辑》（第57册），巴蜀书社，1992，第551页。

衙、对现实的某种程度的积极干预下，县丞派人对已相距三十多年的朱氏女守贞自刎事件进行了详察；而朱氏女夜访一事亦被详细记载下来。

朱氏女夜访县丞府衙一事，反映了人们对鬼神的复杂感情，而这恰恰是鬼神信仰对现实产生影响的促力。

三 鬼神与人的交流、沟通及其媒介——灵媒

现实世界与死后世界存在着联系，而这种联系是双向的。人成为鬼神受到现实的影响，同时，鬼神对现实世界亦能产生影响。那么，鬼神与人的交流、沟通的方式与媒介就成为讨论的一个重要问题。

据文献记载，人们可以通过占卜、祭祀等方式，向鬼神祈求；而鬼神则通过不同的方式出现于现实世界，与人进行交流、沟通。神降就是其中的一种方式。如《墨子闲诂·明鬼下》中载：

> 昔者郑穆公，当昼日中处乎庙，有神入门而左，鸟身，素服三绝，面状正方。郑穆公见之，乃恐惧，奔。神曰："无惧！帝享女明德，使予锡女寿十年有九，使若国家蕃昌，子孙茂，毋失。"郑穆公再拜稽首曰："敢问神名？"曰："予为句芒。"①

鬼神有时会莅临梦境与人交流。如《国语·晋语》中载：

> 虢公梦在庙有神，人面白毛虎爪，执钺立于西阿，公惧而走，神曰："无走！帝命曰：'使晋袭于尔门。'"公拜稽首。觉，召史嚣占之，对曰："如君之言，则蓐收也，天之刑神也，天事官成。"公使囚之，且使国人贺梦②。

朱氏女夜访县丞府衙，却未能与县丞面谈。尽管如此，这亦为神降。第二天，县丞请乩求问。乩，也就是占卜。占卜需要巫或者其他灵媒解读，并向县丞转达朱氏女夜访之缘由及其意愿。

灵媒是沟通人与鬼神、现实世界与死后世界的重要中介人、媒体。他们向鬼神传达人们的祈愿、恐惧等，同时向鬼神的信仰者传达鬼神的旨意。巫是最常见、历史最悠久的灵媒。他们会根据各种事物与征兆推断鬼神的意愿和人的祸与

---

① 孙诒让：《墨子闲诂》卷8《明鬼下》，中华书局，2001，第227~228页。
② 《国语》卷8《晋语二》，上海古籍出版社，1978，第295页。

福。《春秋左传注疏卷第五十八》中载：

> 初，昭王有疾，卜曰："河为祟。"王弗祭，大夫请祭诸郊。王曰："三代命祀，祭不越望。江、汉、睢、章，楚之望也。祸福之至，不是过也。不穀虽不德，河非所获罪也。"遂弗祭①。

《春秋左传注疏卷第十七》中载：

> 夏，四月，四卜郊，不从，乃免牲。犹三望②。

同时，他们相信，鬼神会附在巫及其他灵媒——虔诚的鬼神信仰者的身上，控制和利用巫的身体，亲自向人们传达鬼神的命令与旨意，进行所谓的"降神"或"下神"。如《论衡·论死篇》载："世间死者，今生人殄，而用其言，及巫叩元弦下死人魂，因巫口谈。"③

四　结语

综上所述，《南部县志》卷二十《人物志·烈女》中的朱氏女以其鬼或神的身份为求褒旌而夜访县丞府衙一事，由人、鬼（或神）、巫（或其他灵媒）三者共同构成，反映出传统社会末期清代一般民众鬼神信仰方面的某些看法与观点：

（1）现实世界与死后世界之间是互相联系的，现实世界的道德对人成为鬼神具有影响，同时鬼神对现实世界亦能发挥作用。

（2）通过神降等方式，鬼神与人之间进行交流、沟通，而巫或其他灵媒是鬼神与人交流过程中的重要媒介。

（3）对旌表贞节烈妇的崇拜信仰不仅至死不渝，而且延伸到死后也还要念念不忘、孜孜以求被表彰。

---

① 李学勤：《十三经注疏·春秋左传正义》，《春秋左传注疏卷第五十八》，北京大学出版社，1999，第 1636~1637 页。
② 李学勤：《十三经注疏·春秋左传正义》，《春秋左传注疏卷第五十八》，北京大学出版社，1999，第 465~466 页。
③ 黄晖：《论衡校释》卷 22《论死篇》，中华书局，1990，第 876 页。

晚清地方州县武庙的经费收支问题

——以《清代南部县衙档案》为中心的考察

蔡东洲　张 亮*

作为关羽信仰的物质依托，关庙早在宋元时期已遍布全国各地，时有关羽"宇祠遍九区"①之说，其中"燕赵荆楚为尤笃，郡国州县乡邑闾井皆有庙"②，发展到清朝"南极岭表，北极塞垣，凡儿童妇女无不震其威灵者，香火之盛，将与天地同不朽"③。据雍正《四川通志》，偏僻的川北保宁府所辖"各州县乡镇俱有之"④。

学界对关庙给予了极大的关注，并不断有成果问世⑤。但过往之研究，注意力大多集中于关庙的区域分布状况、数量多少等问题的探讨，以及全国著名关庙的研究⑥，而对一般地方州县的关庙则关注甚少。究其原因，主要是文献资料稀

* 蔡东洲，西华师范大学历史文化学院教授；张亮，西华师范大学历史文化学院硕士研究生。

① 同恕：《榘庵集》卷3影印文渊阁四库全书，（台北）商务印书馆，1986。
② 郝经：《陵川集》卷33《汉义勇武安王碑》，（台北）商务印书馆，1986。
③ 赵翼：《陔余丛考》卷35《关壮缪》，中华书局，1963，第757页。
④ 黄廷桂：《（雍正）四川通志》卷28，影印文渊阁四库全书，（台北）商务印书馆，1986，第1224页。
⑤ 蔡东洲、文廷海：《关羽崇拜研究》，巴蜀书社，2001；侯杰：《关公信仰与中国社会——以明清依赖华北地区为中心》，载《2012中国洛阳关林首届关公文化硕博沙龙论文汇编》；关海山：《关公文化：浩然正气武圣庙》，《旅游时代》2003年第11期；何绵山：《丰富多彩的关帝庙文化》，《福建省社会主义学院学报》2008年第1期；李宏坤：《北京历代帝王庙内关帝庙初探》，《西北民族大学学报》2004年第1期；王大奇：《解州关帝庙崇宁殿蟠龙石柱补考》，《文物世界》2004年第4期；杨乃运、李晔：《中国武庙之冠——解州关帝庙》，《旅游》2006年第2期；淘金：《关帝信仰与老北京的关帝庙》，《中国道教》2003年第3期；焦累：《关羽神圣化过程的历史考察：以关帝庙为核心》，山东大学硕士学位论文，2008；张强：《关帝庙建筑的布局及其空间形态分析》，太原理工大学硕士学位论文，2006；鲍诗卿：《明代关羽信仰及其地域分布研究》，河南大学硕士学位论文，2005。
⑥ 诸如北京地安门外之武庙、解州关帝庙、洛阳关林、当阳玉泉山关陵等著名武庙的研究。

少，无法复原一般地方州县武庙的内部情况及运行模式。《清代南部县衙档案》（以下简称《南部档案》）中关于南部县和阆中县武庙的档案甚多，这些档案在一定程度上为我们了解和认识一般州县武庙提供了翔实可信的资料。

本文拟以《南部档案》为主要参考资料、以南部县武庙为个案，仅就晚清一般州县武庙的经费收支问题进行梳理，以备地方州县武庙研究之一端。

一 南部县武庙经费的主要收入

根据《南部档案》，地方州县武庙的收入大致可分为官方划拨和筹集、民间捐献和充公，以及武庙的自我经营三类。

（一）官方划拨和筹集

在清代，由于朝廷尊崇关羽为武圣人，京城、直省、府、州、县普建关庙，遂成"由京师达于天下，郡邑有司岁时以礼致祭"[1] 的盛况。如此众多的地方武庙要维持修缮和定期祭祀，尤其是咸丰年间关帝升入中祀后武庙祭祀的规格提高，其费用在原有基础上增多。这些经费是怎样筹集的？从《南部档案》中可以梳理出较为真实的答案。

1. 拨款

咸丰五年（1855年）正月廿八日保宁府转发给南部县的札文中明确规定："武庙致祭银十四两，均在于地丁项下坐扣备办"[2]。这实际上是逐级转发下来的朝廷对州县武庙每年致祭经费额度及其出处的统一规定。

现存档案中有7卷45件是与武庙致祭银两相关的领状、禀文，内容涉及光绪十六年（1890年）及光绪二十四年（1898年）至宣统二年（1910年）共14年武庙祭祀经费，从而为我们清晰地呈现了当时来源于官方的祭祀经费的发放额度与开支项目。

以光绪十六年（1890年）的领状为例：

> 具领状：桓王庙首事朱仕敏、李万贵、李德阳、罗元吉、彭大禄、王森贤、孟泰来，今于大老爷台前为领状事。情民等当堂领得本年秋祭文庙买猪羊各六只，共重四百二十斤，又加添猪肉一百八十斤，羊十二只；武庙买猪二只，羊一只共重一百斤；文昌庙买猪二只，羊一只，共重一百

---

① 转引自蔡东洲、文廷海《关羽崇拜研究》，巴蜀书社，2001，第207页。
② 四川省南充市档案馆藏《南部档案》第5-177-1号，咸丰五年（1855年）一月二十八日。

斤；东西坛买猪羊二只，共重一百斤。以上四起除官禀司房使费酌减外，实领银十两零三钱，今民等如数领明，讫具领状是实。

准领（县堂批示）

光绪十六年九月十四日具领状

会首：朱仕敏、李万贵、李德阳、罗元吉、彭大禄、王森贤、孟泰①

据此可知：（1）武庙祭祀经费的领取人是桓王庙首事而非武庙首事，这大概是因为关羽虽为蜀汉大将，却不曾入蜀，明清以前川北州县并无关庙，当关羽成武圣时，这一区域才按朝廷规定创建，以致没有像"桓王会"那样健全的社会组织②。到同治八年（1869年）南部县16人组建了"关帝圣会"③，但官方及民间的认可度很低，故此事不曾交给这个组织办理。此外，亦委托礼房之礼书或礼吏，甚至让牛行行首办理。（2）经费的领取是与文庙、文昌庙、东西坛一并进行的，因而在档案中称作"四起供馔等银两"，无论"四起"具体祭祀时间为何，凡有"秋祭"者一并领取，以简便手续。（3）"四起"祭祀经费实为"银十两零三钱"，远远低于朝廷给州县武庙"一起"的规定"十四两"，即使在"银十两零三钱"的划分额度中武庙致祭所置牺牲也明显少于文庙，而与文昌庙、东西坛相同。这在一定程度上动摇了长期以来形成的"清朝将关羽信仰推向极致"的结论，因为地方州县事实上没有执行"武庙祭祀与文庙同"④的规定。

官方拨款是对武庙创建、重建、扩建、维修经费的主要支持。据《南部档案》，南部县之武庙乃是"鸿规巨制，颇见庙宇之辉煌"⑤，晚清时不少知县都曾拨款予以维修。"自联主莅任筹款培修……历任袁主、雷主陆续补葺，宫室为之焕然一新"⑥。"联主"指光绪十八年（1892年）知县联武，"袁主"指光绪十九年（1893年）知县袁用宾，"雷主"指光绪二十年（1894年）知县雷德善⑦。从光绪十八年（1892年）到光绪二十九年（1903年）的十年间，武庙失修，"楹桷朽坏，墙壁倾颓"，尤其光绪二十九年（1903年）"六月，洪水泛涨，庙

---

① 四川省南充市档案馆藏《南部档案》第10-903-1号，光绪十六年（1890年）九月十四日。

② 张飞镇守巴西（治今四川省阆中市）达七年，其最后的岁月正是在南部所在的川北地区度过的，其庙宇早在唐宋就出现了，发展至晚清，"桓王会"自然健全。参见蔡东洲《民间文化与张飞形象的演变》，《西华师范大学学报》2008年第5期。

③ 四川省南充市档案馆藏《南部档案》第12-884-1号，光绪二十年（1894年）十二月二日。

④ 四川省南充市档案馆藏《南部档案》第5-177-1号，咸丰五年（1855年）一月二十八日。

⑤ 四川省南充市档案馆藏《南部档案》第16-395-1号，光绪二十九年（1903年）七月十五日。

⑥ 四川省南充市档案馆藏《南部档案》第16-395-1号，光绪二十九年（1903年）七月十五日。

⑦ 此据蔡东洲等著《清代南部县衙档案研究》，中华书局，2012，第71页。

宇淹坏"①。文生朱孔阳、徐咏陶等"目击心伤，苦于无款培修"②，于是禀请时任知县下拨专款培修武庙。知县同意禀请，批示"庙宇倾塌自应及早培修，以昭诚敬"③。但档案中没有交代下拨的具体数额。

2. 集资

官府还可以利用行政权威发起绅民集资，以补官方拨款之不足。光绪三十一年（1905年）保宁府修缮郡城武庙，阆中知县丁某得到川北道员、保宁知府的应允，向府辖州县摊捐维修经费。南部县基本完成了劝捐任务，并复函阆中县：

> 覆阆中县丁。敬覆者昨奉华函备悉，一是郡城武庙业已动工，嘱饬绅首速劝捐，不拘多寡，赶于月内催收余上，以济要需，等由。弟前次奉到捐册后，首先倡捐银四十两，一面传绅劝办。现已捐集数十金，赶紧催收，定于月内赉呈，以副雅嘱，祈便中回明府、道宪，以免悬盼，肃此敬请，升安诸希，惠照不具。
>
> 名正具
>
> 冬月初十日
>
> 十一日缮发④。

虽然阆中丁知县说"不拘多寡"，而南部王知县"首先倡捐银四十两"。据当时留下的捐银清单，全县共有28位官绅，"共捐银九十两零九分"⑤。现存《捐册》清楚地记载了捐款人的姓名、身份和金额（见表1）。

从表1中可以看出，捐钱的有现任的南部县知县、典史、盐厘总局、教谕、训导，有待缺的教职，还有廪生、岁贡、拔贡、监生、贡生等，由于驻新政坝的县丞和驻富村驿的巡检使皆未捐，因而档案中称之为"同城寅友绅民"。这次南部县捐建郡武庙的数额差距很大，有多达银40两的，也有少至捐钱1000文的。

大陆学者李乔认为，"关羽被军人奉为军神由来已久，清代、民国时尤为盛行"⑥。关帝作为"武圣""战神"，在明清军队中受到将士们的顶礼膜拜。培修

---

① 四川省南充市档案馆藏《南部档案》第16-395-1号，光绪二十九年（1903年）七月十五日。
② 四川省南充市档案馆藏《南部档案》第16-395-1号，光绪二十九年（1903年）七月十五日。
③ 四川省南充市档案馆藏《南部档案》第16-395-1号，光绪二十九年（1903年）七月十五日。
④ 四川省南充市档案馆藏《南部档案》第19-284-1号，光绪三十一年（1905年）十一月十日。
⑤ 四川省南充市档案馆藏《南部档案》第19-284-2号，光绪三十一年（1905年）十一月八日。
⑥ 李乔：《中国民众造神运动研究——行业神崇拜》，中国文联出版社，2000，第445页。

表1　南部县捐集郡城武庙维修经费*

序号	官职	姓名	捐钱数额	序号	官职	姓名	捐钱数额
01	南部县知县	王廷赞	银四十两	15	增生	卢兆铃	钱二千文
02	南部县典史	吕伯平	钱四串	16	贡生	蒲万川	钱四千文
03	盐厘总局	蔡	钱十串	17	贡生	李云璋	银十两整
04	教职	谢鼎	银十两整	18		义兴恒	钱一千文
05	教职	杨光俊	银十两整	19		洪升祥	钱三千文
06	岁贡	陈光裕	银三两整	20	守备	李炳烈	钱二千文
07	廪生	王光义	银十两整	21	贡生	汪宝昌	钱一千文
08	南部县教谕	李绍南	钱陆千文	22	监生	敬成碧	钱一千文
09	南部县训导	李本筠	钱四千文	23	监生	王国祯	钱一千文
10		杰盛典	钱二千文	24	监生	杜映棠	钱一千文
11	举人	汪麟洲	钱四千文	25	监生	杨丕荣	钱一千文
12	拔贡	邱寿祺	钱四千文	26	守备	杨光伟	钱一千文
13	廪生	梅炳岳	钱四千文	27	监生	李树勋	钱一千文
14	廪生	汪龙州	钱二千文	28		李宗福	钱一千文

*此表据四川省南充市档案馆藏《南部档案》第19-284-3号相关数据整理而成。

武庙自然会到当地驻军劝捐，事实上保宁府培修武庙得到了川北镇标营将士的捐助，且是最大一笔捐助。在《南部档案》中存留了阆中县知县丁某"为商请捐资培修郡城武庙事致南部县"的函文：

> 郡城武庙因年久失修，殿宇倾圮，神像毁败，每逢春秋两祭，文武咸集，殊不足以肃观瞻而重祀事。前虽由府致各属，捐广培修，至今尚无成数，且工程浩大，非数千斤不克藏事。除商请镇宪于武营劝募二千余金外，饬即装册，刊启专送各寅好，劝导绅富量力捐助，共襄善举。大致每处多则二三百金，少则百余金，不求其数多，但期其速缴，用济要需，等因。遵将捐册，刊刷成本，岚函赍呈，尚祈执事，督饬绅首妥速劝募，寄交敝处，汇齐转呈。如果一时难于收集，并望于地方公款内先行挪垫，无论多寡，总以迅速为妙。缘武营捐款，开已集有九百余金，相形之下未免见绌，是以县谕，尊尊①。

据此，最初同驻军总兵"商请"在川北军营劝募2000余两，实际捐款为

---

① 四川省南充市档案馆藏《南部档案》第19-284-5号，光绪三十一年（1905年）。

900 余两，虽然没有达到"商请"的捐额，但与南部县仅捐 90 余两相比，武营捐款还是不少。

3. 其他

官方还可以通过其他手段筹款。如利用百姓对关羽的信仰，以"谢神"为名号召吏民捐助。道光六年（1826 年），知县杜桂林"因祷雨辄应，感圣帝之灵，筹款会祀，乃与同城官员各自捐廉，更劝绅耆客商以及兵丁书役等共相捐凑得银三百余两"①。道光八年（1828 年），杜知县又"在武庙设坛祷雨，化钱一百五十串"②。这些银钱实为武庙经费的一大来源。

"罚款银两"和"斗息抽成"也是武庙经费的两项来源。武庙首事涂学源等在光绪十七年（1891 年）六月二日查追赖文玉等经收租银拨修龙祠事的禀文中提到"前同治三年（1864 年）武庙侧建修龙祠，有赵氏罚款银四百两。竣工后，余银九十余两，为同治八年培修武庙所用"③。这笔罚款银不仅支撑了武庙侧龙祠的修建，而且供其后武庙的培修。

"斗息"，即卖粮食过斗时所交的税。在光绪二十五年（1899 年）十月十三日南部县正堂张九章的牒文称，"将此项斗息提归学田局存放，专备培修本镇城垣、文武庙春秋祭祀并奎阁工料，以及各庙焚献之用"④。斗息抽成，武庙不是唯一的受益者，但在武庙收入中也是不可忽视的。

（二）民间捐献和充公

关羽既是明清朝廷崇奉的保护神，更是民间广泛崇拜的神灵。据李乔《中国行业神崇拜》，旧时代有 32 个行业以关羽为祖师爷或保护神，其中有民间社会所看重的财神、雨神、生殖神、"五文昌"之一，以致有人称之为"全能神"⑤。民间社会对其崇拜神灵的表达方式，除了上香、祈祷之外，还有就是尽其所能向相应的主祀庙宇进行捐献，金钱、田产、房产等皆在捐献之列。从南部县来看，民间对武庙的捐献主要是金钱，其形式是畏累充公和生息作献。

1. 畏累充公

"畏累充公"指关帝的普通信众在遇到难以解决的经济纠纷时，为使自己摆脱麻烦，主动要求官府将涉案金钱充作武庙经费。在《南部档案》中此类有 7

---

① 四川省南充市档案馆藏《南部档案》第 7－811－2 号，光绪三年（1877 年）七月廿日。
② 四川省南充市档案馆藏《南部档案》第 11－183－3 号，光绪十七年（1891 年）六月八日。
③ 四川省南充市档案馆藏《南部档案》第 11－183－1 号，光绪十七年（1891 年）六月二日。
④ 四川省南充市档案馆藏《南部档案》第 14－866－1 号，光绪二十五年（1899 年）十月十三日。
⑤ 转引自侯杰《关公信仰与民间社会——以明清以来华北地区为中心》，载《2012 中国洛阳关林首届关公文化硕博沙龙论文汇编》，2012。

卷 37 件，所及问题十分复杂，主要是当遇到耍赖、蛮横的无赖之徒时，当事人心有不甘，往往采取钱财充公，以此"脱累""绝患"。"充公"则有充入武庙、神祠、义学、书院、文庙、桓王祠等①。这里择举两个充入武庙的例子。

光绪十九年（1893 年）八月四日赵应树状告赵徐氏"藉当叠搕"，自愿将应退当价钱充入城中武庙：

> 具禀。东路积下乡二甲粮民赵应树□禀赵德成为借当叠搕愿充脱祸事。
> 情光绪十五年，民族赵徐氏同子赵德成讬中将伊水田一坵出当民耕，议当价钱六十串，立有当约。当后，徐氏母子借当寻害，叠搕估借，尤不知足。今春将民诬告在案，控后，情虚讬人求和。复估民帮借钱文，另书借字，并出"再不借卖寻衅"文约。墨迹未干，刻下，徐氏违约不遵，又称诬害。民老本朴，畏累不已，愿将徐氏母子应退当价钱六十串充入本城武庙，作为添补培修功德，已向该庙首事说明，为此禀明，恳准充施，并饬首事于批奉后承领当约，前往退当济公以绝后患。沾感不妄，伏乞大老爷台前施行②。
> 光绪十九年八月初四③。

赵应树以 60 串的价钱当佃耕种赵德成的水田一坵，但是赵徐氏母子却"借当寻害，叠搕估借，尤不知足"，两次将赵应树诬告在案。赵应树以"民老本朴，畏累不已"为由，愿将"徐氏母子应退当价钱六十串充入本城武庙，作为添补培修功德"，以求"脱祸"。南部县正堂判词说："既据愿将尔当赵徐氏母子水田当价钱六十串施入武庙作为培修之费，自应照准。仰该庙首事即承领当约，前往退当领钱可也。"知县同意赵应树的禀请，并让武庙首事"承领当约，前往退当领钱"。这样，赵应树与赵德成之间的"官司"就成为武庙与赵德成之间的经济纠纷了。赵应树由此"脱累"，而武庙在官方支持下轻易获得了这笔当钱。

类似案件还有光绪十八年（1892 年）何钟俊恳请将自己借与何世珍的金钱充入武庙。据档案，积下乡何世珍借何钟俊之钱却以田抵当，昧撤不还，何钟俊追讨不成，遂恳请知县自愿充入武庙。在恳状中，何钟俊指责何世珍"昧天良"，造成自己"钱土两悬，情实难堪，甘愿将前后抵借共钱八十串零八百文并

---

① 见四川省南充市档案馆藏《南部档案》第 6-227、6-228、6-232、6-233 号等卷。
② 四川省南充市档案馆藏《南部档案》第 11-874-1 号，光绪十九年（1893 年）八月四日。
③ 四川省南充市档案馆藏《南部档案》第 11-874-1 号，光绪十九年（1893 年）八月四日。

捐充入武庙，以作公用"①。可见，这种"畏累充公"实属追讨无着的无奈之举，并非完全出自信仰，但如此亦可解一时之恨。武庙接管此类钱财，既弥补了武庙经费之不足，又解决了民间经济纠纷。

2. 生息作献

生息作献是将利息献给武庙，作为祭祀经费。同治八年（1869年），王恩锡、韩世勋、贾剑德、王明中、向俊雄、何永安等16人创建了"关帝圣会"，并协定："每年会首轮流转替"②，而"所积流资轮充会首掌放，生息作献"③。到光绪六年（1880年），该会已集钱220余串。这无疑是武庙祭祀经费的又一来源。不过，其后因个别创建人去世，借贷出去难以收回来，引发官司。光绪二十年（1894年），王恩锡之子武生王兴邰状告韩进儒等，恳请知县追讨。

（三）武庙的自我经营

武庙通过各种渠道积累了一些钱财，在知县的支持下武庙进行自我经营，使其经费增值。南部县武庙自我经营的主要方式有三：一是客总"代管流存"；二是县衙书役代管生息；三是买铺收佃。

> 自道光六年，杜县主应祷雨辄应，感圣帝之灵，筹款会祀，乃与同城官员各自捐廉，更劝绅耆客商以及兵丁书役等共相捐凑得银三百余两。除支使外，实存银三百两。饬令三省客总掌银一百五十两，县衙书役掌银一百五十两。每年每两加利银一钱五分，轮掌生息，以作庆祝之资。至道光十一年，共积存银四百四十三两七钱六分，三省所掌银二百二十一两八钱八分，已买梅姓铺房收佃办理，于十二年四月初四日蒙杜县主当堂饬令书吏所掌银二百二十一两八钱八分仍归书役经理，不与三省相涉④。

从这则材料可以看出，这笔武庙之款分别由客总和县衙书役掌管，"每年每两加利银一钱五分，轮掌生息，以作庆祝之资"。后来客总掌部分购置了铺房，而书吏部分仍然放贷收息。

其中客总代管流存在武庙的经营收入中十分普遍。根据《南部档案》，当时

---

① 四川省南充市档案馆藏《南部档案》第11-876-1号，光绪十八年（1892年）十月六日。
② 四川省南充市档案馆藏《南部档案》第12-884-1号，光绪二十年（1894年）十二月二日。
③ 四川省南充市档案馆藏《南部档案》第12-884-2号，光绪二十一年（1895年）四月十五日。
④ 四川省南充市档案馆藏《南部档案》第7-811-2号，光绪三年（1877年）七月廿日。

客总代管的主要是武庙铺房及一些闲置散钱，以收佃银和放借贷的方式为武庙钱财增值。光绪十七年（1891年），武庙首事涂学源向官府呈交的关于武庙与四省客总经济纠纷的禀文称，武庙将前培修龙祠所余款项交给客总保管，四省客总还掌管"武庙铺房，每年收佃银十二两"。当然客总对于这笔钱的支配权是有限制的，所以涂学源指出，武庙公款乃"武庙重件，不得滥用，客总不过代管流存，何可擅专支吾"①？

但武庙的自我经营又不得不依靠擅长经营的客总们，以致武庙将设坛祷雨所募化而来的余钱亦"归四省客总掌管，每年出钱八串八百文，以作武庙祀典"。四省客总在此基础上"添钱并将所掌公款买铺六间"，到武庙需要培修时四省客总又无法支付其费用，由此引发武庙首事涂学源状告客总"吞公"。于是，对客总代管流存进行调整：四省客总公议分得武庙铺房三间，"每年收佃钱十三串作献，其余三间归四省客总出佃，作连年庆祝、退压（头银）培修"。

与客总代管流存相类似的，晚清时武庙将从官方或民间所得之公款交给民间的殷实之户存储。"此项公款已饬敝镇三费分局首事，并收发交殷实铺户存储，听候提用。"② 将钱交给殷实之户保存意在增强武庙公款的安全性。事实上也非绝对安全。光绪二十年（1894年）武庙首事康明德、涂学源在其状告刘举、何清的禀文中称，刘、何二人"前领武庙公款银二百六十两八钱"，用以"买正街铺房三间"，以收佃方式增加武庙收入，但三间铺房"尽被唐珍友之父唐斌霸佃多年"③，而没有获得实际收益。

二　南部县武庙经费的主要支出

南部县武庙经费主要用于定期的祭祀活动和不定期的庙宇培修两个方面。

（一）祭祀活动

清王朝"尊崇关帝，祀典尤隆"，"一岁三祭"。其祭祀经费实为武庙的一项固定的开支，其中祭品占大头。本来祭关祭品，朝廷已有明确规定，旧时州县志的编修者多将朝廷的规定抄录入志书④，其实地方州县在祭关时并未严格执行。同时，祭器可以重复使用，不必每祭全新，只是添加损毁器具，唯牺牲、供品、

---

① 四川省南充市档案馆藏《南部档案》第11 - 183 - 1号，光绪十七年（1891年）六月二日。
② 四川省南充市档案馆藏《南部档案》第14 - 866 - 1号，光绪二十五年（1899年）十月十三日。
③ 四川省南充市档案馆藏《南部档案》第12 - 273 - 4号，光绪二十年（1894年）十月六日。
④ 王瑞庆等：《（道光）南部县志》卷9《学校志·祀典》，同治九年（1870年）增订本。

香烛、纸蜡以及仪式全新，花费亦多。

光绪二十四年（1898 年）九月廿三日，礼书李绍绪为饬领报销秋祭银两的禀状陈述道："本年秋祭共用太牢三只，沐饬采买，共去钱三十千文，每牛一只去汤剥钱五百五十文，三只共去钱一千五百文，书当如数领讫。"① 这是此次秋祭牺牲一项的开支。但也有秋祭太牢不齐备者，如光绪二十五年（1899 年）的武庙秋祭，"买猪二只，羊一只共重一百斤"②。虽说仍然是三只，但没有牛，用两只猪。可能是因为牛在农耕时代太珍贵了，以至于以猪代牛。

光绪二十五年（1899 年）八月廿日，礼书李春荣领取文昌庙、武庙、东西坛秋祭银两的领状称："当堂领得本年秋祭文昌庙、武庙、东西坛，以上四起供馔纸札香蜡，除扣使费酌减外，实领银一两四钱五分。"③ 第二年，在领取关帝庙五月圣诞告祭银两的领状中又说："书当堂领得本年中祀关帝庙香烛供馔银五钱。"④ 可见，无论是秋祭还是圣诞祭，供馔、纸札、香蜡的花费都是很少的。

在祭礼上，国家规定"行礼三跪九叩，乐六奏，舞八佾，如帝王庙仪"，"承祭官前一日斋，不作乐，不彻馔，供鹿、兔、果、酒"⑤。这当然需要耗费一定的人力和财力。由于"夫文庙之在直省郡未尝有二，而关庙则穷乡委巷皆有之"⑥，因而就整个地方州县的祭祀开销而言，应该不少，加上咸丰以后关帝升入中祀，随着祭祀规格的提高，祭祀开销亦必然有所增加，但可以肯定，祭关花费远远没有达到朝廷规定的十四两祭银。

（二）培修武庙

作为关帝信仰物质依托，武庙总是在不断地创建、扩建、重建和培修，这是武庙最大的一笔开支。

在《南部档案》中直接涉及武庙培修的档案共 25 件，既有关于培修南部县城武庙的，又有关于培修保宁府城武庙的。从县城武庙来看，自同治十一年（1872 年）筹款培修武庙等处城垣，光绪二年（1876 年）修复武庙神像、修补武庙地基和垣墙，光绪五年（1879 年）培修武庙和龙祠的脊屋，光绪十九年（1893 年）追缴现款培修武庙、到光绪二十九年（1903 年）拨款培修武庙；又有关于培修保宁府城武庙的，如光绪三十一年（1905 年）保宁府商请所属州县

---

① 四川省南充市档案馆藏《南部档案》第 14 – 865 – 3 号，光绪二十四年（1898 年）九月廿三日。
② 四川省南充市档案馆藏《南部档案》第 14 – 865 – 5 号，光绪二十五年（1899 年）八月二十日。
③ 四川省南充市档案馆藏《南部档案》第 14 – 865 – 6 号，光绪二十五年（1899 年）八月二十日。
④ 四川省南充市档案馆藏《南部档案》第 14 – 865 – 9 号，－光绪二十六年（1900 年）五月十一日。
⑤ 赵尔巽等：《清史稿》卷 66《礼三·关圣帝君》，中华书局，1977。
⑥ 参见顾汝修《创建武庙碑》，叶大锵编修《灌制文征》卷 3《碑志·三》。

捐资培修郡城武庙。从县城武庙来看，自同治十一年（1872年），到光绪二十九年（1903年）多次培修，几乎每件档案都涉及经费开支问题，而且每次提到的经费数额都不小。据光绪十六年（1890年），武庙首事涂学源、朱耀奎的禀状，同治三年（1864年）在武庙侧创建龙祠，耗费款银达300两。同治八年（1869年）培修武庙，耗费款银90余两。再看保宁府城培修武庙，阆中知县丁某移文南部知县王廷赞称，郡载武庙培修，"工程浩大，非数千金不克藏事"①，因而动员保宁府下辖州县捐集，南部知县王廷赞一人就捐银40两，还同川北镇标营"商请"于驻军劝募2000余金②。足见，武庙培修才是武庙经费的最大一笔开支。

三　结语

武庙经费收支研究是关帝信仰研究的重要内容。在对《南部档案》里有关晚清南部县武庙档案的初步梳理中，我们发现地方州县的武庙经费来源主要有官方的划拨、筹集和民间的捐献、充公，以及武庙自我经营所得到的收入，支出则主要在祭祀武圣和修缮武庙两个方面。仅从经费这一角度考察，地方州县武庙并没有达到朝廷规定十四两祭银的要求，也没有严格执行用太牢祭关圣的礼典。

---

① 四川省南充市档案馆藏《南部档案》第 19 - 284 - 5 号，光绪三十一年（1905 年）。
② 四川省南充市档案馆藏《南部档案》第 19 - 284 - 5 号，光绪三十一年（1905 年）。

清代乡试中的州县政府

——以四川南部县为例

刘艳伟　金生杨*

清代乡试，朝廷视其为"抡才大典"，各直省也将之视为三年一届的大事。乡试作为人才选拔和士子进身的关键一环，须动用阖省资源，动员各级政府通力合作，方能保证其正常举行。有关乡试的文献可谓多矣，学界有关乡试的研究成果可谓众矣，但以往文献对乡试中的地方政府记载较少，学界对地方政府在乡试中的作为缺乏研究①。州县政府在乡试中扮演什么角色？应担负哪些职责？朝廷

* 刘艳伟，西华师范大学历史文化学院研究生；金生杨，西华师范大学历史文化学院教授。

① 乡试作为清代科举的重要一级，大凡对科举的研究，都会涉及。20 世纪 30 年代，在科举废除二十多年后，学者们就开始关注清代科举。如章中如的《清代考试制度资料》（黎明书局，1934）梳理了清代各级考试制度，其中《举士》一章对清一代乡试制度作了详细介绍。至20 世纪 50～60 年代，出现了几位科举经历者对科举经历的专门著述，如商衍鎏的《清代科举考试述录》（三联书店，1958）、钟毓龙的《科场回忆录》（浙江古籍出版社，1987）、齐如山的《中国的科名》（辽宁教育出版社，2005）等，其中都有对乡试的记述。20 世纪末，在厦门大学刘海峰教授的推动下，"科举学"在学界出现，科举研究上了一个新台阶。这一时期对科举的研究成果丰硕，在科举史料的汇编方面，有顾廷龙主编的《清代朱卷集成》（成文出版社，1992）一书，其中收录了大量的乡试、会试朱卷，对乡试、会试的研究具有重要价值。杨学为主编的《中国考试史文献集成》（高等教育出版社，2003）一书收集了有关考试活动的文物与文献资料，其中对清代乡试的命题、试期、应试资格等各个环节的资料也较详备；王炜编校的《〈清实录〉科举史料汇编》（武汉大学出版社，2009）辑录了清代历朝实录中的科举资料，其中多涉及与乡试相关的考差、试期、科场案等内容。对清代乡试的研究包括：夏卫东的《清代乡试阅卷的制度缺陷》[《杭州师范学院学报》（社会科学版）2008 年第 2 期] 从阅卷官的任用程序和阅卷时间这两个角度，论述了清代乡试阅卷制度的缺陷；李世瑜的《试论清代科举中的考差制度》[《湖南大学学报》（社会科学版）2007 年第 4 期] 则主要论述清代乡试中的正、副主考官的选择制度；李纯蛟的《清代乡试的防弊对策论述》[《西华师范大学学报》（哲学社会科学版）2005 年第 4 期] 对清代乡试中的舞弊与防弊及防弊对策失效的原因作了细致探讨。近年来出现了一些对一省之内乡试研究的学位论文，多涉及乡试考官、乡试流程、举人的区域分布、科场案等内容。清代乡试中的州县政府处在朝廷与士子之间，地位重要，然而无论是对清代科举的研究还是对乡试的专门研究，都少有对乡试中的州县政府职责的论述。

及省级衙门对乡试的一些规定及政令，它们又是如何执行的？学者们对乡试的研究成果虽多，然而对笔者的这些疑问却未有涉及。《南部档案》中保存了大量与之相关的材料，为我们解答这些疑惑提供了可能。

一 服务考生

在清代，州县以下没有任何类型的正式政府存在，州和县实际上成为帝国之内最小的行政单元，州县政府负责一方的全部政务，是为"临民政府"，文教事务自然也在其管理之中。乡试之年，州县通过为生员发布考试信息、备造清册、出具印结、管理宾兴等活动，为考生服务，方便其应考。

（一）传达朝廷政令，发布考试信息

州县政府掌管地方大小事务，传达朝廷政令也是其分内之事。乡试之年，朝廷所下有关考试的政策就需要州县衙门发布，告知广大士子。光绪二十四年（1898年），戊戌变法失败后，维新派所制定的一些政策也相应被废除。该年八月二十四日，慈禧太后下令停罢经济特科，岁考、科考、乡试、会试仍照旧考试四书文、试贴诗、经文、策问。政令层层下达，十一月初三日，南部县收到保宁府下发的札文，抄有慈禧太后停罢经济特科的懿旨，要求南部县"即便出示晓谕，一体钦遵办理"[①]。两天后，南部县知县袁用宾出示告示，晓谕诸生"嗣后仍照旧章应试"[②]，无论是岁考、科考，还是乡试、会试，不再考试经济特科。

乡试事关人才选拔，朝廷也十分重视，多次发文要求整顿科场，清除积弊。光绪二十二年（1896年）十二月十日，四川总督鹿传霖由驿递三百里加急，向光绪帝上奏，称四川乡试弊端种种，致使真才难拔，不成事体。为此，十二月二十七日光绪帝发布上谕："明年丁酉科乡试，着鹿传霖申明定例，认真整顿。并着先期出示晓谕……务期积弊一清，用副朝廷拔取真才至意。"[③]光绪二十三年（1897年）二月一日，南部县收到由四川总督发出，经四川布政使、川北道、保宁府发来有关整顿科场，清除积弊的札文。第二天，南部县衙即发布告示，晓谕士子，令其遵照，"倘再玩违，或有藉端挟诈哄闹者，即着严拏按律治罪，毋稍宽假"。二月二十二日，四川总督衙门再次发出札文，并

① 四川省南充市档案馆藏《南部档案》第14－428－2号，光绪二十四年（1898年）十月二十七日。
② 四川省南充市档案馆藏《南部档案》第14－428－3号，光绪二十四年（1898年）十一月五日。
③ 王炜编校《〈清实录〉科举史料汇编》，武汉大学出版社，2009，第619页。

告示三十张，饬南部县将整顿科场积弊之事广而告之，并于各处张贴告示①。南部县于二月二十七日收到札文和告示后，知县袁用宾即派差役在县城及各主要市镇张贴。三月六日，袁用宾又按规定向四川总督衙门呈报收到告示的日期及告示张贴处所②。

（二）呈报考生清册

每届乡试之前，主管一省教育的学政要巡回主持科试，以选拔参加乡试的生员。未能参加科试的生员，可参加录遗，通过者也可参加乡试。此时，需要州县官为士子出具文书，向学政禀明情形，提供载有考生年貌、籍贯、甘结、供结的清册，士子方能参加录遗。光绪二十八年（1902 年）壬寅科乡试，南部县为监生雍光尧赴省录遗向四川学政发出了申文：

> 保宁府南部县为申送录遗事。案据阜县监生雍光尧呈称，光绪二十一年九月十六日，在直隶捐赈局由俊秀报捐银一百零八两，准作监生，领有部监二照，在籍肄业。今逢恩、正两科乡试，志切观光，愿赴遗才，邀同里邻，投具供、甘各结，恳乞赐文申送等情。据此，阜县覆查无异，理合取具年貌、籍贯、供甘各结，加具印结，粘钤具文，贵请宪台俯赐察核收考。为此，备由申乞照验施行。须至申者。
>
> 计申赍试卷一本，供、甘、印结各一张，清册一本。
> 右申
> 学宪全衔吴（郁生）
> 光绪二十八年六月廿二日礼房呈③

考生为能参加乡试，通常采用种种手段作弊，其中枪替与冒籍最为常见。州县衙门通过查验地方士子年貌、籍贯，向学政造报清册，为保障乡试的公平性起到了一定作用。

（三）管理宾兴，资助考生

"宾兴"一词源于《周礼》，"本指国家考校取士，明清时期主要指地方成立

---

① 四川省南充市档案馆藏《南部档案》第 13 - 936 - 6 号，光绪二十三年（1897 年）二月二十二日。
② 四川省南充市档案馆藏《南部档案》第 13 - 936 - 7 号，光绪二十三年（1897 年）三月六日。
③ 四川省南充市档案馆藏《南部档案》第 15 - 928 - 1 号，光绪二十八年（1902 年）六月十四日。档案内录有雍光尧亲供、甘结、印结，今略。

各种基金组织资助科举考试的活动"①。清代四川宾兴，始于乾隆年间，其后逐渐流行，至道光、光绪时趋于鼎盛，一时各府州县多有宾兴②。南部县宾兴局设于光绪末年，其主要职能是为赴省参加乡试、赴京参加会试的生员、举人提供资助，并对考中举人、进士者予以奖励。宾兴局设有首事，管理各项开支。然而，无论是首事的选任，还是经费的使用，都需要上报南部县衙，经知县批准，方得施行，南部县衙是宾兴局的实际管理者。每逢乡试之年，南部县衙会发布告示，告知士子赴局领取路费。光绪二十八年（1902 年），值辛卯科乡试，六月二十八日，距乡试举行还有一个多月，为方便士子赴考，南部县衙发布了告示，通告领取路费事：

> 正堂张（景旭）牌示县属文生贡监等知悉，照得县中宾兴款项向系存当生息以作每科乡试各士子赴省路费。本年举行恩、正两科，场期将届，除札委宾兴局监生宋鼎［铭］将此项银两悉数收齐，运赴省垣照章发给，尔多士志切观光，务即赴省，亲向宋鼎铭领银，以杜窃名冒领之弊。其各凛遵，毋违。特示。
> 右牌通知
> 光绪二十八年六月廿八日礼房呈③

南部县士子"贫寒居多"，正科乡试赴省参加考试的生员能领取路费银八两，恩科乡试能得银四两④。南部县衙通过管理宾兴，发放宾兴银两，为考生提供资助，大大方便了考生应考。

二　提供人员帮办科场

乡试之时，需要大量的服务人员，如印卷、收掌、受卷、誊录、弥封、对读、巡绰、供应等执事员役。道光二十六年（1846 年）顺天乡试，"合内外官员，兵吏人役，三千有余"⑤。四川一省，每届应试生员众多，至清末达一万四

---

① 邵鸿：《清代后期江西宾兴活动中的官、绅、商——清江县的个案》，《中国社会历史评论》第 4 辑，商务印书馆，2002。
② 有关清代四川省宾兴的情况，可参阅周兴涛《论助考之的宾兴——以清代四川为例》，《科举学论丛》2007 年第 2 辑。
③ 四川省南充市档案馆藏《南部档案》第 15－998－3 号，光绪二十八年（1902 年）六月二十八日。
④ 四川省南充市档案馆藏《南部档案》第 15－264－27 号，光绪二十六年（1900 年）。
⑤ 王东槐：《王文直公遗书》卷 2《丙午顺天乡试监试记》。

五千人,从考官入闱至发榜出闱,历时月余,虽不如顺天乡试规模之大,所用各职事也为数众多,仅凭省城及邻近州县的人员,无法应付。乡试之年,四川布政使衙门往往行文各州县,要求派人前往省城帮办闱差。

(一) 各学书役和门斗

书役在清代州县政府中充当办事人员的角色。一般来讲,各县衙均设有吏、户、礼、兵、刑、工六房,在此基础之上根据各县实际情况或有增加,如四川南部县除设有上述六房外还设有盐房,巴县则另有仓、盐、承发、柬四房。各房书役主要负责缮写、收发公文,根据所在房别办理相应事务。门斗是在学官衙门中供职的差役,负责看守门户、传达通报等。州县书役和门斗在地方有繁多的事务,然而每逢乡试之年,州县儒学衙门中的书役和门斗也要赴省,帮办科场。《科场条例》规定:"各直省乡试生员,大府派教官三四员,小府及直隶州派同各学书役,大学学书一名,门斗二名,中学、小学学书、门斗各一名,来省临场认识。至捐纳贡监生于赴县起文时取具联名互结,责成礼房书吏当堂认准,一同来省临场认识,仍由各该府、直隶州造具该教官衔名及书役等姓名清册详报。"①每届乡试,需要大量誊录人员,而这些人也多由府州县中擅书之书役充任。光绪二十八年(1902年)辛丑科乡试,四月十四日保宁府向南部县发出了要求书役、门斗临场的札文:

> 钦加五品衔赏戴花翎世袭武骑尉特授保宁府正堂随带加二级纪录十次庆为科举事。案奉布政使司员(凤林)札,准前阁部堂琦(善)揭出定例刊刷条规,内开每届乡试仿照顺天之例,派令教官带同各学书役临场来省,于头二三场点名时逐一认识。大府于所属教谕、训导中择其年力精壮者酌派三四员,小府、直隶州酌派一二员。如只有教职一员之县分,毋庸调取,仍令各府及直隶州先将教谕衔名及书役姓名报查。遇有枪冒顶替及勒掯需索等弊,除将该生及书役、门斗等照例治罪外,并将该教官严参等语。川省近来教职率以来省认识、临场稽查为具文,来省者寥寥,殊非慎重抡才之道。现已札饬各府、厅、州照例申送,先期带同书斗来省点到。某府州县令某府教官督率书斗换旗执牌,逐一认识诸生,导使随牌而进,既免拥挤,亦足以杜弊端,等因。查上科乡试,点验各学书斗,每多不到,当经通饬各属造具该教官衔名,并书役等姓名清册详报,务令备具文批来省投到造册查点认识,三场毕后,始行批回,以备查考在案。兹值本年举行庚子、辛丑恩、正两科

---

① 《科场条例》卷29《关防·入闱点名》。

文闱乡试，合行札饬。为此，札仰该府即便转饬所属，移学一体遵照办理……为此，札仰该县即便移学，遵照办理。毋违。此札。

右札南部县准此

光绪二十八年四月十四日①

《科场条例》规定府、直隶州儒学衙门教官要带领书役、门斗赴省帮办科场点名查验考生，并维持入场秩序。待三场结束后，他们才能离开。南部县衙四月十五日收到保宁府衙下发的札文，于四月十八日移文南部县儒学，令其遵照办理②。

乡试之年书役、门斗帮办科场是朝廷的明文规定，虽然定例如此，到了清末，"教职率以临场稽查为具文"，"各学书斗，每多不到"。另据四川盐茶道道台乡试提调官黄承暄称"近年来各省教官竟然视为具文，其书役亦往往不候场毕，先期私回"③，由此可见书斗帮办科场这一规定并没有被很好地执行。

仅笔者所见，书役、门斗帮办科场，并未有发给路费及劳务费用的记载，即便有，在乡试整体经费紧张的情况下，此项开支也可能寥寥无几。这些人在衙门当差，本来薪水就不多，甚至没有薪水，在可能没有劳务费甚至自筹路费的情况下，让他们赴省帮办科场无疑是项苦差事。这样，他们对这项法规的抵制就不难理解了。

（二）阴阳学

在清代，阴阳学训术（简称阴阳学）为杂职官，每县例置一名，品秩未入流。他们"由该地方官拣选，具结详报督抚，由督抚咨部给札补授，年终汇报吏部。其钤记，由该省布政司给发"④。阴阳学的职责，"以辖日者形家之属，禁其幻妄惑民，郡邑有大典礼、大兴作，卜日候时用之"⑤。雍正七年（1729年），朝廷又"令兼辖星学"⑥，但大体"不过稽查占候、堪舆、卜课、星命等事"⑦。

然而乡试之年，四川布政使司衙门按照惯例，行文各州县，令阴阳学赴省城帮办闱差，如不愿赴省则要出银代役。咸丰八年（1858年）五月二十一日，南部县收到四川布政使衙门发出的札文：

---

① 四川省南充市档案馆藏《南部档案》第15-924-1号，光绪二十八年（1902年）四月十四日。

② 四川省南充市档案馆藏《南部档案》第15-924-2号，光绪二十八年（1902年）四月十八日。

③ 四川省南充市档案馆藏《南部档案》第15-924-13号，光绪二十八年（1902年）五月二十八日。

④ 光绪《大清会典》卷26《礼部·祠祭清吏司》。

⑤ 乾隆《大清会典》卷55《礼部·祠祭清吏司》。

⑥ 《清史稿》卷116《职官志》3。

⑦ 《南部档案》第4-216-1号，道光二十年（1840年）六月五日。

钦命四川等处承宣布政使司布政使祥（奎）为札催事。案查本年乡试，前经行府转饬该县，责令该阴阳学来省帮办闹差在案。迄今日久，未据申解前来，合行札催。为此，札仰该县即便遵照，速即催令该阴阳学来省帮办。如不愿来省及悬缺未补者，即将津贴银两批解来辕，以凭转发雇办，毋任托词，诿卸迟误，致干未便。速速。特札。

右札南部县准此

咸丰八年五月十三日①

督促南部县速派阴阳学来省帮办闹差，如不愿赴省，则应将津贴银两解到。后经四川布政使、四川盐茶道屡次发文催缴，咸丰八年（1858 年）七月二十四日，南部县终于将该县阴阳学何炳呈缴的乡试津贴银八两，解往布政使司衙门②。

《科场条例》与《清会典》之中并未见对阴阳学在乡试之年赴省帮办闹差的规定，然而，阴阳学帮办科场在四川一省早已成为惯例。南部县阴阳学应出之津贴银两，也并非由阴阳学独自完纳，其中的一半要由城乡市镇贩卖棺木板铺的商户分摊③。

（三）医学

医学训科（简称医学），为县之医官，同阴阳学训术一样，医学品秩也为未入流。其主要职责，"凡疾医、疡医咸属之，民有疾病者、疕疡者使医分治。狱囚病，视疗亦如之"④，即管理疾医、疡医，分治患病平民、医治患病狱囚。顺治二年（1645 年）规定，"直省乡试，取医士一名入场听用"⑤，以医治患病生员，并相沿成例，直至清末未有更改。然而，这一规定在四川的实际操作则与《科场条例》所载不同。

光绪二十九年（1903 年）癸卯恩科乡试，四月二十二日，保宁府衙收到四川布政使衙门的札文称：

案查历科乡试，檄饬该府所属各厅州县，责令医学一名来省帮办闹差。如该学不愿赴省，或悬缺未补者，即申解津贴银八两，以凭给发成都府医学

---

① 四川省南充市档案馆藏《南部档案》第 5 - 201 - 5 号，咸丰八年（1858 年）五月十三日。

② 四川省南充市档案馆藏《南部档案》第 5 - 201 - 11 号，咸丰八年（1858 年）七月二十四日。

③ 四川省南充市档案馆藏《南部档案》第 6 - 533 - 2 号，同治三年（1864 年）五月八日。

④ 乾隆《大清会典》卷 55《礼部祠祭清吏司·护日护月附》。

⑤ 《钦定科场条例》卷 13《乡会试执事官员·直省乡试执事官员》。

等承办。久经通饬，遵照在案①。

《科场条例》规定的是"医士一名"，而实际情况却是保宁府所属的各厅州县需要派医学一名帮办闱差，如果不愿赴省，则要以银代役。四月二十九日，保宁府向南部县下发札文，录有布政使衙门发给保宁府，令所辖各州县医学赴省帮办闱务，如不愿帮办，将津贴银八两申解前来的札文，令南部县遵照办理②。据此，五月八日，南部县衙向医学发出札文，要求将应解津贴银八两，收齐呈缴，以凭申解③。南部县医学马光烈呈缴津贴银八两，南部县衙收到后，具文专差向臬司衙门申解④。

《南部档案》所见令医学帮办闱差的文书，共有三卷十三件，最早的一卷是在光绪二年（1876年），最迟的一卷在光绪二十九年（1903年）。在这十三件档案中，并未有医学赴省，都选择纳银八两。光绪二十八年（1902年）辛丑科乡试，南部县行文医学：

> 调署南部县正堂邓全衔（元鐩）为札提事。案查医学应解帮办科场津贴银两立等申解，合行札提。为此，札仰该医学查照来札事理，即将应解津贴银八两如数摊收齐全，克日赴县呈缴，以凭申解，毋得迟延干咎。速速。特札。
>
> 右札医学，准此
> 光绪二十八年四月十八日礼房呈⑤

札文中直接称医学应纳帮办科场津贴银，并未论及医学赴省之事。不难看出，医学已经从赴省医治考场病患，帮办闱差，转为以银代役，成了一种变相摊派。

（四）知县

除阴阳学、医学、书役、门斗等地方衙门人员要在乡试之年帮办闱差外，作为一县之主的县令，有时也要赴省帮办考试事务。

乡试中的外帘官，有印卷、收掌、受卷、弥封、誊录、对读等官，光绪《大清会典事例》规定，"其选用，由监临在府佐贰、首领，并州县正、佐内正途出

① 四川省南充市档案馆藏《南部档案》第16-351-4号，光绪二十九年（1903年）四月二十九日。
② 四川省南充市档案馆藏《南部档案》第16-351-4号，光绪二十九年（1903年）四月二十九日。
③ 四川省南充市档案馆藏《南部档案》第16-351-6号，光绪二十九年（1903年）五月八日。
④ 四川省南充市档案馆藏《南部档案》第16-351-1号，光绪二十九年（1903年）五月十二日。
⑤ 四川省南充市档案馆藏《南部档案》第15-921-3号，光绪二十八年（1902年）四月十八日。

身各官选用"①，州县官由科甲正途出身者，需担任外帘各官。

作为乡试内帘官的同考官，负责阅卷荐卷。其选用，除雍正年间规定在邻省科甲出身者选用外，有清一代皆由本省科甲出身之同知、州县官充当。光绪二十年（1894 年）甲午科文闱乡试，南部县知县袁用宾就担任该年乡试同考官②。

三　分摊考试费用

无论何项制度性的活动均须有经费支持，乡试也不例外。每科乡试除刊印《科场条例》费用届期由礼部奏请拨银数额，并由户、工二部核销外，其余通常先行预算，奏报获准后于本省公费银两内动支③。然而科场支出项目繁多，除有刊刷《科场条例》费、颁发考试用书费、贡院培修费、科场供应费、宴赏费用外，更有种种陋规，需支出大量银两。由于各科乡试费用须严格按照科场条例报销，其实际支出远大于《条例》规定，所能报销的费用多不敷实际支出。清前期国用尚足，科场经费尚能照额支给。自咸、同军兴以后，清政府财政日益匮乏，光绪一朝，财政更是窘迫，尤其是甲午战争之后，每年皆入不敷出，只得向外国筹借。在此情况下，中央往往压缩各种财政开支，朝廷所支科场费用多不足额数，更不敷科场实际支出④。四川省"每科乡试因公用度，虽可报部核销，然须依照科场则例开报，不能任意出入，故例报之数不敷实用甚巨。平时各厅州县皆有科场之摊派，每处若干，年有定额，悉出自地方官者也"⑤，为保证乡试的举行，四川布政使司每逢乡试之年便向各厅州县摊派种种名目的费用，以此来解决乡试经费问题。

（一）油蜡银

乡试中购置灯油、蜡烛的费用称为油蜡银，也叫油烛银。南部县从同治九年（1870 年）起，就已经在摊派油蜡银了，其额数为四十两，至光绪末，一直未变。其间每逢乡试之年，四川布政使衙门按照成例，札饬南部县，令其申解应摊油蜡银。光绪十一年（1885 年）乙酉科乡试，四川布政使司衙门行文南部县，

① 光绪《大清会典事例》卷 336《礼部·贡举·执事员役》。
② 四川省南充市档案馆藏《南部档案》第 12－249－1 号，光绪二十年（1894 年）十一月二十八日。
③ 刘希伟：《清代山东乡试经费初探》，见刘海峰《科举学的形成与发展》，华中师范大学出版社，2009，第 533～554 页。
④ 有关清代科举支出的研究，参见徐毅《光绪时期的地方政府与科举经费》，见刘海峰主编《科举学的形成与发展》，华中师范大学出版社，2009，第 681～692 页。
⑤ （清）周询：《芙蓉话旧录》卷 3《科场》，四川人民出版社，1987，第 41 页。

申解该年油蜡银及己卯科、壬午科欠银：

> 钦命四川等处承宣布政使司布政使易（佩绅）为札催速解事。照得本年举行乙酉科文闱乡试，该县欠解己卯科银叁拾肆两零壹分八厘、壬午科银肆拾两，前经札提在案，迄今日久，未据申解前来，合行札饬。为此，札仰该县文到立将前项欠解各银两赶紧照数弹兑封固，备具文批，专差申解来司，以凭弹收，转发备办，毋稍迟延。速速。特札。
>
> 　　右札南部县准此
>
> 　　光绪十一年四月十七日①

光绪八年（1882 年）以前，四川乡试油蜡银一项，"先由司库垫发银五千两……饬属按缺摊解，列入交代，分作三年摊完"。由于各州县拖延，并不认真办理，致使"库款久悬"。鉴于此，光绪八年（1882 年）壬午科，四川布政使鹿传霖打算更章办理，不先由司库垫付，而是待各府州县将应摊派之款解到后，再行办理。然而，由于各地方衙门仍旧迟延，并不申解银两，而乡试又日益临近，四川总督最终还是不得不先令司库垫付此项银两，然后再令各州县还款。七月初七日，距乡试举行只有一月的时间，四川布政使衙门再次行文南部县，令其将新摊旧欠油烛银两一并解到。尽管札文中警告"倘再迟延，定即差提不贷"，并接连使用"飞速"、"火速"这样的字眼，以示急切，然而直到十一月二十一日，乡试已经结束三个多月后，南部县仍未将当年应摊派及以往所欠银两解往布政使衙门②。据笔者所见，油蜡银的征收甚是困难，基本上是"无科不催"，由于州县政府能够支配的经费十分有限，摊派一项又不列入州县官的考绩，对油蜡银的摊派，他们则是能拖则拖。面对此种情况，布政使衙门只得将此项银两在知县的俸廉款（即俸禄和养廉银）内扣收③。

（二）主考公费银

主考公费银是乡试之年地方向主考官馈赠财物所花费银两。

---

① 《南部档案》第 9 - 983 - 2 号，光绪十一年（1885 年）四月十七日。

② 《南部档案》第 8 - 641 - 4 号，光绪八年（1882 年）十一月二十一日。

③ 嘉庆四年，仁宗谕令："从前额设养廉，原为大小官员办公日用之资。乃外省遇有一切差使及无着款项，往往议将通省官员养廉摊扣，以致用度未能宽裕。……着通谕各省督抚，凡遇该省应办公务，原有耗羡备公银两可动，不得仍前摊扣各官养廉"（《嘉庆道光两朝上谕档》(4)，广西师范大学出版社，2000，第 152 页），即自嘉庆四年以后不准再摊扣廉银。然而，据《南部档案》第 10 - 480 - 5 号《为当堂兑收南部县申解己丑科油烛银两事》的库收显示，摊扣廉银的现象到光绪十五年（1889 年）时依然存在。

乡试之年，州县须出纳主考公费银。光绪五年（1879 年）己卯科乡试，七月初九日，川北道向南部县发出札文，催缴南部县应分摊的主考公费银：

> 钦命按察使衔署理四川分巡川北兵备道辖保顺潼等处地方事务加三级纪录十次尹为札催批解事。照得本年己卯科乡试本道衙门应送主考公费银两，曾据前任道札饬在案，今准成都申催檄发前项银两汇送等情前来，合行札催。为此，札仰该县遵照先今来文事理，速将原派银数克日弹兑封固，备具文批，专差申解来辕，以凭檄发汇送，勿再迟延。切速。特札。
> 右札南部县，准此
> 光绪五年七月初九日①

七月十八日，南部县县衙派遣差役，赴川北道申解该项银两②。六天后，银两解到，川北道衙门给发批回③。

乡试主考官出京赴地方衡文取士，地方督、抚出于公私目的，都会馈赠钱财。清初，主考官并无路费，各地督、抚时常馈赠。乾隆三年（1738 年），高宗发布上谕，根据路途之远近，发给路费，并规定了数额："尔等可寄信各督抚，遵照此数，不得以私意增减，主考等亦不得于此数之外更有所受。将此永著为例。"④ 随后又谕令，主考官也不准收受士子所送建坊银⑤。即除朝廷所发路费之外，不许收受地方馈赠。嘉庆朝时，仁宗认为，督、抚两司养廉优厚，职分较小、薪俸较低的考官出闱后，致送土仪，稍助路费，尚属地主之谊，若主考官是三品以上大员，不准接受督、抚馈赠⑥。如此规定，实际上是为腐败开了口子，馈赠之风气日益滋盛，竟成为陋规。四川省乡试，"两主考每人例馈程仪四千金，外尚有私谊馈赠者"⑦。地方大员向主考官的馈赠，并非出自他们自己的腰包，由上文可知，是由省级衙门向地方政府摊派得来。

（三）帘官公费

帘官公费也是乡试中地方政府要分摊的一项费用。乡试之年，由于供应浩

---

① 《南部档案》第 7 - 850 - 2 号，光绪五年（1879 年）七月九日。
② 《南部档案》第 7 - 850 - 3 号，光绪五年（1879 年）七月十八日。
③ 《南部档案》第 7 - 850 - 5 号，光绪五年（1879 年）七月二十四日。
④ 《清高宗实录》卷 80 乾隆三年（1738 年）十一月乙卯。
⑤ 《大清会典则例》卷 36《户部》。
⑥ 《清仁宗实录》嘉庆七年（1802 年）己卯。
⑦ （清）周询：《芙蓉话旧录》卷 3《科场》，四川人民出版社，1987，第 42 页。

繁，担任帘官的地方州县长官，也要分摊科场费用，此项费用被称为帘官公费。四川省帘官公费一项向来是由成都、华阳两县负责，向应调帘差的州县长官按照缺分摊捐。该项摊捐由来已久。据嘉庆十六年（1811年）监察御史韩鼎晋《奏陈四川应除积弊六条疏》称"盖州县往往不愿入廉，每科派调同考官时其已经拟调不愿入充者则自捐银两，名为科场公费，央首府首县代恳免调……上钦［缺］州县以五六百两为率，甚有至千金者，中缺二三百两不等"①，"科场公费"与"帘官公费"，名异而实同。

光绪二十三年（1897年）又是乡试之年，距开考还有三个多月，保宁府就向南部县发出了催缴该年帘官公费银的札文：

> 钦加五品衔赏戴花翎特授四川保宁府正堂加五级纪录十次邵为转饬事。案奉川北道张札开，□按察使司文移，奉总督部堂鹿札开，案据成都县知县沈令秉堃、华阳县知县邓令元鏻会禀：川省历届科场，自派巡捕探迎正副主考莅省，以及文闱事竣起节进京，供应浩繁。旧章向由卑两县于本省现任科甲州县应行调帘各员，分派缺分大小，酌定摊派银数，开单呈明，由县专函知会。其不愿调帘差者，即照应摊银两，限定四月望前寄存县库，留备支应。即帘官致送主考程仪，亦由此项开支，名曰帘官公费，藉资津贴，而免偏累。今卑职等详查近数科案卷，所请免调各员，先尚饰词央□，继则频催罔应，统核寄到银数不及原派一半。本年恭逢丁酉正科乡试，卑职等仰蒙委任，分所应为，遑计负累，惟值此银价减落，粮价腾昂，推及应办各件，较前均加十分之三四不等，如各州县帘官公费一款如数寄来，除供应正副主考而外，不无小补。因按章查计，应调各员□分注应摊银数汇开清折，呈请钧核。如蒙宪台赏准批示，再行专函寄商，庶各该员仰荷宪恩，踊跃从公，依限寄助。倘信发两月迟延不寄者，由卑职等开单呈请调帘，庶不致藉词推诿，是否有当，理合禀请察核示遵。计清折，等情到院。据此，当经本督部堂批：查此项公费历届科场均未禀请摊派，本年乡试值银价减落，粮价腾昂，需用浩繁，准如禀照办，并候分行两司知照，缴折存，等因。行司移道檄府。奉此，合就札行。为此，札仰该县即便知照。此札。
> 计开
> 该县袁用宾帘官公费银叁百两
> 右札南部县准此

---

① 光绪《长寿县志》卷10《艺文》。

光绪二十三年四月廿三日①

　　负责乡试供应的成都、华阳两县知县沈秉堃与邓元鏸二人称光绪二十三年（1897 年）"银价减落，粮价腾昂"，科场供应"需用浩繁"，经费紧张。按照旧章，由他们两县向应调充帘官的各州县知县，按缺分大小，确定应摊派的银两数目，不愿调帘差者，也应将摊派银两寄存于两县县库，而以前诸科乡试，所请免调各员，"统核寄到银数不及原派一半"，并不认真执行。为解决经费不足这一难题，二人向四川总督鹿传霖禀请，向应调帘各州县分摊帘官公费银，开明清折，由总督查核，从而使各应调帘州县官不敢拖延。这一方案得到了四川总督的批准。四月二十三日，保宁府向南部县发出札文，内录有成都、华阳两知县所上的禀文及四川总督的批示，通知南部县知县袁用宾应分摊帘官公费银三百两。

四　结语

　　清代乡试作为统治者选拔人才的关键一环，是士子进身的最重要渠道，是统治者扩大统治基础的重要手段。其受到历朝皇帝的重视自不必说，而这一意志体现在行政上，则是中央政府要求各直省保证乡试的顺利举行。各直省为成大典，则是举一省之力，动员各级政府为乡试提供各种保障。处于行政链条末端的地方州县，既需要切实履行传达朝廷相关政令、服务士子的职能，又要派人临场帮办闱差，提供人力支持，同时还要分摊各项费用，为乡试提供财力支持。

　　州县政府对乡试中朝廷所颁布条例和省级衙门的行政指令，往往消极执行乃至抵制。由于朝廷对乡试的规定无法面面俱到，不可能细致到各个衙门的具体职责，在这些规定没有触及的地方，省级衙门得以"便宜行事"，向下级转嫁各种义务。如此，未有帮办之责的南部县阴阳学、医学需赴省帮办闱差，或者出银代役。在府、道、藩、督面前，处于行政机构末端的州县政府所有的只是义务，而朝廷并没有给予州县政府履行乡试中各种义务的充分保障，无论是物质上还是政策上。正如瞿同祖先生所说的，清代地方财政高度集权于中央，地方政府没有自己的收入来源，"朝廷也不允许他们在任何全国性税种上加收一文钱以满足地方需要"②，州县衙门并没有真正意义上的行政开销。州县衙门如此，省级衙门也不例外。举办乡试的花费，省级衙门难以承担，只得向下摊派。州县衙门本来就没有行政经费，当然也就不情愿执行这些要求分摊各项费用的政令了，也难怪南

---

① 《南部档案》第 13 - 939 - 1 号，光绪二十三年（1897 年）四月二十三日。
② 瞿同祖：《清代地方政府》，范忠信等译，法律出版社，2011，第 314 页。

部县对油蜡银、帘官公费银等摊派会一拖再拖。朝廷法规也没有明确规定州县中需要帮办闹差的服务人员的费用，衙门中的书役、门斗自然视闹差为畏途了。

即便如此，乡试中的各州县政府通过服务考生、帮办科场和分摊考试费用，为乡试的顺利举行提供了信息、人员和经费保障。在乡试中，各州县政府虽是"配角"，却是无他不成戏。

清代县域官方信息的发布体系

——以《南部档案》所见告示为中心的考察

李升涛 *

传统社会官方常通过告示向民众发布政令、法令。官方会在什么地方发布告示？发布在不同地方的告示形式如何？以及官方借告示的发布形成了如何的信息发布体系？回顾现有的研究成果，史媛媛指出清代前中期张贴告示地点的选择是由告示内容关涉的范围决定的[①]，一些专门特定告示通常是在被告知的对象所在地公告或张贴[②]。王洪兵认为清代顺天府宝坻县的官方告示张贴地点基本上遵循着以县衙为中心，向乡村社会依次扩展的模式：县衙照壁、四路城门、通衢集镇、四乡村落[③]。连启元从传播学的角度考察了明代官方发布在不同场所的告示榜文，并借此探讨了告示榜文所反映的民众与官府、地方与中央的关系[④]。本文在借鉴既往研究的成果上，借以《南部档案》所见告示发布情况来考察清代南部县官方信息的发布体系。

---

 * 李升涛，西华师范大学历史文化学院硕士研究生。

① 详见史媛媛《清代前中期新闻传播史》，福建人民出版社，2008，第 156 ~ 174 页。

② 详见杨一凡、王旭编《古代榜文告示汇存》（全十册），社会科学文献出版社，2006，第一册序言。

③ 王洪兵：《清代告示与乡村社会秩序的建构——以顺天府宝坻县为例》，载常建华编《中国社会历史评论》（第十一卷），天津古籍出版社，2010，第 98 ~ 109 页。

④ 连启元对明代发布在官方架构的信息传递机构（京师皇城、衙门官署、学校机构、军事要地）、乡村地区（庙、民家门前、山林禁区）、商业地区（市镇、仓场、钞关）、交通要道（关隘、驿递、港口）等场所的榜文告示进行详细考察后认为，明代政府以各地方的政治中心为主轴，渐次向乡村邻里、商业地区、交通要道等处，散播官方事务的信息，不仅有效地传达了政令，更借此形成全国性的讯息传递网络。明代告示的主要内容为推行政令或宣扬规范，榜文告示的发布使民众与官府、地方与中央产生联系互动的机制，不同的场所与环境载体的差异亦会造成传递过程的变化，进而影响讯息传递的实质效能。详见连启元《传播与空间：明代官方告示公布场所及其传播特性》，（台湾）《明代研究》2006 年第 9 期。

一 城内发布场所

清代"州县的大小规模，通常按其最长最宽（方圆）处来描绘，从大约一百里到几百里不等。它包括一个州县治所（有城墙围绕的城），环布在它四周的一些市镇，几个或上百个村庄，村镇规模大小不一"①。清代州县官衙署作为一县的政治中心自然成为所有官方信息的发出之地。清代南部县围绕衙署形成了衙署内和外两大发布场域，衙署外部的照墙、城门是整个城池内部官方告示的主要发布场所。

（一）衙署内部

州县官的衙署一般位于县城的东北方，整栋建筑为坐北向南。州县衙署按照中轴线来说由南向北依次分布着照壁（照墙）、大门（头门）、仪门、戒石亭、大堂、二堂、三堂、内衙等建筑②。清代州县衙门的建制视各地具体情况而有所不同，但大致按功能可划分为：前为办公区，后为州县官的私人生活区。

衙署大门作为出入衙门的必经之道，成为官方告示发布的重要地点。清代州县政务首重钱谷和刑名。民间的户、婚、田、土等"细故"并不是在一年的所有时间中都可兴讼于衙门，清律规定"农忙止讼"③。黄六鸿就曾言："每岁值乡农播种之时，有司悬牌，大书'农忙止讼'四字晓谕署前，所以重农桑裕邦本也。非命盗逃人重情，一概不准，此系从来定例"④。光绪六年（1880年），南部县正堂刘祭昌裁革县署一切官价后用牌示悬挂在头门晓谕"泥水木工匠等知悉，嗣后署内给发工资，尔等务照民价具领。倘有短价勒扣等事，许喊禀，以凭严历究"⑤。南部县盐局于光绪十二年（1886年）买旧书院设局办公。光绪十三年（1887年）时值县试，南部县恐生童等听人唆使"乘此县试，纠人前往该局滋事"，特在县署头门悬牌晓谕诸考生"切勿听人唆使，籍考闹事，酿成事端"，以致照例治罪，后悔无及⑥。光绪二十

---

① 瞿同祖著《清代地方政府》，范忠信、何鹏、晏锋译，法律出版社，2011，第6~7页。
② 有关衙门建制的研究详见郭建《帝国的缩影——中国历史上的衙门》，学林出版社，1999；林干：《清代衙门图说》，中华书局，2006。
③ 《大清律例·刑律·诉讼·告状不受理》。
④ （清）黄六鸿：《福惠全书》卷11，《刑名部一·词讼·农忙停讼》。
⑤ 《南部档案》第8-112-6号，光绪六年（1880年）八月初二日。
⑥ 《南部档案》第9-865-14号，光绪十三年（1887年）五月初八日。

二年（1896 年）七月，南部县将川督鹿传霖设立钱局、行使官票的章程告示，照抄多张，过朱标判，用箔席裱糊结实，张挂县署头门及四门通卫晓谕，俾使卑众周知①。

大堂在仪门之后，大堂之前有院落。清代州县衙署大堂院落中间一般立有戒石亭，亭中的诚石铭南面一般刻有"公生明"三字，北面刻有"尔俸尔禄，民膏民脂，下民易虐，上天难欺"②。诚石铭的主要目的在于对官员起到警诫作用。

大堂前院落既是树立戒石亭之处，也是州县官刊立示禁碑的地方。光绪六年（1880 年），南部县正堂刘祭昌裁革官价后向川督丁宝桢上禀称，"卑县遵札，禁革官价、官货及裁革典铺节寿规礼，恳请批示立案"③。川督丁宝桢批示，"任将此次通饬告示，刊碑县堂，揭送备案，以垂久远"④。随后南部县正堂找来石匠，"遵即勒石刊碑二分，竖立考棚头门及县堂之下，以垂久远"⑤。光绪十年（1884 年），保宁府查府属阆中县所辖之千佛岩，南部县所辖之红岩子、盘龙驿、芦溪场、新镇坝等处向来由府设立盐卡私自抽收盐厘，扰民疲累商人，极应"一律裁撤以肃盐纲而重厘务"⑥。保宁府将裁撤事上报总督部堂后，川督丁宝桢批示"仰即将此次禀批转饬阆中、南部两县遵照，刊碑竖立大堂永远遵守"⑦。南部县遵即将裁撤盐卡及禀批刊碑竖立县堂之下以垂永远⑧。刊碑竖立于大堂之下主要目的在于使官吏人等永远遵守。这些刊碑行为突出地表现了官方改变旧有惯例的决心。

院落的两旁分布着书吏办公的房廊。这些房舍既是书吏办公地点，也是州县官员以书吏晓谕对象的告示发布地点。光绪三十年（1887 年）四月二十一日，南部县正堂史久龙牌示八房书吏及仵作等知悉为考选的事后还命令"尔等八房各写一张，粘贴本房，时时诵阅，以免有犯"⑨。

（二）照壁、城门

照壁（照墙）一般位于州县衙门大门之外。照壁虽属于衙门建筑的一部分，

---

① 《南部档案》第 13－520－2 号，光绪二十二年（1896 年）七月初七日。
② 刘鹏九、苗丙雪：《明清县衙建筑规制及建筑功能考》，《古建园林技术》1995 年第 4 期。
③ 《南部档案》第 8－112－6 号，光绪六年（1880 年）九月初六日。
④ 《南部档案》第 8－112－15 号，光绪六年（1880 年）八月二十四日。
⑤ 《南部档案》第 8－39－5 号，光绪六年（1880 年）十一月十六日。
⑥ 《南部档案》第 8－289－2 号，光绪十年（1884 年）十月二十一日。
⑦ 《南部档案》第 8－284－1 号，光绪五年（1879 年）六月十九日。
⑧ 《南部档案》第 8－289－10 号，光绪十一年（1885 年）二月十四日。
⑨ 《南部档案》第 18－639－1 号，光绪三十四年（1908 年）四月二十一日。

但又独立于衙门主体建筑之外，这就使得照壁成为官方空间和民间空间交错地带。特殊的空间位置使得照壁成为各种事务告示的发布地点。新任官员上任之前需要发布告示让合邑军民人等知悉，黄六鸿言："州县官将到任三五日之前，先发上任告示，实贴衙署前，仰县属军民人等知悉。"① 光绪九年（1883 年）九月，四川布政使司、提刑按察使司联合下发的查拿教匪王觉一的加赏示谕要求南部县实力奉行，南部县将告示张贴于照墙等处晓谕②。川省素有在出殡之前有亲邻馈送歌者的"闹丧"之俗。光绪十三年（1887 年）由四川按察使司访问得知后，认为此等恶俗"闻之胜骇异"，并认为"至于□此省垣，冠赏聚会之地，尚沿此恶俗，其穷乡僻壤，不问可知矣"。为此向南部县下发告示六十张严禁此风俗③。南部县接到告示后，将告示张贴在照墙等处晓谕④。光绪二十三年（1897 年）二月，四川总督鹿传霖向川省各地下发告示以便整顿科场舞弊。南部县将奉到告示张贴城门照墙等处⑤。每遇县属文武生童考试完后，考试结果榜示"挨签押书将榜，由中门呈出，书贴照墙，役禀封仪门，禀堂事毕"⑥。可见照墙不仅是州官自拟告示粘贴之处，也是上级告示下发之地，成为各种官方信息的集中发布之地。

清代州县有城皆有城门，或为陆门，或为水门。清制"各府州县城门锁钥均归城守武职掌管，务须督帅兵丁按例以时启闭稽查出入。"⑦ 南部县旧无城，明成化年间始以木为栅，石为门。到了清乾隆三十二年（1767 年）知县查淳更开四门，名曰：承煦、延爽、迎熏、瞻极⑧。城门作为连接州县城池内外世界的关键之地，来往商贾居民人等川流不息，自然成为官方告示发布之地方。光绪二十九年（1903 年），光绪皇帝奉慈禧太后的懿旨下发"从缓办理印花税及其它苛细杂捐即行停止以舒民困而固邦本"的圣谕。四川总督部堂一面饬令各属停办，一面刊印"誊黄"，下发各属办理。南部将奉到"誊黄"贴在"照墙、东门、南门、西门、北门"等处"俾众咸知"⑨。光绪三十年（1904 年）三月南部县遵奉四川总督部堂下发的劝解男子吸烟、女子戒缠足的白话文告示粘贴

---

① （清）黄六鸿：《福惠全书》卷 2，清康熙三十八年（1699 年）金陵濂溪书屋刊本。
② 《南部档案》第 8 - 1050 - 9 号，光绪九年（1883 年）九月。
③ 《南部档案》第 9 - 935 - 2 号，光绪十三年（1887 年）十二月二十六日。
④ 《南部档案》第 9 - 488 - 3 号，光绪十三年（1887 年）。
⑤ 《南部档案》第 13 - 930 - 6 号，光绪二十三年（1897 年）三月初六日。
⑥ 《南部档案》第 8 - 523 - 16 号。
⑦ （清）伯麟：《兵部处分则例》卷 12《绿营》，清道光刻本。
⑧ （清）王庆瑞等：道光《南部县志》卷 2《舆地志》。
⑨ 《南部档案》第 16 - 301 - 2 号，光绪二十九年（1903 年）。

在"照墙、东门、南门、西门、北门"等处，"俾众咸知"①。城门楼道为人群聚集之处，多有小商小贩摆摊贩卖饮食，阻挠交通且有碍观瞻。为此官方也常发布告示整顿。同治十一年（1872年）七月，因四川总督将要巡临重庆，重庆朝天、南纪两门地当孔道，却有无知之民在城门等处搭棚设炉，摆卖饮食，有碍出入。为此巴县正堂特移请中营游府出示严禁，晓谕铺户刻日拆去所搭棚舍、锅灶②。

二 城外发布场所

（一）市镇

清代州县城池周围分布着大小不等的市镇，这些市镇多作为商品流通之地，正所谓"市镇之设，所以聚商贾、通货财、便日用、利民生也"③。民所产之土物，所需之盐铁等皆赖市镇的提供。这种商品交换之地，北方多称"集"，南方多称"市"，而清代南部县称为"场"。光绪十四年（1888年）时南部县设有碑院寺、新镇坝、富村驿、盘龙驿、建兴场、定水寺等大大小小的几十个场④。场镇每逢集期人员来往络绎不绝，贸易相当繁荣。因此市镇、乡场多成为州县城池之外官方告示的发布场所，一些地理位置重要、人口众多、经济地位重要的场镇成为官方告示重要发布地点。

市镇（乡场）首重商业功能，物价的低昂与民生切齿相关。南部县米粮全赖外运。每到春秋青黄不接之时，总有米贩囤积居奇，哄抬米价。以至"贫民谋食维艰，言之殊堪恻悯"⑤。光绪十七年（1891年）南部县出示晓谕商贩、铺户务必"平价遵行"，"买米不过斗五，毋得多买积谷。倘敢故违示谕，提案严究重惩"⑥。

清代南部县规定买卖米粮必须到"市场过升斗，出入惟一，以昭公允"。南部县向来在学坝场、河下设立斗行，抽取斗息，以资公用⑦。光绪二十三年

---

① 《南部档案》第16-682-2号，光绪三十年（1904年）三月。
② 四川省档案馆编《巴蜀撷影——四川省档案馆藏清史图片集》，中国人民大学出版社，2009，第64页。
③ （清）光绪《南昌县志》卷4《方域志下·市镇》。
④ 《南部档案》第11-25-1号，光绪十七年（1891年）三月十八日。
⑤ 《南部档案》第11-17-1号，光绪十七年（1891年）正月二十二日。
⑥ 《南部档案》第11-17-1号，光绪十七年（1891年）正月二十二日。
⑦ 《南部档案》第13-980-2号，光绪二十三年（1897年）四月。

(1897年），南部县学田局教谕梅和鼎等具禀，时值新粮上市，买卖杂粮渐多，出现小贩私买私卖，不过市，甚至私设升斗，致使买卖人等争多论寡，滋生事端①。南部县为此出示晓谕，"粮户、铺民、商贩人等知悉：自示之后，所有私升私斗，一体禁革。尔等买卖杂粮，务须到市过。倘任蹈前辙，许令学田局士选派巡丁随时稽查，一经拿获到案定即严惩不贷"②。

南部县市场买卖向有经纪人等代为客商买卖。南部县土平一项，多有不务恒业之辈，代为客商买土，号为经纪。经纪有多抽钱文、私平私售等种种恶习。光绪十八年（1892年），南部县为此出示晓谕，县属商民、经理人等知悉："尔等买卖烟土，均需赴局用土平比较，不得透漏撤行。其每土一两，共取钱五文，正经纪口食钱三文，平钱一文，下余一文，作为副经纪口食之需。该正、副经纪务各赴局承领腰牌，认真稽查。□收不得任前任意多取，取亦不得违示私抽，图撤行用。自示之后，倘有不遵，或有射利之徒，混入其中，冒充经纪，希图私抽滥取者，许该经手土平之人，随时稽查禀究。如无腰牌，亦即拿获送案惩治，决不姑宽。各宜禀遵。毋违。"③ 自示之后土平经纪仍不听禁令，仍"估平估卖，勒索钱文"④。光绪二十年（1894年），南部县又出示晓谕土平经济人等知悉，"遇城乡内外及往来铺民、客商贩运烟□□价值任由两家各自说成，该土平经济等，勿得从中估平估卖，勒索钱文。自此示革之后，倘敢故违不遵，任蹈前辙，许令该客商、铺民人等指明具禀，定即获案，从严究办。但不得挟嫌妄禀，至干并究不贷"⑤。

市镇乡场同时也是官方发布其他政务告示之地。光绪二十六年（1900年），"庚子国难"时期，两江总督部堂刘坤一会同湖广总督张之洞与各国领事馆约定各国兵舰不入长江，各国在华人员与财产仍归各地方政府保护。川省位于长江上游，自应遵守，为此川督特出示严禁所属遵行，严禁"匪人造谣生事，煽惑人心，籍端骚扰"⑥。南部县将"发下告示标判，派差分送各乡市镇，饬令约保、场总用篾席裱糊结实，张挂晓谕，俾众咸知"⑦。

清末以来各地民教矛盾突出，为了缓和民教矛盾，各地方出示劝谕民教相安。光绪二十七年（1901年）九月二十二日，保宁府下发由法国司译面请的民

① 《南部档案》第13-980-1号，光绪二十三年（1897年）三月二十日。
② 《南部档案》第13-980-2号，光绪二十三年（1897年）四月。
③ 《南部档案》第11-499-5号，光绪十八年（1892年）六月二十三日。
④ 《南部档案》第12-77-1号，光绪二十年（1894年）二月。
⑤ 《南部档案》第12-77-1号，光绪二十年（1894年）二月□日。
⑥ 《南部档案》第15-310-3号，光绪二十六年（1900年）六月二十日。
⑦ 《南部档案》第15-310-2号，光绪二十六年（1900年）六月二十三日。

教相安告示一张至南部县。南部县正堂随即"将奉发告示，饬令房书，照抄多张，逐一标判，派差分送各场，饬令场总，用篾席裱糊结实，悬挂圣修堂、福音堂、新政坝、柳边驿、富村驿、思依场、老鸦岩等通衢，悬挂晓谕，俾众咸知"①。

民间恶风恶习，官方多会出示严禁。南部县通常会将此类移风易俗告示发布在市镇乡场。同治三年（1864 年），四川布政使司各属下发告示称，川省民间素有包养异姓为义子、义弟，甚或有年本相同，名为义父、义兄而不怪；或年实不类，甘为义子、义弟而不惭；甚至子又抱子，弟又抱弟，诸匪之声气相通，各起之闲亡尽附，不唯寡廉鲜耻，风俗因之而败坏。大清律令规定，"异姓人等结拜兄弟聚众至四十人，为首者绞监候；四十人下二十人以上为首者，杖一百流三千里。不及二十人为首者杖一百枷号两个月，为从者各减一等。若年少居首，并非依齿序列即属匪党。渠魁聚众至四十人以上者首，犯绞立决，为从者发云贵、两广极边烟瘴充军。未及四十者为首者绞监候，为从者杖一百流三千里②。南部县将发来告示照抄多张，遍贴城乡市镇晓谕③。光绪八年（1882 年），南部县札发严禁结盟烧会匪徒滋扰告示十张给富村驿巡检。富村驿巡检饬差分赴所属之"孝元山、赛金场、神坝场、光木山、金峰寺、坵垭场、店子垭、分水岭、碧山庙以及本驿等处遍贴示谕，并即选派干役协同保甲，照示严拿前项匪徒，挨获分别送县究办"④。光绪十七年（1891 年）川北道发布告示禁止私铸私宰、开设烟馆、窝匪劫窃、刁唆词讼等扰累良民，为害地方的不法事务⑤。光绪十七年（1891 年），南部将奉到"告示稿，饬书照缮多张，派发妥役，分赴碑院寺、新镇坝、王家场、富利场、永定场，张贴晓谕，俾众咸知"⑥。

（二）民居

州县官有时会把告示榜文直接发布在民居家门，这是官方向民众传达官方意图最直接的方式。清代州县官将所辖区内居民每十户组织成牌，一百户组织成甲，一千户组织成保等基本治安单位，并设立牌头、甲长、保正⑦。州县官每年会给每户签发一门牌，悬挂门首以备查验。乾隆四十五年（1780 年）九月初十

---

① 《南部档案》第 15 - 311 - 12 号，光绪二十七年（1901 年）十月初十日。
② 《南部档案》第 6 - 306 号。
③ 《南部档案》第 6 - 306 - 3 号，同治三年（1864 年）三月。
④ 《南部档案》第 8 - 616 - 1 号，光绪八年（1882 年）十一月。
⑤ 《南部档案》第 11 - 25 - 1 号，光绪十七年（1891 年）三月十八日。
⑥ 《南部档案》第 11 - 25 - 2 号，光绪十七年（1891 年）三月十八日。
⑦ 瞿同祖：《清代地方政府》，范忠信、何鹏、晏锋译，法律出版社，2011，第 235 ~ 237 页。

日，巴县发给县民吕明科的一家牌，标注户主姓名、职业、年龄以及其他成员信息。牌内表明要求户主悬挂大门查验。巴县按地域次第十户立一牌，十牌立一甲长，互相联络，一家犯法，九家连坐。给十家发放十家牌，要求十家轮流悬立门首，晓谕勿损失①。光绪二十八年（1902 年）十五日，会理州衙门发居民的门牌要求民户自备木牌粘贴悬挂②。

对于发生在乡村的不法行径，官方也会就地发布告示来禁止。乾隆五十八年（1793 年）八月十九日，贵州黎平府龙里司属婆洞寨，地名乌斗溪，产有银矿，苗民私自盗采，殊属不合。贵州黎平府正堂博特出示发加池寨实贴晓谕称，"仰龙里司属婆洞等寨民苗人等知悉，即将私挖之洞口填塞，毋许本地人民勾通外省奸民，潜至乌斗溪私开私挖。如有不法之徒潜往盗挖，尔等各寨头人即行禀报，以凭严拿究治。尔等亦不得附和私开，如敢故违，或经访闻，或被禀报，一并按例究办，决不姑宽。各宜禀遵。毋违"③。南部县素产金沙④，向来有淘金之业。保本寺虽为陶金之地，但陶金商人多有糟蹋秧苗，估挑井水冲洗金沙等扰乱当地生活秩序的事。光绪三十四年（1908 年）十二月，南部县出示张贴保本寺晓谕："报本寺僧人、淘夫及业户人等知悉，该商在此陶金应即遵章纳课，不准糟蹋别人粮苗，估挑田水。尔业户等，亦不得籍有此示阻淘，自示之后，均各一体遵照，毋违特示。"⑤

三　交通要道的发布场所

道路将清代州县城池和围绕城池分布的市镇乡场以及散落的民居串联在一起。在势关险要的水陆交通便利之地，或由官方设立关隘稽查往来人员，或由民间自发修建码头、渡口、桥梁，这些地方往往成为人流物流量聚集之地；加之一县境内的驿站、铺递、塘铺等官方文件传送机构大多分布在交通要道上，这使得关隘、码头、渡口、桥梁等地方也成为官方信息传递的重要节点。官方常会直接向这些地方发布告示维护当地的社会秩序，以便保障整个县域的人流、物流、信息流的畅通。

---

① 四川省档案馆编《巴蜀撷影——四川省档案馆藏清史图片集》，中国人民大学出版社，2009，第 24 页。

② 四川省档案馆编《巴蜀撷影——四川省档案馆藏清史图片集》，中国人民大学出版社，2009，第 25 页。

③ 程泽时：《清水江文书之"官文书"》，http：//czscss1975. fyfz. cn/b/68417，最后访问日期：2012 年 12 月 26 日。

④ （清）王庆瑞等：《（道光）南部县志》卷 8《食货·物产》。

⑤ 《南部档案》第 18 - 782 - 1 号，光绪三十四年（1908 年）十二月二十三日。

（一）码头、渡口

清代南部县水路交通便利。"嘉陵江由阆中流入南部县境内，南流二十五里至县，东北又一百余里入蓬州境。西水河在南部县南三十里，自东南流入县界，又经阆中县，仍入县界东南至州入江，两江合于王家场。"① 王家场有码头一座，系西大两河合江之处，地与蓬邑接壤，每遇集期，来往人等络绎不绝，渡夫取资，每每争竞。当地士绅筹立义渡，方便来往商贾人等。但有"附近无奈狂徒，肆酒过渡，稍有不遂意，辄向渡夫寻衅凶辱"，甚至强拉渡，船夫奈之莫何。为此，南部县出示严禁闹渡，仰谕王家场附近人等知悉，如有故违，至干并就②。

南部县地脊民贫，全靠煎盐生活。"邑中物产苦不出炭，幸水道可通，自广元载舟而来。贫民疾土无以为业，人物负运得以养生，灶民籍此稍得自省其力。"③ 因此南部形成了煎盐所需之石炭"向来河下船装石炭，陇来码头，起上炭圈，灶民买成，均由圈户过称，开单脚夫，凭单背运井厂，灶户凭单，如数查收，脚夫不得沿途偷卖更换"④ 的惯例。光绪二十四年（1898 年）当地绅首禀称，有不法之徒借文武衙署支应扛炭为名私自抽收炭厘。脚夫仗借官秤抽收，毫无畏忌，胆敢多偷显卖。井称不敷，口称官秤抽厘亏短，脚夫何尤抗不补数，灶民莫何，且伊等首铲圈内污泥及炉下炭灰，拌以煤烟，估与脚夫调换，掺入炭内，致使灶民盐难烧出。每与炭商争论，滋生事端，炭商受诬，忿不来县，以致炭价倍昂，种种积弊，为害非浅⑤。南部县正堂为此示仰县属灶民即炭圈、脚夫等知悉，"嗣后背炭赴灶，务须按照单开斛数，照斛交收，不准籍官秤为名任意亏短，更不准掺和泥炭调换合混。自禁之后，倘敢仍蹈覆辙及有人私抽炭厘，准该灶户等指名禀究，即拘案究惩，决不宽贷"⑥。

南部县地属荒旱，米粮全赖外运，每年达百万石之巨。客商多走水路贩米来县，码头成为米粮重要的集散地。光绪二十二年（1896 年），学田局分局首士禀生许玉庭、船帮会首李达发等禀称，棍徒李先第与壮班总役李德、李大鼎，族大人刁，结盟党羽甚众，假以操舟为业，暗窃客米，腾空放炮，搕索钱文，无恶不

---

① （清）王庆端等：《（道光）南部县志》卷 2《舆地志》。
② 《南部档案》第 6 - 78 - 2 号，同治九年（1870 年）五月二十六年。
③ （清）王庆瑞等：《（道光）南部县志》卷 8《食货·盐政》。
④ 《南部档案》第 14 - 32 - 1 号，光绪二十四年（1898 年）三月十二日。
⑤ 《南部档案》第 14 - 32 - 1 号，光绪二十四年（1898 年）三月十二日。
⑥ 《南部档案》第 14 - 32 - 2 号，光绪二十四年（1898 年）三月三十日。

作①。南部县正堂为此出示严禁，仰保甲、船帮、会首即上下往来客商人知悉，倘李先第等仍敢有上诉恶行，许保甲及受害人等指禀捆送来案，按照抢夺匪徒例，从严治罪，决不姑宽②。

（二）驿站、铺递

清代的驿传系统由驿站、塘、铺构成③。驿站负责为朝廷使臣、朝觐进贡者、赴任或进京的地方官以及传送公文和奏章的信差提供马匹和食宿服务④。同时州县内设有"铺"负责省内各衙门公文的往来递送⑤。驿站、塘、铺作为公文传送机构至关重要，官方多有专门整顿驿站铺递的告示。

乾隆七年（1742 年）川陕总督针对驿站时弊对所属下发札文称，安塘设驿，分立铺司，主要是为递送来往公文，定例甚严。但是日久生弊，听其废止，"以致各处塘马、铺递，率多马疲役玩"，甚至出现"任意递带，亦且烦人带递"以至于"遗失难稽"，为害公务。为此，今特分别缓急程限，酌立简便规条，定为三等：一等为紧急军情；二等为地方紧要公务及申报雨雪日期；第三等为日常性公文事务。各等分别用驿马、塘马、步塘配以不同格式封套、戳记以及递送速度和时限递送。同时将要求各属将上述酌定章程逐条分别简明开单，出示晓谕，使各塘驿兵一体遵照⑥。为此，南部县"遵将奉发格式、封套、戳记照样刊刷遵行，并出示贴各塘铺递晓谕遵照"⑦。光绪二十二年（1896 年），南部县知县袁用宾访闻得知"各站健步等并不按站接递，往往尔带我站、我带尔站，彼此替带图便"。袁用宾认为"此乃有意玩延，当此邮政吃紧之时候，若不认真查禁，必至贻误时机"，因此特拟告示一道，通饬碧山、丰英、金峰三站"号书""站步"人等知悉，"嗣后公文到站、务须各送各站、务得耽延。倘再有彼此替带情事，一经查知，定即提案，从严惩办，决不姑宽"⑧。

四　专门性质告示的发布场所

南部县的交通要道将城乡、市镇、民居连接在一起形成一个相联系的整体，

① 《南部档案》第 13 - 96 - 1 号，光绪二十二年（1896 年）五月十七日具。
② 《南部档案》第 13 - 96 - 2 号，光绪二十二年（1896 年）五月二十五日。
③ 刘文鹏：《清代驿传及其与疆域形成关系之研究》，中国人民大学出版社，2004，第 1～2 页。
④ 瞿同祖：《清代地方政府》，范忠信、何鹏、晏锋译，法律出版社，2011，第 242 页。
⑤ 瞿同祖：《清代地方政府》，范忠信、何鹏、晏锋译，法律出版社，2011，第 242 页。
⑥ 《南部档案》第 2 - 2 - 1 号，乾隆七年（1742 年）五月二十九日。
⑦ 《南部档案》第 2 - 2 - 1 号，乾隆七年（1742 年）五月二十九日。
⑧ 《南部档案》第 13 - 15 - 1 号，光绪二十二年（1896 年）六月初三日。

使得借官方告示而发布的信息得以在这个整体之间循环往复。如果将这个整体视为信息传递树干的话，那么那些专门性质告示的发布场所就是树干上的枝叶，有枝有叶，整个体系才显得鲜活。

官方常将学务告示发布在书院、考棚、义学、新学堂等地，这是一种高效率的行为。

清代设有各级学校培养士子，"在京师曰国学，并设八旗、宗室等官学。直省曰府、州、县学"①。在地方，学校分为府学、直隶州学、州学、县学，有的地方还设立卫学。此外尚有义学、社学、书院等②。有清一代"凡隶版图者皆立庙学"③。清代南部县虽地处偏隅，但庙学却"规模宏敞，美富孔昭。学宫之额，列于上等，旁建书院，诸生以时讲肄其中，而十乡市镇又设义学二十四，预端养正之源"④。

清承明制，通过颁刻卧碑竖立在各地学宫来规范约束生员行为。顺治九年（1652 年），"礼部题奉钦定条约颁刻学宫，谓之新卧碑"⑤。每遇县试考棚既是文武童考试之地，也是官方发布有关考务信息之地。南邑先年并无考棚⑥。道光二十二年（1842 年），知县王仲选倡首，劝谕十乡粮户捐输在县西街道建立考棚（贡院）一座⑦。光绪十三年（1887 年）四月，南部县将奉到的一百二十张有关"严禁士子闹考事"的告示，"拨专差，发给口食，分散城乡市镇，饬□该首人等尽用篾席裱糊结实，日挂夜收，毋使风雨飘淋"⑧，并"值岁考，诚恐该童等未能周知道，合再录扎示谕"实贴考棚并四门晓谕"，以期各童"务必各恪遵，安分守己，力图上进，毋得籍端侍众兹事闹考，致干重罪"⑨。清末新政时期各地兴办新式学堂，各新式学堂成为官方推行新政、发布学务信息的地方。南部县多将办学章程、整顿学务事情、筹措经费的告示张贴在新式学堂之中以告诫学生、教员及相关人等知悉⑩。

有关僧道、寺观事务的告示榜文，多发布在寺庙道观，起到告诫僧道、信众

① （清）赵尔巽：《清史稿》卷 106. 选举制一。
② 蔡东洲等：《清代南部县衙档案研究》，中华书局，2012，第 345 页。
③ （清）王庆瑞等：《（道光）南部县志》卷 9《学校志》。
④ （清）王庆瑞等：《（道光）南部县志》卷 9《学校志》。
⑤ （清）曹抡彬：《（乾隆）雅州府志》卷 7，清乾隆四年（1739 年）刊本。
⑥ 《南部档案》第 17 - 293 - 1 号，光绪三十一年（1905 年）正月初六日。
⑦ （清）王庆瑞：道光《南部县志》卷 9（1905 年）学校志。
⑧ 《南部档案》第 9 - 865 - 9 号，光绪十三年（1887 年）四月二十九日。
⑨ 《南部档案》第 9 - 865 - 11 号，光绪十三年（1887 年）五月初七日。
⑩ 《南部档案》第 18 - 508 - 2 号，光绪三十三年（1907 年）二月初四日。《南部档案》第 18 - 509 - 1 号，光绪三十三年（1907 年）十月二十日。

的作用。

天下名山，多有寺庙隐居其中。名山古刹，多成为一方胜景。游山览景者络绎不绝，各种影响寺院清净的行为也随之而来。清代雅州府外金凤寺，为雅郡名胜之区。历来经雅州府、建昌道、雅安县"捐资发交寺僧，新建船房、亭阁，以壮观瞻"。光绪十八年（1892 年）二月初十日，雅安县正堂等出牌示悬挂金凤寺要求寺僧妥为保护庙宇，合郡士庶军民人一体遵守将庙宇"永不准凭作学馆、教习武棚，至有损坏；并不准容留无赖，籍游览为名，聚集赌博，吹吃洋烟、坐卧喧哗，以致清净佛门地，转为脏污纳垢之所"①。

道光时期南部县有碑院寺、定水寺、灵云观、大佛寺、金峰寺庙、高观寺、老君观、地藏庵、晓霞观、三圣庵、西江寺等大大小小的寺庙道观 61 座②，寺庙多有庙产，对庙产的争夺多成为僧俗纠纷原因，为了维护庙产，寺庙往往恳请县主出示保护。南部县环江寺庙系属南部县著名禅林，理应随时培护。多有不法之徒，私伐庙树，侵占庙基。光绪二十八年（1902 年）三月，该寺僧觉仙禀请南部县正堂出示严禁。南部县"为此示仰该处团保，及附近居民人等一体知悉。自示之后，倘有不法之徒，再私伐庙树，侵占庙基，一经该僧人具禀来案，定行从严惩究，决不宽贷，其各凛遵，毋违特示"③。南部县金兴乡高观寺"古庙系何、赵、杨、唐、魏五大姓人香火庙"，周围蓄有古柏树 60 株，经数百年莫人剪伐。咸丰四年（1854 年）有赵应才、赵炳等同谋砍伐，为此事，五姓人等与其构讼。时任南部县正堂"讯出真情，将赵炳等分别责惩，以惩刁恶而快人心"。五姓人等"恐伊等挟嫌宿怨，以后另生事端，兼恐日后又出不轨之徒，谋砍兹祸，与其禀究于事后，何若思防未然"。五姓人等公同恳请南部县出示严禁。为此南部县正堂出示严禁"仰该住持及众姓人等知悉。自示之后，该寺周围树株，务各小心防备护蓄，不许擅行砍伐。倘有不肖败类，及贪〔便宜〕利之木商暗通勾结，违示砍伐，许另赴案，指名具禀，以凭严究，绝不姑宽。"④

五　结论

综上所述，清代南部县官方借告示为传播手段，围绕县衙以交通要道连接城内照墙、城门和城外市镇、民居形成了官方信息发布主干网络。学务机构、寺

---

① 雷荣广、姚乐野：《清代文书纲要》，四川大学出版社，1990，第 122 页。

② （清）王庆端等：《道光南部县志》卷 2《舆地志》。

③ 《南部档案》第 15 - 2 - 1 号，光绪二十六年（1900 年）闰八月初八日。

④ 《南部档案》第 5 - 92 - 7 号，咸丰四年（1854 年）五月十八日。

庙、坟山等专门性告示发布场所则是这一主干上的支点。两者相结合构成了一个生动、鲜活的官方信息发布体系。在这一体系当中，官方常会饬令保甲、场头等相关人等采取"用篾席裱糊结实"的措施以便确保告示的执行效果。各发布地点因离州县衙署远近不一，导致其发布时间有先后之别，但其法律效力并无差别，皆是官方的象征。

清代州县衙署中的承发房初探

——以《南部档案》为中心的考察

汪秀平*

州县官处于清代官僚体系最底层，为"治事之官"和"亲民之官"，其重要性不言而喻。而书吏房是州县的主要行政部门，在州县官的直接领导下，分司各类具体行政事务①。学界的研究已证明，清代州县衙署的书吏房除六房之外，还遍设承发房②。在一些已经公开出版的工具书和论著中，承发房仅仅被零星提及，且只是作为一个"收发文书"的机构被描述③，这与我们在《南部档案》中看到的情形有很大差异。由此引发出诸多疑问，承发房是怎么演变而来的？为何设承发房？清代除了州县，其他层级的衙门是否设有承发房？承发房的内部组织是怎样的？承发房的具体职能是什么？承发房和其他各房是何关系？带着这一系列问题，我们来慢慢解读州县行政运行的各个历史面相。

---

* 汪秀平，西华师范大学历史文化学院硕士研究生。

① 对清代书役的研究已很深入，代表性论著如下：〔日〕细井昌治：《清初的胥吏》，《社会经济史学》1944 年第 14 卷 6 号；〔日〕宫崎市定：《清代的胥吏和幕友——以雍正朝为中心》，《东洋史研究》1958 年第 16 卷 4 号；瞿同祖：《清代地方政府》，范忠信等译，法律出版社，2003；赵世瑜：《吏与中国传统社会》，浙江人民出版社，1994；Reed, Bradly W., *Talons and Teeth: Country Clerks and Runners in the Qing Dynasty*, Stanford University Press, 2000；周保民：《清代地方吏役制度研究》，上海世纪出版集团，2009；魏光奇：《有法与无法：清代的州县制度及其运作》，商务印书馆，2010。

② 详情参见苟德仪《清代州县衙署内部建置考》，《西华师范大学学报》2009 年第 3 期。

③ 参见潘瑞新《中国秘书词典》，海天出版社，1988，第 29 页；陈文清：《文秘词典》，辽宁人民出版社，1987，第 461 页；赵世瑜：《吏与中国传统社会》，浙江人民出版社，1994，第 134 页；李荣忠：《清代巴县衙门书吏与差役》，《历史档案》1989 年第 1 期，第 96 页，清代巴县设承发房，承发房书吏的主要职责是接收衙门内外各种文件并向各房分发，上下往来公文卷宗汇总出入皆由此房办理。

一 承发房的演变

　　承发房的历史可追溯至金朝的承发司，元朝承袭之，明朝称承发科抑或承发房，清承明制，设于中央者称承发科，设于地方者多称承发房。《金史》载兵部设"承发司，（长官）管勾，从七品。同管勾，从八品。掌受发省部及外路文字"①。元代在中书省及行中书省设立承发司，元世祖授许楫"中书省架阁库管勾，兼承发司事"②。元代至元二十八年（1362 年），中书省定议："近年入递文字，封缄杂乱，发遣无时，今后省部并诸衙门入递文字，其常事皆付承发司随所投下去处，类为一缄。"③ 由此可见，由金代到元代，承发司的职能无太大变化，基本是承袭关系。

　　明代五军都督府设有承发典吏，"五府旧有承发、架阁库典吏，掌关防文簿"④。在中央，则吏、户、礼、兵、刑、工六部俱设承发科⑤，而且六部还共有一个承发科，"各设典吏若干人，主要负责进出各司科的公文之登记、注销、吏职画卯考勤等事"⑥。在京之都察院"十三道俱有承发科在内"⑦，而南京之都察院"典吏二名，专管公文出入挂号"⑧。大理寺、顺天府、应天府俱设承发科⑨。因明代在南京的官制设置与北京同，故在南京的相应部门也设有承发科。在外各衙门，事体繁简不同，吏典数目多寡不一，各布政司、按察司、各都指挥使司、各府、各州县俱设承发典吏⑩。另在明代的地方志中普遍可见各府、州县皆设有承发科。⑪ 明代的承发科与金、元之承发司有不同之处：前

---

① （元）脱脱：《金史》卷 56《志第三十七》，百衲本影印元至正刊本。
② （明）宋濂：《元史》卷 191《列传第七十八·良吏一》，中华书局，1976，第 4358 页。
③ （明）宋濂：《元史》卷 101《志第四十九》，中华书局，1976，第 2598 页。
④ （明）申时行：《大明会典》卷 7《吏部六·吏员》，明万历内府刻本。
⑤ （明）申时行：《大明会典》卷 7《吏部六·吏员》，明万历内府刻本。另（明）李默：《吏部职掌》，《验封清吏司》，明万历刻本，当中提到明代中央吏、户、礼、兵、刑、工六部都设有承发科。
⑥ 赵世瑜：《吏与中国传统社会》，浙江人民出版社，1994，第 134 页。
⑦ 申时行：《大明会典》卷 7《吏部六·吏员》。
⑧ （明）施沛：《南京都察院志》卷 7《职官五》，明天启刻本。
⑨ 申时行：《大明会典》卷 7《吏部六·吏员》。
⑩ 申时行：《大明会典》卷 7《吏部六·吏员》。
⑪ 唐胄：《琼台志》，明正德刻本；王鏊：《姑苏志》，清文渊阁四库全书本；黄绍文：《广德州志》，明嘉靖十五年（1536 年）刊本；洪价：《思南府志》，明嘉靖刻本；刘节：《南安府志》，明嘉靖刻本；王圻：《青浦县志》，明万历刊本；张衮：《江阴县志》，明嘉靖刻本等。

者是官署，长官为七品管勾；而后者虽为官署，但长官为典史，一般未入流、无品级。但职能有相同之处，掌公文之收发等，故承发科与承发司应是承袭关系。

清承明制，不仅在中央各部、院、寺之下普遍设立承发科，而且在地方各级衙署中设有承发房。据史料载，雍正时"查各部院衙门事件俱由该部当月房、承发科收发，各该司记有简便事由号簿存照在案"①。此乃各部院设有承发科之明证。另据《钦定大清会典事例》载，宗人府南、北厅承发供事皆8人；詹事府承发科经承5人；户、礼、工部分别为4人、2人、2人；都察院3人；太仆寺1人②。在地方，不仅省级的总督（如两广总督、湖广总督）③、巡抚衙门（如山东巡抚）④设有承发房，道府（如川东道⑤、台湾道⑥、南阳知府⑦）亦设有承发房，州县更是如此⑧。故有清一代从中央到地方各级衙署都有设立承发科（房），是无疑的。

清末官制改革时，承发房因流弊滋多，各地逐渐被裁革。光绪三十二年（1906年）对都察院进行整顿变通，因"院中向设承发科收发公文，日久流弊滋多，现拟仿照各部司务厅之例，设立收发文书处，由经历都事笔帖式内酌派数员轮班值日，所有出入公文即均归其承办，立簿登记逐日呈堂，以专责成，而防稽压。从前承发科，即行裁革，其堂上及各道书手茶房皂役亦择尤黜革，此后有犯即惩，以清积弊"⑨。至民国元年（1912年）初，废"三班""八房"⑩；"民国后，府县七房及县杂役，悉行裁撤"⑪。至此，承发房或遭裁撤或改易他名⑫。

① 张书才：《雍正朝汉文朱批奏折汇编》（第30册），江苏古籍出版社，1989，第869页。
② 李鸿章：《钦定大清会典事例》卷147《吏部·书吏·经制额缺》，光绪十二年（1886年）。
③ 刘刚：《清两江总督与总督署》，广东人民出版社，2003。
④ 关晓红：《晚清督抚衙门房科结构管窥》，《中山大学学报》2006年第3期。
⑤ 苟德仪：《川东道台与地方政治》，中华书局，2011，第39页。
⑥ 高育仁等主编《重修台湾省通志》卷10《艺文志·艺术篇》，台湾省文献委员会，1998，第971页。
⑦ 姚柯楠：《走进清代南阳府衙大堂》，载河南省古代建筑保护研究所编《河南省古代建筑保护研究所三十周年论文集1978~2008》，大象出版社，2008，第131页。
⑧ （清）张廷福：《泾州志》，甘肃文化出版社，2007；魏光奇：《有法与无法：清代的州县制度及其运作》，商务印书馆，2010，第144页。
⑨ （清）端方：《大清光绪新法令》，《大清新法令第二类》，清宣统上海商务印书馆刊本。
⑩ 四川省达县志编纂委员会编《达县志》，四川辞书出版社，1994，第206页。
⑪ 朱伦欢：《乐业县志》，广西人民出版社，2002，第309页。
⑫ 什邡县志编委会编《什邡县志》，四川大学出版社，1988，第16页，"民国二年，承发房更名传号房"。

二　承发房的组织

作为一个独立的办公场所,承发房在衙署中有相对固定的位置,为方便知县办公起见,一般靠近知县审理案件的大堂。因承发房的职能特殊,从知县受理案件①到办理案件,该房都参与其中,故将其置于大堂前,如表1所示。

表1　明清时期各府承发房位置

年代	衙署	位置	出处
明	思南府	在治厅西	《思南府志》明嘉靖刻本
明	南安府	大堂前东	《南安府志》明嘉靖刻本
明	建宁府	正堂两廊	《建宁府志》明嘉靖刻本
明	广德州	正厅之前	《广德州志》明嘉靖十五年刊本
明	南京都察院	仪门右	《南京都察院志》明天启刻本
清	震泽县	堂前廊东	《震泽县志》清光绪重刊本
清	梧州府	堂下廊东	《梧州府志》清同治十二年(1873年)刊本
清	广西府	六房边	《广西府志》清乾隆刊本
清	遵义府	大堂右	《遵义府志》清道光刻本
清	顺天府	大堂左	《顺天府志》清光绪十二年(1886年)刻光绪十五年(1889年)重印本
清	两江总督署	大堂前	《清两江总督与总督署》,广东人民出版社,2003
清	乐平县	大堂前	《乐平县志》,上海古籍出版社,1987
清	番禺县	大堂下	《番禺县志》,广东人民出版社,1998
清	泾州	大堂左	《泾州志》,甘肃文化出版社,2007
清	浦城县	大堂东	《浦城县志》,中华书局,1994

和其他房一样,承发房由典吏督率经书、清书等办公。典吏乃经制书吏,为一房之首,需要官府发给执照认定,任期五年,期满可考职。从相关文献的记载看,承发房的典吏常为1~2名,如表2所示。

---

① 李艳君:《从冕宁县档案看清代民事诉讼制度》,云南大学出版社,2009,第94页,"值告期,先期令承发缴进号簿,查明新旧呈词若干、禀帖若干、窃案若干,值堂管阅过,随即传齐书役,伺候坐堂"。

表 2　明清时期各府承发房典吏设置

年代	衙署	人数	出处
明	琼台府	典吏一人	《琼台志》明正德刻本
明	青浦县	典吏一人	《青浦县志》明万历刊本
明	天长县	典吏一人	《天长县志》明嘉靖刻本
明	南安府	典吏一人	《南安府志》明嘉靖刻本
明	九江府	典吏一人	《九江府志》明嘉靖刻本
明	嘉兴府	典吏二人	《嘉兴府图记》明嘉靖刻本
明	惠安县	典吏一人	《惠安县志》明嘉靖刻本
明	衡州府	典吏一人	《衡州府志》明嘉靖刻本
明	汉阳府	典吏一人	《汉阳府志》明嘉靖刻本
清	震泽县	典吏一人	《震泽县志》清光绪重刊本
清	永清县	典吏二人	《永清县志》清乾隆四十四年（1779年）刻本
清	太仓州	典吏一人	《直隶太仓州志》清嘉庆七年（1802年）刻本
清	永定河道	典吏二人	《永定河志》清抄本
清	吴江县	典吏二人	（乾隆）《吴江县志》
清	博罗县	典吏一人	《博罗县志》，中华书局，2001
清	安乡县	典吏一人	《安乡县志》，大众文艺出版社，2008
清	宣威州	典吏二人 清书二人	魏光奇：《有法与无法：清代的州县制度及其运作》，商务印书馆，2010，第144页
清	宁冈县	司吏一人	《宁冈县志》，中共中央党校出版社，1995
清	巴县	吏书一人 经书无定	李荣忠：《清代巴县衙门书吏与差役》，《历史档案》1989年第1期
清	南部县	吏书无定 经书四人	南充市档案馆藏《南部档案》Q1-9-701，四名经书为杨元钦、陈昇奎、李春芳、张陞元
清	会理州	吏书八人	八名吏书为杨盐霖、尹肇华、孙应昌、尹廉卿、姚作威、孙康泰、傅文魁、孙学渊。四川省档案馆：《巴蜀撷影：四川省档案馆藏清史图片集》，中国人民大学出版社，2009，第14页

　　除典吏外，承发房还有经书，这是由房内典吏保举①、知县批准录用的幼读未就的读书人，承担起草文件、值堂录供、保管档案钱物及其他差务等。从四川巴县的实例看，晚清从光绪四年（1878年）到光绪三十四年（1908年），该县承发房的经书数量不断变化，如光绪四年（1878年）为5人、光绪八年（1882年）为6人、光绪十八年（1892年）为15人、光绪二十一年（1895年）为24人、光绪二十三年（1897年）为28人、光绪二十五年（1899年）为25人、光

---

① 《南部档案》第18-2号，承发房典吏范廷兆、经书姚启川保举高光普、杨友林等入卯充当小书。

绪二十七年（1901 年）为 9 人、光绪二十八年（1902 年）为 25 人、光绪二十九年（1903 年）为 24 人、光绪三十一年（1905 年）为 23 人、光绪三十二年（1906 年）为 18 人、光绪三十四年（1908 年）为 21 人，可见多数时间在 15～28 人之间，这与事务繁简和朝廷不断的增减有关①。

除经书外，还有清书和小书，他们都是典吏经书招收的学徒，是抄写校对、学习办理文案的，档案中又称他们为习书。从清代宣威州的情况看，该州承发房就设有清书二人②。

承发房中人员的招募、辞革、升迁与他房基本相同，兹不赘述③。而该房的收入则与他房不同，除工食银④外还有其他一系列收入。据有关记载，该房还有挂号费⑤、销案费、卖状格纸费⑥、抄批费、卖"马封子"（信封）钱⑦、出卖办案权获利⑧、顶头银⑨等收入⑩。以上所列各项费用虽不是每个州县都具有，但承发房的收入情况也可见一斑。

三　承发房的职能

古人谓："文移初行曰承发。"⑪ 这或可解释"承发司""承发房"名称之由来，亦揭示了该房的职能与文移传递有关。在既有研究中，该房往往被描述为

---

① 李荣忠：《清代巴县衙门书吏与差役》，《历史档案》1989 年第 1 期，第 97 页。

② 魏光奇：《有法与无法：清代的州县制度及其运作》，商务印书馆，2010，第 144 页。

③ 参见瞿同祖《清代地方政府》，范忠信等译，法律出版社，2003，第 69 页；赵世瑜《吏与中国传统社会》，浙江人民出版社，1994，第 173 页；左平《清代州县书吏探析》，《西华师范大学学报》2011 年第 6 期，第 20 页。

④ （清）李兆洛：《凤台县志》卷 2，清嘉庆十九年（1814 年）刻本。该县"承发房饭食银八两"。

⑤ 《南部档案》第 Q1 - 9 - 701 号中记载，承发房"靠传呈挂号，每词止钱八十文"；Q1 - 20 - 202 亦载"每呈一张准收纸钱一百文，承发房挂号钱八十文"。

⑥ 鲁子健：《清代四川财政史料》（上），四川省社会科学院出版社，1984，第 571 页，"一张六十文"。另见政协盐源县委员会、文史资料编辑委员会编《盐源文史资料》（第 3 辑），1992，"状纸费，原告须向承发房买状纸一套（正副状），给工本费二百文，小式抄批挂号等项各给钱三十文"。

⑦ 青海省志编纂委员会编《青海历史纪要》，青海人民出版社，1980，第 91 页。

⑧ 雷荣广、姚乐野：《清代文书纲要》，四川大学出版社，1990，第 92 页。

⑨ 顶头银，又称顶首银、替头钱，亦称行头，指顶承衙门书吏、衙役等职所需的银两——笔者注。（明）吴应箕的《江南汰胥役议》："而书役之害，则尤有甚者。书役例无工食，而顶银且倍于隶快，则所得亦必倍于隶快可知矣。"

⑩ 每张呈词，承发房格式照旧规六十四，挂号钱二十八文，传递一百二十，抄批十二文。见李秀国《志局内外》，四川省通江县明宏印务，2001，第 200 页。

⑪ （清）顾炎武：《肇域志》卷 50，清抄本。

"负责分发文案给六房，并从六房收回文书草稿。与负责给州县官传递公文的门丁直接接触"的相当于现代"收发室"的机构①。在一些出版的工具书中，承发房被解释为"清代地方机构中设立的文书机关，专掌文书收发之事，相当于现在的收发室"②。我们翻检大量史料，发现承发房的职能并非如此简单，兹详述如下。

（一）收发各类文件

从金朝开始，承发司的基本职能即收发公文。这一职能在元朝得到了延续。明朝曾明确规定"承发房吏书，凡遇上司公文到日，即便禀呈本县，写某日奉到，仍即登记号簿"③。清代也有记载："投文先收铺递公文，令承发房登号送堂，亲自开拆，誊录在簿，分散各房。"④ 可见公文到署即由承发房登记送堂是明清两代较普遍的做法。而衙署有公文要发出亦须交由承发房办理，甚至有些偏远地区会将一般公文暂放承发房积存，待与紧急公文一同发出，而民间有人在外地任官、候补、考试、求学等，也可以向衙门承发房购买马封子（信封），装入私信，在马封子上加盖官署印信，随公文一齐投送⑤。另外收发公文卷宗还需要向上级定期汇报公文在署的情况，以期核查⑥。

收发呈词并挂号是承发房的日常公务之一。收状本应县令躬亲经手，但实乃有"由承发房将呈词送交门丁"⑦ 的情形，这与瞿同祖所说的与门丁直接接触的就是此房的说法一致。在清代，呈词多分期呈与传呈⑧，"期呈先递呈于承发房挂号，承发房总书，将原告住址、递呈日期及案由等，登记于收案簿，以便稽查，传呈则递呈于门房"⑨。若有不应受理者，须"将呈状送承发房，发还原告"⑩。据做过知县的黄六鸿称"准过词状，必须挂号，有所稽考"。挂号又分内

① 瞿同祖：《清代地方政府》，范忠信等译，法律出版社，2003，第65页。
② 潘瑞新：《中国秘书词典》，海天出版社，1988，第29页；陈文清：《文秘词典》，辽宁人民出版社，1987，第461页。
③ （明）龠自强：《治谱》卷2，明崇祯十二年（1639年）胡璇刻本。
④ （清）凌铭麟：《律例指南》卷1，清康熙二十七年（1688年）刻本。
⑤ 青海省志编纂委员会编《青海历史纪要》，青海人民出版社，1980，第91页。
⑥ 《南部档案》22-44。
⑦ （清）葛士瑞：《清经世文续编》卷16《吏政一·第三条》，清光绪石印本。
⑧ 清代诉讼的受理分期呈与传呈，所谓期呈即在政府规定的放告日期递呈状纸，而传呈则是在非放告日递呈状纸。
⑨ 台湾省文献委员会编《台湾省通志》卷3《政事志·司法篇》，台湾省文献委员会，1972，第71页。
⑩ 台湾省文献委员会编《台湾省通志》卷3《政事志·司法篇》，台湾省文献委员会，1972，第71页。

号与外号，所谓内号即"每期准过呈状付经管挂号，将朱语、原告被证姓名、批语、承行差役姓名填写后列前件，以便登填如何归结"；然"内号挂讫，随将各副状汇入封套，发承发房分发承行，承发科亦须挂号方发，是为外号"。可见承发房不仅挂号，且须将封套开拆点明件数，以防遗失抄补等弊①。承发房挂号有固定的标记，盖在状纸的上方，承发房还有戳记，盖于官代书戳记旁边②。

承发房挂号是收状中的重要环节，而它到底有何作用？在台湾《淡新档案》中或可略窥一斑，"衙门设承发科，原为案件出入、挂号，以便稽查，历来如斯"。后因"不由署承发科挂发，原被累累，岐分两案，百弊丛生"。可见承发房挂号有利于衙门案件办理的秩序性，故"惟出入案件，仍须由本署承发科挂号，以便稽查"③。

承发房将呈状挂号登记后，即须"轮序信手，分发各房，不许分难易肥苦"④，且"不得稍有延搁"⑤。黄六鸿即有严格的时间限制，在"午刻挂号对付承发，未刻承发吩咐承行"⑥。在南部县，"承发房于递呈词者，务于每日十二点钟将挂号簿送呈，以便当堂收阅。凡旧案务须连同卷宗一并捡呈，并饬令递呈词者不得远离，以便随时查询。若本人不到，即不收阅"⑦。承发房散发给六房的是文案，各房要对文案中的事情做出处理意见，写下草稿交由承发房定限，然后将其呈送内衙听候阅核⑧。县令阅后，承发房立即"抄批送签，悬示大门，复将原呈分给各人，照批承行，如准理者，即日具稿出票，一俟犯证提齐开写到单，原词粘卷并送审，牌标日示审，如有抽卷扰捵诸弊，立即杖革"⑨。且发出的牌票亦须承发房书办另立号簿登记，以期核查。

不仅如此，在《南部档案》还有承发房与兵房共同草拟的告示，内容为整顿公文传递迟滞问题，将公文传送缓急程限定为三级。说明承发房还要管理公文传递⑩。

---

① （清）黄六鸿：《福惠全书》卷11《刑名部·挂号》，《官箴书集成》，黄山书社，1997，第329~330页。
② 状纸上方的参见《南部档案》第5-38、5-4、5-42号等，官代书旁边的参见《南部档案》4-263。
③ "国立"台湾大学图书馆藏《淡新档案》第11202-2号。
④ 畬自强：《治谱》卷2。
⑤ （清）陶澍：《陶澍全集》第五册《题本·杂件》，岳麓书社，2010，第330页。
⑥ （清）黄六鸿：《福惠全书》，黄山书社，1997，第332页。
⑦ 《南部档案》第18-635号。
⑧ 陶澍：《陶澍全集》，岳麓书社，2010，第330页。
⑨ （清）佚名：《州县须知》卷3《堂规二十则》，清乾隆刻本。
⑩ 《南部档案》第2-2号。

（二）参与案件办理

从清代民、刑案件的办理过程看，一般包括如下程序：告诉（递呈、收呈）—立案（批词）—审前程序（拘提、调查或勘验）—堂审（堂谕、甘结）等几个环节①。因承发房之职能主要在收发，当然包括收发呈词并挂号，实已参与案件办理的第一环节。而在其他环节，亦可见承发房的身影。比如清代《南部档案》中保留了至少 5 张由承发房草拟的差票，涉及时间从道光十二年（1832 年）至光绪四年（1878 年）②，这些差票多为调解票和调查票，都是案发后在知县的命令下由承发房草拟，内容主要是派书役协同"词证、中证、干证、族证、原中、客总"等一并处理案件。

（三）参与规范诉讼

在清代会理州档案中，我们还发现了由承发房草拟的告示 3 张，如光绪二十三年（1897 年），会理州规定官代书写诉状每份只准收取钱 120 文，该告示由承发房拟呈。光绪二十五年（1899 年），会理州又规定民间一切词讼务须遵用状式即诉状必须用固定的官定式样书写的告示，该告示由承发房尹廉卿拟呈。同年，该州还公布定期放告、状词写递条规等诉讼程序的规范，该告示亦由承发房尹廉卿拟呈③。而在南部县裁撤代书后，知县史久龙有命承发房书吏代写状纸的例子④。可见承发房参与规范诉讼是较为普遍的现象。

（四）监督各房办公

承发房的地位应较高⑤，为六房之总处所⑥，负责监督各房办公⑦。衙署中各房办公有期限，而"过限不完者，承发房即开号禀官责比，违者并责"⑧，"至

---

① 吴佩林：《清代县域民事纠纷与法律秩序考察》，中华书局，2013。
② 详见《南部档案》第 4－79；4－101；4－103；7－493；7－513 号。
③ 四川省档案馆：《巴蜀撷影：四川省档案馆藏清史图片集》，中国人民大学出版社，2009，第 18、19 页。
④ 《四川官报》光绪三十四年（1908 年），第二十八册，公牍，第 6 页。
⑤ 按赵世瑜书中提到的承发房顶头银数与户、兵、刑、工同为五十两，而吏、礼房则为十五两，可见承发房在衙署中地位亦相当重要。顶头银多就意味着该房科事务冲繁，顶参的人也可借此捞回顶头钱，故顶头钱的多少在一定程度上意味着该科在衙署的地位之重要程度。
⑥ （清）不著撰人：《外官新任辑要》，《谕门务·承发房经管》。
⑦ 在姚柯楠的研究中也持此观点，他认为六房"各司其职，各负其责，并受承发房统一协调和督促"。姚柯楠：《说不尽的府衙往事：南阳知府衙门考》，中州古籍出版社，2008，第154 页。
⑧ 畲自强：《治谱》卷 2。

于查催事件，按各属程途远近，事之缓急，立限催提，五日一次，开单送查"①。另外"逢五逢十早堂比，未完事件，承发房先开总数比各房经承。各经承将未完一应事件备开，分原差各房，仍具三人，不致扶同隐漏，甘结连名送入，以便查考，如违查出并究"②。由此可见各房办公俱受承发房监管，若有差错即禀官责比，故其地位似处各房之首。

（五）办理地租收支事宜

据广州府香山县承发房"实收濠镜澳乾隆四十一年（1776年）分地租银五百两正"③，可知该县承发房参与办理收支事宜。道光七年（1827年），江宁布政司札谕淮安府关于春麦"措租不交，霸田不退"文中，可知案内所涉租金亦由承发房承领④。另外"江宁布政司详苏抚文""江宁布政司行牌（督抚批示）"⑤亦是由该司承发房呈。上述档案都事关收支、交租事宜，而在《清代两淮盐政改革》中有"收支房归并承发房"⑥的记载，可能承发房有办理钱粮收支的职能，或者说有协助办理的可能。

四 承发房的弊端

承发房有积压公文、呈状，私下抄批，乱散文案等弊，皆与其收入有关联⑦。因其正常收入甚微，除工食银外，皆靠挂号、卖状格，而陋规则较多，这是积弊之源。

衙门自吏书而下，无一事不欲得钱，吏书将上司前件不完，非止习懒，留此未完一次行提，便有一番打点⑧。积压公文亦为获得收入，但其影响甚大，会导致上情不能及时下达，下情无法刻即上晓。为此，知县也在试图避免，如黄六鸿在郯城任知县时的做法是要求承发房收到上台文后"细查有无前案，星夜料理，应回者速回，应结者速结，倘有一时难结之事，须具折禀明，以便申请宽限，如

① 陶澍：《陶澍全集》，岳麓书社，2010，第330页。
② （清）佚名：《州县须知》卷3《堂规二十则》，清乾隆刻本。
③ 政协中山市委员会文史资料委员会编《中山文史》第45辑《镜海涛声》，政协广东省中山市委员会中山文史编辑部，1999。该件档案现存里斯本东波塔档案馆，Chapas Sinicas CX01，R. 02，ANTT. 0668。
④ 中国社会科学院历史研究所清史研究室编《清史资料》（第2辑），中华书局，1981，第13页。
⑤ 中国社会科学院历史研究所清史研究室编《清史资料》（第2辑），中华书局，1981，第13页。
⑥ 倪玉平：《博弈与均衡：清代两淮盐政改革》，福建人民出版社，2006，第104页。
⑦ 其收入来源在前文已述及，见本文"承发房的组织"。
⑧ （清）郑端：《为官须知：外五种》，岳麓书社，2003，第15页。

敢任意耽延沉阁，以致差票提催，定行解究责革；凡申详上台文册，俱于前一日送稿案放行誊真，次日送印……至各项日行文移牌票，亦于先一日未刻各房汇齐金套送宅，以便检阅，违者重责"①。但收效如何我们不得而知，但这种尝试也给了承发房极大的权利，在"结与难结"之间即可获得衙署中他房的更多打点。

承发房积压民人呈状亦是为了获取陋规。据资料记载，（期呈）承发房挂号每张104文，（传呈）每张1052文②。期呈与传呈之间的费用相差甚大，故承发房积压期呈词极有可能是为了让期呈之词讼拖延至传呈，获取更多的挂号钱。但词讼案件积存将会使州县官不解民情，民人告状费用日渐增长。为此，政府也力图杜绝，在庄纶裔《卢乡公牍》"示谕整顿词讼案件积弊条告文"中就规定"该承发房既有经手挂号要件，尤当照章谨慎办理，如有前来挂号者，即须速为挂号呈送，不准迟延片刻，亦不得因有此示，从中妄思婪索，如敢故违，一经查出，定即重惩，其各凛遵，毋违"③。这在一定程度上对承发房有警示作用，但利益的驱使终究使其作用甚微。

据资料记载，"人民向县署所递约诉状，抑或其它申请，均有所批示，由承发房经手公布。不过承发房故意将这些批示文件，拖延时日，暂缓公布，致使当事人迫不及待，往往以一定代价（为数不多）到承发房去查批，才能了解结果"④。而在民国初年当过承发房书吏的李骏轻在其遗稿中所载，承发房有偷卖批等弊⑤。在《巴县档案》中，有"承发房经书陶铭勋私窃袁品兴刘朱粘单出卖，得银子十两"的记载⑥。在《成都通览》中甚有"承发房抄批，不过数十文，若抄呈底及供词，须另议价"的说辞⑦。可见私下抄批等出卖官府办案信息的行为在承发房较为严重。

承发房负责散发案件给各房拟稿，常"旁径钻管，上下私相授受"⑧。有的地方的承发房"靠出卖办案权给各经办房而'获利'。'……每案卖给一二千不等。''甚有串通弄弊，预向某房报称此案互异，碍难分散，某房暗许以钱，即

① （清）黄六鸿：《福惠全书》卷2《堂规式》，黄山书社，1997，第239~240页。
② 罗家伦主编《警钟日报》（第二版），第四册，第2181页。戴炎辉通过对台湾的研究，大致得出期呈或补呈费用为0.4~0.5元，传呈费为1.7~3元。见戴炎辉《清代台湾的乡治》，联经出版事业公司，1979，第706~709页。
③ （清）庄纶裔：《卢乡公牍》卷2，清末排印本。
④ 政协河南省汲县委员会、文史资料研究委员会：《汲县文史资料》（第1辑），内部资料，1988，第69页。
⑤ 河南省政协滑县委员会、文史资料研究委员会：《滑县文史资料》（第5辑），1989，第132页。
⑥ 李荣忠：《清代巴县衙门书吏与差役》，《历史档案》1989年第1期，第100页。
⑦ 傅崇矩：《成都通览》，成都时代出版社，2006，第58页。
⑧ （明）颜俊彦：《盟水斋存牍》，中国政法大学出版社，2002，第350页。

散某房。……更可恶者，房书遇事打条，私通代书，添砌情节，颠倒是非，希图怂准通案，种种弊窦，致使各房互争'。'混争'、'滋闹'之时，竟有书吏'急吼称，衣食所关，必致屠命'"①。光绪八年（1882 年），顺天府房山县"承发房李心藻、代书张江狼狈为奸，把持公事，诸弊不一而足"②。在《南部档案》中亦有不少此类事情的记载。在光绪二十六年（1900 年）二月廿四日，盐吏杜成章等就禀称承发房承书范廷兆在散给各房呈稿时，不遵旧章故意将案件搁压，混办不散③。在光绪二十九年（1903 年）三月初五日，兵书宋国荣等禀称本"武举、武生、武监、武官世袭，除命盗抢窃钱粮仓谷外"均归兵房承办，但承发房却将"武人之案乱散"给工房。为此知县批饬承发房将案件拣归兵房办理④。但在光绪三十年（1904 年）十月廿五日、光绪三十三年（1907 年）正月十六日、宣统元年（1909 年）九月初一日，却一直仍有兵书禀称承发房将本该其房办理的案件散于他房，可见承发房乱散案件之弊屡禁不止⑤。承发房散案不公，私相授受案件，导致衙署内部各房苦乐不均，不利于整个办公体系的正常运行。

五 结论

从金元时期的承发司到明清承发科抑或承发房，无论中央或地方，其名称和职能间有变化，但到清代州县普遍设立承发房是确定无疑的。其房内部编制人员的招募、辞革、升迁皆有定制，但人员数量各地不一，基本因事繁简而定。最初设立承发房之目的在于处理文移事宜，后因实际行政运行之需，其逐渐参与衙内案件办理。该房监督他房办公，在有些地区还办理收支事宜，职能的多元化使其房地位较高，收入也相对较高，弊端也恰恰源于此。故其最终也因清末官制改革而逐渐遭到裁革。承发房的职能决定其是州县官办公不可或缺的部门，对州县的整个实际行政运行机制有较大影响。另外，南部县承发房档案未单独保存，多散佚他房，且其数量与他房相比较少，故档案整理似可不必将其单独开列一房，但不可忽视其在衙署运行中的作用。

---

① 雷荣广、姚乐野：《清代文书纲要》，四川大学出版社，1990，第 92 页。
② 《清德宗实录》卷 154，光绪八年（1882 年）十一月癸未。
③ 《南部档案》第 15 - 327 号。
④ 《南部档案》第 16 - 31·号。
⑤ 《南部档案》第 16 - 562；16 - 31 号。

维新运动时期西学在四川的传播

——从四川高等学堂档案中的"宋育仁购书清单"出发

李晓宇[*]

晚清西学在中国各地的传播极不平衡,沿海地区占地利的优势,受西学的佳惠最早,所受的影响也最深。而僻处西南内地的四川,由于交通不便、信息闭塞,对西学的认知和了解远远不及沿海地区。即使是一些当时蜀地知名的读书人,对西学也不甚了了。例如,光绪六年(1880年),合州丁树诚在上海首次见到西洋马车、东洋车(三轮车)、电线、高尔夫球、黑人、轮船等新鲜事物,而在此之前,他关于西方的知识仅仅来自《海国图志》[①]。又如,光绪二十二年(1896年),井研廖平通过嘉定教士王某,才第一次读到《新约》[②]。因此,四川地区对西学的引进具有相对较长的滞后性,在时间上不能与沿海地区一概而论。西学开始大规模传入四川的确切时间,学界一般认为是在1896年宋育仁回川后开展维新运动的这段时间,研究者们大多积极肯定宋育仁对四川近代维新思潮的形成和高涨所起的巨大推动作用[③]。宋育仁倡导学习和引进西学的成绩,除了后人熟知的创办四川最早的两份报纸《渝报》《蜀学报》,以及开办讲求格致之学的"蜀学会"之外,还有一些事迹是过去的研究者不知道或未注意到的。例如,他曾经从上海等地采购回大批西学书籍,供四川的士子们研读。这些西学书籍极大地拓展了川人的思想视野,丰富了他们对于西学的认知和了解,推动了西学在四川地区的迅速传播。宋育仁当年采购的西学书籍的清单,今天仍然完整地保存

---

 * 李晓宇,四川大学历史文化学院讲师。

① 丁树诚:《丁治棠行纪四种》,四川人民出版社,1984,第39页。

② 廖幼平:《廖季平年谱》,巴蜀书社,1985,第53页。

③ 隗瀛涛主编《四川近代史稿》,四川人民出版社,1990,第311页;隗瀛涛等:《四川近代史》,四川省社会科学院出版社,1985,第228页。

在四川大学档案馆的《四川高等学堂档案》中①。这件档案为研究西学对近代四川的影响提供了新的第一手资料，使这一时期西学在四川地区传播的情况具体而明晰地呈现在我们面前。

一　宋育仁对西学的引介

宋育仁（1857～1931），字芸子，又字芸岩，号问琴阁主，晚号道复。四川富顺（今自贡市富顺县）人。早年入四川省城尊经书院肄业，师从王闿运，与"戊戌六君子"之一的杨锐齐名，并称为"扬雄、宋玉"。光绪五年（1879年）举人，光绪十二年（1886年）丙戌科三甲第46名进士，授翰林院检讨。光绪十七年（1891年）任广西乡试副考官。光绪二十年（1894年）出使英、法、义、比，充驻英二等参赞。甲午战争后期，在英国密谋借款购买舰队，偷袭日本。密谋失败后，光绪二十一年（1895年）辞差回京，进呈《采风记》，被誉为"四川睁眼看世界的第一人"。回国后，参加"强学会"。光绪二十二年（1896年）奉旨回川办理商务，在重庆创办四川地区第一张报纸《渝报》，被称为"四川报业鼻祖"。光绪二十三年（1897年）兼任成都尊经书院山长，与廖平、吴之英等创立"蜀学会"、《蜀学报》，印行《蜀学丛书》，是四川地区维新运动的主要组织者和推动者。光绪二十六年（1900年）庚子事变后，由京从海道趋赴行在，分发湖北试用道。辛亥革命后，1914年受聘为国史馆纂修。1915年，因反对袁世凯称帝，主张还政于清，被递解回原籍，编管于成都。1916年以后，任四川国学院（即后来的"四川国学专门学校"）院长，创办《国学月刊》，兼四川通志局总纂，编撰《四川通志》。1931年病逝于成都东山草堂（今成都三圣乡），享年74岁，私谥"文康"。宋氏一生著述颇多，计有《孝经正义》《说文解字部首笺正》《经术公理学》《经世财政学》《时务论》《采风记》《问琴阁丛书》等经史、政论、诗文数十种②。

在清末民初那段风云变幻的历史中，宋育仁无疑是一位值得关注的人物。这不仅是因为他直接经历和见证了那个时代的沧桑巨变，更因为他是中国近代史上难得一见的"通才"。他学问广博、阅历丰富，仅从存世的著作来看，就涉及经

---

① 四川大学档案馆藏"关于清宋院长购书种部的来往文件"，光绪二十九年（1903年）五月十二日，四川高等学堂档案，卷号212。

② 以上宋育仁小传综合参考《清代官员履历档案全编》、江庆柏《清朝进士题名录》、佚名《宋育仁轶事》、宋维彝《宋芸子先生行状》、萧月高《宋芸子先生传》、易公度《宋育仁先生传略》《补遗》、刘海声《宋育仁先生年谱》、徐溥《早期改良主义思想家宋育仁》等文献材料而成。

学、史学、文学、语言文字学、地理学、政治学、经济学、新闻学等众多方面。过去有一些知名的学者曾意识到宋育仁的重要性，在著述中有所提及。例如，郭沫若先生主编的《中国史稿》和《中国近代史稿》，在列举维新运动的发动者和中坚力量时，宋育仁名列其中，而且位居"早期改良主义者"之首①。《中国近代史稿》在介绍全国各地维新派的活动时，还特别指出四川地区的维新运动，主要是在宋育仁等的主持和推动下开展起来的②。又如，钱锺书先生在生前出版的最后一部书《石语》中，称赞宋育仁："问琴阁（宋育仁的室名别号）之风华，所谓智过其师（王闿运），青出于蓝者。"③ 再如，对近代诗学评论影响甚大的汪辟疆《光宣诗坛点将录》，以宋育仁配"地捷星花项虎龚旺"，并赞曰："芸子（宋育仁的字）向以辞赋见称于时，实则今之杜君卿（杜佑）、郑夹漈（郑樵）也。论学论文，皆能抉其本源，洞其利害。……余极重之。"④ 从这些著名学者的推崇和认可当中，我们不难发现宋育仁的研究价值。

宋育仁对西学的引进和介绍以 1896 年为界，大致可分为两个阶段。第一阶段是 1896 年以前作为早期改良主义者的宋育仁。光绪二十年（1894 年），三十八岁的宋育仁随公使龚照瑗出使英、法、义、比四国，充驻英二等参赞，驻节伦敦。出使期间，宋氏留心考察欧洲各国政治经济、风土人情，写成《采风记》，分"政术"、"学校"、"礼俗"、"教门"、"公法"五卷，回国后进呈光绪皇帝。民国学界的老辈中，像宋育仁这样有旅欧经历的人并不多。早期的旅欧经历对宋育仁的思想产生了深刻的影响。由于当时国人对西方思想、文化、制度了解不够，因此对西学的诠释往往与中国旧有的学术思想相配合，大体相当于古代"格义"的方式。宋育仁就是采用这种"格义"方式解读西方的典型。皮锡瑞《经学通论·三礼》谓："今人作《泰西采风记》、《周礼政要》，谓西法与《周礼》暗合。"⑤ 指的就是宋育仁和孙诒让，而宋育仁的《采风记》尚比孙诒让的《周礼政要》要早好几年。《采风记》是宋氏早期改良主义思想的代表作之一，他在此书中坚称"西国之政，多近《周礼》"。例如，他论西方议院制曰："综论大要：政府主律例，下院主事理，上院调停于事理、律例之间，故政得持平而庶务理。《周礼》询群臣、询群吏、询万民，制不同而意有合，比而拟之，世爵则

① 中国社会科学院近代史研究所编《中国近代史稿》（第三册），人民出版社，1978，第 24页。

② 中国社会科学院近代史研究所编《中国近代史稿》（第三册），人民出版社，1978，第 50页。

③ 钱锺书：《石语》，中国社会科学出版社，1996，第 37 页。

④ 汪辟疆：《光宣诗坛点将录》，《汪辟疆说近代诗》，上海古籍出版社，2001，第 98 页。

⑤ （清）皮锡瑞：《经学通论》卷三《三礼》，中华书局，1954，第 60 页。

群臣也，政府则群吏也，下议绅则民所举也。"凡此种种，不胜枚举①。

第二阶段是 1896 年以后作为维新运动者的宋育仁。光绪二十二年（1896年），宋育仁奉旨回川办理商务，光绪二十三年（1897 年）又兼任尊经书院山长。宋育仁掌教的时间，从光绪二十三年（1897 年）三月至光绪二十四年（1898 年）年八月。关于这一时期宋育仁的事迹，见于当时人日记、书信中的有两处。一处是丁树诚《晋省记》光绪二十三年（1897 年）四月二十日：

> （宋育仁）去岁回籍，奉旨办四川商务，鹿制军（鹿传霖）延主此院，可谓得人！见面谈时务。叩所办事宜。云："商务十余门，惟蜡务理有头绪，余务尚劳提挈。订有《为学广业条规》，中分道、教、政、艺四门。大意在合古今一贯，中外一体，以我法驭彼法，专求实用，勿托空言，以此集思广益，冀稍挽时弊，不徒作尊经课程也。"②

另一处是光绪二十五年（1899 年）三月四日《吴庆坻与沈曾植书》：

> 一年之中，朝局之更，时事之棘，无可复言。蜀中一隅，外人眈逐久矣，而其实尚可有为。上年大足之案③，无事自扰，今虽粗定，而多方要挟，殆非所堪，即仅偿款，已不可支，纱商、矿诸务，将一网打尽。芸子苦心经营，竭用阻力，原欲抵制外人，助之者无人，挤之者数辈，此后蜀将不可为矣。以学校事言之，蜀实多才，可与言学。鄙人忝窃提学，愧不称职，适芸子同年主讲尊经，方议创学会，弟一见即从事成之。按试所到，亦以兹事劝导，颇有从者。方幸旧日闒茸之习可以渐祛，更进之以义理之学，不至见异而思迁。乃自八月以后，学会停罢，试章复旧，振兴之机一阻。芸子尊经一席，弟欲留之，而主者已别聘主讲④，通省才彦太半聚此院中，然不能不视院长风气为转移，而振兴之机又一阻⑤。

---

① 关于《采风记》一书的评介，可参阅钟叔河《离奇的逻辑——宋育仁〈泰西各国采风记〉》，《书前书后》，海南出版社，1992，第 179 ~ 182 页；朱维铮：《使臣的实录与非实录——晚清的六种使西记》，载《求索真文明：晚清学术史论》，上海古籍出版社，1997，第 137 ~ 161 页；龙晦：《宋育仁与其〈泰西各国采风记〉》，《蜀学》（第 5 辑），巴蜀书社，2010，第 11 ~ 22 页。

② （清）丁树诚：《丁治棠纪行四种》卷 4《晋省记》，四川人民出版社，1984，第 153 页。

③ 指 1898 年 7 月第三次大足教案。——著者注

④ 主者应指满人奎俊。

⑤ 许全胜：《沈曾植年谱长编》，中华书局，2007，第 214 页。

上述两则史料比较清楚地交代了宋育仁回川的原委、掌教的经过。起初，宋育仁奉旨回川办理商矿事务，主要是为了遏制列强通过长江沿线对四川的经济侵略，故办事处先设在重庆。不久，川督鹿传霖延聘其掌教尊经书院。光绪二十四年（1898 年）三月，杨锐等在北京四川会馆成立蜀学会，为了与杨锐遥相呼应，宋育仁、廖平、吴之英等在成都组织了"蜀学会"，并创办《蜀学报》。《蜀学报》从戊戌闰三月办到七月下旬。这些事迹作为四川"百日维新"的重要构成部分，已是不争的事实。

二 宋育仁采购的西学书籍

宋育仁任尊经书院山长的这段时间，正值维新运动如火如荼之际，书院上上下下笼罩在一股变法维新的气氛中。除了在院中添设经济课①，讲求时务之外，宋育仁、廖平、吴之英等依托尊经书院，创办"蜀学会"、《蜀学报》，以学、会、报一体的方式宣传维新变法思想②。宋育仁还从上海等地采购回大批西学书籍，共计书 103 种（合计 1040 本），舆图 3 部（合计 18 张）。光绪二十八年十二月二十九日（1903 年 1 月 27 日），四川总督岑春煊下令裁撤尊经书院与锦江书院，据档案记载，裁撤的原因是创办高等学堂、聘主东西教习、东洋留学等教育开支耗费巨大，库帑奇绌，"万不得已，惟有遵改书院为学堂之谕旨"，即将尊经和锦江书院裁撤，"以其所有经费概并入高等学堂"③。光绪二十九年（1903年）五月十二日，监院训导薛华墀、教谕罗彤将这批书清点造册，全部移交给四川高等学堂，用来填补尊经书院公款④。今天所见的宋育仁采购西学书单，就是由薛华墀、罗彤呈递给高等学堂总理和监堂的这份清册。

由于近年来《晚清新学书目提要》⑤、《近代汉译西学书目提要（明末至

---

① 陈谷嘉、邓洪波主编《中国书院史资料》（下册），浙江教育出版社，1998，第 2483 页。

② 《蜀学报章程》表述学、会、报三者的关系："报局与学会相表里，学会与书院相经纬，分为三事，联为一气。书院原有堂课佳卷选刊之例，今立学会，不全属书院之人，主于互相讨论，自当与课程有别，今订会内学友论撰，由主会评阅，佳者由报局酬奖登报，书院课卷佳者，由书院送学会参论，交报局发刻，书院已有课奖，报局不另酬奖。学会开讲，报局随即出报。"《蜀学报》（第一册），光绪二十四年（1898 年）闰三月望日尊经书局发行。

③ 岑春煊：《关于裁撤锦江书院并将其经费、田产租谷移交高等学堂应用的函》，载四川大学档案馆藏《接管尊经、锦江书院土地、经费》（一），四川高等学堂档案，卷号 165。

④ 四川大学档案馆藏"关于清查宋院长购书种部的来往文件"，光绪二十九年（1903 年）五月十二日，四川高等学堂档案，卷号 212－34。

⑤ 熊月之主编《晚清新学书目提要》，商务印书馆，2007。

1919)》① 等工具书的陆续出版，为我们研究这份书单提供了比较便捷的条件。以下利用这些工具书对《四川高等学堂档案》中的这份"宋育仁购书清单"所列书目的版本进行一番初步的考证②。

时务大成一部二十六本【社会科学总论】

即《万国分类时务大成》四十卷，28 册，钱颐仙辑，光绪二十三年（1897 年）申江袖海山房书局石印本。档案略作"时务大成"，缺两册。

时务通考一部二十本【社会科学总论】

《时德通考》三十一卷，（清）杞庐主人等辑，光绪二十三年（1897 年）点石斋石印本。此书汇编中外通商以来有关时务之著述、论说而成。虽备科场之用，亦在宣传变法。分天算、地舆、公法、约章、使臣、税则、钱币、礼制、兵政、律例、工政、铁路、矿务、电报、邮政、农桑、商务、教务、学校、官制、议院、史学、算学、化学、电学、重学、汽学、声学、光学、测绘、医学三十一门。

时务览要一部四本

版本不详。

时事新论一部一本【社会科学总论】

即《时事新论图说》一卷，1 册，〔英〕李提摩太编绘，光绪二十年（1894 年）广学会刻本。档案略作"时事新论"。

时事类编一部四本

版本不详。

盛世危言一部九本【社会科学总论】

《盛世危言》，（清）郑观应撰。《盛世危言》的版本有 20 多种，主要有光绪十九年（1893 年）刊本，光绪二十年（1894 年）五卷本，光绪二十一年（1895 年）的十四卷本《盛世危言增订新编》，光绪二十六年（1900 年）八卷本《盛世危言增订新编》等。此处版本不详。

大富国策一部三本【经济】

疑即《富国策》（*Fawcett's Political Economy*）三册，〔英〕法思德（Fawcett, H.，今译亨利·福西特）著，〔美〕丁韪良译，汪凤藻述，光绪九年（1883 年）同文馆刻本。此书为西方政治经济学理论，卷一论生财，卷二论用财，卷三论交易。《增版东西学书录》曰："其论商理、商情专主

① 张晓编《近代汉译西学书目提要（明末至 1919）》，北京大学出版社，2012。
② 粗体字为清单原文，【】内为笔者所作的图书分类。粗体字之下为考证。

均输、平准，以几何公法的酌剂而消息之。泰西于商学一门类能阐发其公理，故其行事无往不得其平，中土自管、墨之学微，士夫未有讲求于此者，此所以弱也，欲振兴商务，非急读此种专门书讲明义理不可。是书第十章言税法，尤多要义。"《西学书目答问》曰："是书论通商之理，谓商务衰多益寡，非通不兴，英人商务之盛蒲得力于此本。"

校邠庐抗议一部二本【社会科学总论】

《校邠庐抗议》二卷，2册，（清）冯桂芬撰。有天津广仁堂刻本、光绪十年（1884年）江西刻本，上海石印本甚多。此处版本不详。《西学书目答问》曰："是书为中人言变法之嚆矢，议多持平可采。"

庸书一部四本【社会科学总论】

《庸书》八卷，4册，（清）陈炽撰，光绪二十四年（1898年）成都志古堂刻本。

经世绪言一部六本

版本不详。

自强新论一部四本

版本不详。

出使英法义（意）比四国日记一部三本【历史】

《出使英法义（意）比四国日记》六卷，3册，（清）薛福成撰，光绪十八年（1892年）石印本。《西学书目答问》曰："福成于光绪十六年出使作此。"

俄游类编一部七本

版本不详。

万国公法一部三本【法律】

《万国公法》（*Elements of international Law*）四卷，4册，〔美〕惠顿（Wheaton）著，〔美〕罗恩斯注释，〔美〕丁韪良等译。有光绪二十四年（1898年）新学书会石印本、制造局本、同文馆本等，此处版本不详。此书为《国际法大纲》之略译本。《增版东西学书录》曰："卷一释义明源，卷二论诸国自然之权，卷三论平时往来，卷四论交战，书成于一千八百六十三年，其后多有增修。案西国讲公法学者无虑数十百家，然皆持空理立说，专其学者名为公师，和战与夺决其一言，其权在王法之上。是本多据罗马及近时旧案，未能悉本公理，而所采又未全备，安得明斯学者考求近年各国办理之成案，取其合于公理者一一辑注，汇为一编，庶中土办理交涉得其旨要矣。"档案缺一册。

万国史记一部十本【历史】

《万国史记》十四卷，10册，〔日〕冈本监辅著，〔日〕中村正直选编，光绪二十一年（1895 年）上海读有用书斋刻本。此书原二十卷，改编后十四卷。《增版东西学书录》曰："书虽甚略，然五洲各国治乱兴衰之故颇能摘抉要领，读西史者姑先从事是书，以知大略。"《西学书目答问》："是书以二十卷包举全球数十国古今事迹，其略而弗详不问可知，且与吾华为同文之国，乃记载亦多失实，并痛诋不遗余力，尤失传信之体，本无足取，姑以译本别无全史收之。"

万国通鉴一部四本【历史】

《万国通览》（又名《历代万国史论》）五卷，首一卷，6 册，〔美〕谢卫楼（Sheffield, D. Z.）口述，赵如光笔授，光绪八年（1882 年）上海基督教会刻本。《增版东西学书录》曰："卷一东方国度，卷二西方古世代，卷三中世代，卷四近世代。所论皆教门、种族为详，各国治迹转多缺略，名曰'通鉴'太不顺矣，其图亦甚略，无足观。"档案缺两册。

万国近政一部四本【历史】

即《万国近政考略》十六卷，4 册，（清）邹弢撰，光绪二十二年（1896 年）上海排印本。档案略作"万国近政"。

四裔编年一部四本【历史】

《四裔编年表》四卷，一册，〔英〕博那著，〔美〕林乐知、严良勋同译，李凤苞汇编，有同治十三年（1874 年）上海制造局刻本、光绪二十五年（1899 年）上海石印本。此处版本不详。此书用年表体例，以各国帝王沿革为经，记亚欧非美三十余国种族、政教、和战大局、学问政事。《增版东西学书录》曰："自少昊四十年当西历前二千三百四十九年起，讫咸丰十一年当西历一千八百六十一年止，其中种族变迁、政学始末与夫战争大局，一一具载，颇便检阅，而舛错处亦不少，依《竹书》纪中国年代尤其巨谬。"《西学书目答问》曰："是书间有讹谬处，然颇便检察。"档案略作"四裔编年"。

列国岁计一部六本【历史】

《列国岁计政要》十二卷，首一卷，6 册，〔英〕麦丁富得力编，〔美〕林乐知译，郑昌棪笔述，光绪元年（1875 年）上海制造局刻本。《增版东西学书录》曰："各国此类书或官撰、或私著，岁岁有之。是书编于同治十二年，英公使汇寄而成，篇中述欧洲各国疆域、户口、官制、教门、学校、国用、商务、兵政诸大事，虽澳洲、纽萨、威尔士、纽齐兰等地之政俗亦无不载，可谓勤矣，惜皆二十余年前陈亦，闻日本每年有译本，若由东文按年译之则甚易。"《西学书目答问》："是书本英国公使领事出驻他国按年录寄其政府之官单编辑而成，凡各国之疆域、户口、官制、学校、教宗均资考证，而于国计、兵事、商务尤详，言西政者极要之本，惟欧美新政月异而岁不同，惜此书止于同治癸酉，后此撰辑遂无踵而译述之者，殊可惜也。"档案略作"列国岁计"。

各国约章一部四本

版本不详。

西国近事一部二十八本【社会科学总论】

即《西国近事汇编》，册数不详，癸酉，〔美〕金楷理译，姚棻述；甲戌、乙亥、丙子、丁丑，〔美〕金楷理译，蔡锡龄述；戊寅、己卯、庚辰、辛巳，〔美〕林乐知译，蔡锡龄、郑昌棪述，同治十二年（1873年）至光绪八年（1882年）上海制造局本刻本。此书由中外十余人参与编译，每年一编，介绍西国大事要闻，材料来源以编译英泰晤士报为主。梁启超《读西学书法》谓"《西国近事汇编》最为可读"。《增版东西学书录》曰："依年翻译西国各报而成，凡各国交涉、和战、政治、法律、文学之事靡不具载，惜至壬午而止，后宜续行之。"档案略作"西国近事"，《西国近事》确有其书，但只有抄本，无刻本，此处应是《西国近事汇编》之略写，《增版东西学书录》作36册，此处疑有残缺。

泰西新史一部九本【历史】

即《泰西新史揽要》（原名《泰西近百年来大事记》）二十四卷，8册，〔英〕马恳西（Mackhenzie，R.，今译麦肯齐）著，〔英〕李提摩太译，蔡尔康笔述，光绪二十一年（1895年）上海广学会刻本。此书对晚清维新运动有一定影响，以致翁同龢陪同光绪皇帝一起阅读该书。《增版东西学书录》曰："首法事记，欧洲治乱关键也，英为泰西枢纽，故所记尤详，大旨以国为经、以事为纬，于近百年来各国变法自强之迹堪称翔实，为西史佳本。"《西学书目答问》："是书原名《十九国大事记》，述西国近百年来变法自强之事，颇具条理。"档案略作"泰西新史"，原书共8册，档案所记多一册。

治国要务一部一本【政治】

《治国要务》1册，〔英〕韦廉臣著，光绪二十五年（1899年）上海广学会本。《增版东西学书录》曰："凡九章，中言林木之益，其说甚可据，惜中国未尝采用之也，末章复涉教语，可删去之。"

英法政概一部二本【历史】

《英法政概》六卷，1册，（清）刘启彤译编，光绪二十二年（1896年）成都刻本。

中西纪事一部六本【历史】

《中西纪事》二十四卷，6册，（清）夏燮撰，光绪十三年（1887年）

上海排印本。

中俄界约一部二本【法律】

即《中俄界约斠注》七卷，2 册，（清）钱恂撰，光绪二十年（1894
年）刻本。档案略作"中俄界约"。

通商成案一部十二本【法律】

疑即《通商约章成案类纂》三十五卷，上海排印本。档案略作"通商
成案"。

生利分利之别一部一本【经济】

《生利分利之别》1 册，〔英〕李提摩太著，蔡尔康译，光绪二十年
（1894 年）上海广学会刻本。此书所论为生利、分利两部分。创造财富，产
品分配，谓之生利，其要点有四：（1）利非独力所能生，应合千百人之力
以生利；（2）利非现力所能生，劳动有过程，有分工；（3）利宜予储人力
以生，对劳动者应予育、教；（4）利宜广增新法以生利，如提高劳动者素
质，发展科技，提高生产能力。分利部分论即生利又分利，只分利不生利，
直接生利与间接生利之区别。末附《续论生利分利之别》。

西学启蒙一部十六本【自然科学丛书】

即《西学启蒙十六种》，16 册，〔英〕艾约瑟译。有光绪十二年（1886
年）上海总税务司署刻本、光绪二十四年（1898 年）上海图书集成印书局
本。此处版本不详。

西学大成一部十二本【自然科学丛书】

《西学大成》，12 册，（清）王西清、卢梯青辑，光绪二十一年（1895
年）海醉六堂本。

续西学大成一部十六本【自然科学丛书】

《续西学大成》，16 册，（清）孙家翼纂，光绪二十三年（1897 年）飞
鸿阁排印本。

西学富强丛书一部四十八本【自然科学丛书】

《西学富强丛书》，60 册，（清）张荫桓编辑，光绪二十二年（1896 年）
鸿文书局石印本。原书共60 册，档案所记缺12 册。

矿务丛钞一部二十本【矿业】

《矿务丛钞》十二卷，十九册，〔英〕士密德辑，〔英〕傅兰雅口译，王
德均笔述，光绪二十三年（1897 年）上海六先书局本。原书共19 册，档案
所记多 1 册。

宝藏兴焉一部十六本【冶金】

《宝藏兴焉》（*A Practical Treatise on Metallurgy*）十二卷，16 册，〔英〕

费而奔（Fairbank）著，〔英〕傅兰雅译，徐寿笔述，光绪年间上海制造局刻本。《增版东西学书录》曰："论金、铂、银、铜、锡、铁、铅、锌、镍、锑、铋、汞诸矿形性，各尽其理，言炼法亦极详密，中译矿学之书以此本为最要。"

井矿工程一部二本【矿业】

《井矿工程》三卷，2 册，〔英〕白尔捺（Byrne, Oliver）辑，〔英〕傅兰雅译，赵元益笔述，曹钟秀绘图，上海制造局本，同治九年（1870 年）初版，光绪间再版。《增版东西学书录》曰："开井、开矿所论略备，中言造自涌水井及火药拉开土石法，可与东国凿井法、开地道轰药法参证，又载中国开井二法殆行诸北方者，西人之留心可知。"

金石识别一部六本【矿物学】

《金石识别》十二卷，附英文表一卷，图二百九十八幅，6 册，〔美〕代那（Dana, James Dwight，今译达纳）著，〔美〕玛高温译，华蘅芳述，同治十一年（1872 年）上海制造局本。《增版东西学书录》曰："详言地面、地壳两层各质皆归金类，甚合天然之理，所译金石家诸书以此为最有用。原本诸图别以五色，颇为醒目，惜今本改之。"《西学书目答问》："是书于金石品类及试验矿质与熔炼分化之法论之颇详。"

工程致富论略一部八本【工业技术】

《工程致富论略》［*Aid Book to Engineering Enterpise abroad. Part*1 (*1878*)］十三卷，图七十六幅，8 册，〔英〕玛体生（Matheson, Ewing）著，〔英〕傅兰雅译，钟天纬笔述。光绪二十年（1894 年）上海制造局本。《增版东西学书录》曰："前三卷专论工程利益及国家定律保息擅利助本，又包工查验根源工程弊端，四卷以下分论各项工程利弊、开办利益。盖以工程能使商务兴盛，英人视工程为最要事，故其商务亦独盛，书中皆就英人所作之工程立论，颇称赅备。"

考工纪要一部八本【工业技术】

《考工记要》十七卷附图一卷，8 册，〔英〕玛体生（Matheson, Ewing）著，〔英〕傅兰雅、钟天纬同译，光绪年间上海制造局本。《增版东西学书录》曰："言办理各种工程器具、材料，如何立合同，如何购买，如何定尺寸成色。即《工程致富》之二集，两书相为表里，原名《制造须知》。"《西学书目答问》："此即《工程致富》之次集，前编论办理各种工程之要务，此则专言制造需用之材料器具与夫购买机器、订立合同各事，二书俱甚精密，撰译人并同前。"档案作"考工纪要"。

铁路图考一部八本【交通运输】

《铁路图考》四卷，8 册，（清）刘启彤撰，光绪十五年（1889 年）上海印本。《西学书目答问》曰："原名《星轺考辙》，坊间翻刻改名《铁路图考》。"

开地轰药一部一本【军事】

即《开地道轰药法》三卷，图一卷，2 册，〔英〕武备工程学堂辑，〔英〕傅兰雅译，汪振声述，光绪十九年（1893 年）上海制造局刻本。此书译自英国工程兵学校 Chatham 所著有关爆破兵使用的爆炸方法论一书。《增版东西学书录》曰："先论各处开道工程，后论各药及轰用法，以图明说，皆有法度。"档案略作"开地轰药"。原书 2 册，清末石印本 1 册，此处版本不详。

西艺知新一部四本【工业技术】

《西艺知新》（一名西艺须知）（*A Practical Workshop Companion for Tin, Sheet Iron and Copper Plate Workers*）十卷，图三百九十七幅，14 册，〔英〕诺格德（Northcott, W. Henry）等著，〔英〕傅兰雅译，徐寿笔述，徐华封校，光绪四年（1878 年）上海制造局本。《西学书目答问》曰："凡八种，曰《周幂知裁》、曰《匠海与规》、曰《造管之法》、曰《回特活德钢炮说》、曰《色相留真》、曰《造硫强水法》、曰《却水衣全论》、曰《回热炉法》。"原书 14 册，又有光绪间刻本 6 册，上海石印本册数不详，档案所记 4 册，版本不详。

格致课存一部一本【自然科学总论】

《格致课存》二卷，1 册，（清）钟天纬撰，版本不详。

格致精华一部四本【自然科学总论】

《格致精华录》四卷，4 册，（清）王仁俊撰，光绪二十年（1894 年）上海石印本。《增版东西学书录》曰："原名《格致古微》，坊间改名《格致精华录》。"档案略作《格致精华》。

格致须知一部二十一本【自然科学丛书】

《格物须知》三集，〔英〕傅兰雅编译，上海格致书室光绪八年（1882 年）至光绪二十四年（1898 年）间陆续印行。《西学书目答问》曰："初集八册，天文、地理、地志、地学、算法、化学、气学、声学各一卷；二集八册，电学、量法、画器、代数、三角、微积、曲线、重学各一卷；三集五册，力学、水学、矿学、全体、光学各一卷。浅明即便初学，第论述太略，仅资谈助，所谓门径中之门径也。"

重学一部二本【力学】

《重学》（*An Elementary Treatise on Mechanics*）十七卷，首一卷，2 册，

〔英〕胡威立（Whewell, William）著，〔英〕艾约瑟口译，李善兰笔述，有咸丰九年（1859 年）松江钱氏活字本，同治六年（1867 年）美华书馆覆刻松江钱氏刻本。此处版本不详。此书是第一部汉译力学专著，首次介绍了牛顿运动定律。

声学一部二本【声学】

《声学》〔Sound（第 2 版，1869）〕八卷，2 册，〔英〕田大里（Tyndall, John，今译约翰·丁铎尔）著，〔英〕傅兰雅译，徐建寅笔述，同治十三年（1874 年）上海制造局初刻，光绪间再版。此书是西方声学专论传入我国最早者，该书最早引进"以太"概念，谭嗣同著《仁学》直接使用此概念。《增版东西学书录》曰："西人论声音之理日精，此书所载半属浅说，然论发声、传声、成音、音浪颇觉透辟，中国极少新译之本，读此足以稍窥崖略。"

声学揭要一部一本【声学】

《声学揭要》一卷，1 册，〔英〕赫士译，朱葆琛述，光绪二十年（1894 年）上海益智书会本。此书译自 "Elementary Treatise on physics"（第 14 版），〔法〕阿道夫·迦诺著，共六章七十一节。《增版东西学书录》曰："凡七十一节，所论诸声之理简浅易晓，颇便初学。"

光学一部二本【光学】

《光学》〔Light（1870）〕二卷附视学诸器说一卷，2 册，〔英〕田大里（Tyndall, John，今译约翰·丁铎尔）著，〔美〕金楷理（Kryer, Carl T.）译，赵元益笔述，沈善蒸校，有光绪二年（1876 年）、光绪五年（1879 年）上海制造局本。此书分几何光学和波动光学两部分。此书是波动光学的第一部中译本，也是西方近代光学在 19 世纪的重要汉译著作。《增版东西学书录》曰："论诸光之理已得其大较，其辨别日月恒星虹霓之光气，近译天学书中所言较密，盖新制之器愈精，其功用愈大。"

光学揭要一部一本【光学】

《光学揭要》二卷，1 册，〔美〕赫士译，朱葆琛述，光绪二十年（1894 年）上海益智书会本。此书译自 Elementary Treatise on physics（第 14 版），〔法〕阿道夫·迦诺著。书中介绍了德国伦琴 1895 年发现的 X 光及其用途。《增版东西学书录》曰："西人光学新理日出不穷，然大致皆备于此，后附论然根光即近年所创照骨法，此书所说犹未完具。"

化学表一部一本【化学总论】

即《化学材料中西名目表》一卷，1 册，〔英〕傅兰雅编，徐寿笔述，光绪十一年（1885 年）上海制造局本。此书 3600 多条中英对照的化学名词及有机、无机化合物类名及术语，与现今命名出入较大。书末附中西名目字汇表。徐寿创立的化学物质译名取英文名中最重要间节，以平常字加偏旁而立新名等原则，一直沿用至今。《增版东西学书录》曰："表成于同治九年，在江南制造局翻译《化学鉴原续编》、《补编》时所作，故为《鉴原》诸书之钤键，惟此译尚仍旧名，于近译诸书无所用处。"《西学书目答问》曰："中西文并列，易于检察。"档案略作"化学表"。

化学分原一部二本【分析化学】

《化学分原》［*An Introduction to Practical chemistry, Including Anglysis* (1866，第 4 版)］八卷，附图五十八幅，2 册，〔英〕蒲陆山著，〔英〕傅兰雅译，徐建寅述，同治十一年（1872 年）上海制造局本。此书为英国化学家包曼（Bowman, J. E.）著，蒲陆山增订。此书是实验化学名著，曾多次再版。《增版东西学书录》曰："专言原质化分之法，为考质学最简之本，与《考质》相生法稍有出入，可以参核同异，下卷略及求数，后载金类结成表、化分表、试验各质表、预备物质细目。"

化学求数一部十四本【分析化学】

《化学求数》十五卷附求数便用表一卷，14 册，〔德〕富里西尼乌司著，〔英〕傅兰雅译，徐寿述，光绪九年（1883 年）上海制造局刻本。此书名《定量化学分析导论》，原书德文，由英国化学家瓦切尔（Vacher, A.）译为英文，英文名 "*Quantitative Chemical Analysis*"（1876，第 7 版）。"求数"即定量。全书插图一百八十六幅，是当时最为详备的定量分析化学专著。《增版东西学书录》曰："即《考质》之续编，专求轻重体积之数，或为原质所分析者则于所分各求其数，或两质合而为一者则以比例求其数与夫变换之质性、化合之形状。盖化学之理原凭求数，所求愈工，其理愈密，学者宜细心读之。后附表以折数推算原质，皆灿若列眉。"《西学书目答问》曰："是书即《考质》续编，《考质》于各物之原质及何物聚何原质而成，缕晰条分，推阐颇详，此编于各物中求其原质之实数，以考知化合、化分之法，立论更属精密，习化学者最要之本。"

化学鉴原一部四本【化学总论】

《化学鉴原》［*Principles and Applications of Chemistry (1858)*］六卷图一百四十九幅，4 册，〔英〕韦而司（Wells, David A.）著，〔英〕傅兰雅译，徐寿笔述，赵元益校，同治十一年（1872 年）上海制造局本。此书第一次介绍了道尔顿原子论、物质不灭定律、定比定律和倍比定律。为美国广泛使用的大学教材，中译本出版后，书院和学堂使用长达三四十年之久。《增版东西学书录》曰："其书凡四百十节，专论化成类之质，于原质论其形性取法、试法及各变化，并成何杂质，变而无垠，小而无内，皆能确言其义理，中译化学之书殆以此为善本。"

化鉴原补一部六本【化学总论】

《化学鉴原补编补》六卷附体积分剂一卷，6 册，〔英〕蒲陆山著，〔英〕傅兰雅译，徐寿笔述，光绪五年（1879 年）上海制造局本。《增版东西学书录》："书刊于光绪五年，以补《鉴原》之不及，其一、二、三、四卷论非金类质，五、六卷论金质类，所论原质亦六十有四，惟较《鉴原》为详，附卷论体积分剂亦极详细。"档案略作"化鉴原补"。

化学考质一部六本【分析化学】

《化学考质》，6 册，〔德〕富里西尼乌司（Fresenius, Carl Remigius，今译弗累森纽斯）著，〔英〕傅兰雅译，徐寿述，光绪九年（1883 年）上海制造局本。原著为德文，本书译自英文版"*Manual of Qualitative Chemical Analysis*"（《定性分析化学入门》）。《增版东西学书录》曰："书分四类，一化分功夫并器具，二化分药料并用法，三化分之质遇药料之变化，四化分各事。依类排列，其考验各物定其为何原质，所成无论简质、繁质、不知之物，条分缕析，大意与《分原》略同而加详焉。"

电学一部六本【电学】

《电学》（一名《电学大全》）十卷，首一卷，6 册，〔英〕瑙挨德（Noad, Henry M.，今译亨利·诺德）著，〔英〕傅兰雅译，徐建寅笔述，光绪六年（1880 年）上海制造局本。《增版东西学书录》曰："卷首总论源流，卷一论摩电学，卷二论吸铁气，卷三论生物电学，卷四论化电学，卷五论电气吸铁，卷六论吸铁气杂理，卷七论吸铁电气，卷八论热电气，卷九论电气报，卷十论电气时辰钟及诸杂法。西人电学日精，此皆十年前旧说，然中土无新译者，姑读之。"

电汽镀金一部一本【化工】

即《电汽镀金略法》一卷，2 册，〔英〕华特（Watt, Alexander）著，〔英〕傅兰雅译，周郇述，光绪二年（1876 年）上海制造局本。另有光绪间刻本 1 册，附图。《增版东西学书录》曰："按此法为英人司本沙与俄人约克皮同时考得，首论镀金源流，次论镀铜、镀银、镀黄铜、镀铂、镀锌等法，附录四十六款，又续附四十六款，备详节目。"档案略作"电汽镀金"。

汽机图说一部一本

版本不详。

汽机发轫一部四本【动力工程】

《汽机发轫》九卷，表一卷，附图，4 册，〔英〕美以纳、白劳那合著，

〔英〕伟烈亚力译，徐寿述，同治十年（1871年）上海制造局本。另有光绪间刻本4册，附图表。《增版东西学书录》曰："先论汽机公理，末论真理，中论机件、论行船用兵船所司事，大旨与《汽机必以》相同，此于水面所用之汽机尤加详。"《西学书目答问》："是书多论汽机之理。"

汽机新制一部二本【动力工程】

《汽机新制》〔*Pocket-book of Practical Rules for the Proportions of Modern Engines and Boilers for Land and Marine purpose*（1864）〕八卷，2册，〔英〕白尔格（Burgh, Nicholas P.）著，〔英〕傅兰雅译，徐建寅述，同治十二年（1873年）上海制造局本。另有光绪间刻本，2册，有图。《增版东西学书录》曰："书中论水陆所用各机件宏纤具载，记大小尺寸数目皆荟萃诸人制造试验之尽善者著之，然非明斯学者骤观未易悉其理，若近年改良之新法，宜另采一编以补之。"

西译兵书一部八十二本三十二种

版本不详。

兵镜类编一部十二本【军事】

《兵镜类编》四十卷，12册，（清）李蕊编辑，光绪年间刻本。该书于正史中辑录春秋至明代军事史料，以类相从，包括将本、卓识、智术、选兵、练兵、料敌、战守等68类，共1471条。每类史料以朝代为序，每条皆有评语，唯第40卷《臆说十种》及《补遗》为编者手撰。《臆说十种》是古代兵法与近代军事学结合的产物。它以时事立论，针对西方殖民国家侵掠中国沿海的形势及其船坚炮利的特点，在设防、守城、练兵、攻战等方面，提出一系列主张和措施。

日本地理兵要一部六本【军事】

《日本地理兵要》十卷，8册，（清）姚文栋撰，光绪十年（1884年）铅印本。原书8册，档案所记缺2册。

代数难题一部三本【数学·代数】

即《代数难题解法》十六卷，6册，〔英〕伦德（Lund, Thos）辑，〔英〕傅兰雅译，华蘅芳述，光绪五年（1879年）、光绪九年（1883年）上海制造局本。此书所解之题大半从1879年伦敦出版的 *A Companion to wood's Algebra* 一书中辑出，增以剑桥大学的12次试题。《增版东西学书录》曰："用代演草极整极简，所列之式初无删节，始终完备，此从英国算学家吴德所著代数书及冈布利智书院所考课中录出，有数法为初学思索不到者，读之极能启发人心。"原书6册，档案所记缺3册。又档案略作"代数难题"。

代微积拾级一部三本【数学·微积分】

《代微积拾级》〔*Elements of Analytical Geometry and of Differential and Intergral Calculus（1850）*〕十八卷，3 册，〔美〕罗密士（Loomis，Elias）著，〔英〕伟烈亚力译，李善兰述，光绪年间上海制造局本。此书是解析几何、微积分传入中国的最早译本。《增版东西学书录》曰："前九卷论代数几何，首作方程图法，自点与线以至越曲线图，说明备其圆锥曲线各款，则艾书采其原，此书竟其委。中七卷论微分、后二卷论积分微分者，一刹那中由小渐大之积也，合无数微分之全积则积分也。大抵由代数级数以求其限而推其变，列款设题，简明可读。惟十卷微分第三款三题答数及十七卷积分第六款两题答数皆有误处，华氏《笔谈》已订正之。"

邹氏遗书一部六本【数学】

《邹氏遗书》（又名《邹叔子遗书》）七种，6 册，（清）邹汉勋撰，邹世繇编，光绪九年（1883 年）刻本。

西算新法一部八本【数学】

即《西算新法直解》八卷，8 册，（清）冯桂芬、陈旸撰，光绪二年（1876 年）活字本。《西学书目答问》曰："是书因李译《代微积拾缀》奥衍难读，遂取其书逐节疏解以便后学，然增解之处多未尽善。"档案略作"西算新法"。

三角数一部六本【数学·三角】

即《三角数理》（*A Treatise on Plane and Spherical Trigonometry*，又译《平面球面三角学》）十二卷，6 册，〔英〕海麻士（Hymers，John）辑，〔英〕傅兰雅口译，华蘅芳笔述，刘彝程校算，曹撷亭绘图，光绪三年（1877 年）上海制造局本。《增版东西学书录》曰："前八卷论平三角，后四卷论弧三角，大率以比例求边角而以级数究其极，法无不备，理无不赅。第六卷专论对数，有足以补《代数术》第十八卷之未备。《中西算学大成》于三角只取其第四卷各种解法，卷中尚节去其测量器诸款，盖其前数卷与《代数术》之八线数理无甚异，故不录也；弧三角各款皆不删节，惟去其十二卷之设题。"档案略作"三角数"。

筹算考释一部六本【数学】

即《古筹算考释》六卷，6 册，（清）劳乃宣撰，光绪十二年（1886 年）刻本。档案略作"筹算考释"。

形学备旨一部二本【数学·几何】

《形学备旨》十卷，首一卷，2 册，〔美〕鲁米斯著，〔美〕狄考文选译，邹立文笔述，刘永锡参阅，光绪二十四年（1898 年）上海美华书馆本。

此书版本甚多，此处版本不详。《增版东西学书录》曰："是书挈几何之要，增以近世新得妙理，每卷末皆有习题足资参详，后数卷多用代数式解题，较几何之解说连篇累牍者简明多矣。算数之书后出为胜，理固然也。"《西学书目答问》曰："是书与《几何原本》同而实异，盖几何兼论数，此专论形，且增有新得要题数十则，习几何者宜兼读之。"

学强恕斋笔算一部十本【数学】

《学强恕斋笔算》十卷，续一卷，10 册，（清）梅启照撰，梅文堉续，光绪八年（1882 年）河东节署刻本。

弦切对数一部一本

版本不详。

运规约指一部一本【数学·几何】

《运规约指》（*Practical Geometry*）三卷，1 册，〔英〕白起德（Burchett, Wm.）辑，〔英〕傅兰雅译，徐建寅述，同治九年（1870 年）上海制造局本。《增版东西学书录》："几何学以作图为要，是书即节几何略有附益然，首言单行诸法，次言合形诸法，次言更面诸法，共一百三十六题，条段详明，能括形学之大纲。其第一百二十一题其法颇简，初学每不易解，如究其原因，即从《几何原本》第六卷第十五题化出，故宜参阅之。"

圆锥曲线一部一本【数学·几何】

《圆锥曲线》一卷，1 册，〔美〕路密司著，〔美〕求德生选译，刘维师笔述，光绪十九年（1893 年）上海美华书馆本。《增版东西学书录》曰："是书以比例布算，条段有视艾书较详处。圆锥学之用为形学中最要，是书中本附《形学备旨》后，故题中所引诸款皆凭《形学备旨》。"

测海山房一部三十六本【数学·几何】

即《测海山房中西算学丛刻初编》27 种，36 册，（清）测海山房主人撰，光绪二十二年（1896 年）上海玑衡堂石印本。档案略作"测海山房"。

五纬交食一部六本【天文学】

即《五纬交食捷算》八卷，六册，（清）黄炳垕撰，有光绪四年（1878 年）、光绪二十年（1894 年）刻本。《西学书目答问》曰："五纬四卷、交食四卷。"档案略作"五纬交食"。

测候丛谈一部二本【气象学】

《测候丛谈》四卷，2 册，〔美〕金楷理口译，华蘅芳笔述，赵宏绘图，光绪三年（1877 年）上海制造局本。此书译自《大不列颠百科全书》第 8 版 "Meteorology" 条。《增版东西学书录》曰："测候之学须用两法，或志其大端，推验其变；或细推琐屑之故，有所见，按年月日纪之。是书专究天

气变化、地面热度诸理，复及纤细之敌，以征其信。篇中间列图表，皆极
详明。"

恒星图表一部一本【天文学】

《恒星图表》，1 册，（清）贾步纬撰，光绪间上海制造局本。

谈天一部四本【天文学】

《谈天》十八卷，附表一卷，4 册，〔英〕侯失勒约翰撰，〔英〕伟烈亚
力译，李善兰述，徐建寅续述，光绪间上海制造局本。《增版东西学书录》
曰："西人谈天善求其故，故哥白尼知地球与五星皆绕日，刻白尔知五星与
月之道皆为椭圆，奈端又以为皆重学之理，由是论定而中国旧说更觉无谓
矣。是书专主地动及椭圆立说，非通算明测量者不能读，原本皆准伦敦经
度，今改用顺天经度，计里亦改用中里，又后列诸表皆便读者。"

九数通考一部四本【数学】

《九数通考》十一卷，4 册，（清）屈曾发撰，光绪二十三年（1897 年）
陕西味经刊书处刻本。

平圆地球图十六张【地理】

《平圆地球图》，李凤苞译。晚清《平圆地球图》有两种，一为益智书
会本 1 幅，年代不详。一为光绪二年（1876 年）上海制造书局译印本 2 幅。
档案作 16 张，疑购买多幅。

朝鲜地舆图一张【地理】

版本不详。

日本地舆图一张【地理】

版本不详。

一统志一部六十本【地理】

《大清一统志》五百卷，版本不详。档案略作"一统志"。

西域水道记一部八本【地理】

《西域水道记》五卷，8 册，（清）徐松撰，版本不详。

黑龙江志一部二本【地理】

版本不详。

中外舆地图说集成一部二十四本【地理】

《中外舆地图说集成》一百三十卷，24 册，（清）同康主人编，光绪二
十年（1894 年）刻本。

朔方备乘一部六本【地理】

《朔方备乘》八十卷，6 册，（清）何秋涛撰，光绪七年（1881 年）直
隶原刻大字本。《西学书目答问》："是书采辑甚富，考订尤详，曾进呈文庙

御览，此其赐名也，后稿本屡经失毁，光绪初年始刻于徽辅志局，《书目答问》所收之《北徼汇编》即此书初稿。"《西学书目答问》作32册，附图表。6册者疑为上海石印本，内附李文田《札记》一卷。

慧林经音义一部五十五本【文字学】

《一切经音义》一百卷，55册，（唐）慧琳撰，版本不详。档案略作"慧林经音义"。

晋唐二十一家诗集一部二十六本【文学】

版本不详。

明三十家诗选一部八本【文学】

《明三十家诗选》，8册，（清）汪端辑，同治十二年（1873年）蕴兰吟馆本。

庸庵全集一部十二本【文学】

《庸庵全集》二十一卷，12册，（清）薛福成撰，光绪年间刻本。

滂喜斋丛书一部二十四本【丛书】

《滂喜斋丛书》，50种24册，（清）潘祖荫辑，同治光绪间吴县潘氏京师刊本。子目详见《中国丛书综录》第1册第200页。

功顺堂丛书一部二十本【丛书】

《功顺堂丛书》，18种20册，（清）潘祖荫辑，光绪年间吴县潘氏刊本。子目详见《中国丛书综录》第1册第200页。

华英谳案一部一本【法律】

即《华英谳案定章考》一卷，1册，〔英〕哲美森著，〔英〕李提摩太译，蔡尔康笔述，光绪二十三年（1897年）上海广学会本。《增版东西学书录》曰："西国人民寓居何国即归何国管理，天津之约因中西法律轻重不同，乃有会同讯断之名目，中国从此无管理之权，是法律不可不急修改也。是书为哲氏任副臬司时所定，即《华英会审章程》，但仅举刑律、户律大纲，未为详备。"档案略作"华英谳案"。

得历考成一部十四本

版本不详。

中西算学大成一部二十四本【数学】

《中西算学大成》一百卷，24册，（清）陈维祺、叶耀元编，版本不详。

九章算术一部八本【数学】

版本不详。

算学启蒙一部三本【数学】

《算学启蒙》三卷，3册，（元）朱世杰撰，罗士琳校，《观我生室汇稿》本，抽印单行本。详见《书目答问》卷三。

数度衍一部八本【数学】

《数度衍》二十四卷附一卷，8 册，（清）方中通撰，版本不详。参见《四库总目提要》卷107。

四元玉鉴一部十本【数学】

《四元玉鉴》二十四卷，10 册，（元）朱世杰撰，版本不详。全书分二十四门、二百八十八问，所有问题都与方程式或方程组有关。介绍了朱世杰在多元高次方程组的解法——"四元术"、高阶等差级数的计算——"垛积术"以及"招差术"（有限差分）等方面的研究成果。该书受到近代数学史研究者的高度评价，认为是中国数学著作中最重要的一部，同时也是中世纪最杰出的数学著作之一。详见《书目答问》卷三。

白芙堂算书一部四十本【数学】

《白芙堂算书》二十二卷，40 册，（清）吴嘉善撰，（清）丁取忠补，光绪二十一年（1895 年）味经刊书处本。本书含算书 22 种：笔算一卷、九章翼、今有术一卷、分法一卷、开方一卷、平方各形术一卷、平圆各形图一卷、立方立圆术一卷、勾股一卷、衰分一卷、盈不足一卷、方程一卷、平三角边角互求术一卷、弧三角术一卷、测量高远术一卷、天元一术释例一卷、天元名式释例一卷、天元一草一卷、天元问答一卷、方程天元合释一卷、四元名式释例一卷、四元草一卷、四元加减乘除释一卷。

小方壶斋舆地丛钞一部六十四本【地理】

《小方壶斋舆地丛钞》，64 册，（清）王锡祺撰，光绪十七年（1891 年）上海著易堂铅印本。

三 余论

宋育仁这一大量采购西书的举措，可能与四川学政吴庆坻的变法主张有一定的关系。清光绪二十四年（1898 年）吴庆坻《通饬各府厅州县变通书院章程札》提出："购置图籍。各书院有书者少，应筹巨款，购备各种图书，俾来学之士，有所观览。……天文、算学各书。次上海、天津、广东译印西书。门类名目繁多，只宜择要先购。图则首重舆地，以近日湖南所出，东洋铜版印成者为最详。上海旧时石印各地图，亦须备览。购齐之后，存储书院，依照尊经书院章程，专设收掌书记一人，妥为经理。如经费充足，更须购买仪器，以为习天算者考镜之资。"①从宋育仁采购书单的种类、出版地分析,与吴庆坻的要求基本吻合。

这批书中,除少数是为了补足张之洞《书目答问》所列书目外(如《大清一统志》《算学启蒙》等),绝大多数是西学书籍,门类包括社会科学的历史、经济、法律、政治、文学;自然科学的矿业、冶金、矿物学、工业技术、交通运输、军事、力学、声学、光学、化学、化工、动力工程、数学、地理、天文学、气象学等方方面面,体现维新时期四川引进西学的涵盖面极广。

此外,清单中有一些光绪二十五年(1899 年)以后出版的书,如《四裔编年表》《治国要务》等显然非宋育仁所购,为何统统归为宋育仁所采购尚需进一步研究。其中还有一些书是《书目答问》《晚清新学书目提要》《近代汉译西学书目提要》等所未载的书,笔者已注明"版本不详",这些书可能很多都已成为佚书,有待进一步搜寻。同时,这些笔者未知的"佚书",也更加证明了这份清单的珍贵价值。

---

① 陈谷嘉、邓洪波主编《中国书院史资料》(下册),浙江教育出版社,1998,第 2483 页。

地方文献整理中的杂字问题

黄　征*

苏轼在《石苍舒醉墨堂》一诗中有"人生识字忧患始"的句子，鲁迅先生则在1935年借题发挥写下杂文《人生识字糊涂始》①。事实上全世界没有一个人能讲得清我们到底有多少个汉字，也没有人能讲得清汉字的未来命运究竟会怎么样。我们现在能做的，就是好好认识已有的汉字，写对字形，读准字音，掌握字义，了解每个字的演变历史。

在地方文献整理中，"杂字"无疑是个拦路虎。不认得字，后面的校录整理都是有问题的。所谓"杂字"，或者叫作"疑难杂字"，就是众多必备而可能不易掌握的常用汉字字形。"杂字"的"杂"，是"丛杂""众多"的意思，不是"杂乱""复杂"之意。广义的"杂字"，应该包括古今字、异体字甚至错别字等，其中异体字最主要的就是俗字，即不规范异体字。这里我想谈谈古今字、异体字、繁简字、正俗字等方面的问题。

一　古今字

先看一个例子：

南京的《金陵晚报》在2006年8月28日A3版发文认为栖霞寺匾额有误，全文如下：

栖霞寺匾额有误

---

*　黄征，南京师范大学美术学院教授。

①　《鲁迅全集》（第6卷），人民文学出版社，1982，第295～297页。

【金陵晚报报道】昨日，本报读者林先生打来热线称，栖霞寺庙门上的匾额有错别字，"栖霞寺"应该为"棲霞寺"，因为寺上匾额的落款是"御笔"，也就是皇帝的手迹，因此不可能出现"栖"这个规范后的简体字，而应该是它的繁体写法——棲。

记者就此特地前往栖霞寺，向寺院的隆相法师求证林先生的说法。

"棲""栖"古代通用？

记者在寺院山门前看见，由当代书法家赵朴初题写的山门为繁体的"摄山棲霞寺"，而落款同样也是繁体，前后对仗。但是寺门匾额却是简体版的"摄山栖霞寺"，落款为"御笔"。情况与林先生所说一致。

寺院的隆相法师解释说"栖"字的简体和繁体在古代其实是通用的。但是这个匾额究竟是哪个皇帝题写的，法师说已无从考证。

"栖"字的简、繁体真的在有皇帝的年代就通用了吗？记者向地方志专家王涌坚求证。王涌坚听后否定了隆相法师的说法。王涌坚说，古代人不可能用"栖"这个简体字，因为新中国成立前要用到"栖"的地方一般都用它的繁体字，包括《词源》都标注"栖"是"棲"简化后的写法。

匾额出自乾隆之手？

至于是哪个皇帝题写的匾额，王涌坚说，史籍上只有唐高祖李渊"御寺额"的记载，但是当时栖霞寺改称功德寺，因此唐高祖不太可能题写旧寺命，即使题了也该留下笔墨碑刻证据，落款也不可能是简单的"御笔"两个字。而之后再跟栖霞寺扯上"笔墨关系"的就是清朝乾隆皇帝了。

由于乾隆曾在栖霞寺建造行宫，5次御驾亲临，并留下10首关于栖霞寺的诗，在南京也题写了17块匾额，那么有没有可能是乾隆的作品？王涌坚查阅了大量的古籍，包括《摄山志》《建康志》，甚至还有嘉庆十六年出版的《江宁府志》，都没有提到乾隆为栖霞寺题写过匾额。

此外，乾隆的10首诗中没有一处是用"栖"字的简体。因此，也不可能是后人根据乾隆留下的诗句拼凑出"摄山栖霞寺"。王涌坚说栖霞寺庙门匾额究竟是哪个皇帝御笔、是不是皇帝御笔都尚待考证，但是以皇帝的名义题写简体字显然在推理上是站不住脚的。

另一位地方志专家陈济民昨日也向记者证实，"栖""棲"二字在古代肯定不是通用的，"栖"字是1955年方才出现。

寺门匾额上的题字究竟是哪位皇帝写的，目前仍无法考证，但如果真是出自皇帝之手，寺门匾额"摄山栖霞寺"的"栖"确实不对，应该为"棲"。（完）

栖霞寺对有关"摄山栖霞寺"匾额的解释

2006 年 8 月 28 日《南京金陵晚报》A3 版刊登了"栖霞寺匾额有误"一文,在社会上引起了争议。

栖霞寺前大门所挂的清乾隆手书"摄山栖霞寺"五字中"栖"字,该报记者贺沂沂认为"栖"字是"棲"的简化字,不可能是皇帝手书,而栖霞寺的隆相法师解释说"栖字的简体和繁体在古代其实是通用的"。该报记者持怀疑态度,并请教了王涌坚、陈济民二位地方志专家,二位专家否定了隆相法师的说法,认为"古代人不可能用'栖'这个简体字","'栖'、'棲'二字在古代肯定不是通用的,'栖'字是 1955 年方才出现"。栖霞寺认为,二位专家所下的定论过于轻率。因为在栖霞寺现存的公元 588 年、公元 676 年的"江总碑"、"明征君碑"上所用的就是"栖"字,而唐李治皇帝在碑的反面所书的"棲霞"二个大字用的是"棲",可见两种写法是通用的。宋代大书法家游九言在摩崖上书刻的"栖霞山"三个大字亦是用的"栖"字。

而"摄山栖霞寺"五个字是 1762 年乾隆二下江南时亲笔所书,他在为栖霞山所写的 116 首诗中,大多都用的"栖"字,"棲"字有时也用,但不多。"栖"字在 1400 年前就已存在,这是无可非议的,好在碑刻实物都在,栖霞寺欢迎广大爱好者前来验证。

这里的"栖"和"棲",从文字学角度来看,就属于"古今字"关系。实际上"栖"并非"棲"的简化字,"栖"字古已有之,而且应该比"棲"字产生得还要早。因为"栖"字从木西声,后世认为"西"的表音不准,于是又造了一个"棲"来替代"栖"。然而,"栖"和"棲"还不是最早的,最早的是"西"。笔者在接收报社记者的采访时做出这样的解释。并列举了以下资料:

《汉语大字典》
四川辞书出版社
湖北辞书出版社
1986 年出版

栖
栖 魏封孔羡碑

同"棲"。《廣韻·齊韻》:"栖",同"棲"。《論語·憲問》:"丘何為是栖栖者與?"《莊子·盜跖》:"且吾聞之,古者禽獸多而人少,於是民皆巢居以避之,晝拾橡栗,暮栖木上,故命之曰有巢氏之民。"唐劉知幾《史通·内篇·直書》:"陳壽、王隱咸杜口而無言,陸機、虞預各栖毫無靡述。"

《说文》:"西,鸟在巢上,象形。日在西方而鸟栖,故因以为东西之西。"徐锴繋傅:"此本象鸟栖也。"按:商承祚《殷墟文字类编》:"今诸文正象鸟巢状。"

xī《廣韻》先稽切,平齊心。脂部。

❶鸟类栖宿,后作"棲"。《説文·西部》:"西,鸟在巢上。"《敦煌曲子詞集·西江月》:"梓歌驚起亂西禽,女伴各歸南浦。"

❷方向名,太阳落下的一方,与"东"相对。《説文·西部》:"西,日在西方而鳥棲,故因以為東西之西。"《詩·大雅·桑柔》:"自西徂東,靡所定處。"《史記·曆書》:"日歸于西。"唐杜甫《義鶻行》:"其父從西歸,翻身入長煙。"清姚鼐《登泰山記》:"迴視日觀以西峰,或得日,或否。"

（一）古今字的定义

什么是"古今字"？以前的学者大多只作说明而不作定义，例如王力《古代汉语》第一册《古汉语通论（六）——古今字，异体字，繁简字》①、洪成玉《古今字》② 等都是。我们觉得语言学的研究必须对每一个术语做出明确的定义，否则易生歧义，不利于进一步深入探讨和展开广泛讨论，更不利于推广使用。我们的定义是：

---

① 王力：《古代汉语》第一册《古汉语通论（六）——古今字，异体字，繁简字》（第 3 版），中华书局，1999，第 170～178 页。

② 洪成玉：《古今字》，语文出版社，1995。

古今字是一对或一组为了区分一字多义现象而形成的古本字与后起字的关系字。

这个定义也许还不够精确，笔者期待商榷与订补。首先，"古今字"必须是一对或一组互相对照的字，不能单独应用"古字"或"今字"的概念；其次，"古今字"必须是先后产生的、用来区别一字多义现象的字，因此也称为"古字"、"古本字"与"后起字"；最后，一个"古字"既可以只有一个"今字"，也可以有两个或多个"今字"，例如"辟"与"避""僻""譬""闢"等字都是古今字关系。

（二）古今字举例

为了便于理解，我们举些例子加以说明（在前者为古字，在后者为今字）：

說悅	孰熟	赴訃	縣懸	共供	知智	昏婚	責債	舍捨
元原	屬囑	嘗嚐	辟避	田畋	陳陣	竟境	大太	賈價
弟悌	隊墜	道導	藏臟	息熄	要腰	寫瀉	風諷	居踞
求裘	取娶	景影	反返	曼蔓	新薪	或惑	須鬚	坐座
禽擒	監鑑	夏廈	聽廳	其箕	孚孵	柬揀	卷捲	名銘
牙芽	爭諍	敬警	差瘥	全痊	兩輛	字牸	屋幄	甘苷
畜蓄	介界	唐塘	辰晨	夕汐	句鉤	告誥	閣擱	支枝
亨烹	云雲	五伍	十什	百佰	千仟	北背	童僮	專磚
号號	左佐	右祐	為偽	轉囀	到倒	魚漁	回迴	希稀
古故	奉俸	熏薰	亭停	解懈	象像	叉杈	申伸	志誌
頃傾	厲礪	頻顰	府腑	升昇	益溢	莫暮	然燃	原源
受授	任妊	采採	杜仗	創瘡	弟第	荼茶	祝咒	獸狩

更完整的古今字字表，以及各字之间的古今关系，可以参阅洪成玉先生的《古今字》一书，此不详述。

（三）古今字的使用

在古书的校勘、注释与考证中，遇到古今字问题，要特别注意"古今字可注不可改"的原则。有的人不知道某字是某字的古字，还以为是古人文化水平低，写了同音替代字或错别字，于是有的就直接替古人改字；有的则在古字的后面加上括号，括号内加上他想当然的那个"正确的字"。这些都是很错误的。

例如《藏外佛教文献》第一辑①，其《录文校勘体例》第十条云："古今字、异体字、正俗字、武周新字一律改为标准繁体字，不出校记。原文笔误、笔画增减及变体者，径直改为正字，不出校记。"按："古今字"是指产生时代有先后的异体字，如"云""雲"，"弟""第"，"或""惑"，"知""智"，"道""導"，"内""納"，等等，各组前一字为古字，后一字为今字，"古""今"是相对时间概念，故"今字"又称"后起字"。古字不可径改为今字，这是显而易见的道理：今字是古字的儿子、孙子。在未有儿子、孙子之时，当然也就无法让儿子、孙子去顶职；即使有了儿孙，四世同堂，事情轮到谁做还该谁做，不该剥夺长辈的权利。

二　异体字

（一）异体字的定义

什么是"异体字"？异体字就是音同义同而形不同的两个或多个的字。

这里"异体字"的"体"指的是文字的形体结构，即点、画的多少与安排方式，例如楷书中"嘆—歎""群—羣""韭—韮""凉—涼""磚—甎—塼"之类就是；我们谈论"异体字"的时候，主要是在相同书体中考察，例如楷书对楷书、隶书对隶书、草书对草书，这样比较容易对比，但是在理论上"异体字"是包括所有不同书体（篆书、隶书、楷书、行书、草书等）的所有音同义同而形不同的字。"异体字"必须是音同、义同、形不同，这三个前提条件缺一不可。如果音同、义同、形同，那就只能是同一个字，就无所谓"异体字"了；如果音同、义不同、形不同，那就可能是两个或多个文字学上完全不相干的字，例如"早—蚤""壺—胡"，倘有替代，则属"借音字"（"假借字"的一类）；如果义同、音不同、形不同，那是同义词之类，也与文字学不相干，例如"治—理""欣—喜"等即是。

"异体字"的概念，其实还有狭义、广义之分。王力先生主编的《古代汉语》和裘锡圭先生的《文字学概要》都对"异体字"作了定义。王力先生的定义是："两个（或两个以上的）字的意义完全相同，在任何情况下都可以互相代替。"② 他没有强调是否必须完全同音，显得有些含糊。之后又列举了异体字的类型，包括："一、会意字与形声字之差。如'泪'是会意字，'淚'是形声字。

---

① 《藏外佛教文献》（第1辑），（北京）宗教文化出版社，1995。
② 王力主编《古代汉语》（第3版），第一册，中华书局，1999，第170～178页。

二、改换意义相近的意符。如从支束声的'敕',变成了从力束声的'勅'。从欠的'歉',变成了从口的'嘆'。从系的'綺',变成了从衣的'袴'。三、改换声音相近的声符。如'綫'從戔得声,而'線'却是從泉得声了。'袴'从夸得声,后来改成从库得声了。四、变换各成分的位置。有的是改变声符和意符的位置,如'慚慙'、'和咊'、'鵝鵞鵞'等。有的只是改变了声符或意符的写法,如'花'又寫作'苍'。"该教材还进一步说明了哪些情况不属异体字。教材中说:"有三种情况不认为是异体字:第一、有些字,虽然意义相近,后代读音也相同,但不能把它们当作异体字。第二、有些字,它们之间的关系交错复杂,有相同之处,也有不通之处,也不能把它们看作异体字。第三、有些字通用是有条件的,更不能认为是异体字。"这是狭义"异体字"定义,明确排除了"一部分功能重合"的字。裘锡圭先生在《文字学概要》中给异体字下的定义是:"异体字就是彼此音义相同而外形不同的字。严格地说,只有用法完全相同的字,也就是一字的异体,才能称为异体字。但是一般所说的异体字往往包括只有部分用法相同的字。严格意义的异体字可以称为狭义异体字,部分用法相同的字可以称为部分异体字,二者合在一起就是广义的异体字。"① 裘先生所说的广义异体字兼顾了 1956 年 2 月起在中国大陆实施的《第一批异体字整理表》的收字情况,但着重分析的是狭义异体字。他把狭义异体字分为八类:(1)加不加偏旁的不同;(2)表意、形声等结构性质上的不同;(3)同为表意字而偏旁不同;(4)同为形声字而偏旁不同;(5)偏旁相同但配置方式不同;(6)省略字形一部分跟不省略的不同;(7)某些比较特殊的简体跟繁体的不同;(8)写法略有出入或因讹变而造成不同。他所列举的异体字的范围也包括用不同造字方法为语言中同一个词造的不同的文字形体字和书写变异两种类型。此外,蒋绍愚先生在《古汉语词汇纲要》中也给异体字下了定义:"异体字是人们为语言中同一个词造的几个形体不同的字,这些字意义完全相同,可以互相替换。"② 他在定义中强调了异体字一定是"为语言中同一个词而造的",在功能条件的基础上增加了构形方面的条件,只是异体字的范围没有包括书写变异一类,人为缩小了异体字的范围。这从词汇学角度也许可以讲,但从文字学的角度来说则是不恰当的。

(二)异体字的类型

异体字有两个主要的来源,一类来源于"造字之初"的构形,一类来源于

---

① 裘锡圭:《文字学概要》,商务印书馆,1988,第 205 页。
② 蒋绍愚:《古代汉语词汇纲要》,北京大学出版社,1989,第 191 页。

文字应用的书写。当然这里所说的"造字之初",只是这个字形的出现时间,不一定是远古时期。根据异体字形成的方式,可以把异体字分为"异构字"和"异写字"两种类型①。

(1) 异构字,即用不同的构形方式或选取不同构件造成的异体字。异构字有以下几种类型:①由于采用不同的构形方式产生的异构字。汉字主要有象形、指事、会意、形声等不同的构形方法,由于不同时间、地点的人分头造字,或后人对前人造的字进行改造,常常会自觉或不自觉地采用不同的造字方法给同一个词造字,从而形成异构字。例如"羴"和"膻"都是为表示羊发出的气味的词造的字,"羴"是从三"羊"造的会意字,"膻"是从"羊"而"亶"声的形声字,两者构成了异构关系。②用同一种构形方式而选用的偏旁不同产生的异构字。例如"胑"与"肢"都是为"肢体"义造的字,"胑"从"肉"而"只"声,"肢"从"肉"而"支"声。③用同一种构形方式且选用相同的偏旁而偏旁的位置不同产生的异构字。除了形合的会意字之外,一般来讲,汉字偏旁的位置并不体现构形意图,所以汉字偏旁的位置并不固定。早期汉字形体尚未定型,偏旁的位置很不固定,甲骨文当中存在着大量由于偏旁位置不同构成的异构字。后来,随着汉字的不断定型,偏旁的位置也越来越趋于固定。但是,隶、楷之后仍然存在相当数量由于偏旁位置不同构成的异构字。例如"羣"与"群"、"鞌"与"鞍"、"秌"与"秋"都是由于变换偏旁位置构成的异构字。

(2) 异写字,即由于书写变异形成的异体字。异写字与异构字不同。从来源来讲,异构字是造字的产物,异写字是书写变异的产物。从理据保持的状况来看,异构字都能直接解释构形理据;异写字正体可以解释构形理据,变体则往往会因为书写变异而失去构形理据。异写字的主要来源有:①由于书写变异造成笔画微异的异写字。例如,"亚"字为了书写快捷或写作"亜"。"亚"与"亜"的书写样式不同,成为异写字。②由于偏旁简省造成的异写字。例如,"欆"是为集会的"集"造的字,从"雥",从"木"会意,用很多鸟落到同一棵树上来体现集会的意思。后来因为形体复杂,不便书写,把三个"隹"简省成一个"隹",构成"集"字。"欆"与"集"就是由于形体简省构成的异写字。③由于隶定造成的异写字。隶定本来是指隶书通行以后用隶书写定古文。后来也指在楷书通行以后用楷书写定古文字,这种情况也称为楷定。隶定的形体和隶变通行的形体不同,就构成了异写字。

---

① 李国英先生《异体字的定义与类型》一文,《北京师范大学学报》(社会科学版) 2007年第3期。

例如，《集韵·姥韵》："普"为"隶"作普。"普"为"隶"定字，"普"为"隶"变字，两者为异写字。

此外，从字的"正""俗"性质来看，汉字之所以数量庞大，以至于迄今为止没有一个人能够说清楚我们到底有多少个汉字，究其原因就在于大量俗字的存在和源源不断地涌现。俗字是异体字的主体。关于这个问题，详见下文《汉字的正俗》。

异体字举例分析：

鍾 S. 2832《顾文等范本·亡兄弟》："家传钟鼎之［位］，代袭冠冕之荣。"重 Φ096《双恩记》："磬尽钟残饭已余，尚闻王舍移更漏。"按：唐颜元孙《干禄字书》："鍾鐘：上酒器。鍾磬字今並用上字。"验之敦煌为本，颜说甚确。铜鐘之形，上小下大；酒鍾之形，上大下小。据此推断，山名"钟山"，其字本应作"鐘"。

豚豚 S. 388《正名要录》："右字形虽别，音义是同。古而典者居上，今而要者居下。"按：颜元孙《干禄字书》：豚豚"上通，下正。"

我们再看一本笔者收藏的四川重庆地区清代、民国时期民间流行的《四言杂字》：

这里的荳、蔴，分别是"豆""麻"的异体字。
这里的䑕、兎，分别是"鼠""兔"的异体字。
这里的䎬、衼、綵，分别是"巴""衼""丝"的异体字。
这里的棹、襊、蓆、臉、箆，分别是"桌""榻""席""脸""箆"的异体字。

这里的甍、斀、聮、弖、乂、斈、斗、簑，分别是"算""對""聯""弓""叉""彎""斗""篷"的异体字。

棹幛板凳 坐褥几褥
牀蓆铺盖 枕帐盒匣
廣盤燈盞 臉盆衣架
胭脂水粉 勒鐶壓頦
手幰脚帶 梳篦剪鏡
糯珠瑪瑙 假髮頭繩
翠結盖指 圈子插針
頂簪鑽鐶 圍腰手巾
箱櫃鎖鑰 碗鑷壺瓶
火鉗摘鑷 杯筷調羹

瓦鋼鈸缽 鍋鏈杓甌
茨紫茅草 刷把菜橛
鋼銅鐵炭 鉛錫金銀
書墨筆硯 算盤戥秤
對聯匾額 琴棋字畫
夸籮刀劍 鈎撅挺刮
斧鎗錐釘 鋸鑿鏨叉
彎鐮扰鋤 枕盤聯夾
籮篩篦簸 耖擔犁鏵
蓑衣笠簔 攈箕風車

以下每页都有不少异体字，此不赘述。

緯繩線索　碾礧耖耙

汙厔踏碾　彎鞍鞭鋸

晒簟口袋　籮筐提籃

糞箕尿桶　磁鑽瓦礶

碓窩籮齒　蒲扇雨傘

管網撈笓　罩簍筏船

捲棚圈戽　梘槽木梯筆

照壁捶屏　石樽木棺

水閣涼亭　磚脚礅磴

樓臺房屋　龕堂客廳

落厴偏厦　厨竈階庭

椽梀庇檐　窻格門楹

枋櫃樑柱　圈欄倉箇

筒梭縱蔻　笨號笛鈴

熨斗烙鐵　棒棍

鐵鈸鑄鑼　旗鼓鐘磬

琵琶笙簫　器皿紛紜

東南西北　甜酸淡鹹

洋彪毛寶　青白綠藍

腰膠黐漆　五楨皂礬

簾泗玉版○貢川化簾

橘青藍梅○五色松箋

硯碌凈丹○蠟光土簾

梧桐栢松　梨桑槐檀

青椆柀楠　柘樹萘楠

楊柳黃檬　香樟柿柎

雞爪楼榆　皂角株穗

白果紫荊　竹林樹山

枝葉根籐　種秧尖幹

既載器物　略記地名

垣墻池井　溝壩橋林

嘴埡凸坑　園坎巖坪

庵廟寺院　街場舖營

都省臺鎮　府州縣城

岊溪灘渡　堰車河埂

坡灣潭窩　坊塔碑墳

塘滙洋口　堤岸寨磴

田邊地界　壓租佃價

挑擡挑抃　填築砌加

雕塑印刻　捉放扯拉

前後左右　酌量添減
富貴貧賤　善惡勤懶
親疎遠近　日夜早晚
橫直寬窄　跳踏界限
內外中邊　闔號為斷
封削開拆　遷改移搬
接送寄託　文領執管
覽取招兑　撿拾收擎
撥糧稅契　買賣掉換
銀錢貨物　借去退還

包封提衔　根架桌担
足錠乘套　隻間座扇
辦排回到　層叠捆䌛

倫常類

祖婆伯叔　姑嬸爹媽
哥嫂姐妹　子姪兒娃
妻妾媳婦　舅爺親家
女婿外甥　朋友姻婭
犬人岳母　姨表郎嬋
胞兄堂弟　義父乾娘

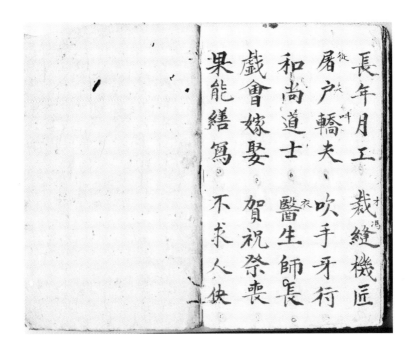

三　繁简字

繁简字问题是当今中国大陆最容易出错的问题。先看两个例子。

　　第一个例子是把"复印"的"复"翻成繁体字时出了错，应该做"複"。第二例是繁体字、简化字混用，属于不规范用字的典型例证。

　　再看"象"与"像"的复杂关系：由于"象"和"像"这两个字，经历了分久又合、合久又分的历程，因此，它们的使用一直比较混乱。在 1956 年公布的《汉字简化方案》中，"像"被简化作"象"。当时简化的根据就是它们是同音包孕异体字，取义项多、笔画少的"象"代"像"，同时加了脚注："在象和像意义可能混淆时，像仍用'像'。"这就为日后的争论埋下了伏笔。因为什么叫"意义可能混淆"，这本身就是模糊语言。1986 年重新发表《简化字总表》又规定："像"不再作为"象"的繁体字，也就是恢复了"像"字的规范字的地位。为体现这一变动，1996 年新编的《现代汉语词典（修订本）》甚至把这两个字的义项做了调整。

（一）繁简字的定义

什么是繁简字？繁简字是一对或一组书写笔画有多有少的异体字。

一个繁体字可能有一个或多个简体字与之对应；反之，一个简体字可能有一个或多个繁体字与之对应。所有繁简字之间的关系无一例外的都是异体字。汉字的发展史，不仅有趋简的规律，有时也有趋繁的规律。趋简还是趋繁，主要取决于字义的区分度，当字形太繁而需要简化时，简化的极限就是不与别的字混淆；当字形太简不容易区分或不容易理解、记忆时，就可能被改变构造、替换偏旁甚至使偏旁返祖。因此繁简字的问题也有比较复杂的一面。

繁简字的"简"，指的是"简体字"，而不单是我们现在大陆通行的"简化字"。简体字从甲骨文时代就一直存在着，而"简化字"只是1956年之后才在大陆实施的一套国家标准文字。

(二) 常见简体字出现的时代

许多简化字方案中的简体字，其实古已有之，只是历来被当作"俗字"看待，习见于非官方的文献之中，直到《简化字方案》公布之后才取得合法的"正字"地位。这些简体字的出现时代，在下面的字表中标示得很清楚，对于我们今天认识繁简字问题有重要参考价值。汉字在历史上出现过无数异体字，从繁简字的角度来看，其中绝大部分也都可以归入此类（字的归类必然是交叉式的）。北魏时期，皇帝曾经颁诏天下，确定一千多个简体俗字为正字。《魏书》卷四《世祖纪第四上》记载："（始光）二年春……初造新字千余，诏曰：'在昔帝轩，创制造物，乃命仓颉因鸟兽之迹以立文字。自兹以降，随时改作，故篆隶草楷，并行于世。然经历久远，传习多失其真，故令文体错谬，会义不惬，非所以示轨则于来世也。孔子曰：名不正则事不成。此之谓矣！今制定文字世所用者，颁下远近，永为楷式。'"① 魏世祖始光二年，即公元425年，离建国才约四十年，因此这道诏令对于统治中国北方长达一百多年的北魏以及后世的文字规范一定有着极大的影响。难怪我们所见北魏写本及其碑刻"俗字"（其中简体字居多）特别众多，原来那时候曾经有过这样的"突击提拔"，许多"俗字"已经摇身一变成为正字了。所谓"初造新字千余"，其实并非某个哲人臆造的新字，也不是武周新字那样的字形，而就是我们习见的异体俗字。"造"字古代不仅有"创造"义，还有"制作""缮写"义，许多佛经的抄本后都题记"某某造"的字样，就说明了这一点。因此这里的"初造新字千余"，只是在流行的俗字中选了一千多个加以缮写、公布而已。这应该是大量北魏写本和碑铭中能够验证的，我们没有在这些文献中发现特别怪异的字形。可惜我们现在无法确切知道那"初造新字千余"的一千多字具体是哪些字，只能在那里感觉哪些可能是这其中的一个。这初造的千余新字，其性质还可以从"今制定文字世所用者"一语中看出来，那意思是"今制定世所用之文字"（中华书局本点作"今制定文字，世所用者"，未妥），分明揭示是"世所用者"。这些文字被"颁下远近，永为楷式"，就说明是国家正式规范了的，相当于我们现在国务院颁布的《简化字总表》的地位。如今我们看到敦煌文献中有那么多的俗字，想必与北魏以来的许多朝代都在不同程度上承认通字、俗字的合法地位有关。

---

① 《魏书》卷4《世祖纪第四上》，校点本第一册，中华书局，第70页，引用时标点作了修订。

四 借音字

（一）借音字的定义

所谓借音字，就是临时借用一个读音完全相同的字或由于读音非常相近而容易混淆的字来代替本字的字。本字与借音字之间没有字义上的联系，字形上一般也没有密切关系。这种"借音字"通常被称作"假借字"。由于"假借字"的概念有时候比较含混，尤其是"形借""音借"混杂，所以我们这里就不再采用"假借字"的术语。"借音字"的术语也不是今天我们才开始使用的，早在《隋书·经籍志》里就有一本书的书名就叫作《借音字》。

（二）借音字的假借条件

"借音字"与"本字"（本该写的字）之间的假借，有着非常重要的条件关系。首先，借音字可以分成两类：一类是文人的假借，必须有先秦两汉的典籍用例为依据；一类是民间的假借，只要同音或两字读音非常容易混淆就可以假借。

需要特别注意的是，两个字是否同音，或者是否非常接近、容易混淆，是要以语言的实际使用情况确定的，例如是否同一个时代，是否同一种方言，等等。因为时间与地域的差异，就会造成两个字实际上可能无法借代。如果把两个根本无法借代的字硬说成"同音通假""音近通假"，那就属于"滥用通假"了。

如果说"假借字"还有"本无其字的假借"和"本有其字的假借"两类，那么"借音字"只指后者。清代训诂学家王引之云"……学者改本字读之则怡然理顺，依借字解之则以文害辞"，可见破假借意义重大。如果借音字照录而不改不注，读者可能看不出本字为何，就按照借音字来理解；如果借音字直接改成本字，则古人本有使用借音字的习惯，并非完全由于不识不知，而且今人改古人易生妄改，改不胜改；如果借音字字字加注，则往往不胜其烦。这三种情况都很糟糕。

为了较好处理这个问题，可行的方案是：容易引起疑惑的借音字，作注解说明或考证；一般易于明白的借音字，在借音字后直接加圆括号并将本字填入其中。例如《敦煌变文校注》第 1～611 页各篇的校录，都应用了这个原则（当然也有辨认不精的）。试举数例说明之：

> 六雄竞起，八□诤（争）侵。（第 1 页第 1 行）
> 南舆（以）天門作鎮，北以淮海為關。（第 1 页第 2 行）

開山川而［□］（迴）軸，調律吕以辯（變）陰陽。（第1頁第3行後一句）

五　正俗字

（一）正字的标准

所谓"正字"，就是国家颁布的标准字形，也叫作"规范字"。例如秦代，由于国家实行了"书同文"的政策，就规定颁布的一套小篆字形为正字，其他六国文字全部废除。可是秦亡，"书同文"的规矩立刻就被打破，隶书忽然流行于世，"正字"的标准也就有点乱了。虽然从汉到清的漫长时间里，文字的国家标准再也没有正式出台过，但是学者们基本上还是以东汉许慎《说文解字》所收的小篆字形为依据，然后确定隶书字形、楷书字形的标准形态，中间还出过一些以纠正俗字为目的的书，例如《干禄字书》《正名要录》等。根据颜之推《颜氏家训》、颜元孙《干禄字书》等的理论，古代比较细的划分是把文字按照应用的场合与严肃性程度定位"正字""通字""俗字"三个等级，"正字"主要用于皇帝诏令、儒家经典和作家文集之类的典籍中，"通字"则可以放宽到碑刻、奏议等载体或文体，"俗字"则用于日常生活中的应用文中。新中国建立之后，1956年国家出台了《简化字方案》，经过几次修订，形成了继秦之后的又一次"正字"标准。如今，学者在谈论和应用"正字"标准的时候，适用于古典文献的，大致上是以如今与简化字相对应的繁体字作为"正字"标准的基本依据，然后再参照一下古代的《说文解字》《干禄字书》等字书，斟酌确定字的正俗性质。

（二）俗字定义的辨析

汉语俗字是汉字史上各个时期流行于各社会阶层的不规范的异体字。

在这个定义中，笔者加上了"汉字史上各个时期"的限定语，因为俗字实际上在甲骨文、金文中已经出现，一直到现在还在广泛流行，这中间可以说几乎没有绝迹过（只有秦始皇时期曾严令"书同文"并得到很好的遵守，算是例外）；笔者还加了"流行于社会各阶层"的限定语，这是因为俗字实际上不仅普通老百姓在使用，而且官吏、文人、书法家等具有高层文化修养的人也都在使用，根本已经无法用"民间""俗间"之类的狭窄范围来框定了。俗字在本质上是一种异体字，只是异体字中的一部分。有的字古人注曰"皆正"，说明异体字中也有被定为正字的，不完全是俗字，这样我们便有必要在"异体字"前加上

"不规范"的限定语。……

这个定义及其阐释今天仍然认为是正确的，所以再一次提出来加以强调①。蔡忠霖《敦煌汉文写卷俗字及其现象》② 所作定义与此比较相近："写法有别于官方制定之正字，乃经约定俗成而通行于当时社会，且易随时、地不同而迁变之简便字体。"但是归结为"简便字体"，恐怕仍然难以揭示俗字的本质。俗字包括《干禄字书》所定"俗""通"两类，"通"为流行已久的俗字，其主要来源是魏晋南北朝时期的最通行的字形，在颜之推的《颜氏家训·杂艺》中曾经有所评述："晋、宋以来，多能书者。故其时俗，递相染尚，所有部帙，楷正可观。不无俗字，非为大损。至梁天监之间，斯风未变；大同之末，讹替滋生。萧子云改易字体，邵陵王颇行伪字；朝野翕然，以为楷式。画虎不成，多所伤败。至为一字，唯见数点；或妄斟酌，逐便转移。尔后坟典，略不可看。北朝丧乱之余，书迹鄙陋，加以专辄造字，猥拙甚于江南。乃以百念为忧，言反为变，不用为罢，追来为归，更生为苏，先人为老。如此非一，遍满经传。唯有姚元标工于楷隶，留心小学，后生师之者众。泊于齐末，秘书缮写，贤于往日多矣。"正是这种"朝野翕然，以为楷式"，使得某些具有创意的书法家、文字学家以及社会各界的应用者所创造或改造的字形得以攀升为通行之字，得以流行于隋唐五代宋初。字分"俗""通""正"三等，这是《干禄字书》的核心理论，用于小篆以后的各种字体字形，具有很高的科学性与实用性。其主要划分依据是所使用的文体与其严肃性程度。字又有"并正""并通""并俗"者，所以俗字固然可以异构纷陈，即使正字也可以不止一个。只是正字即便有两个并立者，都是规范异体字；俗字纵有百十并立者，都属于不规范异体字。字有规范、不规范之别，而无"文雅"与"通俗"之辨。这是国家"书同文"政策所决定的。不过时有古今，字有迁革，昨日的俗字有的变成了今日的正字，《说文》的正字有的变成了《龙龛手镜》的俗字，正、俗往往随时代的变迁而地位有所变迁；何况在秦代的小篆与今日的简化字之外，中间大约有两千年的时间跨度，历代并未颁布完整的正字法令。因此，"俗字"的判别，由于它的参照系难以确定而必然有其难度，我们现在说的"俗字"有比较大的模糊性，并非都有字典辞书或古代圣哲的注解作为依据。学者们判别俗字的正字参照系，实际上是现在的通行繁体字。然而不管怎样，"俗字"永远跳不出"异体字"的圈圈。

---

① 黄征的博士学位论文《汉语俗语词通论》，导师蒋礼鸿先生，汉语史训诂学方向，1993 年 6 月在原杭州大学通过答辩，曾在小范围内交流，教育部存盘可以查阅。由于迄今尚未出版，一般读者可能不知道其观点。

② 蔡忠霖：《敦煌汉文写卷俗字及其现象》，台湾文津出版公司，2002。该书颇为精详，所惜大陆读者见者不多，笔者也只是近日方得拜读。

（三）俗字的种类

敦煌俗字种类繁多，迄今未有概括周备者①。尤其是敦煌俗字，来源不同，构造复杂，难以在一个互不交叉的理论体系中囊括各种不同的类型。俗字生成的根本原则，不是笔画的多少，而是书写便捷与否。这里归纳出十类四十一种，虽说难免脱谬，术语亦有新造，然而已经足以使读者概观大要，举一反三。各类、各种，皆有定义；附之实例，原形毕见。诚望有助于敦煌俗字之深入研究，亦借以扫除原卷识读之拦路虎。

1. 类化俗字

类化俗字是由于受上下、左右、内外等处参照字符的心理暗示而致使部件趋同的和由于分类学的应用而同化部首的俗字。

（1）涉上类化俗字。

涉上类化俗字是由于受到上文影响而类化的俗字。例如 P. 2965《佛说生经》："守者杬榙（甀習），睡眠不驚。""榙"当作"習"，因涉上字"杬"类化而亦从"木"旁。S. 2832《願文等範本·亡夫》："闇念以孤鸞獨處，林（臨）鏡匣而增悲；別鶴分飛，睹琴聲而氣盡。""匣"字原卷作"鉀"，涉上"镜"字从"金"而亦类化从"金"。

（2）涉下类化俗字。

涉下类化俗字是由于受到下文影响而类化的俗字。例如《敦煌變文校注·葉淨能詩》："高力士等面奉進止，當時排比裝束。"（338 页）"排比裝束"原卷作"棑枇裻束"，"枇"字涉上"棑"字从"木"旁而类化，故亦从"木"旁；"裻"字涉下"束"而类化，故不从"衣"而从"束"。"裻"字作为类化俗字，各种字书皆不载。虽然书写时先写"裝"，但是受心理暗示，未写出的"束"字已经进入思维的瞬时记忆，因此不知不觉就把"裝"字下半写成"束"了。这种字形偶然发生时可被称为"错字""误字"，一旦重复发生就只能算是俗字。

（3）涉内类化俗字。

涉内类化俗字是由于受到本字内部上下、左右、内外部件的影响而类化的俗字。例如 P. 3697《捉季布傳文》："朕聞舊酬（讎）荒國土，荏苒交（教）他四海貧。""國"字原卷作"囫"，大"囗"中套小"口"，小"口"中再套更小"口"，显然是内外类化所致。敦研 123（2－2）《思益梵天所問經》："其佛國土去此幾何？""國"字原卷作"圁"；敦研 045《舊雜譬喻經》："沙門便起，去到

---

① 参阅张涌泉《敦煌俗字研究导论》《敦煌俗字研究》，蔡忠霖《敦煌汉文写卷俗字及其现象》，以及黄征《敦煌语言文字学研究》（甘肃教育出版社，2002）。

他國。""國"字原卷作"圖";敦研 010《佛說檀特羅麻油述經》:"若行縣邑中大國中。""國"字原卷作"圈"。此皆内外類化也。

2. 简化俗字

简化俗字是比正字笔画减少了的俗字。当然笔画少了并不一定就简化了,但是大多数情况下确实是笔画少的字形书写起来比较简便些。笔画减少有多种原因,有抽减笔画,有省略偏旁,还有更换笔画少的声符、意符等,因而又可以细分为以下几种类别的简化俗字。

(1) 省笔简化俗字。

省笔简化俗字是由于抽减、省略了字中某个部件的一至数个笔画而形成的俗字。例如 P. 4254《破魔變文》:"更有向前相識者,從頭老病總無常。""頭"字原卷作"頋"形,省略了左下角的末三笔,而不是省略整个声符"豆"。同样是"頭"字,又如甘博 003《佛說觀佛三昧海經》卷第五:"劍樹雨刀,從舌頭入。""彼人頭打諸黑闇山。""頭"字原卷作"頭"。P. 2794《伍子胥變文》:"阿姊抱得弟頭,哽咽聲嘶,不敢不(大)哭。歎言:'痛哉!苦哉!'""用水頭上穰(攘)之,將竹插於腰下。""頭"字原卷作"頭"。P. 5032《渠人轉帖》:"帖至,限今月廿二日卯時,於票子口頭取齊。如有後到,決丈七下;全段不來,重有責罰。其帖各自示名遞過者。""頭"字原卷作"頭"。皆其類也。

(2) 省旁简化俗字。

省旁简化俗字是在正字基础上省略了偏旁而成的俗字。偏旁是汉字的形符,大多数与部首一致,但是有的与部首略微有差异,例如"方"为偏旁但不是部首,"旗""斾""旅"等字的部首是"㫃"。例如敦研 115《金光明经》:"佛月清净,满足庄严。""满"字原卷作"萌",省略了形旁"氵"。甘博 003《佛说观佛三昧海经》卷第五:"火车地狱者,一一铜镬,纵广正等四十由旬,满中盛火。""满"字原卷作"萌",亦省略了形旁"氵"。

(3) 换旁简化俗字。

换旁简化俗字是由于更换声符或意符而形成的笔画减少了的俗字。例如敦研 119(2-2)《佛说太子瑞应本起经》:"吾见死者形坏体化而神不灭。"敦研 187《太子瑞应本起经》:"见有三十二相,躯体金色。""体"字原卷作"軆","骨"旁更换成"身",笔画减少了。S. 388《正名要录》:"軆軁:右正行者揩(楷),脚注稍讹。"所言正是此字。S. 2144《韩擒虎话本》:"金虎有令:簸旗大喊,旗亚齐入,若一人退后,斩刾(杀)诸将,莫言不道!""喊"字原卷作"噉",本应作"譀","言"旁亦更换为"口"旁,减少了笔画。此字与"啖"俗字"噉"形相同而音义迥别。

3. 繁化俗字

繁化俗字是比正字笔画增加了的俗字。笔画的增加有多种原因，有增加笔画、增加偏旁、末笔点乱、更换笔画多的声符意符，还有将省声字的声符回改全角，将简化意符回改全角，等等。因而繁化俗字又可以细分为以下几种类别。

（1）增笔繁化俗字。

增笔繁化俗字是由于增加了字中某个部件的一至数个笔画而形成的俗字。增笔繁化俗字与省笔简化俗字情况相反。例如甘博003《佛說觀佛三昧海經》卷第五："寒地獄者八方冰山。""冰"字属于"仌"部，表示冰层之厚，而此字原卷作"氷"，改从"水"部，虽则"一点"之别，意义悬隔，不啻千里。

（2）增旁繁化俗字。

增旁繁化俗字是由于增加偏旁而形成的俗字。例如P. 3666《燕子賦》："云：'野鵲是我表丈人，求鳥鳩是我家伯。州縣長官，瓜蘿親戚。是你下牒言我，恐你到頭無益。火急離我門前，少時終須喫摑。'""瓜"字原卷作"苽"，增加了"艹"头。

（3）累增繁化俗字。

累增繁化俗字是指那些在汉字史上的不同时期重复加设意符的俗字。例如P. 2305《妙法蓮華經講經文》："樓臺瑪瑙修，階道琉璃布；黃金作棟梁，白玉爲椽柱；窗牖水精粧，門戶摩尼作。""梁"字原卷作"樑"，本有"木"底而又增"木"旁。雲24《八相變》："又作一偈歎道：'太子聞孩子誕生來，方知世事實苦哉。生下人身不長久，日月流速遞相催。'""歎"字原卷作"嘆"，右边"欠"本有"口鼻出氣"义，此又左增"口"旁。S. 388《正名要錄》："嘆歎：右字形雖別，音義是同。古而典者居上，今而要者居下。"故其字或从"口"，或从"欠"，此二部首意义相通。

（4）换旁繁化俗字。

换旁繁化俗字是由于更换声旁或形旁而产生的俗字。例如S. 6825V《老子道經》卷上："視之不見名曰夷，聽之不聞名曰希，博之不得名曰微。""博"字原卷作"愽"。S. 799《隸古定尚書》："夢協朕卜，襲於休祥。""協"字原卷作"恊"。考敦煌写本俗字之用字习惯，乃有"十""忄"对换规律。"博""协"等左边从"十"旁之字类皆改作"忄"旁，而本应从"忄"旁之字如"恨""怜"等字则反而改作"十"旁。

（5）声旁繁化俗字。

声旁繁化俗字是由于把声符回改成完整的字形等原因而产生的俗字。例如敦研309《修行本起經》卷下："有鷹飛來，搏取孔雀；鵰鷲復來，搏撮食之。""鵰"字原卷作"鵰"，将声符"周"改成"彫"以更好表示读音。Dx00796 +

Dx01343 + Dx01347 + Dx01395《燕子賦》："渾家大小，亦（一）總驚忙。""忙"字原卷作"**忹**"，右边声符"亡"改为"芒"。P. 2962《張議潮變文》："頭中鋒鋘陪壋土，血濺戎屍透戰襖。""鋘"字原卷作"**鎧**"，原理相同。

（6）形旁繁化俗字。

形旁繁化俗字是由于把形符回改成完整的字形等原因而产生的俗字。例如P. 2319《大目乾連冥間救母變文》："獄主聞語，扶起青提夫人，拔卻四十九道長釘，鐵鎖鎖腰，生杖圍遶，驅出門外。""腰"字原卷作"**䑋**"，下边的意符"月"被改为"肉"，因而笔画增多。同样，S. 2073《廬山遠公話》："九十日內，然可成形，男在阿孃左邊，女在阿孃右脇，貼着俯近心肝，稟氣成形。""肝"字原卷作"**肝**"。

4. 位移俗字

位移俗字是通过移易字内部件位置而形成的俗字。位移是古代汉字不规范的重要表现，从上古的金文、甲骨文直到明清的坊刻图书，概不例外。

（1）左右位移俗字。

左右位移俗字是通过移易字内部件左右位置而形成的俗字。例如 S. 6981V《十恩德》："弟一懷躭守護恩，說着起不蘇。""蘇"字原卷作"**蔾**"。S. 388《正名要錄》："**蘇魅**：右正行者正體，脚注訛俗。"顏元孫《干祿字書》："蘇蘇：上俗，下正。"浮白齐主人《雅謔》"換魚字"条："李章赴鄰家小集，主人素吝，既進饌，主前一魚特大於衆客者。章從旁見之，即請於主曰：'每見人寫蘇字，其魚字或在左或在右，何也？'主曰：'古人作字，不拘一體，從便移易耳。'章即引手取主前魚示衆曰：'從主命，今日左邊之魚，亦合從便移至右邊。'一座爲之噴飯。"[1]"不拘一體，從便移易"，正是此类俗字特征。

（2）上下位移俗字。

上下位移俗字是通过移易字内部件上下位置而形成的俗字。例如 P. 3742《二教論》："出世三乘，域中四大，懸如天地，異過塵嶽。""嶽"字原卷作"**嶽**"，"山"字头移易至底部。又如 P. 2313《願女》："絕老病而延年，離憂苦而常樂。"P. 2866《大集經卷第六》董哲题记："藉此善因，願亡考永離三途，長超苦海。""苦"字原卷作"**舌**"，将"艹"头与其下之"十"调换部位，遂致今人多不认识。

（3）内外位移俗字。

内外位移俗字是通过移易字内部件内外位置而形成的俗字。例如 S. 6659《太上洞玄靈寶妙經衆篇序章》："皓庭霄度天。""庭"字原卷作"**庭**"。S. 238

---

[1] 王利器编《历代笑话集》，上海古籍出版社，1981，第 183 页，据《古今谭概》所引。

《金真玉光八景飛經》："天魔承空發，万精駭神庭。"又："迅駕騰九玄，朝礼玉皇庭。""庭"字原卷作"**庭**"。"广"内部件"又"移易至左边外表了。

5. 避讳俗字

避讳俗字是指由于避讳皇帝或尊者名字及其相关文字而改变了部件形状的俗字。避讳字有少数是法令颁布的，有其合法地位，但是大多数是约定俗成者，仍然属于俗字。唐太宗《二名不偏讳令》："依礼，二名义不偏讳。尼父达圣，非无前指。近世以来，曲为节制。两字兼避，废阙已多。率意而行，有违经语。今宜依据礼典，务从简约。仰效先哲，垂法将来。其官号人名，及公私文籍，有'世'及'民'两字不连读者，并不须避。"唐高宗《临文不讳诏》："孔宣设教，正名为首。戴圣贻范，嫌名不讳。比见钞写古典，至于朕名，或缺其点画，或随便改换。恐六籍雅言，会意多爽；九流通义，指事全违。诚非立书之本意。自今以后，缮写旧典文字，并宜使成，不须随义改易。"① 不过社会风俗并未遵从皇帝旨意，大量避讳俗字随处可见。敦煌写本是其明证。

（1）避讳缺笔俗字。

避讳缺笔俗字是由于避讳皇帝或尊者名字及其相关文字而故意缺损笔画的俗字。其所缺者一般是末笔或末二笔。例如 P. 3742《二教論》："受其道者輒出米五斗，故世謂之米賊。""世"字原卷作"**世**"，缺省末尾二笔。S. 799《隸古定尚書》："自絕于天，結怨于民。""民"字原卷皆作"**民**"，末笔短省。P. 2999《太子成道經》："迦葉佛與釋迦牟尼佛受記。""葉"字原卷作"**葉**"，字心的"世"字省一短横。P. 3742《二教論》："祭酒各領部衆，多者號曰'治頭'。""治"字原卷作"**治**"，缺末笔。S. 610《啓顏錄》："隋文帝即以徐陵辯捷，頻有機俊，無人酬對，深以爲羞。""機"字原卷作"**機**"，避唐玄宗李隆基之"基"同音字"機"而省缺末尾数笔。P. 2717《碎金》："人口竄唛：七官反，索戈反。""唛"字原卷作"**唛**"，缺末笔，不知避谁讳字。P. 2536《春秋穀梁經傳》："莒慶來逆叔姬。慶，名也；莒，大夫也。""慶"字原卷作"**慶**"。本卷书写避讳"民""慶"二字，皆缺末笔。"民"为唐讳，唐太宗李世民也；"慶"字亦不知避谁之讳。

（2）避讳变形俗字。

避讳变形俗字是由于避讳皇帝或尊者名字及其相关文字而故意改变部件形状的俗字。例如 P. 2524《語對》："竹葉。""葉"字原卷作"**葉**"，字心的"世"改作"**云**"。S. 2832《願文等範本·亡禪師》："廣傳法燈，闇相自泯。""泯"字原卷作"**泯**"，右边"民"字改成"氏"。P. 2524《語對》："釣緡：

---

① 唐太宗、唐高宗诏令，见《全唐文》卷四、卷一、卷二，影印本第一册，中华书局，1983。

音泯。□□釣魚綸者也。""緡"字原卷作"緍",右上角"民"字改成了"氏"。

（3）避讳改旁俗字。

避讳改旁俗字是由于避讳皇帝或尊者名字及其相关文字而故意改变偏旁的俗字。例如 S. 388《正名要錄》："賮：緩。""賮"字原卷作"貢",上部"世"改作"云",使声符不明。敦研 042（2-1）《妙法蓮華經》："唯見哀愍,饒益我等。""愍"字原卷作"憨",上半部由于避讳而改为"敏",以之作为声符。

6. 隶变俗字

隶变俗字是小篆讹变为隶书过程中产生的俗字。

（1）隶变增笔俗字。

隶变增笔俗字是小篆隶变过程中增加了笔画的俗字。例如"惡"字,小篆作"惡",而隶变俗字有数十个不同的形状,后确定正字作"惡"。其中 S. 6825V《老子道經》卷上："儼若容謙,不敢犯惡。""惡"字原卷作"惡"。敦研 037（2-1）《佛說舍利弗悔過經》："作惡得惡。"甘博 001《法句經》："知以戒禁惡,思惟慧樂念。""惡"字原卷作"惡"。

（2）隶变减笔俗字。

隶变减笔俗字是小篆隶变过程中减少了笔画的俗字。例如"願"字,小篆作"愿",而隶变俗字有数十个不同的形状,后确定正字作"願"。敦研 117《維摩詰所說經》："持戒是道場,得願具故。""願"字原卷作"頊",比小篆字形笔画少。

（3）隶变形讹俗字。

隶变形讹俗字是小篆隶变过程中部件发生讹变的俗字。例如 P. 2160《摩訶摩耶經卷上》："在世亦復失好名稱。""亦"字原卷作"亦"。敦博 011《妙法蓮華經·常不輕菩薩品》："爾時常不輕菩薩,豈異人乎?""異"字原卷作"異"。敦研 047《思益梵天所問經》："令魔波旬及其軍衆來詣佛所。""詣"字原卷作"詣"。

7. 楷化俗字

楷化俗字是隶书、草书用楷书笔法转写过程中仍然留有隶书、草书部件特征的俗字。

（1）隶书楷化俗字。

隶书楷化俗字是隶书用楷书笔法转写过程中仍然留有隶书部件特征的俗字。例如甘博 003《佛说观佛三昧海经》卷第五："为噉肉故,焚烧山野,伤害众生。""害"字原卷作"害"。敦博 072《妙法莲花经》卷第四："为利杀害,贩肉自佸（活），衔卖女色。""害"字原卷作"肉"。

（2）草书楷化俗字。

草书楷化俗字是草书用楷书笔法转写过程中仍然留有草书部件特征的俗字。例如 S.2614《大目乾连冥间救母变文》："目连虽是圣人，亦得魂惊胆落。""亦"字原卷作"亦"。试比较下二例。又如 S.6537Vh《放妻书》："盖闻伉俪情深，夫妻义重。""深"字原卷作"深"。

8. 新造六书俗字

新造六书俗字是秦代小篆以后新造符合六书造字原理的俗字。"六书"即象形、指事、会意、形声、假借、转注，其中"假借""转注"实际上只能算用字之法，因而只有前四书是真正能够造字的方法。是否符合"六书"造字原理，曾是历代文字学家判断文字正俗的主要标准，而事实上大量新造俗字也采用"六书"的方法来造字。

（1）新造象形俗字。

新造象形俗字是秦代小篆以后新造符合象形造字原理的俗字。例如 S.545《失名类书》："桂月宵圆，光临汉殿。""月"字原卷作"月"。

（2）新造会意俗字。

新造会意俗字是秦代小篆以后新造符合会意造字原理的俗字。例如 Φ096《双恩记》："遂合掌望空，哀苦世尊：'我佛在日，偏沐佛恩；佛隐双林，我偏失所。'""双"字原卷作"双"，为上下会意结构"两只为双"。俗字"两"多有写作"雨"之例，本卷上文"'一时'两字，时成就"即是。

（3）新造形声俗字。

新造形声俗字是秦代小篆以后新造符合形声造字原理的俗字。例如 S.388《正名要录》："騧䮫：右字形虽别，音义是同。古而典者居上，今而要者居下。"《南史·宋纪下》："明帝多忌讳，言语文书有祸败凶丧疑似之音应回避者，犯即加戮。改'騧马'字为'马'边'瓜'，以'騧'字似'祸'故也。"S.4901《韩朋赋》："騧騧之马。"其字即作"马"边"瓜"。

（4）新造指事俗字。

新造指事俗字是秦代小篆以后新造符合指事造字原理的俗字。例如 S.6981《辛酉至癸亥三年间灵修寺诸色斛斗入破历计会》："太子启上闻。""上"字原卷作"上"，将指事符号加在"丄"的上端。P.2524《语对》："山上。""北上。""上"字原卷作"上"，将指事符号加在"丄"的右上方。

9. 混用俗字

混用俗字是指两个字的部首、偏旁或部件经常混用不分的俗字。

（1）部首混用俗字。

部首混用俗字是指两个字的部首经常混用不分的俗字。例如"瓜""爪"二部混用，"竹""艹"二部混用，"木""扌"二部混用。S. 388《正名要錄》："𤓯爪：右依顔監《字樣》甄錄要用者，考定折衷，刊削紕繆。""瓜：古華反。"《龍龕手鏡·瓜部》："爪：古花反。……又瓜部與爪部相濫。爪音側絞反。"S. 617《俗務要名林》："𩗀：馬𩗀子，蒲角反。""𩗀"字原卷作"𩗀"。S. 610《啓顔錄》："七月七日新節，苽兒𩜾子落口室。""𩜾"字原卷作"𩜾"。《廣韻·覺韻》："𩜾，瓜𩜾也。𩗀，同上。"二字"瓜"为形符，皆写如"爪"部。

（2）偏旁混用俗字。

偏旁混用俗字是指两个字的偏旁经常混用不分的俗字。偏旁的概念比部首要宽，包括部首和部首外的一些形符，所以在越出部首范围时称用"偏旁"。P. 3742《二教论》："魯字公旗，初祖父陵。""旗"字原卷作"𣃦"，左边"方"只能算是"偏旁"，而不能称为"部首"，因为该字正字作"旗"，从"㫃"部。甘博136《道行般若經》卷第九："经法章显旗幡三昧。""旗"字原卷作"㨗"，左边改作"才手旁"。

（3）部件混用俗字。

部件混用俗字是指两个字的部件经常混用不分的俗字。部件是比偏旁范围更宽的概念，所以越出"偏旁"范围时可称用"部件"。例如 S. 6537Ve《十五人结社文》："飲酒醉亂，智（凶）悖麤豪。""麤"字原卷作"𪊽"。P. 2170《太玄真一本際經·聖行品》："明見衆生根性差別。""差"字原卷作"𢁥"。S. 2832《願文等範本·夫歡齋分爲段》："爲（惟）巨椿比壽，龜鶴齊年。何期皇天罔祐，掩（奄）降斯福（禍）。""龜"字原卷作"𪔂"。P. 3627 + P. 3867《漢將王陵變》："兩盈不知，賺下落馬，蹴跪存（蹲）身，受口敕之次，便乃決鞭走過。""跪"字原卷作"𨂀"。"𪊽""𢁥""𪔂"四字上端虽然都有""的部件，但是来源各异，只是混用不分而已。

10. 准俗字

准俗字是指字形非常接近俗字的文字。准俗字有的形式特别，有的有比较合法的外衣。

（1）合文。

合文是两个或几个独立音义的汉字合写为一个组合体的文字。合文非常接近俗字，但是当合文拆分时，可能其中的某个字是正字，如"𦬖（菩提）"的"提"字即是。因此合文只能算是准俗字。例如 P. 2173《御注金剛般若波羅蜜經宣演卷上》："又依功德施菩薩論云：……""菩薩"二字原卷作"𦬊"。

P. 2173《御注金剛般若波羅蜜經宣演卷上》："須菩提深解義趣，涕淚悲泣。""菩提"二字原卷作"䒑"。S. 6557《南陽和尚問答雜徵義》："一切衆生，未來之世定得阿耨菩提，是名佛性。""菩提"二字原卷作"莚"。S. 6557《南陽和尚問答雜徵義》："問：'何故經云：不斷煩惱而入涅槃？'""涅槃"二字原卷作"𣇃"。

（2）隸古定字。

隸古定字是以隸書考校寫定古篆文的文字。《尚書序》："至魯恭王，好治宮室，壞孔子舊宅，以廣其居，於壁中得先人所藏古文虞、夏、商、周之書及《傳》、《論語》、《孝經》，皆科斗文字，……科斗書廢已久，時人無能知者，以所聞伏生之書，考論文義，定其可知者爲隸古定，更以竹簡寫之。"陸德明釋文："謂用隸書寫古文。"孔穎達疏："言隸古者，正謂就古文體而從隸定之，存古爲可慕，以隸爲可識，故曰隸古，以雖隸而猶古。"① 例如"甲子昧爽，受率其旅若林。""率"字原卷作"衙"。"作畏殺戮，毒痛四海。""四"字原卷作"亖"。"俟天休命。""俟"字原卷作"䣑"。

（3）武周新字。

武周新字是武則天當政時期頒布的一些新異體字。其中有的來自古字而略加改造，有的完全新造。雖然是詔頒新字，但也是寫法多變，又往往不合六書造字原理，所以具有俗字的一些特性。而且武周新字只限於武則天當政時期使用，過后就廢止了。例如 S. 545《失名類書》："循紫路以回天。"此是篆書字形而用楷書筆法寫成者，"天"字原卷作"𠀡"。P. 2151《妙法蓮華經·序品第一》："以是因緣，地皆严净。""地"字原卷作"墬"。P. 2151《妙法蓮華經·序品第一》："諸天龙神，人及非人。""人"字原卷作"𤟈"。《集韵·真韵》："人，《说文》：'天地之性最貴者也。'唐武后作。"天津市文物公司藏卷 16 号《大般般若波罗蜜多经》："疾证无上正等。""正"字原卷作"𤇍"。

（四）俗字的查考和处理

俗字的查考具有扫除古籍阅读拦路虎的重要意义。例如下面的字，不查考恐怕很难认准：

拘甭寽徳刂㝵南燕舌表前㥁溫用来鴯熬十㐱烌㢅囝両

上述字是从《敦煌俗字典》中每一个部抽取一个选出来的，它们用楷书正字写下来应该是：

拘罷等惡罰害稽苦老滿惱漚朋漆熱殺帖翁形因災

① 见《十三经注疏》（上册），中华书局，1980。

其中"拘"字比较简单，只是右半像"勾"而已。"甭"字看似"béng"字，而其实为"罷"之会意字。"賮"字罕见，《康熙字典·貝部》引《篇韻》："賮，音蠆。別寄異物也。亦書作。""蕫（dǔn）"为"蕫（chài）"字之形近误字。《改併四聲篇海·貝部》引《奚韻》："賮，別寄異物。"《字彙補·貝部》："賮，音瘥，別寄異物。"可见"賮"与"才"为同一个字，而释迦牟尼佛化身为小儿，乘骑六牙白象从天而降，由净反王夫人顶门而入托身于右胁下，整个故事情节正是所谓"別寄異物"①。"才"为"等"字草书之楷化，与"才"字形近易乱。"德"字异体众多，如：慝忑慝惡憨恴愿恴、恴意恴恴恴恴恴恴恴恴恴、蒐恴慝偪惤愿蒽惡恴，等等，都有些相似，而又不完全一致。真是鱼鲁豕亥，数传而易讹，"狗似玃，玃似母猴，母猴似人，人之與狗则遠矣"（《呂氏春秋·察傳》）。"德"则与"德"之俗字完全混同了。"对"字看上去像是"對"的简化字，却常见于普通百姓的各种契约文书中，是"罰"字草书之省，足令书法家瞠目结舌。"瓨"字不见经传，却实实在在是个独立的字，从"瓦"而"江"声，我们在 1986 年作王梵志诗研究时就已经明确指出""是"甕之小者"，用作酒器、茶具之类②。"害"字外形酷似"周"，而其上端总有一短撇之类，实为"害"字隶变。"燕"字有如"點"上附加"卄"头，故王梵志诗"三年着一滴，天雨麻燕孔"，下句学者多误读为"天雨麻點孔"。"舌"字以往校录本敦煌文献多付阙如，盖校录者不知其为"苦"字别构也③。"耂"字似"表"而少一横，"蒲"字似"两"而多点撇，分别为"老""滿"二字之隶变。"惚"即"煩惱"之"惱"，俗体似"總"，与其诸多异形，或从心旁，或从火旁，或移易部件，实为繁多。"歷"为"漚"之俗字，右边方框"匚"只取其下半。"用"为"朋"字，似"用"而必右倾。"渌"为"漆"字，右半省并似"來"简体。"熙"为"熱"字，上部变化较大，右上角作"旦"形，即其诸多异体中亦难寻觅。"煞"即"煞"字，而"煞"复为"殺"之俗字，不仅《干禄字书》已有记载，通过敦煌俗字之众形排比，尤能显示其演变轨迹。"帖"为"帖"之草

---

① 参见《汉语大字典》"賮""賮"二字形下所引，四川辞书出版社、湖北辞书出版社，1986；以及《敦煌变文校注·太子成道经》（中华书局，1997）相关字词的考证。

② 详见《〈王梵志诗校辑〉商补》，收于黄征《敦煌语文丛说》，台湾新文丰出版公司，1997，第 200 页"□尽更须倾"条。

③ 例如，中华书局 1983 年新 1 版《敦煌遗书总目索引》第 274 页第 2866 卷题记"永离三途，长超苦海"误录作"永离三途，长赴吉海"，2000 年出版的《敦煌遗书总目索引新编》沿袭未改；同一内容，东京大学东洋文化研究所 1990 年发行的《中国古代写本识语集录》第 148 页第 330 条"用"字原形照录；岳麓书社 1995 年出版的《敦煌愿文集》第 855 页始校录作"苦"。

书，略似日文假名"ち"，而频繁应用于普通文书"轉帖"类通告中。"㳇"为"翁"之俗字，却从女旁，与"如喪考妣"之"考"而加女旁同出一辙。"㣺"为"形"字，颇类今之俗字"影"（《第二次简化方案》曾颁布，不久即废，而民间常有使用者）。"囝"为"因"字，"灾"为"災"字，皆俗字无疑。

《南部档案》俗字研讨价值

杨小平^{*、}

俗字研究已经取得长足发展，不过元明清俗字研究滞后，尤其是清代俗字研究更是薄弱。

传世文献多非产生时代的原貌，在传抄、翻刻、排印过程中，会不断出现衍文、脱文、讹误、错简等问题，其真实性相对较差，用来研究语言文字就可能存在以今代古的危险，从而产生错误。毛远明《碑刻文献学通论》说："就语言文字研究而言，传世文献还有一个很大的弱陷，就是文字的使用面貌被掩盖，异体字被改成通行字，假借字被改为本字，篆书、隶书、草书、行书一律被改成楷书。对汉字的形态、使用和汉字发展史的研究，几乎没法进行。"[①] 南部档案产生时间与它所在的时代一致，属于同时文献和一手文献。南部档案出于当事人亲身经历和直接记录，与语言文字使用情况一致，具有真实性、可靠性，有助于后人能够从中了解当时的语言和文字，便于研究真实口语的语言、文字，深入分析词汇、语法、修辞、语用等。

一 有助南部档案的释读与整理研究

南部档案作为书吏写本，讹俗满纸，异体纷杂，让人难以识别，成为阅读的拦路虎。同时，南部档案中同一个字写成不同的俗字，同样的俗字却代表不同的汉字，同字异词，异字同词，容易导致释读错误。另外，也有一定数量的俗字很是费解，无法通过字典辞书、上下文推敲等方法进行释读，从而影响字义、词

* 杨小平，西华师范大学文学院教授。

① 毛远明：《碑刻文献学通论》，中华书局，2009，第3页。

义、句意等的正确解读。

南部档案俗字研究，根据南部档案原卷，对俗字的形、音、义或其他有关问题进行考辨论析，辑录档案俗字，便于扫除阅读县衙档案的拦路虎，有助于正确解读和整理研究南部档案，对因误解俗字而造成的错误释读、整理、研究南部档案的情况可以进行说明、补充、商榷或者纠正，避免误读、误录南部档案。

《为甘愿将邓富高所遗基址舍于西坪寺永充常住事》："立捨约信仕邓碧高，同住邓杰、邓树、邓楷、邓松、邓之箴、邓之楚、邓之杞、邓之盛等，因邓富高所遗堪（基）址一陵，哎落西坪之侧。……有粮合之土，倘后未尽人等异言，自领《太上剿威（灭）莲经》十部，恐后无凭，故立捨白，日后永远为券。"[《南部档案》第 1－2－1 号，康熙五十二年（1713 年）十月二十三日]

按：冯修齐根据内容将档案取名《邓碧高将祖业田舍入西坪寺契约》，公布图版并进行了校录，其中"同住邓杰、树、楷、之楚、之杞、之盛等"中漏录"邓松"。"有粮合之土"作"粮合之土"，漏录"有"字，因为"有"字是写在"粮"字右上边，表示添加①。

"立捨约人邓碧高邝，左（在）中人廖谦钞邓松十邓树十邓杰垚邓楷十文章十文采十王仲由十张甫臣至赵光耀曇杨先明耷邓之箴十邓之杞仵邓之楚十邓之盛十敎洪先十文子盛十王问政西马瑜十马心进十黄允贞十敎昆来耷赵光理仿杨先（先）秀十赵光言十廖永岌（箴）曇赵光升耷赵光信钞何懋绩恳赵光智钞文子茂十樊本朋仒陈子之垚，书约人廖元昌鸷"

冯氏录作：

"立舍约人邓碧高，邓松、树、杰、楷，之盛、之杞、之楚。左中人：廖谦、王仲由、张甫原、赵光耀、杨先明、敎洪先、王开政、马心进、敎昆平、杨见秀、廖永茂、赵光升……书约：廖允昌。"并言：此契约宽 50 厘米，高 60 厘米。左中人因部分姓名不清，未全录，以"……"略之。姓名下画有"十"字或花押。

按：其实"左中人"档案原卷写作"左（在）中人"，意思是见证人。《南

---

① 冯修齐：《清代南部县衙档案中的佛教内容》，佛缘网站，最后访问日期：2009 年 4 月 13日。

部档案》11-454-2出现有"在场人",与"在中人"类似。南部档案原件姓名清楚,并无不清的问题,故当全录。同时,"邓松、树、杰、楷,之盛、之杞、之楚"均不是立约人,而是见证人。原卷作"张甫臣",不作"张甫原"。"王问政"中的"问"字档案把"口"写作"只",但并不接近"开"字,可以存疑待考。档案原卷写作"敖昆来",不作"敖昆平",虽然"来"与"平"上部草写相近。档案原卷写作"杨_先(先)秀",与"见"字相似,但考虑到同样的见证人中还有"杨先明",故本处录作杨先秀似乎更好。"廖永茂(箴)"与"廖永茂"相似。"廖元昌"与"廖允昌"相似。

二 有助字典辞书的编撰与修订

字典辞书收录了不少俗字,如《汉语大字典》释义精审、引证丰富,《中华字海》收字超多,不过,在近代汉字尤其是疑难俗字、生僻字、常用俗字的辑录整理、分析考辨方面,还存在一定的缺憾。字典中所收的俗字存在源流不清的问题,甚至有的俗字误校,没有解释。南部档案如实地反映了当时手写档案文字使用的面貌,是研究清代俗字流行情况的绝好材料,具有较大的研究价值,可以从南部档案中窥视有清一代人的书写情况,尤其是中下层民众真实的书写情况,可以用来研究清代汉字发展的规律,可以为近代汉字研究提供丰富的字形数据,有助于考辨传世字书中的疑难俗字,有助于探明汉字俗体的演变轨迹,有助于总结近代汉字书写的变异规律。

南部档案俗字研究,能够为《汉语大字典》《中华字海》等大型字典辞书的修订、补充提供可靠依据,为书法史的研究提供翔实资料,为汉字史的研究提供宝贵的新鲜资料,有助于汉语研究与字典辞书编纂,改变地方志、旅游资源开发等记载方言俗字时有音无字的尴尬,服务方志编纂、地方文化建设、旅游资源开发。

(一)提供文献例证

例证是字典辞书中的重要内容,客观来说,字典辞书的编纂者应该为每一个字词的所有义项都提出恰当的例证,最好能够提供最早文献用例。但是由于各种原因,字典辞书很难做到这一点。字典辞书中不少字词下就存在缺少例证或者例证时代滞后的缺陷。由于一定原因,字典辞书在收录时,并未提供文献例证,南部档案俗字研究可以补充字词的文献例证。

《为京师专设矿务铁路总局统辖开矿筑路事宜事饬南部县衙》:"无非以

距（距）京遥遠（远），骤难稽核。"［《南部档案》第 14 - 46 - 1 号，光绪二十四年（1898 年）九月二十四日］

按："远"是"遠"的简体俗字。《汉语大字典》："遠"的简化字①。没有文献例证。《简化字溯源》指出："'远'最早出现在元抄本《京本通俗小说》上。"② 可以根据《京本通俗小说》和南部档案进行补充。

《为会禀南部县令章仪庆实心任事治理有方恳请留署一年事饬南部县》："又如陆军学堂学生鲜于宗骏假冒五品衔翎，妄称长官衙门幕友，在各处招摇撞骗，该令独能破其奸伪，毅然挚办，使鬼蜮伎俩无所遁其形影。"［《南部档案》第 18 - 11 - 2 号，光绪三十三年（1907 年）十月十一日］

按：在这件吏房档案中，"僞"字写作俗字"伪"，属于简体俗字。《汉语大字典》："僞"的简化字③。没有文献例证，可以根据南部档案补充。通过对清代南部档案俗字的研究，我们可以对简化字有更正确的认识，对汉字改革和规范有深刻的认识。从南部档案俗字研究中，我们可以看出，很多简化字经过长期演变，经过约定俗成，具有了深厚的群众基础，已经广泛使用，并非政府随心所欲或者闭门造车规定的。从南部档案俗字的书写情况可以看出，即使有国家的规范，民间的许多人也并不会严格遵守，还是按照个人习惯，写自己认为正确的文字，只保留大体一致，笔画往往有所差异，不尽相同。至于个人的信札、牌匾、条幅、字据等，更不会按规范标准写。

《为造贵顶补阜县工房典吏程献忠着役日期事呈保宁府》："遵依结得顶补工房典吏程献忠委系南部县载粮民籍，身家清白，并无重役、过犯违碍等弊，中间不虗（虚），甘结是实。"［《南部档案》第 18 - 12 - 3 号，光绪三十三年（1907 年）十月二十二日］

按："礙"字写作俗字"碍"，属于简体俗字。《敦煌俗字典》未见收录。《中文大辞典》："碍，礙之俗字。《正字通》：'碍，俗礙字。'"（第 10163 页）《中文大辞典》未举书证，可补。

---

① 《汉语大字典》（第一版），四川辞书出版社、湖北辞书出版社，1990，第 3818 页。
② 张书岩、王铁锟、李青梅、安宁：《简化字溯源》，语文出版社，1997，第 87 页。
③ 《汉语大字典》（第一版），四川辞书出版社、湖北辞书出版社，1990，第 126 页。

《为王蒲氏具告丈夫王洪模虐待侮辱事》："于初九日逃府王姓家中，帮（帮）洗衣服顾口，躲藏于十五日夜，夫主率人在王姓家中将小妇人捆押（押）来案。"[《南部档案》第 23 - 236 - 1 号，宣统二年（1910 年）二月十八日]

按："帮"是"幫"的简体俗字，而且左边一撇不出头。《汉语大字典》："幫"的简化字①。没有书证。《中文大辞典》："幫之俗字"。《辞海》："帮，幫俗字。"（第 4599 页）没有书证。没有文献例证，可以根据南部档案补充。

《为禀报查考过境洋人姓名事饬南部县》："仰洋务局通饬各尿，嗣后如遇洋人过境，均询明姓名，禀报查考。"[《南部档案》第 16 - 453 - 24 号，光绪二十九年（1903 年）一月十八日]

按："报"是"報"的简体俗字。《汉语大字典》："報"的简化字②。没有书证。没有文献例证，可以根据南部档案补充。

（二）提前文献例证

字典辞书在编撰时，受客观条件的限制，未能使用早期文献例证，导致字词的文献例证时代滞后。南部档案俗字研究可以提前字典辞书收录俗字的文献例证时代。

《为敬绍虞霸吞凶抗案内传唤差役事》："等始将秤簿挈獲（获）携（携）回，伊反恃横斜（纠）率多人将丁等围殴。"[《南部档案》第 14 - 36 - 1 号，光绪二十四年（1898 年）三月二十二日]

按："携"是"携"的简体俗字。传世文献多见，例如《文选·李陵〈答苏武诗〉》："携手上河梁，游子暮何之。"唐皮日休《卒妻怨》："少者任所归，老者无所携。"《文选·张衡〈思玄赋〉》"结精远游使心携"李善注引《公羊传》"携其妻子"何休注。又见《文选·张衡〈思玄赋〉>》"结精远游使心携"旧注。携字又见《慧琳音义》卷十五"携持"注。清汤春生《夏闺晚景琐说》："徐手携碧纱团扇，迎眸一笑。"清纪昀《阅微草堂笔记·滦阳消夏录一》：

---

① 《汉语大字典》（第一版），四川辞书出版社、湖北辞书出版社，1990，第 736 页。
② 《汉语大字典》（第一版），四川辞书出版社、湖北辞书出版社，1990，第 1846 页。

"月坪妻携女归宁。"《花月痕》第十回:"荷生看那扇叶上,系画两个美人,携手梧桐树下。"(第5929页)《汉语大词典》首引清代例证,时代偏晚。

《为具告李右连等乱伦叔翁估配侄妇事》:"二十八日,岂叔如连手持凶刀,估要任氏与伊配合……似此叔翁估配侄妇,人伦安在?"[《南部档案》第3-78-1号,嘉庆十六年(1811年)九月三日]

按:"估"字是方言俗字,意思是"逼;强迫",即一定要,强迫要,做不到或不能做的事情硬要做。现在南部方言仍然说"估奸",意思是"强奸"。"估"又俗写成"鼓"。"了事"是结束事情,息事宁人的意思,南部方言仍然使用。南部档案多见,例如《为具告王文兴等勒买盐井阻佃事》:"殊伊父子估霸不肯,又不决买,亦不依照近学佃价与认佃。"[《南部档案》5-293-1,咸丰元年(1851年)一月二十九日]《为具告胡绍文等叠次需索估割粮苗事》:"讵料买后伊等逞刁,欺民老迈,迭次需索,稍不遂意,非蹧粮苗估割,即寻买卖挟制。"[《南部档案》第6-53-1号,同治二年(1863年)六月十三日]《为查勘田程氏具告王定一等霸伐申搕情形并唤案内人等赴县候讯事》:"明金忿恨,串他妻族王定一同王兰亭们多人前来,骗称小妇人糟践他们坟冢,估要与他们出钱二十串。"[《南部档案》第14-70-3号,光绪二十四年(1898年)六月二十五日]例多不赘。

《汉语大字典》:"方言。逼迫;强迫。唐枢《蜀籁》卷一:'估打成招。'艾芜《猪》:'硬要估住他赔。'"[1] 首引例证是民国时期的,时代滞后。

《汉语大词典》收录该义,解释是:"方言。逼;纠缠。艾芜《一个女人的悲剧》三:'该不是拿跟陈家驼背子拖着,估住要账吧!'李劼人《死水微澜》第三部分二:'你们大老表就估住我作东道,招呼到你这里。'"首引书证也滞后。

《中文大辞典》《故训汇纂》均未收录该字。

其他文献也多见该俗字。

《四川方言词语考释》:"估,强迫,逼迫。《金瓶梅词话》第七十一回:'我因堂尊分付,就说此房来,何公倒好,就估着要,学生无不作成。'"[2]《跻春台》卷一《双金钏》:"或奸淫或估骗或做强盗。"又卷一《十年鸡》:"二叔叔毒心

---

① 引自《汉语大字典》(第一版),四川辞书出版社、湖北辞书出版社,1990,第130页。《汉语大字典》(第二版),四川辞书出版社、崇文书局,2010,第163页。两版文字全同。
② 例证参看蒋宗福《四川方言词语考释》,巴蜀书社,2002,第235页。

肠，估逼为妻要下堂。""估逼"同义连用。又卷一《节寿坊》："怎奈五旬无子，娶一妾三年不孕，逼住丈夫嫁了。"蔡敦勇校：逼——原文作"估"，误，径改，下同，不另出注（118 页）。张一舟指出：原文不误。四川方言"估"有"强迫、逼迫"义。《汉语大字典·人部》："估，方言。逼迫，强迫。""估"常同"住、倒、逼"连用，说成"估住、估倒、估逼"。"估住丈夫嫁了"即"强迫丈夫嫁所娶之妾"。本书 26 页"估逼为妻要下堂"，39 页"估住我嫁妻要还清"，"估"未改，是，其他则有多处误改。"估"今仍这样使用。如《春潮急》176 页："谁家有粮食是谁家的，任何人都不能估借估要。"①

（三）增补漏收俗字

由于汉字书写各异，造字无数，字典辞书遗漏俗字收录，在所难免。字典辞书由于种种原因，对一些俗字未加收录，本研究可以增补字典辞书漏收的俗字。

《为申报选充本衙典吏王培勋着役日期册结并请给执照事呈藩司》："其所遗恭（恭）缺（缺），選（选）得本房经书王培勋（勋），在房年久（久），熟习公事。"［《南部档案》第 12－1－1 号，光绪二十年（1894 年）四月二十四日］

按："選"是"选"的俗字，《汉语大字典》收录有五种字形，未见收录该俗字②。《中文大辞典》收录有十五种字形，也未见收录该俗字（第 14504～14505 页）。该俗字"共"字上写"巴"字，而不写两个"巳"字。

《为曾占魁具告邹志高挪欠盐局公款银两事》："武生邹鹤鸣应该与他已故胞（胞）兄邹志高所欠鹽（盐）局公欵（款）银一百二十两，如数措缴。……武生应将已故胞（胞）兄该欠公欵（款）银一百二十两，自应着候歸（归）还缴足。"［《南部档案》第 23－268－6 号，宣统三年（1911年）三月十日］

按："胞"是"胞"的俗字。右边与"色"字写法接近，常常与"色"字混淆。

《汉语大字典》只有一个字形，未收录该俗字，即"㿟"，见《说文·包部》③。

---

① 张一舟：《从〈跻春台〉的校点看方言古籍整理》，《方言》1995 年第 2 期。
② 《汉语大字典》（第一版），四川辞书出版社、湖北辞书出版社，1990，第 3886 页。
③ 《汉语大字典》（第一版），四川辞书出版社、湖北辞书出版社，1990，第 2062 页。

《为查酌公文由剑州设站转递抑由小川北设站转递事饬南部县》："奉批**该**（该）具前**與**（与）中江、蓬射**芋**（等）县**聯**（联）衔禀请设（设）局**寺**（专）**遞**（递）小川北文报（报）案，经本部堂批准并饬司**迚**（迅）檄上下州县仿设以通全路，应俟蓬州、渠县**芋**等处（处）设**覆**（覆）一丹，饬一律设妥定期**阇**（开）辦（办）。"〔《南部档案》第 13 - 6 - 1 号，光绪二十二年（1896 年）二月九日〕

按："**覆**"字费解，经反复推敲，疑是"覆"字俗写。南部档案中多见，例如《为严催牙当各帖以裕国课事饬南部县》："迄今日久，未**拁**（据）查明，具**覆**（覆）合，再**厌**（严）催。"〔《南部档案》第 10 - 990 - 1 号，光绪十四年（1888 年）二月一日〕

南部档案中也有不少方言俗字，字典辞书往往未收录。

《为具供民具告王兴贵私煮大麦酒事》："是武生**屡**（屡）斥不耳。"〔《南部档案》第 4 - 68 - 5 号，道光二十年（1840 年）五月十八日〕

按："耳"即"理睬"义。"耳"是"理"义，"不耳"即不理。《汉语大字典》《汉语大词典》《中文大辞典》均未收录该义。"耳"何以有此义，我们怀疑"耳"与"听"有关，"不听"很容易引申为"不理"。现在南部方言仍然说"不耳""不耳视"等。"耳"是听，"视"是看，都是"理睬"义。南部档案中多见，例如《为徐寅林具告汪清海刁嫁撇事》："亦不付楚，小的才投徐隆贵理说，这汪清海抗场，不耳。"〔《南部档案》第 13 - 973 - 1 号，光绪二十三年（1897 年）三月初七日〕《为具禀同班役罗志怙恶不悛公恳斥革事》："伊不知咎，膽（胆）敢纵贼行竊（窃），胡正烟打烟杆、雨伞等物，胡正当**投**，役等**眈**（耽）理，伊反**迯**（逃）归，昂然不耳。"〔《南部档案》第 14 - 20 - 2 号，光绪二十四年（1898 年）六月四日〕《为具告刘永尧等透拐磨冪嫁事》："霸配不耳，当投该处保甲。"〔《南部档案》第 16 - 204 - 1 号，光绪二十九年（1903 年）五月十四日〕

巴县档案"而"字也有类似的表达，误写成"面"字。《乾隆二十四年十一月初九日马文学、赵世祥供单》："小的叔子马维勋投邻佑霍行吉理讲，赵世仲们不面。……小的投鸣熊文义与他理讲，赵世祥弟兄不面。"① 按：巴县档案出

---

① 四川省档案馆：《清代巴县档案汇编》（乾隆卷），档案出版社，1991，第 11 页。

现的"面"字费解，我们怀疑"面"字是"而"字形误，"而"字与"耳"同音，都属于记音俗字。

《为移关饬差将史杨氏传唤到案事致蓬州》："旋据杨正奎、史存清等先后呈恳提讯前来，当经随事提讯。"〔《南部档案》第16-201-4号，光绪二十九年（1903年）三月五日〕

按："旋"即现，不久；立刻。周志峰《明清小说俗字俗语研究》说："'旋'有现、临时、即刻义。"①《史记·扁鹊仓公列传》："臣意诊脉，曰：'内寒，月事不下也。'即窜以药，旋下，病已。"《后汉书·董卓传》："卓既杀琼珌，旋亦悔之。"宋晏几道《武陵春》词："年年岁岁登高节，欢事旋成空。"《醒世姻缘传》第三三回："既是请先生，还得旋盖书房哩。"梁启超《噶苏士传》第八节："肘下之毒蛇方去，心中之鬼蜮旋生。"

---

① 周志峰：《明清小说俗字俗语研究》，中国社会科学出版社，2006，第265页。

《南部档案》俗字考释六则

孙芳芳　杨小平[*]

俗字是相当于正字而言的。正字是符合书写或拼写规范的，俗字是由于字形讹变或隶变而形成的，它是一种通俗字体。俗字不同于一般的错字，它具有一定的群众基础和流通性，它也有可能得到扶正，成为正体。因为语言是约定俗成的，只要大家都接受，一切皆有可能。也有不少俗字由正字转变而来，有的则是继承前代俗字，或者被后世沿用。认识俗字、理解俗字是非常重要的，特别是在阅读一些传世之作的时候，也许一个不认识的俗字就会改变整个文章的意思；对俗字进行考释，对档案研究、历史研究来说都是非常必要的。

本文选取了清代南部县衙档案中出现的六个俗字进行考释，望方家正之。

一　旹

《为奉转京外官员丁忧请饬回籍守制事饬南部县》："于光绪三十四年九月初四日奉旹吏部知道，钦此。"［四川省南充市档案馆藏《南部档案》第14-5-1号，光绪三十四年（1908年）十一月十二日］

《为札知即用知县张瑾雯印结事饬南部县》："钦派王大臣验看奉旹赏给商科举人。"［四川省南充市档案馆藏《南部档案》第21-26-1号，宣统二年（1910年）十一月二十五日］

---

* 孙芳芳，西华师范大学文学院硕士研究生；杨小平，西华师范大学文学院教授。

按：《敦煌俗字典》《汉语大词典》没有收入此字；《汉语大字典》和《宋元以来俗字谱》（117 页）有收。

《汉语大字典》解释为："同'旨'，《宋元以来俗字谱》：'旨'，《目连记》作'旹'。"① 没有给出明确的例证。《宋元以来俗字谱》把"旹"列在了正楷一栏，我们认为"旹"应该是一个俗字，因为"旨"已经被公认为是正体字了，所以这种有别于正体的又同音同义、字形很相近的应该是俗字。《宋元以来俗字谱》还说《目连记》有出现"旨"的俗字"旹"，这个俗字的上面和"旹"的上面一样，进一步证明"旹"是"旨"的俗字。

此外，"旨"的俗体还有很多种，如《敦煌俗字典》《汉语大字典》和《宋元以来俗字谱》都有收"旨"的俗体"旨"；《汉语大词典》和《汉语大字典》有收"旨"的俗体"旹"；《汉语大字典》还收了"旨"的俗体"旨"和"助"，可见"旨"的俗体还是有很多的。

二 効

《为京外官员丁忧·请饬回籍守制事饬南部县》："该员不能假报効之名。"［四川省南充市档案馆藏《南部档案》第 14-5-2 号，光绪三十四年（1908 年）十一月十二日］

按：《宋元以来俗字谱》没有收该俗字；《敦煌俗字典》② 《汉语大词典》（第二卷，786 页）《汉语大字典》均有收入。《汉语大字典》解释说："同'效'，《玉篇·力部》：'効，俗效也。'"③ 可见"効"确实为"效"的俗体。

综合观察三部有收入"効"的书中的例子，发现"効"作为"效"的俗体，最早见于战国时期，如《楚辞·九章·怀沙》："抚情効志兮，冤屈而自抑。"这个例证在《汉语大字典》《汉语大词典》中都有收入，此外，《汉语大词典》还收入了这一时期的另一个例证：《吴子·图国》："乐以进战，効力以显其忠勇者，聚为一卒。"汉唐一直沿用，如《汉语大词典》例证中有汉·马融《长笛

---

① 汉语大字典编辑委员会：《汉语大字典》，四川辞书出版社、湖北辞书出版社，1988，没有收入此字。汉语大字典编辑委员会：《汉语大字典》，四川辞书出版社、崇文书局，2010，第 1594 页有收入此字。

② 黄征：《敦煌俗字典》，上海教育出版社，2005，第 453 页。

③ 汉语大字典编辑委员会：《汉语大字典》，四川辞书出版社、湖北辞书出版社，1988，第 370 页。汉语大字典编辑委员会：《汉语大字典》，四川辞书出版社、崇文书局，2010，第 403 页。两版文字没有差别。

赋》："是故可以通灵感物，写神喻意，致诚効志，率作兴事。"又有唐·严武《酬别杜二》："未効风霜劲，空惭雨露私。"

南部档案里又给出了清代的例证。可见，"効"作为"效"的俗体是自古有之的。

三　泒

《为申送光绪二十二年五月派赴阆中总局投领公文差姓名事呈保宁府》："五日泒差一次，每月共泒差六次。"［四川省南充市档案馆藏《南部档案》第 13－14－1 号，光绪二十二年（1896 年）五月］

按：《敦煌俗字典》《宋元以来俗字谱》《汉语大字典》都没有收，《汉语大词典》（第五卷，1087 页）有收，解释为："'派'的讹字。派遣，清·王通《蚓庵琐语》：'日给兵饷，悉泒本坊乡绅巨族质库。'"《蚓庵琐语》和《清代南部县衙档案》都来自清代，因此可以说"派"的俗体"泒"至少在清代已经出现了。《汉语大词典》判断为讹字，我们表示怀疑，该字理解为俗字似乎更好。

此外，"派"的另一种俗体"泒"在《汉语大词典》（第五卷，975 页）和《汉语大字典》① 中都有收录，"泒"作为"派"的俗体出现的比"泒"早，据《汉语大词典》收入的例证，最早出现于南朝，如《文选·郭璞〈江赋〉》："源二分于崛峡，流九乎浔阳。"而且这个俗体在唐朝时都还在使用，如孟郊《越中山水》："莫穷合沓步，孰尽别遊。"这个俗体只是比"泒"少了一点，字形很是相似。

四　令

《为禀明张元清等撤毁金鞍铺办公铺房该作站房出佃事》："令奉文安设腰站。"［四川省南充市档案馆藏《南部档案》第 13－16－1 号，光绪二十二年（1896 年）六月九日］

按：《汉语大词典》和《宋元以来俗字谱》没有收入此字，《汉语大字典》

---

① 汉语大字典编辑委员会：《汉语大字典》，四川辞书出版社、湖北辞书出版社，1988，第 1568 页。汉语大字典编辑委员会：《汉语大字典》，四川辞书出版社、崇文书局，2010，第 1680 页。两版本没有差别。

第二版和《敦煌俗字谱》（第199页）有收入。《汉语大字典》解释为："同'今'，见《敦煌俗字谱》。"① 没有给出具体例证；《敦煌俗字典》称东汉时期支娄迦谶翻译的《道行般若经》卷十有出现此字，原文是："过去当来令现在悉等入三昧。"所以说"令"作为"今"的俗体至少在东汉时期就已经出现了。

南部档案给出了清代的例证，进一步说明了"令"确实是"今"的俗体，而且在清代还在使用。

五　疋

《为宋元甫具告李坤林戏谑民母坠崖堕胎事》："小的李坤林平日贩卖布疋生理，素无妄为。"［四川省南充市档案馆藏《南部档案》第12-132-7号，光绪二十年（1894年）七月］

按：《敦煌俗字典》②《宋元以来俗字谱》③《汉语大词典》（第八卷，493页）、《汉语大字典》④ 均有收入。《广韵·质韵》解释说："匹，俗作疋。"清代的《字汇补·疋部》明确指出："匹，匹、疋二字自汉代已通用矣。"

综合分析《敦煌俗字典》《宋元以来俗字谱》《汉语大字典》和《汉语大词典》四部著作中的例子，发现"疋"作为"匹"的俗字至少是从西汉开始的，西汉刘向整理的《战国策·魏策》："车六百乘，骑马十疋。"这里的"疋"是量词，用来计量纺织品或马、骡等，《清代南部县衙档案》中的这个"疋"就是取此义的。东汉时期又出现了两种意思，一种是相当、相配的意思，如《白虎通·嫁娶》："配疋者何？谓相与偶也。"另一种泛指平常人，如《论衡·死伪》："疋夫疋妇彊死，其魂魄犹能凭依人以为淫厉。"自此，以后各个时期"疋"作为"匹"的俗体出现时，意思基本上都是这三种。所以说"疋"作为"匹"的俗体至少自西汉以来就有之。

---

① 汉语大字典编辑委员会：《汉语大字典》，四川辞书出版社、湖北辞书出版社，1988，没有收入此字。汉语大字典编辑委员会：《汉语大字典》，四川辞书出版社、崇文书局，2010，第142页。

② 黄征：《敦煌俗字典》，上海教育出版社，2005，第304页。

③ 刘复、李家瑞主编《宋元以来俗字谱》，台湾中研院历史语言研究所，1930，第115页。

④ 汉语大字典编辑委员会：《汉语大字典》，四川辞书出版社、湖北辞书出版社，1988，第2749页；汉语大字典编辑委员会：《汉语大字典》，四川辞书出版社、崇文书局，2010，第2940页。两版文字没有差别。

六 兹

《为申报选充兵房典吏蒲联芳着役日期册结并请给执照事呈藩司》："兹于光绪二十年七月二十六日着役。"［四川省南充市档案馆藏《南部档案》第 12－2－1 号，光绪二十年（1894 年）八月十六日］

《为夏冬班刑吏刘仕和接充已故刑吏许三升事》："兹本县验得许三升刑房命盗重件三年。"［四川省南充市档案馆藏《南部档案》第 14－1－5 号，光绪二十四年（1898 年）七月二十二日］

《为札饬法官考试事饬南部县》："兹经本司详明拟定办法，刑就告示合亟通饬晓谕俾众周知。"［四川省南充市档案馆藏《南部档案》第 21－19－1 号，宣统二年（1910 年）八月十八日］

按："兹"在《清代南部县衙档案》中常见，从《南部档案》来看，"兹"的使用在当时还是比较普遍的。但是《敦煌俗字典》《汉语大词典》《汉语大字典》《宋元以来俗字谱》均没有收入。不过，在《宋元以来俗字谱》中，有收入以"兹"作为部件的俗字，如在 48 页中说"滋"在《岭甫逸事》中有作"滋"，在 75 页中说"慈"在《目连记》和《岭甫逸事》中有作"兹"，在 98 页中说"镃"在《岭甫逸事》中有作"镃"，这三个俗字的一个部件都由正体的"兹"变为"兹"，可见把"兹"写成"兹"在当时是有的；而且《目连记》和《岭甫逸事》都是清代的作品，这和《清代南部县衙档案》的时代不谋而合，所以可以说"兹"的俗体"兹"至少在清代已经出现了，而且还得到了广泛的应用，这都说明"兹"应该是"兹"的俗体。

"據"字俗体演变考

刘丰年　杨小平*

现保存于南充市档案馆的《南部档案》异常珍贵，它保存了从顺治十三年（1656年）至宣统三年（1911年）的文书资料，时间跨度长、朝代完整，能够完整展现清朝文字的俗体情况。本文拟以"據"字俗体演变为基础，尝试找出《南部档案》中该字的各种俗体，在此基础上进行分类，并结合历代俗字研究文献进行研究，以图展现其流变概貌。

一　"据"和"據"的关系

本文所要探讨的当是"據"字。因1986年发行的《简化字总表》新版第一表中，"據"简化为"据"，所以大多数人都认为"据"和"據"是繁简字的关系。实际上，二者有不同的造字理据。现援引《说文》以证二者之关系。

《说文解字注》："据，𢶙捐也，从手，居声。段注：鸥鸰。子手拮据。传曰：拮据、𢶙捐也。公羊注假据为據。九鱼切。五部。"①

《说文解字注》："據，杖持也。从手，豦声。段注：谓倚杖而持之也。杖者人所據。则凡所據皆曰杖。據或作据。《杨雄传》：三摹九据。晋灼曰。据，今據字也。按：何氏公羊传注據亦皆作据。是假借拮据字。居御切。五部。"②

可以看出，"据"从手居声，"據"从手豦声，二者音同，所以在古书中经常互相假借，成为通假字。

---

*　刘丰年，西华师范大学文学院硕士研究生；杨小平，西华师范大学文学院教授。

①　段玉裁：《说文解字注》，上海古籍出版社，1981，第602页。

②　段玉裁：《说文解字注》，上海古籍出版社，1981，第597页。

二 "據"字在《南部档案》中的表现

在《汉语大字典》中，"據"的本义及引申义共有十三条。但在《南部档案》中，"據"主要有两种用法：一是作为介词，表示依据的对象或方式。如《为具禀莫如德品行有亏不宜从教另推举孙若兰从教事》："现据斋长李升寅等具禀……"① 二是表示凭证、证明，即借约或书契的存根。如《为与袁文礼侵占耕禁地凭众族人理息书立永敦和睦事》："故立合约二纸，各执一纸，日后永远以为存据。"② 这两种用法的"據"字变化最富众多，小至一个笔画的曲折，大到完全改写，可谓完全展现了清代书手们对俗体字写法的谙熟程度。

根据"據"的孳乳变化情况，我们把《南部档案》中出现的俗体尝试分为四类③。

"據"字（一）

1. **據**川北镇标左营带兵把总马聪呈、各营目兵李荣等呈称……［四川省南充市档案馆藏《南部档案》2-19-1，乾隆四十年（1775年）十月二十九日］

2. 空口无凭，立出压佃文约为**據**。［四川省南充市档案馆藏《南部档案》6-496-2，嘉庆二十二年（1817年）九月十六日］

3. 前署司并本司叠次札催各在案，迄今日久，未**據**批解前来。［四川省南充市档案馆藏《南部档案》4-20-2，道光二十九年（1849年）三月初八日］

4. 事案**據**县道会杨静智呈领劄付一案到司。［四川省南充市档案馆藏《南部档案》5-172-2，咸丰四年（1854年）五月二十九日］

5. **據**禀已悉，粘单附。［四川省南充市档案馆藏《南部档案》6-92-1，同治十年（1871年）十一月初四日］

6. **據**咨已悉。嗣后洋人入境出境，仍即照旧护送。［四川省南充市档案

---

① 四川省南充市档案馆藏《南部档案》第6-562-1号，同治十三年（1874年）三月二十七日。我们引用南部档案时注明档案所在的目录号、卷号和件号，并说明档案书写时间，以便核对。下同。

② 四川省南充市档案馆藏《南部档案》第7-539-4号，同治元年（1862年）九月一日。

③ 由于《南部档案》跨历整个清朝，卷帙众多，所以我们根据皇帝朝代，在各朝代采用抽样调查的方法，采集"据"的俗体。如果一个朝代有不同的俗体，即按照时间先后选取。

馆藏《南部档案》17-993-9，光绪三十二年（1906年）十月初八日]

"據"声旁"豦"，从豕、虍。"虍"头在汉隶碑文中常与"雨"头相混，形成了多种俗写法。《隶辨·虍部》："虍读若呼。说文作𧆞，虎文也，象形。隶省如上。或作𧆞、𧇅，亦作𧇅，变作𠂇、𠂇。"① 《隶辨·雨部》："雨与《说文》同。一象天，冂象云水霝其间。字在上者作雨，亦作雨、雨，变作𩅧，亦作𩂉，与虍字异文相混。靈或作𩂁，霸或作𩂱，皆讹从虍。需或作𩂥，讹从而从虍。"②

《唐碑俗字录》中"虍"有两种变化情况𧆨、𠂇；所以唐碑中"虚"作"虗"，"戲"作"𢧵"。这也是承袭了汉隶中的写法。在《南部档案》中"豦""虍"头部分，基本上是保持了汉隶的传统。"據"作以上的俗写法，看来是不离历史的"窠臼"。

《宋元以来俗字谱》（以下简称《俗谱》）中，"據"的这一类变化情况有两种，即據、據。可以看出随着时代的发展，"據"的这种俗体在不断增多。其变化情况集中在"據"字"虍"头部分的孳乳上。

"據"字（二）

1. 今據各属俱已详报，惟该府并属尚有未據报到者，殊属漫视迟延。[四川省南充市档案馆藏《南部档案》1-5-6，雍正三年（1725年）四月二十七日]

2. 本司遵奉转行，嗣據各属覆到。[四川省南充市档案馆藏《南部档案》5-4-1，雍正三年（1725年）二月二十八日]

3. 今恐人心不古，毕宁镒父子出挖根绝卖文约一纸，亲交何可重同侄天德收存，永远为據。[四川省南充市档案馆藏《南部档案》2-60-4，乾隆四十一年（1776年）五月十七日]

4. 案據该县云云，雷速火速，等因奉此。[四川省南充市档案馆藏《南部档案》2-45-11，乾隆六十年（1795年）二月十一日]

5. 案據阜县云云，速速特札，等因奉此。[四川省南充市档案馆藏《南部档案》3-25-4，嘉庆六年（1801年）八月二十一日]

6. 现據张大典等具控已批准唤讯矣。[四川省南充市档案馆藏《南部

---

① 顾蔼吉：《隶辨》，中华书局，1986，第213页。
② 顾蔼吉：《隶辨》，中华书局，1986，第128页。

档案》4－357－2，道光二十七年（1847 年）六月初八日〕

7. 前**據**吴桢廷以唆泼控诬等词呈控自系不愿。〔四川省南充市档案馆藏《南部档案》6－424－5，同治十二年（1873 年）十一月十七日〕

8. 现**据**斋长李升寅等具禀，已批准孙若兰接聘矣，着即知照。〔四川省南充市档案馆藏《南部档案》6－562－1，同治十三年（1874 年）三月二十七日〕

《说文》不载"據"字，《龙龛手镜》《俗谱》和《敦煌俗字典》亦未见收录，而在搜集碑刻文字的书籍中，我们找到了其踪影。《隶辨》："據。按：《说文》據从豦，碑变从處。"① 《碑别字新编》："據，據。魏西河王元悰墓志。"② 根据以上材料，我们认为："據"应当是"據"的碑变俗字，是改换声符而造出的俗字。《南部档案》载这种俗体，至少证明了这个字在民间是存在的。字书未载，可能是限于时间或地域，而为编字书者所未见。

"據"字（三）

1. 兹准**地**提臣成臬司缪其吉各汇造清册。〔四川省南充市档案馆藏《南部档案》2－34－12，乾隆五十年（1785 年）正月二十五日〕

2. **撾**杜贵供：小的在嘉庆十九年（1814 年）赶集八庙，有杜崇均邀同小的与高炳恭贩卖骡马生理。〔四川省南充市档案馆藏《南部档案》3－51－8，嘉庆二十四年（1819 年）七月二十三日〕

3. **魁**何胆供：小的在嘉庆二十一年（1816 年）七月初九日，在富村驿撞遇杜崇均与杜贵。〔四川省南充市档案馆藏《南部档案》3－51－7，嘉庆二十四年（1819 年）七月二十三日〕

我们查阅《隶辨》《唐碑俗字录》《龙龛手镜》和《敦煌俗字典》，不见"據"字上述俗体，只在《俗谱》中，收录了上面的第一种变化。另外，我们发现，《俗谱》把声旁"处"及其相应的变化，作为"處"的俗体来处理。《俗谱》："處，《列女传》、《取经诗话》、《通俗小说》、《古今杂剧》、《三国志平话》、《太平乐府》、《白袍记》、《东窗记》、《金瓶梅》作'处'，《目连记》作'処'，《岭南逸事》作'处'。"③ 实际上，"处"是本字，而"處"是其异体。

---

① 顾蔼吉：《隶辨》，中华书局，1986，第 128 页。
② 秦公：《碑别字新编》，文物出版社，1985，第 351 页。
③ 刘复共、李家瑞：《宋元以来俗字谱》，台湾中研院历史语言研究所，1930，第 68 页。

《说文解字注》："处，止也。从夂、几。夂得几而止也。處或从虍声。段注：今或体独行，转谓处俗字。"① 《汉语大字典》："按：金文和《说文》或体均像人头戴皮冠坐在几上之形。"② 由此可以明确"處"是"处"的或体，也就表明两者是异体字的关系。只不过后来"處"行而"处"渐式微，以至时人不知其二者真正的关系，乃至认为"处"是"處"的俗体。

对于"处"作声旁的"拠"字，是不是应该单独作为"據"的俗体呢？我们认为：虽然"处"最初是正字，但是随着时代的发展，"處"的使用范围逐渐覆盖了"处"字。宋元明清时期，"处"字又逐渐兴盛了起来，而"處"字的正字位置，已经牢固，时人就认为"处"是俗体，习非成是。由"处"作为构字部件的字，相应的就是俗体了，所以我们把"拠"归为"據"的进一步俗写。

"據"字（四）

1. 今恐人心不古，凭众立写永远文约与戚璿子孙永远为攄。[四川省南充市档案馆藏《南部档案》1－4－1，雍正九年（1731年）十一月二十四日]

2. 蚁不敢徇隐，只得攄实禀乞。[四川省南充市档案馆藏《南部档案》2－46－2，乾隆十三年（1748年）十二月十三日]

3. 昨攄向登堂具，业已批饬唤讯，孰实孰虚，候唤集察讯。[四川省南充市档案馆藏《南部档案》6－418－2，同治元年（1862年）二月二十九日]

4. 尔叔温幅仕先因乏嗣，抱尔承祧，既系凭族立有约攄。[四川省南充市档案馆藏《南部档案》6－426－1，同治四年（1865年）四月初十日]

5. 其钱义不言利，俟到任后，如数送还归款，不悮此攄。[四川省南充市档案馆藏《南部档案》6－547－2，同治七年（1868年）八月二十日]

6. 查昨攄该廪生等公举李荣培认佃油行业经批准。[四川省南充市档案馆藏《南部档案》9－875－1，光绪十三年（1887年）十二月初五日]

7. 攄禀已悉，仰候督部堂暨司局批示缴。[四川省南充市档案馆藏《南部档案》17－916－7，光绪三十二年（1906年）六月初九日]

上述俗体是传承最为悠久的，从汉碑到唐碑，再到敦煌俗字至宋元俗字，我

---

① 段玉裁：《说文解字注》，上海古籍出版社，1981，第716页。

② 汉语大字典编撰委员会：《汉语大字典》（第二版），四川辞书出版社、崇文书局，2010，第3017页。

们可以清晰地看到其发展的脉络。然而都不及《南部档案》中变化之宏富。《汉语大字典》："'攄'同'據'。《宋元以来俗字谱》：'據，《古今杂剧》、《太平乐府》、《东牕记》等作攄。'《博陵太守孔彪碑》：'上帝悲谲，天秩未究，将攄师辅之纪□纲，□疾弥流，乃碩乃□。'"[①] 我们访源汉隶发现，"攄"从严格意义上来说，是"攄"的进一步俗写。因为"攄"的声旁"處"字，在汉隶中有众多变体。这些变体往往就是其俗写形式，作为声旁相应地构成"據"的多种俗体。《隶辨》："處，處、憲、凌、霙、霰、霙、霙、霙、霙、霙、霙、霙、霙。"[②] 除了"虍"头与"雨"头之混，"处"—"処"—"処"—"処"，于此我们不难推理"處"变"虜"的过程。《隶辨》备载"處"之碑变俗体，而为后世字书所载录的，往往是一鳞半爪。

《敦煌俗字典》中"攄"的变体有四种：攄、攄、攄、攄攄。《俗谱》中只有一种，而在《南部档案》中却能达到七种之多，"攄"声旁"處"承续了隶变时期大部分的变化形式，而且还发展了新的变体如攄。但是这也只是就我们目前所发现的来说的，在将近两万件的《南部档案》中，是否还会出现新的变体呢？答案显然是肯定的。

三　小结

我们发现在《南部档案》的同一件文书中，经常会出现"據"字多种俗体并用的情况，可以看出当时俗字使用的复杂情况。另外，在《南部档案》的契约文书中，"據"表示约据的意思时，有用音同的"具"来代替和临时的生造字"攄"。可见《南部档案》拓展了我们俗字研究的视野，是研究清朝时期俗字的一手资料。

---

① 汉语大字典编撰委员会：《汉语大字典》（第二版），四川辞书出版社、崇文书局，2010，第2059页。

② 顾蔼吉：《隶辨》，中华书局，1986，第91页。

浅谈《南部档案》俗字

董兆娜　杨小平*

清代南部县衙档案，是清代四川南部县历任正堂履行职责、执法行政的官方文书。档案形成于顺治十三年（1656 年）至宣统三年（1911 年），时间跨越长达 256 年，几乎涵盖了清代 268 年的历史，是清王朝国家基层政权组织——县衙的行政管理活动的全面记录，真实再现了当时南部县的社会情况和历史变迁情况。

南部县衙档案也真实反映了当时文字的变化，为研究俗字提供了大量的材料。本文主要是对档案中常见的部分俗字进行溯源探析、分析归纳研究，望方家正之。

一　档案中的俗字

俗字，是相对于一定时期的正字的一种通俗字体。古代叫别字、或体、破体、头字、简笔字、省体字、减笔字等[1]。唐代颜元孙在《干禄字书》中把汉字分为俗、通、正三体。说明俗字不登大雅之堂，造字方法未必符合六书标准，适用于民间。俗字的出现在文字形体的演变中也起了重要的作用。裘锡圭先生曾说："在文字形体演变的过程里，俗体所起的作用十分重要。有时候，一种新的正体就是由前一阶段的俗体发展而成的（如隶书）。比较常见的情况，是俗体的某些写法后来为正体所吸收，或者明显地促进了正体的演变。"[2]

---

* 董兆娜，西华师范大学文学院硕士研究生；杨小平，西华师范大学文学院教授。

[1] 褚群武：《论俗字的特点及其文化心理表现》，《牡丹江教育学院学报》2012 年第 1 期。

[2] 裘锡圭：《文字学概要》，商务印书馆，1988，第 44 页。

（一）充

南部档案中"充"字常见的写法有两种，即**亢**、**充**。例证如下。

《为奉布政使司信牌设立杜学选授社师事饬县儒学》："代理南部县事南**亢**县正堂杨－为请由学校等事，本年二月二十日奉。"〔四川省南充市档案馆藏《南部档案》第 1－5－2 号，雍正三年（1725 年）二月二十二日〕

《为奉布政使司信牌设立杜学选授社师事饬县儒学》："布政使司信牌案照设立社学选**充**社师系奉。"〔四川省南充市档案馆藏《南部档案》第 1－5－2 号，雍正三年（1725 年）二月二十二日〕

《汉语大字典》中共收录"充"字字形八个，分别是**亮**、**㐬**、**㐬**、**㐬**、**㐬**、**充**、**充**、充。前六个分别出现于《说文·儿部》《老子乙前》一〇四下、《满城汉墓铜镜》《居延简甲》《汉印徵》《石门颂》。同时，《汉语大字典》云："'**充**'同'充'。《正字通·儿部》：'充，字之**譌**。'按：**充**、充二字笔形微异。古籍中多作'**充**'，今作'充'。"①

由《汉语大字典》收录的字形我们可以看出"充"字形体的演变，主要是简化，中间的"口"字最终简化成"厶"字，下面的"几"字演变为"儿"字。

再如《敦煌俗字典》中收录的"充"的三个俗体：

㐬敦研 193《大般涅盘经》卷第十一"**㐬**满虚空。"S. 214《燕子赋》："雀儿投募**㐬**兼（傔），当时配入先锋。"②

㐬Φ096《双恩记》："一切大众皆供给饮食，乃至**㐬**足，利师跋王国内伍百乞人皆得饱满。"③

充P. 2999《太子成道经》："只为功果**充**满，上生儿率陀天宫之中。"也体现了"充"字形体在演变中的简化过程④。

经查阅《宋元以来俗字谱》和《唐碑俗字》都没有再收录"充"字新的写法。由此可见，南部档案中"充"字的俗体是古已有之的。

档案中的"**亢**"与《居延简甲》中的"**㐬**"字形相似，"**充**"与《敦煌

---

① 汉语大字典编撰委员会：《汉语大字典》（第二版），四川辞书出版社、崇文书局，2010。
② 黄征：《敦煌俗字典》，上海教育出版社，2005，第 55 页。
③ 黄征：《敦煌俗字典》，上海教育出版社，2005，第 55 页。
④ 黄征：《敦煌俗字典》，上海教育出版社，2005，第 55 页。

俗字典》中的"**兂**"字形相似，它们之间的差异可以说是由书写者的习惯不同而造成的。

（二）縣

南部档案中常见的"縣"的写法有**縣**、**縣**、**縣**、**縣**。例证如下。

《为奉布政使司信牌设立社学选授社师事饬县儒学》："代理南部**縣**事南充**縣**……"［四川省南充市档案馆藏《南部档案》第 1 - 5 - 2 号，雍正三年（1725 年）二月二十二日］

《为杜文谦等赴辕承差事致阆中县》："特授四川保宁府南部**縣**正堂加三级记录三次陈为飞提事。"［四川省南充市档案馆藏《南部档案》第 2 - 11 - 1 号，乾隆二十八年（1763 年）八月十一日］

《为杜文谦等赴辕承差事致阆中县》："随即差唤承唤杜文谟、杜洪达等到**縣**。"［四川省南充市档案馆藏《南部档案》第 2 - 11 - 1 号，乾隆二十八年（1763 年）八月十一日］

《为雇夫解造锅帐以实军行事致剑州县》："仍祈转移前途经过州**縣**……"［四川省南充市档案馆藏《南部档案》第 2 - 19 - 1 号，乾隆四十年（1775 年）十月二十九日］

《汉语大字典》中"縣"的简体为"县"，没有收录其俗体字。在《敦煌俗字典》中共收录"縣"的俗体六个：

縣敦研 270《佛经》："即刺此人所属本**縣**。"①

縣敦研 010《佛说檀特罗麻油述经》："若行**縣**邑中、大国中。"②

縣Φ096《双恩记》："州州**縣**县是珍财。"③

縣S. 2073《庐山远公话》："事既彰露，便被州**縣**捉来，遂即送入形（刑）狱，受他考（拷）楚。"④

縣S. 2144《韩擒虎话本》："地管五十余州，三百余**縣**，握万里山河，权军百万，便拟横行天下，自号称尊。"⑤

縣S. 388《正名要录》："右依颜监**縣**《字样》甄录要用者，考定折衷，刊

---

① 黄征：《敦煌俗字典》，上海教育出版社，2005，第 448 页。
② 黄征：《敦煌俗字典》，上海教育出版社，2005，第 448 页。
③ 黄征：《敦煌俗字典》，上海教育出版社，2005，第 448 页。
④ 黄征：《敦煌俗字典》，上海教育出版社，2005，第 448 页。
⑤ 黄征：《敦煌俗字典》，上海教育出版社，2005，第 448 页。

削纰缪。"①

与《汉语大字典》《敦煌俗字典》《宋元以来俗字谱》和《唐碑俗字》相对照，我们发现縣、縣、縣这三个俗体均未被收录，我们认为这三个俗体出现时间可能相对较晚。其中縣应是由縣增加笔画"丨"造成的，縣是由縣改变部分偏旁发展而来的，即"小"部用"灬"部代替得来的，縣应是在縣的基础上进一步演变而来的，"灬"由"厶"代替。我们现在使用的简体"县"字大概就是在俗字縣的基础上，省去"系"部得来的。经查阅南部档案，我们发现在光绪年间，"县"字的写法已经较为规范化，常见的是"縣"和"縣"，且前者的使用次数远远多于后者。由此可见，汉字的俗体在一定的时期内是有变化的，并逐渐向正体靠拢。

（三）社

南部档案中"社"常见的写法有社、杜、社，例证如下。

《为奉布政使司信牌设立社学选授社师事饬县儒学》："布政使司信牌案照设立社学，选充社师系奉。"［四川省南充市档案馆藏《南部档案》第 1 - 5 - 2 号，雍正三年（1725 年）二月二十二日］

《为奉布政使司信牌设立社学选授社师事饬县儒学》："仍将社师姓名逐一造册并……"［四川省南充市档案馆藏《南部档案》第 1 - 5 - 2 号，雍正三年（1725 年）二月二十二日］

《汉语大字典》中"社"字收录字形九种，其中《礼器碑阴》写作社，与南部档案中的社字基本一致。《敦煌俗字典》中收录"社"的俗体五种：

社 S.799《隶古定尚书》："郊社弗修，宗庙弗享。"S.527《显德六年正月三日女人社再立条件》："显德六年己未岁正月女人社因滋（兹）新岁初来，各发好意，再立条件。"②

社 P.3742《二教论》："《蜀记》曰：'张陵避病于虎丘，社之中得咒鬼之术。'"③

杜 Φ096《双恩记》："匡扶杜稷咸忠政（正），陶铸生灵尽叶和。"④

社 S.527《显德六年正月三日女人社再立条件》："若本身死亡者，仰衆社

---

① 黄征：《敦煌俗字典》，上海教育出版社，2005，第 448 页。
② 黄征：《敦煌俗字典》，上海教育出版社，2005，第 357 页。
③ 黄征：《敦煌俗字典》，上海教育出版社，2005，第 357 页。
④ 黄征：《敦煌俗字典》，上海教育出版社，2005，第 357 页。

盖白，耽拽便送。"①

祍 S. 527《显德六年正月三日女人社再立条件》："便仰衆社就门罚醴腻一
筵，衆**祍**破用。"②

在《宋元以来俗字谱》中没有再收录"社"的俗体，从上面列举的"社"
的俗体可以看出，主要是"土"部的变化，"土"字加一点变成"圡"，大概是
为了与"士"相区别。《汉语大字典》中说"圡"同"土"。《隶辨•衡方碑》：
"'圡家于平陆。'顾蔼吉注：'土字无点，诸碑士或作土，故加点以别之。'"
《敦煌俗字典》中收"圡"，如《双恩记》："帐天尘圡绞红旗。"但"圡"不见
于《唐碑俗字》《宋元以来俗字谱》和《龙龛手镜》中。在《敦煌俗字典》中
收录的"杜"的俗体**杜**、**杜**，也表明了"圡"字的出现是为了与"士"相
区别。

在"布政使司信牌案照设立**社**学，选充**杜**师系奉。"这句中，"社"字写
得极像"杜"字，但经考察，此处应是"社"字，在南部档案中"杜"字一般
仍写作**杜**，例如《为杜文谦等赴辕承差事致阆中县》："随即差唤承唤**杜**文谟、
杜洪达等到县。"［四川省南充市档案馆藏《南部档案》第 2－11－1 号，乾隆二
十八年（1763 年）八月十一日］由此可见，在清代的时候已经在使用"杜"字了。

南部档案中还有许多的俗字，有待大家的进一步研讨，以方便档案的整理
研究。

二 俗字的意义

第一，俗字的研究为我们扫除了阅读上的障碍，使我们能够较准确地把握原文
的意思。文字障碍的扫除，使我们能够更好地整理、研究南部档案。文字不通则文
意不达，文意不达则无法归类。无法归类或归类错误，都不利于档案的研究管理。
如"**社**"字，字形极像是"杜"字的俗体，若不认真分析，就会误以为是"杜"，
造成理解上的错误。实际上两者在字形、字义上差别很大，没有什么联系。

第二，对南部档案中俗字的研究，有助于进一步了解俗字形成的基本方法，
了解俗字的基本类型。张涌泉先生在《汉语俗字研究》中指出，俗字有增加意
符、省略意符、改换意符、改换声符、类化、简省、增繁、音近更代、变换结
构、异形借用、书写变异、全体创造、合文 13 种基本类型③。对档案中俗字的

---

① 黄征：《敦煌俗字典》，上海教育出版社，2005，第 357 页。
② 黄征：《敦煌俗字典》，上海教育出版社，2005，第 357 页。
③ 张涌泉：《汉语俗字研究》（增订本），商务印书馆，2011，第 46～105 页。

研究能够进一步证实俗字的基本类型，同时也能更好地了解俗字通俗性、任意性、时代性、区别性、方域性等的特点①。

第三，档案中俗字的整理研究，使我们能够了解当时书写中的差异，更加准确地把握清代文字字形演变的规律。从而有助于清代其他古籍的整理，以及相关写本文献的校对。同时能够弥补清代俗字研究的空白，有助于建立完整的汉语文字学体系，也有助于汉字的简化和规范化。

总之，对清代南部档案俗字的研究，无论是在语言文字、历史文化、社会风俗等方面都具有一定的价值，有待于大家的进一步研究。

① 张涌泉：《汉语俗字研究》（增订本），商务印书馆，2011，第116～126页。

清代顺治康熙时期《南部档案》俗字考释

晏昌容　杨小平*

清代南部县衙档案为我们提供了从顺治到宣统年间的社会各方面的信息，是研究清史极为珍贵的史料。在现存的 18000 多卷档案中，以光绪年间的档案保存得最为完整，数量也最多。顺治和康熙时期仅保留下来两件，现存的这两件档案是了解顺治、康熙时期政治、经济、社会、文化等各方面的重要资料。

其中，第一件档案是顺治十三年（1656 年）二月十二日由礼房上呈的，关于将荒芜的水田转请他人耕种的文约；第二件档案则是康熙五十二年（1713 年）十二月二十三由礼房上呈的，关于将祖业舍予寺庙的文约。

本文就以顺治、康熙年间仅存的两件档案为参照，对其中的某些俗字进行溯源探讨、归纳考辨，敬请大方之家批评指正。

一　档案中俗字研究的意义

第一，为南部档案的阅读扫除文字障碍，从而促使南部档案的整理顺利完成。文字不通则不能达文意，不懂文意则无法归类，归类不成或归类错误都会对档案的整理产生严重的后果。如后文的"叚"字，如果不从俗字的角度去分析该字，很可能会误认为是今天通用的字，而实际上，"叚"与"段"具有天壤之别，读音、意义各不相同，没有丝毫联系。

第二，为顺治、康熙以后的俗字研究提供借鉴意义。顺治、康熙时期作为清朝开端的两个朝代，对其中仅存的两卷档案的俗字进行研究，不仅可以分析出这

---

* 晏昌容，西华师范大学文学院硕士研究生；杨小平，西华师范大学文学院教授。

两个时期俗字的情况和特点，而且还能对整个清朝俗字的发展演变规律做出判断。

第三，弥补汉语俗字研究的空白，对汉语中的断代俗字研究贡献一点力量。早在半个多世纪前，唐兰先生就提倡大家要重视对俗字的研究，后来的蒋礼鸿先生、朱德熙先生更是呼吁大家要看重俗字的研究。至今，俗字研究作为汉字研究的薄弱环节，仍有待各位专家、学者作进一步的探讨研究。

二　档案中的俗字

俗字相对于一定时期的正体字而言，多用于民间。俗字由于具有通俗性、任意性、简便性等特点，在日常的交际中有旺盛的生命力，而在正规的用雅言交往的场合中很少出现。俗字的存在，极大方便了人们的交流。由于不同的时期会有不同的俗体出现（有时一个字可能会有很多俗体，如"对"字），又往往会给人们的阅读和交流带来一定的困难。

在顺治、康熙时期的两件档案中，俗字的数量达到了25%左右，主要有增繁、简省、类化、隶变、音近更代等几种情况。在此，我们对其中较为特殊的、不易辨认的、容易混淆的俗字稍作探讨。

（一）稱

《为甘愿将邓富高所遗基址舍于西平寺永充常住事》："自捨之后，认西坪僧人管业，则邓宅人不得反口稱说有粮合之土，倘后未尽人等异言，自领太上剿灭莲经十部。"［四川省南充市档案馆藏《南部档案》第1-2-1号，康熙五十二年（1713年）十月二十三日］

按：《汉语大字典》云："同'稱'字。《字汇·禾部》：'稱，同稱。'《正字通·禾部》：'稱，俗稱字。'《贞观正要·平公》：'吾心如稱，不能为人作轻重。'"[1]《康熙字典》："俗稱字。"[2] 可见，"稱"即"稱"的俗字。《龙龛手镜》："蒲结反，同'禾□'，禾香也。"[3]

由此推测，"稱"在当时的正体有"稱""禾□"两种，出现时期大约在唐

① 汉语大字典编撰委员会：《汉语大字典》（第二版），四川辞书出版社、崇文书局，2010，第2822页。
② 张玉书等：《康熙字典》（标点整理本），汉语大词典出版社，2002，第822页。
③ 释行均：《龙龛手镜》，中华书局，1985，第147页。

代前后。在《宋元以来俗字谱》中未见"穪",只见"称",同时在《列女传》中有"称""㮸"两种俗体,《太平乐府》中又出现了"㮸"这种俗体。在宋元时期,"称"的出现,恐是受了"穪"的影响,因为"穪"右部的"爾"多写作"尔","㮸"的写法恐是受了"再"的影响,在《宋元以来俗字谱》中,"再"在《列女传》《古今杂剧》《目连记》等作品中均写作"德"。而《敦煌俗字典》中收了"㮸",未收"㮸",如《佛说生经》:"女便收(放)衣,转捉死臂而大'㮸'叫。"① "穪"的这种写法的出现,即后来的"称""㮸"等俗体的出现,疑是受了多方面的影响,是从多方面演变而来的。如"爾—尔""再—丹""爪—爫"的相互转化演变。

(二)溝

《为易天龙李正兰二人入住太厚沟西平寺可耕种不得侵占事》:"常住人邓架,因祖业水田一分,坐落太厚溝,因见西坪寺缺少常住,难以招僧。"[四川省南充市档案馆藏《南部档案》第1-1-1号,顺治十三年(1656年)二月二十日]

按:溝,即沟的俗体字,其出现疑和上面的"㮸"相同,是受了"再"的影响。《龙龛手镜》中作"溝",古侯反。《宋元以来俗字谱》中只有《岭南逸事》中出现了"溝"的写法,而《敦煌俗字典》中有"溝",如《愿文本范本·十二月》:"十二月阴风剑扬,寒色凝空;雪点清山,冰坚壑溝。"②

(三)□

《为易天龙李正兰二人入住太厚沟西平寺可耕种不得侵占事》:"常住人邓架,因祖业水田一分,□落太厚沟,因见西坪寺缺少常住,难以招僧。"[《南部档案》第1-1-1号,顺治十三年(1656年)二月二十日]
《为甘愿将邓富高所遗基址舍于西平寺永充常住事》:"因邓富高所遗基址一段,□落西坪之侧,有合族人等不愿看守。"[四川省南充市档案馆藏

---

① 黄征:《敦煌俗字典》,上海教育出版社,2005,第48页。
② 黄征:《敦煌俗字典》,上海教育出版社,2005,第131页。

《南部档案》第1—2—1号，康熙五十二年（1713年）十月二十三日]

按：□，《汉语大字典》云："同，'坐'，《改併四声篇海·土部》引《奚韵》：'□，同坐。'"① 可知，"□"即"坐"的俗体。《宋元以来俗字谱》中"□"有"坕""坐""□"几种写法，分别见于《太平乐府》《目连记》和《岭南逸事》中。《敦煌俗字典》中收有"□"，如《汉将王陵变》："唯有汉高皇帝大殿而坐。"② 按："坕"的出现疑是受"□"的类化引起的，书写的人在写的过程中，受第一个"口"的影响，随手将右边的"人"也写作"口"，也是极有可能的。而"坐"的出现疑和"人人"的简化有关，今天的"來"、"夾"的简体均作"来""夹"，与"坐"无异。

（四）叚

《为甘愿将邓富高所遗基址舍于西平寺永充常住事》："因邓富高所遗基址一叚，坐落西坪之侧，有合族人等不愿看守。"［四川省南充市档案馆藏《南部档案》第1-2-1号，康熙五十二年（1713年）十月二十三日］

按：叚，即"段"的俗字。据《宋元以来俗字谱》载，《太平乐府》《娇红记》《目连记》《金瓶梅》《岭南逸事》中均作"叚"，容易与现今通行的"假"字混淆。《敦煌俗字典》中收有"叚"，如《洞渊神咒经·斩鬼品》："大魔王及小王、王女，一一悉斩首万叚，以谢往衍。"③ 从《汉语大字典》中"段"字的形体演变看，在景北海碑阴中作"叚"，故疑"叚"的出现和"段"字的隶变有关。

（五）嫋

《为甘愿将邓富高所遗基址舍于西平寺永充常住事》："子女幼小，老身夫嫋年迈，难以维持，叶华自愿将地基园林交还赵宅。"［四川省南充市档案

---

① 汉语大字典编撰委员会：《汉语大字典》（第二版），四川辞书出版社、崇文书局，2010，第463页。

② 汉语大字典编撰委员会：《汉语大字典》（第二版），四川辞书出版社、崇文书局，2010，第580页。

③ 汉语大字典编撰委员会《汉语大字典》（第二版），四川辞书出版社、崇文书局，2010，第98页。

馆藏《南部档案》第 1 - 2 - 1 号，康熙五十二年（1713 年）十月二十三日〕

按：頣，即"妇"的俗字。《宋元以来俗字谱》中"婦"在《目连记》《金瓶梅》《岭南逸事》中俗写作"妇"，不见"頣"。《敦煌俗字典》中也不见"頣"，但在"负"字下可见俗写的"員"，《正名録》："从人从刀。"① 故疑"頣"的出现和同音的"负"有关，恐二者为音近更代的关系，又恐是书写人根据音近更代而将"妇"讹写为頣。据张涌泉先生《汉语俗字研究》："古书中同音或近音替换的字很多，其中绝大多数可以划入假借字或音误字的范畴，但也有相当一部分是与俗字相关的，应该纳入俗文字的范畴。"② 按：现在以"妇"为正字，异于它的其他字为俗字，可见正俗的变化是不定的，这一时期的俗字也许就是下一时代的正字。

（六）圡

《为甘愿将邓富高所遗基址舍于西平寺永充常住事》："自捨之后，认西坪僧人管业，则邓宅人不得反口稱说有粮合之圡，倘后未尽人等异言，自领太上剿灭莲经十部。"〔四川省南充市档案馆藏《南部档案》第 1 - 2 - 1 号，康熙五十二年（1713 年）十月二十三日〕

按：圡，《汉语大字典》云："同'土'。《隶辨·衡方碑》：'圡家于平陆。'顾蔼吉注：'土字无点，诸碑士或作圡，故加点以别之。'"③ 可见"圡"的出现是为了区别字形相似的"士"。《敦煌俗字典》中收"圡"，如《双恩记》："帐天尘圡绞红旗。"④ 但是"圡"不见于《宋元以来俗字谱》和《龙龛手镜》中。由"圡"字可推测出档案中的另一个字"陸"。据《汉语大字典》中"陸"的演变轨迹看，并无"陸"的迹象，可见"陸"的写法和"圡"的类化有关。《敦煌俗字典》中收有"陸"，如《语对》："潘江陸海。"⑤

---

① 汉语大字典编撰委员会：《汉语大字典》（第二版），四川辞书出版社、崇文书局，2010，第 118 页。
② 张涌泉：《汉语俗字研究》（增订本），商务印书馆，2011，第 92 页。
③ 汉语大字典编撰委员会：《汉语大字典》（第二版），四川辞书出版社、崇文书局，2010，第 448 页。
④ 黄征：《敦煌俗字典》，上海教育出版社，2005，第 409 页。
⑤ 黄征：《敦煌俗字典》，上海教育出版社，2005，第 409 页。

（七）德

《为甘愿将邓富高所遗基址舍于西平寺永充常住事》："假言骨肉妄说生非，自有业，主功德，主赵宅反本坊长者证盟，永远充为万古常住。"［四川省南充市档案馆藏《南部档案》第 1 - 2 - 1 号，康熙五十二年（1713 年）十月二十三日］。

按：德，即"德"的俗字。在《宋元以来俗字谱》中常见，可知"德"在宋元时期已经得到了广泛的运用。《敦煌俗字典》中收有"德"，如《御注金刚般若波罗蜜经宣演卷上》："稽首善逝大仙雄，智段慈悲众德备。"[1] 根据《汉语大字典》"德"字的演变看，在定县竹简和礼器碑中"德"均无中间的"一"，故疑"德"作"德"可能与"德"字的隶变有关。

（八）淂

《为甘愿将邓富高所遗基址舍于西平寺永充常住事》："自捨之后，认西坪僧人管业，则邓宅人不淂反口稱说有粮合之土，倘后未尽人等异言，自领太上剿灭莲经十部。"［四川省南充市档案馆藏《南部档案》第 1 - 2 - 1 号，康熙五十二年（1713 年）十月二十三日］

按：淂，"得"的俗字。据《宋元以来俗字谱》载，《东听记》《金瓶梅》、《岭南逸事》中多作淂。而《敦煌俗字典》中有"淂"与"得"，未见"淂"。根据《汉语大字典》中"得"字的演变轨迹看，碑中的"得"写作"淂"，同时"從"字在碑中作"▨"，左边的"彳"都近似于"氵"，疑是在后来的流传中将"彳"旁写作"氵"，故"得"和"從"的俗体分别作"淂、从"，恐与汉字的隶化有一定联系。在《龙龛手镜》中有"淂"字，音得，获也。《汉语大字典》中："淂，同'得'，《集韵·德韵》：'得，

---

① 黄征：《敦煌俗字典》，上海教育出版社，2005，第 79 页。

或作得。'"① 可见，"得"的俗体又写作"**得**"，由于泰山石刻中有"**得**"字，疑"**得**"为"得"的早期俗字。在《通俗小说》和《古今杂剧》中，"得"又进一步写作"**得**"，又疑是其进一步简化、俗化导致的。"**得**""**得**""**得**""**得**"几种俗体，使"得"字的书写越来越简便，但是其简化程度并不与时间的推移相应，所以，俗字的出现和写法在一定程度上具有任意性的特点。

（九）帋

《为易天龙李正兰二人入住太厚沟西平寺可耕种不得侵占事》："捨白一帋，仅为执照者。"［四川省南充市档案馆藏《南部档案》第1-1-1号，顺治十三年（1656年）二月二十日］

《为甘愿将邓富高所遗基址舍于西平寺永充常住事》："捨白一**帋**，其屋宅改名。"［四川省南充市档案馆藏《南部档案》第1-2-1号，康熙五十二年（1713年）十月二十三日］

按：帋，《汉语大字典》云："同'纸'。《广韵·纸韵》：'帋，同纸。'《古今字诂》中《巾部》'帋'今'纸'也。如《新唐书·柳公权传》：'书帋三番，作真、行、草三体。'"② 《宋元以来俗字谱》中，"帋"已被广泛地运用于各书中，从《古今杂剧》到《岭南逸事》皆可见。《敦煌俗字典》中，收有"帋"，如《开元释教大藏经目录》："姚秦三藏鸠摩罗什共僧叡等译。六百二十三纸。"③ 在南部县衙档案中，"纸"是一个出现频率较高的字，有"**帋**""**纸**"等写法。

三　档案中俗字的特点

据张涌泉先生《汉语俗字研究》可知，俗字具有通俗性、任意性、时代性、

---

① 汉语大字典编撰委员会：《汉语大字典》（第二版），四川辞书出版社、崇文书局，2010，第900页。

② 汉语大字典编撰委员会：《汉语大字典》（第二版），四川辞书出版社、崇文书局，2010，第843页。

③ 黄征：《敦煌俗字典》，上海教育出版社，2005，第555页。

区别性、方域性五种特点。同样，这几个特点也适用于南部档案中的俗字。作为清朝顺治、康熙时期四川南部县的俗字，首先反映了清朝俗字的时代性，其次是作为四川南部县的地域性特点。俗字之所以称为"俗"字，与其通俗性不可分割，所以通俗性作为汉语俗字的根本特性存在于一切俗字之中。前文中的"圡"，是为了区别字形相似的"士"而加一点，可知南部档案中的字也不能脱离俗字的区别性而自成一体。

"地方档案与文献研究学术研讨会"会议评述

吴佩林　钟莉[*]

随着学术的地方转向，研究区域史与地方史，探析基层地方社会的实态成为不少学者的选择。当在"整体史"视野下细化"地方性"研究的研究路径成为一种趋向时，当研究力求跳出"死"的制度进入"活"的领域时，那些能反映百姓日常生活、提供社会实态、听到不同阶层的"声音"、获取"活"的文本等内容的地方档案显得尤为重要。通过对各地档案精细的研究，进而找出其普遍性，注重互动模式下的探讨，转变关注的层面，运用多学科研究的理念，合以传统文献探寻档案中的瑰宝，这成为一种趋势。当史学、法学、文献学、考古学、历史地理学等不同领域的学科关注并利用档案时，与其说档案在不断地丰富、充实我们的学术研究，毋宁说是我们在不同学科视野下探寻档案中的历史。一地的历史绝非仅仅靠档案就能了解，唯有将档案与当地的方志、家谱、碑刻、正史等文献进行有效的对话和回应，才能更切实地了解一地的社会。因此，构建档案与传统文献对话的平台，对比各种文献，推动档案的有效利用，进一步实现"多重证据法"成为学术界的迫切需要，亦会是一种重要的发展趋势。

本着上述学术理念，2012 年 11 月 29 日～12 月 2 日，由西华师范大学主办，国家社科基金重大项目"清代南部县衙档案整理与研究"课题组、西华师范大学历史文化学院、南充市档案局等单位协办的"地方档案与文献研究学术研讨会"在南充市举行。来自北京大学、复旦大学、中国人民大学、南开大学、四川大学、南京师范大学、西南大学、东南大学、重庆大学、西南政法大学等 16

* 吴佩林，西华师范大学历史文化学院教授；钟莉，西华师范大学历史文化学院硕士研究生。

所高校的 50 余名专家学者参加了此次学术研讨会。共收到 38 篇论文，涉及历史学、法学、文献学、文字学、考古学等学科。与会学者围绕清代衙门档案的整理与利用价值、地方社会与文化、清代州县司法、民间信仰、《南部档案》中的俗字、法学的法律史与历史学的法律史等问题展开了一场多学科、多领域、多主题的学术对话。与会论文主要利用档案，但又不迷信档案，除了使用《南部档案》《巴县档案》《军机处录副奏折》等档案资料外，还综合利用方志、家谱、清末诉讼习惯调查报告、田野调查等文献互证，从而增强了论证的力度，其中的观点颇有耳目一新之感。

对档案文献正确解读既是档案整理工作的迫切需求，又是研究者利用档案进行研究的重要前提。黄征《地方文献整理中的杂字问题》对"杂字"进行了论述，以栖霞寺匾额中的"栖"与"楼"为例对古今字的定义及使用进行了说明，认为古今字是一对或一组为了区分一字多义现象而形成的古本字与后起字的关系字，遇有古今字时应注意"古今字可注不可改"的原则；同时从定义、类型等多方面对异体字、繁简字、正俗字进行了区分：异体字就是音同义同而形不同的两个或多个的字，繁简字为一对或一组书写笔画有多有少的字，借音字乃是临时借用一个读音完全相同的字或由于读音非常相近而容易混淆的字来代替本字的字，正字系国家颁布的标准字形（也叫作"规范字"），俗字为汉字史上各个时期流行于各社会阶层的不规范的异体字。杨小平《巴蜀佛教碑文词语校释》一文则是运用排比归纳、文献考证等方法对"无生""圆寂""觉路"等词语进行了校释。字词的正确运用对古籍文献整理的帮助是毋庸置疑的，准确的句读则是古籍文献整理的另一项重要任务。王华宝、王勇为我们在句读、校勘方面提供了实例经验，在《〈水经注校证〉校读续记》一文中就《水经注校证》中人名问题、地点问题、句读问题、文字错讹等讨论了近 40 处疑误。杨小平《〈南部档案〉俗字研讨价值》、刘丰年和杨小平《"据"字俗体演变考》、董兆娜和杨小平《浅谈〈南部档案〉俗字》、孙芳芳和杨小平《〈南部档案〉俗字考释六则》、晏昌容和杨小平《清代顺治康熙时期〈南部档案〉俗字考释》等一组文章则侧重于俗字演变的角度，着重探讨《南部档案》中具体俗字的演变过程，有助于了解当时南部县的语言文字，同时亦对《南部档案》的释读与整理研究有着重要的作用。

史实考证在历史学中占据着重要的地位，本次会议不少论文都涉及于此。赵炳清《〈蜀鉴〉版本考述》对《蜀鉴》的刻本与抄本进行了考述，认为《蜀鉴》在流传过程中形成了守山阁书本、明影宋抄本两套版本系统。文廷海《简论清代前期〈春秋〉学研究的特点》从文献研究的角度指出清代前期《春秋》学研究呈现出阶段性发展的特点，逐渐消除了《春秋胡氏传》的影响，同时其发展是乾嘉汉学的转换期。王雪梅《陕西洋县文博馆藏明代大藏经敕赐因缘考》从考证寺僧治疗太后眼疾获赐大藏经这一传说出发，考察了陕西洋县文博馆藏明代大藏经敕赐缘由，认为"寺僧治疗太后眼疾获赐大藏经"是不足为信的传说，智果寺的敕赐大藏经是智果寺本来具有的"名山大寺"身份获得的。黎春林和金生杨《〈清史稿·章庆传〉史实考补》在对《南部档案》、地方志等文献进行对比分析后指出，《清史稿·忠义传》中的"章庆"实为"章仪庆"，这一史实考订即可修正《清史稿》中的讹误，同时完善和丰富了章仪庆的史料记载。汪秀平《清代州县衙署中的承发房初探》一文便是此方面的努力，其文以《南部档案》为主要史料，在实证的基础上考察了承发房的演变、组织、职能、弊端等问题，认为清代州县普遍设立承发房，其内部编制人员的招募、辞革、升迁皆有定制。这一考释将有助于档案房别的划分。州县档案早已嘉惠学林，但是其价值的挖掘却还只是冰山一角。

对档案的研究是档案整理中的一个重要步骤，从中亦可体现出档案的价值。蔡东洲《清代南部县保护宋代"三陈"墓档案研究》就"三陈"墓地之"新郑说"和"南部说"这一争论对《南部档案》47件"三陈"墓档案的类别及主要内容进行分析后认为，"三陈"墓不在四川南部县境内，"新郑说"是合理的。这些档案的另一个价值在于比较翔实地反映了清王朝对保护古昔祠宇茔墓的重视。张晓蓓《从诉讼限制看清代司法档案的法价值》查阅了几千卷巴县、南部、冕宁等地方司法档案后认为档案的法文化的价值表现在对当时法律制度体现的真实性，司法文献具体生动地展现了官吏的法律意识，也反映了民众的权利、义务理念等内容。张晓霞《清代巴县婚姻档案及其史料价值分析》指出清代巴县婚姻档案有6000余卷，利用这些档案可研究清代中期四川婚姻家庭关系，并同其他文献和已有研究成果进行互证互补。其价值并非三言两语可以说清，唯有深入档案，于其中发现历史，体现价值。马强和魏春莉《嘉陵江流域地方文献的特征及其意义》对嘉陵江流域地方文献与档案文献遗存状况、资源分类、价值意义等进行了概括性分析，认为全面挖掘、利用流域地区收藏的地方文献与档案文献，有利于推动嘉陵江流域研究走向深入。

司法档案在众多州县档案中保存数量最多，法制史是本次会议的一个重要领域。制度是制度，实际是实际？本次会议不少学者都注意到了制度与实践二者的关系问题。周琳《清代重庆的工商业移民》利用巴县档案考察了清代中期重庆的"官牙制"之后认为，制度是一个高度受限于具体经济、社会条件的历史客体，具有"时空差异"，重庆"官牙制"的实际运作与法律条文相去甚远。王云红《论清代流放人犯的递解》利用各档案文献对流放人犯定案择配、佥发手续、递解花费、行程情况进行了考察，认为清代对人犯流放的制度规定较为严密，相关规定在一定程度得以执行。在传统中国，"以礼入法"，然而中国的法律究竟依情还是靠法？就中国古代社会的诉讼实态，学者已有一些研究，不过视域（或者说比较平台）都放在国内，王志强《非讼、好讼与国家司法模式》则是将视域推至国外，以同治（1862～1874 年）初年四川巴县钱债案件的相关档案为中心，以案件的受理和审判为切入点，并以近代早期的英格兰法为参照，从诉讼程序的角度，重点探讨了中国传统听讼中案件受理的特点及民事司法的"冤抑—伸冤"式形态相应的程序背景，并认为中国诉讼案件是"伸冤性"的模式而英格兰是一种"权利保障"的模式。清代中国民事性诉讼总量与正式裁判官的比例不比英格兰更大，但清代州县官疲于应付，却又要显示其"父母官"的角色，在形式上大包大揽，逐渐形成行政—司法合一的官僚家长型体制。但是这种体制让州县官似走上了一条不归路，一方面要节约成本少受理案件，于是打压讼师好讼之徒；另一方面又要宣传其某种意识形态。两相背离的做法其实是在不断地摧毁帝国。至民国，议学大兴，李启成《〈资政院议事细则〉到〈民权初步〉的"议学"考释》，认为"议学"自萌芽到发展及其最后的失败在于民国"政事"浓厚的专制独裁色彩，斩断了"知""行"之间的联系，导致了"议学"长期得不到发展。此外，田涛向与会人员展示了其收藏档案的相关案卷，在板式和材质上对档案进行了区别：在板式上，明代是竖式，清代是横式；材质上，南方地区如安徽、四川等地档案材料好、保存较完备，北方地区如山西，档案的材料较差。田涛先生以其涉猎的广博性与妙趣横生的谈论为此次会议增色不少。

随着"眼光向下的革命"，日常生活史的研究逐渐受宠。其中妇女与娘家日常生活往来开始被学者关注，毛立平《清代下层妇女与娘家的关系》通过对《南部档案》124 件案例分析得出，下层女性婚后与娘家保持紧密联系，除日常生活往来外，"集理"是娘家解决女儿婚姻问题的积极方式。民间信仰可谓是古代民众日常生活中的一个有趣现象，关注此问题有助于探清古代民众观念的变迁。胡宁《〈梓潼帝君化书〉中的蜀地民间信仰》认为时蜀地山神、龙神、里域真官、邑神等崇祀较为普遍。马莉莉《清代民间鬼神信仰初探》则是以《南部县志》中朱氏女夜访县丞府衙一事对现实世界与死后世界、鬼神与人之间的交流、沟通的方式与灵媒等问题进行了讨论。认为清朝民众相信现实世界与死后世界是相互联系的，通过神降的方式，鬼神与人之间进行交流、沟通。

地方史研究注重"地方性"色彩。蓝勇《清代长江救生红船公益性与官办体系的衰败》脱离了对制度层面和表象层面的认知，利用《巴县档案》和"明清内阁大库档"中有关救生红船的资料，以具体的救生案例，在其历史地理的视野下探究了救生红船捞浮、收瘗职责与公益性问题。清代末救生红船公益制度并未作为一种商业模式进行推广，显示了清代社会对于内河水上救护的重视，当其面对整个社会风气积弊时，制度的实施便显得力不从心，效果也受到了一定的影响。苟德仪《清代教官的宣讲与地方教化》则试图通过对清季教官的研究，考察其宣讲与儒学教化，旨在说明教官在乡村儒学教化中的作用。教官下乡宣讲的内容侧重于宣讲圣谕，劝民为善，维持社会秩序。地方政府却更为希望教官涉入"新政"各个领域。1905 年清廷废除科举制对教官是一大冲击，而朝廷对教官的一系列制度化设计与地方政府对教官的功能化选择相矛盾，这些给乡村儒学教化带来了不利的影响。善堂在地方社会中不仅扮演着移民团体自我救济、互相帮助的角色，同时也是移民团体扩大在地方社会中影响力的有力方式，梁勇和周兴艳《移民、善堂与地方权力机构》通过对清代巴县至善堂的研究探讨了移民、善堂与地方权力机构三者间的互动关系，指出善堂在移民商人与地方社会中充当着中介的作用。蔡东洲和张亮《晚清地方州县武庙的经费收支问题》对《南部档案》中有关武庙的档案进行考察后认为晚清南部县武庙的主要经费来源于官方的划拨、筹集和民间的捐献、充公，以及武庙自我精英所得到的收入；其经费的支出则表现为祭祀武圣和修缮武庙两个方面。晚清时弊诸多，为解决各类社会问题，各种局所相应成立，探清这些局所对了解当时的清政府运作及地方社会的实态有着极大的作用，三费局、育婴局等早已为学界研究较深。刘艳伟等《清代乡试中的州县政府》立足南部县书院，以《南部档案》、地方志等文献为基础，对清代州县书院财产、藏书等情况进行了探究，南部县书院作为普通的县级书院，在兴学的强烈要求下建立、发展，经历了鳌峰书院、凌云书院两个阶段，并最终发展成为新式学堂。被誉为"四川睁眼看世界的第一人"的宋教仁回川组织维新运动时，从上海等地采购回大批西学书籍，李晓宇《维新运动时期西学在四川的传播》抓住这一要点，以"宋教仁购书清单"为切入点，探讨了维新时期西学在四川的传播，从所购书目的种类、出版地可看出维新时期四川引进西学涵盖面极广。

本次会议以"地方档案与文献研究"为主题将不同领域的学者齐聚一堂，进行了多维度、跨学科的讨论，显示出多学科交融的特点，透露着区域史研究多样化的特色。总体而言，本次会议呈现出如下特征：一是"地方性"明显。大多数文章选题立足本土，由传统的整体探究转向区域关注，呈现精细化研究的发展趋势。多数文章从个案研究角度出发的同时注重与全国整体的联系，这对深化西南的区域史研究是一个有力的推动。二是对《南部档案》的整理与研究是一个有力的助推器。本次会议是一场多学科、多领域、多主题的学术对话，以黄征、杨小平教授为代表对俗字、杂字问题的探讨，有助于档案具体释读档案。以马强、张晓蓓、张晓霞等为代表的地方文献类论文，为认知和具体研究档案提供了指引性的意见。与会学者从不同面相及不同视角为《南部档案》的进一步整理与研究提出了一定的意见和建议，必将推动《南部档案》的进一步深化。三是注重史实考证。本次会议为档案与传统文献的对话搭建了一个良好的平台，会议论文讲究资料的严谨与充实，多数文章综合运用档案、家谱、方志、碑刻、正史等文献，并有一定的田野调查。会议强调档案的重要性，同时提倡档案与传统文献进行充分的对话，综合对比考察，向学界展示了"不唯档案是用"的态度。此外，"法史交融"是本次会议的一大亮点，利用《南部档案》研究的机会，把两个学科的优势发挥出来，法学和历史学互相疏通、互相融合、互为利用，呈现出法学、史学研究的新局面。大批年青学子加入到档案整理与研究中来，不同领域的专家共同探讨地方档案与文献研究，地方档案研究的逐渐升温势必推动中国史研究的进一步发展。

图书在版编目(CIP)数据

地方档案与文献研究. 第 1 辑/吴佩林,蔡东洲主编. —北京:
社会科学文献出版社,2014.5
ISBN 978 - 7 - 5097 - 5506 - 8

Ⅰ.①地⋯ Ⅱ.①吴⋯ ②蔡⋯ Ⅲ.①地方档案 – 研究 – 中国
②地方文献 – 研究 – 中国 Ⅳ.①G279.27 ②G256

中国版本图书馆 CIP 数据核字(2013)第 311243 号

地方档案与文献研究(第一辑)

主 编/吴佩林 蔡东洲

出 版 人/谢寿光
出 版 者/社会科学文献出版社
地 址/北京市西城区北三环中路甲 29 号院 3 号楼华龙大厦
邮政编码/100029

责任部门/全球与地区问题出版中心 责任编辑/王玉敏 张文静
　　　　　(010)59367004 　　　　　　董晓舒
电子信箱/bianyibu@ssap.cn 责任校对/徐兵臣 王翠荣
项目统筹/王玉敏 责任印制/岳 阳
经 销/社会科学文献出版社市场营销中心 (010)59367081 59367089
读者服务/读者服务中心(010)59367028

印 装/三河市东方印刷有限公司
开 本/787mm×1092mm 1/16 印 张/29
版 次/2014 年 5 月第 1 版 插图印张/0.25
印 次/2014 年 5 月第 1 次印刷 字 数/567 千字
书 号/ISBN 978 - 7 - 5097 - 5506 - 8
定 价/89.00 元